KB129667

중국철학의
근본적 재구성을
위한 여정

중국화된 마르크스주의 철학의 모색

이 도서는 중국 정부의 중화학술번역사업에 선정(15WZX001) 되어
중국사회과학기금(Chinese Fund for the Humanities and Social Sciences)의
지원을 받아 번역 출판되었습니다.

중국철학의 근본적 재구성을 위한 여정

중국화된 마르크스주의 철학의 모색

왕난스王南湜 지음
안인환安仁煥·제효봉齊曉峰·가맹맹賈萌萌 옮김

學古房

2021년은 중국에 특별한 의미를 지닌다. 바로 '중국공산당'이 창당된 지 꼭 100년이 되는 해이기 때문이다. 그것은 곧 중국에 마르크스주의가 전래된 지 한 세기가 넘었다는 의미이기도 하다. 100여 년 전, 이른바 '구국'과 '계몽'의 수단으로 요청된 마르크스주의는 다른 이데올로기들과의 투쟁을 통해 종국적으로 중국 사회의 지배이데올로기가 되었다. 중국화된 마르크스주의는 이후 현실사회주의의 몰락 시기에도, 중국적 특색사회주의라는 자신만의 사상적 계보를 유지했을 뿐만 아니라 사실상 마르크스주의의 현실적인 적통자로서 군림해왔다.

2017년 10월 24일에 개정된 중국공산당의 정관 총칙은 다음과 같이 시작한다. "중국공산당은 중국 노동자계급의 선봉대이자, 중국 인민과 중화민족의 선봉대이다. 또한 중국적 특색사회주의 활동의 지도적 핵심 역량으로서, 중국의 선진적인 생산력 발전에 대한 요구, 중국의 선진적 문화가 나아가는 방향, 광범위한 중국 인민들의 기본적 이익을 대변한다. 공산주의는 당이 실현해야 할 최고의 이상이자 궁극적 목표이다. 중국공산당은 마르크스레닌주의, 마오쩌둥 사상, 덩샤오핑 이론, '[선진적 생산력, 선진적 문화, 인민의 기본 이익이라는] 3가지 대표'적 중요 사상, 과학적 발전관, 시진핑 신시대 중국적 특색사회주의 사상을 자신의 행동 지침으로 삼는다." 이처럼 마르크스주의는 중국공산당의 근간을 이루는 사상일 뿐만 아니라, 중국공산당 지도자들의 사상과 권위에 그 정통성을 부여하는 원천이기도 하다. 따라서 사상적으로 마르크스주의를 계승했는가, 아니면 그것에서 벗어났는가는 그 정통성을 가늠하는 하나의 기준이 된다.

중국은 사회주의 국가다. 이 명제는 현재 중국의 정체성을 드러낼 뿐만 아니라 중국 사회를 현실적으로 규정하기도 한다. 그래서 중국에서 공인된 사회주의의 개념적 정의가 무엇이고, 그것이 어떠한 변화 과정을 거쳐 지금에 이르렀는가는 현재의 중국공산당과 중국 사회 전체를 이해하는데 매우 중요한 사안이 된다. 예를 들어, 중국 사회주의 역사에서 대단히 이질적인 모습으로 남아 있는 문화대혁명과 개혁개방, 그리고 그 사회적 전환은 '마오쩌둥 사상'과 '덩샤오핑 이론'의 사상적 상관관계뿐만 아니라 양자가 '마르크스주의'와 맺는 각각의 이론적 관계로부터 평가되어야 한다. 그래야만 그 사상 체계들 간의 이론적 연속성, 즉 사회주의적 정통성이라는 틀이 유지되기 때문이다.

이 책은 왕난스王南湜의 『中國哲學精神重建之路－馬克思主義哲學中國化探討』(北京師範大學出版社, 2012)를 옮긴 것이다. 이를 통해 중국 학계의 마르크스주의 연구자들이 중국적 마르크스주의의 변화 과정을 어떻게 평가했으며, 또한 그로부터 제기된 문제들을 어떻게 이론적으로 해결했는지를 살펴보고자 했다. 이 책의 장점은 다음과 같다. 첫째, 마르크스주의가 중국에 전래된 이후의 사상적 궤적과 함께 그 핵심 문제들을 검토했다. 둘째, 중국 마르크스주의 연구자들이 시대적 과제를 해결하기 위해 시도했던, 이론적·실천적 모색의 성과와 한계를 체계적으로 정리했다. 셋째, 중국적 특색사회주의에 관한 중국 학계 내부의 기본 인식을 이해할 수 있다.

우선 저자 왕난스는 중국화된 마르크스주의를 마르크스주의 철학의 내재적 발전 과정에 위치시킨다. 그로부터 마오쩌둥 사상과 덩샤오핑 이론은 중국화된 마르크스주의가 확장되는 과정에서 필연적으로 도달해야만

6

하는, 또는 거쳐야만 하는 철학적 양태가 된다. 이것은 오래된 정통성 논쟁, 즉 중국화된 마르크스주의는 마르크스주의에서 벗어난 것이라는 주장에 대한 왕난스의 답변이기도 하다. 그에게 중국과 서구의 사유방식은 근본적으로 일치하지 않는 차이로 남아 있다. 그것이 그의 주장에서 가장 큰 전제를 이룬다. 하지만 이와 다르게 서구의 마르크스주의와 중국 전통철학은 모두 실천철학에 속하기 때문에, 그러한 공통분모가 양자의 소통가능성을 만들어준다고 본다. 중국화된 마르크스주의에 중국의 전통철학적 요소가 다분히 포함되어 있음에도 불구하고, 그것이 마르크스주의 철학의 내재적 발전 과정에 위치할 수 있는 이유가 여기에 있다.

이러한 접근 방식은 불가피하게 중국적 요소의 독자성을 강조하는 형태로 귀결될 수밖에 없다. 다시 말해서, 중국화된 마르크스주의는 마르크스주의를 계승한 것이기도 하지만, 그것은 그 자체로 독자적인, 즉 중국화된 의미를 강조한다. 마르크스주의가 중국에 처음 모습을 드러낸 이후 지금의 '중국적 특색사회주의'에 이르기까지, 그와 같은 독자성이 중국화된 마르크스주의라는 사상적 계보에 현실적 합법성을 부여했다. 이와 관련해 옮긴이가 왕난스의 주장을 옮기는 과정에서 개인적으로 주목했던 부분은 크게 4가지다.

첫째, 2장에서 소개된 이시카와 요시히로의 주장을 둘러싼 논쟁이다. 그 가운데 천두슈와 리다자오가 사전에 공산당 건설을 약속했다는 일화가 대표적인 사례에 속한다. 요시히로는 코민테른과 맺고 있는 관계로부터, 당시 중국에서 독자적인 당 건설은 가능하지도 않았을 뿐더러 구전으로 전해진 그와 같은 '약속'은 검증되지 않은 허구에 불과한 것이라고 주장한다. 하지만 그 일화는 중국공산당 창당과 관련한 정설이기 때문에, 그것을 부정한다는 것은 곧 중국공산당을 포함한 중국 사회주의 운동의 독자성을 부정한다는 의미로 해석될 수 있다. 이와 같은 주장은 결국 중국 학계의 커다란 반발을 야기했으며, 그 여진은 지금까지도 계속되고 있다.

마찬가지로, 리다자오의 마르크스주의 수용 과정에서 천푸셴에게 사상적 영향을 받았다는 요시히로의 주장 역시 동일한 맥락에서 이해된다. 중국 사회주의의 개척자로 평가받는 리다자오가 천푸옌의 사상적 영향을 받았다고 한 것 자체가 중국화된 마르크스주의의 독자성과 그에 기초한 정통적 해석에 대한 도전이 되기 때문이다.

둘째, 6장에서 제시된 사회주의와 봉건제의 관계다. 여기서 왕난스는 마오쩌둥 시대의 계획경제를 자연경제적 실천방식으로 규정하면서, 당시의 공동체적 질서를 전통적 공동체의 변종으로 간주한다. 절대 다수의 인구를 차지하는 당시 농촌에서는 전통적 혈연공동체인 종족이 그 기본 단위를 구성했는데, 그것이 인민공사의 생산대生産隊으로 대체되었다. 하지만 생산대 역시 본질적으로는 혈연공동체와 지연공동체의 혼합체에 불과했기 때문에, 왕난스는 그것을 전통적 공동체의 변종이라고 평가한다. 이와 함께 당시의 농촌과 다르게, 도시의 행정적 '단위單位'는 혈연과 지연을 벗어난 모습을 보였지만, 그것 역시 직연職緣이라는 또 다른 전통적 공동체의 모습을 띤 변종으로 평가된다. 왜냐하면 직원들에 대한 '단위'의 역할이 마치 식구들에 대한 가족 전체의 역할과 동일했기 때문이다.

물론 이러한 왕난스의 주장은 개혁개방에 기초한 중국적 특색사회주의를 강조하는 차원에서 이루어진 것으로, 그 과정에서 불가피하게 이전의 중국 사회의 '전통적 사회주의'를 부정적으로 형상화한 측면이 존재한다. 그럼에도 불구하고 중국의 '전통적 사회주의'를 봉건제와 유사하거나 근접한 것으로 이해하게 되면, 그것은 분명 사회주의를 자본주의와 함께 근대화 프로젝트의 두 가지 축으로 설정한 왕후이의 접근법과는 근본적으로 다른 차원의 인식에 해당한다. 이러한 인식은 사회주의가 봉건주의의 연장 또는 변종이라는 이론적 여지를 남길 수 있기 때문에 보다 진전된 논의를 필요로 한다. 하지만 이 부분에서 왕난스는 개인적인 감상 수준의 평가에 머물러 있다. 이 점이 아쉬움으로 남는다.

셋째, 7장에서 소개된 중국화된 마르크스주의 철학의 미래가 중화민족의 '정신적 터전'을 조성하는 데 달려 있다고 한 점이다. 왕난스는 민족을 벗어난 철학은 사람들에게 고향에 돌아온 것 같은 친근함을 줄 수 없기 때문에 정신적 터전이 될 수 없다고 본다. 이 주장은 중국철학과 서구철학의 사유방식 차이를 근거로 한다. 다시 말해서, 중화민족이 공감하는 정신적 터전과 다른 민족들이 공감하는 정신적 터전이 별도로 존재하며, 특히 서구문화에 공감하는 다른 비서구권의 민족들과 다르게, 중화민족은 그 문화적 독특함으로 인해 서구의 사유방식에 근본적으로 공감하기 어렵다고 평가한다. 따라서 중화민족만의 정신적 터전이 바로 중국화된 마르크스주의 철학이 만들어나갈 자신의 목표이자 미래가 된다.

여기서 중국적 특색사회주의의 독자성 유지를 위한 실천적 주체로 '중화민족'이 설정되었다. 하지만 '중화민족'이라는 개념은 특정한 하나의 민족만을 가리키는 것이 아니라, 다양한 '민족들'을 그 속에 녹여낸 사회문화적 '구성물'이다. 따라서 중국적 특색사회주의와 중화민족의 상관관계는 설령 왕난스 자신이 중국철학과 서구철학의 사유방식 차이라는 이론적 장치를 전제했다고 하더라도, 그것에는 '중화민족'의 정체성 유지를 위한 현실적 필요성이 요청되어 있다. 다시 말해서, 중화민족이라는 개념이 역사 무대에 등장한 이후, 중국 사회에서는 역사적 · 문화적 공통성이 전제된 '민족' 개념이 사유의 기본 단위로 설정될 수밖에 없으며, 그로부터 형성된 중화민족과 비중화민족의 대립 구조는 중국적 특색사회주의와 마찬가지로 중화민족만의 독자성을 강화하는 순환적 논리 구조를 생성한다.

넷째, 이 책을 관통하는 왕난스의 기본 시각이자 결론은 바로 '본래의 마르크스주의'로 돌아가야 한다는 것이다. 그가 의도했든 의도하지 않았든 이 시각의 한계는 마르크스 그 자신의 견해만을 이상적 형태로 간주한다는 점이다. 다시 말해서, 마르크스는 마르크스주의자가 아니라는 말처럼, 마르크스의 주장이나 학설은 처음부터 온전하고 완전무결한 것이었지만, 후세의 이른바 '마르크스주의'자들이 그것을 오해하거나 제대로 이해하지 못해 각종 문제들이 생겨났다는 이론적 태도다.

하지만 이와 같은 시각은 중국사상사에서 익숙한 풍경인데, 왕난스가 '전반적 서화파'를 비판한 태도는 과거 그들을 비판했던 '복고파'와 '중체서용파'의 그것과 너무나 닮아 있기 때문이다. 초기 유학 사상만이 본래의 유학이라고 강변하며 그것으로 다시 돌아가야 한다고 주장한 '복고파'와 서구의 실체를 현실적으로 인정하면서도 중국의 우월함을 놓지 않으려는 '중체서용파'의 기본 시각은 사실 중국 마르크스주의 연구자인 왕난스의 그것과 크게 다르지 않다. 왕난스가 중국철학과 서구철학의 융합을 요청하면서, 그것의 전제 조건으로 중화민족에 친근한 '정신적 터전'을 강조했다는 점에서 더더욱 그러하다.

이 책은 기본적으로 왕난스가 그간 발표했던 논문들로 구성되어 있기 때문에, 주장을 뒷받침하기 위해 사용했던 논거들이 각 장별로 반복되는 현상들이 나타난다. 예를 들어, 실천적 지혜의 중요성을 강조한 아리스토텔레스의 언급과 공산주의에 관한 마르크스 정의 등이 그러하다. 하지만 그것이 주는 반복적인 어감을 제외한다면, 해당 부분의 논의 전개 과정에서 문제로 부각되는 경우는 그리 많지 않다고 할 수 있다.

끝으로, 감사의 말씀을 몇 마디 남기고자 한다. 우선 번역 작업을 함께 진행한 제효봉 선생님과 제자인 가맹맹 선생님에게도 번역팀을 대표해 고마움과 격려의 마음을 전한다. 옮긴이가 재직하고 있는 허베이대학 외국어학원의 전임 서기이신 옌스이顔士義 서기님께도 이 자리를 빌려 감사의 말씀을 드린다. 옮긴이는 옌 서기님의 따뜻한 인간적 면모 덕분에 낯선 환경에서도 자신의 일상에 충실할 수 있었다. 그리고 늦어진 번역 일정 때문에 많은 심려를 끼쳐 드린 학고방 여러분들에게도 송구한 마음과 함께 감사의 말씀을 전하고 싶다. 출판 일로 하운근 대표님과 맺은 인연도 꽤나 오랜 시간이 지났다. 그간 보여주신 큰 형님 같은 아량에 고마울 따름이다. 묵묵히 번거로움을 마다하지 않으신 명지현 팀장님에게도 감사함을 표한다. 아무쪼록 이 책이 중국이라는 전체 그림을 이해하는 데 작은 밑거름이 되길 바란다.

삭풍이 불어오는 북경의 한 모퉁이에서
2020년 12월 안인환

목차

서문 중국화된 마르크스주의 철학의 이론적 시야를 확장하기 위하여

1. 세계를 해석하기만 하는 철학, 그것을 넘어선 시야의 필요성   21
2. 중국과 서구의 사유방식, 그 동질화를 극복한 시야의 필요성   25
3. 학술화된 중국 마르크스주의 철학을 포괄하는 시야의 필요성   30
4. 결정론과 능동론의 관계를 중심에 놓아야 할 필요성   37
5. 실천철학에 기초한 연구 계획   41

제1장 중국화된 마르크스주의 철학 연구의 방법론적 전제

1. 중국화: 마르크스주의 철학의 내재적 요구   46
   1) 유물주의의 방법론적 함의   48
   2) 유물주의의 역사적 의의   54
   3) 역사적 유물주의:
      비판적 역사과학인가, 아니면 사변적 역사철학인가   61
   4) 비판적 역사과학:
      세계를 바꿀 것인가, 아니면 세계를 해석만 할 것인가   71
   5) 비판적 역사과학의 방법론적 의의   75

2. 중국과 서구의 사유방식 차이와 그 함의   80
   1) 상象적 사유와 개념적 사유   82
   2) 개념적 변증법과 상象적 변증법   103
   3) 중국과 서구의 사유방식 차이와 중국철학의 발전 가능성   115

3. 철학적 사유 패러다임의 변화에서 본 마르크스주의 철학의 중국화   122
   1) 철학적 패러다임의 전환 연구에 대한 간략한 회고   123

2) '패러다임'과 '패러다임 전환'이라는 개념의 용례 분석　127

3) '패러다임'과 '패러다임 전환'이라는 개념 사용의 정당성 문제　130

4) 철학적 사유의 패러다임 전환을 표현하는 문제　132

5) 실천철학: 중국화된 마르크스주의 철학의 새로운 '기반'　135

4. 실천철학의 이행 과정에서 제기되는 핵심 문제　139

1) 세계를 바꾸는 철학의 내재적 길항　140

2) 참고할 만한 역사적 경험　145

3) 길항을 해소하거나 완화하는 방법　172

제2장 마르크스주의 중국화의 초기 과정

1. 중국 사람들이 처음 대면한 마르크스주의　176

1) 마르크스주의의 중국 전래와 당시의 역사적 상황　177

2) 중국에서 마르크스주의 전파의 초기 경로들　189

2. 중국에서 마르크스주의가 전파된 초기의 리다자오　196

1) 리다자오 초기 사상의 기본 특징　196

2) 「나의 마르크스주의관」의 유물사관　199

3. 마르크스주의가 중국에 전파된 초기의 특징　203

1) '이론적 준비 부족'에 대한 분석과 평가　203

2) 왜 유물사관을 소개하는 데 집중했는가?　210

3) 마르크스주의의 내적 길항에 대한 인식　214

제3장 마르크스주의 철학의 체계화를 위한 노력

1. 체계화의 필요성　224

1) 마르크스주의가 중국에서 전파될 수 있었던 내적 필요성　224

2) 마르크스주의가 중국에 전파된 경로의존성   225

2. 취추바이와 초기 중국 마르크스주의 체계화의 정립   228
    1) 취추바이라는 역사적 우연   228
    2) 취추바이가 소개한 체계화된 철학   233

3. 리다와 중국 마르크스주의의 체계화된 발전   244
    1) 『현대 사회학』의 유물사관   244
    2) 『사회학 대강』에 소개된 마르크스주의의 철학 체계   253
    3) 『사회철학 개론』과 『사회학 대강』의 의의   261

4. 아이쓰치와 마르크스주의의 대중화   270
    1) 철학적 대중화의 의의   270
    2) 아이쓰치와 철학적 대중화의 결실   273

5. 실천철학으로의 회귀   279
    1) 이론적 지혜와 실천적 지혜   280
    2) 논의의 대상으로서 실천적 운용의 문제   284
    3) 이론적 해결과 실천적 해결   286

제4장 실천철학적 영역에서 본 마오쩌둥의 철학

1. 『실천론』의 실천철학적 해석   296
    1) 실천철학과 이론철학의 인식론적 대립   298
    2) 실천철학적 영역에서의 인식 과정 분석   302
    3) 실천적 지혜와 과학적 이론   311

2. 실천철학적 시야에서의 『모순론』   317
    1) 실천철학적 입장에서의 변증법 문제   318

2) 마오쩌둥의 실천적 변증법　　　　　　　　　　　330
3) 『모순론』의 존재론적 가정　　　　　　　　　　338

3. 마오쩌둥 철학의 중국적 전통 요소에 대한 재평가　　341
1) 마오쩌둥 변증법의 독특성　　　　　　　　　　342
2) 중국과 서구의 상이한 사유방식으로부터 본 마오쩌둥의 변증법　354
3) 마오쩌둥 변증법에서 중국 전통적 요소의 평가 문제　364

4. 마오쩌둥 실천철학의 본질적 특징　　　　　　　　369
1) 마오쩌둥 실천철학의 전제 구조　　　　　　　　370
2) 실천적 지혜의 구조를 어떻게 이론적으로 드러낼 것인가?　377

제5장 현대적 중국 마르크스주의 철학의 실천적 진전

1. 사회주의: 이상에서 현실로　　　　　　　　　　396
1) 사회주의 이론의 역사가 지닌 시사점　　　　　　397
2) 사회주의 운동의 난관과 그 해결을 위한 모색　　407
3) 사회주의 초급단계설의 이론적 공헌　　　　　　421

2. 사회주의와 인간의 전반적인 발전　　　　　　　　429
1) 마르크스의 인간 발전 이론에 관한 두 가지의 문화적 근원　430
2) 현실 속 사회주의 실천 과정에서 나타난 인간 발전 이론의
상이한 해석들　　　　　　　　　　　　　　438
3) 마르크스의 인간 발전 이론에 대한 전반적인 이해　444

3. 실천철학적 시야에서의 과학적 발전관　　　　　　450
1) 과학적 발전관이 제기된 실천적 기초　　　　　　450
2) 과학적 발전관과 사회적 균형 발전　　　　　　　453
3) 현대적 중국 마르크스주의 이론의 혁신을 위한 변증법　458

제6장 학술화된 연구 분야에서의 현대적 중국 마르크스주의 철학

1. 50여 년 동안 이어진 중국 마르크스주의 철학의 변천 과정 및
그 논리   466
   1) 50여 년 동안 이어진 중국 마르크스주의 철학의 사유 패러다임
      변천 과정   467
   2) 철학적 사유 패러다임 변화의 내재적 논리   473
   3) 사회적 실천방식과의 정합성으로부터 살펴본 철학적 사고 패러다임의
      변천 과정   478
   4) 마르크스주의 철학의 본래 모습으로 되돌아가기   485

2. 현대적 중국 마르크스주의 철학 연구와 헤겔주의   491
   1) 헤겔 철학의 전반적 특징   492
   2) 중국 마르크스주의 철학의 상이한 패러다임에서 나타난 헤겔 철학

                                                                    494
   3) 헤겔주의를 넘어서   503

3. 현대적 중국 마르크스주의 철학 연구에서 이론과 실천의 문제   509
   1) 이론철학 패러다임에서 이론과 실천의 관계   510
   2) 실천철학 패러다임에서 이론과 실천의 문제   515
   3) 이론과 실천 관계의 복잡성   522
   4) 이론과 실천의 이질성   527
   5) 이론과 실천 관계에 대한 재검토   530

4. 마르크스주의 철학은 과연 어떤 의미의 실천철학인가?   537
   1) 실천을 연구 대상으로 하는 실천철학   538
   2) 제1철학으로서의 실천철학   546
   3) 마르크스주의 실천철학의 월등함   549

제7장 중국화된 마르크스주의 철학의 미래 전망

1. 현대적 중국 마르크스주의 철학의 역사적 임무   564
   1) 시대정신의 소환   565
   2) 민족정신을 위한 터전의 재구성   566
   3) 시대정신의 승화   572

2. 중국철학과 서구철학의 대화, 그리고 중국화된 마르크스주의 철학의
   발전   581
   1) 중국철학과 서구철학에서 가능한 대화 패러다임   582
   2) 중국철학과 서구철학의 초기 대화 패러다임   583
   3) 중국철학과 서구철학의 차이를 인정한 대화 패러다임   588
   4) 중국철학과 서구철학에서 가능한 미래의 대화 방식   590
   5) 중국철학과 서구철학의 대화, 그리고 중국화된 마르크스 철학의
      심화   593

3. 중국화된 마르크스주의 철학의 심화: 현실에서 이상까지   599
   1) 철학적 기능의 두 측면: 방법론과 인생관   600
   2) 혁명전쟁의 시기에 부각된 방법론적 문제   603
   3) 중국화된 인생관의 필요성   610

4. 현대적 중국 마르크스주의 철학의 혁신은 어떻게 가능한가?   616
   1) 철학적 혁신을 위한 역사적 기회   617
   2) 철학적 혁신을 위한 일반적 방법   620
   3) 철학적 혁신을 위한 필연적 경로: 중국문화의 실제 상황에 대한
      직시   628

주요참고문헌   634
찾아보기   640

중국화된 마르크스주의 철학의
이론적 시야를 확장하기 위하여

마르크스주의 철학의 중국화는 오래된 문제이기는 하지만, 현재 중국 사회의 역사적 조건에서 완전히 새로운 의미를 갖는다. 그래서 중국과 해외 학자들이 최근 그것에 주목하면서 다양하고 의미 있는 논의들을 하고 있다. 그렇지만 저자가 보기에 그 연구들은 4가지 측면에서 불충분하다. 첫째, 이론철학적 차원에서 마르크스주의 철학의 중국화를 다루면서 그것의 원형인 본래적 마르크스주의 철학과 무관한 것으로 대했고, 그것을 단지 일반적 원리의 구체적 운용으로만 보았다. 다시 말해서, 그들은 마르크스주의 철학의 중국화가 실천철학인 마르크스주의의 철학적 이론 자체에 내재한 요구라는 점을 보지 못했다. 이것이 근본적 차원에서 그 문제의 가장 중요한 의미를 약화시켰다.

둘째, 생성의 차원으로부터 중국 마르크스주의 철학을, 중국 사상이 마르크스주의 철학을 수용하는 과정에서 나타난 '지평의 융합[Horizontverschmelzung]'으로 간주하지 못했다. 다시 말해서, 중국 마르크스주의 철학의 독창성을 충분히 이해하지 못했다. 여기에는 두 가지 편향이 존재한다. 하나는 중국 마르크스주의 철학의 독창성이 무시되는데, 중국 사람들이 마르크스주의 철학을 수용하는 과정에서 나타난 중국 전통철학의 영향이 간과되었다. 따라서 중국 마르크스주의 철학은 단지 중국에 있는 마르크스주의 철학 정도로 단순하게 이해되었다. 그와 다르게, 또 다른 편향은 중국 마르크스주의 철학을 중국 전통철학의 실질적 연속으로 간주하는 경향이다. 후자의 경향은 대체로 해외에서 유행했던 것이지만, 중국학계에까지 영향을 끼쳤다. 이 두 가지 편향은 그 철학을 깊이 있게 이해하거나, 그것의 합리적 의미를 드러내고 발전시키는 데 방해가 되었다.

셋째, 마르크스주의 철학이 중국에서 전파되고 발전하는 과정에서 광범위하게 영향을 끼친 학술적 연구, 즉 '강단철학' 또는 '논단論壇철학'이라는 연구 유형에 소홀했기 때문에, 그러한 유형의 마르크스주의 철학을 마르크스주의 철학의 중국화라는 연구 영역에 담지 못했다. 특히, 이론과 실천의 통일이라는 원칙에 기초한, 다시 말해서 중국 마르크스주의 철학의 이론적 발전을 중국의 사회적 실천방식의 변화에 따른 사유 패러다임 변화라는 시각에서 50여 년 동안 고찰하지 못했다.

넷째, 기존의 연구는 실천철학인 마르크스주의 철학을 실행에 옮겼을 때, 맞닥뜨릴 수밖에 없는 결정론과 능동론의 관계를 고려하지 못했다. 즉, 그 관계를 중심에 놓고 마르크스주의 철학의 중국화라는 이론 과정을 이해해야 했는데 그렇게 하지 못했다. 본 연구는 학계의 선행 연구를 바탕으로 위에서 지적한 몇 가지 측면의 부족한 부분을 보완함으로써 그 문제에 대한 연구를 심화시키는 데 목적이 있다.

1 세계를 해석하기만 하는 철학, 그것을 넘어선 시야의 필요성

마르크스주의 철학의 중국화는 사람들에게 각기 다른 방식으로 이해되고 있을 것이다. 이론철학적 입장에서 보면, 마르크스주의 철학의 중국화는 이미 완성된 상태의 보편적 마르크스주의 원리를 구체적으로 적용하는 과정이자, 기존 텍스트에서 제시된 일반적 원리와 무관한 것이다. 하지만 실천철학적 입장에서 그것은 결코 무관한 것이 아니라, 마르크스주의의 본질적 측면에 의해 내재적으로 요구된 것이다. 따라서 후자의 입장에서 그 문제를 파악해야만 분명 마르크스주의 철학의 중국화를 깊이 있게 이해할 수 있을 것이다.

실천철학적 입장에서는 전통철학의 초경험적 형이상학을 전복시킨 마르크스 철학의 혁명적 본질을 이해하는 것이 문제의 핵심이다. 그러한 전복顚覆의 핵심 내용은 이론 활동이 실천 활동보다 우선적이고 근원적이라는 점을 부정하는 것이다. 마르크스[Karl Heinrich Marx, 1818-1883]는 『포이어바흐[Ludwig Andreas Feuerbach, 1804-1872]에 관한 테제』에서 세계를 해석하기만 했던 기존의 철학, 즉 이론철학을 명확하게 반대했다. 그리고 세계에 대한 해석은 세계를 바꾸는 실천철학에 종속되어야 한다고 주장했다. 그와 같은 변경은 용어에 대한 개념적 논쟁이 아니라, 거꾸로 뒤집혀 있던 이론과 실천의 관계를 다시금 뒤집은 것이다.

존재론적으로 보면, 그러한 뒤집힘은 이론이 실천에서 파생된 것이며, 이론 자체는 독립적인 존재 근거를 갖지 않는다는 주장에 근거한다. 그것은 나아가 사람들의 활동 과정에서 이론을 구체적인 실천에 위치시켜야만 이론은 현실적 실천의 유용한 구성 부분이 되고, 모든 현실적 실천은 특정 시공간에서 이루어지는 특정 집단의 활동이라는 의미를 갖게 된다. 따라서 하나의 이론이 실천의 유용한 부분이 되려면, 특정한 공간과 시간, 그리고 특정 집단의 활동 가운데 생동감 있는 모습으로 존재해야 한다. 이로부터 마르크스주의 실천철학이라는 본질적 규정은 3가지 측면의 내재적 요구를 갖는다. 즉, 그것은 특정 공간과 특정 시간, 그리고 특정한 집단에 놓여야만 실천철학의 생동감을 유지할 수 있다.

또한 실천적 입장에서 중국적 마르크스주의를 보면, 그 본질적 규정은 내적으로 연관된 3가지 측면에서 드러난다. 구체적으로 그것은 마르크스주의의 중국화, 시대時代화, 대중화인데, 여기서 3가지 '화化'는 의미적으로 각각 자신의 특징을 갖는다. 중국화는 마르크스주의가 중국이라는 특정 공간에서 생동감을 갖춘 존재라는 것이고, 시대화는 마르크스주의가 현대 중국에서 생동감을 갖춘 존재라는 점, 그리고 대중화는 마르크스주의가 현대 중국 사회의 실천적 주체에 해당하는 인민대중[1]의 실천 과정

---

1) | 저자는 여기서 '人民大衆'을 중국의 실천 주체라는 일반적 의미에서 사용하고 있지만, 그 어휘는 중국 현대사에서 '階級大衆'이라는 특정 함의로 고착화되어 있다. 이와 관련된 비판적 논의로는 안인환, 『중국대중문화, 그 부침의 역사』, 문사철, 2012: 262-275쪽을 참조하라.

에서 생동감을 갖춘 존재라는 점에 있다. 이 3가지 측면은 실천적 전체로서, 서로가 서로를 포함하면서 하나의 유기적 전체를 이룬다.

그런데 마르크스주의는 무오류의 초경험적 이론으로 해석되기도 한다. 그러한 해석은 표면적으로 마르크스주의를 치켜세우는 것 같지만, 근본적으로는 마르크스주의가 지닌 실천철학이라는 본질적 규정을 왜곡하거나 부정한 것이다. 그와 같은 '치켜세움'은 마르크스가 살아 있을 때도 있었다. 마르크스는 이에 대해 분명하게 밝힌 바 있다. "그[2]는 나의 서구 자본주의 기원에 관한 역사적 개괄을 일반적 발전 경로라는 역사철학 이론으로 완전히 바꿔 놓으려 했다. 다시 말해서, 모든 민족들은 그들이 처한 역사적 환경이 어떻든 간에 가야 할 경로가 이미 결정되어 있다는 것이다. …… 그가 이렇게 말한 것은 내게 지나친 영광이면서도 지나친 모욕이다."[3]

이러한 마르크스의 언급은 위대한 사상가의 겸손이 아니라, 근본적인 차원에서 그의 실천철학에 의해 요구된 것이었다. 바로 그러한 본질적 요구로부터 마르크스는 자신의 이론을 비판적 '역사과학'으로 간주하면서, 모든 사변적 '역사철학'을 단호히 반대했다. 하지만 유감스러운 점은 오랜 시간 동안 마르크스 자신의 그러한 이론적 입장이 외면을 받아왔고, 사변적인 역사철학과 역사목적론적 해석이 횡행했다는 점이다. 그렇기 때문에 마르크스의 '역사과학'이라는 원칙을 인정하고 따라야 할 필요가 있다.

여기서 '역사과학'이라는 원칙을 따른다는 것은 일반적 원칙과 역사적

---

2) | 미하일롭스키(Nikolai Konstantinovich Mikhailovskii, 1842-1904)를 가리킨다. 그는 러시아의 사회사상가로서 『조국의 기록(Otechestvennye Zapiski)』이라는 잡지의 편집을 맡았다.

3) 中共中央馬克思·恩格斯·列寧·斯大林著作編譯局 譯, 『馬克思恩格斯選集』3, 人民出版社, 1995: 341-342쪽.

현실의 관계를 마르크스처럼 이해한다는 것이다. 다시 말해서, "현실을 묘사하는 것은 독자적인 철학의 생존 환경을 잃게 할 수 있다. 그것을 대체할 수 있는 것은 기껏해야 인류의 역사 발전을 고찰하는 과정에서 추상화시킨 가장 일반적인 결과들의 개괄이다. 그러한 추상적인 것들 자체가 현실 역사를 벗어나는 순간, 어떠한 가치도 지니지 못한다. 역사적 자료들의 순서를 각 단계별로 밝히는 것처럼, 그것은 역사적 자료를 정리하는 데 어떤 편의를 제공할 뿐이다. 하지만 추상적인 것과 철학은 다르다. 그것은 각각의 역사적 시대에 적용할 수 있는 처방이나 공식公式을 전혀 제공하지 않는다."[4] 또한 그것은 어떠한 마르크스주의 이론도 특정한 실제 역사 과정에 대한 연구일 뿐, 초경험적인 일반적 원칙이 아니라는 점을 알려준다. 중국적 마르크스주의의 이론도 당연히 예외가 될 수 없으며, 그것은 중국의 실제적 역사 과정을 연구함으로써 이루어진다. 그러한 연구가 바로 마르크스주의의 중국화인 것이다.

실천철학으로서 마르크스주의의 방법론적 원칙은 이론을 생동감 있는 실천에 지속적으로 위치시켜 이론을 실천의 유용한 요소로 만드는 것이다. 따라서 그것은 반드시 실천적 변화에 따른 새로운 경험적 자료들을 끊임없이 받아들여, 이론을 더욱 새롭게 해야만 한다. 이로부터 마르크스주의의 중국화는 일회적인 것이 아니라, 시대의 변화와 함께 나아가는 것이 된다. 마르크스주의가 중국에 유입된 이후, 중국화는 시대와 함께 지속적으로 발전해 왔는데, 그것이 바로 마르크스주의의 시대화다. 분명한 것은 마르크스주의의 시대화가 중국화와 무관한 것이 아니라, 중국화와 내적인 연관을 맺고 있다는 점이다. 따라서 마르크스주의의 중국화는 한 번으로 끝나는 것이 아니라, 역사적 과정에서 지속된다.

---

4) 中共中央馬克思·恩格斯·列寧·斯大林著作編譯局 譯, 『馬克思恩格斯選集』1, 人民出版社, 1995: 73-74쪽.

실천철학의 입장에서, 모든 이론은 실천 과정에서 실현되어야 하고, 또 실천적 주체를 거쳐야만 그 실현가능성이 마련된다. 중국적 마르크스주의의 실천적 주체는 인민대중이기 때문에 인민 대중이 중국화·시대화된 마르크스주의를 갖추는 것은 마르크스주의 중국화의 필수적인 과정이 된다. 대중화는 분명 통속화된 선전 책략이 아니라, 마르크스주의적 실천철학의 본질적 규정에서 요구되는 것이다.

마르크스주의 철학의 개척자들은 이론으로 군중을 장악하는 방법을 논의했는데, 훗날 레닌[Vladimir Il'ich Lenin, 1870-1924]의 '전위 이론', 그람시[Antonio Gramsci, 1891-1937]의 '헤게모니' 이론은 마르크스의 군중 장악 이론을 확장시킨 것이다. 그 가운데 특히, 마오쩌둥[毛澤東, 1893-1976]의 '군중노선'이야말로 이론적으로 가장 뚜렷한 기여를 했다. 오늘날 마르크스주의의 대중화를 제기한 것도 마오쩌둥의 '군중노선' 이론을 확장시킨 것이라고 할 수 있다.

따라서 실천철학이나 비판적 역사과학이라는 마르크스의 입장에 서게 되면, 중국화된 마르크스주의 철학의 내적 필연성을 이론적으로 이해할 수 있을 뿐만 아니라 마르크스주의 철학의 중국화 과정에서 무엇이 성공했고 실패했는지를 이해할 수 있게 된다. 그것은 다음을 의미한다. 즉, 마르크스주의의 실천철학적 원칙을 따른다면 이론과 실천 모두에서 성공할 수 있지만, 그 원칙과 배치된다면 두 차원 모두에서 실패할 수밖에 없다는 점이다.

2 중국과 서구의 사유방식, 그 동질화를 극복한 시야의 필요성

초기에 마르크스주의 철학의 중국화는 대체로 두 가지 측면에서 이해되었다. 하나는 마르크스주의의 일반 원리와 중국적 실제의 결합으로, 다른 하나는 그러한 결합을 통해 만들어진 사상이, 중국의 일반 사람들에게 익숙한 민족화民族化된 언어로 표현되었다는 점에서 그것을 이해한 것이다. 당시 사람들이 마주한 문제들을 살펴보면, 이와 같은 규정은 뚜렷한 합리성을 갖추고 있다.

그런데 마르크스주의 철학의 중국화 자체가 매우 복잡한 문제라는 점 또한 분명하다. 아울러 그것은 지적한 두 가지 측면에만 한정되어 있지 않다. 중국과 서구에는 외적인 문화적 성과뿐만 아니라 내재적 사유방식에서도 현저한 차이가 존재하며, 그와 같은 사유방식의 간극은 마르크스주의 철학의 중국화라는 중대한 문화적 사건에서도 나타나 있기 때문이다. 따라서 그 문제를 깊이 있게 이해하려면 사유방식의 차이라는 문제까지도 제기할 필요가 있다. 다시 말해서, 중국과 서구의 사유방식 차이가 마르크스주의의 중국화 과정에 끼친 영향을 살펴봐야만 한다. 특히, 마르크스주의 중국화의 전형인 마오쩌둥 철학이 형성되는 과정에서 중국의 전통적 사유방식이 담당했던 역할에 대한 검토가 필요하다. 중국과 서구의 사유방식 차이에 대해 세밀한 주의를 기울이지 않는다면, 마르크스주의 철학의 중국화를 깊이 있게 이해하는 것은 불가능하다.

물론, 관련 연구가 진척되면서 중국과 서구의 문화 또는 중국과 서구의 철학적 차이로부터 마르크스주의의 중국화를 다룬 다수의 연구가 진행되었다. 하지만 대부분의 연구는 마오쩌둥과 같은 이들의 철학 사상에 포함된 중국 전통철학의 일부 내용을 살펴보는 것에 국한되어 있거나 중국철학적 전통을 모호하게 언급했을 뿐, 모두 사유방식의 차이로까지 나아가지는 못했다. 그밖에도, 일부 학자들은 마르크스주의 철학의 중국화에 끼친 중국적 사유방식의 의미를 논했지만, 그 사유방식들은 대부분 상당히 포괄적인 개념으로 사용된 것이었다. 예를 들어, 중국 사람들의 사유방식을 다음과 같은 특징으로 개괄했는데, '천인합일天人合一이라는 사유모델', '치사실용致思實用'[5]·'체용합일體用[6]合一'·'궁행실천躬行實踐'[7]·'내성외왕(內聖外王'8), '철학은 주요 현실 문제와 결합되어 있을 뿐만 아니라 윤리나 인생의 문제와도 결합되어 있다.', '실학實學 정신', '현실에 입각하거나 실천에 입각해 현실의 모순 운동을 발견·파악하고, 인간의 자각적 능동성을 통한 모순 전환을 강조한다.' 등이다.

분명한 것은 그렇게 폭넓게 이해된 '사유방식'이 중국 전통철학과 서구 철학을 구별하는 데 충분치 않다는 점이다. 최근 들어, 톈천산[田辰山]과 같은 학자는 마르크스주의 철학의 중국화 연구를 통해, 중국과 서구의 사유방식 차이에 주목하면서 마르크스주의 철학의 수용 과정에서 전통적 사유방식의 영향이 매우 컸음을 강조했다. 그로 인해 관련 연구가 크게 진척되기는 했지만, 현재까지도 중국과 서구의 사유방식 차이, 그리고 마오쩌둥과 마르크스 철학의 관계 등의 문제는 여전히 더 많은 연구를 필요로 한다고 할 수 있다.

기존 연구에서 '사유방식'의 개념을 지나치게 넓게 사용했다는 문제점을 피하기 위해, 그리고 효과적인 연구 진행을 위해 본 연구에서는 '사유방식'의 함의를 좀 더 좁게 정의하고자 한다. 여기서의 사유방식은 하나의 문화적 전통에서 세계를 관념적으로 이해하는 기본 방식 또는 그 틀을 가리킨다. 따라서 관련 연구를 확장시키기 위해서는 기본적으로 기존의

---

5) | 致思는 어느 하나에 생각을 집중한다는 의미로, '치사실용'은 실용에 생각을 집중하는 태도를 가리킨다.

6) | '體'와 '用'은 하나의 상대적 범주로서 각각 본체와 작용을 의미한다. 일반적으로 '체'는 가장 근본적·내재적·본질적인 것, '용'은 '체'의 외재적 표현이나 표상을 가리킨다. 즉, '체'가 근본적이고 1차적인 것이라면, '용'은 부차적이고 2차적인 것이라고 할 수 있다.

7) | 스스로 실행하거나 체험한다는 의미다.

8) | 內聖外王은 유가 사상의 핵심 개념에 속한다. 내적으로 성인의 덕을 갖추고, 외적으로 제왕의 정치를 한다는 뜻이다. 다시 말해서 인격과 정치적 이상을 하나로 결합시킨 것이다.

연구 성과들을 바탕으로 하면서도, 중국과 서구의 사유방식 차이를 적절히 이해해야 할 뿐만 아니라 중국의 전통적 요소가 마르크스주의 철학의 중국화 과정에서 담당했던 역할, 그리고 그 의미를 세밀히 분석해야 한다.

그런데 중국과 외국 학자들은 일찍부터 중국철학과 서구철학을 비교한다는 차원에서 중국과 서구의 사유방식 차이에 대해 어느 정도의 관심을 보여 왔다. 그들의 연구에서 표현 방식은 각기 달랐지만, 결론은 대체로 비슷했다. 그것은 바로 "서구 사람들은 바로 들어가지만, 중국 사람들은 주변의 것들과 연관시킨다."[9]는 점이다. 중국 사람들에게는 유추類推 논리가 있지만 형식 논리가 없고, 또한 '실천철학'만 있을 뿐 순수 철학은 없다.(장둥쑨[張東蓀, 1886-1973]) 서구 사람들에게는 '분해分解적으로 리理의 극치를 이루'는 '모나면서 지혜로운[方以智]' 정신이 있지만, 중국 사람들에게는 '종합적으로 리理의 극치를 이루'며 '원만하게 살며 입신의 경지에 오르는[圓而神]' 정신이 있다.(머우쭝싼[牟宗三, 1909-1995]) 중국 사람들은 '상象적 사유'를 하지만 서구 사람들은 '개념적 사유'를 한다.(왕수런[王樹人]) 중국 사람들은 '의상意象적 사유'를 하지만 서구 사람들은 '추상적 사유'를 한다.(류창린[劉長林]) 중국의 사유방식은 '첫 번째 문제틀'이고, 서구의 사유방식은 '두 번째 문제틀'이다.(에임즈[Roger T. Ames]와 홀[David L. Hall, 1937-2001]) 또한, 중국 사람들은 '직각直覺법'(허린[賀麟, 1902-1992])·'실용이성'(리쩌허우[李澤厚])·'관련성의 사유'(그라네[Marcel Granet, 1884-1940]·니덤[Joseph Terence Montgomery Needham, 1900-1995]·그레이엄[Angus Charles Graham, 1919-1991]) 등을 갖추고 있다는 주장들이 그것이다.

그 규정들은 모두 일정한 측면에서 일정한 방식으로 중국과 서구의 사유방식에 대한 고유한 차이를 드러냈다고 할 수 있다. 중국과 서구의 사유방식 차이에 대한 중국과 해외 학자들의 연구에 많은 시사점이 있을지라

---

9) | 張東蓀, 『知識與文化』, 岳麓書社, 1946 / 2011: 215쪽.

도, 분명 그 가운데 문제점 역시 존재하고 있다. 그것은 그 연구들이 의도적이든 그렇지 않든 간에 중국과 서구의 사유방식이 지닌 실제적 차이를 어떤 비실제적 차이로 전환시켰다는 점이다. 그로부터 그 차이가 발생시키는 사상적 길항이 주관적 측면에서 제거되었다.

그러한 전환 가운데 하나가 중국과 서구의 사유방식 차이를 과거와 현재라는 시간적 순서에 따른 사유방식으로 대체한 것인데, 왕수런의 논의가 대표적이다. 또한 에임즈와 홀도 그 문제를 깊이 있게 연구한 바 있는데, 그들의 '첫 번째 문제틀'과 '두 번째 문제틀'의 비교라는 것도 사유방식으로서 중국과 서구의 차이를 고금의 차이로 전환시켰다는 의미를 포함한다. 만약 중국과 서구의 사유방식 차이가 고금의 차이에 불과한 것이라면, 논자論者들이 과거의 '상적 사유'를 숭상하는가와 상관없이 문제 자체가 객관적으로 취소되어 버린다.

이와 함께 문제를 비슷하게 전환시키는 방식도 있다. 그것은 본질과 현상의 비교라는 측면에서, 중국과 서구의 사유방식을 비교하는 것이다. 그 가운데 류창린의 연구가 대표적이다. 분명한 것은 본질과 현실의 측면에서 중국과 서구의 사유방식 차이를 규정한다고 하더라도, 결국 그것은 고금의 차이로 전환되어 문제가 취소된다는 점이다. 그와 유사하게, '서구 사람들은 바로 들어가지만, 중국 사람들은 주변의 것들과 연관시킨다.' 중국에는 '본체론도 없을 뿐만 아니라 모두 현상론에 치우쳐 있다'는 장둥쑨의 주장 또한 본질과 현상이라는 대립 구도로부터 중국과 서구의 사유방식을 규정했다는 혐의가 보인다.

분명 중국과 서구의 사유방식 차이가 고금의 차이 또는 유사한 고금의 차이로 대체되었다면, 그 문제는 사실상 취소된 것이다. 그렇지만 중국과 서구의 사유방식의 차이를 고금의 차이나 유사한 고금의 차이로 취소해서는 안 된다. 왜냐하면 그것은 역사적 사실과 기본적으로 부합하지 않기 때문이다. 적어도 중국적 사유방식과 서구적 사유방식 사이에 실제적인 차이가 명확한 형태로 존재한다는 점은 인정된다. 따라서 중국과 서구의 사유방식의 근본적 차이를 적절히 이해하기 위해서는 앞서 언급된 다양한 시각들을 결합시켜야 하지만 신중하게 접근해야 한다. 그를 통해 중국과 서구의 사유방식 차이를 적절히 묘사해야 할 뿐만 아니라 나아가 마르크스주의 철학의 중국화라는 본질적 함의를 깊이 있게 이해해야 한다.

3 학술화된 중국 마르크스주의 철학을 포괄하는 시야의 필요성

초기 중국 마르크스주의 철학과 비교한다면, 신新중국 성립 이후 중국 마르크스주의 철학의 발전 양상은 새로운 특징을 드러낸다. 그 가운데 가장 뚜렷한 것은 중국 공산당이 정권을 장악하면서 마르크스주의 철학 연구가 국가의 고등교육과 학술연구 시스템 안으로 들어왔다는 점이다. 그로부터 다수의 연구 인력이 직업적인 전문 연구자가 되었는데, 그것은 학술적인 연구를 중국 마르크스주의 철학의 중요한 구성 부분으로 만들었다. 또한, 리다자오[李大釗, 1889-1927]·취추바이[瞿秋白, 1899-1935]·리다[李達, 1890-1966]·마오쩌둥 등 공산당의 1세대 지도자들은 정치적 지도자와 학자라는 두 가지 신분을 동시에 겸했는데, 이후 그들은 주로 정치적 지도자라는 신분에서 마르크스주의를 실천했다.

이처럼 중국 마르크스주의 철학의 발전은 이중적인 방식으로 나타났다. 즉, 하나는 주로 정치적 지도자들의 실천 과정을 통해, 다른 하나는 학자들의 학술 연구를 통해 마르크스주의 철학을 발전시킨 것이다. 물론 실천철학의 입장에서 전자의 방식이 더 근본적이라는 점은 의심의 여지가 없다. 하지만 후자의 방식도 대체할 수 없는 존재 가치를 지니고 있기 때문에, 그것은 있어도 되고 없어도 되는 것이 아니다. 그럼에도 불구하고 기존의 연구에서 후자에 대한 관심 부족은 중국 마르크스주의 철학의 발전 과정을 연구하는 데 결함을 가져왔다. 따라서 본 연구에서 그와 같은 결함을 어느 정도까지는 보완하고자 한다.

사실 학술적인 중국 마르크스주의 철학의 연구는 중국적 실천을 벗어난 순수한 학구적 이론 구조가 아니라, 중국의 사회적 실천과 긴밀하게 연관된 것이다. 학술적인 연구의 특징은 당면한 현실적 실천과 무관한 것처럼, 표면적으로는 마르크스주의 저작에서 드러난 저자의 사상을 어떻게 해석할 것인가의 논의로 보인다. 하지만 학술적 논쟁이라는 표면적 현상의 이면을 들여다보면, 그것이 심층적 차원의 현실 실천과 연관되어 있다는 점을 알 수 있다. 또는 중국 현실의 실천적 변화와 서로 결합되어 있다고도 할 수 있다. 그러한 입장에서 보면, 연구 경로는 실제로 중국 사회의 실천적 전환에 따라 몇 개의 발전 단계로 이루어져왔다는 점을 알게 된다.

21세기 초를 대체적인 경계로 해서 그 연구 경로를 크게 두 단계로 나눌 수 있다. 첫 번째 단계는 실천철학적 패러다임으로의 회귀라고 이름 붙일 수 있는데, 다시 말해서 이전의 실체성 철학의 패러다임과 주체성 철학의 패러다임이라는 두 가지 유형을 포함한 이론철학이 실천철학으로 되돌아간 것이다. 두 번째 단계는 마르크스 실천철학으로의 회귀라고 할 수 있는데, 모호한 실천철학에서 역사적 유물주의로의 발전적 회귀이다. 그러한 연구 경로가 마르크스주의 저작을 통해 드러난 저자들의 사상에 대한 해석상의 변화 과정이라면, 그 변화를 이해하고 원형으로서 본래의 마르크스 철학으로 되돌아가기 위해서는 현대 실천철학이라는 마르크스 철학의 본질과 마르크스적 실천철학의 독특함을 파악해야만 한다.

이론과 생활적 실천의 관계를 어떻게 다룰 것인가라는 문제로부터 철학 전체를 이론철학과 실천철학으로 나눌 수 있다. 이론철학과 실천철학이라는 전통적 이론 대립은 사실 실천 또는 인간 생활 자체와 이론적 활동의 관계를 어떻게 다룰 것인가에 그 핵심이 있다. 따라서 그 관계를 다루는 시각이 모든 철학적 사유의 전제를 구성하고, 그 관계를 다루는 방법이 철학적 사유의 경로와 그 근거를 결정한다. 이론과 실천이라는 관계에 단지 이러한 두 가지 배열 방식만이 가능하다고 한다면, 그로부터 가장 기본적인 철학적 관념이나 철학적 근거상의 두 가지 대립을 도출해낼 수 있다. 즉, 하나는 실천철학적 근거이고, 다른 하나는 이론철학적 근거이다. 만약 이론적 사유가 생활 실천을 구성하는 한 부분이라면, 이론적 사유는 근본적으로 생활을 벗어날 수 없을 뿐만 아니라 그 근거를 생활의 밖에서도 찾을 수 없다. 이처럼 이론적 이성이 실천적 이성에 종속된다는 주장의 철학적 근거가 바로 실천철학적 근거이다. 반면, 이론적 이성이 생활을 벗어날 수 있다면, 그것은 스스로 생활의 외부에서 아르키메데스 [Archimedes, B.C. 287?-B.C. 212]의 점點[10]을 찾을 수 있다. 이처럼 이론적 이성이 실천적 이성보다 우월하다는 주장의 철학적 근거가 이론철학적 근거다.

이와 같은 분류 방식에 따라 인간의 철학적 활동을 살펴보면, 플라톤 이후 서구철학의 지배적인 근거는 명확하게 이론철학이다. 고대 철학이든 근대 철학이든 간에 기본적으로 이론철학적 근거에 속한다. 물론 아리스토텔레스[Aristoteles, B.C. 384-B.C. 322]의 철학에서 어느 정도까지는 실천철학이 발전했다고 하더라도, 그에게 사변적 또는 이론적 활동이 여전히 높은 자리를 차지하고 있으며, 실천철학적 전통은 그 이후에도 이론철학 전통과 같이 수준 높은 발전을 이루지 못했다. 그러한 형이상학적 또는 이론철학적 근거는 고대에서 근대에 이르는 서구철학을 관통해 있다. 하지만 19세기 헤겔[Georg Wilhelm Friedrich Hegel, 1770-1831] 철학이라는 절정

---

10) | '아르키메데스의 점(Archimedean point)'은 움직이지 않는 한 점을 받침점으로 해서 지구를 들어 올리겠다는 아르키메데스의 주장에서 유래한 것이다. 그 점은 움직일 수 없는 확실한 지식의 기초라는 의미를 갖는다.

에 이른 이후, 그것은 심각한 도전에 직면했다.

이론철학과 실천철학만이 철학적 근거로 가능한 것이라면, 형이상학적 또는 이론철학적 근거에 대한 도전은 실천철학으로부터 나올 수밖에 없다. 니량캉[倪梁康]이 "사실상 헤겔 이후의 현대철학은 어떤 의미에서 전체적으로 실천철학이다. 또한 그런 의미에서 반反형이상학인 것이다."[11]라고 했던 것처럼 말이다. 그와 같이 반형이상학으로 이해되는 실천철학은 상당히 광범위한 계보를 갖는다. 다시 말해서, 그것은 헤겔 이후의 서구철학이 근본적 의미에서 전환되었으며, 그 전환의 근원에는 오직 마르크스만이 존재한다고 말할 수 있다. 또는 이론철학이 가장 번창했을 뿐만 아니라 그 이론적 한계가 폭로된 19세기에 이르러, 마르크스가 철학적 혁명을 추동하고 새로운 실천철학적 방향을 제시했다고도 할 수 있다.

그 방향의 기본적 특징은 이론과 실천의 관계를 새롭게 이해하는 것이다. 마르크스는 이론과 실천의 관계를 설명하면서 자신의 철학이 현대 실천철학이라는 점을 수도 없이 증명했다. 따라서 관련된 마르크스의 언술에서 그 증거를 찾는 것은 그리 어려운 일이 아니다. 마르크스가 수도 없이 언급했던 철학의 종말이나 철학의 부정은 분명 모든 전통적 이론철학에 대한 부정이었다. 이전 서구철학의 주류가 줄곧 이론철학이었던 만큼, 마르크스의 철학적 부정은 이론철학적 근거에 대한 부정이다.

서구 실천철학의 근원은 아리스토텔레스까지 거슬러 올라간다. 마르크스 철학과 아리스토텔레스의 실천철학은 서로 유사한 점이 있기는 하지만, 거기에는 어떤 근본적인 차이가 존재한다. 그 차이는 주로 실천 개념,

---

11) | 倪梁康, 「本期視點: 歐陸哲學的總體思考: 海德格爾思想比較研究」, 『求是學刊』2005年第6期: 27쪽. 이 논문은 하이데거와 관련된 외국 학자의 글 세 편을 니량캉이 번역 소개한 것이다. 관련 표현은 두 번째 번역문인 하이데거와 마르크스의 비교연구 부분에서 나온다.

그리고 인간 생활에서 실천이 지닌 위상에 대한 상이한 이해로부터 나타난다. 그와 같은 차이를 바탕으로 실천철학을 고대와 현대라는 두 가지 유형 또는 패러다임으로 구분해볼 수 있다. 그러한 구분에서 중국 고대철학은 고대 실천철학의 전형으로 간주되고, 마르크스 철학은 현대 실천철학의 전형으로 간주된다. 따라서 이론철학과 병렬적 관계를 이루면서도 그러한 이론철학들이 해결하지 못한 인간 생존의 근본 문제들을 다루었던, 아리스토텔레스의 실천철학(윤리학·정치학)은 서구 고대철학의 특수한 사례로 분류된다.

그런데 좀 더 살펴보면, 현대 실천철학은 철판과도 같은 단단한 무엇이 아니라 거기에는 매우 상이한 이론적 경향들이 존재한다. 사실 마르크스와 하이데거[Martin Heidegger, 1889-1976] 나 듀이[John Dewey, 1859-1952] 등을 비교해보면, 그 철학들 간에는 여러 곳에서 유사점이 발견된다. 그렇지만 원형으로서 본래의 마르크스 철학이 듀이나 하이데거와 같은 이들의 철학과 함께 현대 실천철학적 패러다임에 포함된다고 해서, 그들의 철학이 동일한 철학이거나 동일한 철학적 주장을 한다고 볼 수는 없다. 그들 모두 기본적으로 옛 형이상학을 격렬하게 반대했다는 점에서, 그들의 철학을 현대 실천철학에 포함시키는 것은 그리 큰 문제가 되지 않는다. 하지만 동일한 사유 패러다임에 속한 철학일지라도, 완전히 다르거나 심지어 대립적이기까지 한 이론적 주장들이 있을 수 있다. 또는 동일한 사유 패러다임에 속하지 않는 철학이지만 그들 사이에 단순한 차이만 있을 수도 있다. 실제로 철학적 이론들의 첨예한 대립은 일반적으로 동일한 사유 패러다임의 철학들 간에 발생한다. 예를 들어, 고대 원자론과 이데아론의 대립, 근대 합리론과 경험론의 대립이 그것이다. 현대 실천철학적 패러다임이 생활세계의 중요성을 직접 강조할지라도, 마르크스가 물질적 생산이라는 실천을 중시했다는 점에서 그들과 크게 구분된다. 그것이 바로 마르크스 철학을 유물주의로 만든 핵심 지점이다.

또한 마르크스 철학을 현대철학의 전형인 현대 실천철학으로 이해했다고 해서, 저절로 마르크스 철학이 현대 실천철학의 패러다임으로 이해되는 것도 아니다. 사실 널리 알려져 있는 마르크스 철학에 대한 해석들은 기본적으로 현대 실천철학 패러다임이 아니라, 이론철학적 근거가 포함된 실체성의 철학 또는 주체성의 철학이었다. 중국에서도 그 두 가지 해석이 몇 십 년 동안 지배적인 위치를 차지해왔다. 다시 말해서, 1980년대 이전까지는 실체적인 해석이 지배적이었지만, 1980년대부터 주체성의 철학이 유행하기 시작했다. 그 두 가지 해석은 마르크스 철학의 본질을 보여주지도 못했고, 마르크스가 수행한 철학적 사유 패러다임의 혁명적 전환이라는 성과도 덮어버렸다. 주체적 해석이 실체적 해석보다 더 우월할지라도, 여전히 근대 이론철학적 범주에 머물러 있기 때문에 현대 실천철학적 패러다임인 마르크스 철학의 본질적 특징을 적절히 드러낼 수 없었다. 그 문제는 근대 주체성 철학의 극복이 일반적으로 이론철학적 근거의 극복이 된다는 의미에서, 그러한 원칙에 입각해야만 현대 실천철학의 전형인 마르크스 철학의 의미를 이해할 수 있다.

　　그래서 21세기에 들어 중국철학계에서는 주체성의 철학이 본격적으로 성찰되었다. 그 성찰은 초기에 하이데거의 사상에 근거해 이루어졌는데, 그로 인해 마르크스와 근대 주체성 철학의 경계는 명확하게 그어졌다. 하지만 마르크스 철학은 여타의 현대철학, 특히 하이데거 철학과 혼동되는 경우가 잦았다. 실천철학이 현대철학의 지배적 흐름인 이상, 그것은 대단히 광범위한 계보를 갖는다. 즉, 그것에는 형이상학을 반대하고 현실 생활로 돌아갈 것을 주장하는 대부분의 철학적 유파들이 포함된다. 따라서 이처럼 매우 넓은 개념을 상대하려면, 실천철학이라는 동일한 명칭을 사용함에도 불구하고 상이한 철학적 요지를 구분해낼 수 있는, 특히 마르크스 철학이 어떤 의미에서 실천철학인지를 구별해낼 수 있는 분석이 절대적으로 요구된다.

실천철학으로 전환된 초기, 이론철학이나 형이상학에 대립한다는 의미에서 여러 실천철학들은 모호하고 전체적인 존재로 간주되었을 뿐만 아니라 그들 간의 차이도 따지지 않았다. 그 이유는 각자의 설명을 통해 실천철학의 본질과 그 합리적 내용들을 이해하려고 했기 때문이다. 하지만 이제는 실천철학이 주도적인 사상적 흐름이 되었기 때문에 여러 실천철학들의 차이를 분석해야만 한다. 그렇지 않으면 끊임없이 패러다임의 전환만을 언급할 뿐, 그 전환을 심화시켜 제대로 된 실천철학의 진전을 이루어낼 수 없다. 따라서 마르크스와 다양한 현대 실천철학적 유파들을 명확히 구분하는 것이 하나의 과제가 된다.

실제로, 최근 들어 마르크스주의 철학 분야에서는 역사적 유물주의를 깊이 있게 다루었는데, 그것은 여타의 현대철학들과 구분된 마르크스 철학만의 독특함을 알리려는 노력이었다. 저자가 보기에 역사적 유물주의라는 본래의 함의를 드러내는 것은 마르크스 실천철학만의 독특함을 밝히는 핵심적 지점에 해당한다. 의심할 바 없이, 그것은 중대한 의미를 지닌 실천철학적 전환의 심화 과정이자, 본래의 마르크스 철학으로 돌아가려는 행동이라고 할 수 있다.

학술적인 철학 이론은 몇 십 년 동안 뚜렷한 변화의 과정, 즉 사유 패러다임의 전환 과정을 거쳤는데, 그것은 중국에서 마르크스주의 철학의 발전이라는 중국화 과정을 보여주기도 한다. 전체적으로 50여 년 동안의 학술적인 마르크스주의 철학은 2,000년이 넘는 서구철학과 마찬가지로 실체성의 철학과 주체성의 철학이라는 이론철학으로부터 실천철학에 이르는 길을 거쳤다. 따라서 그와 같은 경로는 본래의 마르크스주의적 실천철학으로 돌아간 것이자, 또한 중국화된 마르크스주의 철학의 전형인 마오쩌둥의 실천철학으로 돌아간 것이라고 할 수 있다. 또한 그러한 회귀는 마르크스주의 철학이 실천철학의 하나인 전통적 중국철학과 대화하고, 심화된 중국화로 나아갈 수 있는 견고한 기반이 되었다. 분명한 것은 중국 마르크스주의 철학 분야의 그와 같은 변화 역시 중국화된 마르크스주의 철학의 연구 내용이 되어야 한다는 점이다.

4 결정론과 능동론의 관계를 중심에 놓아야 할 필요성

역사 전체를 놓고 보면, 결정론과 비결정론의 내재적 길항은 마르크스주의 철학의 해석 과정에서 늘 존재해왔다는 것을 어렵지 않게 발견할 수 있다. 그 내재적 길항은 이론적 측면에서 세계에 대한 결정론적 해석과 실천적 측면에서 세계를 능동적으로 바꾸려는 주장 간의 모순으로 나타났다. 마르크스주의 철학은 세계의 변혁을 강조했기 때문에 그 이론적 대상도 세계를 해석하기만 하던 기존 철학의 초경험적 사물이 아니라, 세계를 바꾸는 인간의 역사적 행동이 된다. 유한한 존재로서 인간의 활동이 제약되어 있다고 해서 멋대로 터무니없이 행동하는 것이 아니라, 기존의 세계를 어떤 형태로든 바꾸는 것이다. 이처럼 역사는 '역사' 자체가 인간을 수단으로 해서 발전해온 것이 아니라, 언제나 인간 자신이 창조해왔다.

한편, 마르크스의 역사적 유물주의는 다양한 방식들에 의해 역사적 결정론으로 해석되었기 때문에, 그것으로 세계를 바꾸는 것은 불가능하다. 세계를 바꾸는 것과 세계의 변화가능성은 서구철학에서 가장 일반적인 문제, 즉 결정론과 자유의지라는 것과 밀접한 관련을 맺고 있다. 그런데 세계를 바꾸는 이들의 활동은 자유의지로 환원될 수 있는 것이 아니기 때문에 양자 간에는 커다란 차이가 존재한다. 자유의지는 어떤 의미에서 인간의 내적 상태로 간주될 수 있다. 그래서 홉스[Thomas Hobbes, 1588-1679] 이후의 많은 철학자들이 결정론과 자유의지 모두를 함께 인정하는 태도를 취했다. 하지만 객관적으로 세계를 바꾸는 실천은 내재적 활동에 속하지 않기 때문에, 결정론과 세계를 바꾼다는 것은 합리적 측면에서 함께 인정될 수 없는 태도이다. 이와 같은 의미에서, 그 문제는 세계를 바꾸는 것이 이론적 목표 또는 적어도 목표 가운데 하나로 간주되는 철학에서만 나타나는 현상인 것이다. 오직 마르크스주의 철학만이 가장 선명하게 세계를 바꾼다는 목표를 제시했기 때문에 세계를 바꾸는 것과 세계의 변화가능성 문제를 명확하게 드러냈다고 할 수 있다. 따라서 그 문제는 마르크스주의 철학만의 핵심적 문제가 된다.

제2인터내셔널 이후의 마르크스주의는 나름대로 그 핵심적인 문제에 대한 대안을 제시했지만, 여전히 만족할 만한 대안은 나오지 않았다고 할 수 있다. 제2인터내셔널과 스탈린주의의 진화론이나 기계론적 결정론이라는 해석 모델은 당연히 문제를 해결하지 못했고, 레닌이나 루카치 [Georg Lukacs, 1885-1971] 등의 헤겔주의적 변증법과 같은 해석 모델도 사실 한 바퀴 돌아서 다시 역사결정론으로 되돌아간 것이기 때문에 세계의 변화가능성도, 인간 활동의 규범화 가능성도 설명하지 못했다. 하지만 그람시는 그러한 이론과 실천의 길항에 대해 또 다른 해결 경로를 제시했는데, 복잡하고 다원적인 실천적 상황을 이론적 검토의 시야에 포함시킴으로써 역사적 주체의 자발성이라는 활동 공간을 만들었다. 그러한 이해에서는 어떤 단일한 요인이 아니라 모든 복합적인 요인들에 의해 역사 운동이 결정된다. 즉, 역사적 필연성은 인간의 역사 활동을 벗어난 순수한 객관적 사물이 아니라, 객관적 조건과 주체의 보편 의식이 결합된 '복합체'인 것이다. 이와 같은 해석이 인간의 능동적 역할을 위한 공간을 만들었음에도 불구하고, 전체적으로는 여전히 모호하다고 할 수 있을 것이다.

반면, 알튀세르[Louis Althusser, 1918-1990]가 말년에 제시했던 '우발성의 유물주의' 또는 '마주침의 유물주의', 그리고 철저하게 결정론을 부정한 후기 마르크스주의는 또 다른 극단으로 나아간 경우다. 그로 인해 인간의 능동적 활동을 부정한 역사적 필연성의 문제는 해결되었지만, 대신 역사에는 더 이상 어떠한 확정적인 것도 없다는 결론에 이르게 된다. 결정적인 것이 존재하지 않는다면, 인간의 바람에 따라 능동적으로 세계를 변혁할 가능성 또한 사라지게 된다. 다시 말해서, 마르크스의 역사적 유물주의 해석이 제2인터내셔널, 그리고 스탈린주의의 기계론적 경제결정론으로부터 후기 마르크스주의의 반反본질주의적 비非결정론에 이르기까지, 그 논의가 180도로 바뀌었지만 여전히 문제는 해결되지 못한 상태로 남아 있다.

저자는 마르크스 자신의 철학 사상에 명료화되지는 않았지만, 그래도 독특한 형태의 해결 방안이 존재한다고 본다. 그것이 기존의 해석에서 드러나지 않았을 뿐이며, 따라서 그것을 다시금 찾아내는 것이 필요하다. 여기서 가라타니 고진[柄谷行人; Karatani Kojin]은 실증주의와 헤겔의 사변철학을 가지고 마르크스가 직면했던 문제를 해결할 수 없다고 보고, 칸트[Immanuel Kant, 1724-1804]식의 '초월론'적 방식을 끌어들여 대단히 새로운 내용을 제기했다. 그것은 '이동하는 시야', 즉 '사전事前'과 '사후事後'라는 두 가지 시점으로부터 대상을 동시에 관찰하는 방식이다. 그는 마르크스가 자본주의적 경제생활을 생산과 교환이라는 두 가지 시각에서 관찰한 것도 '사전'과 '사후'라는 이중적 관찰 시각과 유사하다고 보았다. 만약 이 '사전'과 '사후'라는 이중적 시각을 고대 그리스 철학이라는 배경 속에 놓는다면, '사전'과 '사후'라는 두 시각은 대체적으로 아렌트[Hannah Arendt, 1906-1975]가 밝혀내고자 한 그리스 사람들의 '행위자'와 '방관자'라는 두 가지 시각에 상응한다. 그 행위자와 방관자라는 이중적 시각은 마르크스의 『자본론』에서 '과학적' 그리고 '비과학적 관찰자'라는 두 가지 시각으로도 불렸다. 마르크스는 고전경제학자들처럼 '비과학적 관찰자'의 눈에 들어온 것을 외면하지 않았고, 오히려 그것의 원인을 깊이 있게 분석했다. 그러한 이중적 시각에 의한 관찰은 상품·화폐·자본 숭배 현상에 대한 심화된 분석 과정에서 더욱 두드러지게 나타났다.

그것은 마르크스주의가 중국에서 전파·발전되는 과정에서도 일관되게 나타났던 문제라고 할 수 있다. 역사적 유물주의를 처음 접한 리다자오는 그것에 내재한 결정론과 계급투쟁론의 길항을 느꼈고, 어느 하나에 치우친 해석을 하지 않았다. 취추바이는 당시 소련에서 유행하던 체계화된 마르크스주의 해석을 받아들였기 때문에 역사적 결정론을 강력히 주장했다. 그리고 리다는 실천 개념에 입각해 루카치와 유사한 변증적 해결 방식을 발전시키고자 했다. 그 가운데 특히, 주목해야 할 것은 실천가와 이론가라는 이중 신분을 갖춘 마오쩌둥이 그 문제를 실제적으로 다룬 방식이다. 단순한 이론가와 다르게, 마오쩌둥은 그 문제를 이론적으로 대단히 깊이 있게 논의했을 뿐만 아니라, 더 중요한 것은 실제 혁명적 실천 과정에서도 그 문제를 매우 성공적으로 해결했다는 점이다. 그러한 '실제적인 접근 방식'이 이론적 측면에서 합리적인 처리 방식을 만드는 데 필요한 방향을 제시했다는 점은 분명하다.

이후 1980년대 중반부터 중국철학계는 역사의 객관적 법칙과 주체적 능동성의 관계를 주제로 대단히 열띤 토론을 진행했다. 그 시기에, 포퍼 [Karl Popper, 1902-1994]의 『역사적 결정론의 빈곤』12)에 대한 비판도 함께 이루어졌는데, 그 논란은 지금까지도 계속되고 있다. 그 논의들 가운데 제출되었던 수많은 해결 방안들, 예를 들어 통계적 결정론·시스템적 결정론·역사변증적 결정론·복잡성 이론, 그리고 특히 가능성의 공간이론 등은 많은 측면에서 그 문제를 깊이 있게 이해하는 데 도움을 주었다. 그렇지만 전체적으로 그 방안들의 기본 방향은 이론적으로 과도하게 경직된 결정론을 약화시킨 데 맞춰져 있었을 뿐, 문제의 핵심인 이론과 실천의 이질적 연관성 문제는 건드리지 못했다. 따라서 그 문제는 실제적이고

---

12) | Karl Popper / 杜汝楫·邱仁宗 譯, 『歷史決定論的貧困』, 上海人民出版社, 2009를 참조하라. 이 책의 한국어 번역본으로는 Karl Popper / 이한구·정연교·이창환 옮김, 「역사법칙주의의 빈곤」, 『철학과현실사』, 2016이 있다.

합리적으로 해결되지 못했다. 이와 같은 사실은 무엇보다 기존에 간과되던 문제들을 주제화하고, 중국화된 마르크스주의 철학을 고찰하는 데도 결정론과 능동론을 중심적 경로로 삼아야만 한다는 점을 알려준다. 그를 통해 문제의 해결 과정에서 제시된 이전의 성과와 한계를 분석하고, 보다 합리적인 해결 방안을 찾아야만 할 것이다.

5 실천철학에 기초한 연구 계획

중국화된 마르크스주의 철학 연구가 이미 상당한 체계와 깊이를 갖추고 있다는 점, 그리고 앞서 언급한 중국화된 마르크스주의 철학의 관련 연구 현황을 고려해, 본서에서는 더 이상 세부적인 문제에 매달리지 않고, 기존 연구에서 논의가 다소 부족했던 4가지 문제에 주력하고자 한다. 이를 위해 전체 내용은 5개 부분으로 나뉜다. 첫 번째 부분은 1장으로, 중국화된 마르크스주의 철학의 방법론적 전제를 집중적으로 다룬다. 기존의 연구에 초점을 맞춰보면, 그와 같은 방법론적 전제에는 4가지 측면이 포함된다.

첫째, 마르크스주의 철학이 실천철학으로 제대로 인식하지 못했던 기존 연구에서 실천철학이나 비판적 역사과학이 마르크스주의 철학의 본질적 규정이라는 점을 밝힌다. 그를 통해 마르크스주의 철학의 중국화는 이미 만들어진 보편 원칙을 외적으로 적용한 것이 아니라 마르크스주의적 실천철학이라는 내재적 요구라는 점을 설명한다. 둘째, 기존 연구에서 중국적 사유방식과 서구적 사유방식의 커다란 차이를 간과했던 것에 초점을 맞춰, 이전 사람들의 연구 성과로부터 중국과 서구의 사유방식 차이, 그리고 그것이 확정한 중국 변증법과 서구 변증법의 근본적 차이를 더욱 확장시켜 논의한다. 셋째, 기존 연구에서는 학술적 연구로서 중국 마르크스주의 철학, 그리고 그러한 철학적 유형이 50여 년에 걸쳐 발전해 왔으며, 사유 패러다임의 전환이 이루어졌다는 점을 간과했다. 따라서 여기서는 '패러다임' 또는 '패러다임의 전환'을 통해 중국 마르크스주의 철학의 발전 가능성과 그 타당성을 논의하도록 한다. 넷째, 실천철학인 마르크스주의 철학에 담겨 있는 결정론과 능동론의 길항 관계를 간략히 정리한 다음, 그것을 중국화된 마르크스주의 철학의 이론적 중심 경로로 만들기 위한, 방법론적 전제를 정초한다.

두 번째 부분은 2·3·4장을 포괄한다. 2장인 「중국화된 마르크스주의 철학의 초기 과정」에서는 마르크스주의가 중국에 전래된 초기의 역사적 상황과 중국에 유입되는 경로들을 다룬다. 특히, 리다자오의 유물사관을 상세히 설명한다. 3장인 「마르크스주의 철학의 체계화를 위한 노력」은 취추바이로부터 리다와 아이쓰치[艾思奇, 1910-1966]에 이르기까지 마르크스주의 철학이 체계화되는 과정을 다룬다. 또한 실천철학으로 회귀해야 할 필요성과 마오쩌둥이 실천철학으로 회귀한 경로를 밝힌다. 4장인 「실천철학적 영역에서 본 마오쩌둥의 철학」은 마오쩌둥 철학이 실천철학이라는 입장에서 마오쩌둥 철학사상의 기본 관념을 새로이 해석한다. 그리고 중국의 전통철학적 요소가 마오쩌둥 철학에 끼친 영향과 그 의미, 마오쩌둥 실천철학의 전제 구조 등을 분석한다.

세 번째 부분은 5장인 「현대적 중국 마르크스주의 철학의 실천적 진전」이다. 이 부분은 마르크스주의 철학의 중국화에서 중국적 특색사회주의라는 이론 체계가 지닌 철학적 측면의 중대한 기여들, 주되게 사회주의 초급 단계 이론·사회주의와 인간의 전반적 발전 이론·과학적 발전관을 다룬다. 네 번째 부분은 6장인 「학술화된 연구 분야에서의 현대적 중국 마르크스주의 철학」이다. 여기서는 50여 년 동안의 학술적 연구 과정에서 나타난 중국 마르크스주의 철학의 변화와 그 논리를 다룬다. 그것을 바탕으로 현대적 중국 마르크스주의 철학 연구에서 나타났던 헤겔주의의 유행과

쇠퇴, 이론과 실천의 관계, 그리고 현대 실천철학에서 마르크스주의 철학과 여타 철학적 유파들 간의 본질적 차이를 분석한다.

다섯 번째 부분은 7장인 「중국화된 마르크스주의 철학의 미래 전망」이다. 이 부분은 앞서의 논의들을 기초로 중국 마르크스주의 철학의 미래를 논한다. 그것에는 현대적 중국 마르크스주의 철학의 역사적 책임, 중국철학과 서구철학의 대화가 마르크스주의 철학의 중국화에 끼친 영향, 현실성에서 이상理想성에 이르는 중국화된 마르크스주의의 철학적 전환, 그리고 현대적 중국 마르크스주의 철학의 이론적 혁신을 어떻게 이룰 것인가라는 문제들이 포함된다.

제**1**장

중국화된 마르크스주의 철학
연구의 방법론적 전제

마르크스주의 철학의 중국화 연구는 수많은 문제들과 관련되지만, 본 연구에서 가장 중요한 것은 마르크스주의 철학의 기본적 특징으로, 그것에는 중국과 서구의 문화적 차이(특히, 철학적 사유방식의 차이), 사회적 실천방식과 철학적 사유 패러다임의 상관성, 실천철학의 이행 과정에서 드러나는 이론과 실천의 관계 등의 문제들이 포함된다. 그 문제들은 중국화된 마르크스주의 철학의 이론적 전제를 구성한다. 사실 사람들은 연구과정에서 의도적이던 의도적이지 않던 간에 그 문제들에 대한 해답을 가정하기 때문에 그것들 또한 어느 정도까지는 연구자의 이론적 시각을 결정하거나, 또는 중국화된 마르크스주의 철학 연구의 방법론적 전제를 실제적으로 구성한다고 할 수 있다. 따라서 우선적으로 그 전제된 문제들을 비판적으로 고찰해야만 더욱 타당한 시야가 마련될 수 있고, 마르크스주의 철학의 중국화라는 매우 복잡한 문제를 더 잘 파악할 수 있게 된다.

1 중국화: 마르크스주의 철학의 내재적 요구

이론철학적 입장에서 마르크스주의 철학의 중국화는 그저 이미 만들어진 상태로 존재하는 보편적인 마르크스주의 원리를 구체적으로 적용하는 과정이자, 본래적인 보편적 원리와 무관한 것처럼 보인다. 하지만 실천철학적 입장에 기초하면, 그와 같은 행위는 결코 외재적인 것이 아니라 본질적으로 마르크스주의의 내재적 요구가 된다. 그것을 이해하려면 마르크스주의 개척자들이 제기한 '역사과학'이라는 개념을 제대로 이해해야만 한다. 하지만 유감스러운 것은 마르크스가 『도이치 이데올로기』에서 제기한 '유일한' '역사과학'에 관한 문제제기와 1권 1장의 제목을 통해 강조된 '유물주의 관점과 유심주의 관점의 대립', 그리고 양자의 내적 연관성은 오랫동안 사람들에 의해 철저히 무시되었다는 점이다. 따라서 그 문제제기에 포함된, 역사적 유물주의의 혁명성을 적절하게 이해하는 것이 얼마나 중요한 의미인지를 새롭게 밝혀야만 한다.

마르크스와 엥겔스[Friedrich Engels, 1820-1895]는 『도이치 이데올로기』에서 "우리는 유일한 과학, 즉 역사과학만을 알고 있을 뿐"[1]이라고 언급하면서, 1권 1장을 "유물주의 관점과 유심주의 관점의 대립"[2]으로 명명했다. 이것은 모든 사람들이 알고 있는 내용이다. 하지만 대부분의 사람들은 오랫동안 전자를 과학적 대상이나 과학적 연구의 역사적 측면으로부터 이해했을 뿐, 마르크스가 말한 '역사과학'의 특별한 의미는 간과되었기 때문에 그 이론은 그들이 애써 극복하려는 철학으로 분류되었다.[3] 후자의 경우도, 대부분의 사람들은 일반적 의미에서 철학적으로 유물주의와 유심주의의 대립이 강조된 것이라고 이해했는데, 그것은 두 가지 문제제기의 내적 연관성을 몰랐기 때문인 것 같다. 다시 말해서, 유물주의가 유심주의와 대립하는 것처럼 역사과학도 역사철학과 대립하는데 그 두 가지 대립 사이의 내적 연관성, 특히 유물주의와 역사과학의 내적 연관성을 이해하지 못했다.

---

1) 中共中央馬克思·恩格斯·列寧·斯大林著作編譯局 譯, 『馬克思恩格斯選集』1, 人民出版社, 1995: 66쪽.

2) 中共中央馬克思·恩格斯·列寧·斯大林著作編譯局 譯, 『馬克思恩格斯選集』1, 人民出版社, 1995: 62쪽.

3) 대부분의 연구자들이 마르크스의 역사과학이라는 개념이 지닌 독특한 함의를 간과했을지라도 우샤오밍[吳曉明]·장이빙[張一兵]·모치즈키 세이지[望月淸司; Mochizuki Seiji]와 같은 예민한 학자들은 그것을 아주 유의미하게 설명했다. 吳曉明, 『歷史唯物主義的主體概念』, 上海出版社, 1993; 張一兵, 『馬克思歷史辨證法的主體向度』, 河南人民出版社, 1995; 張一兵, 『馬克思哲學的歷史原像』, 人民出版社, 2009; Mochizuki Seiji / 韓立新 譯, 『馬克思歷史理論的研究』, 北京師範大學出版社, 2009를 참조할 수 있다.

이처럼 '유일한' '역사과학'이라는 문제제기에 포함된, 역사적 유물주의의 혁명성을 적절히 이해해야 한다는 의미의 중요성은 결과적으로 간과되었다. 그러한 내적 연관성과 중요한 의미라는 것을 이해하려면 우선 '유물주의'·'역사'·'역사과학'이라는 개념들이 마르크스에게, 그리고 역사적으로 지닌 심오한 함의를 다시 이해해야만 한다. 여기서는 앞서 언급한 개념들의 함의를 다시금 이해하는 것으로부터 시작해, 그것을 바탕으로 마르크스가 비판한 역사과학의 개념적 함의를 밝히는 방향으로 나아가고자 한다.

방법론적으로, 유심주의가 '상층'에서 출발해 사물을 설명하는 것과 다르게, 유물주의는 '기층'으로부터 사물의 운동 변화를 설명하는 이론적 경로를 거친다. 그 이론적 경로는 역사과학적 입장에 서야만 가장 철저해질 수 있다. 유심주의와 유물주의 대립은 어떤 의미에서 사변철학과 과학의 대립인데, 특히 사변적 역사철학과 마르크스의 비판적 역사과학의 대립이라고 할 수 있다. 또한 그와 같은 대립은 세계를 해석하기만 하는 철학과 세계를 바꾸는 것이 이론적 관심으로 내재된 비판적 역사과학 사이의 대립을 포함한다. 따라서 역사적 유물주의를 어떻게 이해할 것인가는 근본적으로 그것을 사변적 역사철학으로 이해할 것인가, 아니면 비판적 역사과학으로 이해할 것인가라는 중요한 이론적 문제가 된다. 그리고 그 모든 것은 마르크스의 '역사과학' 개념에 대한 진지한 검토를 요구한다.

1) 유물주의의 방법론적 함의

유물주의와 유심주의는 일반적으로 세계의 근원이 무엇인가라는 본체론적 판단으로 이해되는데, 그것도 잘못된 것은 아니다. 하지만 그렇게 이해되면 근본적인 방법론적 함의가 간과되는 경우가 생긴다. 사실 방법은 근본적인 의미를 지니고 있는데, 방법이 다르면 이론적인 결론이 달라지기 때문이다. 어떤 의미에서 보면, 유물주의적 본체론은 유물주의의 방법론적 결론 또는 그것의 본체론적 승인에 불과한 것이다.

또한 더 중요한 점은 다음에 있다. 즉, 근대 형이상학의 초월자로 간주되는 마르크스는 옛 형이상학의 학자들처럼 모든 것을 망라한 본체론적 체계를 만들지도 않았고 만들 수도 없었기 때문에 마르크스의 유물주의는 주로 방법론적인 의미에서만 가능한 것이었다. 그가 『도이치 이데올로기』에서 강조한 유물주의와 유심주의의 대립 또한 주로 방법론적인 측면에서만 이해할 수 있는 것이다. 따라서 마르크스의 역사적 유물주의가 지닌 혁명적 의미를 깊이 이해하기 위해서는 우선 유물주의의 방법론적 함의를 설명해야만 한다.

서구철학사에서 방법론적 의미의 유물주의와 유심주의 대립이 본체론적 의미의 양자 대립보다 더 일찍 발생했다. 고대 그리스에서 최초의 철학자로 불렸던 자연철학자들은 '원질'로서의 자연 사물, 예를 들어 '물'·'공기·'무정형자'·'불' 등을 가지고 세계를 해석했다. '원질'은 이후 아리스토텔레스에 의해 '질료'로 수렴되었는데, 철학사에서 그 철학자들의 이론적 주장을 유물주의라고 부른다.

그러나 자오둔화[趙敦華]는 그와 같은 견해를 문제시한다. 왜냐하면 "고대 그리스 철학에서는 지금 '물질'이라고 부르는 개념이 존재하지 않았기 때문에 당연히 '물질' 개념 중심의 유물주의도 있을 수 없다."[4] "이후 고대 그리스 철학에서 '물질' 개념이라고 할 수 있는 것은 '질료hyle'이다. hyle는 원래 고대 그리스어에서 '목재木材'라는 뜻이었는데, 철학자들이 그 생활상의 용어를 가지고 세계 만물을 구성하는 원재료로 표현했다. …… hyle는 중세에 matter로 번역되었지만, 그 기본적 의미는 여전히 '질

---

4) 趙敦華, 「'物質'的觀念及其在馬克思主義哲學中的嬗變」, 『社會科學戰線』2004年 第3期: 1쪽.

료'였다. 서구에서 matter가 '물질'을 의미하게 된 것은 근대 철학에 이르러서다."5) 다시 말해서, 유물주의는 엄밀한 의미에서 근대에 이르러 형성된 것이다.

그런데 자오둔화는 다른 한편으로, "'질료'가 '물질'은 아니지만 그것에는 근대 철학적 '물질' 개념의 싹이 담겨 있다."6)고 설명한다. 그 싹은 무엇을 뜻하는가? 저자는 방법론적 차원에서 유물주의의 형성 경로가 마련되었다는 의미로 해석한다. 본체론적 의미에서 엄밀하게 말한다면, 고대 그리스의 자연철학을 유물주의라고 할 수 없다는 점은 확실하다. 하지만 방법론적으로 본다면, 다시 말해서 세계를 해석하는 기본 경로로부터 본다면, '질료'를 가지고 세계를 해석하는 것과 '관념'이나 '형상'을 가지고 세계를 해석하는 것 사이에는 확실한 대립이 존재하고 있다.

사람들이 오랫동안 자연철학자들의 이론을 유물주의라고 불렀던 이유는 아마도 '질료'인 matter로써 세계를 해석했다는 점 때문일 것이다. 그런 방식으로 세계를 해석하게 되면 자연스럽게 Materialism, 즉 '질료론'이나 유물주의가 된다. 이와 다르게, 다른 철학자들은 '관념'이나 '형상', 즉 idea 또는 eidos로 세계를 해석했다. '이념'과 '관념' 또는 '형상', 즉 idea나 eidos로 세계를 해석한 이론은 자연스럽게 Idealism이라는 관념론·'형상론'·유심주의가 된다. 그와 같은 해석 방식의 구분은 후세 사람들이 과거의 철학사를 아리스토텔레스 '4원인설'의 관점으로부터 단순하게 개괄했다는 측면도 있지만, 그것이 방법론적으로 대립하고 있는 두 가지의 이론적 경로를 확실하게 표현했다는 점에서 합리적인 면을 보인다. 따라서 대립된 유물주의와 유심주의를 방법론과 본체론으로 각각 구분해볼 수 있다면,

---

5) 趙敦華, 「'物質'的觀念及其在馬克思主義哲學中的嬗變」, 『社會科學戰線』2004年 第3期: 1-2쪽.
6) 趙敦華, 「'物質'的觀念及其在馬克思主義哲學中的嬗變」, 『社會科學戰線』2004年 第3期: 2쪽.

철학의 역사에서 방법론적 유물주의가 더 일찍 출현했고, 본체론적 유물주의는 그것으로부터 시작되었기 때문에 전자가 후자보다 근본적인 의미를 갖는다는 점을 알 수 있을 것이다.

물론, 여기서 중요한 것은 유물주의와 유심주의의 철학사적 기원을 설명하는 것이 아니라, 세계를 해석하는 두 가지 대립 경로가 방법론적으로 어떤 의미를 갖는지 살펴보는 것이다. 이를 위해서는 아리스토텔레스의 '4원인설'으로 돌아가야 한다. 아리스토텔레스에게 세계를 해석한다고 하는 것은 근본적으로 만물이 생겨나고 사라지는 변화의 원인을 탐구하는 것이지, 자연의 근본을 하나 또는 몇 가지 원소로 귀결시키는 것이 아니라고 보았다. 원인은 4가지로 나뉘고 나열되는데, 즉 질료인·형상인·동력인·목적인이다.[7] 그리고 "뒤의 3가지 원인은 대부분의 상황에서 하나로 합쳐진다. 왜냐하면 존재한다는 것과 행위한다는 것은 같은 것이고, 운동의 최초 근원도 이 두 가지와 같은 종種이기 때문이다."[8] 분명히, "4가지 원인을 두 가지 원인으로 귀결시킨 것은 아리스토텔레스의 제1철학 연구인 본체론을 구성하는 데 중요한 의미를 갖는다."[9]

또한 이와 같은 귀결은 서구철학 전반에 걸쳐서도 대단히 중요한 의미를 갖는다고 할 수 있다. 왜냐하면 세계를 해석한다는 것은 단지 사물의 운동변화의 원인을 찾는 것에 불과하지만 사물의 운동변화의 원인이 '질료'('물질')와 '형상'('이념'·'관념') 두 가지 뿐이라면, 세계를 해석하는 방법론적 원칙은 근본적으로 3가지 방식만이 가능해진다. 그것은 질료론 또는 유물주의적 방식, 관념론 또는 유심주의적 방식, 질료와 형상 두 가지를 종합시키려는 이원론적 방식이다. 그런데 이원론은 항상 한쪽으로 치

---

7) Aristoteles / 吳壽彭 譯, 『形而上學』, 商務印書館, 1959: 6·84쪽을 참조하라.

8) Aristoteles / 苗力田 編, 「物理學」, 『亞里士多德全集』2, 中國人民大學出版社, 1991: 49쪽을 보라.

9) 姚介厚, 『西方哲學史』2, 鳳凰出版社, 2005: 717쪽.

우치려는 경향이 있기 때문에 어느 쪽으로도 치우치지 않는다는 것은 쉬운 일이 아니다. 따라서 세계를 해석하는 방법론적 원칙에는 기본적으로 질료론 또는 유물주의, 그리고 관념론 또는 유심주의라는 두 가지 방식만이 존재하게 된다.

세계를 유물주의적 방식으로 해석하느냐, 유심주의적 방식으로 해석하느냐의 근본적 차이는 의심할 바 없이 물질적 개념과 정신적 개념의 차이에 있다. 하지만 물질과 정신이라는 개념쌍이 질료와 이념(또는 형상)이라는 개념쌍으로부터 연역되어 나온 것이라면, 물질과 정신의 근본적 차이도 질료와 이념(또는 형상)의 그것에서 비롯된다. 그렇다면 질료와 형상의 근본적 차이는 무엇일까? 아리스토텔레스의 설명에 따르면, 그 차이는 대체로 다음에 있다. 첫째, 질료는 기초이고 규정되는 것이자, 가능성이다. 반면, 형상은 상층이고 규정하는 것이자, 현실태이다. 둘째, 질료가 규정되는 것, 즉 피동적인 것이라면 형상은 규정하는 것, 즉 능동적인 것이 된다. 셋째, 질료가 규정되는 것이자 피동적인 것이라면 그것은 바뀔 수 있는 것이다. 반면, 형상이 규정하는 것이자 능동적인 것이라면 그것은 영원할 뿐만 아니라 불변적인 것이 된다.

그와 같은 차이로부터, 이른바 세계를 유물주의적으로 해석한다는 것은 규정되고 바뀔 수 있는 기초, 기층, 가능성으로부터 사물의 운동과 변화를 설명한다. 이와 다르게, 이른바 세계를 유심주의적으로 해석한다는 것은 영원하고 불변하는 상층, 목적, 이념으로부터 사물의 운동과 변화를 설명한다. 또한 그것은 대립된 두 가지 인과 관념을 구성하는데, 전자는 이미 존재하는 그리고 사실적인 것에 근거한 기초적 조건론의 인과관이다. 그리고 후자는 미래에 존재하고, 규범성과 목적성에 근거한 목적론적 인과관이다.

대립된 두 가지 인과관은 오랜 기간 공존해 왔는데, 고대와 중세 시기에는 목적론적 인과관이 지배적인 위치를 차지했다면 근대 자연과학이 등장하면서 극단적인 기초적 조건론의 인과관, 즉 기계론적 인과관이 지배적 위치를 차지하게 된다. 그래서 "시간의 변화 과정이 엄밀한 연구의 유일한 대상이 되었다. 궁극의 인과성(즉, 목적인)도 어떠한 위치도 차지할 수 없었다. 진실한 세계는 수학적 연속성이 있는 일련의 원자 운동으로 이루어진 것이다."10) 이를테면, 2,000여 년의 변화를 겪어온 서구철학사에서 "원인에 대한 관념의 변화는 바로 목적인目的因으로서의 원인에서 충격衝擊으로서의 원인으로 변한 것"11)이라고도 볼 수 있다. 그와 같은 목적인의 거부는 기계론적 인과관계의 보편화에 따른 결과로서, 세계에 대한 어떤 해석도 수학화가 가능한 기계론적 결정론에 근거할 뿐이다. 기계론적 결정론이 세계를 원자와 같은 물질의 미립자에 귀속시킨 것은 의심할 바 없이 대단히 추상적이었으며, 따라서 세계의 변화를 해석할 때마다 많은 어려움에 봉착할 수밖에 없었다. 그러한 어려움을 마주한 독일의 유심주의, 특히 헤겔 철학은 기계론적 인과관을 목적론적 인과관으로 통합시키기 위해 변증적인 목적론적 인과관을 발전시켰다. 마르크스가 역사적 유물주의를 만드는 과정에서 가장 먼저 극복해야만 했던 것이 바로 이러한 유심주의적인 목적론적 인과관이었다.

그래서 방법론적으로 대립된 유물주의와 유심주의가 각각 세계를 해석할 때, 아래에 위치한 기초적 조건에서 시작하는가, 아니면 위에 위치한 목적에서 시작하는가의 대립이 된다. 이러한 맥락에서 마르크스의 역사관이 유물주의인 이유는 그것이 아래에 위치한 감성적 물질 활동의 경제적 토대로부터 위에 위치한 관념과 목적 등 정신생활의 변화 과정이 포함된 역사 전체를 해석하는 데 있지, 역사를 어떤 본원적인 자연 존재물로 환원시키는 물질적 본체론을 구성하는 데 있지 않기 때문이다.

---

10) Edwin Arthur Burtt / 徐向東 譯, 『近代物理科學的形而上學基礎』, 北京大學出版社, 2003: 68·76쪽.
11) Brendan Wilson / 翁紹軍 譯, 『簡說哲學』, 上海人民出版社, 2005: 서문 Ⅳ쪽.

2) 유물주의의 역사적 의의

마르크스와 엥겔스는 옛 유물주의와 역사의 관계를 다음과 같이 평가한 적이 있다. "포이어바흐가 유물주의자였을 때, 역사는 그의 시야 밖에 있었다. 그가 역사를 논했을 때, 그는 유물주의자가 아니었다. 그에게서 유물주의와 역사는 완전히 별개였다."[12] 이후 엥겔스도 다음과 같이 언급했다. "옛 유물주의가 이로부터 얻은 결론은 역사를 연구하는 과정에서 교훈적인 것들을 많이 얻을 수 없다는 것이다. 하지만 우리가 그로부터 얻은 결론은 옛 유물주의가 역사라는 영역에서 스스로를 배신했다는 것이다."[13] 그와 같은 언급들은 유물주의와 역사적 해석이 서로 어울리지 못할 뿐만 아니라 역사 연구가 유물주의의 기초가 될 수 없는 것처럼 보인다. 하지만 만약 그렇게 이해한다면 역사적 유물주 형성, 즉 유물주의로 역사를 해석하는 것도 기적과 같은 일이 될 것이다.

앞서 언급한 어려움은 형이상학적인 본체론적 유물주의의 시각에서 도출한 결론일 뿐이다. 오히려 방법론적 시각에서 유물주의와 역사 해석의 관계에 접근한다면, 완전히 상반된 결론을 끌어낼 수 있을 것이다. 다시 말해서, 오직 역사라는 영역만이 세계를 유물주의적으로 해석할 수 있는 근간이 되며, 단순한 자연 영역에서의 그것은 제한적 의미에서만 성립된다. 사람들은 흔히 별 생각 없이 원래부터 자연과학과 유물주의는 가까운 친구라고 생각한다. 하지만 그와 같은 생각도 제한된 의미에서만 성립될 뿐이다. 믿지 못하겠다면 마르크스가『자본론』에서 유물주의적 유심주의의 본질을 어떻게 비판했는지 살펴보길 바란다. "실제로, 분석을 통해 종

---

12) 中共中央馬克思 · 恩格斯 · 列寧 · 斯大林著作編譯局 譯,『馬克思恩格斯選集』1, 人民出版社, 1995: 78쪽.
13) 中共中央馬克思 · 恩格斯 · 列寧 · 斯大林著作編譯局 譯,『馬克思恩格斯選集』4, 人民出版社, 1995: 248쪽.

교적 환상에 반영된 세속적 핵심 내용을 쫓는 것이 거꾸로 당시 현실의 생활 관계로부터 천국이라는 형식을 이끌어내는 것보다 훨씬 쉬운 일이다. 후자의 방법이 유일한 유물주의적 방법이기 때문에 유일한 과학적 방법이기도 하다. 역사적 과정이 배제된 추상적인 자연과학적 유물주의의 한계는 그것의 대표성이 스스로의 전공 영역을 벗어날 때마다 그 추상적이고 유심주의적인 관념에서 즉각적으로 표출된다."14)

마르크스의 자연과학적 유물주의 비판을 어떻게 이해해야 하는가? 그것은 마르크스가 유물주의의 출발점을 혁명적으로 바꿨다는 점과 관련된다. 앞서 언급한 것처럼, 방법론적으로 유물주의는 세계의 생멸生滅과 운동을 설명할 때, 질료적인 '기층基層'에 입각해 있다. 그것은 방법론적으로 모든 유물주의에 공통적으로 적용된다. 또한 앞서 언급한 '기층'과 유심주의의 출발점인 '상층'의 구분을 인간과의 관계로부터 말하자면, 본질적으로 감각적 직접성과 이성적 추상성의 대립이 된다. 유물주의의 '기층'는 항상 감각적이고 직접적인 사물이지만, 유심주의의 '상층'는 언제나 감각을 넘어선 추상적인 사물인 것이다.

이러한 감각적 직접성은 고대 유물주의에 함축된, 다시 말해서 세계의 '기본 물질'로 간주되던 '물'·'불'·'공기'·'원자' 등을 가리킨다. 감성으로부터 명확하게 규정되지는 않았지만, 그것들은 '이념'이나 '형식'이라는 것과 다르게 모두 감성을 갖추고 있다. 그와 같은 감각적 직접성은 근대 유물주의적 물질 개념을 통해 명백하고도 확실하게 그 모습을 드러냈다. 예를 들어, 홀바하[E. von Hollbach, 1723-1789]와 같은 이는 감성으로부터 물질 개념을 규정한다. "물질은 일반적으로 어떤 방식으로든 우리의 감각 기관을 자극하는 모든 것이다."15) 이 규정에 따르면, 우리의 감각 기관을

---

14) Karl Heinrich Marx / 中共中央馬克思·恩格斯·列寧·斯大林著作編譯局 譯, 『資本論』1, 人民出版社, 1975: 410쪽.

15) E. von Hollbach, 「自然體係」, 北京大學哲學係外國哲學史敎硏室 編譯, 『十八世紀

자극할 수 있는 것, 즉 감성적인 것이 바로 물질이자 실재이고, 감성적이지 않은 추상적 사물은 실재성을 갖추지 못한 것이다.

마르크스의 유물주의도 당연하게 예외 없이 감각으로부터 시작된다. 하지만 감각적 직접성을 더 깊이 있게 이해하는 방법은 유물주의에 따라 많이 다르다. 실제적으로 옛 유물주의는 모두 감각적 직접성을 감각의 존재로 이해했지만 마르크스의 유물주의는 그것들과 근본적으로 상이하게 감각을 감각의 활동으로 이해했다. 이에 대해 마르크스는 다음과 같이 비판했다. "예전의 모든 유물주의(포이어바흐의 유물주의를 포함한)의 주된 결함은 대상·현실·감각을 객체적이거나 직관적인 형식으로 이해했을 뿐이지, 그것들을 감각적인 사람들의 활동으로 보거나 실천으로 간주하지 않았다는 점이다."[16] "포이어바흐는 추상적 사유에 만족하지 않고 직관을 좋아했는데, 그는 감각을 실천적이거나 사람들의 감각적 활동으로 보지 않았다."[17] "그에게 감각 세계는 이 세계를 구성하는 살아 있는 개개인의 감각적 활동으로 이해된 적이 없다."[18]

출발점이 감각의 존재에서 감각의 활동으로 전환되었을 때, 처음에는 크게 바뀐 것이 없어 보였지만 그 원칙이 관철되면서 유물주의 역사에서는 일대 혁명적인 변화가 나타났다. 감각이 감각의 존재로만 이해된다면 감각의 대상인 감각적 객체만이 직접성의 존재이고, 그것이 가장 확실한 출발점이라는 결론을 피할 수 없게 된다. 하지만 감각이 감각의 활동으로 이해된다면 상황은 완전히 달라진다. 즉, 가장 직접적인 존재는 결코 감각

法國哲學』, 商務印書館, 1963: 587쪽을 보라.

16) 中共中央馬克思·恩格斯·列寧·斯大林著作編譯局 譯, 『馬克思恩格斯選集』1, 人民出版社, 1995: 54쪽.

17) 中共中央馬克思·恩格斯·列寧·斯大林著作編譯局 譯, 『馬克思恩格斯選集』1, 人民出版社, 1995: 56쪽.

18) 中共中央馬克思·恩格斯·列寧·斯大林著作編譯局 譯, 『馬克思恩格斯選集』1, 人民出版社, 1995: 78쪽.

적 대상 자체가 아니라 감각적인 인간의 활동이기 때문이다. 그러한 의미에서 감각적 대상 자체는 감각의 활동에 위치해야만 구체적인 존재물이 되지만, 만약 거기에서 빼낸다면 그것은 그저 추상적인 존재물일 뿐이다.

따라서 인간에게는 감각적인 사람들의 활동만이 가장 직접적인 존재이고, 감각의 활동에서 시작해야만 진정으로 '하층'으로부터 세계를 설명했다고 할 수 있을 뿐만 아니라 진정한 유물주의라고 부를 수 있다. 감각적인 사람들의 활동은 무엇보다 생활 자원의 생산과 재생산이라는 역사에 종사하는 활동이기 때문에 감각적인 사람들의 활동에서 시작한다는 것은 현실적인 인류의 역사 활동에서 시작한다는 것을 의미한다. 그로부터 유물주의의 진정한 출발점은 현실적인 인류의 역사인 것이지, 현실적인 사람들의 감각적 활동에서 추상화시킨 감각적 사물이 아니다.

이제 자연과학적 유물주의를 비판한 마르크스의 핵심이 명확해졌다. 그것은 '역사적 과정이 배제된 추상적' 방법을 가리키는데, 다시 말해서 '대상·현실·감각을 객체적이거나 직관적인 형식으로 이해했을 뿐이지, 그것들을 감각적인 사람들의 활동으로 보거나 실천으로 간주하지 않았다는 점이다.' 그러한 추상적 방법은 감각적 객체를 현실적인 감각 활동에서 추상화시켜 역사에서 벗어난 추상적인 사물, 즉 초역사적이고 영원한 범주로 만들기 때문에 당연하게도 현실적인 역사 과정을 이해할 수 없게 된다. 이와 다르게, 마르크스가 '유일한 유물주의적 방법이기 때문에 유일한 과학적 방법'이라고 한 것은 하층·기초라는 존재로부터 시작하는, 다시 말해서 인간에게 가장 직접적인 존재로부터, '당시의 현실적 생활 관계로부터 천국의 형식' 등과 같은 상층·관념적 형태의 것들을 '이끌어낸' 것을 말한다.

그것이 의미하는 바는 무엇일까? 그것은 "시대마다 어떤 범주를 찾는 것이 아니라 언제나 현실 역사를 바탕으로 하는 것이며, 관념으로부터 실천을 해석하는 것이 아니라 물질적 실천으로부터 관념의 형성을 해석"[19]하는 것이다. 다시 말해서, "현실적이고 생명을 갖춘 개인 자체로부터, 의식을 단지 그들의 의식으로 간주"[20]하는 것은 "생활이 의식을 결정한다."[21]고 보는 것이지, 그 반대가 아니다. 또한 "사회생활 전체는 본질적으로 실천적인 것이다. 이론을 신비주의라는 신비스러운 무엇으로 이끄는 것들은 인간의 실천 과정에서 그리고 그 실천을 이해하는 과정에서 모두 합리적으로 해결될 수 있다."[22] "그로부터 유심주의가 그의 마지막 피난처인 역사관에서 쫓겨나면서 유물주의적 역사관이 제기된 것이다."[23]

분명한 것은 역사적 영역에서만이 현실의 생활 과정을 묘사함으로써 그들의 의식을 설명할 수 있다는 점이다. 다시 말해서, "사람들의 존재를 통해 그들의 의식을 설명하는 것이지 예전처럼 사람들의 의식을 통해 그들의 존재를 설명하는 것이 아니다."[24] 자연 영역에서 자연을 연구한다고 해도 그것을 달성할 수는 없다. 따라서 유물주의의 관건적 영역은 근본적으로 자연 영역이 아니라 역사 영역이고, 역사과학이지 자연과학이 아니다. 그것이야말로 유물주의의 궁극적이고 확실한 기초가 된다.

또한, 자연의 영역이 아니라 역사의 영역만이 유물주의의 가장 견고한 기초가 된다는 것은 인간의 창조적 활동이 역사 또는 자연과 맺는 관계에

---

19) 中共中央馬克思 · 恩格斯 · 列寧 · 斯大林著作編譯局 譯, 『馬克思恩格斯選集』1, 人民出版社, 1995: 92쪽.

20) 中共中央馬克思 · 恩格斯 · 列寧 · 斯大林著作編譯局 譯, 『馬克思恩格斯選集』1, 人民出版社, 1995: 73쪽.

21) 中共中央馬克思 · 恩格斯 · 列寧 · 斯大林著作編譯局 譯, 『馬克思恩格斯選集』1, 人民出版社, 1995: 73쪽.

22) 中共中央馬克思 · 恩格斯 · 列寧 · 斯大林著作編譯局 譯, 『馬克思恩格斯選集』1, 人民出版社, 1995: 56쪽.

23) 中共中央馬克思 · 恩格斯 · 列寧 · 斯大林著作編譯局 譯, 『馬克思恩格斯選集』3, 人民出版社, 1995: 365쪽.

24) 中共中央馬克思 · 恩格斯 · 列寧 · 斯大林著作編譯局 譯, 『馬克思恩格斯選集』3, 人民出版社, 1995: 365쪽.

근본적인 차이가 있다는 점, 그리고 인류의 인식이 그 창조적 활동과 내재적으로 연관된다는 점에 있다. 마르크스는 인간이 인류의 역사를 창조했다는 비코[Giovanni B. Vico, 1668-1744]의 관점에 전적으로 동의한다. 비코는 "시민 사회라는 세계는 인류에 의해 창조된 것이 분명하기 때문에, 그것의 원칙은 우리 스스로 인류 영혼의 다양한 변화 과정에서 찾을 수밖에 없다."[25]고 밝혔다. 마르크스는 그와 같은 비코의 입장을 인정했다. "비코가 언급한 것처럼 인류사가 자연사와 구별되는 지점에 다음에 있다. 인류사는 우리 스스로 창조한 것이지만 자연사는 우리 스스로 창조한 것이 아니라는 점이다."[26] 물론 마르크스가 여기서 말한 자연사는 인류사 이전 또는 그 외부에 있는 자연사이지, 인간의 활동에 의해 인류사에 포함된 자연사를 가리키는 것이 아니다. 후자의 경우, 자연사와 인류사 "이 두 영역은 분리될 수 없는 것인데, 인간이 존재해야만 자연사와 인류사는 서로를 제약"[27]하기 때문이다.

마르크스는 인류의 인식과 그 창조적 활동이 내재적으로 연관되어 있다는 비코의 사상을 비판적으로 수용한다. 비코는 다음과 같이 언급했다. "라틴어에서 verum[진리]와 factum[창조물]은 서로 바뀔 수 있는 것이다."[28] "그로부터 고대 이탈리아의 철학자들이 다음과 같은 진리에 대한 신념을 지녔다는 추론이 가능해진다. 진리는 곧 창조물이다."[29] 그에 대해 비코

25) Giambattista Vico / 朱光潛 譯, 『新科學』, 人民文學出版社, 1987: 134-135쪽.
26) Karl Heinrich Marx / 中共中央馬克思・恩格斯・列寧・斯大林著作編譯局 譯, 『資本論』1, 人民出版社, 1975: 409-410쪽.
27) 中共中央馬克思・恩格斯・列寧・斯大林著作編譯局 譯, 『馬克思恩格斯選集』1, 人民出版社, 1995: 66쪽.
28) Giambattista Vico / Leon Pompa(Edt) / 陸曉禾 譯, 『維柯著作選』, 商務印書館, 1997: 83쪽.
29) Giambattista Vico / Leon Pompa(Edt) / 陸曉禾 譯, 『維柯著作選』, 商務印書館, 1997: 83쪽.

는 다음을 제기했다. "물리학에서 기학학적 방법에 의존한 참이라고 알려진 법칙은 개연적일 뿐이다. 기하학은 그것들에 방법을 제공하지만 증명을 제공하지는 않는다. 우리가 기하학적 법칙을 증명하려는 것은 우리가 그것들을 창조했기 때문이다. 우리가 물리학적 법칙을 증명할 수 있다면, 우리는 그것들을 창조할 수도 있다. 사물의 참된 형식은 전능한 신에게만 존재할 뿐이며, 그 형식들에 의지해야 사물의 (물리적) 성질이 만들어진다."[30] 그에 따라 "누구라도 이 점을 깊이 생각해본다면 놀라움을 느끼지 않을 수 없을 것이다. 과거의 철학자들은 온 힘을 다해 자연 세계를 연구했는데, 그러한 자연 세계가 신에 의해 창조된 것이라면 그것은 단지 신만이 알고 있을 뿐이다. 또한 과거 철학자들은 줄곧 개개의 민족 세계 또는 시민 세계의 연구에 소홀했는데, 그러한 시민 세계가 인류에 의해 창조된 것이라면 인류는 마땅히 그것을 알기 바랄 것이다."[31]

인류의 창조적 활동을 인간의 실천적 활동으로 이해하게 되면, 비코의 원리는 마르크스에게 비판적으로 수용된 것이 분명하다. "인간의 사유가 객관적 진리를 포착할 수 있는지는 이론의 문제가 아니라 실천의 문제"[32]라는 마르크스의 명제와 앞서 언급한 비코의 사상이 긴밀하게 연관되어 있다는 점을 아는 것은 그리 어렵지 않다. 인간의 사유나 이론적 인식은 직접적 실천에서 근거한다. 다시 말해서, 이론은 직접적 실천을 깨닫고 반성하는 것일 뿐이다. 이처럼 현실적 인간의 실천만이 인류 역사를 구성했다는 점에서 보면 인간의 실천으로서 인류 역사는 이론적 인식에 가장 근접한 기초가 되면서도, 이론적 인식이 도달할 수 있는 가장 완벽한 영역

---

30) Giambattista Vico / Leon Pompa(Edt) / 陸曉禾 譯, 『維柯著作選』, 商務印書館, 1997: 73쪽.

31) Giambattista Vico / 朱光潛 譯, 『新科學』, 人民文學出版社, 1987: 135쪽.

32) 中共中央馬克思·恩格斯·列寧·斯大林著作編譯局 譯, 『馬克思恩格斯選集』1, 人民出版社, 1995: 55쪽.

이 된다.

그러한 점에서, 자연을 인식할 때 만약 그것이 인류사와 서로 제약되면서도 인류사의 일부가 된 자연을 가리킨다면, 그 자연은 인류사에 속한 것이다. 그렇지만 그것이 일반적 의미의 무한한 자연을 가리킨다면, 그 영역은 현실의 인류 역사 밖에 존재하기 때문에 그것은 인류에게 직접적으로 존재하는 것이 아니다. 따라서 인간은 무한한 자연을 단순히 개념적이거나 추론적으로 인식할 수밖에 없기 때문에 불가피하게 그것은 추상적인 인식이 된다. 자연과학자들이 자주 그 점을 잊고 있다고 해도 실제로는 현실 실천이라는 커다란 배경 속에서 일하고 있다. 과학자들은 그들이 연구하는 대상을 직접적인 존재라고 간주하지만, 그 대상이 직접적인 존재에서 추상화된 추상적 사물이라는 점을 알지 못한다. 물론, 그 전공 범위를 벗어나지 않는다면 그 추상적 사물을 직접적 존재로 간주한다고 해도 큰 지장은 없다. 하지만 그것이 전공 범위를 넘어, 즉 전공 범위 밖으로 확장되어 세계 전체를 해석하는 원칙이 된다면 추상적 사물은 직접적 존재가 된다. 이것이 바로 마르크스가 비판했던 유심주의로 빠져든 것이다. 왜냐하면 추상적 사물을 직접적 존재로 간주한다는 점에서 그것과 유심주의는 크게 다르지 않기 때문이다.

3) 역사적 유물주의: 비판적 역사과학인가, 아니면 사변적 역사철학인가

유물주의의 방법론적 함의와 유물주의에 대한 역사적 의미를 명확히 했다면, 이제 마르크스의 역사과학이라는 개념적 함의를 논의하고자 한다. "우리는 유일하게 하나의 과학인 역사과학만을 안다."는 마르크스의 단언에서, '과학'이라는 어휘의 원래 의미는 'Wissenschaft'이다. 독일어에서는 이 어휘의 뜻이 비교적 모호해 영어의 'science'보다 그 의미가 더 넓다고 할 수 있다. 그런데 전반적으로 근대 이후 몇 백 년 동안 유럽의 여러 언어들에서는 '과학'과 '철학'의 개념을 엄밀하게 구분하지 않았던 것 같다.

뉴턴[Isaac Newton, 1642-1727]이 그의 역학 저서에 『자연철학의 수학적 원리』라는 제목을 붙였듯이, 헤겔은 자신의 철학 저서에 'Wissenschaft Der Logik', 즉 '논리과학'(일반적으로 『논리학』이라는 중국어로 번역된다)이라는 이름을 붙였다. 그럼에도 불구하고 19세기 말부터 '과학'과 '철학'의 의미가 점차 분화되면서 '과학'은 많은 경우 실증적인 연구를, 철학은 일반적으로 사변적인 이론적 사유방식이라는 영역을 가리키게 되었다. 마르크스와 엥겔스가 역사적 유물주의를 역사과학이라고 부르면서 사변적 역사철학과 대립했던 시기, 그들은 비교적 늦게 '과학'이라는 어휘를 사용했다. 그것은 반드시 그들의 '역사과학' 개념을 신중하게 대해야 한다는 점을 알려준다. 사변적 역사철학에 대한 마르크스의 비판을 무시할 수도 없으며, 그들이 역사과학이라고 간주한 역사적 유물주의를 역사철학과 계속 혼동해서도 안 된다.

그렇다면 마르크스의 역사과학은 근본적으로 역사철학과 어떻게 구분되는가? 그 문제에 대한 레몬의 해석은 상당히 정확하고 적절하다. "마르크스의 경우를 보자면, '철학'에 대한 그의 공격은 논리적 범주에 의한 판단으로부터 형성된 순수한 사유방식을 공격한 것이 분명하다. 그것은 그가 논리적 힘을 무시했다는 말이 아니라, '인간'과도 같은 보편적 개념이 실제 현상을 지시하는 것처럼 여기던 방법적 유용성을 인정하지 않았다는 말이다."[33] 그와 같은 사변적 철학과 반대로, "마르크스는 그의 새로운 방법, 즉 '역사적 유물주의'가 '과학적'이라고 생각했는데, 그에게 그것은 실천적인 실제 사실에 근거한 것으로 고정적이거나 선험적인 개념이

---

33) Michael C. Lemon / 畢芙蓉 譯, 『歷史哲學: 思辨, 分析及其當代走向』, 北京師範大學出版社, 2009: 398쪽.

아니었기 때문이다. 그것을 '과학적'이라고 한 것도 자연을 해석하는 '과학 법칙'의 역할과 유사하게, 그것이 '실제적인 현실'에서 사물 간의 연관을 드러내는 일반 '개념'이나 주요 원칙의 틀을 추출해내기 때문이다."[34)

마르크스와 엥겔스의 표현에서 '사변'이나 '철학'은 현실 생활에서 벗어나 어떤 보편적 개념으로부터 역사를 연역하려고 한 것이기 때문에 그것은 유심주의와 동일시된다. 특히, 헤겔의 사변적 유심주의와 동일한 것이 분명했다. 그것의 근본적 오류는 다음에 있다. "그 철학자들은 독일 철학과 독일 현실이 맺는 관계의 문제, 그리고 그들이 행한 비판과 그들 자신의 물질적 환경이 맺고 있는 관계 문제를 제기해야 한다고 생각하지 못했다."[35) 하지만 '과학'의 방식은 이와 다르다. "그것은 현실이라는 전제로부터 출발했기 때문에, 그것은 한시라도 이 전제를 벗어나지 않는다."[36) 그래서 "사변이 멈춘 곳, 그리고 현실 생활을 마주한 곳이야말로 사람들의 실천 활동과 실제적인 발전 과정을 묘사하는 진정한 실증과학이 시작되는 곳이다. 그곳에서 의식에 대한 공론은 중단될 것이고, 그것들은 진정한 지식에 의해 대체될 것이다."[37) 따라서 과학은 사변적 유심주의와 상반된다는 의미에서 유물주의와 동일하다.

마르크스와 엥겔스가 『도이치 이데올로기』에서 유물주의와 유심주의를 대립시키는 한편, 과학과 사변철학을 대립시키는 것을 보았다. 또한 유물주의를 과학적 방법과 동일시하는 한편, 유심주의를 사변철학과 동일

---

34) Michael C. Lemon / 畢芙蓉 譯, 『歷史哲學: 思辨, 分析及其當代走向』, 北京師範大學出版社, 2009: 398쪽.

35) 中共中央馬克思·恩格斯·列寧·斯大林著作編譯局 譯, 『馬克思恩格斯選集』1, 人民出版社, 1995: 66쪽.

36) | 中共中央馬克思·恩格斯·列寧·斯大林著作編譯局 譯, 『馬克思恩格斯選集』1, 人民出版社, 1995: 73쪽.

37) 中共中央馬克思·恩格斯·列寧·斯大林著作編譯局 譯, 『馬克思恩格斯選集』1, 人民出版社, 1995: 73쪽.

시하고 있다. 그러한 대립과 동일시는 어떤 의미가 있는 것인가? 예전 사람들은 이 문제를 간과했던 것 같다. 그 이유는 예전 사람들 대부분이 본체론으로부터 유물주의와 유심주의의 대립을 이해했을 뿐, 방법론적 측면에서 그러한 대립이 지닌 의미를 소홀히 했기 때문이다. 방법론적으로 유물주의와 과학의 일치성은 사물 존재의 기초적 조건으로부터 사물을 설명한다는 점에서 두 가지 모두 기초적 조건론의 인과관에 해당한다. 그리고 유심주의와 사변철학의 일치성은 두 가지 모두 암묵적이든 명시적이든 목적론으로 사물을 설명한다는 점에서 모두 목적론적 인과관이다. 그러한 일치성으로부터 마르크스는 역사적 유물주의를 사변적 역사철학과 대립하는 역사과학으로 간주할 수 있었다.

그러나 역사적 유물주의를 하나의 과학, 나아가 실증적 역사과학이라고 말하는 것이 적절치 못하다는 생각을 들게 한다. 만약 역사적 유물주의가 역사과학이라면, 그것은 수많은 과학 가운데 하나일 뿐, 그것이 어떻게 세계관이라는 중요한 역할 감당할 수 있겠는가? 물론, 마르크스가 과학적 세계관을 만들었다고들 한다. 사람들이 이렇게 말할 때, '과학'이라는 어휘와 철학은 대립된 의미를 띠지 않는다. 차라리 그것은 철학에 대한 일종의 찬사이며, 하나의 관형어로서 중심 어휘인 철학을 형용하는 데 사용되고 있다. 그래서 사람들의 마음속에 역사적 유물주의는 여전히 하나의 철학으로 남아 있다.

게다가 적지 않은 사람들이 그것을 또 다른 사변적 역사철학에 귀결시켜 마르크스주의 역사철학의 정립 과제로 명확하게 제출하고자 했다. 그런데 그와 같이 생각하고 행동했을 때, 그들은 역사적 유물주의의 개척자 자신들이 남긴 진술들을 어떻게 다루었을까? 개척자들도 분명히 과학과 사변철학을 대립시키지 않았을까? 따라서 마르크스가 품었던 과학이라는 함의를 이해하려면 마르크스가 비판했던 자연과학의 제한적인 과학 관념에 얽매이지 않고, 마르크스의 역사과학이라는 관념으로 돌아가야만 한다.

마르크스의 과학 관념은 앞서 밝혔던 것처럼 방법론적 의미의 유물주의, 즉 '하층'으로부터 '상층'을 설명하는 방법이나 경로인 기초적 조건론의 인과관이다. 이와 같은 과학관은 경험주의적 과학관과 근본적으로 구분된다. 마르크스의 관점에서 자연과학적 의미의 실증과학은 가장 직접적인 현실 존재에 이르지 못했기 때문에 여전히 추상적인 것이며, '진정한 실증과학'도 아닌 것이다. '사람들의 실천 활동과 실제적인 발전 과정을 묘사하는' '역사과학'만이 '진정한 실증과학'으로 불릴 수 있다. 경험론의 낡은 유물주의와 다르게, 새로운 유물주의인 역사적 유물주의는 인간의 감성 활동에서 나온 것이지 감성이라는 존재에서 나온 것이 아니다. 그것이 묘사하고자 하는 것은 인간의 감성 활동이지 낡은 유물주의가 알고 있는 감성의 존재가 아니다.

감성의 활동과 감성의 존재는 근본적으로 상이하다. 감성의 존재는 우리 감각기관의 대상일 뿐이지만, 감성의 활동은 그렇지 않다. 그것이 인간의 활동인 이상, 그것은 활동 주체와 함께 활동 방식과 활동 대상이라는 두 가지 측면을 포함할 수밖에 없다. 인간의 활동이 능동적인 만큼, 주체는 반드시 그 활동을 어느 정도까지는 자각하게 된다. 그래서 주체는 그 활동 방식이나 활동 대상과 동질적인 것이 아니라 다른 차원에 위치한다. 경험주의적 방법이 기껏해야 경직된 감성의 존재만을 묘사할 뿐, 인간의 능동적 감성 활동을 묘사할 수 없다는 것은 분명하다.

따라서 경험론적 유물주의와 마찬가지로 순수한 감각적 재료로부터 시작해서는 안 되며, 편협한 낡은 유물주의적 시야를 뛰어넘어 더 높은 차원에서 인간의 감성 활동을 다뤄야만 한다. 마르크스와 엥겔스는 더 높은 차원을 다음과 같이 묘사했다. "현실을 묘사하는 것은 철학의 독자적인 생존 환경을 잃게 할 수 있다. 그것을 대체할 수 있는 것은 기껏해야 인류의 역사 발전을 고찰하는 과정에서 추상화시킨 가장 일반적인 결과들의 개괄이다. 그러한 추상적인 것들 자체가 현실 역사를 벗어나는 순간, 어떠한 가치도 지니지 못한다. 역사적 자료들의 순서를 각 단계별로 밝히는 것처럼, 그것은 역사적 자료를 정리하는 데 어떤 편의를 제공할 뿐이다. 하지만 추상적인 것과 철학은 다르다. 그것은 각각의 역사적 시대에 적용할 수 있는 처방이나 공식을 전혀 제공하지 않는다."[38] 다시 말해서, 경험주의적인 과학적 방법을 넘어선 마르크스의 근본 지점은 현실적 실천 활동을 묘사하는 과정에서 일반적인 관념을 지도 원칙으로 명확히 했다는 점에 있다. 그것은 경험론들이 생각했던 것처럼, 하얀 백지와 같은 마음이 직접적으로 다양한 감각적 재료들을 상대하는 것이 아니다. 마르크스는 경험론자들과 다르게, 자신의 역사과학 연구에 일반적인 지도 원칙이 갖춰져 있다는 점을 공개적으로 인정했다. 바로 그 지점에서 마르크스의 역사과학적 관념은 경험주의적 과학 관념과 근본적으로 구별된다.

그러나 그것은 문제의 한 측면이거나 하나의 차원일 뿐이지, 문제의 전체도 아니거니와 문제의 가장 핵심적인 지점도 아니다. 그것은 『도이치 이데올로기』의 중심 문제인 '유물주의 관점과 유심주의 관점의 대립'과도 관련된다. 마르크스가 유물주의를 역사과학과 동일시함으로써, 유심주의와 동일시되던 사변적 역사철학을 반대한 이유는 역사 연구에 관한 일반적인 관점을 새롭게 제시하려 했던 것이 아니라 그가 이해한 완전히 새로운 역사과학을 정립하고자 했기 때문이다. 따라서 마르크스에게 중요했던 것은 그러한 일반적 관점의 제시가 아니라 그것을 지도 원리로 삼아 역사과학 연구를 구체적으로 실행하는 것이었다.

바로 그와 같은 관념에 기초해서 마르크스는 위의 언급을 한 다음, 화제를 바꿔 제대로 된 역사과학 연구의 중요성과 그것의 어려움을 제기했다.

---

38) 中共中央馬克思 · 恩格斯 · 列寧 · 斯大林著作編譯局 譯, 『馬克思恩格斯選集』1, 人民出版社, 1995: 73-74쪽.

"오히려 사람들이 자료들(과거 시대와 관련된 자료이든 현재와 관련된 자료이든 상관없이)을 고찰하고 정리할 때, 그리고 자료들을 실제로 설명할 때, 비로소 어려움이 나타나기 시작한다. 이러한 어려움을 없애는 것은 여러 전제 조건들의 제약이 따르는데 그 전제들은 여기서 근본적으로 제공될 수 없는 것이다. 그것은 시대별 개인의 현실적 생활 과정과 활동에 대한 연구를 통해서만 만들어질 수 있다."[39] 따라서 관건은 일반 원리를 만병통치약처럼 여기저기 사용하는 것이 아니라 일반 원리를 지도 [원리]로 삼아 역사 연구를 구체적으로 진행하는 데 있다. 만약 일반 원리가 여기저기 사용될 수 있고, 전 세계 어디에 놓아두어도 확실한 절대적 진리라고 생각한다면, 그것은 역사적 유물주의라는 역사과학을 완전히 벗어나 사변적 역사철학으로 빠져버린다.

『도이치 이데올로기』에서 마르크스가 비판한 주 대상이 바로 이러한 유심주의적 역사철학인 것이다. 거기서 포이어바흐를 다룬 것도 바로 포이어바흐가 "'현실적이고 역사적인 사람'이 아니라 '일반적 사람들'을 설정함"[40]으로써 다른 청년 헤겔파와 마찬가지로 역사목적론에 함몰되었기 때문이다. "그가 역사를 논할 때, 그는 유물주의자가 아니었다."[41] 훗날 마르크스가『자본론』에서 자연과학적 유물주의를 비판한 것도 바로 '역사적 과정이 배제된 추상적' 방법에 의해 그것이 유심주의 관념으로 기울어졌기 때문이다. 하지만 안타깝게도 후세 사람들은 역사적 유물주의를 설명할 때 그것을 잊어버리곤 한다. 다시 말해서, 역사적 유물주의나 마르

39) 中共中央馬克思・恩格斯・列寧・斯大林著作編譯局 譯,『馬克思恩格斯選集』1, 人民出版社, 1995: 74쪽.
40) | 中共中央馬克思・恩格斯・列寧・斯大林著作編譯局 譯,『馬克思恩格斯選集』1, 人民出版社, 1995: 75쪽.
41) | 中共中央馬克思・恩格斯・列寧・斯大林著作編譯局 譯,『馬克思恩格斯選集』1, 人民出版社, 1995: 78쪽.

크스의 역사과학에서 가장 중요한 것은 일반 원리가 규제하는 구체화된 역사 연구이지, 엥겔스가 비판했던 것처럼 일반 원리를 기존의 일반 법칙으로 간주해 여기저기 사용하고 여러 역사적 사실들을 함부로 재단하는 것이 아니라는 점을 잊어버리곤 했다.[42]

분명한 것은 마르크스와 엥겔스가 그 방법을 두 가지 측면으로 묘사했다는 점이다. 하나는 "인류의 역사 발전을 고찰하는 과정에서 추상화시킨 가장 일반적인 결과들의 개괄"[43]이고, 다른 하나는 "사람들의 실천 활동과 실제적인 발전 과정을 묘사하는 것이 진정한 실증과학"[44]이라는 것이다. 전자가 연구 과정에서 지닌 기능은 "각 단계별로 역사적 자료들의 순서를 밝힐 수 있는 것처럼 역사적 자료들을 정리하는 데 어떤 편의를 제공할 뿐"[45], "각각의 역사적 시대에 적용할 수 있는 처방이나 일반 법칙을 전혀 제공하지 않는다."[46] 그리고 후자는 전자의 지도 아래, "경험에 근거해 사회구조와 정치적 구조가 생산과 맺는 연관성"[47]을 밝힌 것이다. 전자는 어떤 의미에서 "독자적인 철학"[48]을 "대체한"[49] 것인데, "하지만

---

42) 中共中央馬克思·恩格斯·列寧·斯大林著作編譯局 譯, 『馬克思恩格斯選集』4, 人民出版社, 1995: 688쪽을 참조하라.

43) | 中共中央馬克思·恩格斯·列寧·斯大林著作編譯局 譯, 『馬克思恩格斯選集』1, 人民出版社, 1995: 73-74쪽.

44) | 中共中央馬克思·恩格斯·列寧·斯大林著作編譯局 譯, 『馬克思恩格斯選集』1, 人民出版社, 1995: 73쪽.

45) | 中共中央馬克思·恩格斯·列寧·斯大林著作編譯局 譯, 『馬克思恩格斯選集』1, 人民出版社, 1995: 74쪽.

46) | 中共中央馬克思·恩格斯·列寧·斯大林著作編譯局 譯, 『馬克思恩格斯選集』1, 人民出版社, 1995: 74쪽.

47) 中共中央馬克思·恩格斯·列寧·斯大林著作編譯局 譯, 『馬克思恩格斯選集』1, 人民出版社, 1995: 71쪽.

48) | 中共中央馬克思·恩格斯·列寧·斯大林著作編譯局 譯, 『馬克思恩格斯選集』1, 人民出版社, 1995: 73쪽.

49) | 中共中央馬克思·恩格斯·列寧·斯大林著作編譯局 譯, 『馬克思恩格斯選集』1,

추상적인 것들은 철학과 다르다."50) 왜냐하면 "그러한 추상적인 것들 자체가 현실 역사를 벗어나는 순간 어떠한 가치도 지니지 못하"51)기 때문이다. 전통철학과 구분되면서도 실증과학의 측면보다는 그와 같은 높은 수준의 일반적 관념이나 원리가 마르크스 역사과학의 '유類철학'적 측면이라고 불릴 만하다. 또한, 후자의 '경험에 근거해' "자료를 고찰하고 정리하는"52) 것이 "시대별 개인의 현실적 생활 과정과 활동에 대한 연구"53)라면, 어떤 의미에서 그것은 일반적 실증과학과 유사하기 때문에 역사적 유물주의이나 역사과학의 '유類과학'적 측면으로 불릴 만하다.

그렇다면 역사적 유물주의에서 이 두 가지 측면은 어떤 관계를 맺고 있을까? 마르크스와 엥겔스의 표현으로부터 다음과 같은 것을 알 수 있다. 첫째, 그것은 상이한 두 가지 측면이다. 하나는 보편적이거나 일반적인 측면이고, 다른 하나는 구체적이거나 개별적인 측면이다. 따라서 이 두 측면 사이에는 큰 차이가 존재한다. 둘째, 두 가지 측면의 차이는 순수한 논리적 형식과 순수한 감각기관의 재료로 나뉘는 논리실증주의와도 다르다. 또한 하나는 초경험적, 하나는 감성적 경험처럼 확연하게 구분되는 칸트의 그것도 아니다. 두 가지 측면 사이에 커다란 차이가 있기는 하지만 그것은 일정 정도의 통일성을 갖추고 있다. 다시 말해서, 그 사이에는 단지 상대적 구분만이 존재한다.

人民出版社, 1995: 73쪽.

50) | 中共中央馬克思・恩格斯・列寧・斯大林著作編譯局 譯, 『馬克思恩格斯選集』1, 人民出版社, 1995: 74쪽.

51) | 中共中央馬克思・恩格斯・列寧・斯大林著作編譯局 譯, 『馬克思恩格斯選集』1, 人民出版社, 1995: 74쪽.

52) | 中共中央馬克思・恩格斯・列寧・斯大林著作編譯局 譯, 『馬克思恩格斯選集』1, 人民出版社, 1995: 74쪽.

53) | 中共中央馬克思・恩格斯・列寧・斯大林著作編譯局 譯, 『馬克思恩格斯選集』1, 人民出版社, 1995: 74쪽.

그것은 다음과 같은 이유에서다. 일반적인 측면은 감성적 경험과 완전히 동떨어진 선험적인 무엇이 아니라 인류의 구체적인 활동 방식에 대한 연구에서 추상적으로 개괄된 것이다. 그것은 생활 실천과 이론 연구가 발전하면서 달라지는 것이지, 영원토록 불변하는 사물이 아니다. 따라서 현실 역사의 변화로부터 그것을 끊임없이 비판적으로 검토하고 바꿔나가야만 한다. 또한, 구체적인 현실 생활에 대한 연구는 어떤 일반 원리를 무비판적으로 받아들이는 경험론적 실증과학과 다르게, 칸트 철학의 비판 정신을 계승하는 것이다. 역사과학의 전제가 되는 일반 원리를 비판해야 하기 때문에 역사과학 연구는 '경직된 사실들의 집합'이 아니라 일반 원리의 지도를 받아 현실 생활의 과정을 이론적으로 재구성하는 것이다. 따라서 그 두 가지 측면이 맺고 있는 관계는 어떤 의미에서 해석학적 순환의 관계이자, 구체적인 역사 연구에서 서로를 뒷받침하고 확증하는 선순환 관계인 것이다.

　　셋째, 더욱 중요한 것은 구체적인 연구 과정에서 두 가지 측면이 없어서는 안 된다는 점이다. 하나는 일반적인 규제 원리를 제공하고, 다른 하나는 구체적인 묘사 구조를 만들면서, 양자는 역사적 유물주의나 역사과학의 이론 전체를 구성한다. 그것은 역사적 유물주의나 마르크스의 역사과학이 사변적 역사철학과 경험주의로 이해되는 실증과학의 중간에 위치하지만, 사변적 역사철학으로도 경험론적 실증과학으로도 귀결될 수 없다는 것을 말한다. 그것은 자각적으로 비판적 성찰을 거친 일반적인 방법 원리의 규제를 받는 실증적 과학 또는 경험적 과학이라는 점에서 역사적 유물주의는 비판적 역사과학으로 불린다.

　　전체적으로 마르크스의 비판적 역사과학을 사변적 역사철학으로 '치켜세우'든 일반적 실증과학으로 '격하시키'든 간에, 그것은 모두 역사적 유물주의의 이론적 특징을 왜곡한 것이기 때문에 마르크스의 이론적 입장에서 완전히 벗어난 것이다. 물론 대부분은 그것을 역사철학으로 '치켜세우는' 이탈이다. 그러한 '치켜세우기'는 마르크스가 살아 있을 때도 누군가가 시도했던 일이다. 마르크스는 이에 자신의 입장을 엄중하게 밝힌다. "그는 나의 서구 자본주의 기원에 대한 역사적 개괄을 일반적 발전 경로라는 역사철학 이론으로 완전히 바꾸려고 했다. 즉, 모든 민족들은 그들이 처한 역사적 환경이 어떻든 간에 그러한 경로를 밟는 것이 이미 결정되어 있다는 것이다. …… 그가 이렇게 말한 것은 내게 지나친 영광이면서도 지나친 모욕이다."54) 하지만 안타깝게도 오랫동안 사람들은 마르크스 본인의 이론적 입장을 무시하고, 사변적 역사철학이나 역사목적론으로 그것을 해석해왔다. 그렇기 때문에 마르크스의 '역사과학' 개념은 진지하게 다뤄야할 대상이 된다.

4) 비판적 역사과학: 세계를 바꿀 것인가, 아니면 세계를 해석만 할 것인가

마르크스는 그 역사적 유물주의를 정초한 초기에 명확하게 선언했다. "철학자들은 서로 다른 방식으로 세계를 해석했지만, 문제는 세계를 바꾸는 데 있다."55) 그래서 마르크스가 정초한 역사적 유물주의는 분명 세계를 바꾸는 이론이다. 하지만 오랫동안 사람들은 세계를 바꾸는 것에 대한 지향 여부를 이론에 내재된 경향이 아니라, 단지 이론과 무관한 실천적 태도로만 간주해왔다. 그랬기 때문에 역사적 유물주의는 다른 이론들과 마찬가지로 세계를 해석하는 이론에 불과했다. 다른 점은 그 이론을 신봉하는 사람들이 세계만 해석하는 데 만족하지 못하고, 그 이론으로 세계를 바꾸려고 했다는 점이다. 다시 말해서, 그들은 속담에 나오는 '천교天橋56)

---

54) 中共中央馬克思·恩格斯·列寧·斯大林著作編譯局 譯, 『馬克思恩格斯選集』3, 人民出版社, 1995: 341-342쪽.

55) 中共中央馬克思·恩格斯·列寧·斯大林著作編譯局 譯, 『馬克思恩格斯選集』1, 人民出版社, 1995: 57쪽.

에서 번지르르하게 말만 하면서 잡기를 선보이지 않는 이들'과 다르다.

그러나 반드시 지적해야 할 것은 그와 같은 그럴듯한 일상적 이해가 역사적 유물주의의 혁명적 의미를 크게 약화시켰다는 점이다. 마르크스가 위의 그 말을 했을 때, 그는 단순하게 이론과 무관하게 세계를 바꾸겠다는 결심을 드러내거나 주관적 태도를 드러낸 것이 아니었다. 그것은 그가 정초한 역사적 유물주의가 기존의 철학들과 근본적으로 다르다는 점을 보여준다. 세계를 바꾸려는 이론적 관심이 내재되어 있는 역사적 유물주의는 세계를 바꾸려는 실천적 활동을 구성하는 내적 요소이기도 한다.

여기서는 사람의 활동 과정에서 이론과 실천 가운데 무엇이 더 근본적인 활동 방식인지를 다룬다. 옛 형이상학은 세계를 하나의 이성으로 전제했기 때문에, 그러한 이성적 존재를 파악할 수 있는 이론적 이성이 인간의 본질로 간주되었다. 따라서 이론 활동이 가장 근본적인 활동이며, 실천 활동은 종속적이거나 이론 활동의 연장선상에 있는 것이었다. 마르크스는 이러한 형이상학적 전통에 대한 최초의 반역자이자 비판자였다. 그는 세계를 바꾸는 실천 활동을 세계를 해석하는 이론 활동보다 더 근본적인 활동으로 간주했기 때문에, 세계를 해석하는 이론 활동을 세계를 바꾸는 실천 활동에 종속시켰다. 그러한 근본적 전환은 이론을 실행에 옮기려는 주관적인 태도가 아니다. 만약 그렇다면 그것은 형이상학일 뿐이다. 이론을 실천에 종속시켰기 때문에 마르크스의 역사적 유물주의는 실천적 함의를 내적으로 포함하게 된 것이다. 하지만 그것이 어떻게 가능할 수 있었는가? 그것 또한 방법론적 유물주의와 내적 연관을 맺고 있다.

마르크스 역사과학의 방법론적 유물주의가 세계를 바꾼다는 함의를 내적으로 포함하고 있다는 것은 근본적으로 방법론적 유물주의의 성격으로부터 그것이 결정된다는 것을 의미한다. 앞서 언급했듯이 '상층'이라는

---

56) | 천교는 베이징의 전문前門과 영정문永定門 사이에 있는 오래된 번화가를 가리킨다.

목적적 형태로부터 시작하는 유심주의와 다르게, 방법론적 유물주의의 핵심은 '하층'에서 시작해 '상층'을 설명하고, 사물의 운동과 변화를 설명한다는 데 있다. 유물주의와 유심주의의 방법론적 대립은 심오한 의미를 지니고 있는데, 그것은 결국 '하층'으로부터 세계를 해석할 것인지, 아니면 '상층'으로부터 세계를 해석할 것인지에 따라 각기 다른 이론적 관심을 드러낸다. 만약 감각적이고 형태를 갖춘 물질적 '하층'으로 세계를 해석한다면 형태를 갖춘 물질적 사물은 인간의 물질적 활동으로 변화 가능한 것이기 때문에, 이러한 해석 방법은 인간 스스로의 물질적 활동으로 세계를 바꿀 수 있다는 의미가 된다.

반면, 사물의 내재적 목적 형태인 '상층'으로부터 세계를 해석하고, 사물의 내재적 목적이 무형의 존재라서 인간의 활동으로 바뀔 수 없는 것이라고 한다면 그 해석 방법은 상반된 의미를 갖게 된다. 즉, 사람들은 자신의 실제적인 물질적 활동을 통해 세계를 바꿀 수 없으며, 사물의 내재적 목적에 영향을 줄 수 있는 존재물에 대한 호소만이 가능할 뿐이다. 일반적으로 그것은 종교적인 방식이라고 할 수 있다. 물론 여기서 언급된 유물주의는 방법론적 의미의 유물주의를 가리키며, 그것의 완전한 형태는 마르크스가 정초한 역사적 유물주의이다.

하지만 본체론적 의미의 유물주의, 특히 근대의 기계론적 유물주의가 '하층'으로부터 세계를 해석했을지라도 그것이 이해하고 있는 세계 해석의 물질적 본체는 추상적 존재로서 현실의 직접적 존재가 아니다. 또한 그와 같은 추상적 존재로부터 세계는 온전하게 규정된 존재, 즉 사람들이 무엇을 하든 간에 세계는 확고하게 어떤 결말을 지향하는 것으로 간주된다. 실제로 그것은 목적론과 동일한 딜레마에 빠지게 된다. 그렇기 때문에 여기에는 세계를 바꾼다는 이론적 관심이 포함되지 않는다. 다시 말해서, 비판적 역사과학이 그리는 세계 전경에서 세계를 바꾸는 것은 이론적으로 가능하다. 하지만 사변적 역사철학의 내재적 목적론과 옛 유물주의의 기계론적 결정론에서 물질적 활동으로 세계를 바꾼다는 가능성은 이론적으로 배제된다.

역사적 유물주의에 세계를 바꾸는 이론적 관심이 내재되어 있다는 것은 비판적 역사과학과 일반 과학의 관계에서도 이해된다. 모든 과학에는 세계를 바꾸는 이론적 관심이 내재되어 있는데, 역사적 유물주의도 비판적 역사과학으로서 당연히 그렇다고 할 수 있다. 마르크스가 자연과학적 유물주의를 신랄하게 비판했는데, 그 비판은 주로 '역사적 과정이 배제된 추상적인 자연과학적 유물주의의 한계'에 맞춰졌다. 왜냐하면 '그것의 대표성이 스스로의 전공 영역을 벗어날 때마다 그 추상적이고 유심주의적인 관념에서 즉각적으로 표출된다.'는 한계 때문이었다. 다시 말해서, 그 전공 범위를 벗어나지 않아야 그 한계들이 드러나지 않으며, 그 전공 범위 안에서만 유물주의적 방법은 합리성을 갖추게 된다.

방법론적 유물주의인 근대 과학의 실천적 본질은 바로 세계를 바꾸는 것으로 나아가는 그 합리성에 있다. 근대 과학의 인과 관념이 고대 목적론적 인과 관념과 근본적으로 다른 것은 "설명해야 할 사건을 비교적 단순한(그리고 자주 앞서 존재한) 부품들로 분석하고, 원인을 수단으로 해서 결과를 예측·통제한다."[57]는 점 때문이다. 분명한 것은 '원인을 수단으로 해서 결과를 예측·통제하'는 것이 세계를 바꾸는 물질적 실천의 본질이라는 점이다. 하이데거가 기술을 과학의 본질로 간주했다는 것도 그 점을 드러낸 하나의 측면이다. 물론 자연과학은 세계를 바꾸려는 지향에서 여전히 자각적이지 못하며, 여러 한계가 남아 있다. 그럼에도 불구하고 그와 같은 실천지향적인 이론적 관심은 매우 분명한 것이다. 역사적 유물주의는 비판적 역사과학으로서 자신의 실천적 관심을 분명히 인식하고 있으

---

57) Edwin Arthur Burtt / 徐向東 譯, 『近代物理科學的形而上學基礎』, 北京大學出版社, 2003: 265쪽.

며, 그 유물주의의 철저함으로 인해 세계를 바꾸려는 내재적인 이론적 관심 또한 가장 철저한 것이라고 할 수 있다.

역사적 유물주의가 세계를 바꾸려는 이론적 관심을 내재화한 이론인가는 결코 사소한 문제가 아니다. 위의 분석을 통해 다음을 어렵지 않게 알 수 있다. 만약 역사적 유물주의를 사변적 역사철학으로 이해한다면, 그것은 세계를 바꾸려는 이론적 관심을 내재적으로 포함시킬 수 없다. 특히, 그것을 기계론적 결정론이라는 역사철학으로 이해했을 때, 세계를 바꾸려는 어떠한 가능성도 이론적으로 배제된다. 역사적 유물주의를 비판적 역사과학으로 이해했을 때만이 마르크스가 비판했던 이전의 철학들, 세계를 해석하기만 했던 낡은 길로 돌아가지 않을 수 있으며, 그것에 내재된 세계를 바꾼다는 함의를 파악할 수 있다.

5) 비판적 역사과학의 방법론적 의의

역사적 유물주의를 사변적 역사철학이 아닌 비판적 역사과학으로 이해한다는 것은 평범할 수 없는 심오한 의미를 지닌다. 그것은 마르크스주의 철학의 중국화 문제를 이해하는 데 대단히 큰 의미가 있다. 그것을 더 적절히 설명하기 위해서는 일본의 유명한 마르크스주의 연구자인 모치즈키 세이지의 연구로부터 시작해야 한다. 그는 『마르크스 역사이론 연구』라는 책에서 마르크스의 역사 이론, 특히 시민사회 이론에 대한 해석의 중요성을 명확하게 설명했는데, 자신의 연구를 '서문'에서 간결하게 정리하고 있다.[58]

요컨대, 내[모치즈키 세이지]가 이해한 마르크스의 역사 인식은 다음과 같다. (1) 마르크스는 서구 시민사회가 형성된 역사로부터, 특히 그 가운

---

58) | 다음의 내용은 인용된 부분이다.

데 '도시와 농촌의 분업'을 분석의 기축으로 삼아 세계사의 일부분인 서구 '자본주의'의 특징을 추적·설명한다. 마르크스는 추적을 통해 다음의 결과들을 발견했다. ⓐ 본원적 공동체인 아시아, 지중해(고대), 게르만(중세)이라는 3대 세계의 특수 유형 = 각 공동체 구조의 분열이라는 점이다. 그리고 ⓑ 뛰어난 '중세' 게르만의 서구 세계만이 시민사회의 성장에 적합한 토양을 갖췄다는 점이다. 또한, 알프스 이남의 '고대 세계'는 '중세' 유형과 구별된 역사권 = 문명권이다. (2) 알프스 산맥 이북의 '중세' 세계는 본래적 의미의 시민사회를 만들어냈고, 그와 같은 시민사회만이 '도시와 농촌의 대립'이라는 형태를 통해 근대 부르주아지 사회로 발전해가는 계보에 포함된다. 그 가운데 분업과 협동, 공동체의 연계, 그리고 분업과 교류라는 사회적 관계는 사적 소유라는 자본가적 형식으로부터 '대공업 = 광범위한 분업'이라는 결과를 확실하게 꽃피웠다.

(3) 마르크스 역사 이론의 입장에서 자본주의적 '대공업'의 긍정 요인들을 전반적으로 비판하고 계승한다는 것은 '보다 높은 수준의 사회적 형태'인 '자유로운 인간들의 공동체'가 '조악한 공산주의'로 전락하지 않게 하는 근본 조건이다. 마르크스 역사 이론에서는 분업을 폐지하지 않고, 생산적 분업을 인간적인 방식으로 조직해 사회 내부적으로 분업을 일반화하고 세계적으로 그것의 교류를 실현하고자 한다. 그러한 역사 인식 = 전망의 출발점은 소외 = 외화外化의 이중성을 적극적으로 인정하는 데 있다. '분업'(= 사회적 노동의 분할) 자체에는 문제가 없기 때문에 마르크스는 분할(→ 소외)의 지양이라는 형식, 즉 노동의 사회적 재결합이라는 방식에서 그 단초를 발견한 것이다. 그것은 엄밀한 의미에서 '자본주의'를 지양하고 새로운 사회에서 새로운 소외의 발생을 피할 수 있는 단서이다.[59)]

---

59) Mochizuki Seiji / 韓立新 譯, 『馬克思歷史理論的研究』, 北京師範大學出版社, 2009:

세이지가 마르크스 역사 이론의 해석을 통해 제기한 핵심은 다음과 같다. '공동체 → 시민사회 → 사회주의'라는 역사 이론을 묘사할 때, 그는 "마르크스는 자신만의 문제적 시각을 취했다. 즉, 자본주의 이전의 인류 공동체를 아시아, 고전고대古典古代[60], 게르만이라는 3가지 유형으로 나눈다면, 과연 어떤 유형이 근대 시민사회를 발생시켰으며, 또한 그 시민사회를 성장시키면서 인류 역사가 사회주의 사회로 이행하도록 준비할 수 있었을까? 그러한 시각에서 역사를 분석하는 무기는 더 이상 계급적 관계나 소유제 형식의 변화가 아니다. '노동과 소유의 동일성'이나 '도시와 농촌의 분업'과 같은 문제의식, 그리고 소외와 분업, 또는 공동체와 시민사회와 같은 것들이 핵심 개념이 된다."[61] 세이지의 설명에 따르면, 마르크스 역사 이론의 결론은 다음에 있다. 즉, 본원적 공동체라는 3가지 유형 가운데 게르만의 서구 세계만이 시민사회의 성장에 적합한 토양이며, 그 밖의 본원적 공동체들은 그러한 조건을 갖추지 못했다는 점이다.

세이지가 마르크스 시민사회 이론을 해석한 것은 그와 같은 해석의 경로가 전통적인 역사적 유물주의인 기계론적 결정론의 해석 방식을 극복했다는 데 그 의의가 있다. 기존의 성행했던 해석에 의하면, 인류 역사는 필연적으로 원시 사회, 노예 사회, 봉건 사회, 자본주의 사회를 거쳐 미래의 공산주의 사회를 지향해야만 했다. 하지만 그러한 해석은 필연적이고 불가피한 단선적 역사 법칙을 이론적으로 구성하고, 실제 역사를 해석하는 과정에서도 너무 많은 예외를 상정해 이론적인 설득력을 떨어뜨린다.

13쪽.

60) | 고전고대(classical antiquity)는 서구의 고전적 문명 시기를 뜻한다. 구체적으로 미케네 문명에서 로마제국에 이르기까지 2,000여 년 동안 지속된 지중해 연안의 그리스와 로마 문명을 가리킨다.

61) 韓立新, 「望月清司對馬克思市民社會歷史理論的研究」, 『南京大學學報』, 2009年 第4期: 14쪽.

세이지의 해석은 다음의 사실을 제기했다. 마르크스의 이론에서 아시아와 고전고대의 본원적 공동체는 시민사회를 발전시킬 수 있는 조건이 되지 못했다. 하지만 게르만 공동체만이 다양한 역사들의 우연적 요인들 때문에 시민사회로 발전할 수 있는 조건을 갖추었다. 이것은 근대 자본주의가 발생하게 된 구체적 조건을 가장 설득력 있게 설명한 것으로, 역사적 유물주의가 더 이상 아무데서나 적용될 수 있는 속 빈 공식이 아니라는 점이다. 사실, 마르크스는 일찍이 그의 서구 자본주의 기원에 관한 역사과학적 묘사를 역사철학 이론으로 바꾼 어느 러시아 작가[미하일롭스키]를 비판하면서 자신의 이론적 입장을 밝혔다. 그러나 사람들은 오랫동안 마르크스 본인의 이론적 입장을 무시했고, 사변적 역사철학과 역사목적론으로 그것을 해석해왔다. 세이지의 연구는 그러한 사변적 역사철학의 미몽 迷夢에서 벗어나는 데 도움이 되었다.

마르크스 역사이론에 대한 그와 같은 해석의 의의는 어디에 있을까? 근본적 의의는 무엇보다 그것이 마르크스의 비판적 역사과학이라는 진정한 모습을 제대로 구현했다는 점에 있다. 역사적 유물주의를 아무데나 적용할 수 있는 선험적인 공식으로 간주한 것이 아니라, 그것을 하나의 규제적 원리로 파악해 구체적인 역사 연구에 적용하고 역사현상을 과학적으로 재구성한 것이다. 또한 역사적 유물주의의 해석 과정에서 '유類철학'이라는 한 측면만을 주목해 '유類과학'이라는 측면을 방기함으로써 그것을 사변적 역사철학이나 역사목적론으로 고정화하는 경향을 없앴다는 점에서도 전형적인 의미를 갖는다.

역사적 유물주의는 더 이상 사변적 역사철학도 아니고, 영원불변의 '역사 법칙'이라는 '절대적 진리 체계'도 아니며, 어떤 시공간에서도 적용될 수 있는 선험적인 공식도 아니다. 그것은 마르크스가 반복적으로 표현했던 것처럼 역사 연구에만 적용될 수 있는 방법론적 원칙이다. 만약 그렇다고 한다면 유럽 자본주의 역사의 발전과 다른 역사 발전에 그 방법론적 원칙들을 무리하게 기계론적으로 적용해서는 안 된다. 다시 말해서, 그것들은 연구 대상이 지닌 구체적 시공간이라는 조건에 따라 구체적으로 연구 과정에 적용될 뿐이고, 그러한 구체적인 연구 과정에서 구체적인 결론이 나오게 된다.

여기서 마르크스주의 개척자들이 행한 연구는 후세 사람들에게 방법론적 모델로 간주될 뿐이지, 그것을 전혀 다른 역사에 그대로 적용할 수는 없는 것이다. 따라서 중국 마르크스주의의 경우, 비판적 역사과학으로서 역사적 유물주의에 요구되는 것은 만능의 공식을 구체적인 사안에 적용하는 것이 아니라 하나의 방법론적 모델이자 하나의 모범적인 연구 사례로 삼아야 한다는 점이다. 구체적으로 말해서, 마르크스주의의 고전적 저작들 가운데 서구 역사의 서술 부분에 대한 진지한 연구를 통해 그것에 적용되었던 방법을 추상화하는 것이다. 다른 한편으로는 그러한 방법론이 적용된, 특수한 중국의 경험을 진지하게 연구함으로써 중국의 사회와 역사를 법칙적으로 묘사해야만 할 것이다.

또한, 세계를 해석만 하는 것이 아니라 세계를 바꾸는 철학으로서 역사적 유물주의는 이론이 실천에 종속되어 있다는 것을 의미한다. 하지만 그것은 내재적으로 요구되는 것이지, 외부에서 이미 만들어진 이론이 실천에 적용된 것이 아니다. 여기서 내재적 요구는 중국적 마르크스주의 철학이 중국적 실천을 위해 존재하며, 중국적 실천에 종속된다는 점, 이와 반대로 중국적 실천을 기존의 또는 일반적으로 적용되는 마르크스주의 철학이론의 단순한 실행으로 여겨서는 안 된다는 것을 의미한다. 그 종속성은 또한 다음을 의미한다. 중국의 마르크스주의 철학은 결코 중국에 있는 마르크스주의 철학이 아니다. 그것은 마르크스주의 개척자들이 제기한 모범 사례로부터 중국에서 중국 사람들이 실천적으로 창조한 필연적인 것이고, 중국적 실천을 유기적으로 구성하는 부분인 것이다. 따라서 실천을 유기적으로 구성하는 부분으로서 그 이론은 실천의 변화에 따라 끊임없이 자신을 새롭게 만들어 나가야만 한다. 시대의 변화에 어울리는 시대화는 바로 마르크스주의 철학의 내재적 요구이기도 하다.

전체적으로 방법론적 측면에서 유심주의가 '상층'으로부터 사물을 설명한 것과 다르게, 유물주의는 '하층'으로부터 사물의 운동과 변화를 설명하는 이론적 과정이다. 그 이론적 과정은 역사라는 영역에 기초해야만 가장 높은 수준에 도달할 수 있다. 유심주의와 유물주의의 대립은 어떤 의미에서 사변적 철학과 과학의 대립이기도 하며, 역사 영역에서는 사변적 역사철학과 마르크스의 비판적 역사과학의 대립인 것이다. 또한 그와 같은 대립은 세계에 대한 해석만을 내재화한 철학과 세계를 바꾸는 이론적 관심을 내재화한 역사과학의 대립이기도 하다. 따라서 역사적 유물주의를 어떻게 이해하는가는 그것을 사변적 역사철학으로 이해하는가, 아니면 비판적 역사과학으로 이해하는가이다. 이것은 근본적인 차원의 중요한 이론적 문제다. 역사적 유물주의가 사변적 역사철학으로 해석되면, 그것의 결론은 반드시 역사적 유물주의를 교조주의적으로 아무데나 적용하는 만능 법칙이 된다. 반면, 그것을 바로 비판적 역사과학으로 인식하게 되면, 마르크스주의 철학을 중국에 적용할 때 반드시 중국화가 필요하다는 결론이 불가피해진다. 중국화는 마르크스주의 원리의 외재적 적용이 아니라 마르크스주의 철학의 내재적 요구인 것이다. 중국화라는 매우 중요한 부분을 놓친다면, 근본적으로 마르크스주의를 벗어나게 된다.

2 중국과 서구의 사유방식 차이와 그 함의

마르크스주의 철학의 중국화 연구는 특히 중국과 서구라는 두 가지 사유방식의 차이 문제를 포함한다. 마르크스주의 철학은 서구문화의 전통에서 유래한 철학으로, 하나의 문화적 전통은 근본적인 지점에서 다른 문화적 전통과 구별된다. 그것은 바로 사유방식의 차이다. 현존하는 세계의 문화적 전통 가운데 중국문화와 서구문화가 가장 뚜렷한 차이를 보인다. 그와 같은 차이의 근원은 의심할 바 없이 사유방식의 차이에 있다. 마르크스주의 철학이 속한 문화적 전통에 중국의 문화 전통과 다른 사유방식이 갖춰져 있다면, 중국 사람들이 마르크스주의 철학을 받아들이는 과정에서 두 가지 사유방식의 길항은 불가피한 것이다. 따라서 사유방식의 차이를 의식했는가와 상관없이, 두 가지 사유방식의 차이는 길항의 장場을 통해 창조적으로 전환될 수밖에 없게 된다. 그와 같은 맥락에서 마르크스주의 철학의 중국화 연구는 중국과 서구의 사유방식 차이와 관련될 수밖에 없다. 중국과 서구의 사유방식 차이를 이해하지 못한다면, 100여 년 동안 중국화된 마르크스주의 철학의 역사를 깊이 이해할 수 없기 때문이다.

두말할 나위 없이, 50년 동안 중국문화와 서구문화의 차이 또는 중국철학과 서구철학의 차이라는 측면에서 마르크스주의 중국화 문제에 대한 많은 연구가 이루어졌다. 그렇지만 그와 같은 연구의 대부분은 중국화된 마르크스주의의 철학사상이라는 측면에서 중국 전통철학의 어떤 내용을 계승하고 수용했는가에만 주목했을 뿐, 사유방식의 차이라는 그 다음 단계로 나아가지 못했다. 예를 들어, 근래 몇 십 년 동안 마오쩌둥 철학은 중국 전통철학을 계승했다고 일부 중국과 해외 학자들이 강조했는데, 그와 같은 강조는 하나의 전제를 가정하고 있다. 그것은 바로 고전적 마르크스주의 철학은 중국의 전통철학과 유사할 뿐만 아니라 마르크스주의의 변증적 유물주의라는 철학도 중국 전통철학이 유럽에 전해진 산물에 불과하다는 주장이다. 더우쭝이[竇宗儀]과 장윈이[張允熠]와 같은 이들의 주장이 그러하다.62) 그것이 바로 마르크스주의 철학의 중국발원설이라고

---

62) 竇宗儀, 『儒學與馬克思主義』, 蘭州大學出版社, 1993: 28-31·200쪽. 竇宗儀, 「毛澤東與馬克思列寧主義」, 蕭延中 主編, 『在歷史的天平上』, 中國工人出版社, 1997:

하는 것이다. 그것은 겉으로 보면 마오쩌둥 철학이 중국 전통철학을 계승했다는 강조처럼 보이지만, 실제로는 고전적 마르크스주의 철학과 중국 전통철학의 유사성을 가정하고 있다. 그렇기 때문에 결과적으로는 마르크스주의 철학의 중국화라는 문제가 없어지고, 중국과 서구의 철학적 차이 또는 사유방식의 차이도 사라지게 된다.

최근 들어, 톈천산과 같은 학자가 마르크스주의 철학의 중국화 문제를 연구하면서 중국과 서구의 사유방식 차이에 주목했다. 그는 마르크스주의 철학의 수용 과정에서 전통적 사유방식이 중요한 역할을 담당했다고 강조한다. 그것은 그 문제를 연구하는 데 하나의 큰 전진이 되었다.[63] 하지만 작금의 연구 상황을 살펴보면, 그 연구들은 중국과 서구의 사유방식 차이를 이해하는 데 여전히 불명확해 보이며, 중국학자들의 최근 연구성과들도 충분히 검토하지 못했다. 따라서 이 문제를 제대로 이해하려면, 근본적인 차원에서 중국과 서구의 사유방식 차이를 정확하게 이해할 필요가 있다.

1) 象象적 사유와 개념적 사유

중국과 서구의 사유방식 차이는 중국과 서구의 문화가 충돌한 근대 이

97-118쪽을 보라. 寶宗儀, 「儒家哲理和馬克思主義哲理的比較和展望」, 『哲學譯叢』1985年第4期: 10-12쪽. 寶宗儀, 「馬克思主義和儒家論人性及其實踐」, 『哲學譯叢』1981年第2期: 43-50쪽. 張允熠, 「試論馬克思主義哲學的中國學脈繼承」, 『中國社會科學院研究生院學報』1998年第1期: 1-14쪽. 張允熠, 『中國文化與馬克思主義』, 山西敎育出版社, 1999를 참조하라.

63) 田辰山, 「中國的互係性思惟:通變」, 『文史哲』2002年第4期: 10-18쪽. ; 「辨證唯物主義在中國的再闡釋 – 一個關於和諧與通變的話題」, 『濟南大學學報』2003年第2期: 1-9쪽. ; 「毛澤東:中國'唯物辨證法'的形成與成熟」, 『湖南科技大學學報』2006年第2期: 28-38쪽. ; 『中國辨證法:從「易經」到馬克思主義』, 中國人民大學出版社, 2008을 참조하라.

전까지는 인식하기 어려웠다. 근대 이후 발생한 문화적 충돌로부터 그 문제를 인식하게 되었지만, 서구문화의 힘이 강했기 때문에 서구의 눈으로 그 문제를 바라보는 데 익숙해졌다. 상이한 문화의 차이를 시대의 차이로 간주했는데, 다시 말해서 중국과 서구의 비교가 고금古今의 비교로 바뀐 것이다. 그와 같은 서구 중심주의적 시각의 비교는 일반적으로 문제의 본질을 제대로 파악하지 못하게 만든다. 한편, 또 다른 사람들은 중국문화 중심이라는 이론적 입장을 고수하면서 중국 전통문화가 서구의 그것과 다르거나 심지어 서구문화보다 수준이 더 높다고까지 보았다. 하지만 문화의 비교 과정에서 마음속으로 서구문화를 그 비교의 기준으로 삼았기 때문에 자신도 모르는 사이에 서구의 방식으로 중국의 전통문화를 억지로 해석하게 되면서64) 비교의 의미조차 없어졌다.

이처럼 중국과 서구의 사유방식 차이는 근대 이후 많은 사람들이 논의한 주제였다. 특히, 그것은 해외 중국학 연구자들에게도 중요한 연구 방향이었는데, 그들의 연구는 유의미한 일련의 성과에도 불구하고 서구의 사유 양식이라는 기존의 틀을 벗어나지 못하면서 중국 전통의 사유방식에 대해서도 명확하지 않은 이해를 드러냈다. 반면, 중국학계에서는 그 문제에 대해 큰 관심이 없다가 최근 몇 년간 중요한 성과들이 나타나고 있다. 특히, '상象적 사유' 그리고 그와 유사한 주제들이 제기되면서, 중국과 서구의 사유방식 차이에 대한 심화된 연구를 촉진시키고 있다. 하지만 그와 같은 연구들 중에서도 여전히 명확하지 않은 부분이 남아 있기 때문에 그것을 분명히 해야 할 필요가 있다.

중국학자 가운데 량수밍[梁漱溟, 1893-1988]이 그 문제를 가장 먼저 언급했던 것으로 보인다. 1920년대 초, 그는 중국·서구·인도의 3가지 문화

---

64) 암묵적으로 서구문화를 기준으로 한 해석들은 현대 신유가의 저작에서 흔히 볼 수 있다.

차이에 관한 이론을 제기했는데, 문화는 생활양식으로서 욕구의 차이가 그 생활양식의 차이를 결정한다고 보았다. 인간의 욕구에는 3가지 방향이 있기 때문에 3가지의 생활양식, 다시 말해서 상이한 3가지 문화가 있게 되었다고 주장한다. 그것은 바로 서구 사람들의 '앞으로 나아가려는 요구'와 인도의 '금욕적 태도', 그것과 구분되는 중국문화는 '조화롭게 중용을 유지하는 태도'라는 특징을 취한다.[65] 그로부터 서구의 이성적 분석과 다른, 중국철학의 사유방식은 직각直覺을 기본 특징으로 한다.[66]

그 뒤를 이어, 장둥쑨은 중국과 서구의 사유방식 차이를 상당히 깊이 있게 분석했다. 그는 중국과 서구의 사유방식 차이를 중국과 서구의 언어적 차이로 귀결시켰다. 중국어는 "주어와 술어가 분명하게 구별되지 않[아서] 사상에 큰 영향을 끼쳤"[67]는데, "그것이 [중국] 사상에 영향을 끼쳐 본체론도 존재하지 않게 되었을 뿐만 아니라 현상론으로 치우치게 만들었다."[68] "그래서『주역』이든『노자』든 모두 Becoming이라고 하는 것을 중시했지, Being을 중시하지 않았다. 그것은 물론 중국철학의 특징이기도 하지만, 중국 언어구조에서 '주체'를 중시하지 않았기 때문이다. 중국어가 주체를 중시하지 않는 것, 그리고 중국철학이 본체를 중시하지 않는 것 모두가 중국 사람들의 사상적 특징을 보여주는 것이라고 할 수 있다."[69]

그는 또한 중국 문자가 언어 구조와 사상에 끼친 영향을 분석했다. "중국의 글자는 상형 문자이다. 그래서 중국 사람들은 상象 보는 것을 중요시

65) 梁漱溟,『東西文化及其哲學』, 商務印書館, 1987: 53-56쪽을 참조하라.
66) 梁漱溟,『東西文化及其哲學』, 商務印書館, 1987: 126쪽 이하.
67) | 張東蓀,『知識與文化』, 岳麓書社, 1946 / 2011: 186-187쪽.
68) | 張東蓀,『知識與文化』, 岳麓書社, 1946 / 2011: 190쪽.
69) 張東蓀,『知識與文化』, 商務印書館, 1946: 161-163쪽. | 張東蓀,『知識與文化』, 岳麓書社, 1946 / 2011: 190쪽.

하고, 상象으로부터 이름을 짓는다."70) "그것은 중국 사람들의 언어 구조에 영향을 끼쳤을 뿐만 아니라 중국 사람들의 사상(즉, 철학 사상)에도 영향을 끼쳤다. …… 그래서 서구 사람들의 철학은 항상 사물의 배후에 있는 것을 바로 묻는다. 하지만 중국 사람들은 하나의 상象이 다른 상象과 맺는 관계만을 말할 뿐이다. 예를 들어, 한 번은 양陽하고 한 번은 음陰하며, 한 번은 열리고 한 번은 닫히는 것과 같다. 전체적으로 서구 사람들은 바로 들어가지만, 중국 사람들은 주변의 것들과 연관시킨다. …… 중국은 예로부터 만물에 본질이 존재하는가라는 문제를 중시하지 않았다는 것을 알 수 있다. 중국 사람들의 문자가 상형 문자였기 때문에 중국 사람들의 사상은 하나의 상象과 모든 상 사이의 관련 변화만으로도 충분하다고 보았다."71)

중국과 서구의 이러한 차이는 사상적 방법이나 문제제기의 태도로도 나타났는데, 즉 "서구 사상은 하나의 물건이나 일에 대해 항상 '무엇인가'를 먼저 묻고 나서 어떻게 대처할 것인가를 말한다. 반면, 중국 사상은 무엇인가를 중시하지 않고, 도리어 어떻게 대처할 것인가를 중시한다. …… 바꾸어 말하면, 서구 사람들의 '무엇인가'에는 '어떻게'가 포함되어 있거나 그것을 끌어들이고 있다. 그 '어떻게'는 반드시 '무엇인가'를 살펴 결정하는 것이다. 하지만 중국 사람들은 '어떻게'를 가지고 '무엇인가'에 영향을 미친다."72)

그러한 사상적 방법의 차이가 논리나 추론 방식에 적용되면, "동일률의 서구 논리학에서 사용되는 이른바 삼단논법이 추론이다. 하지만 중국 사람들은 그와 같은 추론을 사용하지 않고, '유비類比'analogy만 사용한다."73)

---

70) | 張東蓀, 『知識與文化』, 岳麓書社, 1946 / 2011: 191쪽.
71) | 張東蓀, 『知識與文化』, 岳麓書社, 1946 / 2011: 214-215쪽.
72) | 張東蓀, 『知識與文化』, 岳麓書社, 1946 / 2011: 220-221쪽.
73) | 張東蓀, 『知識與文化』, 岳麓書社, 1946 / 2011: 221쪽.

그는 중국 사람들의 추론 방식을 "logic of analogy라고 부른다."74) 즉, 유비 논리 또는 유추 논리다.75) 서구철학과 다르게, "중국철학은 근본적으로 '궁극적 실재'를 쫓지 않는다."76) 또한 "중국 사람들은 실재와 현상의 구분을 중시하지 않아서 인식론이 발전하지 못했다."77) 그렇기 때문에 "엄밀히 말해서, 중국은 '실천철학'만 있고 순수철학이 없다. 즉, 중국에는 형이상학이 없는 셈이다."78)

1940년대에 허린도 다음과 같이 지적했다. "송유宋儒, 주희[朱熹, 1130-1200]와 육구연[陸九淵, 1139-1193]의 두 학파를 막론하고, 그 사상적 방법은 모두 우리가 알고 있는 직각법直覺法이다. 다시 말해서, 육구연과 왕수인[王守仁, 1472-1529]의 치지致知 또는 치양지致良知라고 하는 것, 정호[程顥, 1032-1085]·정이[程頤, 1033-1107]·주희의 격물궁리格物窮理라고 하는 것은 모두 과학적 방법이 아니다. 그들의 심학心學이나 이학理學이라고 하는 것은 우리가 말하는 철학이나 형이상학을 탐구하는 직각법인 것이다."79) 그리고 머우쭝싼은 서구문화가 지혜라는 문화 체계이고, 그 배후에 있는 기본 정신은 '분해分解적으로 리理의 극치를 이루는 정신'으로, '모나면서 지혜로운[方以智]' 정신이다. 하지만 중국의 '종합적으로 리理의 극치를 이루는 정신'은 '원만하게 살며 입신의 경지에 오르는[圓而神]' 정신인 것이다.80)

---

74) | 張東蓀, 『知識與文化』, 岳麓書社, 1946 / 2011: 222쪽.

75) 張東蓀, 『知識與文化』, 商務印書館, 1946: 164·184·185·189·190쪽을 참조하라.

76) | 張東蓀, 『知識與文化』, 岳麓書社, 1946 / 2011: 117쪽.

77) | 張東蓀, 『知識與文化』, 岳麓書社, 1946 / 2011: 118쪽.

78) 張東蓀, 『知識與文化』, 商務印書館, 1946: 100-101쪽. | 張東蓀, 『知識與文化』, 岳麓書社, 1946 / 2011: 118쪽.

79) 賀麟, 『哲學與哲學史論文集』, 商務印書館, 1990: 175쪽.

80) 牟宗三, 『中國哲學的特質』, 上海世紀出版集團, 2008: 144-145쪽. | 牟宗三, 『歷史哲學』, 廣西師範大學出版社, 2007: 154쪽.

에임즈의 견해에 따르면, 해외 학자들 가운데 비교적 일찍 중국과 서구의 사유방식 차이를 다룬 것으로는 "관계적 사유는 중국 사람들의 사유 특징으로 간주된다."[81]고 밝힌 1934년 그라네[Marcel Granet, 1884-1940]의 『중국인의 사유』[82]일 것이다. 이와 유사하게, 1946년에 발표된 노스롭 [Filmer Stuart Cuckow Northrop, 1893-1992]의 「동양의 직각철학과 서구의 과학철학의 상호보완적 주안점」에서도 다음과 같이 언급되었다. "유가 사상은 일종의 정신 상태로 규정될 수 있는데, 그 가운데 불명확한 개념들은 직각적이고 다중적인 운동이 그 사상적 배경을 구성한다. 반면, 구체적으로 구분 가능한 개념들은 상대적이고, 인본주의적이며, 과도적인 왕복往復이 그 철학적 내용을 형성한다."[83] 그리고 도가 철학은 "연속적으로 관찰했음에도 확정할 수 없거나 구분되지 않는 개념들이 그 철학적 내용을 구성한다."[84] 그라네의 영향을 받은 니덤은 『중국의 과학과 문명』에서 "일반적 의미에서 관계적 사유를 다루었고, 중국 우주론의 사상가들과 관련된 구체적인 '상징적 관계' 또한 논의했다."[85]

그 이후 일부 서구 학자들, 특히 그레이엄·에임즈·홀 등과 같은 몇몇 중국학 연구자와 철학자들은 '관계적 사유', 그리고 그것과 서구적 사유방식의 차이를 깊이 있게 논의한다. 그레이엄은 『도의 논쟁자들』에서 관계

---

81) Roger T. Ames, 『和而不同: 比較哲學與中西會通』, 北京大學出版社, 2002: 59쪽.
82) | 한국어 번역본으로는 Marcel Granet / 유병태 옮김, 『중국사유』, 한길사, 2010 / 2015가 있다.
83) 馮友蘭 / 塗又光 譯, 『中國哲學簡史』, 北京大學出版社, 1985: 31쪽에서 재인용. | 馮友蘭 / 趙復三 譯, 『中國哲學簡史』, 新世界出版社, 2004: 21쪽. 참고로, 펑여우란의 노스롭 인용 부분은 2004년 중문 번역본을 참조했다.
84) 馮友蘭 / 塗又光 譯, 『中國哲學簡史』, 北京大學出版社, 1985: 31쪽에서 재인용. | 馮友蘭 / 趙復三 譯, 『中國哲學簡史』, 新世界出版社, 2004: 21쪽.
85) Roger T. Ames, 『和而不同: 比較哲學與中西會通』, 北京大學出版社, 2002: 59쪽을 참조하라.

적 사유와 분석적 사유를 비교하면서 다음과 같이 제기했다. "서구의 전통은 오랫동안 분석을 그것이 관계된 배경에서 완전히 분리시키는 시도를 계속했는데, 유비에서 비롯된 느슨한 논증으로서의 후자[배경]를 제거했다. 우리는 실제 생활에서 그것을 필요로 하지만, 엄밀한 논리로부터 그것을 뽑아냈다."[86] 중국적 사유, 특히 "『역易』이라는 체계는 두 가지 방향에서 관계적 사유를 발전시켰다. 한편으로, 모든 쌍이나 넷 또는 더 큰 계열이 그에 관련된 정밀한 수학의 추상적 기호와 관계 맺도록 했다. 다른 한편으로, 서로 다른 각 유형은 6효爻의 64가지 종류로 배열된 상이한 형식으로 해석될 수 있는데, 그것들 모두 자체의 상징적 기호라는 등급을 갖는다. 여기에 무한한 가능성이 열려 있으며, 그것들 사이에 필요한 판단의 규칙은 존재하지 않는다."[87]

홀과 에임즈 두 사람이 공동으로 작업한 중국과 서구의 비교철학 3부작 『공자를 통한 사색[孔子哲學思微; Thinking Through Confucius]』, 『한나라의 철학적 사유에 대한 문화적 탐색[漢哲學思維的文化探源; Thinking From the Han: Self, Truth, and Transcendence in Chinese and Western Culture]』, 『중국에 대한 기대[期望中國; Anticipating China: Thinking through the Narratives of Chinese and Western Cultural]』은 중국과 서구의 사유 특징의 차이를 정교하게 다룬다. 그들은 비교를 통해 몇 가지 중요한 결론에 도달했는데, 중국과 서구의 사유방식이의 차이는 '첫 번째 문제틀'과 '두 번째 문제틀' 가운데 어떤 것이 지배적 위치를 차지하는가에 달려 있다고 보았다. '첫 번째 문제틀'이라는 것, '또는 유비적·관계적 사유라고 불리는' 것은 "그 사유 양식에서 변화나 과정이 정지 또는 불변성보다 우월하다는 점을 인정한다는 것이고, 사물의 일반적 질서를 구성하는 궁극적 원인이 존재한다고 쉽게

---

86) Angus Charles Graham / 張海晏 譯, 『論道者』, 中國社會科學出版社, 2003: 369쪽.
87) Angus Charles Graham / 張海晏 譯, 『論道者』, 中國社會科學出版社, 2003: 418쪽.

판단하지 않는 것이다. 또한 모든 것을 주재하는 동인動因이나 원칙이 아니라 관계를 맺는 과정으로부터 사물의 상태를 설명하고자 한다."[88]

그리고 "두 번째 문제틀의 사유를 우리가 인과적 사유라고 부르는 것은 그것이 고전적 서구 사회의 지배적 사유방식이었기 때문이다. 그것에는 다음과 같은 것들이 전제되어 있는데, (1) '혼돈'설의 허무, 분리, 혼란을 가지고 만물의 기원을 설명한다. (2) '우주'는 어떤 단일한 질서를 갖춘 세계로 이해된다. (3) 정지가 변화나 운동보다 우월적 지위에 있다고 단정한다.(다른 말로 표현하자면, '변화'가 아니라 '존재'를 숭상한다.) (4) 우주 질서는 어떤 해석적 역할을 담당하는 존재, 예를 들어 정신·조물주·제1의 원동자[推動者]·신의 의지 등이 조성한 결과라고 믿는다. (5) 명시적이거나 암묵적으로, 동인으로 해석되는 것들에 의해 '세계'의 모든 변화가 좌우되거나 궁극적으로 결정된다고 주장한다."[89]

따라서 중국과 서구의 사유방식 차이는 다음에 근거한다. "첫 번째 문제틀의 형식은 서구에서 나타나지 않았지만, 고전적 중국문화를 지배하고 있다. 마찬가지로, 우리가 두 번째 문제틀이라고 부르는 것, 또는 인과적 사유방식이라고 하는 것은 서구문화의 지배적 요소이지만 고전적 중국문화에서는 뚜렷하지 않다."[90] 따라서 "만약 비교철학이 축의 시대라고 불리는 중국문화를 평가한다면, 그곳에서는 '절대', '초월', '주관성'이라는 개념이 반드시 어떤 의미가 있는 것이 아니라고 말하는 것에 불과하다.

---

88) David L. Hall·Roger T. Ames / 施忠連·何錫蓉·馬迅·李玾 譯,「導言: 期待論證」,『期望中國: 對中西文化的哲學思考』, 學林出版社, 2005: 7쪽. | 참고로, 중국어 번역본의 제목은 『期望中國: 對中西文化的哲學比較』이다.

89) David L. Hall·Roger T. Ames / 施忠連·何錫蓉·馬迅·李玾 譯,「導言: 期待論證」,『期望中國: 對中西文化的哲學思考』, 學林出版社, 2005: 7쪽.

90) David L. Hall·Roger T. Ames / 施忠連·何錫蓉·馬迅·李玾 譯,「導言: 期待論證」,『期望中國: 對中西文化的哲學思考』, 學林出版社, 2005: 7쪽.

그래서 중국에서는 아리스토텔레스나 플라톤[Platon, B.C. 427 / 429?-B.C. 347]의 형상과도 같은 절대적이고 초월적 존재, 또는 충족이유율과 같은 순수하고 초월적인 원리를 찾아보기 어렵다."[91]

그밖에도 한센[Chad Hansen](중국명: 천한성[陳漢生])은 "1980년대 초, 중국어의 의상意象적 언어 성격과 그것이 중국 전통철학에 미치는 영향을 이론화했다."[92] 그리고 앨런[Sarah Allan]은 『물의 길과 덕의 단서 – 중국 초기 철학사상의 근원적 은유[水之道與德之端 – 中國早期哲學思想的本喻; The Way of Water and Sprouts of Virtue: Root metaphor in early Chinese philosophical thought]』에서 물의 근원적 은유가 중국철학의 개념적 체계와 맺는 관계를 깊이 있게 탐구했다.[93]

서구 중국학계의 지속적인 연구와 다르게, 중국 본토의 학계에서는 그러한 논의가 지속되지 못했다. 수십 년 동안 중단되었다가 '문화대혁명' 이후에야 차츰 회복되기 시작한다. 그 가운데 비교적 중요한 논의로는 리쩌허우의 '실용적 이성'설[94], 왕수런의 '상象적 사유'설[95], 류창린의 '의상意象적 사유'설[96], 장샹룽[張祥龍]의 '견해[見地] 구성'설[97]이 있다.

---

91) David L. Hall · Roger T. Ames / 施忠連 · 何錫蓉 · 馬迅 · 李珂 譯, 「導言: 期待論證」, 『期望中國: 對中西文化的哲學思考』, 學林出版社, 2005: 1쪽.

92) 牟博編, 『留美哲學博士文選』(基礎理論卷), 商務印書館, 2002: 362쪽.

93) Sarah Allan / 張海晏 譯, 『水之道與德之端 – 中國早期哲學思想的本喻』, 上海人民出版社, 2002를 참조하라.

94) 李澤厚, 『中國古代思想史論』, 人民出版社, 1985: 303-306쪽을 참조하라.

95) 王樹人, 『傳統智慧再發現』, 作家出版社, 1996.; 『回歸原創之思 – '象思維'視野下的中國智慧』, 江蘇人民出版社, 2005.; 「中國哲學與文化之根 – '象'與'象思維'引論」, 『河北學刊』2007年第5期: 21-25쪽.; 「文化觀轉型與'象思維'之失」, 『杭州師範大學學報』2008年第3期: 6-9쪽을 참조하라.

96) 劉長林, 『中國象科學觀』, 社會科學文獻出版社, 2008.; 「漢語 · 漢字與意象思維」, 『漢字文化』2006年第5期: 9-16쪽.; 「中國象科學初探」, 『中國社會科學院研究生院學報』2005年第6期: 47-54쪽.; 「時間文化與人類的第二次文藝復興」, 『科學對社會

중국과 서구 사유방식의 비교 연구에서, 중국의 사유방식은 '상象적 사유'이며 서구의 그것은 '개념적 사유'라는 왕수런의 20여 년 가까운 비교 연구는 중요한 의미를 갖는다. 그 비교에는 중국과 서구의 두 사유방식을 구성하는 '상'과 '개념'이라는 근거가 근본적으로 같지 않다는 것이 포함된다. 두 사유방식의 근본적 차이는 파악 대상의 '실체성'과 '비실체성'의 구분에 있다. "사유의 내용을 보자면, 두 가지 사유가 파악하는 본질이 서로 다르다. '상적 사유'가 파악하는 것은 비실체적이며 동적인 전체이지만, 개념적 사유가 파악하는 것은 실체이며 정적인 일부이다. 만약 사유가 언어를 필요로 한다면 '상적 사유'가 사용하는 언어는, 개념적 사유가 사용하는 완전히 기호화된 개념적 언어와 다르다. 그것을 '상적 언어'(리수화[李曙華]가 제기한)라고 부를 수 있다."[98]

'상적 사유'와 '개념적 사유'의 각기 다른 특징에 대해 왕수런은 다음과 같이 설명한다. "첫째, '상적 사유'는 시적 연상이 풍부하고 초현실적이며 동적인 특징을 갖는다. 개념적 사유는 대상화라는 규정성을 지니며, 현실에 집착하고 정적인 특성을 보인다. 둘째, '상적 사유'의 시적 연상은 카오스적인데, 무규칙, 무질서, 무작위, 자발적 조직화 등으로 표현된다. 반면, 개념적 사유의 대상화라는 규정성은 논리적이고 규칙적이며 질서를 갖추고 있다. 그리고 이전의 경험이나 기존의 전제로부터, 논리에 부합된 규정적 체계를 추출할 수 있다. 셋째, '상적 사유'는 '상의 흐름과 전환'이라는 과정에서 전개된다. 그것은 유비로 표현되며, 시적 비흥比興[99], 상징, 은유

的影響』2007年第3期: 50-54쪽을 참조하라.

97) 張祥龍, 『從現象學到孔夫子』, 商務印書館, 2001: 190-199쪽. ;『思想避難:全球化中的中國古代哲理』, 北京大學出版社, 2007을 참조하라.

98) 王樹人, 「中國哲學與文化之根 – '象'與'象思維'引論」, 『河北學刊』2007年第5期: 23쪽.

99) | 비흥은 중국 고전 시가의 창작 방법이다. 비(比)는 A를 가지고 B와 비교하는 것이고, 흥(興)은 우선 다른 사물을 말함으로써 노래하고자 하는 어휘를 끌어내는 방식을 가리킨다.

등을 포함한다. 하지만 개념적 사유는 개념적으로 규정되는 과정에서 나타나며, 정의定義, 판단, 추리, 분석, 종합, 그리고 논리적 연산과 공리公理100) 체계로의 통합 등으로 표현된다. 넷째, '상적 사유'는 시적 연상 과정에서 '천인합일天人合一' 또는 주객일체主客一體라는 깨달음을 지향한다. 개념적 사유는 논리적 규정 과정에서 주객이원主客二元를 견지하며, 주체성과 객관성을 확정하는 것으로 나아간다."101)

뿐만 아니라, "상적 사유의 폭과 깊이에서 보자면, '상적 사유'는 언어 논리적 사유보다 훨씬 더 깊고 넓다. '상적 사유'가 개입해 파악해야 할 것은 동적인 전체로서, 논리적이고 개념적인 사유에서는 그것이 제기될 수 없다. '상적 사유'의 상은 그 차원이 풍부하고 심오한데, 크게 두 가지 차원으로 나뉜다. 즉 형이하의 차원과 형이상의 차원이다. 사람들이 맡고, 듣고, 보고, 맛보고, 느끼는 모든 감각적 상이 형이하의 상이다. 반면, 그러한 형이하의 상을 뛰어넘어 정신적 상(예를 들어, 의상과 환상 등의 다양한 차원)에 들어가는 것, 특히 노자[노자, B.C. 571?-B.C. 471?]가 말한 '큰 상은 형태가 없다[大象無形]'의 상, 동적인 전체의 상이 바로 형이상의 상이다."102) 그 때문에 '상적 사유'는 철학적으로 심오한 사유나 문학적·예술적 영역에서만 존재하는 것으로, 사람들의 일상적인 사유방식과는 관련이 없어 보인다.103) 만약 그렇다고 한다면, '상적 사유'는 중국 사람들이 공통적으로 지닌 사유방식이라고 보기 어렵다.

---

100) | 명백하여 증명이 필요 없는 명제이다.
101) 王樹人, 「中國哲學與文化之根 – '象'與'象思維'引論」, 『河北學刊』2007年第5期: 23쪽.
102) 王樹人, 「文化觀轉型與'象思維'之失」, 『杭州師範大學學報』2008年第3期: 8쪽.
103) 그 점은 왕수런이 『回歸原創之思 – '象思維'視野下的中國智慧』(江蘇人民出版社, 2005)에서 논의한 내용을 통해서도 증명이 가능할 듯하다. 이 한 권의 책은 상·하편으로 구성되어 있는데, 상편은 「'三玄'之'象思維'」, 하편은 「禪慧·詩魂與書畵之道」이다.

또한, 왕수런은 다음과 같이 주장했다. "사유의 발전 과정에서 본다면, '상적 사유'는 인류(개체와 유[類]를 포함한)에게 가장 먼저 나타난 사유방식이다. 그리고 개념적 사유방식은 '상적 사유'에서 생겨난 것으로, 항상 '상적 사유'에 의존해 있다. 다시 말해서, 개념적 사유는 '상적 사유'가 '최초로 생성되는' 과정에서 나온 것이다. 또한 '상적 사유'의 이와 같은 '최초 생성성'은 개념적 사유의 발전 과정에서 자신의 몸을 숨기고 그 속에서 자기 역할을 해왔다. 새로운 개념이 형성되든, 새로운 판단이든, 새로운 추론이든 상관없이 모두 '상적 사유'의 '최초 생성성'이 거기서 관여하고 있는 것이다. 개념적 사유로 접어들면 '상적 사유'의 활동이 중지된다는 것은 진정한 사유의 모습을 벗어난 기계론적 관점이다. 개체적 인간이든 인류이든 간에 '상적 사유'는 가장 기초적이고 근본적인 사유방식이다."[104] 이처럼, '상적 사유'는 인간의 사유 속에 보편적으로 존재하는 것으로, 사유의 최초 단계에 속한다. 하지만 '상적 사유'를 그와 같이 이해한다면, 그것을 중국 사람들 특유의 사유방식이라고 할 수는 없을 것이다.

한편, 류창린은 상이한 시각에서 중국과 서구의 사유방식 문제를 상당히 깊이 있게 다루었다. 그는 중국 사람들 특유의 사유방식을 '의상적 사유'로, 그것과 상대적인 서구적 사유방식을 '추상적 사유'로 불렀다.[105] "의상적 사유는 근본적으로 추상적 사유와 구별되는데, 현상을 정형화하거나 분할 또는 추출하지 않고, 현상의 전체성, 풍부함, 유동성을 최대한 유지하고자 한다. 그것은 현상의 배후에 있는 안정성이나 법칙을 찾는 것이 아니라, 현상 내부에 있는 안정성과 법칙을 찾고자 한다. 또한 그것은 사물을 개괄하거나 사물의 보편성을 찾기도 하지만, 언제나 현상이라

104) 王樹人, 「中西比較視野下的'象思維' – 回歸原創之思」, 『文史哲』2004年第6期: 112-113쪽.
105) 劉長林, 『中國象科學觀』, 社會科學文獻出版社, 2008: 51쪽.

는 측면을 벗어나지 않는다. 그 개괄의 결과는 '상'이라는 형식으로 나타나게 된다. 따라서 의상적 사유의 운용과 그것의 결과는 반드시 현상의 풍부함과 변화를 받아들일 수 있고 평가할 수 있어야 한다."106)

이로부터 류창린이 언급하고 있는 '의상적 사유'와 '상적 사유'의 의미가 매우 가깝다는 것을 알 수 있다. 류창린과 왕수런의 차이는 류창린이 중국의 의醫철학 연구로부터 중국의 전통적인 사유방식을 논의했다는 점에 있다. 그 점이 처음부터 그의 '의상적 사유'를 철학의 심오한 사유나 문학적·예술적 측면에 국한되지 않게 했으며, 그 사유방식을 중국의 의학, 병학兵學, 농학農學에 바로 반영되어 있는 평범한 것으로 여기게 만들었다. 분명한 것은, 사유방식이 한 민족의 생활에서 평범한 것이자, 백성들이 일상적으로 사용하면서도 그것을 느끼지 못하는 것이어야만 그 민족 특유의 사유방식이라고 할 수 있다는 점이다.

류창린은 중국과 서구의 사유방식 차이를 주시하는 사물의 측면에 대한 차이로 귀결시켰다. 그는 다음과 같이 주장했다. "모든 사물에는 현상(줄여서 '상'이라고 한다)과 그 현상을 발생시키는 형체나 실체(줄여서 '체'라고 한다)라는 두 가지의 측면이 존재한다. 현상의 이면에서 본질과 법칙을 찾으면 자연스럽게 사물의 형체나 실체의 측면을 찾아낼 수 있기 때문에 현상을 발생시키는 실체의 물질적 구성, 그리고 실체 사이의 상대적으로 안정된 관계를 중점적으로 연구하게 된다. 이것이 서구의 전통적 인식론에서 말하는 현상과 상대하는 '본질'이다. 서구 과학에서 유래한 현대 과학이 모든 현상을 망라하고 있을지라도, 대부분은 형체를 갖춘 물질의 '체'로부터 시작해 다른 종류의 '체', 즉 그것의 구조, 형태, 성질 및 그 운동 법칙을 연구한다."107) "그것은 서구의 근현대 과학이 대체로

---

106) 劉長林, 「漢語·漢字與意象思維」, 『漢字文化』2006年第5期: 10쪽.
107) 劉長林, 「中國象科學初探」, 『中國社會科學院研究生院學報』2005年第6期: 49-50쪽.

현상을 발생시키는 '체', 그리고 '체'의 비교적 안정된 관계를 인식적 측면으로 간주한다는 것을 뜻한다. '체'는 유형적 실재로서 공간적 속성을 주된 특징으로 한다."[108]

하지만 "'상'의 측면에서 체계를 인식하는 것은 시간과 전체를 중심으로 하고, 체계 구성에 대한 그것의 이해는 동적 과정과 전체적 시각으로부터 얻어진다."[109] 그런데 중국과 서구의 사유방식 차이를 주시하는 사물의 측면에 대한 차이로 귀결시킨 것은 그다지 타당해 보이지 않는다. 본질과 현상의 구분은 바로 서구의 전통적 사유방식이 지닌 특징이기 때문에 그것으로 두 가지 사유방식을 구분한다는 것은 중국의 전통적 사유방식을 위한 독자적 입장을 마련하는 데도 별 도움이 되지 않는다. 류창린이 상이나 '상'의 측면이 본질이나 '체'의 측면보다 우월하다는 것을 강조했음에도 불구하고, 현상이 본질의 표현이라는 점을 인정한다면 결국 본질 파악이 현상의 파악보다 우월하다는 것을 인정하지 않을 수 없는 것이다. 실제로도 서구 과학에서는 현상을 현상학적으로 표현한 다음, 현상 뒤의 본질을 논하는 연구 방식을 흔히 볼 수 있다. 그렇다면 '상 과학'이라는 것은 '체 과학'의 사전 준비 단계에 불과한 것이 아니겠는가? 이것은 기본적으로 류창린의 주장과 명확하게 모순된다.

앞서 제시한 모든 주장을 다음과 같이 평가할 수 있다. 다시 말해서, '서구 사람들은 바로 들어가지만, 중국 사람들은 주변의 것들과 연관시킨다.' 중국 사람들에게는 유추 논리만 있고 형식 논리는 없으며, '실천철학만 있고 순수 철학은 없다.' '종합적으로 리理의 극치를 이루'는 '원만하게 살며 입신의 경지에 오르는' 정신이지, 서구의 '분해적으로 리理의 극치를 이루'는 '모나면서 지혜로운' 정신이 아니다. 그리고 '직각법', '실용적 이

---

108) 劉長林,「中國象科學初探」,『中國社會科學院研究生院學報』2005年第6期: 50쪽.
109) 劉長林,「中國象科學初探」,『中國社會科學院研究生院學報』2005年第6期: 51쪽.

성', '상적 사유', '의상적 사유', '견해 구성', 아니면 '관계적 사유' 등 그것을 무엇이라고 하던지 간에, 그것들은 모두 어떤 하나의 측면에서 중국의 전통철학이 지닌 사유방식의 특징을 밝혀냈다고 할 수 있다. 그리고 그 특징들은 서구철학의 사유방식과 확연히 구분되는 것이다.

그렇다면 중국과 서구의 사유방식이라는 중요한 차이를 어떻게 특징화해야 할까? 저자는 왕수런의 '상적 사유'와 '개념적 사유'를 비교하는 방식에 그다지 동의하지 않지만, 두 용어가 중국과 서구의 사유방식을 비교적 적절하게 특징화하고 있다고 본다. 저자는 왕수런의 규정 방식에 다음과 같은 문제가 있다고 판단한다. 즉, 그에게 '상적 사유'는 인류 전체에 보편적으로 존재하는 비교적 원시적이거나 초보적인 사유방식과 같은 것이었고, '개념적 사유'는 발전되거나 고급화된 사유방식과 동일한 것이었다. 바로 중국과 서구의 차이를 시대의 차이 문제로 바꾼 것이다. 그 때문에 중국과 서구의 사유방식을 구분하기 어려워졌다.110) 그럼에도 불구하고 '상적 사유'라는 용어는 '상'을 사유의 근거로 하면서, '개념'을 사유의 근거로 하는 '개념적 사유'와 명확하게 구분된다.

또한 더욱 중요한 것은 앞서 거론한 중국과 서구의 사유방식 차이에 대한 학자들의 분석, 특히 장둥쑨과 홀·에임즈의 분석을 참조한다면 다음의 사실들을 알 수 있다. 즉, '상'을 사유의 근거로 간주해야만, 왜 중국 사람들의 사유에서 '어떻게'가 '무엇인가'에 영향을 끼치게 되었는지, 그리고 그것이 '실용적 이성'인지, '원만하게 살며 입신의 경지에 오르'는 것인지, '유추적 논리'만 있는 것인지, 또한 왜 '첫 번째 문제틀'이 '관계적 사유'인지를 설명할 수 있다. 왜냐하면 개념적 사유의 가장 큰 특징이 추상성, 즉 사유 대상을 구체적인 감성 현실로부터 추상화시킬 뿐만 아니라

---

110) 홀과 에임즈의 '첫 번째 문제틀'과 '두 번째 문제틀'을 비교하고, 류창린의 '의상적 사유'와 '추상적 사유'를 비교해보면 두 가지 모두 유사한 문제들이 존재한다.

정의를 내리는 방식으로 엄격히 규정하는 데 있다면[111]), 상적 사유는 언제나 구체성을 벗어나지 않기 때문이다.

'사물을 관찰해 그 상을 취한다[觀物取象]'는 것은 개괄적 방식으로 현실 사물에서 상을 '얻은' 것이지만, 얻어진 상은 감성적 구체 사물과 떨어져 있지 않다. 바로 그 이유 때문에 상적 사유에서는 유추 논리, 그리고 먼저 '어떻게 대처할 것인가'를 묻는 '실용적 이성'이 가능한 것이다. 반면, 개념적 사고에서는 그것이 가능하지 않다. 거기서는 동일률에 기초한 삼단논법의 추론만이 가능하기 때문에 '무엇인가'를 먼저 물을 수밖에 없다.

중국과 서구의 사유방식을 구분한다는 실질적 문제에서 저자는 왕수런의 방식에 동의하지만, 그것은 중국과 서구의 사유방식 차이를 직접적으로 규정했다는 점에 한정된다. 하나는 '상'을 사유의 근거로 하고, 또 다른 하나는 '개념'을 사유의 근거로 한다고 해서 그것이 사유 대상의 상이한 측면에 대한 본질주의적 관심으로 귀결되지는 않는다. 사물의 측면을 구분하는 것이 바로 사유방식에 상응하는 결과이기 때문이다.

'상적 사유' 방식이 적용되는 분야에 대해서는 저자도 류창린의 견해에 동의한다. 그 사유방식이 심오한 철학적 사유나 문학적·예술적 차원에 국한되지 않고, 중국 고대의 심오한 철학적 사유, 문학과 예술, 그리고 역학·농학·병학 등 모든 차원을 관통한다고 보기 때문이다. 반면, '상적 사유'와 '의상적 사유', 그리고 '개념적 사유'와 '추상적 사유'의 관계로부터, 류창린은 '상 과학'과 '체 과학'의 대상을 각각 현상이나 '상'의 차원, 그리

---

111) 중국과 서구의 사유방식 차이를 보여주는 흥미로운 현상을 英中 대조 사전에서 찾아 볼 수 있다. 하나의 명사, 예를 들어 'cup'의 영어 해설은 다음과 같이 정의되어 있다. "a small round container, usually with a handle, from which liquids are drunk."(작은 원형 용기의 일종으로, 일반적으로 손잡이가 있어 액체 물질을 마시는 데 사용된다.) 하지만 중국어의 해설은 매우 간단하다. "(손잡이가 달린) 찻잔, (다리가 달린) 술잔" 이다. 『英漢雙解朗文美語詞典』, 外語敎學與硏究出版社, 1992: 292쪽을 보라.

고 본질이나 실체적 차원에서 규정했는데, 저자는 이것은 매우 적절치 않다고 본다. 본질과 현상의 대립은 '개념적 사유'를 전제한 것으로, '상적 사유' 방식에서는 그와 같은 전제가 성립될 수 없기 때문이다.

'상'의 세계는 '체용불이體用不二'이다. 왕수런은 "'상적 사유'는 인류(개체와 유[類]를 포함한)에게 가장 먼저 나타난 사유방식이다. 그리고 개념적 사유방식은 '상적 사유'에서 생겨난 것으로, 항상 '상적 사유'에 의존해 있다."[112]고 보았는데, 이것에도 이론적 난관이 존재한다. 만약 그와 같다면, '상적 사유'는 보편적인 것이 되고 중국 사람들만의 것이라고 말할 수 없기 때문이다. 이 문제를 해결하기 위해서는 원시적 형태의 '상적 사유'와 고급화된 형태의 '상적 사유'를 발전적으로 구분하는 것이 핵심이다.(단순화시켜 원시적 형태의 '상적 사유'를 '원시적 사유', 고급화된 형태의 '상적 사유'를 그대로 '상적 사유'로 부르겠다.)

원시적 '상적 사유', 즉 원시적 사유는 원시 시대의 인류에게 보편적으로 존재하던 사유방식이다. 원시적 사유는 문명 시대에 들어서도 여전히 고급화된 형태의 사유방식('개념적 사유'와 고급화된 형태의 '상적 사유'가 포함된) 내부에서 의존적인 형태로, 그리고 그것을 구성하는 요소로 남아 있다. 원시적 사유는 '개념적 사유'보다 고급화된 형태의 '상적 사유'와 더 많은 유사성을 갖지만, 양자는 동일한 차원에 속하지 않는다. '상적 사유'의 방식과 동일한 차원의 것은 '개념적 사유' 방식뿐이다. 따라서 '상적 사유'와 '개념적 사유' 모두 원시적 사유방식에서 갈라져 나온 동일한 차원의 고급화된 사유방식이라고 할 수 있다.

'상'이 그 대상인지, 아니면 '체'가 그 대상인지로 두 가지 사유방식을 해석할 수는 없겠지만, 양자의 중점은 분명히 다를 것이다. 그러한 중점의

---

112) | 王樹人, 「中西比較視野下的'象思維' – 回歸原創之思」, 『文史哲』2004年第6期: 112쪽.

차이에 대해 류창린이 제시한 견해는 시사하는 바가 크다. "시간과 공간은 가장 기본적인 만물의 두 가지 성질이다. 천지 만물은 모두 자신의 시간과 공간을 갖는데, 시공간은 통일적이어서 나뉘지 않는다. 하지만 시간과 공간은 서로 구별되면서 각기 자기만의 독자적 측면을 갖기도 한다. 사람들은 세계를 상대할 때, 시공간을 동시에 중시하지 못하고 하나를 선택해야만 한다. 다시 말해서, 공간을 중심으로 하면 공간의 차원에서 시간과 만물의 존재를 대하거나, 시간을 중심으로 하면 시간의 차원에서 공간과 만물의 존재를 대하게 된다. 그러한 두 가지 태도와 방법은 각기 다른 의미와 가치를 지니는데, 모두 인류에게 필요한 것이자 이로운 것이다. 두 가지에서 선택해야 하는 이유는 사람들의 사유와 지각이 동일한 시간대에 하나에만 주의를 기울일 수 있기 때문이다. 따라서 외부의 사물을 대할 때는 공간을 위주로 하거나, 시간을 위주로 하는 방법이 각각 별도로 진행될 수밖에 없으며, 동일한 하나의 과정에서 동시에 이루어질 수는 없다."[113]

그래서 "인류문화는 그로부터 두 갈래의 기원으로 나뉘었다."[114] 그것은 또한 두 가지 사유방식의 기본 특징을 결정지었다. "공간 중심의 서구 문화는 주객主客의 대립과 분리 방식으로 모든 사물을 대하게 만들었다. 공간은 점유와 상호 배척이 가능하기 때문이다. 대립과 분리는 공간의 기본 특징으로서, 대립과 분리만이 공간이라는 존재를 분명하게 드러낼 수 있는 것이다. 따라서 주객 대립과 공간 중심은 서로 인과관계에 놓여 있다고 말할 수 있다. 이처럼 서구의 세계 인식은 분석과 해부의 방법이 두드러지고, 사람과 사람, 사물과 사물, 사람과 사물의 구분을 강조하면서

---

113) 劉長林, 「時間文化與人類的第二次文藝復興」, 『科學對社會的影響』2007年第3期: 51쪽.

114) 劉長林, 「時間文化與人類的第二次文藝復興」, 『科學對社會的影響』2007年第3期: 51쪽.

뚜렷한 공간적 특징을 가진 물질적 존재를 중시한다."115) 하지만 "중국의 전통문화는 시간 중심으로, 그러한 문화적 형태가 천인합일天人合一, 주객 일체主客一體의 방식을 통해 천지 만물을 대하도록 만들었다. 동일한 시공 간이라는 연속 체계에서 시간을 나눌 수도, 자를 수도, 가질 수도, 빼앗을 수도 없기 때문이다. 시간의 측면에서 사람과 천지 만물은 영원토록 하나의 유기적 전체인 것이다. 그래서 중국의 전통문화는 '도는 스스로 그러한 자연을 본받는다[道法自然]'라는 원칙을 따르며, 자연스러운 사물 전체의 상태를 존중한다."116)

왕톈청[王天成]은 또 다른 시각에서 시간과 '상'의 관계를 이해했다. 그가 제시한 것은 서구철학이 감성과 이성, 직관과 개념으로 나뉘지만 둘 사이에는 중간적인 형태가 존재하는데, 그것이 바로 상상력이라는 주장이다. 상상력이 상을 만들기 때문에 직관이다. 하지만 마찬가지로 상상력의 상도 일반적인 특징을 갖기 때문에 상 개념이다. 그러한 의미에서 상상력은 자유로운 것이다. 그것은 의意와 상象, 상象과 상象 사이를 오갈 수 있다. 칸트는 상상력이라는 특징을 활용해 범주와 직관을 연결시켰다. 칸트에게 범주는 상상력을 거쳐 범주의 '선험적 도식'이 되며, 선험적 도식을 통해 범주는 감성과 하나로 융합될 수 있다. 그렇다면 추가적인 문제는 도식이 직관으로서 또는 상으로서 어떠한 상인가 하는 점이다. 칸트는 그것을 공간적 상이 아니라 시간적 상이라고 주장했다.117)

하지만 그와 같은 이해는 '상상력'으로서의 '상적 사유' 또한 인간적 사유의 보편적인 기능일 뿐, 고유의 중국문화가 되지 못한다. '시간적 상'

---

115) 劉長林, 「時間文化與人類的第二次文藝復興」, 『科學對社會的影響』2007年第3期: 52쪽.

116) 劉長林, 「時間文化與人類的第二次文藝復興」, 『科學對社會的影響』2007年第3期: 52쪽.

117) 王天成, 「象·概念與概念思維」, 『博覽群書』2006年第2期: 49-58쪽을 참조하라.

을 형성하는 '상상력'과 '상적 사유'을 더 발전적으로 구분해볼 필요가 있다. 우리는 지양의 형식을 통해, 상상력을 고급화된 형태의 사유 형식에 남겨진 원시적 사유 부분으로 간주할 수 있다. '개념적 사유'에서는 개념과 직관이 확연히 대립되기 때문에 양쪽의 특징을 겸비한 매개가 있어야만 하며, 그것은 독자적인 의미로 나타난다. 그러나 '상적 사유'에서는 그러한 이원적 대립이 존재하지 않기 때문에 그것들은 사유 과정에서 곧바로 융합되며 독자적 의미를 갖지 않는다. 그러므로 '상적 사유'가 시간적 요소에 중점을 두고 있고 시간과 내재적인 연관을 맺고 있을지라도,[118] 그것은 '시간의 상'을 형성하는 '상상력'으로 귀결되지 않는다.

만약 시간 중심 또는 공간 중심이 '상 과학'과 '체 과학', 그리고 '상적 사유'와 '개념적 사유'를 구분하는 기준이 된다면, 시간과 공간의 불가분성 때문에 우리는 '상 과학'과 '체 과학', 그리고 '상적 사유'와 '개념적 사유'를 확연히 구분할 수 없다. 단지 상대적인 구분만이 가능할 뿐이다. 그것은 중국의 전통적 사유방식이 '상적 사유'를, 서구의 사유방식이 '개념적 사유'를 주된 사유방식으로 한다는 것을 알려준다. 물론 중국의 전통적 사유방식에서도 개념적 사유의 요소가 존재한다는 것은 두말할 나위 없다. 단지 그것이 주된 사유방식으로 발전하지 못했을 뿐이다. 실제로, 개념적 사유의 방식은 명가名家와 묵가墨家의 저서에서 뚜렷하게 나타나

---

118) 그 내재적 연관은 칸트가 『순수이성비판』 1판과 2판에서 선험적 상상력을 각기 다른 방식으로 다루었던 것에서도 드러난다. 칸트는 『순수이성비판』 1판에서 선험적 상상력을 논의했다. 하이데거가 말한 것처럼, 그는 서구의 전통적 철학 범위를 넘어 "시간성이라는 이 길을 모색했던 첫 번째 사람이자 유일한 사람, 아니면 스스로 현상 그 자체에 떠밀려 이 길로 오게 되었다고 말할 수 있는 첫 번째 사람이자 유일한 사람"이었기 때문에, 그는 크게 놀라 2판에서는 '퇴각'하게 되었다. 그래서 "본질적으로 중요한 일을 지체했다. 즉, 현존재[此在, Dasein]의 존재론을 지체시켰는데, 그 지체는 칸트가 데카르트의 존재론적 입장을 계승했기 때문에 초래된 것이기도 하다."(Martin Heidegger / 陳嘉映·王慶節 譯, 『存在與時間』, 三聯書店, 1999: 27-28쪽.)

있다. 서구의 사유방식에서도 그와 같이 엄격한 개념적 사유는 대체로 과학 저서에서만 드러나 있을 뿐, 일반 사람들의 일상적인 사유 과정에는 '상적 사유'의 부분들이 더 많이 간직되어 있을 것이다.

중국과 서구의 사유방식이 고정불변한 것이 아니라는 점은 확실하다. 수많은 학자들이 제기했던 것처럼 두 가지 사유방식 모두 중대한 전환을 겪었다. 서구철학에서는 고대의 실체성 철학, 근대의 주체성 철학, 현대의 실천철학 사이에 매우 큰 차이가 존재했다.[119] 또한 중국철학에서도 선진 先秦 철학에서 송명이학宋明理學에 이르는 동안 큰 변화를 거쳤다.[120] 특히, 근대 서구문화 특히 서구 과학이 중국에 전래된 이후, 중국 사람들은 전통적 사유방식과 철학적 측면에서 심대한 충격을 받았을 뿐만 아니라 상당한 정도의 변화가 있었다. 하지만 그러한 전환이나 변화가 근본적인 차원에서 중국의 사유방식과 서구 사유방식의 가장 기본적인 특징, 특히 '상적 사유'와 '개념적 사유'를 바꾸지는 못했다. 적어도 그 특징들은 아주 상당한 정도까지 남아 있었다. 그래서 중국 사람들이 마르크스주의 철학을 받아들였을 때, 그들은 중국의 전통적 사유방식에서 벗어나 순수하게

---

119) 王南湜,「新時期中國馬克思主義哲學發展理路之檢視」,『天津社會科學』2000年 第6期: 4-10·47쪽을 참조하라.

120) 천원은 다음과 같이 지적한다. "중국철학은 송명宋明 시대에 이르러 변화가 발생했 는데, 그것은 '기본 어휘'의 변화였다. 즉, 선진先秦·한당漢唐 시대의 '도' 중심 철학 이 '리理' 중심 철학으로 전환된 것이다. 이것이 바로 '도가 리로 변화'된 현상이다. 그것은 송명 시대의 철학 의식을 이해하는 데 근본적 의의를 갖는다." 그리고 "'이학 理學'의 '리'는 절대적이고 보편적인 본체·질서·법칙의 의미를 가지고 있는데, '리' 를 이처럼 사용한 것은 송대의 이정二程으로부터 본격화되었다. 천룽제[陳榮捷]는 다음과 같이 말했다. '정호와 정이는 그들의 철학 전체를 리理라는 개념 위에 위치시 켰다. 이것은 최초의 시도로 유가 사상을 온전한 이학으로 만들었으며, 중국철학사에 커다란 진전을 가져왔다.'"(陳贇,「道的理化與知行之辯 – 中國哲學縱先秦到宋明 的演變」,『華東師範大學學報』2002年第4期: 23-29쪽.) | 참고로, 여기서 천룽제의 언급은 陳榮捷,「理的觀念之進展」, 陳榮捷,『宋明理學之觀念與歷史』, 中研院中 國文哲研究所, 1996에서 제시된 것이다.

본래적인 것을 받아들일 수 없었고, 불가피하게 기존의 사유방식으로 이해하고 파악했던 것이다. 그것이 사유방식의 측면에서 마르크스주의 철학이 중국화될 수밖에 없었던 이유다. 그와 같은 중국화가 중국화된 마르크스주의의 가장 내재적이고 심층적인 내용을 구성했다. 또한 사람들의 연구가 그 측면에 맞춰졌을 때만이 문제의 본질을 파악했다고 할 수 있다. 따라서 마르크스주의 철학의 중국화를 이해하려면 사유방식이라는 측면으로 나아가야만 한다.

2) 개념적 변증법과 상象적 변증법

사유방식은 개괄적인 것으로, 사유의 곳곳에서 나타나지만 방법론의 측면에서 가장 잘 드러난다고 할 수 있다. 특히 철학적 방법론에 집중되어 있다. 헤겔이 말했던 것처럼, 변증법이 가장 근본적인 방법이라면 그것이 하나의 철학적 사유방식을 가장 잘 드러낼 수 있을 것이다.[121] 마르크스의 변증법은 헤겔의 변증법을 유물주의적으로 재해석한 것이기 때문에, 그 변증법은 근본적으로 서구의 전통적 변증법에서 발전한 것이라고 알려져 있다. 따라서 그 발전이 어떻게 혁명성을 갖추었는가와 상관없이, 그것은 서구 사유방식의 전통에 속한다.

서구의 전통적 사유방식이라는 것은 앞서 언급한 것처럼, 중국의 전통적 '상적 사유' 방식과 구분된 일종의 '개념적 사유' 방식이다. '개념적 사유'의 기본적 근거는 개념이다. 개념이 가장 근본적으로 '상'과 다른 점은 개념의 추상적 보편성, 감성적 사물에 대한 초월성이다. 추상적 보편성은

---

121) 톈천산이 제기했던 것과 같이, "서구 사람들이 말하는 'dialectics'와 중국어의 대응 어휘인 '변증법'은 그 함의가 서로 다른 것이다."(田辰山 / 蕭延中 譯, 『中國辨證法: 從「易經」到馬克思主義』, 中國人民大學出版社, 2008: 1쪽.) 여기서는 서술의 편의를 위해 중국 내에서 통용되는 의미로서 '변증법'이라는 어휘를 사용한다.

어느 사물에나 적용 가능하지만 모든 구체적 사물을 초월하면서 스스로 하나의 초월적 영역을 구성한다. 파르메니데스[Parmenides of Elea, B.C. 515?-B.C. 445?]와 플라톤으로부터 그와 같은 초월성 개념은 변화하는 감각[感性] 세계와 구분된, 불변의 영원 세계를 구성할 뿐만 아니라 변화하는 감각 세계의 본질이나 본체로 간주된다.

두 세계의 위치는 고정적인 것으로 바뀌지 않는다. 그 점은 천자치[陳家琪]가 제기한 것과 같이, "서구 주류 철학의 형태는 본질적으로 '배타적인 이분법'이다. '배타성'이라는 것은 고대 그리스 철학에서 제시된 '상대적 구성'122)을 말한다. 예를 들어, '왼쪽과 오른쪽', '밝음과 어두움', '곧음과 기울어짐', '움직임과 정지', '홀수와 짝수', '남녀', '차가움과 뜨거움', '천지'와 같은 경험적 개념들은 아리스토텔레스와 플라톤 이후 모두 '하나와 많음', '형식과 질료', '정신과 육체', '본질과 현상', '이성과 감성'이라는 총체적 범주 관계에 속하게 된다. 총체적 범주 관계에서 형식과 이성은 '하나'라는 사물의 '동일성'을 상징하는데, 그것은 또한 상징적 의미에서의 '남성의 원칙'으로 이해된다. 반면, 질료와 감성은 '많음' 사이에서 드러내는 차이이자, '여성의 원칙'이다. 인식론적으로는 본질과 현상, 진리와 의견의 차이로 표현된다. 반성적 인식 방법으로서 철학은 예로부터 경험을 귀납시키는 것이 아니라, 개념(또는 더욱 단순화시킨 범주)을 마주하고 있었다. 또한 물질적 내용이 아니라 인식 활동의 형식적 특징을 파악하는 데 치중되어 있었다."123) 다시 말해서, 서구의 주류적 사유방식에서 모든 경험적 대구[對偶] 현상들, 예를 들어, '왼쪽과 오른쪽', '움직임과 정지', '남녀'와 같은 것들은 모두 '하나와 많음', '본질과 현상' 등의 대립으로

---

122) | 아르스토텔레스의 '상대적 구성'은 상반된(contrary), 상관관계(correlative), '있음'과 '결핍된(privative)', 모순된(contradictory)이라는 네 가지 의미를 포함한다. 張丹, 「論亞里士多德的'對成'和陰陽對成」, 『理論觀察』2010年第3期: 21-22쪽.
123) 陳家琪, 「反駁張祥龍」, 『浙江學刊』2003年第4期: 127-128쪽.

귀결된다. 한 마디로, 감성 세계의 대구적 사물들은 모두 '많음'과 '현상' 등으로 귀결되고, 초월적인 '하나', '본질', '본체' 등이 그것과 대립한다.

그렇지만 영원히 변하지 않는 본체의 세계는 어떻게 변화하는 감성 세계와 서로 연관될 수 있을까? 이것은 그와 같은 사유방식에서 피할 수 없는 문제다. 어쨌든 감각의 세계는 모든 사람들이 직접 느끼는 세계이기 때문에 어떤 철학도 그것을 언급하지 않을 수 없으며, 초월적인 영원의 세계로부터 그것을 설명하지 않으면 안 된다. 그것이 바로 '현상 구제하기 [拯救現象; saving the phenomena]'라고 하는 것이다. "플라톤으로부터 서구철학자들은 스스로 '현상 구제하기'라는 철학적 노력을 해왔다. 즉, 감각 기관의 세계에서 '많음'이 어떻게 '하나'로 결합(통합)될 수 있는가? 이것은 어느 누구도 부인할 수 없는 '사실'이었을 뿐만 아니라 누구나 대답해야만 했던 '진리'와 관련된 문제였다. 아리스토텔레스는 파르메니데스가 처음으로 이 문제를 상대했다고 했는데, 그가 해결한 방법은 '존재'와 '비존재'를 구별한 것이었다. 그리고 플라톤에게도 그 나름대로의 해결 방향이 있었다."124)

천캉[陳康, 1902-1992]은 플라톤이 『파르메니데스편』에서 제시한 해결 방향을 다음과 같이 설명했다. "'상반된 것'을 서로 결합시킬 수 있는가'라는 원초적 문제는 그것이 두 가지로 분화되는 형태를 통해서 해결되었다. 그와 동시에 '형상'에 대한 새로운 견해가 만들어졌는데, 그것이 대립과 분리의 문제를 자동적으로 소멸시켜 주었다. 분유分有의 문제는 '형상'의 연결 문제로 바뀌었고, 몇 가지 추론으로부터 함께 해결되었다"125) 다시 말해서, "'형상'은 사물과 대립하지도 분리되지도 않으며, '형상'의 연결로

---

124) 陳家琪, 「反駁張祥龍」, 『浙江學刊』2003年第4期: 127쪽.
125) 陳康, 「論柏拉圖的『巴門尼德斯篇』」, Platon / 陳康 譯, 『巴門尼德斯篇』, 商務印書館, 1982: 404쪽.

부터 사물은 [존재한다는] '이다[是]'가 된다."126) "사물의 존재는 '형상'이
모인 곳에 있다."127) 여기서 '형상'은 곧 'idea', 보통 '이념理念'으로 번역된
다. 아리스토텔레스도 같은 방향에서 그 문제를 해결했는데, 가다머[Hans
Georg Gadamer, 1900-2002]의 언급처럼, "매우 상이한 규정을 하나의 개념에
집중시켰다는 점에서"128) 아리스토텔레스는 '능숙한 전문가'라고 할 수
있다.

'형상' 또는 '이념'의 집합으로 사물을 이해하는 플라톤 사상은 서구철
학의 변증법적 본질을 표현한 것이라고 할 수 있다. 추상적 개념으로부터
현실 생활의 사물을 설득력 있게 설명을 하려면, 구체적 사물은 여러 추상
적 규정들이 어떤 방식을 통해 결합된 것이라고 그렇게 이해하는 것 이외
에 다른 방법은 없는 듯하다. 따라서 서구철학에서 그 관념의 영향을 어떻
게 추측하든지 간에 그리 지나친 것은 아닐 것이다. 훗날 변증법 학파라고
불리는 철학자들이 다양성의 통일이라는 방식으로 사물의 핵심을 설명한
것뿐만 아니라 플라톤의 전통을 격렬하게 반대했던 철학자들에게서도 그
와 같은 사상의 그림자를 엿볼 수 있다. 만약 버클리[George Berkeley,
1685-1753]의 존재는 지각되는 것, 그리고 마흐[Ernst Mach, 1838-1916]의 사물
은 감각의 총체와 같은 명제들을 주의 깊게 살펴본다면, 어렵지 않게 위의
결론을 얻을 수 있다.

그것은 서구철학의 변증법이 현상을 개념의 조합에 귀결시킴으로써,
현상을 파악하거나 '현상 구제하기'를 시도했다는 것을 알려준다. 개념의
조합 방식은 이론적 형태의 변증법이라고 할 수 있다. 그러한 처리 방식에

---

126) 陳康, 「論柏拉圖的『巴門尼德斯篇』」, Platon / 陳康 譯, 『巴門尼德斯篇』, 商務印
    書館, 1982: 409쪽.
127) 陳康, 「論柏拉圖的『巴門尼德斯篇』」, Platon / 陳康 譯, 『巴門尼德斯篇』, 商務印
    書館, 1982: 410쪽.
128) Hans Georg Gadamer / 張志偉 譯, 『伽達默爾論黑格爾』, 光明日報出版社, 1992: 6쪽.

서 감성 세계나 현상은 그대로 유지되지 않고, 본체나 본질, 또는 개념으로 귀결된다. 현상을 처리하는 이와 같은 방식은 수학에서 그 원형을 찾을 수 있다. 장샹룽은 다음과 같이 지적했다. "'형식'과 그것의 '개념'적 대역 代役을 통해 궁극적인 문제를 처리하거나 존재 자체를 이해하는 방법은 전통적 서구철학 전체를 가장 확실하게 주조했다."[129] 수학에서 하나의 원형이나 불규칙한 도형을 처리할 때의 일반적인 방법은 그것을 여러 직선의 선분 조합으로 표시하는 것이다. 예를 들어, 원에 내접하는 다각형 또는 외접하는 다각형의 면적이나 둘레를 이용해 원의 면적이나 둘레에 접근시킨다. 다각형의 선분 수가 많아질수록 원의 면적이나 둘레에 가까워진다. 이론적으로는 선분 수가 무한대로 늘어나면, 다각형의 면적이나 둘레는 원의 면적 또는 둘레와 같아진다. 또한 그와 같은 사고는 실제적으로 근대 수학의 미적분이 발전하고, 미적분으로 다양한 문제들을 처리할 수 있게 만든 것이었다.

이처럼 사물을 '형상' 또는 '이념'의 집합으로 이해하는 사상으로부터 서구 변증법의 일련의 특징들이 규정되었다. 첫째, 가장 근본적인 특징은 '형상'과 사물, '이념'과 현상, '하나'와 '많음', 형식과 질료, 이성과 감성 등의 대립쌍에서 두 측면이 절대적으로 불평등한 관계에 놓여 있다는 점이다. 즉, 전자가 후자에 비해 절대적으로 우월한 '배타적 이분법'이라는 것이다. 그러한 방향에서 세계를 개념으로 파악하게 되면 감성 세계의 '많음'과 현상 등은 이성 세계의 '하나'와 본질 등의 조합으로 추상될 뿐, 감성 세계의 직접적 이해가능성은 인정되지 않는다. 그렇게 감성 세계를 이해하면, 결과적으로 감성 세계는 감성 세계 그 자체가 아니라 이성 세계의 추상적인 복제물이 되는 것이다.

둘째, 그 사유방식에서 이성 세계와 감성 세계는 항상 분리된 상태로

---

129) 張祥龍, 『海德格爾與中國天道』, 三聯書店, 1996: 196쪽.

남아 있다. 모순의 대립이라는 것은 두 세계의 대립이고, 모순의 해결이라는 것은 감성적 사물을 이성 세계로 끌어 들여 일련의 개념적 조합으로 전환시키거나 아니면 환원시키는 것이다. 그 개념적 조합들은 모순적일 수 없으며, 적어도 궁극적으로는 모든 개념들이 통합되거나 동일성의 수준에 도달할 수 있어야 한다. 다시 말해서, 헤겔이 언급했던 것처럼 그때의 "이념은 자신을 단순한 있음으로 규정한다. 그와 같은 있음은 이념의 입장에서 완전히 투명한 것일 뿐만 아니라 그것이 규정되는 과정에서도 여전히 자신의 개념에 머물러 있다."[130] 이것은 변증법으로 사물을 이해하는 경우, 언제나 '많음'이 아닌 '하나', '현상'이 아닌 '본체'가 지배적이고 우월한 위치에 있다는 점을 뜻한다. 또한 그러한 이해에서는 어떤 사물이라도 '하나'와 '많음'의 모순으로 간주될 수밖에 없으며, 수많은 모순이나 모순의 조합들이 나란히 배열되지 못한다.

셋째, 서구의 변증법은 독일 고전 철학, 특히 헤겔 철학에서 몇 가지 중요한 변화가 나타났는데, 즉, 반성적 형태의 변증법에서 역사주의적 형태의 변증법으로 전환되었다는 점이다. 그렇지만 개념의 모순적 운동이라는 변증법적 본질에는 아무런 변화도 없었다. "반성적 변증법의 근본특징은 개념 자체의 모순을 드러내고, 일반과 개별, 이성과 감성의 대립을 드러내는 데 있다. 또한 그러한 대립이나 갈등이 외재적인 설정에 의한 것이 아니라, 논리적으로 만들어진 것이자 인간 사유에 내재적으로 갖춰졌다는 점을 드러내는 데 있다."[131] 역사주의적 변증법은 모순적 존재의 필연성을 인정하면서도 거기에 머무르지 않고 모순을 역사적이고 논리적인 전개 과정, 즉 모순을 지양해 나가는 발전 과정으로 파악한다.

따라서 역사주의적 변증법에서 가장 핵심적인 내용은 모순이나 역설에

---

130) Georg Wilhelm Friedrich Hegel,『邏輯學』下, 商務印書館, 1978: 552-553쪽.
131) 王南湜,『追尋哲學的精神』, 北京師範大學出版社, 2006: 115쪽.

108 제1장 중국화된 마르크스주의 철학 연구의 방법론적 전제

의한 부정이 아니라 부정에 대한 부정, 즉 부정의 부정이다. 그러나 여기서 부정의 부정은 감성 세계에서 발생하는 '파도와 같은' 또는 '나선형과 같은' 발전적 변화로 이해되지 않는다. 오히려 그것은 여전히 이성 세계에서 진행되는 개념 자체의 운동이자, 개념이 추상적 보편성으로부터 특수한 모순과 대립하는 과정을 거쳐 구체적 보편성으로 나아가는 논리적 과정을 가리킨다. 그렇기 때문에 모순의 해결, 즉 모순의 운동이라는 것도 감성 세계의 사물이 동태적으로 변화하는 것이 아니라 이성 세계의 개념적 조합들이 변화하는 것이다.

그러한 변화는 시간에 관계하지 않으며, 추상적인 논리 공간에서 그 위치만이 전환될 뿐이다. 바꾸어 말하면, 그와 같은 변증법에서 모순의 운동이라는 것은 논리적인 운동일 뿐, 결코 감성 세계에서 느낄 수 있는 사물의 운동이 아니다. 개념적 운동이라는 것도 감성적인 사물의 운동과 다르게[132] 추상적 개념의 내용적 변화, 즉 추상적 보편성이 점차 규정성을 늘려감에 따라 풍부해졌을 뿐이다. 그래서 카푸토[John David Caputo]가 말했던 것처럼, 헤겔은 운동의 '문제적 친구'라고 할 수 있을 것이다. "플라톤은 직접적으로 운동과 대립하는 진리를 정의했다. 변화의 친구처럼 보이는 헤겔은 운동을 진리로 끌어들였을 뿐만 아니라 그 둘을 조화시키려고 했다."[133]

중국의 전통적 사유방식, 그리고 그에 따라 전개된 철학적 방법과 변증적 법칙은 그것과 다르다. 유가의 『역易』을 예로 들면, "팔괘를 구성하는

---

132) 이 점은 운동에 관한 제논[Zeno of Elea, B.C. 490?-B.C. 430?]의 역설을 통해 밝혀졌다. 헤겔이 지적한 것은 제논이 운동 현상이나 감각 기관이 느끼는 운동을 결코 부정하지 않았다는 점이다. "문제는 운동의 진리성을 고찰하는 데 있다. 하지만 운동은 진실이 아니다. 왜냐하면 그것은 모순적이기 때문이다."(Georg Wilhelm Friedrich Hegel / 賀麟·王太慶 譯, 『哲學史講演錄』1, 商務印書館, 1959: 282쪽.)

133) John David Caputo / 曾譽銘 譯, 「『存在與時間』之後的解釋學」, 『江海學刊』2009年第1期: 30쪽.

가장 기본적 단위인 '음'(- -)과 '양'(—)은 두 가지의 기본적 존재 형태를 '상징'하는 것도 아니며, 두 가지의 기본 원소elements나 아리스토텔레스가 말한 '질료'로도 이해될 수 없는 것이다. ……『역』에서 음양 그 자체는 궁극적으로 서로 교차되면서 서로를 발생시킨다는 의미를 갖는다. 이로부터 변화, 변화의 도道, 예측할 수 없는 신의神意 등이 생겨난다."[134] 음과 양 두 가지는 "가장 단순한 직관에 의해 구분된 것이다. 실체화된 중심, 핵심, 기초가 없으며(두 개의 효[爻]는 내적으로 서로를 필요로 하지만, 자신을 나타내는 의미는 별도로 없다.), 연결과 단절, 위치, 순서, 정正과 반反, 전환, 순환 등에 의해 구성된다. …… 그래서 그것들 사이의 '가까운 정도의 구분'은 아주 미묘한데, 훗날 라이프니츠[Gottfried Wilhelm von Leibniz, 1646-1716]가 그것들을 해석하기 위해 사용했던 이진법적 수학 기호 '0'과 '1'보다도 훨씬 더 미묘하다. 뿐만 아니라 가장 비슷하고 가장 단순한 구분으로 역상易象을 만들었기 때문에, 그 효상爻象의 대립쌍에서는 하나하나가 절대적으로 요구된다. 그것은 '의미의 구성'이라는 궁극적 함의로부터 '서로 같은' 것이고, 어떤 것도 다른 것보다 본성적으로 더 우월하고 진실적이지 않다. '실체 / 속성', '존재 / 비존재', '본질 / 현상', '형식 / 질료', '주체 / 객체'의 어떠한 구분이나 의미부여도 여기서는 모두 무의미하다senseless. 왜냐하면 역상의 '담론 구조'에서는 효상이 양쪽으로 서로 대립하거나 상생하는, 그리고 교차하거나 왕래하는 것에 의해 모든 의미가 구성되기 때문이다. 두 개의 효상이 서로를 구별하면서도 서로를 요구하는 것은 내재적인 것으로, 어떠한 '존재' 논리보다 우선하며 '의미'sense, meaning에 의해 요청되는 것이다. 이처럼 두 효상의 관계는 어떠한 의미 구성 이후post-meaning-constitution의 관계와도 같지 않다. 예를 들어, 관념과 관념 또는 개념과 개념 사이의 논리적 관계, 사물과 사물 사이의 인과

---

134) 張祥龍, 『從現象學到孔夫子』, 商務印書館, 2001: 206-207쪽.

3) 중국과 서구의 사유방식 차이와 중국철학의 발전 가능성

중국과 서구의 사유방식 차이에 대한 중국과 해외 학자들의 연구는 확실히 시사하는 바가 크다. 하지만 거기에는 분명 문제점도 존재한다. 그것은 그 연구들이 의식적으로든 무의식적으로든 중국과 서구의 사유방식에 존재하는 실질적 차이를 어떤 비실질적 차이로 전환시켰다는 점이다. 그로부터 그 차이들이 야기한 사상적 길항이 주관적 측면에서 사라져 버렸다. 그와 같은 전환 가운데 하나가 중국과 서구의 사유방식 차이를 고금古今의 사유방식 차이로 귀결시키는 방식인데, [앞서 살펴본 것처럼] 왕수런의 논의가 대표적이다.

왕수런은 최근 몇 년간 그 문제를 체계적으로 연구한 학자들 가운데한 명이다. 그는 중국과 서구의 사유방식을 각각 '상적 사유'와 '개념적사유'로 귀결시키면서 그 용어들을 다양한 측면에서 규정했다. 그의 연구는 그 문제를 심화시키는 데 기여한 바가 크다고 할 수 있다. 하지만 그는 다음과 같이 주장하기도 했다. "사유의 발전 과정에서 본다면, '상적 사유'는 인류(개체와 유[類]를 포함한)에게 가장 먼저 나타난 사유방식이다. 그리고 개념적 사유방식은 '상적 사유'에서 생겨난 것으로, 항상 '상적 사유'에 의존해 있다. …… 개체적 인간이든 인류이든 간에 '상적 사유'는 가장기초적이고 근본적인 사유방식이다."[148] 그렇다면, '상적 사유'는 더 이상중국 사람들만의 독특한 사유방식이 아니라, 인간의 사유에 보편적으로존재하는 사유의 가장 낮은 단계가 된다.

그 문제를 깊이 있게 연구한 홀과 에임즈 또한 '첫 번째 문제틀'과 '두번째 문제틀'의 비교를 통해 사유방식의 측면에서 중국과 서구의 차이를고금의 차이로 전환한 의미를 어렴풋하게 담고 있는 듯 보인다. 하지만

---

148) 王樹人, 「中西比較視野下的'象思維' – 回歸原創之思」, 『文史哲』2004年第6期: 112-113쪽.

중국과 서구의 사유방식 차이가 단지 고금의 차이일 뿐이라면, 논자들이 '상적 사유'를 얼마나 찬양했는가와 상관없이 이미 문제는 객관적으로 해소되어 버린다. 서구 사람들의 사유방식이 '상적 사유'나 '첫 번째 문제틀'에서 '개념적 사유' 또는 '두 번째 문제틀'로 발전한 것이라면, 중국 사람들도 머지않아 [시간적 순서에 따라] 그 과정을 겪을 것이기 때문이다. 따라서 중국 사람들이 그것을 하게 된다면, 그 문제는 역사가들이나 흥미를 가질 만한 '과거 시제'의 문제에 불과하다.

또한 이와 유사하게 문제를 전환하는 방식이 있는데, 그것은 본질과 현상의 비교라는 측면에서 중국과 서구의 사유방식을 비교·이해하는 것이다. 그 측면에서 류창린의 연구는 가장 대표적이다. 그는 중국과학과 서구과학의 비교를 통해 중국과 서구의 사유방식 차이를 상당히 깊이 있고 체계적으로 연구했는데, 중국과 서구의 사유방식을 각각 '의상적 사유'와 '추상적 사유'로 규정했다. 하지만 그는 중국과 서구의 사유방식 차이를 주목하는 사물의 측면이 다르다는 것으로 귀결시킨다. '추상적 사유'는 "현상의 이면에서 본질과 법칙을 찾는다. …… 형체를 갖춘 물질의 '체'로부터 시작해 다른 종류의 '체', [즉] 그것의 구조, 형태, 성질 및 그 운동 법칙을 연구하"[149]는데, 그것을 '체 과학'이라고 한다. 그리고 '의상적 사유'는 "'상'의 측면에서 체계에 대한 인식은 시간과 전체를 중심으로 하고, 체계 구성에 대한 그것의 이해는 동적 과정과 전체적 시각으로부터 얻어지"[150]는데, 그것을 '상 과학'이라고 한다.

하지만 본질과 현상의 구분이 서구의 전통적 사유방식이 지닌 특징인 만큼 그것으로 두 가지 사유방식을 구분한 것은 중국의 전통적 사유방식에 독자적인 입장을 부여하기 어려운 듯하다. 따라서 류창린이 본질이나

---

149) 劉長林, 「中國象科學初探」, 『中國社會科學院硏究生院學報』2005年第6期: 49-50쪽.
150) 劉長林, 「中國象科學初探」, 『中國社會科學院硏究生院學報』2005年第6期: 51쪽.

'체'의 측면보다 현상 또는 '상' 측면의 우월함을 강조했을지라도 현상을 본질의 표현으로 인정한다면, 결국 그것은 현상의 파악보다 본질의 파악이 더 우월하다는 점을 인정한 것이다. 사실, 서구 과학에서는 현상을 먼저 현상학적으로 묘사한 다음, 현상 이면의 본질을 탐구하는 연구 방식이 일반적이다. 그렇다면 '상 과학'이라는 것도 고급화된 '체 과학'의 준비 단계가 아니라고 할 수 없을 것이다. 분명한 것은 본질과 현상의 측면에서 중국과 서구의 사유방식 차이를 규정하게 되면, 결국 그것도 고금의 차이로 바뀌면서 그 문제가 취소되어 버리고 말 것이다.

또한, '서구 사람들은 바로 들어가지만, 중국 사람들은 주변의 것들과 연관시킨다.' 그리고 중국에는 '본체론도 없을 뿐만 아니라 모두 현상론에 치우쳐 있다'는 장둥쑨의 주장 역시 본질과 현상에 의해 중국과 서구의 사유방식을 규정했다는 혐의를 보인다. 따라서 중국과 서구의 사유방식 차이를 고금의 차이, 또는 무늬만 조금 바뀐 고금의 차이로 귀결된다면 사실상 그 문제는 명백하게 해소되어 버린 것이다.

중국과 서구의 사유방식 차이는 고금의 차이나 무늬만 조금 바뀐 고금의 차이로 해소될 수 없다. 왜냐하면 그것은 기본적인 역사 사실에 부합하지 않기 때문이다. 기본적인 역사 사실은 중국과 서구의 독특한 사유방식이 대략 기원전 600년에서 기원전 300년에 이르는 시기, 다시 말해서 '축의 시대'라고 불리는 시기에 비슷하게 형성되었고, 그 후로도 두 가지 모두 2,000여 년 동안 발전해왔기 때문에 고금의 구분으로는 그것을 설명할 수 없는 점이다. 물론 중국과 서구의 사유방식 차이를 어떻게 묘사하고 파악할 것인가는 옛 사람들이 이룬 성과의 바탕 위에서 앞으로도 지속적인 노력을 필요로 한다. 하지만 적어도 중국과 서구의 두 사유방식에 실질적 차이가 분명하게 존재한다는 점은 의심의 여지가 없다. 그리고 더 중요한 것은 그러한 차이가 오늘날 중국철학의 발전과 혁신에도 큰 의미를 지녔다는 점이다. 심지어 그 차이가 가져온 중국철학과 서구철학의 길항이 현대 중국철학의 발전과 혁신에 하나의 가능성을 제공했다고까지 말할 수 있다. 그래서 그러한 사유방식의 차이를 인정하고 이해해야만 한다.

중국과 서구의 사유방식 차이를 인정하고 이해한다는 것은 중국 사람들이 서구의 철학이나 일반적인 사상을 받아들일 때, 기존의 중국적 사유방식을 통해서 외래의 것, 특히 서구 사상의 독특한 점을 이해하고 해석할 수밖에 없다는 사실을 알려준다. 이것 이외에 다른 방법은 존재하지 않는다. 사유방식의 차이 때문에 확실하게 그 이해와 해석은 사상적 변형이나 비틀림, 즉 '오독誤讀'의 발생을 피할 수 없다. 이것은 의심할 바 없이 사유방식의 차이에 따른 부정적인 효과다. 하지만 중국과 서구의 사유방식 차이가 가져온 결과는 부정적인 면뿐만 아니라 매우 긍정적인 면도 있을 것이다.

그것은 바로 그 차이가 조성한 길항으로부터 사상적 창조에 충분한 공간이 만들어진다는 점이다. 서구에 '창조적 오독'이라는 말이 있지만 그것은 개별적인 현상들을 가리키고, 중국과 서구의 사유방식 차이가 초래했던 것은 체계적인 '오독'이라고 할 수 있다. 개별적인 '오독'은 대부분 그저 오독일 뿐이고 창조적이지 못하다. 하지만 체계적인 오독은 일반적으로 창조적인 것이다. 이것은 우연적인 개별적 오독과 다르게, '오독'이 체계적이고 보편적인 사회 현상이 된다. 거기에는 그럴 수밖에 없는 사회적 근거, [즉] 사회적 현실이 사상적으로 중요한 문제를 제기했기 때문이다. 그것이 기존의 사유방식에 의해 외래 관념을 체계적으로 받아들이게끔 만들었다.

사회적 전환기에 관념의 표면만 바꾼다는 것은 그리 어려운 일이 아닐 것이다. 그렇지만 수천 년을 이어온 문화 민족과 나눌 수 없는, 그 근저의 사유방식까지 바꾼다는 것은 결코 쉬운 일이 아니다. 그렇기 때문에 기존의 사유방식에 근거해 새로운 외래 관념을 수용할 수밖에 없는 것이다. 그러한 상황에서 체계적인 방법으로 외래의 새로운 관념을 온전하게 수용할 수 있다면, 다시 말해서 하나의 사유방식에서 특정 사상이 또 다른 사유방식으로 '사상[映射]'되거나 '이식'되고, 또한 그와 같은 수용이 새로운 관념에 대한 사회적 요구를 일정 정도 충족(즉, 새로운 관념이 일정 정도 사회 발전을 주도할 수 있는)시켰다고 한다면, 그것이 바로 사상적 창조를 이루었다고 하는 것이다. 여기서 수용이 체계적이고 온전하게 이루어졌는가는 외래 관념의 체화 정도로 나타나는데, 수용이 체계적일수록 체화의 수준이 더 높다는 것을 알 수 있다. 다시 말해서 '사상'이나 '이식'의 결과가 체계적이고 온전할수록 창조성의 수준이 더 높다는 말이다. 일반적으로 체계적이고 온전한 수용은 이루어지기 어렵기 때문에 상당히 높은 정도의 체계성과 온전함을 이뤘다면, 사상적 창조가 실현된 것이라고 할 수 있다.

인류의 사상사에서 사상의 획기적인 창조는 사유방식이 동일한 민족의 내부에서 만들어지는 경우가 많았지만, 그와 같은 상황은 대부분 하나의 민족이 독자적으로 발전하기 시작한 인류 역사의 초기 현상이었다. 문명의 시대에 들어선 이후, 민족들 간의 교류와 정복은 일상적인 것이 되었다. 그러한 상황에서 사상적 창조는 서로 다른 문화에서, 특히 사유방식의 차이가 조성한 길항으로부터 더 많이 발생하게 되었다. 예를 들어, 기독교 사상은 히브리 문화와 그리스 문화의 상호 수용 과정에서 만들어졌고, 중국의 송명宋明 신유학은 기존의 유학 사상이 불교 사상을 받아들임으로써 사상적 혁신을 이룬 전형적 사례이다. 근대 이후, 역사가 세계 역사로 확장되면서 민족 간의 교류와 충돌은 더욱 피할 수 없게 되었고, 그로 인해 문화 충돌에 담겨 있는 사유방식의 차이는 뒤늦게 발전하기 시작한 민족 앞에 그대로 던져졌다. 그것은 기존 문화의 위기를 초래하기도 했지만 문화의 발전과 사상의 창조라는 기회를 제공하기도 했다. 핵심은 그와 같은 기회를 틀어잡고 창조적 가능성을 현실로 바꿀 수 있는가에 있었다.

물론 차이를 지닌 두 사유방식이 만나면, 그것의 길항으로부터 사상의 창조적 공간이 만들어질 수밖에 없다. 하지만 그것의 실질적 차이로 인정하지 않고 어떤 비실질적인 차이로 바꾼다면, 그것의 창조적 가능성은 억제되거나 심지어 없어질 것이다. 특히, 체계적인 '사상'이나 '이식'을 통해 구현된 창조적 가능성은 사라져버린다. 따라서 사상 체계의 혁신 가능성을 현실성 있게 만들기 위한 기본 전제는 그 차이를 인정하고 그것을 철학적 개념으로 파악하는 것이다.

　　중국과 서구의 사유방식 차이에 근거한 '사상'이나 '이식'은 중국 마르크스주의 철학에서 더욱 중요한 의미를 갖는다. 현대 중국의 각종 철학적 유파 가운데, 유일하게 마르크스주의 철학만이 스스로를 가장 명확하게 중국화된 마르크스주의 철학으로 정의했기 때문이다. 본래의 마르크스주의 철학은 의심할 바 없이 서구의 철학이다. 그것이 중국화되는 데 중요한 측면은 서구 사상을 중국의 사유방식에 '사상'하거나 '이식'하는 것이다. 사실 마르크스주의 철학이 중국에 전해지고 100여 년 동안 두 사유방식의 차이에 기초한 '사상'이나 '이식'이 객관적으로 진행되어왔으며, 의미 있는 성과들도 있었다. 하지만 예전의 작업들은 여러 이유에서 중국과 서구의 사유방식 차이를 깊이 이해하지 못한 채로 진행되어, 그와 같은 한계는 불가피한 것이었다. 만약 그 차이를 자각했더라면, 혁신의 과정은 매우 빠르게 진행되었을 것이다.

　　중국과 서구의 사유방식 차이를 자각하는 데 중요한 경로는 의심할 바 없이 중국과 서구의 사유방식에 대한 비교 연구를 진행하는 것이지만, 중국 마르크스주의 철학에서 중요한 경로는 중국화된 마르크스주의에 관한 기존의 성과들을 사유방식의 비교라는 측면으로부터 재인식하는 것이다. 리다자오, 취추바이, 리다, 마오쩌둥으로부터 현대적 중국 마르크스주의에 이르기까지 마르크스주의 철학의 중국화는 분명 수많은 획기적인 성과를 거두었다. 그 성과들이 중국의 혁명과 건설 과정에서 얻은 커다란 결실이었다는 점은 사상적으로도 그것이 성공적인 혁신이었다는 것을 알려준다. 그와 같은 혁신이 가능할 수 있었던 주요 측면은 의심할 바 없이 성과의 개척자들이 어느 정도 중국과 서구의 사유방식 차이를 의식한 상태에서, 중국의 사유방식에 근거해 서구에서 유래한 마르크스주의를 받아들였거나 '사상' 또는 '이식'을 했다는 점이다. 그러한 수용이나 '사상'과 '이식'은 100여 년 동안 사상적으로 특수한 전통을 형성했다. 따라서 그 사상적 전통에 대한 심화된 연구를 통해 그것이 형성되는 메커니즘을 제시할 수만 있다면, 중국화된 마르크스주의 철학의 사유방식 차이에 대한 사상적 창조 인식뿐만 아니라 오늘날 중국 마르크스주의 철학에 대한 혁신된 자각성도 크게 향상시킬 수 있을 것이다.

오랫동안 사람들은 중국과 서구의 사유방식 차이, 특히 중국화된 마르크스주의 철학과 고전적 마르크스주의 철학의 사유방식 차이를 인정하고자 하지 않았다. 거기에는 많은 이유가 있을 수 있겠지만, 문화적 자신감이 부족했다는 것이 근본적인 원인이라고 할 수 있다. 이처럼 부족했던 정신문화의 자신감은 과거의 중화민족이 정치·경제적으로 자립하지 못한 것과 밀접한 관련이 있다는 점에서 어느 정도 이해할 수는 있다. 하지만 오늘날 중화민족의 현실적 생활수준은 크게 향상되었으며, 그것이 철학자들에게 문화적 자신감을 세울 수 있는 탄탄한 기반을 제공하고 있다. 이와 같은 조건에서 문화적 자신감이 부족하다는 것은 더 이상 이치에 맞지 않는다. 따라서 중국과 서구의 사유방식 차이를 인정하고, 그 차이를 직시하는 것은 중화민족의 문화적 자신감을 드러내는 것이자 현대 중국 철학의 혁신, 특히 현대적 중국 마르크스주의 철학의 혁신을 이루는 기본 전제가 되었다.

3 철학적 사유 패러다임의 변화에서 본 마르크스주의 철학의 중국화

여기서 말하는 철학적 사유의 패러다임은 앞서 언급한 사유방식과 다소 다른 점이 있다. 사유방식은 하나의 민족이나 문화가 지닌 독특한 것, 그리고 철학적 사유 패러다임은 하위 개념으로서 사유방식의 서로 다른 형태라고 할 수 있다. 즉, 철학적 사유의 패러다임은 철학적 문제를 생각하는 기본적인 경로나 유형으로 간단히 정의될 수 있는데, 그것은 사유의 특정한 전제로부터 결정된다. 어떠한 사유라도 전제가 없을 수 없는데, 스스로 느끼든 느끼지 못하든 간에 너무나도 자명한 전제를 세우지 않는다면 사유는 불가능한 것이다. 철학적 사유 패러다임이 명확하거나 암묵적인 전제들에 의해 결정된다면, 그것은 철학적 사유를 하는 사람들에게도 명확한 것일 수도, 함축적인 것일 수도 있다. 철학적 사유의 패러다임이 철학적 문제를 생각하는 기본적인 경로나 틀이라면, 그것은 철학적 사유에 기본적일 뿐만 아니라 결정적인 것이다. 따라서 고찰을 통해 철학적 사유 패러다임을 자각할 수 있는가의 여부는 사람들의 철학적 사유를 바꾸는 데 특별한 의의를 갖는다. 그와 같은 자각은 패러다임 전환 시기의 철학적 사유에 매우 중요하다.

20세기가 끝나갈 무렵, 중국 철학계 특히, 마르크스주의 철학계에서는 회고와 전망에 관한 지속적인 관심을 드러냈다. 뜨거운 관심의 주요 내용은 수십 년간의 철학 연구를 되돌아보고, 반성하는 것뿐만 아니라 반성적 경험의 개괄을 통해 21세기 철학적 연구 방향을 효과적으로 설정하려는 것이었다. 1995년경부터 '세기의 전환과 마르크스주의 철학'이라는 이름의 다양한 세미나가 잇따라 개최되었는데, 그러한 흐름은 21세기 초까지 이어졌다. 그 기간 동안 '세기의 전환'이라는 명목으로 발표된 각종 글들은 어림잡아 수백 편 이상이다. 어떤 사람은 2006년까지도 여전히 '세기의 전환'이라는 표현으로 글을 쓰고 있었다. 이처럼 뜨거운 관심에는 단순히 세기의 전환이라는 시점에 대한 심경만이 아니라 철학적 연구 방식의 전환이라는 기대가 담겨 있었다. 다시 말해서, 세기의 전환이 단순히 새로운 세기와 낡은 세기가 교체되는 것이 아니라, 상이한 철학적 연구 방식의 교체라고 본 것이다.

바로 그 시기에 중국 마르크스주의 철학계도 철학적 연구 패러다임의 전환 문제를 제기했다. 그것은 철학적 연구 패러다임의 전환은 물론, 마르크스주의 철학사, 나아가 철학의 전체적 발전 역사에서 패러다임 전환의 가능성과 필요성에 대한 논증을 시도했던 것이다. 따라서 그와 같은 시도는 철학적으로 근본적면서도 중요한 일련의 문제들과 관련되어 있었다. 비록 지식의 수준과 촉박한 시간 등의 제한된 조건 때문에 깊이 있는 토론이 이루어지지는 못했지만, 그럼에도 불구하고 중국 마르크스주의 철학의 패러다임 전환이 중요한 이론적 문제로 간주되는 계기가 되었다. 특히, 이 문제는 50년 이상 발전해온 중국 마르크스주의 철학의 존재 방식과 연관된 문제이기 때문에, 그에 관한 연구들을 살펴보고 평가하는 것은 중요한 의미가 있다고 하겠다.

1) 철학적 패러다임의 전환 연구에 대한 간략한 회고

연구 패러다임이나 사유 패러다임에 관한 중국 철학계의 논의는 크게 3가지 단계로 나눌 수 있다. 첫 번째는 1980년대 초, 철학적 연구 패러다임의 문제가 제기된 것이다. 두 번째는 세기의 전환기에 마르크스주의 철학 연구의 패러다임 전환 문제가 명확하게 제기되었다. 세 번째는 최근 그 문제에 대한 새로운 반성이 이루어졌다. 첫 번째 단계에서 중국 철학계는 쿤[Thomas Samuel Kuhn, 1922-1996]의 『과학혁명의 구조』에서 '패러다임'이라는 개념을 가져왔고, 그것을 사유방식 그리고 그것의 전환을 표현하는

데 사용했다.

그 시기의 철학계에서는 연구 패러다임의 문제를 논의하기는 했지만, 그것은 일반적으로 철학적 사유방식 전반에 관한 것은 아니었다. 예를 들어, 위원쥔[於文軍]은 1989년의 글에서 다음과 같이 지적했다. "역사적 유물주의는 과학의 한 분야로서, 그것의 극복과 진전은 당연하면서도 우선적으로 새로운 연구 패러다임의 확립에 달려 있다."[151] 여기서 언급된 "새로운 연구 패러다임의 주요 내용은 주체적 실천이라는 차원에서 사회 역사적 과정에 대한 역사적 주체의 초월 문제를 탐구하는 것이다."[152] 그 밖에도 중국과 서구철학의 비교, 그리고 철학자별 사상적 방법의 비교라는 의미에서 패러다임이라는 용어가 사용되었는데, 예를 들어 장청칭[姜澄淸, 1935-2018]의 「『역』의 사유 패러다임과 동양의 심미적 사유」라는 글은 앞의 의미에서 패러다임 용어를 사용한 경우이다. 또한 번역문인 「칸트 이후의 두 가지 사유 패러다임 – 셸링[Friedrich Wilhelm Joseph von Schelling, 1775-1854]과 피히테[Johann Gottlieb Fichte, 1762-1814]의 대립」(제마크 지음)이라는 글은 뒤의 의미에서 그 개념을 사용한 경우다.[153]

두 번째 단계는 1998년에 시작되었다. 그 해에 중국 철학계에서 패러다임 전환의 연구 필요성이 공식적으로 제기된 것이다. 저자가 살펴본 바에 의하면, 그 문제를 최초로 논의한 글은 왕수밍·겅밍여우·타오즈강 세 사람이 1998년에 발표한 「곤혹스러운 진보 – 마르크스주의 철학 사유 패러다임의 현대적 전환을 논함」이다. 그들은 거기서 다음의 논점을 분명히

---

151) 於文軍, 「歷史主體對歷史進程的超越與現代歷史唯物主義的研究範式」, 『長白學刊』1989年第5期: 24쪽.

152) 於文軍, 「歷史主體對歷史進程的超越與現代歷史唯物主義的研究範式」, 『長白學刊』1989年第5期: 24쪽.

153) 姜澄淸, 「『易』的思維範式與東方審美思維」, 『貴州文史叢刊』1994年第3期: 1-7쪽. ; M. J. Zemach, 「康德之後的兩種思維範式 – 謝林與費希特的對立」, 『哲學譯叢』1988年第6期: 70-72쪽을 참조하라.

했다. "시장경제로의 전환 과정에서 마르크스주의 철학도 곤혹스러움 속에서 본체론 패러다임에서 인식론 패러다임으로, 다시 인간학 패러다임으로의 전환을 경험했다."[154] 같은 해, 가오칭하이[高清海, 1930-2004]·쉬창푸 두 사람도 「철학적 패러다임의 빠른 전환의 모색 – 세기의 전환과 철학 발전에 대한 주장」이라는 글에서 다음과 같이 제기했다. "철학적 패러다임의 전환은 철학적 사유방식, 관념의 체계, 이론적 구조, 사회적 기능의 총체적 변화를 가리킨다."[155] "철학적 패러다임의 전환은 그 내재적 측면이 '사물'에서 '사람'으로 바뀌었다는 의미고, 외재적 측면이 '하나'에서 '많음'으로 바뀌었다는 의미다. 또한 양자는 서로 분리되지 않는다."[156]

그 뒤를 이어, 1999년에 왕난스는 「계몽과 그 초월」과 「철학적 사유의 세 가지 패러다임을 논함」, 가오페이러는 「100년의 역정: 철학의 가치론 전환」을 각각 발표했는데[157], 그것들도 철학적 패러다임 전환에 관한 진전된 논의를 보여주었다. 21세기 들어서도 처음 몇 년간은 관련 논문들이 지속적으로 나와 관련 논의를 심화시켰다. 또한 이쥔칭의 「세기의 전환과 중국철학적 이성의 방향을 논함」, 쉬창푸의 「새로운 시기와 마르크스주의 철학의 발전 양상」, 쩌우스펑의 「생존론의 전환과 마르크스의 실천철학」, 류화이위의 「마르크스 현대철학의 패러다임 혁명을 논함」, 양하이펑의

---

154) 王書明·耿明友·陶志剛, 「困惑中的進步 – 淺談馬克思主義哲學思維範式的當代轉型」, 『佳木斯大學社會科學學報』1998年第Ⅰ期: 52쪽.

155) 高清海·徐長福, 「力求哲學範式的及早轉換 – 對世紀之交哲學發展的主張」, 『哲學動態』1998年第12期: 10쪽.

156) 高清海·徐長福, 「力求哲學範式的及早轉換 – 對世紀之交哲學發展的主張」, 『哲學動態』1998年第12期: 10쪽.

157) 王南湜, 「啓蒙及其超越 – 高清海哲學思考的軌迹與意義」, 『天津社會科學』1999年第3期: 4-10쪽. ; 王南湜, 「論哲學思維的三種範式」, 『江海學刊』1999年第5期: 73-80쪽. ; 高飛樂, 「百年歷程: 哲學的價値論轉向」, 『中共福建省委黨校學報』1999年第4期: 22-25쪽.

3. 철학적 사유 패러다임의 변화에서 본 마르크스주의 철학의 중국화 125

「생산 이론과 마르크스 철학 패러다임의 새로운 모색」이 대표적이다.[158]

세 번째 단계는 2008년에 집중된다. 그간 한동안 잠잠했다가 그 해에 개최되었던 중국 공산당 제11기 중앙위원회 3차 전체회의[1978년]의 30주년 기념을 계기로, 다시 한 번 관련 연구에 적잖은 관심이 고조되었으며, 상당수의 글들이 발표되었다. 대표적인 것들은 다음과 같다. 쑨정위의 「'패러다임'으로서 철학 교과서에 대한 검토와 반성」과 「위대한 실천과 실천의 철학 – 개혁개방 이후의 중국 마르크스주의 철학」, 왕신옌의 「현대적 중국 마르크스주의 철학의 연구 패러다임」, 궈잔의 「주체성에서 공공성으로 – 현대적 중국 마르크스주의 철학의 흐름」, 쑨리톈의 「마르크스주의 철학 연구의 인식론적 전환의 의의 – 개혁개방 30주년 기념」, 리청왕의 「서구의 로고스 중심주의 전통과 마르크스 철학의 혁명」, 후메이예의 「실천적 유물주의에서 생존론으로 – 중국 마르크스주의 철학에 대한 연구 패러다임 변화의 회고와 반성」, 허중화의 「개혁개방의 새로운 시기에 마르크스주의 철학에 대한 연구 패러다임의 재구성과 변혁을 논함」, 장짜이린의 「'본보기로 삼아 경계해야 할 일은 결코 멀리 있지 않다': 현대 중국철학의 정립은 현대적 패러다임에서 탈현대적 패러다임으로의 이론적 전환을 직시해야만 한다」 등이다.[159] 이 글들은 새로운 이론적 입장에서 사유

---

158) 衣俊卿, 「論世紀之交中國哲學理性的走向」, 『求實』2001年第1期: 10-14쪽. ; 徐長福, 「新時期馬克思主義哲學的演進態勢」, 『學術月刊』2001年第2期: 3-10쪽. ; 鄒詩鵬, 「生存論轉向與馬克思的實踐哲學」, 『現代哲學』2002年第1期: 27-32쪽. ; 劉懷玉, 「論馬克思的現代哲學範式革命」, 『哲學動態』2003年第9期: 11-15쪽. ; 仰海峰, 「生産理論與馬克思哲學範式的新探索」, 『中國社會科學』2004年第4期: 25-36쪽.

159) 孫正聿, 「對作爲'範式'的哲學敎科書的檢討與反思」, 『河北學刊』2008年第2期: 32- 37쪽. ; 孫正聿, 「偉大的實踐與實踐的哲學 – 改革開放以來的中國馬克思主義哲學」, 『社會科學戰線』2008年第5期: 1-6쪽. ; 汪信硯, 「當代中國馬克思主義哲學的研究範式」, 『中國社會科學』2008年第2期: 4-15쪽. ; 李成旺, 「西方邏各斯中心主義傳統與馬克思哲學的革命」, 『學術月刊』2008年第4期: 55-61쪽. ; 孫利天, 「馬克思主義哲學研究認識論轉向的意義 – 紀念改革開放30周年」, 『江蘇社會科

패러다임의 전환 문제를 살펴보고 있는데, 관련 연구의 시야를 획기적으로 확장시켰다고 평가된다.

2) '패러다임'과 '패러다임 전환'이라는 개념의 용례 분석

철학적 연구 방식의 변화를 표현하는 중국학계의 '패러다임'이라는 어휘는 쿤의『과학혁명의 구조』에서 유래된 것으로, 20여 년 동안 참으로 많은 학자들이 철학적 연구의 패러다임과 패러다임 전환을 논의했다. 그럼에도 불구하고 공통적으로 인정된 '패러다임'의 개념적 정의는 여전히 명확한 형태로 존재하지 않는데, 그것은 사람들은 상당히 다른 의미로 그 개념을 사용했기 때문이다. 다음의 논의가 보다 확실한 함의를 갖기 위해서는 중국학계에서 사용되는 '패러다임'과 '패러다임 전환' 개념에 대한 일정한 분석과 구분이 필요하다. 20여 년 동안 중국학계에서 사용된 '패러다임'과 '패러다임 전환'의 개념을 개략적으로 정리하면, 크게 4가지 유형으로 나눌 수 있다.

첫 번째 유형은 '철학적 사유의 기본 주제'라는 의미에서 사용된 것이다. 예를 들어, 왕수밍 등이 말한 "본체론적 패러다임에서 인식론적 패러다임으로, 다시 인간학적 패러다임으로의 전환"[160], 가오페이러가 언급한

學』2008年.
第4期: 18-23쪽. ; 郭湛,「從主體性到公共性 – 當代中國馬克思主義哲學的走向」,『中國社會科學』2008年第4期: 10-18쪽. ; 胡梅葉,「從實踐唯物主義到生存論 – 我國馬克思主義哲學研究範式演變的回顧與反思」,『社會科學戰線』2008年第7期: 254-256쪽. ; 何中華,「論改革開放新時期馬克思主義哲學研究範式的重建和變革」,『理論學刊』2008年第11期: 8-9쪽. ; 張再林,「'殷鑑不遠':當代中國的哲學建設必須直面由現代範式向後現代範式的理論轉型」,『人文雜誌』2009年第1期: 1-4쪽.
160) 王書明·耿明友·陶志剛,「困惑中的進步 – 淺談馬克思主義哲學思維範式的當代轉型」,『佳木斯大學社會科學學報』1998年第Ⅰ期: 52쪽.

"본체론적 철학 패러다임에서 인식론적 철학 패러다임으로, 다시 가치론적 철학 패러다임으로의 변혁"[161], 쉬창푸가 말한 '사물'의 철학적 패러다임에서 '인간'의 철학적 패러다임으로의 전환[162]이 있다. 그리고 링신이 언급한 "철학적 패러다임에서 과학적 패러다임으로의 전환"[163], 이쥔칭이 말한 "서구철학사에서는 항상 두 가지의 서로 다른 철학적 패러다임이 존재했는데, 하나는 보편적 지식을 추구하는 사변적 이론철학이나 의식철학이라는 패러다임이다. 다른 하나는 생명의 가치와 의미에 주목하는 실천철학이나 문화철학이라는 패러다임이다."[164]

또한 펑핑이 언급한 "세계를 바라보는 철학"[165]과 "세계를 바꾸는 철학"[166], 쑨정위가 말한 "소박한 실재론적 사유방식에서 실천론적 사유방식으로의 전환"[167], 왕신옌이 언급한 "중국화된 마르크스주의 철학을 패러다임으로 하는 현대적 중국 마르크스주의 철학 연구의 전개"[168], 허중화가 말한 "마르크스주의 철학 연구에는 두 가지의 전환이 이루어졌는데, 하나는 지식론에서 본체론으로의 이행이고, 다른 하나는 본체론에서 존재론으로의 이행이다."[169] 그리고 저자가 언급한 패러다임의 전환도 있다.

161) 高飛樂, 「百年歷程: 哲學的價値論轉向」, 『中共福建省委黨校學報』1999年第4期: 23쪽.
162) 徐長福, 「新時期馬克思主義哲學的演進態勢」, 『學術月刊』2001年第2期: 3쪽.
163) 凌新, 「試論馬克思理論範式的轉變 – 從阿爾都塞的'總問題'槪念談起」, 『江漢論壇』2003年第10期: 93쪽.
164) 衣俊卿, 「馬克思主義哲學演化的內在機制硏究」, 『哲學硏究』2005年第8期: 3쪽.
165) 馮平, 「面向中國問題的哲學」, 『中國社會科學』2006年第6期: 45쪽.
166) 馮平, 「面向中國問題的哲學」, 『中國社會科學』2006年第6期: 45쪽.
167) 孫正聿, 「對作爲'範式'的哲學敎科書的檢討與反思」, 『河北學刊』2008年第2期: 32쪽.
168) 汪信硯, 「當代中國馬克思主義哲學的研究範式」, 『中國社會科學』2008年第2期: 4쪽.
169) 何中華, 「論改革開放新時期馬克思主義哲學研究範式的重建和變革」, 『理論學刊』2008年第11期: 8쪽. | 참고로, 이 글은 「改革開放時代精神的精華 – 改革開放30年哲學創新與發展筆談(一)」이라는 특집란에 들어 있다.

여기서 언급된 '패러다임'이라는 어휘들은 대체로 '철학적 사유의 기본 주제'를 가리킨다.

두 번째 유형은 연구의 경로나 중점이라는 의미로 사용된다. 예를 들어, 진민칭이 말한 "마르크스 철학을 다시 읽어 보면 기본 이론의 패러다임은 대체로 다섯 가지, 즉 실천적 유물주의 해석, 실천적 휴머니즘 해석, 인간학적 해석, 텍스트적 해석, 문화적 해석으로 개괄된다."170) 왕쑤잉이 언급한 "텍스트의 해석적 대화와 시대적 문제 방식의 대화는 마르크스의 철학 연구에서 서로 다른 두 가지의 대화 패러다임이다."171) 그리고 위안링신이 말한 "교과서적 체계의 마르크스주의 철학"172)과 "학술화된 마르크스주의 철학"173), 장화가 언급한 "연구 패러다임의 측면에서 체계 연구로부터 문제 연구로의 전환"174), 한칭샹이 말한 '텍스트적 해석', '대화의 비교', '중국화의 방향'이라는 세 가지의 혁신적 패러다임175), 우위안량이 언급한 "마르크스주의 철학계에 등장한 연구 패러다임을 문제 연구의 패러다임, 텍스트 검토와 해석의 패러다임, 비교와 대화의 패러다임으로 나눌 수 있다."176) 등이 있다. 여기서 논의된 '패러다임'은 대체로 연구의 경로나 중점이라는 의미를 갖는다.

세 번째 유형은 개괄적인 연구 스타일이라는 의미에서 '패러다임' 개념

---

170) 金民卿, 「國內馬克思哲學硏究的幾種理論範式」, 『理論前沿』2000年第1期: 25쪽.

171) 王素瑛, 「文本關註與時代關註 – 馬克思哲學硏究中兩種對話範式比較」, 『重慶職業技術學院學報』2007年第3期: 84쪽.

172) 袁凌新, 「馬克思主義哲學硏究範式檢討」, 『理論導刊』2008年第5期: 47쪽.

173) 袁凌新, 「馬克思主義哲學硏究範式檢討」, 『理論導刊』2008年第5期: 47쪽.

174) 張華, 「馬克思主義哲學面向未來的發展機制 – 馬克思主義從衝突到和諧的轉化機制硏究」, 『徐州師範大學學報(哲學社會科學版)』2008年第4期: 70쪽.

175) 韓慶祥, 「回到馬克思哲學本性的基地上探尋哲學發展之路」, 『哲學動態』2008年第5期: 11-17쪽.

176) 吳元梁, 「馬克思主義哲學硏究範式的爭鳴與反思」, 『江海學刊』2008年第1期: 34쪽.

을 사용한다. 예를 들어, 허산칸이 말한 "현대철학의 연구 패러다임은
…… 연구 방향의 측면에서 현실 생활에 대한 연구를 강화해야 한다. 연구
방법에서는 대화형 연구 방식을 채택해야 한다. 그리고 연구 시각에서는
선도적인 연구 목표를 확립해야 한다."[177] 장딩신이 언급한 "개성화된 연
구 패러다임의 제창"[178] [등]은 비교적 모호한 연구 스타일과 같은 의미에
서 사용된 것이다. 네 번째 유형은 중요한 문제를 연구 대상으로 한다는
의미에서 사용된다. 우닝이 말한 것과 같이 "마르크스주의 철학 연구의
생태[주의] 패러다임", 즉 "마르크스주의 철학에는 다양한 생태주의 사상
이 포함되어 있기 때문에 마르크스주의 철학 연구의 생태주의 패러다임
은 필연적으로 마르크스주의 철학의 생태주의적인 시야를 열어준다. 그것
은 사회주의적 생태주의 문명을 건설하는 데 유리하다."[179]

첫 번째 유형의 의미로 '패러다임' 개념을 사용하는 경우가 가장 많은
데, 대부분의 학자들이 모두 그러한 의미에서 '패러다임' 개념을 사용한다
고 할 수 있다. 두 번째 의미로 '패러다임' 개념을 사용하는 연구자들도
적지 않다. 하지만 상대적으로 세 번째와 네 번째 의미의 '패러다임' 개념
은 매우 적은 수의 연구자들만이 사용하고 있다.

3) '패러다임'과 '패러다임 전환'이라는 개념 사용의 정당성 문제

하지만 실제로는 '패러다임'과 '패러다임 전환' 개념의 다의적 사용, 심
지어 임의적 사용까지 나타났기 때문에 일부 학자들은 그것에 대해 의구

---

177) 賀善侃, 「論哲學創新及研究範式的轉換」, 『上海師範大學學報(哲學社會科學
版)』2005年第6期: 32쪽.
178) 張定鑫,「提唱個性化研究範式－對推進馬克思主義哲學當代形態建構的一些思
考」, 『江西財政大學學報』2004年第2期: 94쪽.
179) 吳寧,「當代馬克思主義哲學研究的生態範式」, 『學術研究』2008年第9期: 24쪽.

심을 품었으며, 나아가 일련의 개념 사용에 대한 정당성을 문제시했다. 따라서 이에 대한 개략적 분석이 요구된다고 할 수 있다. 부샹지가 「마르크스주의 철학 연구 패러다임의 오류」에서 제기한 질의가 대표적인 것이다. 거기서 그는 중국 철학계가 쿤의 패러다임 개념을 차용한 경우를 3가지 유형으로 구분했다. "첫째, 일반적이지만 공허한 의미에서 '패러다임'은 '특정 공동체의 구성원들이 공유하는 신념, 가치, 기술 등으로 이루어진 전체'로 이해된다."[180] "둘째, 비교적 이해하기 쉬운 의미에서 '패러다임'은 특정 세계관으로 이해된다."[181] "셋째, 비교적 타당하고 안전한 의미에서 '패러다임'은 특정 방법론, 즉 쿤이 말한 '기술'적 요인으로 이해된다."[182] 그로부터 그는 이와 같은 3가지 용례에 대해 하나하나 문제를 제기한다.[183]

저자는 부샹지가 언급한 '패러다임'의 광범위한 사용 현상은 확실히 존재하며, 그러한 광범위한 사용은 개념의 확실성을 쉽게 약화시키기 때문에 그것을 비판하는 것은 유의미하다고 본다. 하지만 광범위한 사용으로 그 개념이 지속적으로 사용될 수 있다는 정당성 문제까지 부정될 수는 없다. 그리고 그 개념을 잘못 사용했다고 해서 단순히 중국학자들에게만 책임을 물을 수도 없다. 그 개념의 모호한 사용은 사실 쿤 자신에게도 큰 책임이 있기 때문이다. 어떤 학자가 제기했듯이, '패러다임'이라는 어휘의 의미는 『과학혁명의 구조』에서 21가지에 달할[184] 뿐만 아니라 쿤은

180) 蔔祥記, 「馬克思主義哲學研究範式辨誤」, 『學術月刊』2009年第4期: 35쪽.

181) 蔔祥記, 「馬克思主義哲學研究範式辨誤」, 『學術月刊』2009年第4期: 36쪽.

182) 蔔祥記, 「馬克思主義哲學研究範式辨誤」, 『學術月刊』2009年第4期: 36쪽.

183) 蔔祥記, 「馬克思主義哲學研究範式辨誤」, 『學術月刊』2009年第4期: 35-36쪽을 참조하라.

184) Imre Lakatos · Alan Musgrave / 周寄中 譯, 『批判與知識的增長』, 華夏出版社, 1987: 77쪽을 참조하라.

그 책의 재판 후기에서 ‘패러다임’ 개념을 수정하거나 재해석하기도 했다.[185]

쿤 스스로 ‘패러다임’을 매우 모호하게 사용한 이상, 다른 연구자들이 그 개념을 명확한 방식으로 사용하기는 어려웠을 것이다. 또한 저자는 중국학계에서 그 개념이 일정 정도 모호하게 사용되었음에도 불구하고, 전체적으로는 일정한 확실성이 있었다고 본다. 다시 말해서, 대부분의 학자들이 그 개념을 ‘철학적 사유의 기본 주제’라는 의미로 사용했던 것이다. 더욱 중요한 것은 그러한 의미의 ‘패러다임’과 ‘패러다임 전환’ 개념이 수십 년 동안 진행된 중국 마르크스주의 철학의 중요한 변화를 비교적 정확하게 드러내주고 있다는 점이다. 따라서 여기서 해야 할 일은 그 개념을 버리는 것이 아니라 가능한 한 확실한 의미에서 사용하는 것이다. 다음의 논의에서는 ‘패러다임’ 개념을 ‘철학적 사유의 기본 주제’라는 의미로 한정시키고, 다른 의미의 사용 방식은 채택하지 않는다.

4) 철학적 사유의 패러다임 전환을 표현하는 문제

‘철학적 사유의 기본 주제’라는 의미로 ‘패러다임’ 개념을 한정시키면, 다음의 내용을 쉽게 알 수 있다. 즉, ‘패러다임 전환’을 그와 같은 의미로 사용한 논자들이 그 전환을 ‘본체론적 패러다임에서 인식론적 패러다임으로, 다시 인간학적 패러다임의 전환’으로 보든, ‘본체론적 철학 패러다임에서 인식론적 철학 패러다임으로, 다시 가치론적 철학 패러다임으로의 변혁’으로 보든, 그리고 ‘사물’의 철학 패러다임에서 ‘인간’의 철학 패러다임으로의 전환으로 보든, 보편적 지식을 추구하는 사변적 이론철학이나 의식철학의 패러다임에서 생명의 가치와 의미에 주목하는 실천철학 또는

---

185) 孟强, 『從表象到介入 – 科學實踐的哲學研究』, 中國社會科學出版社, 2008: 79-83 쪽을 참조하라.

문화철학적 패러다임으로의 전환으로 보든, '세계를 바라보는 철학'에서 '세계를 바꾸는 철학'으로의 전환으로 보든, 아니면 '소박한 실재론적 사유방식에서 실천론적 사유방식으로의 전환' 등으로 보든지 간에 상관없이, 그것들이 설명하려는 문제는 50년 이상 지속된 중국 마르크스주의 철학의 형태 변화이다. 그 형태 변화에 대해 여러 논자들이 제시한 내용들은 대체로 일치하고 있지만, 그 변화 과정을 구체적으로 어떻게 표현하는가에 따라 단계 구분과 명칭의 차이를 보인다. 여기서는 먼저 그 형태 변화를 직관적으로 간략하게 묘사한 다음, 그 문제를 어떻게 표현하는지에 대해 진전된 논의를 하고자 한다.

일반적으로 논자들에게 중국 마르크스주의 철학의 첫 번째 존재 형태는 개혁개방 이전의 계획경제 시대에 존재했던 것으로, 여러 판본의 마르크스주의 철학 교과서가 그것의 대표적 전형으로 간주된다. 그 철학의 가장 두드러진 특징은 인간의 능동성 또는 주체성을 말살한 것이다. 그것은 인류의 역사나 사회생활을 자연화하는 방식으로 표현되었는데, 다시 말해서 자연관과 역사관의 차이를 없애 역사관을 자연관의 확장이나 확산으로 귀결시켰다. 그와 같은 자연화는 스탈린[Joseph Vissarionovich Stalin, 1878-1953]의 「변증적 유물주의와 역사적 유물주의를 논함」이 대표적이다. 그는 여기서 마르크스주의 철학을 '변증적 유물주의와 역사적 유물주의'로 규정했는데, 변증적 유물주의는 마르크스주의 철학의 자연관이고, 역사관인 역사적 유물주의는 자연관인 변증적 유물주의의 확장이 된다.

대부분의 논자들은 1980년대 중국 사회에서 개혁개방이 시작된 이후, 철학 체계의 개혁도 논의 사항에 포함시켰을 뿐만 아니라 철학 연구에도 확실한 변화가 생겼다고 평가한다. 그런데 일부 논자들은 그 시기를 하나의 과도적 단계로 보았고, 또 다른 논자들은 그 시기를 독립된 단계로 묘사하면서 그 단계의 특징이 마르크스주의 철학의 인식론적 해석에 있다고 주장했다. 그것은 크게 두 가지 측면으로 나타났는데, 하나는 인식론적 연구가 1980년대 철학 연구의 중심 문제가 되었다는 것, 다른 하나는 그 단계의 문제 연구 방식이 모두 인식론적 틀을 모델로 한다는 것, 즉 주체와 객체의 대립이라는 틀에서 사고했다는 것이다. 반면, 1990년대 중반부터 중국 마르크스주의 철학의 패러다임 변화에 대해서는 논자들의 의견이 비교적 일치한다. 대다수가 그 시기에 중국 마르크스주의 철학에 중요한 변화가 나타났는데, 즉 새로운 연구 패러다임이 출현했다고 본다. 그렇지만 그 패러다임을 표현하는 방식은 각양각색이었다. 예를 들어, 인간학 패러다임, 인류학 패러다임, 가치론 패러다임, 생존론 패러다임, 문화철학 패러다임, 실천철학 패러다임 등이었다.

일반적으로 중국 마르크스주의 철학의 패러다임 변화를 그러한 세 시기의 변화 과정으로 표현하는 것에 대해 대다수의 논자들은 동의할 것이다. 따라서 그들의 각기 다른 주장들은 명칭의 차이 또는 각 단계들이 맺는 상이한 관계에 근거한다. 단계 구분은 주로 다음에서 차이를 보인다. 일부 논자들은 그것을 세 단계로 나누고, 또 다른 논자들은 그것을 간략하게 두 단계로 나눴다는 점이다. 양자의 차이는 두 번째 단계를 어떻게 처리할 것인가에 있었다.

세 단계로 나누는 경우의 처리 방식에는 3가지가 있다. 첫째, 두 번째 단계를 여타의 두 단계들과 병렬시키는 것이다. 둘째, 두 번째 단계를 하나의 과도적 단계로 보는 것이다. 셋째, 두 번째 단계와 첫 번째 단계를 하나로 묶어 세 번째 단계와 병렬시키는 보다 큰 단계의 구분이다. 그런데 많은 논자들이 주장하는 두 번째 단계를 과도적 단계로 간주하거나, 그것을 첫 번째 단계와 하나로 묶는 더 큰 단계에서 보자면, 실제적으로 2단계론과 3단계론의 차이는 존재하지 않는 듯하다. 그렇다면 전체적으로 두 단계의 구분이 모두에게 받아들여지기 쉬운 방식이 될 것이다. 왜냐하면 그것에 더 구분할 수 있는 공간이 포함되어 있기 때문이다.

또한 논자들은 각 단계의 명칭에 관한 여러 방안들을 제시하고 있지만,

그 명칭도 원칙적 문제는 아닌 듯하다. 그것은 여러 논자들이 전환을 주장하는 데 사용했던 철학적 패러다임이라는 어휘가 유사하다는 점에서 알 수 있다. 예를 들어, '인간학', '가치론 철학', '"인간"의 철학', '실천철학', '문화철학', '세계를 바꾸는 철학', '실천론적 사유방식' 등은 대체로 지향하는 바가 동일한 철학적 연구 방식이다. 그것은 대략적으로 다음과 같은 철학적 연구 방식을 가리킨다. 즉, 설정된 하나의 객관적 본체(정신적 또는 물질적)로부터 또는 주체 스스로의 확실성으로부터 철학적 문제를 해결하는 것이 아니라, 인간이라는 존재로부터 또는 인간의 생활과 실천으로부터 철학적 문제를 이해하고 해결하는 것이다.

따라서 본질적으로 동일한 만큼 어떤 명칭으로 그것을 표현하느냐는 부차적인 문제인 것이다. 물론 저자는 각각의 표현들이 나름의 합리적인 근거를 지니고 있지만, 이론철학의 패러다임으로부터 실천철학의 패러다임에 이른다는 표현이 그 전환 과정을 더 적절히 드러낸다고 본다. 마르크스가 이전의 철학자들은 단지 세계를 해석했을 뿐이라고 비판하면서 세계 변혁을 근본에 놓아야 한다고 요구했을 때, 그는 실천 활동을 우선시했을 뿐만 아니라 이론 활동을 실천 활동에 종속된 것으로 보았다. 어떤 의미에서 그것은 아리스토텔레스의 이론철학과 구분된 실천철학적 전통을 계승한 것이라고 할 수 있다. 그렇기 때문에 마르크스 철학을 새로운 실천철학으로 간주하면서 마르크스 철학이 비판한 전통철학을 이론철학에 귀결시키는 것이 마르크스 자신의 철학적 혁명이 지닌 본질과 중국 마르크스주의 철학의 이론적 형태 전환이 갖춘 본질을 더 잘 표현할 수 있도록 한다.

5) 실천철학: 중국화된 마르크스주의 철학의 새로운 '기반'

앞서 밝힌 것은 본래적 마르크스주의 철학이 세계 변혁을 지향하는 실천철학이며, 2,000여 년 동안 지속된 서구 이론철학의 전통에 대한 반역이라는 점, 그리고 전통적 중국철학이나 중국사상의 주류도 위잉스가 언급했던 것처럼 "기본적으로 '세계를 바꾸는' 유형에 속하는"[186] 실천철학이라는 점이다. 두 가지 실천철학은 각각 중국과 서구의 사유방식에 속하기 때문에 그 사이에는 중요한 차이가 있을 수밖에 없다. 하지만 두 가지 모두 실천철학인 이상, 거기에는 어떤 공통적인 부분인 일종의 친화성이 존재한다.

많은 학자들이 지적했듯이, 서구철학에서 마르크스주의 철학은 중국철학에 가장 근접한 것이다. 굳이 언급할 필요도 없겠지만 그와 같은 근접성 또는 친화성은 마르크스주의 철학의 심화된 중국화를 구성하는 근원적 기초가 된다. 그렇지만 현실 역사의 진행 과정에서 여러 이유로 인해 마르크스주의 철학과 중국철학 모두 이론철학이라는 틀에 갇히게 되었고, 일종의 이론철학으로 해석되었다. 그것이 어떤 문제들을 야기했다. 그런데 다행스럽게도 현재 중국학계에서는 마르크스주의 철학과 중국철학 모두 획기적인 전환이 이루어지고 있다. 그 전환의 근본 지점에 바로 사유 패러다임의 전환이 있다. 다시 말해서, 이론철학적 패러다임에서 실천철학적 패러다임으로의 전환이라는 것이다.

마르크스주의 철학의 경우, 오랫동안 이론철학인 실체성 철학이나 주체성 철학의 해석 방식이 적용되어왔다. 1980년대 이전에는 실체적 해석이 획일적으로 적용되었다면, 1980년대 들어서는 낡은 해석 체계를 극복하고자 주체성 철학의 해석을 적용했다. 물론 실체성 철학의 해석에서 주체성 철학의 해석으로의 전환은 이론적 수준에서 한 걸음 더 나아간 것이다. 하지만 마르크스주의 철학의 개척자들은 이미 이론철학의 패러다임인 주체성 철학을 극복하고 새로운 실천철학적 패러다임의 길을 열었

---

186) 余英時, 『現代危機與思想人物』, 三聯書店, 2005: 171쪽을 참조하라.

다. 따라서 주체성 철학으로 마르크스주의 철학을 해석하려는 시도는 예전 실체성 철학의 패러다임과 마찬가지로 성공하기 어려울 뿐만 아니라 마르크스주의 철학의 진정한 정신을 파악하는 것도 어려울 것이다.

앞서 설명한 것처럼, 마르크스주의 철학이 본질적으로 실천철학적 패러다임이라면, 그것의 진정한 본래적 정신을 회복하는 일은 철학 연구 앞에 펼쳐진 과제이자 목표가 된다. 그와 같은 목표를 실현하는 것은 앞의 두 가지 해석 모두 효과가 없다는 것이 밝혀지면서 직접적인 현실성을 획득했다. 다시 말해서, 마르크스의 실천철학 패러다임으로 되돌아가는 것만이 오늘날 중국 마르크스주의 철학 연구가 발전할 수 있는 필연적 경로인 것이다. 그것 말고는 다른 길이 없다.

한편, 중국의 전통철학은 강력한 서구문화를 만난 근대 이후, 줄곧 수동적인 상태에 놓여 있었다. 그러한 수동성은 전통철학을 포함한 전통문화 전반을 포기해야 한다는 일부 문화급진주의자들의 직접적인 요구로 분출되었을 뿐만 아니라 전통문화를 현대적으로 해석하려는 방식에 의해 더욱 심각하게 나타났다. 일부 연구자들이 지적했던 것처럼, 중국 전통철학의 진정한 정신이나 사유 패러다임은 하이데거 철학과 유사한 실천철학적 사유 패러다임이다. 그러나 강력한 서구 담론의 주도권 아래, 중국 사람들은 의도적이던 의도적이지 않던 중국 전통철학을 서구철학의 해석틀에 포함시켰다. 전통문화를 떠받드는 문화보수주의자들조차 그와 같은 사유방식을 넘어서지 못했고, 심지어 다른 사람들보다도 더 심각하게 중국철학을 서구화시켰다. 물론 중국 사람들이 사용한 서구의 해석 틀은 마르크스나 하이데거와 같은 실천철학적 사유 패러다임이 아니라, 실체성 철학 또는 주체성 철학이라는 이론철학적 사유 패러다임이었다. 그로부터 전통철학의 진정한 정신이 근본적으로 왜곡된 것이다. 따라서 중국 전통철학의 연구 또한 그 진정한 정신을 복원시키는 것이 하나의 문제로 부각되었으며, 실천철학적 패러다임을 향한 복원은 내재적 논리의 측면에서도 필연성을 갖는다.

현재 마르크스주의 철학과 전통철학은 모두 실천철학적 패러다임으로의 전환이라는 문제에 직면해 있다. 그 전환은 외재적으로 세계의 흐름을 따라잡는 것이 아니라 내재적 회귀, 즉 자신의 진정한 정신을 향한 내재적 필연성을 갖춘 회복인 것이다. 그와 같은 회귀는 마르크스주의 철학과 중국 전통철학 모두에게 매우 중요한 의미를 갖는다. 그것은 후세 사람들이 그 두 가지에 덧붙이고, 두 가지와 어울리지 않는 것들을 제거함으로써 진정한 본래적 정신을 세상에 드러낼 수 있다는 의미다. 하지만 회귀의 의미는 그것에만 머무르지 않는다. 그것은 현대 중국철학이 발전하는 데도 훨씬 더 중요한 가능성을 포함하는데, 바로 마르크스주의 철학과 중국 전통철학의 융합 가능성이다. 그 융합은 마르크스주의 철학이 근본적 의미에서 중국화된다는 것을 뜻하며, 다른 한편으로는 중국 전통철학이 근본적 의미에서 현대화된다는 것을 가리킨다.

20세기 이후, 중국문화와 서구문화는 100여 년 동안 부침을 거듭했다. 그 기간 동안, 여러 세대의 사람들은 문화의 현대화라는 거대한 압력을 상대로 현대철학적 관념의 대체적인 정립을 위해 노력했을 뿐만 아니라 서구철학의 많은 요소들이 중국 사람들의 사상 안으로 깊숙이 들어왔다. 하지만 그렇게 성급하게 만들어진 현대철학적 관념은 매우 조잡할 뿐만 아니라 심각한 모순으로 가득 차 있었다. 이유를 살펴보면, 그 사고방식과 중국의 전통적 사유방식이 어울리지 않는다는 데 있다. 그리고 서구철학을 실체성 철학의 패러다임이나 주체성 철학으로 이해했기 때문이다. 그와 같은 이해에서는 중국 전통철학이 왜곡될 뿐만 아니라 새로운 관념에서도 모순이 중첩되는 것을 피할 수 없다.

중국문화와 서구문화의 충돌이라는 조건에서 서구철학을 도입하거나 빌리는 것은 현대 생활에 적합한 현대철학을 만드는 데 불가피한 일이다. 하지만 무엇을 빌리고 어떻게 빌릴 것인가는 연구할 만하다. 만약 중국 전통철학과 어울리지 않는 실체성 철학이나 주체성 철학에 의존한다면 심각한 왜곡이나 극심한 갈등이 일어날 수밖에 없을 것이다. 100년 동안 계속된 중국문화와 서구문화의 논쟁이 그것을 보여준다. 하지만 기본적으로 중국 전통철학과 비슷한 실천철학적 패러다임의 철학에 의존했다면 갈등을 완전히 피할 수는 없지만, 적어도 갈등을 최소한도로 줄일 수는 있었다. 그렇게 많은 중국 지식인들이 선택 가능한 서구철학들 가운데 왜 마르크스주의 철학만을 인정했는가는 자주 제기되는 주제에 해당한다. 어쩌면 사유 패러다임의 유사함이 매우 중요한 이유일지도 모른다. 중국 현대철학을 세워나가는 데 실천철학적 사유 패러다임이 훨씬 적절한 선택이라는 점은 명확하다. 따라서 철학적 사유 패러다임, 특히 실천철학적 사유 패러다임에 대한 특별한 중시와 함께, 그것에 근거해 마르크스주의 철학의 중국화 문제에 대한 고찰이 요구된다.

4 실천철학의 이행 과정에서 제기되는 핵심 문제

마르크스주의 철학의 중국화는 단순히 과학 이론을 공학 설계에 적용하는 것처럼, 마르크스주의의 보편적 원리를 중국의 실제에 적용하는 것이 아니다. 그것은 이론과 실천, 세계를 해석하는 것과 세계를 바꾸는 것, 중국과 서구 등 복잡한 관련 문제들을 다룬다. 그 가운데 가장 핵심적인 문제는 여전히 이론과 실천의 관계 문제다. 구체적으로 말해서, 세계를 해석하는 이론적 지혜가 요구하는 이론적 보편필연성과 세계를 바꾸는 실천적 지혜가 요구하는 상황성 또는 유연성이 맺고 있는 관계를 어떻게 처리할 것인가의 문제다.

그 관계를 어떻게 처리할 것인가에는 두 가지 측면의 문제가 포함되어 있다. 하나는 그 관계 문제를 어떻게 이론적으로 설명할 것인가이다. 다른 하나는 그 문제를 실제적으로 또는 실천적으로 어떻게 처리할 것인가이다. 그 두 가지 측면은 일치된 방식을 선택할 수도 있는데, 즉 이론적 설명에 따라 실천적으로 이론과 실천의 관계를 처리하는 것이다. 그와 다르게 불일치의 방식을 선택할 수도 있는데, 그것은 이론적 처리 방식을 쫓지 않고 그 관계를 실천적으로 적절하게 처리하는 것이다. 또한 이론적 측면에서 그 문제는 세계에 대한 이론적 해석이 추구하는 필연성이나 세계 결정론, 그리고 세계를 실천적으로 바꾸는 것이 요구하는 세계의 변화가능성 또는 불완전 결정론 사이의 관계 문제로 나타난다. 그와 같은 관계 문제는 어떤 의미에서 마르크스주의 철학 자체의 내재적 길항이라고 할 수 있으며, 마르크스주의 철학의 발전도 그러한 길항의 결과라고 할 수 있다.

마르크스주의 철학이 중국에 전해졌을 때, 그것에 대한 초기의 바람은 세계를 해석하려는 이론적 관심이 아니라 우선적으로 세계를 바꾸기 위한 실천적 관심이었다. 그렇지만 세계를 바꾸는 것과 세계를 해석하는 것은 서로 얽혀 있을 수밖에 없으며, 또한 마르크스주의 철학이 세계 변혁을 자신의 이론적 취지로 명확히 하면서 서구철학에 내재된 이론과 실천의 관계가 더욱 두드러지게 나타났다. 이로부터 그 과정에서 극복해야만 하는 난제들이 제기되었다. 마르크스주의 철학의 중국화 과정을 하나의 측면에서 보자면, 그러한 난관을 극복해가는 과정이라고 할 수 있다.

1) 세계를 바꾸는 철학의 내재적 길항

마르크스주의 철학은 세계 변혁을 강조했기 때문에 그것의 이론적 대상은 세계를 바꾸는 사람들의 역사적 행위가 된다. 그것은 세계를 해석하기만 하던 예전 철학이 지향한 초경험적 사물이 아니다. 그 지점에서 마르크스와 엥겔스는 포이어바흐의 관점을 이어 다음과 같이 주장했다. "역사는 어떤 것도 하지 않았고, 그것은 '무궁무진한 풍부함을 가지고 있지 않다', 그것은 '어떤 전투에서도 싸우지 않았다!' 이 모든 것을 창조하고, 이 모든 것을 지녔을 뿐만 아니라 이 모든 것을 위해 싸우는 것은 '역사가 아니라 바로 인간, 현실적이고 살아 있는 인간이었다. '역사'는 자신의 목적을 달성하기 위한 도구로 인간을 이용하는 특수한 인격체가 아니다. 역사는 자신의 목적을 추구하는 사람들의 활동에 불과하다."187) 물론, 인간은 유한한 존재로서 활동에 한계가 있다. "사람들은 스스로 자신의 역사를 만들지만, 자기 마음대로 만드는 것도 아니고 스스로 선택한 조건에서 만드는 것도 아니다. 그것은 직접적으로 맞닥뜨린, 정해진, 과거로부터 물려받은 조건으로부터 창조된다."188) 그러한 창조 또는 세계 변혁은 조건적인, 즉 제약 아래 놓인 것으로, 그것은 자기 마음대로 무에서 유를 만드는 것이 아니라 기존의 세계를 바꾸는 것에 불과하다. 그럼에도 불구하고 역사는 언제나 사람들 자신에 의해 창조된 것이지, '역사' 자체가 인간을 도구로 삼아 스스로 발전한 것이 아니다.

그와 같은 마르크스의 관념은 사변적 유물주의를 비판하는 과정에서 발전된 것인데, 그 발전의 본질은 역사적 주체가 초월적 존재에서 현실적 인간으로 전환된 데 있다. 그런데 사변적 유심주의에서는 문제가 되지 않던 문제가 사변적 유심주의에서 유물주의로 전환하는 과정에서 제기된다. 그것은 바로 세상을 바꾸는 것이 어떻게 가능한가. 그 문제가 사변적 유심주의에서 문제가 되지 않는 이유는 마르크스가 밝힌 것처럼, 거기서의 활동 주체가 초월적인 무한 존재이자 절대정신이기 때문이다.

외부 세계는 단지 이러한 절대자의 소외일 뿐이지 절대적인 이질[異己]

---

187) 中共中央馬克思·恩格斯·列寧·斯大林著作編譯局 譯, 『馬克思恩格斯全集』2, 人民出版社, 1957: 118-119쪽.

188) 中共中央馬克思·恩格斯·列寧·斯大林著作編譯局 譯, 『馬克思恩格斯選集』1, 人民出版社, 1995: 585쪽.

적 존재가 아니다. 따라서 역사를 창조한다는 것은 절대정신의 자기 전개에 불과한 것이다. 분명 그와 같은 전개는 진정한 의미의 창조나 세계 변혁이 아니라 절대정신의 내재적 변화일 뿐이다. 현실 인간은 유한한 존재로서 그가 맞서면서도 바꿔야만 할 세계는 확실히 타자[異在]화된 것이다. 따라서 그 변혁은 자기 전개를 바꾸는 것이 아니라 확실하게 타자화된 세계를 바꾸는 것이다. 그로부터 역사를 창조하는 것, 즉 실제 세상을 바꿀 수 있으려면 반드시 하나의 조건을 만족시켜야 한다. 그것은 바로 타자화된 이질적인 세계 자체를 바꿀 수 있다는 점이다. 만약 세계 자체가 바뀔 수 없는 것이라면, 다시 말해서 결정론자들이 일반적으로 이해하는 것처럼 완전히 결정된 것이라면, 세계 변혁이라는 것은 이해 불가능한 것이기 때문이다. 따라서 마르크스가 세계 변혁을 자신의 철학적 목표로 삼았다면, 논리적으로는 세계의 변화가능성을 반드시 그 전제로 설정해야만 한다.

여기까지는 문제되지 않는다. 하지만 문제는 다음에 있다. 사람들이 자주 다양한 방식을 통해 마르크스의 역사적 유물주의를 역사결정론으로 해석하기 때문에 모순이 발생했다. 즉, 하나는 마르크스가 명확하게 선언했던 것처럼 그의 철학이 세계 변혁을 지향한다는 점에서 예전의 철학과 근본적으로 구분된다는 점, 다른 하나는 그 이후에 등장한 다양한 역사결정론적 해석에 의해 세계를 바꾸는 것이 불가능했다는 점이다. 그러한 역사결정론적 해석은 마르크스 자신에게는 문제가 되지 않았지만, 제2인터내셔널 이후의 모든 마르크스주의자들에게는 중요한 문제였다. 그래서 다양한 방식으로 그 모순을 해결해할 수밖에 없었다. 하지만 각기 다른 해결 방식들은 상이한 마르크스주의적 해석 유형을 구성했다. 제2인터내셔널, 소련의 마르크스주의, 루카치·그람시·알튀세르와 같은 서구 마르크스주의, 포스트 마르크스주의 등의 이론적 패러다임이 대표적이다.

세계를 바꾸는 것과 세계의 변화가능성이라는 문제는 의심할 바 없이 서구철학에서 하나의 보다 일반적인 문제, 즉 결정론과 자유의지라는 문제와 밀접하게 관련되어 있다. 하지만 세계를 바꾸는 인간의 활동은 자유의지로만 환원되지 않기 때문에 그 양자 사이에는 큰 차이가 존재한다. 자유의지는 어떤 의미에서 인간의 내면 상태를 보여준다. 그래서 홉스 이후의 많은 철학자들이 결정론과 자유의지의 관계에 대해 균형론적인 입장을 취했다. 하지만 세계를 바꾸는 실천은 객관적 활동으로 내면적인 것이 아니기 때문에 결정론과 세계 변혁이라는 문제에서 합리적인 균형론적 입장을 견지하기 어렵다. 그런 의미에서 이 문제는 세계 변혁을 이론적 목표 또는 최소한 목표 가운데 하나로 간주하는 철학에서만 고유한 문제가 된다. 따라서 마르크스주의 철학만이 세계 변혁을 자신의 목표로 가장 명확하게 삼았기 때문에 세계를 바꾸는 것과 세계의 변화가능성이라는 문제가 확연히 표현된다. 이 문제는 마르크스주의 철학의 고유한 핵심적 문제로 간주된다.

아리스토텔레스는 서구철학사에서 세계 변혁을 실천철학적 목표 가운데 하나로 보았기 때문에, 세계를 바꾸는 것과 세계의 변화가능성이라는 관계를 가장 먼저 명확하게 인식했다. 그래서 그가 인간의 상이한 활동 유형의 성격과 그 활동 대상의 성격 사이의 관계 문제를 고찰했다는 것은 조금도 이상하지 않다. 그의 철학에서 인간의 활동은 이론, 실천, 제작이라는 3가지 기본 방식으로 구분된다. 이론적 대상은 "필연으로부터 조건 없이 존재하는 것"[189], 즉 "영원한 것"[190]이다. 그리고 "제작과 실천이라는 두 가지는 가변적 사물을 그 대상으로 한다."[191] 아리스토텔레스에게

---

189) Aristoteles / 苗力田 譯, 『尼各馬科倫理學』, 中國社會科學出版社, 1990: 117쪽.
| Aristoteles / 천병희 옮김, 『니코마코스 윤리학』, 숲, 2018: 220쪽 참조.
190) Aristoteles / 苗力田 譯, 『尼各馬科倫理學』, 中國社會科學出版社, 1990: 117쪽.
| Aristoteles / 천병희 옮김, 『니코마코스 윤리학』, 숲, 2018: 220쪽 참조.
191) Aristoteles / 苗力田 譯, 『尼各馬科倫理學』, 中國社會科學出版社, 1990: 118쪽.
| Aristoteles / 천병희 옮김, 『니코마코스 윤리학』, 숲, 2018: 222쪽 참조.

실천과 제작은 다시 구분되는데, 일반적으로 실천은 스스로의 목적을 구성하는 활동이고, 제작의 목적은 활동 외부에 존재한다. 그것은 오늘날 마르크스주의의 철학적 전통에서 아리스토텔레스의 실천과 제작이라는 활동을 모두 실천이라고 부르는 것과 구분된다.[192] 그럼에도 불구하고 어쨌든 '제작과 실천은 가변적 사물을 그 대상으로 하'는 것이고, 이론적 대상은 '필연으로부터 조건 없이 존재하는 것', 즉 '영원한 것'이다. 그렇다면 가변성과 불변성이라는 측면에서 볼 때, 인간의 세 가지 활동 유형에 대응하는 것은 바로 상이한 두 세계인 것이다.

만약 마르크스주의의 철학적 전통에 따라 아리스토텔레스의 제작과 실천을 모두 실천이라고 부른다면, 아리스토텔레스에게는 활동 유형과 관련해 두 개의 세계가 존재하게 된다. 하나는 '가변적인 사물'의 세계이고, 다른 하나는 '영원한 것'의 세계다. 세계의 변화가능성은 간단한 문제가 아니며 인간 활동의 각기 다른 유형과 연관되어 있는 것이 명백하다. 실천 활동의 대상인 그와 같은 세계가 있어야만 바뀔 수 있는 것이고, 이론 활동의 대상인 세계는 '필연으로부터 조건 없이 존재하는 것', 즉 '영원한 것'이기 때문에 바뀔 수 없는 것이다. 그렇다면 세계의 변화가능성과 변화불가능성의 대응 관계는 이론과 실천이라는 것과 마찬가지의 대응 관계를 보인다.

아리스토텔레스에게 이론적 활동과 실천적 활동은 '영원한 것'과 '가변적인 사물'이라는 두 개의 세계로 나뉘기 때문에 세계를 바꾸는 실천 활동과 세계의 변화불가능성은 이론적으로 모순되지 않는다. 물론 모순이 존재하지 않는다는 것이 아니라, '영원한 것'이 본원本原으로서 어떻게 현상

---

192) 서구철학사에서 실천 개념은 아리스토텔레스로부터 마르크스에 이르는 동안 커다란 변화를 겪었다. 저자는 그 변화를 다음에서 간략하게 살펴보았다. 王南湜, 「實踐 · 藝術與自由 – 馬克思實踐概念的再理解」, 『哲學動態』2003年第6期: 4-6쪽을 참조할 수 있다.

인 '가변적 사물'들을 발생시키는가라는 서구철학의 핵심 문제로 옮겨졌다는 것이다. 이 문제는 2,000년 이상 진행된 서구철학의 방향을 결정지었다. 하지만 만약 아리스토텔레스의 이중세계 이론을 더 이상 인정하지 않거나 어떤 유사한 이중세계 이론을 만들어 두 세계를 하나로 묶는다면, 이론과 실천 사이의 모순은 드러날 수밖에 없을 것이다.

그런데 이론과 실천의 관계 문제가 얽혀 있는 것은 그 모순이 단지 이론과 실천 사이에만 존재하는 것이 아니라 세상을 바꾸는 실천에도 내재되어 있기 때문이다. 따라서 세계를 바꾸는 실천이 가능하려면 세계의 변화가능성을 가정해야만 한다. 다시 말해서, 세계를 비결정론적 또는 개방적인 이론으로 해석하는 것이 필요하다. 마찬가지로 세계를 바꾸는 것이 가능하려면 설득력 있는 이론으로 대중을 장악해야 하는데, 철저한 이론일수록 설득력이 높아질 뿐만 아니라 대중에 대한 장악력이 높아진다. 그리고 철저한 이론일수록 보편적 필연성을 갖춘 이론, 즉 근대 과학을 전형으로 하는 결정론적 이론이 된다. 이와 같은 두 가지 요구가 서로 충돌하더라도 두 가지 모두 세계를 바꾸는 실천에 요구된 것이라면, 그 가운데 어느 한 측면을 쉽게 포기하거나 어느 한 측면에만 집중하지 못할 것이다. 즉, 불가피하게 실천적 정세 변화에 따라 한쪽이 잦아들면 다른 한쪽이 솟아오르는 것과 같은 유동적인 상태에 놓이게 된다. 그래서 이 모순은 제2인터내셔널 이후의 마르크스주의 철학이 상대하지 않으면 안되는 중요한 문제가 되었다.

2) 참고할 만한 역사적 경험

세계를 해석하기만 한다면 이론과 실천의 관계 문제는 없어지지 않는다. 그런데 그것은 직접적으로 표출되는 것이 아니라 별도의 방식으로 나타나기도 한다. 세계 변혁의 목표를 명확하게 가진 마르크스주의자들에게 그것은 피할 수 없는 문제였다. 따라서 예전의 마르크스주의자들이 그 문제에 대처했던 방법이나 역사적 경험을 살펴볼 수 있다면, 마르크스주의 철학의 중국화 경로를 더 잘 파악할 수 있을 것이다. 물론 여기서 상세하게 살펴볼 수는 없기 때문에 주요 인물들을 선별해 그 간략한 내용을 참고하고자 한다. 그 문제가 실천에 내재되어 있는 이상, 이른바 '주요 인물들'의 선별 기준은 세계를 바꾸는 사회주의 운동에 직접 참여해 중요한 영향을 끼친 이론가들로 한정된다. 그렇기 때문에 세계를 해석하기만 했던 순수 이론가들은 포함되지 않는다. 그러한 기준에서 평가해보면 제2인터내셔널의 이론가들, 레닌, 루카치, 그람시 등을 뽑을 수 있다.

순수 이론의 학자들과 다르게 제2인터내셔널의 이론가들은, 많은 논자들이 지적했던 것처럼 마르크스의 핵심 범주인 실천을 강조하지 않았다. 하지만 그들은 사회주의 운동의 참여자이자 지도자로서 현실적 실천이라는 문제를 고려하지 않을 수 없었기 때문에 이론의 결정론적 경향과 현실적 실천 사이의 길항을 가장 직접적으로 느끼고 있었다. 코와코프스키[Leszek Kolakowski, 1927-2009]의 주장에 따르면, 제2인터내셔널 시기는 이론적으로 마르크스주의의 '황금시대'였다.[193] 왜냐하면 그 때 마르크스주의가 전 세계적으로 매우 광범위한 영향력을 행사했기 때문이다. 하지만 오히려 그 시기에 마르크스주의 이론은 이론적으로 정체되었다.

당시 제2인터내셔널 이론가들에게는 마르크스주의와 강세를 보이는 자연과학을 어떻게 일치시키고, 그러한 과학의 도움으로 마르크스주의의 영향력을 어떻게 확대시킬 것인가가 가장 우선적으로 검토해야 할 사안이었다. 그것은 제2인터내셔널의 핵심 이론가인 카우츠키[Karl Kautsky,

---

193) | Leszek Kolakowski / 唐少傑 · 顧維巍 · 寧向東 · 李正栓 譯, 『馬克思主義的主要流派』2, 黑龍江大學出版社, 2015. ; Leszek Kolakowski / 변상출 역, 『마르크스주의의 주요 흐름』2(황금시대), 유로서적, 2007을 참조하라.

1854-1938]에게서 아주 분명하게 드러난다. 그는 다음과 같이 밝혔다. 역사적 유물주의의 "기초는 순수 과학이다. …… 유물주의적 역사관은 순수한 과학이다."[194] "과학적 사회주의는 순수한 과학 위에 세워진 응용과학이다."[195]

따라서 카우츠키는 인류 사회와 자연의 유사성을 특히 강조했다. 그는 "자연은 일반이고, 사회는 자연계의 특수한 하나의 사례일 뿐"[196]이라고 보았다. 사회 법칙은 "자연의 발전 법칙과 결코 모순되지 않으며, 자연의 발전 법칙이 자연스럽게 지속되는 것이라고 말하는 편이 더 적절하다."[197] 그렇기 때문에 인류와 동식물의 발전은 모두 동일한 보편적 법칙을 따른다. 그 법칙을 개괄해보면 다음과 같다. "사회적 변화는 종의 변화만큼이나 환경의 변화에서 기인한다. 만약 환경이 변함없이 유지될 수 있다면, 그 환경에서 살아가는 유기체나 사회 조직도 변하지 않는다. 유기체와 사회 조직의 새로운 형태는 변화된 환경에 적응함으로써 나타난 것이다."[198] "발전의 동력은 자발적인 개체의 창조적 능력이 아니라 환경의 변화인 것이다."[199] "변화 과정에서 변화를 촉발하는 요인은 생활

---

194) Karl Kautsky / 王學東 編,『考茨基文選』, 人民出版社, 2008: 81쪽.

195) Karl Kautsky /『哲學研究』編輯部 編,『唯物主義歷史觀』分冊6, 上海人民出版社, 1965: 101쪽.| 이 책은 '옛 수정주의 철학자료 선집 제1집'이라는 제목으로 모두 6권의 분책(分冊)이 출판되었다. 여기서 분책이라는 것은 책의 내용이 많은 경우, 그것을 줄거리나 장에 따라 나누어 발간한 것을 가리킨다. 그리고 각 분책들은 순차적으로 출판되지 않았는데, 정리해보면 다음과 같다. 분책1은 1964년, 분책2는 1965년, 분책3은 1984년, 분책4는 1964년, 분책5는 1964년, 분책6은 1965년이다.

196) Karl Kautsky /『哲學研究』編輯部 編,『唯物主義歷史觀』分冊2, 上海人民出版社, 1965: 32-33쪽.

197) Karl Kautsky /『哲學研究』編輯部 編,『唯物主義歷史觀』分冊6, 上海人民出版社, 1965: 225쪽.

198) Karl Kautsky /『哲學研究』編輯部 編,『唯物主義歷史觀』分冊5, 上海人民出版社, 1964: 336-337쪽.

조건의 변화일 수밖에 없다."[200] "결국 발전은 환경의 변화로부터 결정된다."[201] 또한 그는 자연과 사회가 공유하는 발전 법칙이 역사적 유물주의와 진화론의 "공통된 기반"[202]이 된다고 보았다. 사회는 "특수한 법칙을 지닌 자연계의 특수한 부분으로, 그 법칙들이 원한다면 자연의 법칙이 될 수 있다. 왜냐하면 실질적으로 전자는 후자와 어떠한 차이도 없기 때문이다."[203]

카우츠키는 그의 사상에 존재하는 진화론적 요소를 숨기지 않았고, 자신의 사상 형성 과정을 다음과 같이 회고했다. "나는 일찍부터 역사관을 모색하기 시작했는데, 나에게는 그 역사관이 경제학 사상이 아니라 무엇보다 자연과학 사상과 관련되어 있었다. 물론 사회주의적 문헌들은 나에게 아주 빠르게 경제적 요소들의 의미를 알려주었다. 내 경제학 지식이 늘어나면서 나도 조금씩 역사 발전에 대한 경제적 요소들의 의미를 알게 되었지만, 나는 여전히 역사 속의 자연적 요소에 대해 관심을 가졌고, 역사와 유기체의 발전을 지속적으로 연결시켰다."[204]

그래서 그는 자신의 방법과 마르크스·엥겔스의 방법이 구분된다고 생각했다. "그들은 헤겔에서 시작했고, 나는 다윈에서 시작했다. 내가 연구

---

199) Karl Kautsky / 『哲學硏究』編輯部 編, 『唯物主義歷史觀』分冊2, 上海人民出版社, 1965: 24쪽.

200) Karl Kautsky / 『哲學硏究』編輯部 編, 『唯物主義歷史觀』分冊2, 上海人民出版社, 1965: 26쪽.

201) Karl Kautsky / 『哲學硏究』編輯部 編, 『唯物主義歷史觀』分冊2, 上海人民出版社, 1965: 37쪽.

202) Karl Kautsky / 『哲學硏究』編輯部 編, 『唯物主義歷史觀』分冊2, 上海人民出版社, 1965: 32쪽.

203) Stanoe Brayovich / 李興漢·姜漢章·陳聯璧 譯, 『卡爾·考茨基及其觀點的演變』, 東方出版社, 1986: 83쪽에서 재인용.

204) Karl Kautsky / 『哲學硏究』編輯部 編, 『唯物主義歷史觀』分冊1, 上海人民出版社, 1964: 17쪽.

한 것은 다윈이 먼저고, 마르크스가 그 다음이다. 다시 말해서, 유기체의 발전이 먼저였고, 경제 발전이 나중이었다. 또한 종의 생존 투쟁이 먼저였고, 계급투쟁이 나중이었다."205) 카우츠키는 특히 과학으로서 역사적 유물주의와 결정론을 주장하는 일반적 유물주의의 연관성을 강조했다. 즉, 역사적 유물주의는 "거대한 세계관과 유기적으로 결합된 하나"206)인데, 그 '거대한 세계관'이 바로 유물주의이다. 마르크스와 엥겔스는 그들의 역사관을 발전시키기 이전부터 "이미 철학적으로 유물론적 관점에 도달했"207)고, 그들의 역사관은 이처럼 "아주 확실한 철학에서 시작된"208) 것이었다. 마르크스와 엥겔스가 그들의 역사관을 유물주의적 역사관이라고 부른 이유는 "그 역사관이 그들의 유물주의적 사상, 그들의 유물주의적 세계관에서 생겨났기 때문이다."209) "역사적 유물주의는 역사에 적용된 유물주의다."210)

그런데 그것은 카우츠키의 철학적 역사관에서 하나의 이론적 문제만을 다룰 뿐이다. 다른 한편으로는 그가 사회주의적 실천가로서 그러한 숙명론적 입장을 철저하게 견지하기 어려웠을 것이라는 점이다. 따라서 맥클릴런[David McLellan]이 지적했던 것처럼, "카우츠키의 정치관은 기계론이

205) Karl Kautsky / 『哲學研究』編輯部 編, 『唯物主義歷史觀』分冊1, 上海人民出版社, 1964: 17쪽.

206) Karl Kautsky / 『哲學研究』編輯部 編, 『唯物主義歷史觀』分冊1, 上海人民出版社, 1964: 21쪽.

207) Karl Kautsky / 『哲學研究』編輯部 編, 『唯物主義歷史觀』分冊1, 上海人民出版社, 1964: 22쪽.

208) Karl Kautsky / 『哲學研究』編輯部 編, 『唯物主義歷史觀』分冊1, 上海人民出版社, 1964: 22쪽.

209) Karl Kautsky / 『哲學研究』編輯部 編, 『唯物主義歷史觀』分冊1, 上海人民出版社, 1964: 20쪽.

210) Karl Kautsky / 『哲學研究』編輯部 編, 『唯物主義歷史觀』分冊1, 上海人民出版社, 1964: 20쪽.

절대 아니다. 그는 늘 계급의식의 중요성을 강조했으며, 심지어 '외부로부터 주입되는 계급의식'이라는 레닌의 이론 내용을 레닌보다 먼저 보여주었다. …… 제대로 조직된 당黨의 일상적 책임은 계급의식의 전파와 함께, 프롤레타리아에게 일관된 정치적 이론을 제공하는 데 있다. 산발적으로 그에게 제기되었던 개량주의라는 비판은 언제나 불충분했다."[211]

문제는 역사적 과정이 인간의 의지와 함께 결정된다면, 그러한 주입이 이론적으로 어떻게 가능한지에 있다. 카우츠키는 다음을 인정했다. "사회민주당은 프롤레타리아 계급투쟁의 조직으로서 도덕적 이상이 없어서는 안 되며, 착취와 계급적 지배를 도덕적으로 증오하지 않으면 안 된다. 하지만 그 이상은 과학적 사회주의로부터 뒷받침되지 않는다. …… 과학은 필연성을 인식하는 것과 관련될 뿐이다."[212] 그렇다면 카우츠키가 말한 도덕적 이상은 역사관과 무관한 그 무엇일 뿐이고, 그것은 이론적으로 결정론적 역사관과 자기모순의 상태에 놓이게 된다.

이론과 실천의 내적 길항은 제2인터내셔널의 또 다른 핵심 이론가인 베른슈타인[Eduard Bernstein, 1850-1932]에게서 더욱 확연히 표현되었다. 베른슈타인은 자신이 카우츠키보다 실제 운동에 더 많이 관여했다고 생각했지만, 이론적 깊이에서는 카우츠키에게 훨씬 미치지 못한다.[213] 그래서인지 모순과 해결에 대한 표현이 좀 직설적이다. 베른슈타인의 방법은 간단한데, 바로 '순수과학'과 '응용과학'으로 분리시켜 그 모순을 없애는 것이다. 그는 마르크스의 「『정치경제학비판』 서문」에 들어 있는 역사적 유물주의를 '마르크스주의적 순수과학'으로 보았다. 유물사관은 '순수과

---

211) David McLellan / 李智 譯, 『馬克思以後的馬克思主義』, 中國人民大學出版社, 2004: 33쪽.

212) David McLellan / 李智 譯, 『馬克思以後的馬克思主義』, 中國人民大學出版社, 2004: 36쪽.

213) Eduard Bernstein / 殷敍彝 編, 『伯恩施坦文選』, 人民出版社, 2008: 495쪽을 참조하라.

학'으로서 "바로 역사적 필연성과 그 근원에 관한 문제다. 유물주의자가 되다는 것은 우선 모든 현상의 원인을 물질의 필연적 운동에서 찾는다는 것을 뜻한다. 유물주의 이론에 의하면, 물질의 운동은 기계적 과정으로서 필연적으로 이루어지는 것이다. 어떠한 과정이 형성되든 거기에는 처음부터 그것의 필연적 결과가 없을 수 없으며, 어떠한 현상이라도 그것의 물질적 원인이 없을 수 없다. 따라서 생각과 의지의 방향에 대한 형태를 결정하는 것은 물질적 운동이다. 생각과 의지의 방향, 그리고 그에 따른 인류 세계의 모든 현상 또한 이로부터 물질적으로 필연적인 것이다."[214] 한 마디로, "유물주의를 별도로 역사 해석에 적용한다는 것은 근본적으로 모든 역사적 과정이나 발전의 필연성을 주장한다는 의미가 된다."[215]

이처럼 "이후의 모든 현상이 이미 존재하는 물질적 총합, 그리고 그것을 구성하는 부분적 힘의 관계에 의해 미리 결정되었다."는 숙명론적 주장은 당연하게도 현실 상황에 유연하게 대처할 수 있는 실천을 이루어내지 못한다. 하지만 그것이 그에게 문제가 되지 않았다. 베른슈타인이 보기에, 그러한 초기 마르크스주의의 독단적 결정론 제외하더라도 후기 마르크스주의는 훨씬 더 유연한 응용 학설이었다. 다시 말해서, 전자가 불변하는 '순수 이론'이라면, 후자는 가변적으로 '응용 가능한 이론'인 것이다. 두 이론은 근본적으로 상이한 위상을 갖는다. "순수과학의 원리를 하나라도 없애면 그에 따라 기초적인 부분이 사라지기 때문에 건물 전체 대부분의 기둥이 없어질 듯 흔들거린다. 하지만 응용과학의 원리는 경우가 다르다. 그 원리들은 취소가 가능하며, 기초에 어떠한 영향도 끼치지 않는다."[216]

---

214) Eduard Bernstein / 殷敍彛 編, 『伯恩施坦文選』, 人民出版社, 2008: 141쪽.
215) Eduard Bernstein / 殷敍彛 編, 『伯恩施坦文選』, 人民出版社, 2008: 141쪽.
216) Eduard Bernstein / 殷敍彛 編, 『伯恩施坦文選』, 人民出版社, 2008: 140쪽.

그렇다면 그 또한 '응용과학'이라는 이름으로, 결정론과 모순된 것들을 그의 마르크스주의 응용 이론에 포함시킬 수 있게 되었다. 즉, 관념의 힘이 인간의 행위에 영향을 끼친다는 점에 대한 인정과 함께, 그와 같은 '관념의 힘'이 "이성적으로 이익이 될 뿐만 아니라 도덕적으로도 이익이 되기 때문에 그것은 처음부터 도덕적 의미의 관념성을 갖추고 있다."[217] 는 점이다. 베른슈타인은 그러한 초기 '순수과학'과 후기 '응용과학'의 모순 관계를 처리하는 데 신칸트주의에 도움을 청하려는 듯하다. 그는 다음과 같이 언급했다. "내가 볼 때, '칸트로 돌아가자!'라는 말은 사회주의 이론에도 일정 정도 적용된다."[218] 당시 독일의 대학에서 신칸트주의가 주류적 위치에 있었다는 점에서, 그것은 의심의 여지없이 자연스러운 일이었다.

제2인터내셔널의 이론가들은 이론과 실천의 길항에 놓여 있었다. 하지만 그들은 절충주의적 방식을 채택해 그것을 명확하게 드러내지 않았으며, 마르크스적 방식으로 모순을 해결하려고 하지 않았다. 바로 코와코프스키가 지적했던 것처럼, 실천 개념 등 마르크스 저서의 중요한 범주들이 거의 언급되지 않았다.[219] 이것은 그들이 상당 부분 마르크스와 엥겔스의 '직접적인 계승자'로서 '상대적으로 평온한 시기'에 이론을 만들었기 때문이다. 그들의 관심사는 "다른 방식을 통해 역사적 유물주의를 인간과 자연의 포괄적 이론으로 체계화함으로써 그것과 대립하는 부르주아 학문 영역을 대체하고, 노동자 운동을 위해 투쟁하는 사람들에게 파악하기 쉽

---

217) Eduard Bernstein / 殷叙彝 編, 『伯恩施坦文選』, 人民出版社, 2008: 77-78쪽.
218) Eduard Bernstein / 殷叙彝 編, 『伯恩施坦文選』, 人民出版社, 2008: 72쪽.
219) Leszek Kolakowski / P. S. Falla(translator), *Main Currents Of Marxism: Its Rise Growth And Dissolution Volume2*, Oxford University Press, USA, 1981, p. 3을 참조하라. | Leszek Kolakowski / 변상출 옮김, 『마르크스주의의 주요 흐름』2(황금시대), 유로서적, 2007: 32쪽 참조.

고 광범위하면서도 일관된 세계관을 제공하는 것이었다."[220] 능동적인 행위의 필요성이 절박한 수준에 이르지 않았기 때문에, 그 이론들은 기계론적 결정론이 지배적인 '경직된 도그마'에 절충주의를 결합시킨 것으로 나타났다.

결정론과 세계의 변화가능성, 또는 이론과 실천의 그와 같은 길항은 훗날 소련 철학에서도 유사한 형태로 계속 이어졌다. 10월 혁명을 이룬 소련 또한 프롤레타리아가 새로운 사회를 건설하던 행동의 시기를 지나, 당시 상대적으로 안정된 건설의 시기에 들어섰다. 그에 따라 철학도 레닌이 말년에 수행한 변증법적 모색으로부터 제2인터내셔널과 유사한 이론적 패러다임으로 전환되었다. 1930년대 이후, 순차적으로 만들어진 교과서 체계가 소련 철학을 대표하게 되었는데, 그러한 체계의 형성 과정에서 스탈린의 「변증적 유물주의와 역사적 유물주의를 논함」이 중요한 규범적 역할을 담당했다.

스탈린은 "역사적 유물주의는 변증법적 유물주의의 원리를 확장시켜 사회생활을 연구하는 것"[221]이라고 주장했으며, 그 '확장'은 그에게 아주 단순명료한 것이었다. "자연계·존재·물질세계는 1차적인 것이며, 의식·사유는 2차적인 것으로 1차적인 것에서 파생된 것이라면, 그리고 물질세계는 사람들의 의식에 의존하지 않는 객관적 실재이며, 의식은 그러한 객관적 실재를 반영한 것이라면, 거기서 다음과 같이 결론이 도출된다. 즉, 사회적 물질생활과 사회적 존재도 1차적인 것이고, 사회적 정신생활은 2차적인 것이자 파생된 것이다. 또한 사회적 물질생활은 사람들의 의지에 의존하지 않는 객관적 실재이고, 사회적 정신생활은 그러한 객관적 실재

220) Perry Anderson / 高銛·文貫中·魏章玲 譯, 『西方馬克思主義探討』, 人民出版社, 1981: 13-14쪽.
221) 中共中央馬克思恩格斯列寧斯大林著作編譯局 編, 『斯大林選集』下, 人民出版社, 1979: 424쪽.

의 반영이자 존재의 반영인 것이다."[222]

반면, 스탈린은 이와 같은 주장과, 사상 또는 이론 등이 "역으로 사회적 존재에 영향을 끼치는"[223] 것을 방해하지 않는다고 주장했다. 하지만 스탈린은 결정론이라는 조건에서, '역으로 사회적 존재에 영향을 끼친다'는 것이 학술적으로 어떻게 가능한지에 대해서는 설명하지 않았다. 이후에 나온 교과서 체계에서도 일반적인 합리적 설명은 없었다. 따라서 소련 학계가 정치적으로는 제2인터내셔널을 매우 신랄하게 비판했음에도 불구하고, 그 지배적 이론 체계의 경향은 그들과 유사한 기계론적 결정론이었다고 할 수 있다.

제2인터내셔널과 스탈린의 교과서 체계가 지닌 정통성의 위상 때문에, 마르크스주의 철학에 대한 그와 같은 기계론적 결정론의 해석은 매우 심각한 이론적 결과를 초래할 수밖에 없었다. 다시 말해서, 일반적으로 마르크스주의를 경제결정론이나 경제주의로 이해하게끔 만든 것이다. 그것은 훗날 그람시가 지적했던 것처럼, "경제주의적 미신은 실천철학에 가장 널리 퍼진 형태이다. 그것은 수준 높은 지식인들 사이에서 실천철학이 자신의 문화적 영향력 상당 부분을 상실하게 만든 이유가 된다. 경제주의적 미신이 적지 않은 일반 민중과 아류 지식인들 사이에서 유행하고 있음에도 그들은 머리를 사용하지 않고 그저 모든 것을 다 아는 양 거드름을 부리며 늘어놓으려 한다."[224] 그래서 "사람들은 역사적 경제주의를 공격하면서도 역사적 유물주의를 공격하고 있다고 착각하는 경우가 많

222) 中共中央馬克思恩格斯列寧斯大林著作編譯局 編, 『斯大林選集』下, 人民出版社, 1979: 436쪽.

223) 中共中央馬克思恩格斯列寧斯大林著作編譯局 編, 『斯大林選集』下, 人民出版社, 1979: 437쪽.

224) Antonio Gramsci / 曹雷雨·姜麗·張跣 譯, 『獄中札記』, 中國社會科學出版社, 2000: 127쪽. | Antonio Gramsci / 이상훈 옮김, 『그람시의 옥중수고1』, 거름, 1986 / 2006: 185쪽 참조.

았다."[225]

　제2인터내셔널과 스탈린에게 기존의 이론과 현실생활이라는 괴리가 존재한다면, 레닌과 루카치 등은 제2인터내셔널 이론가들과 다르게 그 문제를 회피하지 않고 유의미한 모색을 전개했다. 20세기 초, 서구 자본주의가 제국주의 단계로 진입하면서 발생한 제국주의 전쟁으로 인해 프롤레타리아 혁명에 유리한 정세가 조성되었다. 1917년 러시아에서 10월 혁명이 일어났고, 그 영향을 받아 1920년을 전후로 독일, 헝가리, 이탈리아 등지에서 잇따라 혁명이 발생했다. 그렇지만 다른 한편으로 당시 국제 공산주의 운동의 지도 기관으로서 제2인터내셔널이 해석한 마르크스주의 이론은 그러한 정세를 설명하지 못했고, 각국의 노동자당은 제국주의 전쟁에 직접 참가하기까지 했다. 그와 같은 상황은 마르크스주의를 새롭게 해석한 과정을 통해서만이 당시의 혁명적 요구에 부응할 수 있었다는 점을 알려준다.

　레닌은 일찍이 헤겔의 변증법을 무시하면서 다음과 같이 주장한 적이 있다. 엥겔스가 "변증법을 고수하면서 사례를 통해 정반합의 올바름을 증명했다는 것은 단지 과학적 사회주의가 헤겔주의적 유물에서 생겨났다는 것이며, 헤겔주의적 표현법의 유물에 불과하다는 것이다."[226] 그러나 레닌은 탁월한 혁명가였다. 혁명적 정세의 변화에 직면했을 때, 다시 말해서 민중주의에 대한 반대에서 프롤레타리아 주체의식을 불러일으키는 것으로 전환해야 했을 때, 그는 역사의 법칙성과 인간의 능동적 역할이라는 양자의 관계 문제를 해결하기 위해 헤겔과 마르크스의 변증법으로 선회

225)　Antonio Gramsci / 曹雷雨·姜麗·張跣 譯, 『獄中札記』, 中國社會科學出版社, 2000: 126쪽. | Antonio Gramsci / 이상훈 옮김, 『그람시의 옥중수고1』, 거름, 1986 / 2006: 184쪽 참조.

226)　中共中央馬克思恩格斯列寧斯大林著作編譯局 編, 『列寧選集』1, 人民出版社, 1995: 30쪽.

할 수밖에 없었다.

그것은 바로 장이빙이 제기했던 것과 같다. 그 시기의 레닌은 "두 가지 측면에 주안점을 두었는데, 첫째는 그가 1900년부터 주목해 온 프롤레타리아가 현실에서 드러낸 주체적 능동성이었고, 둘째는 실제적인 투쟁 전략에 초점을 맞춘 유연성이었다."[227] 더 정확하게 표현하자면, "레닌의 사유 지점은 혁명당원과 러시아 사회가 발전해 나가는 물질적 환경 사이의 상호 작용으로 점차 옮겨 갔다. 또한 그가 더 관심을 가진 것은 사회적 환경에 대한 인간의 능동적 작용이었다."[228]

레닌이 변증법 문제에 주목한 것은 그가 앞서 받아들였던, 진화론적 또는 경제결정론적 경향에서 마르크스주의를 해석한 플레하노프[Georgi Valentinovich Plekhanov, 1856-1918]의 이론적 결함을 극복하기 위해서였다.[229] 그러한 실천적 목표로부터 레닌은 1914년부터 1915년까지, "유럽 전역을 뒤덮은 '제1차 세계대전[1914-1918]'의 급변하는 정세에도 불구하고, 헤겔 철학에 몰두해 변증법 문제만을 연구했"[230]던 것이다. 이와 같은 맥락에 위치해야만 레닌이 내뱉은 깊은 탄식을 이해할 수 있다. "헤겔 논리학 전체를 깊이 있게 연구하지 않았거나 이해하지 못했다면 마르크스의『자본론』, 특히 그 1장을 전혀 이해할 수 없다. 그렇기 때문에 50년 동안 마르크스를 이해한 마르크스주의자는 단 한 명도 없었다!!"[231] 이러한 평가와 일찍이 그가 헤겔을 평가했던 것을 비교해보면 얼마나 차이가

---

227) 張一兵, 『回到列寧』, 江蘇人民出版社, 2008: 61쪽.
228) 張一兵, 『回到列寧』, 江蘇人民出版社, 2008: 106쪽.
229) 카우츠키와 유사하게 플레하노프도 역사적 유물주의를 다윈[Charles Robert Darwin, 1809-1882]의 진화론이 사회적 영역으로 확장된 것이라고 보았다. Plekhanov / 三聯書店編輯部 編, 『普列漢諾夫哲學著作選集』1, 三聯書店, 1959: 767쪽을 참조하라.
230) 張一兵, 『回到列寧』, 江蘇人民出版社, 2008: 69쪽.
231) 中共中央馬克思恩格斯列寧斯大林著作編譯局 編, 『列寧全集』55, 人民出版社, 1990: 151쪽.

큰가!

그 연구들을 통해 레닌은 카우츠키, 플레하노프 등과 거리를 두면서 그들의 이론적 한계를 인식했다. "1. 플레하노프는 칸트주의(그리고 일반적인 불가지론)를 비판할 때, 변증적 유물주의의 관점보다 저속한 유물주의의 관점을 더 많이 사용했다. 왜냐하면 그는 그 논의들을 피상적으로 반박했을 뿐, 그 논의들을 바로잡는 것(마치 헤겔이 칸트를 바로잡았던 것처럼)도 아니고, 그것들을 심화, 개괄, 확장시켜 모든 개념과 특정 개념의 관계 또는 변동을 지적하지도 않았다. 2. 마르크스주의자들은 (20세기 초에) 칸트주의자들과 흄[David Hume, 1711-1776]주의자들을 비판했을 때, 헤겔의 방식보다는 포이어바흐의 방식(그리고 뷔히너[Karl Georg Büchner, 1813-1837]의 방식)을 더 많이 사용했다."[232]

그로부터 레닌의 관념에서는 "인간의 의식이 객관 세계를 반영할 뿐만 아니라 그것이 객관적인 세계를 창조한다."[233] "스스로 객관 세계의 경관을 그리는 인간의 활동이 외부 현실을 바꾸고, 그것의 규정성을 소멸시킨다(= 그것의 이러저러한 측면과 질을 바꾼다). 이로부터 그것의 외관外觀, 외재성, 허무성이라는 특징이 사라지고, 그것은 대자적[自在自爲]으로 존재하는(= 객관적이고 사실적인) 것이 된다."[234] "다시 말해서, 세계가 인간을 만족시키지 못하기 때문에 인간이 스스로의 행동으로 세계를 바꾸기로 결심한 것이다."[235]

232) 中共中央馬克思恩格斯列寧斯大林著作編譯局 編, 『列寧全集』55, 人民出版社, 1990: 150쪽.

233) 中共中央馬克思恩格斯列寧斯大林著作編譯局 編, 『列寧全集』55, 人民出版社, 1990: 182쪽.

234) 中共中央馬克思恩格斯列寧斯大林著作編譯局 編, 『列寧全集』55, 人民出版社, 1990: 187쪽.

235) 中共中央馬克思恩格斯列寧斯大林著作編譯局 編, 『列寧全集』55, 人民出版社, 1990: 183쪽.

그러한 철학적 관념에서 '프롤레타리아의 현실적인 주체적 능동성'을 강조하게 되면 자연스럽게 그것은 더 이상 문제가 되지 않는다. 그렇지만 원래부터 강조되던 객관적 법칙성과 주체적 능동성은 어떤 관계를 맺고 있는가? 이것은 반드시 이론적인 설명을 필요로 한다. 레닌은 그 문제를 함께 다루었다. 그는 헤겔 변증법을 연구하면서 인간의 실천 활동을 객관적 존재로 간주하려고 했다. "객관적 과정의 두 가지 형식은 바로 자연계 (기계적이고 화학적인)와 인간의 목적적 활동"[236]이다. 또한, 주관적 논리의 객관적 근거도 제기했다. "인간의 실천은 억만 번의 반복을 거쳐 인간의 의식에 논리 형식으로 고정되었다. 그 형식들은 바로(그리고 단지) 억만 번의 반복에 의해서만 공고한 선입견, 그리고 공리公理라는 성질로 남겨진다."[237] 하지만 안타깝게도 그 논의들은 여러 가지 이유로 더 이상 진행되지 못했을 뿐만 아니라 체계적으로 표현되지도 못했다. 비슷한 방향에서 그 논의를 진행시킨 것은 루카치였다.

레닌이 직면했던 문제들과 마찬가지로, 루카치도 제2인터내셔널의 저속한 유물론, 사회진화론, 신칸트주의에 맞서 혁명의식의 중요성과 함께 의식과 존재, 주체와 객체, 가치와 사실의 통일성을 논증해야 했다. 특히, 프롤레타리아 혁명이 러시아에서 승리했을 때 사람들이 가장 먼저 제기했던 문제는 바로 왜 그런가였다. 왜 혁명은 제2인터내셔널 이론가들의 사회진화론에 따라 서구 선진국에서 먼저 발생하지 않고, 사회적 경제 발전이 뒤떨어진 러시아에서 먼저 발생했는가? 가장 직접적인 해석은 이들 선진국의 프롤레타리아는 혁명의식이 결여되었다는 것이다. 그와 같은 결과는 제2인터내셔널의 정통 이론이 오랫동안 지배적 위치를 차지했기

---

236) 中共中央馬克思恩格斯列寧斯大林著作編譯局 編, 『列寧全集』55, 人民出版社, 1990: 158쪽.

237) 中共中央馬克思恩格斯列寧斯大林著作編譯局 編, 『列寧全集』55, 人民出版社, 1990: 186쪽.

때문에 야기되었다.

따라서 가장 중요한 문제는 혁명의식의 필요성과 가능성을 설명하는 데 있다. 자발적 혁명의식이나 주체적 능동성을 강조하고 설명한 내용들은 당시 핵심 이론가들의 저서에 많이 등장했다. 하지만 루카치의 『역사와 계급의식』이야말로 이론적으로 가장 심오하고, 해박하며, 체계적이라는 점에서 가장 대표적인 저서에 해당한다. 바로 매클릴런이 말한 것과 같다. "루카치의 이 책은 1917년 10월 혁명을 역사적 배경으로 한다. 그의 저서는 그 혁명을 이상화한 이론이라고 할 수 있다."[238]

『역사와 계급의식』의 저자[즉, 루카치]도 레닌이 헤겔의 변증법을 통해 주체적 능동성이라는 문제를 해결한 것과 비슷하게, 그 책에서 헤겔주의적 이론 경향을 숨기지 않았다. 그는 "포이어바흐를 과도하게 헤겔과 마르크스의 매개 역할로 간주하는 추측"[239]의 시각을 거부하면서, "마르크스는 헤겔과 직접적으로 연결되었다."[240]는 관점을 그 책의 "수많은 논의에서 기초"[241]로 삼았다. 실제로 제2인터내셔널의 저속한 유물론과 신칸트주의 철학을 넘어서려면, 어쩌면 칸트주의의 대립물인 헤겔주의가 가장 손쉽게 얻을 수 있는 이론적 무기일지도 모른다. 그래서인지 "실체는 본질적으로 주체"[242]라는 헤겔 철학의 논리 구조를 따르면, 『역사와 계급의

238) David McLellan / 李智 譯, 『馬克思以後的馬克思主義』, 中國人民大學出版社, 2004: 181쪽.

239) Georg Lukacs / 杜章智・任立・燕宏遠 譯, 『歷史與階級意識 – 關於馬克思主義辨證法的研究』, 商務印書館, 1992: 16쪽. | Georg Lukacs / 박정호・조만영 옮김, 『역사와 계급의식 – 맑스주의 변증법 연구』, 거름, 1993: 24쪽 참조.

240) Georg Lukacs / 杜章智・任立・燕宏遠 譯, 『歷史與階級意識 – 關於馬克思主義辨證法的研究』, 商務印書館, 1992: 16쪽. | Georg Lukacs / 박정호・조만영 옮김, 『역사와 계급의식 – 맑스주의 변증법 연구』, 거름, 1993: 24쪽 참조.

241) Georg Lukacs / 杜章智・任立・燕宏遠 譯, 『歷史與階級意識 – 關於馬克思主義辨證法的研究』, 商務印書館, 1992: 16쪽. | Georg Lukacs / 박정호・조만영 옮김, 『역사와 계급의식 – 맑스주의 변증법 연구』, 거름, 1993: 24쪽 참조.

식』이라는 책의 이론적 논리가 더 쉽게 파악된다.[243]

그 책에서 가장 중요한 개념은 바로 '역사'와 '계급의식'이다. 여기서 만약 '역사'를 헤겔 철학의 '실체' 개념과 비슷한 것으로 이해한다면, 또한 '프롤레타리아'를 역사의 주체이자 객체로 이해한다면, 그리고 '프롤레타리아 의식'이 '실체는 본질적으로 주체'라는 의식과 비슷한 것이라면, 즉 프롤레타리아가 자신의 역사적 사명을 자각했다면, 그렇다고 한다면 『역사와 계급의식』의 논리 구조는 분명하게 파악될 수 있다. 이론적 논리의 종착점에서 본다면, 프롤레타리아 의식은 계급의식이 가장 높은 수준에서 구현된다. 그것이 그 책에서 가장 높은 수준의 범주를 구성하는데, 바로 그 사상의 논리적 종착점인 것이다.

'프롤레타리아 의식'이라는 가장 높은 수준의 범주가 정당화되기 위해서는 '프롤레타리아 의식'의 부재, 즉 미未자각 상태가 먼저 확인되거나 설정되어야만 한다.(그렇지 않으면 논증할 필요도 없기 때문이다.) 하지만 미자각은 하나의 근거를 필요로 하는데, 그 근거가 바로 '사물화된 의식'이다. 사물화된 의식의 존재는 '사물화'된 현상의 존재에서 비롯된다. 사물화가 가능한 이유는 사전에 비非사물화라는 전제를 설정했기 때문인데, 그것이 바로 '총체성' 개념이다. 따라서 '사물화'라는 것은 총체성과 대립된 개념으로, 총체성이 사라졌거나 손상된 것이라고 할 수 있다. '총체'는 사유 또는 의식과 존재의 통일, 주체와 객체의 통일, 이론과 실천의 통일이며, 그와 같은 통일체 또는 '총체'로 간주되는 것이 바로 '역사'인 것이

---

242) Georg Wilhelm Friedrich Hegel / 賀麟·王玖興 譯,『精神現象學』上, 商務印書館, 1979: 15쪽.

243) 『역사와 계급의식』이라는 책의 이론적 논리와 헤겔 철학의 논리적 유사성에 대해서는 루카치 자신도 명확하게 평가한 적이 있다. Georg Lukacs / 杜章智·任立·燕宏遠 譯,『歷史與階級意識 - 關於馬克思主義辨證法的研究』, 商務印書館, 1992의 '新版序言(1967)' 17-18쪽을 참조하라. | Georg Lukacs / 박정호·조만영 옮김,『역사와 계급의식 - 맑스주의 변증법 연구』, 거름, 1993: 25-26쪽 참조.

다. 그렇기 때문에 '역사'는 루카치 이론 전체의 논리적 출발점이자 기초가 된다.

프롤레타리아와 부르주아가 동일하게 모든 생활의 측면에서 사물화되었다 할지라도 "그것이 두 계급에게 그러한 직접성을 느끼게 만들었고, 적나라한 직접적 현실성은 두 계급에게 진정한 객관적 현실성이라는 특수한 매개 범주들을 만들어주었다. 이 두 계급은 '동일한' 경제 과정에서 서로 다른 지위를 갖기 때문에 근본적으로 다를 수밖에 없다."[244) 사물화된 의식에 젖어 있는 "부르주아의 직관적 태도에는 역사를 이해할 수 있는 능력이 없다. 그 무능력은 두 가지 극단적 형태로 나뉘는데, 하나는 역사를 독단적으로 창조하는 '위대한 개인'이며, 다른 하나는 역사적 환경이라는 '자연법칙'이다."[245) 계급적 이익으로부터 프롤레타리아는 그러한 직접성을 뛰어넘어 자신의 존재를 변증적이고 본질적으로 인식하게 된다. 다시 말해서, 스스로를 역사의 "주객동일자[同一的 主體 – 客體]"[246), "세계를 창조하는 '우리'"[247)로 의식하게 된다.

---

244) Georg Lukacs / 杜章智・任立・燕宏遠 譯,『歷史與階級意識 – 關於馬克思主義辨證法的研究』, 商務印書館, 1992: 229쪽. | Georg Lukacs / 박정호・조만영 옮김,『역사와 계급의식 – 맑스주의 변증법 연구』, 거름, 1993: 239쪽 참조.

245) Georg Lukacs / 杜章智・任立・燕宏遠 譯,『歷史與階級意識 – 關於馬克思主義辨證法的研究』, 商務印書館, 1992: 240쪽. | Georg Lukacs / 박정호・조만영 옮김,『역사와 계급의식 – 맑스주의 변증법 연구』, 거름, 1993: 249-250쪽 참조.

246) | Georg Lukács / 杜章智・任立・燕宏遠 譯,『歷史與階級意識 – 關於馬克思主義辨證法的研究 – 關於馬克思主義辨證法的研究』, 商務印書館, 1992: 228쪽. ; Georg Lukacs / 박정호・조만영 옮김,『역사와 계급의식 – 맑스주의 변증법 연구』, 거름, 1993: 237쪽 참조.

247) | Georg Lukács / 杜章智・任立・燕宏遠 譯,『歷史與階級意識 – 關於馬克思主義辨證法的研究 – 關於馬克思主義辨證法的研究』, 商務印書館, 1992: 228쪽. ; Georg Lukacs / 박정호・조만영 옮김,『역사와 계급의식 – 맑스주의 변증법 연구』, 거름, 1993: 237쪽 참조.

프롤레타리아는 처음부터 자신이 "행위의 주체"[248]로 인식하는 것이 아니라, 정반대로 프롤레타리아는 우선 "사회적 사건의 순수한 객체로서 출현하"[249]며, 생산 과정에서 노동자들은 "양으로 단순화된 숫자이자 기계화되고 합리화된 부속품인"[250] 것이다. "그로부터 자본주의 사회의 직접적 표현 형식인 사물화라는 특징이 노동자들을 극단으로 몰아간다."[251] "하지만 바로 그 때문에 그들은 앞서 언급한 상황의 직접성을 뛰어넘도록 강요된다."[252] 일단 "노동자가 자신을 상품으로 인식하"[253]게 되면, "그

---

248) | Georg Lukács / 杜章智·任立·燕宏遠 譯, 『歷史與階級意識－關於馬克思主義辨證法的研究－關於馬克思主義辨證法的研究』, 商務印書館, 1992: 228쪽. ; Georg Lukacs / 박정호·조만영 옮김, 『역사와 계급의식－맑스주의 변증법 연구』, 거름, 1993: 237쪽 참조.

249) | Georg Lukács / 杜章智·任立·燕宏遠 譯, 『歷史與階級意識－關於馬克思主義辨證法的研究－關於馬克思主義辨證法的研究』, 商務印書館, 1992: 249쪽쪽. ; Georg Lukacs / 박정호·조만영 옮김, 『역사와 계급의식－맑스주의 변증법 연구』, 거름, 1993: 258쪽 참조.

250) | Georg Lukács / 杜章智·任立·燕宏遠 譯, 『歷史與階級意識－關於馬克思主義辨證法的研究－關於馬克思主義辨證法的研究』, 商務印書館, 1992: 250쪽. ; Georg Lukacs / 박정호·조만영 옮김, 『역사와 계급의식－맑스주의 변증법 연구』, 거름, 1993: 259쪽 참조.

251) | Georg Lukács / 杜章智·任立·燕宏遠 譯, 『歷史與階級意識－關於馬克思主義辨證法的研究－關於馬克思主義辨證法的研究』, 商務印書館, 1992: 250쪽. ; Georg Lukacs / 박정호·조만영 옮김, 『역사와 계급의식－맑스주의 변증법 연구』, 거름, 1993: 259쪽 참조.

252) | Georg Lukács / 杜章智·任立·燕宏遠 譯, 『歷史與階級意識－關於馬克思主義辨證法的研究－關於馬克思主義辨證法的研究』, 商務印書館, 1992: 250쪽. ; Georg Lukacs / 박정호·조만영 옮김, 『역사와 계급의식－맑스주의 변증법 연구』, 거름, 1993: 259쪽 참조.

253) | Georg Lukács / 杜章智·任立·燕宏遠 譯, 『歷史與階級意識－關於馬克思主義辨證法的研究－關於馬克思主義辨證法的研究』, 商務印書館, 1992: 253쪽. ; Georg Lukacs / 박정호·조만영 옮김, 『역사와 계급의식－맑스주의 변증법 연구』, 거름, 1993: 262쪽 참조.

순간의 의식은 그가 마주하고 있는 객체에 대한 의식이 아니라 객체의 자기의식인 것이다. 의식이라는 행위는 그 객체의 대상성對象性이라는 형식을 완전히 바꾸어 놓았다."254)

그래서 "자본의 사물화가 자본의 생산과 재생산이라는 멈추지 않는 과정 속에 녹아들었다면, 그러한 차원에서 프롤레타리아는 그 과정에서 스스로 진정한(비록 속박되고 일시적으로 자각하지 못한 상태일지라도) 주체임을 깨닫게 된다."255) 이것은 프롤레타리아 의식이 자각적 상태에 도달했다는 것을 뜻한다. 그와 같은 자각은 이론적 차원의 의식이 아니라 실천적인 의식이기 때문에 프롤레타리아 의식은 현실을 바꾸는 실천으로 나아갈 수밖에 없다. 그로부터 그것이 프롤레타리아 사회를 위한 혁명을 이끌어 나간다. 루카치는 이처럼 그의 이론 전체에 대한 논증을 끝낸 듯 보이는데256), 그것은 그가 주체적 능동성과 역사의 객관적 법칙성을 이론적으로 통일시켰기 때문이다.

하지만 루카치가 논증한 주체적 능동성이 진정한 능동성인가는 여전히

---

254) Georg Lukacs / 杜章智 · 任立 · 燕宏遠 譯, 『歷史與階級意識－關於馬克思主義辨證法的研究』, 商務印書館, 1992: 264쪽. | Georg Lukacs / 박정호 · 조만영 옮김, 『역사와 계급의식－맑스주의 변증법 연구』, 거름, 1993: 273쪽 참조.

255) Georg Lukacs / 杜章智 · 任立 · 燕宏遠 譯, 『歷史與階級意識－關於馬克思主義辨證法的研究』, 商務印書館, 1992: 268쪽. | Georg Lukacs / 박정호 · 조만영 옮김, 『역사와 계급의식－맑스주의 변증법 연구』, 거름, 1993: 277쪽 참조.

256) 자세히 살펴보면, 사실 루카치의 논증에도 문제가 있다. 그가 사물화 현상의 발생을 논증하면서 마르크스를 인용하고 있지만, 대부분 베버[Max Weber, 1864-1920]의 합리화에 기대 자신의 견해를 펼치고 있다. 그것은 사물화의 원인이 생산 과정의 합리화에 있다는 점을 뜻한다. 반면, 사물화의 극복을 논증할 때는 다시 마르크스로 돌아갔는데, 그것은 사물화의 원인이 상품의 교환으로 귀결되었다는 점을 알려준다. 따라서 프롤레타리아 의식의 자각을 통해 상품 교환이 야기한 사물화를 해결했다고 하더라도 생산 과정의 합리화가 야기한 사물화는 미해결 상태로 남아 있게 된다. 이것은 매우 복잡한 문제로, 여기서 다루는데 한계가 있기 때문에 다른 글에서 논의하도록 하겠다.

의문으로 남는다. 여기서의 근본적 문제는 헤겔식의 '총체성'이다. 왜냐하면 루카치의 논증에서 프롤레타리아가 자기의식에 도달하는 과정은 프롤레타리아의 내재된 자발적 행위에 의해서가 아니라 총체적인 역사성에 의해 제약되기 때문이다. 총체적 역사가 진전하는 어느 한 단계에서 프롤레타리아는 목숨이 위태로운 상황이 되었을 때만이 자기의식으로 '내몰렸다'. 이처럼 프롤레타리아의 자각은 역사적 필연성으로서 자발성과는 관련이 없다. 그것은 메자로스[István Mészáros, 1930-2017]가 지적했던 것처럼, "따라서 '현존하는 것을 변화하는 것으로 이해하'고, 그 '과정적' 특징을 정확하게 이해하면서 '그것을 발견하'는 것(의식을 의식하는 작업이기 때문에)은 현존할 뿐만 아니라 지속적으로 증가하는 모순을 해결하는 이상적 방식이 된다. 그와 같이 『역사와 계급의식』이라는 기획 전체는 헤겔 체계의 주요 범주를 그 한계로 남길 수밖에 없는 것이었다."[257]

따라서 문제는 여전히 남아 있다. 이론과 실천의 그러한 길항을 마주했던 그람시는 또 다른 해결의 길을 제시했다. 그것은 바로 복잡하고 다차원적인 실천적 상황을 이론적으로 고려한다는 시각에서 역사적 주체의 독자성에 활동의 여지를 부여하는 것이다. 그람시는 루카치와 함께 서구 마르크스주의의 개척자로 알려져 있지만, 이론과 실천의 괴리라는 문제에서 루카치와 상당히 다른 길을 모색했다. 그 상이한 길은 다음을 뜻한다. 즉, 실천적 측면에서 루카치가 주로 이론가였다면, 그람시는 이탈리아 공산당의 주요 지도자로서 몸소 겪은 투쟁 경험, 그리고 옥중獄中에서 이루어진 그 경험에 대한 반성이 대부분을 차지한다. 또한, 이론의 형성 과정에서 루카치가 딜타이[Wilhelm Dilthey, 1833-1911], 짐멜[Georg Simmel, 1858-1918] 등의 신칸트주의 생명철학의 영향을 거쳐 헤겔식

---

257) István Mészáros / 鄭一明 等譯, 『超越資本 - 關於一種過渡理論』上, 中國人民大學出版社, 2003: 50쪽.

마르크스주의로 나갔다면, 그람시는 크로체[Benedetto Croce, 1866-1952]라는 매개를 통해 헤겔과 마르크스 철학에 접근했는데, 헤겔 철학에 대한 크로체의 비판적 해석은 그람시의 철학 사상에 큰 영향을 주었다.

그람시는 학자가 아니라 정치적 활동가로서 마르크스주의에 다가간 것이다. 그가 가장 먼저 관심을 가진 것은 순수철학의 이론적 문제가 아니라 사회주의가 어떻게 승리할 것인가였다. 그것이 그로 하여금 10월 혁명의 승리 즈음에 다음과 같이 선언하도록 만들었다. "이것은 칼 마르크스의 『자본론』에 반하는 혁명이다. 러시아에서 마르크스의 『자본론』은 프롤레타리아의 책이라기보다 부르주아의 책이라고 하는 편이 더 낫다. 그것은 사건들이 어떻게 미리 정해진 과정을 따라가야 하는지를 비판적으로 논증했다. 다시 말해서, 러시아에서는 프롤레타리아에 의한 봉기라는 그 자체, 계급적 필요라는 그 자체, 혁명이라는 그 자체를 고려하기 이전에, 서구식 문명의 성립으로부터 왜 부르주아 계급이 생겨날 수밖에 없었고, 왜 자본주의 시대가 시작될 수밖에 없었는지를 검토했다. 그럼에도 불구하고 벌어진 일들은 이미 이데올로기를 뛰어넘었다. 사건들은 그러한 분석적 공식을 깨뜨렸지만, 러시아의 역사는 역사적 유물주의의 원칙에 입각한 그 공식대로 나아가야만 할 것이다. 볼셰비키는 칼 마르크스를 부정했고, 매우 명확한 행동과 획득된 승리로써 다음을 증명했다. 즉, 역사적 유물주의의 원칙은 사람들이 줄곧 상상하던 것처럼 고정불변한 것이 아닐 수도 있다는 점이다."[258]

물론, 그람시는 여기서 『자본론』을 전적으로 부정하지 않았다. 그는 이어서 다음과 같이 덧붙였다. "볼셰비키가 일부 『자본론』의 결론들을 부정했다고 하더라도, 그들은 그 내재적 사상이 지닌 풍부한 생명력을 포기한 적이 없었다."[259] 그람시가 그 시기에 이해한 마르크스는 분명 제2인터내

258) Antonio Gramsci / 李鵬程 編, 『葛蘭西文選』, 人民出版社, 2008: 8-9쪽.

셔널이 해석했던 마르크스였기 때문에 그것을 진정한 마르크스로 볼 수는 없다. 하지만 그와 같은 평가들로부터 알 수 있는 것은 확실히 루카치와 구분된 행동주의적 경향이 존재한다는 점이다. 맥클린런 또한 그 지점을 언급했다. "그람시는 소렐[Georges Sorel, 1847-1922]의 급진적 노동조합주의의 영향을 깊이 받았"260)으며, "마르크스주의 사상에서 주관적이고 창조적인 측면을 회복시켰다."261)

구체적인 역사적 상황으로부터 능동성을 강조하는 경향은 훗날 그람시가 마르크스 철학을 독창적 의미의 실천철학으로 해석하는 데 창조적인 기초가 되었다. 바로 보그스[Carl Boggs]가 말한 것처럼, "제2인터내셔널의 실패를 목격한 이후, 그람시는 자본주의 경제의 붕괴로부터 사회주의 혁명이 기계적으로 도래하지 않으며, 그것은 광활한 역사의 무대에서 인류의 목적적 활동을 통해서만이 건설될 수 있다고 믿었다. 사회주의로 전환하는 데 일직선으로 된 길은 기대할 수 없다. …… 그람시는 그와 같은 인식이 가능하려면 마르크스주의의 새로운(다시 만든) 철학적 기초가 필요하다고 논증했다. 그것은 사회주의 정치학의 주관적 측면을 회복시킬 수 있을 뿐만 아니라 인류라는 활동가들을 혁명의 진행 과정에 위치시킬 수도 있다."262) "전체적으로 그람시는 러시아 혁명이 그의 관점을 증명했

---

259) Antonio Gramsci / 李鵬程 編, 『葛蘭西文選』, 人民出版社, 2008: 9쪽.

260) David McLellan / 李智 譯, 『馬克思以後的馬克思主義』, 中國人民大學出版社, 2004: 197쪽.

261) David McLellan / 李智 譯, 『馬克思以後的馬克思主義』, 中國人民大學出版社, 2004: 196쪽.

262) Richard Kearney / 康立偉 譯, 「葛蘭西的實踐哲學」, 『世界哲學』1989年第6期: 55쪽 재인용. | Richard Kearney / 임헌규·곽영아·임찬순 옮김, 『현대 유럽철학의 흐름』, 한울, 1992: 206쪽 참조. 원래 이 글은 Richard Kearney, *Modern Movements In European Philosophy*, Manchester University Press, 1986의 「그람시」 편을 번역자가 중국어로 옮긴 것이다. 여기서 저자인 왕난스가 재인용이라고 밝힌 것은 보그스의 언급에 대한 커니의 인용을 다시 사용한 것이다.

다고 본다. 다시 말해서, 역사적 진보를 이끄는 것은 정확한 계산에 기초한 법칙이라기보다는 물질적 생산조건과, 인간이라는 생산자 자신의 자유 의지가 만든 변증적 상관관계라고 하는 편이 더 낫다. 그의 논증은, 사회주의의 진정한 역할이 남성과 여성을 독단적 미몽에서 깨어나도록 하고, 역사는 그들 자신에 의해 창조된다는 점을 일깨우는 데 맞춰져 있었다."[263]

그렇지만 그람시는 한 명의 행동가에 머물지 않았다. 그는 옥중에서 러시아의 10월 혁명과 이탈리아 공산당의 혁명 경험을 반성하면서 그것을 철학의 수준으로 끌어올렸으며, 또한 그를 통해 그가 '실천철학'이라고 부르는 마르크스주의 철학을 정립했다. 그람시의 일반적인 철학 경향은 루카치와 마찬가지로 전체성 개념이 매우 강조되었는데, 그것이 그들에게 헤겔주의적 경향을 부여했다. 하지만 루카치와 다르게, 그람시의 헤겔주의는 크로체를 매개로 한, 즉 "많은 부분이든 적은 부분이든 신헤겔주의자인 크로체의 영향으로"[264]부터 만들어졌다. "그람시의 일생은 줄곧 크로체와의 대화였다고 할 수 있다."[265] 또는 졸[James Joll, 1918 – 1994]의 정확한 표현처럼, "그람시의 머릿속에는 레닌과 크로체의 영원한 대화가 존재하는 것 같았다."[266]

의심할 바 없이, 근본적 관념에서 크로체와 헤겔의 유심주의는 서로

263) Richard Kearney / 康立偉 譯, 「葛蘭西的實踐哲學」, 『世界哲學』1989年第6期: 56쪽. | Richard Kearney / 임헌규·곽영아·임찬순 옮김, 『현대 유럽철학의 흐름』, 한울, 1992: 209쪽 참조.

264) Anthony Kenny / 韓東暉 譯, 『牛津西方哲學史』, 中國人民大學出版社, 2006: 336쪽을 참조하라.

265) James Joll / 郝其睿 譯, 『'西方馬克思主義'的鼻祖 – 葛蘭西』, 湖南人民出版社, 1988: 20쪽을 참조하라.

266) James Joll / 郝其睿 譯, 『'西方馬克思主義'的鼻祖 – 葛蘭西』, 湖南人民出版社, 1988: 93-94쪽.

일치하지만, 크로체가 제시한 대립이 아닌 상이함이라는 관념은 헤겔의 절대적 유심주의와 크게 구분된다. 헤겔은 낮은 것이 높은 것에 의존한다고 주장하면서 모든 차이를 절대정신으로 통합시켰다. 하지만 크로체는 낮은 것이 높은 것에 의존하지 않으면서도 독립적으로 존재한다고 보았다. 그렇기 때문에 크로체의 체계에서 "상이함이라는 것은 직감(미[美])과 개념(진리[眞]), 그리고 경제(이익[益])와 도덕(선[善])처럼 그것에 높고 낮음의 차이가 존재하지만 개개가 구체적이고 사실적이다."[267] 그것은 유일무이한 하나의 전체로 통합될 수 없는 것들이다.

그로부터 새로운 이론적 틀이 형성되었는데, 그것은 절대적 총체성에 기초한 헤겔식의 역사목적론이나 역사결정론으로부터 비껴나 어떤 현실감각을 획득했다는 점이다. 어떤 의미에서 보면, 그것은 포스트구조주의, 포스트마르크스주의에서 크게 유행했던 반본질주의 또는 우연성 이론들의 기원으로 간주된다. 어쨌든 그람시는 그것에서 어떤 영감을 받아 현실생활에 적합한 실천철학을 재구성했다. 이러한 맥락에서 마르크스를 이해한다는 것은 헤겔주의식 이해와 크게 다르다고 할 수 있다. 각각의 사회생활 영역이나 측면을 어떤 궁극적인 하나의 요소로 통합시켜 이해한다면, 역사적 유물주의는 단지 역사결정론으로만 이해될 뿐이다. 그와 같은 이해가 제2인터내셔널이나 스탈린식의 경제결정론이든, 아니면 루카치식의 역사결정론이든 말이다.

그러나 헤겔 철학을 비판적으로 해석한 크로체로부터 마르크스를 이해한다면, 사회생활의 총체는 어떤 단일한 요인에 의해 결정되는 것도, 그리고 여타의 요인들은 단지 그 단일한 요인을 표현하는 데 국한된 절대적·유기적 전체도 아니다. 다시 말해서, 각 측면들은 각기 독립적이면서도 서로 얽혀 있는 역사적이고 상대적인 총체인 것이다. 그람시는 다음과

---

267) | 朱光潛, 「克羅齊哲學述評」, 『朱光潛全集』4, 安徽敎育出版社, 1988: 319쪽.

같이 말했다. "구조와 상부구조는 '역사적 블록'을 이룬다. 다시 말해서, 복잡하고 모순된 그리고 서로 어울리지 않는 상부구조의 총체는 사회적 생산관계의 총체를 반영한 것이다. …… 이러한 추론은 [사회] 구조와 상부구조의 필연적 상호작용에 기초하는데, 그 상호작용은 바로 현실적인 변증 과정인 것이다."268)

이와 함께 사회를 구성하는 사람들도 역사적 행위 과정의 인간으로 가정된다. 즉, "순전히 개인적이고도 주관적인 요소들, 그리고 그러한 개인과 그들이 지닌 능동적 관계 또는 대중적·객관적·물질적 요소들, 인간은 그와 같은 두 가지가 구성하는 역사적 블록으로 가정되어야만 한다."269) 총체를 그렇게 이해하게 되면, 역사적 운동은 어떤 단일한 요인이 아니라 다양한 요인들의 결합에 의해 결정된다. "효과적이면서도 적극적인 전제가 존재하고, 사람들의 마음속에 그러한 전제에 대한 의식이 효과적으로 이루어지며, 집단의식에 구체적인 목표가 제시되고, '보편적 신념'의 형태로 강력한 기능을 담당하는 신념이나 신조信條가 결합체를 형성했을 때, 비로소 필연성은 존재하게 된다. 그 전제에는 이미 형성되었거나 형성 과정에 있다는 점이 포함되어야 할 뿐만 아니라 집단적 의지라는 충동을 실현하기 위한 물질적인 필요충분조건이 담겨야만 한다. 하지만 또한 분명한 것은, 측정 가능한 그러한 '물질'적 전제는 우리가 지적 행위의 복합체라고 하는 일정한 문화 수준과 분리될 수 없다. 또한 그것은 그 행위들의 산물이자 결과이면서도 압도적인(여기서 압도적이라고 하는 이유는

---

268) Antonio Gramsci / 曹雷雨·姜麗·張跣 譯, 『獄中札記』, 中國社會科學出版社, 2000: 280쪽. | Antonio Gramsci / 이상훈 옮김, 『그람시의 옥중수고2』, 거름, 1993 / 2007: 215-216쪽 참조.

269) Antonio Gramsci / 曹雷雨·姜麗·張跣 譯, 『獄中札記』, 中國社會科學出版社, 2000: 274쪽. | Antonio Gramsci / 이상훈 옮김, 『그람시의 옥중수고2』, 거름, 1993 / 2007: 208쪽 참조.

열정이나 감정이 사람들을 '어떤 희생을 치르더라도' 행동으로 이끄는 힘을 지녔기 때문이다.) 열정이나 감정의 복합체와도 분리될 수 없다."[270]
분명히, 그람시에게 역사적 필연성은 인간과 유리된 역사적 활동이라는 순수하고 객관적인 사물이 아니라, 객관적 조건과 주체의 보편적 의식이라는 '복합체'인 것이다. 이처럼 그람시는 역사적 유물주의를 새롭게 해석했는데, 그 해석 과정에서 인간의 능동적 역할이라는 여지를 남겼다.

역사결정론을 극복하면서도 주의주의[唯意志論]를 빠지지 않으려는 그람시의 존재론적 가정은 절대적 역사주의로 나아갔다. "실천철학은 모든 전사前史의 결과이자 정점이다. 유심주의와 실천철학은 모두 헤겔주의를 비판하면서 형성된 것이다. 헤겔의 내재론[immanentism]이 역사주의가 되기는 했지만, 절대적 역사주의는 실천철학이라는 곳에서만, 다시 말해서 절대적 역사주의나 절대적 인간주의[humanism]가 될 수 있다."[271]

역사주의의 핵심은 사회적 존재를 역사적 블록의 살아있는 실천으로 이해하는 데 있으며, 사회생활을 추상화·고정화시켜 이해하지 않는다. 예를 들어, 경제결정론이 주장하는 마르크스주의 철학은 일반적으로 추상적인 물질 개념에서 시작된다. 그러나 그람시는 "실천철학에서 '물질'은 자연과학적 의미로 이해되어서도 안 되고, …… 각종 유물주의적 형이상학에서 발견되는 의미로 이해되어서도 안 된다. 물질 자체는 다양하고 상이한 물리적(화학적, 역학적 등) 특성들로 이루어져 있다고 봐야 한다. …… 그렇지만 그것은 생산적인 '경제적 요소'가 되는 범위에 국한되어 있을

---

270) Antonio Gramsci / 曹雷雨·姜麗·張跣 譯, 『獄中札記』, 中國社會科學出版社, 2000: 327쪽. | Antonio Gramsci / 이상훈 옮김, 『그람시의 옥중수고2』, 거름, 1993 / 2007: 276-277쪽 참조.

271) Antonio Gramsci / 曹雷雨·姜麗·張跣 譯, 『獄中札記』, 中國社會科學出版社, 2000: 332쪽. | Antonio Gramsci / 이상훈 옮김, 『그람시의 옥중수고2』, 거름, 1993 / 2007: 283쪽 참조.

170 제1장 중국화된 마르크스주의 철학 연구의 방법론적 전제

뿐이다. 따라서 물질 자체는 우리의 주제가 아니다. 주제는 물질이 어떻게 생산을 위해 사회적으로 조직되는가에 있으며, 그로부터 자연과학도 본질적으로는 하나의 역사 범주, 즉 인간관계로 간주되어야 한다."[272]

이에 대한 그람시의 지적은 날카롭다. "형이상학적 유물주의의 '객관적'이라는 관념은 확실히 인간의 외부에 존재하는 객관성을 의미하는 듯 보인다. 하지만 인간이 존재하지 않더라도 현실은 존재할 수 있는 것이라고 단정적으로 말한다면, 그것은 은유적으로 표현하고 있거나 아니면 신비주의에 빠진 것이다. 우리는 인간과의 관계로부터 현실을 인식할 뿐이다. 그리고 인간이 역사의 생성 과정에 놓여 있다면 인식과 실재 또한 생성 과정에 있는 것이며, 객관성 같은 것들도 마찬가지인 것이다."[273]

의심할 바 없이, 그람시의 논의들은 실천적으로 사회주의 운동에서 가늠하기 어려울 정도의 중요한 의미를 지니고 있으며, 이론적으로도 대단히 중요한 작업이었다. 하지만 전체적으로는 여전히 모호한 점이 남아 있는데, 그것은 인간과 실재하는 역사가 어떻게 생성되는지 명확하게 설명하지 못했다는 점이다. 또한 물질 등의 개념을 그와 같이 처리한 것은 두말할 나위 없이 심오하고 매우 시사적이지만, 넓은 의미에서는 단지 기지機智에 불과한 것이라고 할 수 있다. 왜냐하면 결국 역사라는 과정에서 인간과 실재의 관계를 설명해야만 하는데, 역사의 생성만으로는 그 근본적 문제를 해결할 수는 없기 때문이다.

그에 대한 졸의 평가는 적절해 보인다. "그람시는 어쩌면 마르크스주의

---

272) Antonio Gramsci / 曹雷雨·姜麗·張跣 譯, 『獄中札記』, 中國社會科學出版社, 2000: 383-384쪽. | Antonio Gramsci / 이상훈 옮김, 『그람시의 옥중수고2』, 거름, 1993 / 2007: 339-340쪽 참조.

273) Antonio Gramsci / 曹雷雨·姜麗·張跣 譯, 『獄中札記』, 中國社會科學出版社, 2000: 363쪽. | Antonio Gramsci / 이상훈 옮김, 『그람시의 옥중수고2』, 거름, 1993 / 2007: 317쪽 참조.

의 교조주의적 확실성과 크로체의 역사적 상대성·주관성이 지닌 내재적 충돌을 해결하지 못했던 것이다. 그렇지만 그는 적어도 일생 동안 그 문제를 분명하게 인식해왔다."274) 그와 같은 내재적 충돌은 그람시 사상에서 두 가지 주요 관념의 상호 모순을 드러냈다. "첫 번째 관점은 혁명 운동을 공장 위원회라는 기초 위에 세웠다는 것이고, 두 번째 관점은 혁명 정당에 관한 것이었다."275) 첫 번째 관점은 노동자의 자발성을 강조한 것이고, 두 번째 관점은 혁명 정당이나 '현대적 군주'의 능동적 역할을 강조한 것이다. 이론적 논리의 측면에서 그람시 철학이 내재적으로 충돌하고 있다는 점은 분명해 보인다. 하지만 실천적 논리나 실천적 지혜라는 측면에서 '그 문제를 분명하게 인식해왔다'는 태도야말로 가장 철저한 실천적 지혜를 보여주는 것이다. 따라서 그것은 바람직한 태도라고 할 수 있을 것이다.

3) 길항을 해소하거나 완화하는 방법

결정론적으로 세계를 해석하는 것과 비결정론적으로 세계의 변화가능성을 가정한다는 것, 두 상충된 측면이 세계를 바꾸기 위한 실천적 요구라면, 어느 하나의 방식만으로 그 문제를 한 번에 해결할 수 있다고 기대하기보다는 두 가지 요구를 함께 고려하는 방법이 비교적 합리적일 것이다. 제2인터내셔널의 이론가들로부터 그람시에 이르는 그 처리 방법들을 살펴보면, 크게 세 가지로 나뉜다. 즉, 제2인터내셔널과 스탈린식의 기계론적 결정론이나 진화론, 루카치를 모델로 하는 헤겔주의적 변증법, 그리고

---

274) James Joll / 郝其睿 譯, 『'西方馬克思主義'的鼻祖 - 葛蘭西』, 湖南人民出版社, 1988: 33쪽.

275) James Joll / 郝其睿 譯, 『'西方馬克思主義'的鼻祖 - 葛蘭西』, 湖南人民出版社, 1988: 40쪽.

그람시의 '실천철학'이라는 처리 방법이다. 여기에 이후에 등장한 모든 결정론을 부정하는 포스트마르크스주의까지 포함시킨다면 모두 네 가지 방법이 있게 된다.

제2인터내셔널과 스탈린의 기계론적 결정론이나 진화론이라는 방식은 세계의 변혁적 실천을 이해 불가능한 것으로 만들었고, 포스트마르크스주의적 극단적 실천주의나 행동주의 또한 순수한 비결정이라는 것으로부터 세계 변혁이라는 실천을 이해할 수 없게 만들었다. 따라서 그러한 두 극단적 입장은 모두 바람직하지 않다고 할 수 있다. 루카치의 헤겔주의적 변증법은 양극단을 조정하려 했지만 뜻대로 되지 않았다. 그것과 그람시의 처리 방법을 비교해보면, 그람시의 것이 체계적인 이론으로 형성되지는 못했지만, 대체로 결정론과 비결정론을 '함께 고려하'는 '중도中道'적 입장으로 보인다. 이것이 바로 그람시가 마르크스주의 발전사에서 탁월한 주장을 펼쳤다고 하는 이유가 된다.

만약 서구 실천철학의 이행 과정을 검토하면서 그것으로 마르크스주의 중국화의 경로를 살펴본다면, 마찬가지의 유사한 광경을 목도할 수 있다. 즉, 앞서 언급했던 상이한 처리 방법들이 중국 마르크스주의 발전 과정에서도 연이어 나타났기 때문이다. 따라서 그것은 실천 과정에서 어떻게 합리적인 처리 방법을 찾고, 나아가 그 처리 방법을 이론화할 것인지의 문제이기도 하다. 그것은 세계를 바꾸는 철학으로의 이행에 불가피한 근본적 문제인 동시에, 마르크스주의 철학의 중국화를 이해하는 핵심 단서가 된다는 점을 알려준다.

제**2**장

마르크스주의 중국화의 초기 과정

중국 사람들은 외국 선교사의 입을 통해 마르크스와 그의 학설을 처음 알게 되었으며, 그 이후 일본 사람들을 통해 어느 정도 심화된 마르크스주의를 이해할 수 있었다. 중국사람 스스로 마르크스주의를 가장 먼저 직접적으로 소개한 것은 20세기 초인데, 량치차오[梁啓超, 1873-1929], 마쥔우[馬君武, 1881-1940], 주즈신[朱執信, 1885-1920] 등이 대표적 인물들이다. 하지만 그 시기는 초보적인 소개 수준으로, 널리 확장될 수 있는 사회적 여건을 갖추지 못했다. 5·4운동은 새로운 역사적 시대를 열었고, 10월 혁명의 영향으로 중국의 일부 선진적 지식인이 마르크스주의로 방향을 틀었다. 그들은 마르크스주의를 통해 중국의 문제들을 해결하고자 했다. 그와 같은 이유 때문에 마르크스주의는 중국 사람들의 현실 생활과 밀접한 관련을 맺게 된다.

또한 그로부터 마르크스주의 철학의 중국화라는 과정도 시작되었던 것이다. 그들 가운데 리다자오, 천두슈[陳獨秀, 1879-1942], 취추바이, 리다, 차이허썬[蔡和森, 1895-1931], 마오쩌둥, 아이쓰치 등이 많은 영향을 끼쳤다. 논의의 체계성을 보면, 리다자오, 취추바이, 리다, 마오쩌둥, 아이쓰치의 저서들이 더 큰 대표성을 갖는다. 따라서 본 연구에서는 그들의 작업을 주 연구 대상으로 한다. 이번 장에서는 마르크스주의가 중국에서 전파되었던 초기의 역사적 상황, 특히 리다자오의 전파 작업과 그 시기에 중국에서 나타난 마르크스주의의 기본 특징을 살펴보고자 한다.

1 중국 사람들이 처음 대면한 마르크스주의

이론과 실천의 길항이 세계를 바꾸자고 주장하는 철학에 포함될 수밖에 없다면, 중국의 마르크스주의자들이 마르크스주의를 기치로 중국 사회를 바꾸려 했던 시도 역시 불가피하게 그 문제에 직면할 수밖에 없었다.

따라서 어떤 방식으로든 그 문제를 다뤄야만 했는데, 다루는 방식의 변화가 바로 마르크스주의의 중국화라는 역사적 진행 과정이었다.

1) 마르크스주의의 중국 전래와 당시의 역사적 상황

마르크스주의 철학은 세계 변혁을 지향하는 실천철학으로, 그것이 중국에 들어온 것은 순수한 이론적 관심에서가 아니라 세계를 바꾸려는 중국 사람들의 필요에서였다. 그것은 역사적 상황에 따른 것으로서 그야말로 '바람과 구름이 만난' 격이었다. 다시 말해서, 당시 중국의 역사적 상황이 마르크스주의 전래의 직접적인 조건이 되었다. 그 역사적 조건들로 인해 아주 짧은 시간 안에 마르크스주의를 빠른 기세로 전파시킬 수 있었고, 뜻있는 청년들의 마음을 단번에 사로잡을 수 있었다. 또한 그랬기 때문에 시간에 쫓긴 듯 급하게 다른 나라들에서는 볼 수 없었던 문제들이 나타났다.

중국 마르크스주의의 특수한 '등장' 경로와 '경로 의존'의 특수한 발전 방식은 그와 같은 이유에서 만들어졌다. 마르크스주의가 중국에 등장했던 시기의 전체적인 '장[場域]'의 상황은 다음과 같았다. 즉, 신해혁명을 거치면서 황제 체제가 전복되었지만 새로운 사회정치 제도는 형성되지 못했기 때문에 사회 전체는 극도의 혼란에 빠져 있었다. 그와 같은 국면은 중화민족이 2천 년 동안 한 번도 겪어보지 못했던 것이었다. 중국은 어디로 가야 하는지, 그리고 중국의 미래는 어디에 있는지, 그것은 모든 중국 사람들, 특히 지식청년知識青年에게 중대한 문제였다.

서구와 실질적인 접촉이 없던 근대 이전, 중국의 사회정치적 구조는 서구 전통사회의 그것과 많은 부분에서 달랐지만 경제생활의 양상은 대체로 비슷했다. 즉, 그것은 주로 자연경제와 전통적인 가내수공업이었다. 아편전쟁으로 서구 열강에 의해 중국의 문이 열리면서 그와 같은 자연경제 상태에 변화가 나타나기 시작했다. 한편으로, 서구의 '선박의 견고함과 대포의 맹렬함[船堅砲利]'를 알게 되면서 청나라 정부는 무기 공장 등 군수 사업을 활성화시켰다. 다른 한편으로는 서구 자본주의 경제의 유입으로 중국의 민족적 상공업이 촉진된 것이다.

그렇다고는 하지만 제국주의의 강력한 억압으로 인해 중국의 민족적 상공업은 매우 어려운 상태에 놓여 있었다. 서구의 여러 나라들이 제1차 세계대전 기간 동안 전쟁에 매달리면서 그러한 상업적 침략은 다소 완화되었지만, 세계대전이 끝나면서 중국의 민족적 상공업은 그 동안 얻었던 발전의 기회, 즉 완화된 여건도 모두 사라졌다. 그로부터 민족적 상공업과 제국주의의 경제적 힘 사이에 첨예한 모순이 야기되었으며, 제국주의적 침략과 자본주의적 발전으로 인해 전통적 농업경제가 붕괴되는 국면이 조성되었다. 그것은 대단히 심각한 사회적 위기에 해당한다.

사회적 위기에 수반된 것은 심각한 정치적 위기였다. 신해혁명은 황제 체제를 전복시켰음에도 새로운 정치 체제를 수립하지는 못했다. 그 이유로는 위안스카이[袁世凱, 1859-1916]와 장쉰[張勳, 1854-1923]이 주도한 두 차례의 황제 체제 복위라는 황당한 사건이 있었을 뿐만 아니라 공화 체제라고 하면서도 이름만 민주였고, 실질적 민주는 없었다는 점이다. 정당 정치라고 하는 국회는 사실상 군벌들이 조종하는 꼭두각시였을 뿐, 조금이라도 군벌에 복종하지 않으면 아예 해산되기까지 했다. 두 차례의 황제 체제 복위 사건이 실패로 돌아간 뒤, 중국은 거의 분열 상태에 빠져 들었다. 중앙 정부가 존재하기는 했지만, 각 지방의 군벌들에 의해 지방 권력이 통제되고 있었다.

그와 같은 정치적 혼란은 다음의 사실들과 관련되어 있다. 청나라 말기 과거 제도가 폐지된 이후, 신식 학교가 설립되자 1,000만 명 넘는 청년들이 신식 교육을 받게 되면서 서구 지식을 일정하게 갖춘 새로운 지식엘리트들이 만들어졌다. 다른 한편으로는 지배 계층이 될 수 있었던 전통적 지식엘리트의 통로가 끊어졌지만, 전제적 군벌들에 의해 새로운 진입 경로가 통제되면서 그것이 제대로 만들어지지 못했다. 그로 인해 지배 계층에 들어갈 수 있었던 지식엘리트들은 체제 밖에 머물게 되었다. 그 지식엘리트들은 서구 사상을 받아들여 사상이나 문화적으로 전통문화와 어느정도 거리가 있었거나 대립하는 경우도 있었다. 뿐만 아니라 전통적으로 사용되던 정치 입문의 길마저 막히게 되면서, 자연스럽게 전통을 바꾸는 길을 찾아 도탄에 빠진 나라를 구하고자 했다. 사실 그 시기에 터져 나온 5·4운동은 그와 같은 사회정치적 위기의 반영이자, 또한 역사를 능동적으로 창조해 나가려던 지식엘리트들의 구국적 행위였다.

아편전쟁으로 인해 중국의 문이 열리고, 다양한 서구 사상들이 한꺼번에 밀려들었다. 사대부들은 처음에 전통문화에 대한 자신감이 충만해 있었다. 내부 질서를 안정시키고, '중국의 학문을 체體로 삼고, 서구의 학문을 용用으로 삼는다'는 시각에서 서구의 것들을 중국 전통문화에 포함시키고자 했다. 그렇지만 정세가 변화하면서 그와 같은 자신감은 차츰 깨지고 말았다. 그래서 지식엘리트들은 바로 서구로부터 구국의 진리를 찾고자 했다. "어쩔 수 없이 중국 사람들은 마지못해 제국주의의 본가本家로부터, 즉 서구 자산계급 혁명의 시대라는 무기고로부터 진화론, 천부인권론, 자산계급 공화국과 같은 사상적 무기와 정치적 방안을 배워 정당을 조직했고, 혁명을 실행했다. 그것은 밖으로 열강을 막고 안으로 민국民國을 건설할 수 있다고 믿었기 때문이다."[1] 물론 여기에는 다양한 이유에서 서구의 각기 다른 학설을 수용했기 때문에 구국을 위한 주장 또한 서로 달랐다는 점이 포함되어 있다. 그럼에도 불구하고 멸망에서 나라를 구하고 민족의 생존을 도모한다는 것, 그리고 민족의 진흥이라는 목표 때문에 일반적으로는 진화론과 다양한 사회주의 학설들이 널리 인정받았다.

----

1) 毛澤東, 『毛澤東選集』4, 人民出版社, 1991: 1514쪽.

진화론이 유행되었던 이유로는 진화론이 단지 생물학적 학설이 아니라 다양하게 해석 가능한 여지를 지녔다는 점, 특히 '만물은 경쟁을 통해 진화하고, 적응한 자가 생존한다.[物競天演, 適者生存]'는 점이 낙후한 민족을 각성시키는 역할을 담당했기 때문이다. 옌푸[嚴復, 1854-1927]는 「『천연론』 번역 서문」에서 이 책은 "스스로 강해지고 종족을 보존해야 한다는 점을 세 번에 걸쳐 거듭 밝히고 있다."[2]고 언급했다. 그것은 그 책이 민중을 깨우칠 수 있고, "그 책이 읽는 이들에게 두려운 마음으로 변화를 알게 한다."[3]는 이유에서였다. 바로 위잉스[余英時]가 지적했던 것처럼, "옌푸가 번역한 『천연론』이 전국적으로 유행했던 것은 그것이 '세계를 바꾸는' 가능성의 '과학적' 근거가 되었기 때문이다."[4] 여기서 위잉스가 '과학적'에 따옴표를 한 이유는 많은 중국 사람들이 세계를 해석하는 과학으로서 진화론을 이해한 것이 아니라 민중을 깨우쳐 세계를 바꾸는 수단으로 이해했기 때문이라고 할 수 있다.

사실 일반적 상식으로 알려진 진화론은 순수한 다윈의 진화론이 아니라 라마르크 진화론의 사상과 뒤섞인 것이다. 다윈의 진화론에서는 자연적 변이를 거쳐 환경에 적응한 종[物種]만이 생존한다고 강조했는데, 거기서의 종은 능동적으로 스스로의 뜻을 바꾸지 못한다. 반면, 라마르크[Jean Baptiste Lamarck, 1744-1829]의 진화론은 능동적인 고등동물의 자기발달 능력을 강조했는데, 획득형질 유전에 의해 스스로 '[많이] 사용하면 발달하고, 그렇지 않으면 퇴화한다'는 발달가능 관념은 '스스로 강해지고 종족을 보존한다'는 결론을 끌어내기 더 용이했기 때문이다. 그래서 사람들은 많은 경우 다윈주의와 라마르크주의를 구분하지 않고, 하나의 모호한 관념으로

---

2) Thomas Henry Huxley / 嚴復 譯, 『天演論』, 商務印書館, 1981: Ⅹ쪽.

3) Thomas Henry Huxley / 嚴復 譯, 『天演論』, 商務印書館, 1981: Ⅶ쪽.

4) 余英時, 『現代危機與思想人物』, 三聯書店, 2005: 171쪽.

간주해왔다.

또한 진화론과 중국 전통사상의 친연성은 중국 사람들이 그 학설을 쉽게 받아들이도록 만들었다. 리쩌허우는 다음과 같이 주장했다. "옌푸가 번역 소개한 진화론은 청나라 말기부터 줄곧 중국 사람들의 마음에 깊이 파고들어 그 유행이 식지 않았다. 그로 인해 시서詩書에 익숙한 사대부에서 젊은 세대의 지식인들까지 수천 수백 년 동안 내려오던 '한 번 다스려졌다가 한 번 어그러지곤 한다'[5], '나누어짐이 오래가면 반드시 합쳐지고, 합쳐짐이 오래가면 반드시 나누어진다'[6]와 같은 순환론적 역사관, 그리고 '삼대三代[7]의 태평성대로 돌아가자'는 역사적 퇴화退化론 등이 매우 신속하게 폐기되었다. 어떠한 사상적 어려움이나 정서적 거리감도 없이 생물학적인 사회적 다윈주의를 받아들인 듯 보였다. 그와 같은 현상은 주목할 만한 것이다. 또한 그것은 다음을 알려주는 듯하다. 즉, 중국에는 제대로 된 종교적 신앙이 없었기 때문에 지식인들은 여전히 스스로의 이성으로 사물을 판단·평가하고 추정하는 데 익숙해져 있었다는 점이다. 그 이성은 순수한 추상적 사변이나 비이성적인 감정적 열정이 배제된 경험론적 이성으로서, 현실 생활의 경험적 느낌이나 긍정적인 생각 등과 관련되어 있다. 따라서 그것에는 '신이 인간을 만들었다'와 같은 사상적·정서적 장애물도 없을 뿐만 아니라 '약육강식, 우승열패'라는 숙명론적 결론도 담겨 있지 않다. 오히려 그것은 자립과 자강, 강인함과 과감한 행동을 추구했고 또 외쳤다."[8]

중국에 제대로 된 종교적 신앙이 없기 때문에 진화론을 쉽게 받아들였다고 하는 말은 물론 문제가 되지 않는다. 진화론은 기독교적 신학과 서로

---

5) |『孟子』「滕文公下」: 一治一亂.
6) |『三國演義』「第一回」: 分久必合, 合久必分.
7) | 하(夏)·상(商)·주(周)나라의 세 시대를 가리킨다.
8) 李澤厚, 『馬克思主義在中國』, 三聯書店, 1988: 8-9쪽.

어긋났기 때문에 서구에서 큰 파장을 일으켰으며, 극단주의적인 종교인들은 최근까지도 그것에 반대하고 있다. 하지만 그것으로 문제 전체를 설명할 수 있을 것 같지는 않다. 근본적인 문제는 아마도 서구적 관념이나 사유방식의 이원적 대립에 있다. 그러한 이원적 대립을 종교적 배경에서 보면, 정신과 물질 그리고 영혼과 육체는 대립하게 된다. 그런데 진화론이 그 대립을 뛰어넘을 것 같았기 때문에 그 전통과 격렬하게 충돌하지 않을 수 없었던 것이다. 반면, 중국에서는 전통철학이 숭상한 '변화' 관념으로부터, 세계 만물은 대화유행大化流行9)의 과정에 놓여 있다. 그것에는 서구에서 유행한 이원대립적 사유방식이 존재하지 않기 때문에 진화론을 받아들이는 데 사상적 장애물이 전혀 없었다. 그렇기 때문에 리쩌허우의 언급, 다시 말해서 먼저 진화론을 중국의 전통과 괴리된 것으로 인정하고, '실용이성'의 '더 깊은 차원'인 '문화적 심리구조'를 끌어들여 그 괴리를 없앤다는 주장을 그대로 따를 필요는 없을 듯하다.

진화론의 그와 같은 유행은 다윈 진화론의 본뜻에도 온전히 부합하지 않을 뿐만 아니라 마르크스주의와도 상당한 거리가 있었다. 하지만 중국의 특정한 역사적 조건에서는 생물의 진화로부터 사회적 진화나 발전, 또는 생존투쟁의 관념으로부터 계급투쟁이라는 관념을 아주 쉽게 끌어낼 수 있었다. 게다가 진화론과 마르크스주의에 대한 당시 사람들의 이해도 매우 제한되어 있었기 때문에 사실상 진화론에서 마르크스주의로 나아가는 데 그렇게 큰 이론적 장벽도 없었다.

사회주의 사상이 유행할 수 있었던 이유는 다음과 같다. 첫째, 당시의 중국 사람들은 서구식의 변혁을 통해 스스로 강해지려고 했는데, 동시에 서구 사회의 자본주의가 발전함에 따라 초래된 여러 문제점들도 주목하게 되었다. 그 문제들은 제1차 세계대전 이후 더 두드러졌다. 뿐만 아니라

---

9) | 우주가 자신의 법칙에 따라 스스로 운동하고 변화하는 현상

그 시기의 유럽은 사회주의적 정세도 고조되고 있었다. "유럽은 세계대전 이후 [모든 것이] 파괴되었으며, 유럽 사람들은 사회주의로 한꺼번에 몰려들었다. 그 열정은 중국에 결코 뒤지지 않았다."[10] 그래서 사람들은 자연스럽게 기존의 자본주의를 뛰어넘어 사회주의로 기울었는데, 그를 통해 스스로 강해지면서도 자본주의적 발전이 야기한 사회적 분화 문제도 피하고자 했다.

둘째, 사회주의라는 개념적 함의가 대단히 광범위했기 때문에 상이한 사상적 경향들을 포함시킬 수 있었다. 특히, 유가의 대동이상大同理想과 다양한 형태로 연결되어 있어 쉽게 받아들였다. 그래서 중국 사람들은 유가의 대동이상이라는 의미에서 사회주의를 이해하곤 했다. 차이위안페이[蔡元培, 1868-1940]는 다음과 같이 밝혔다. "우리 중국은 원래부터 사회주의 학설을 가지고 있었다. 논어에 기록된 것처럼, '나라를 소유하고 집을 소유한 사람은 재물이 적은 것을 걱정하지 않고 균등하지 못한 것을 걱정하며, 가난한 것을 걱정하지 않고 불안한 것을 걱정한다. 고르면 가난함이 없을 것이고, 조화로우면 재물이 적을 일이 없을 것이며, 안정되면 기울어지는 일이 없을 것이다. [……] 먼 곳에 있는 사람들이 복종하지 않으면, 문덕文德을 닦아서 오게 하고, 이미 왔으면 편안하게 해주어야 한다.'[11] 이것은 대내적으로 빈부의 균등함을 중시하고, 대외적으로는 침략[黷武]주의와 식민 정책을 취하지 않았다는 것이다. 「예운」에서 공자는 말했다. '사람들은 자기 부모만을 부모로 여기지 않으며, 자기 자식만을 자식으로 여기지 않는다. 노인들이 편안하게 여생을 마치도록 하며, 장성한 자는 쓰일 데가 있게 하고, 아이들은 잘 자랄 수 있도록 한다. 홀아비나 과부, 고아나 자식이 없는 부모, 불구자도 모두 보살핌이 있어야 한다. 남

---

10) 張朋園, 『梁啓超與民國政治』, 吉林出版集團有限責任公司, 2007: 161쪽.
11) | 『論語』, 「季氏」

자는 모두 일정한 직업이 있고, 여자는 제때 시집갈 수 있어야 한다. 재물이 땅에 버려지는 것을 싫어하면서도 반드시 자기를 위해 소유하지 않고, 게으름 때문에 힘이 사용되지 않는 것을 싫어하면서도 자기를 위해서는 사용하지 않는다.'12) 여기에는 '능력에 따라 일하고, 필요에 따라 분배한다'는 의미와 남녀 평등주의가 담겨 있다. 맹자[孟子, B.C. 372-B.C. 289]가 허행[許行, B.C. 372?-B.C. 289?]의 '어진 사람은 백성과 함께 경작해서 먹고, 손수 밥을 지어 먹으면서 나라를 다스린다.'13)라는 말을 기록했는데, 그것은 '노동우선[泛勞動]'주의를 가리킨다."14) 당시에는 이러한 차이위안페이의 주장에 상당한 대표성이 갖춰져 있었다고 봐야 할 것이다. 후한민[胡漢民, 1879-1936]도 다음과 같이 말했다. "노자는 무정부적 사회주의에 가깝다고 할 수 있고, 유가는 국가사회주의에 가깝다고 할 수 있다."15)

이처럼 사회주의는 당시 대단히 유행한 사회적 흐름이었다. 사람들마다 모두 사회주의를 언급했는데, 자세히 살펴보면 다양한 사회주의 관념들 사이에도 큰 차이가 있다는 것을 발견할 수 있다. 예를 들어, 쑨원[孫文, 1866-1925]이 주장한 '민생사회주의'처럼 그에게 민생주의는 곧 국가사회주의였는데, 그 정책은 "국가의 부강함을 도모하면서도 자본가의 독점적 폐단을 방지하는 데 있다. 폐단을 방지하는 정책에서 사회주의도 예외가 되지 않는다."16) 또한, 황싱[黃興, 1874-1916]의 사회주의는 "토지의 국유화

---

12) |『禮記』,「禮運」

13) |『孟子』,「滕文公上」

14) 蔡元培,「社會主義史序」, 鐘離蒙・楊鳳麟 主編,『中國現代哲學史資料彙編・社會主義論戰』第1集第3冊, 遼寧大學哲學係 編印, 1981: 172쪽. | 蔡元培,「社會主義史序」,『新靑年』1920年第8卷第1期: 1쪽.

15) 胡漢民,「孟子與社會主義」, 吳雁南・馮祖貽・蘇中立・郭漢民 主編,『中國近代社會思潮』2, 湖南敎育出版社, 1998: 303쪽을 보라. | 漢民,「孟子與社會主義」,『建設』1919年第1卷第1號: 158쪽.

16) 中國社會科學院近代史研究所 等編,『孫中山全集』2, 中華書局, 1982: 323쪽.

를 제창해 국민 대다수에게 빈곤의 근심을 없애"고, "반드시 재산을 공공의 것으로 돌려 소수의 사람들이 독점하지 못하게 한다."[17]

장둥쑨, 량치차오, 란궁우[藍公武, 1887-1957], 장바이리[蔣百里, 1882-1938] 등은 길드Guild 사회주의를 제기했다. 즉, 현재 중국은 사회주의를 실현할 여건이 되어 있지 않았기 때문에 우선 상공업을 통해 자본주의를 발전시키고, 그 과정에서 형성된 '노동계급'으로 사회주의를 실행해야 한다는 것이다. '생산 활동의 발달', 즉 자본주의의 발전으로부터 "노동계급이 형성되고, 그래야만 사회운동의 주체가 있을 수 있다"[18]는 것은 곧 "사회주의 운동이 그것을 뛰어넘어 나갈 수 없는 단계"[19]기 때문이다. 그밖에도 무정부주의적 사회주의가 있다. 따라서 그와 같은 사회주의들이 마르크스주의적 사회주의와 크게 다르다는 점은 분명해 보인다.

당시 사람들도 이처럼 상이한 사회주의적 관념들의 차이에 대해 주목하고 있었다. 예를 들어, 송자오런[宋敎仁, 1882-1913]의 「사회주의에 대한 검토」와 장캉후[江亢虎, 1883-1954]의 「사회주의에 대한 검토 방안 – 사회주의 검토에 대한 검토」에서는 상이한 사회주의적 개념들을 무정부주의, 공산주의, 사회민주주의, 국가사회주의라는 4가지 유형으로 구분해 분석한다.[20] 쑨원도 사회주의 개념을 다음과 같이 구분했는데, "사회주의를 파

---

17) 湖南省社會科學院 編, 『黃興集』, 中華書局, 1981: 268쪽.

18) 梁啓超, 「復張東蓀書論社會主義運動」, 『飮氷室合集·文集之三十六』, 中華書局, 1988(重印): 7쪽.

19) 梁啓超, 「復張東蓀書論社會主義運動」, 『飮氷室合集·文集之三十六』, 中華書局, 1988(重印): 7-8쪽을 참조하라.

20) | 漁父, 「社會主義商榷」, 林代昭·潘國華 編, 『馬克思主義在中國 – 從影響的傳入 到傳播』上, 淸華大學出版社, 1983: 298-303쪽. ; 亢虎, 「社會主義商榷案 – 社會主義商榷之商榷」, 林代昭·潘國華 編, 『馬克思主義在中國 – 從影響的傳入到傳播』上, 淸華大學出版社, 1983: 303-306쪽을 참조하라. 여기서 漁父는 송자오런, 亢虎는 장캉후를 가리킨다.

벌로 살펴보자면, 1. 공산사회주의 2. 집산集産사회주의 3. 국가사회주의 4. 무정부사회주의가 있다. 영국과 독일에서는 종교사회주의와 세계사회주의라는 것도 있다. …… 내가 볼 때, 사회주의라는 것은 단지 두 가지 파벌에 불과한 것이다. 하나는 집산사회주의고, 다른 하나는 공산사회주의다."[21]

하지만 일반적으로 그 차이들은 논의 초기부터 진지하게 다루어지지 않았고, 뒤섞여 사용되었다. 특히, 무정부주의와 공산주의가 자주 혼동되었다. 그 이유는 당시 사람들이 새로운 관념들을 받아들이는 데 바빠 그것을 꼼꼼하게 따져볼 겨를이 없었다는 데 있었으며, 그래서 모호하고 뒤섞이는 현상을 피할 수 없었던 것이다. 당시의 논자들은 나라를 구하기 위해 더욱 효과적인 방안을 쉼 없이 모색하는 과정에서 자신의 견해를 수시로 바꾸는 경우도 다반사였다. 당연하겠지만, 그와 같은 개념적 혼란상은 여러 상이한 사회주의의 경계를 모호하게 만들기도 했지만, 막연한 사회주의로부터 마르크스주의적 사회주의로 나아가는 경로를 제공하기도 했다.

그렇지만 그러한 모호했던 상황은 10월 혁명의 거대한 영향과 함께 완전히 바뀌었다. 예전의 각종 사회주의 관념들이 그저 이념적 가정에 불과한 것이었다면, 10월 혁명은 급진적인 방식을 통해 자신의 이상적 목표가 실현 가능하다는 것을 보여주는 하나의 본보기가 되었다. 취추바이는 1920년 3월에 발표된 「『러시아 유명 작가의 단편소설집』 서문」에서 다음과 같이 말했다. "러시아 볼셰비키의 붉은 혁명은 정치적, 경제적, 사회적으로 엄청난 변동을 가져왔다. 천지가 놀라고 전 세계의 사상들은 모두 그것의 영향을 받게 되었다. …… 중국과 같은 암울하고 비참한 사회에서는 누구나 생활 속 현실에서 새로운 길을 개척하고자 한다. 러시아의 옛 사회가 붕괴되는 소리를 듣고 있으려니, 그것은 참으로 쉽게 들을 수 없는

---

21) 中國社會科學院近代史研究所 等編, 『孫中山全集』2, 中華書局, 1982: 508쪽.

소식이라 흥분되지 않을 수 없었다."22)

더욱 중요한 것은 러시아 10월 혁명이 마르크스주의적 사회주의에 의해 실행되었고, 그것이 마르크스주의와 다른 사회주의 파벌 간의 차이를 부각시켰다는 점이다. 리다자오는 「프랑스 혁명과 러시아 혁명의 비교」에서 다음과 같이 말했다. "프랑스 혁명은 18세기 말의 혁명이다. 그것은 국가주의에 입각한 혁명이자, 정치 혁명과 사회 혁명이라는 의미를 동시에 지닌다. 러시아 혁명은 20세기 초의 혁명으로 사회주의에 입각한 혁명이자, 사회 혁명과 세계 혁명의 색채를 함께 드러낸다. 시대정신도 다르고, 혁명의 성격도 다르기 때문에 한데 묶어 논할 수 있는 것이 전혀 아니다."23)

또한 리다자오에게 러시아 혁명은 세계 혁명의 효시였기 때문에 자연스럽게 중국 사람들이 따라가야만 하는 혁명이었다. "프랑스 혁명은 프랑스 사람들의 생각이 변화되었다는 증거뿐만이 아니라 19세기 세계 인류의 보편적 심리가 변화되었다는 증거이기도 하다. 또한 러시아 혁명은 러시아 사람들의 생각이 변화되었다는 조짐만을 드러내는 것이 아니라 실제 20세기 세계 인류의 보편적 심리가 변화되었다는 조짐을 드러낸 것이다. 오동잎이 떨어지는 것을 보면 세상 사람들은 가을이 왔다는 것을 알게 되고, 뻐꾸기 소리를 들으면 운명을 안다. …… 러시아에서 벌어진 오늘날의 변화에 대해 우리는 새로운 세계 문명의 서광을 반겨 우러러보고, 자유롭고 인간적인 러시아의 새로운 소식을 반겨 귀 기울일 뿐이다. 그것을 바라는 이유는 이 세상의 새로운 흐름에 적응하기 위해서다."24)

러시아 혁명이 '사회주의에 입각한 혁명'이었다면 그 사회주의적 원리

---

22) 瞿秋白, 『瞿秋白文集·文學編』2, 人民文學出版社, 1986: 248쪽.
23) 李大釗, 『李大釗全集』2, 人民出版社, 2006: 226쪽.
24) 李大釗, 『李大釗全集』2, 人民出版社, 2006: 228쪽.

를 따져볼 필요가 있는데, 왜냐하면 중국 사람들에게도 그것이 실행될수 있어야 하기 때문이다. 러시아 혁명이라는 자극으로부터 일찍이 단순한 전파에 불과하던 마르크스주의는 새로운 동력을 얻게 되었을 뿐만아니라 그 전파도 가속화되었다. 또한 그것에 대한 선진적인 중국 사람들의 연구와 이해가 더욱 심화되었다. 그래서 마오쩌둥은 "10월 혁명의 포성이 우리에게 마르크스 레닌주의를 가져다주었다"[25]고 말했던 것이다. 어떤 사람들은 그 말이 중국에 전래된 마르크스주의의 역사적 사실의순서에 그다지 부합되지 않는다고 주장하지만, 그와 같은 문학적인 언어표현에 과도하게 집착하지 않는다면 그 표현은 사실 더욱 심오한 역사적사실을 드러내주고 있다. 그것은 바로 10월 혁명이라는 각성으로부터 중국 사람들이 마르크스주의를 실질적으로 연구하고 운용하기 시작했다는점이다.[26] 실제로, 10월 혁명 이후 한동안 마르크스주의에 대한 소개와연구가 크게 고조되었다. 그 시기에 유입된 것들이 주로 일본을 경유했다고 할지라도, 어쨌든 그러한 10월 혁명의 충격을 무시할 수는 없는 것이다. 또한 마르크스주의적 사회주의의 실제적 연구가 요구되었기 때문에그 시기에 번역된 저서들도 대부분이 사회역사적 관점과 밀접하게 관련되었다. 그와 같은 현상은 그 다음 시기의 관심사들과 비교해보면 분명히드러난다.

---

25) 毛澤東, 『毛澤東選集』4, 人民出版社, 1991: 1471쪽.
26) 마오쩌둥의 글은 "10월 25일, 겨울 궁전을 향한 '아브로라'호 순양함의 포성이 신기원, 즉 사회주의의 개막을 알렸다."는 『소련공산당사』를 근거로 삼고 있다. 그것이 역사적 사실에 완전히 부합하지 않더라도(최근의 고증에 따르면, 당시 '아브로라'호 순양함과 페트로파블로프스크 요새에서 함께 포성이 울렸는데, '아브로라'호에는 포탄이 없었기 때문에 공포탄만을 사용했다.), 마오쩌둥의 문학적 표현이 갖는 역사적 의미는 크게 달라지지 않는다. 고증과 관련해서는 高放, 「十月革命一聲砲響, 響自何方? −'阿芙樂爾'號按約定先放空砲」, 『百年潮』2008年第2期: 79-80쪽을 보라.

2) 중국에서 마르크스주의 전파의 초기 경로들

일반적으로 마르크스주의가 중국에 전해진 경로는 유럽, 일본, 러시아로 알려져 있지만, 어떤 이는 미국이라는 경로도 있었다고 지적한다. 물론 그 상이한 경로들 자체가 어떤 특별한 의미를 갖는다고는 할 수 없다. 하지만 사상의 전파는 화물처럼 부피의 변화 없이 전달되는 것이 아니기 때문에 경유지의 재가공을 거쳐 전달될 수밖에 없다. 그래서 그와 같은 경로는 특별한 의미를 지닌다. 여기서 특히 중요한 것은 러시아라는 경로가 다른 경로들과 다른 각별한 의미를 갖는다는 점이다.

일반적으로 중국 사람들이 사회주의 학설을 접하기 시작한 시기는 1870년대쯤으로 알려진다. 그 가운데 마르크스의 공산주의 학설도 포함되어 있다. 물론 그 접촉들은 매우 분산된 형태로 체계적이라고 할 만한 것이 없었다. 예를 들면, 캉유웨이[康有爲, 1858-1927]는 『대동서大同書』에서 유럽과 미국의 "최근 몇 년 간 노동자연합당의 투쟁"과 "균등 분배[均産]의 학설" [등]을 제기했다.[27] 마르크스라는 이름은 가장 먼저 보이는 곳은 1899년 상하이의 광학회廣學會가 주관한 『만국공보萬國公報』에서다. 1899년 2월부터 5월까지의 간행물에서는 '영국인 리처드[Timothy Richard, 1845-1919]가 의역하고 중국인 차이얼캉[蔡爾康, 1851-1921]이 풀어 쓴 「대동학大同學」'을 연재했는데, 거기서 마르크스와 엥겔스의 이름과 학설이 거론된다. 그 글에서는 마르크스를 '모든 노동자들의 지도자'라고 부르면서, '백성을 편안케 하는 새로운 학문을 추구하'고, 그 학설은 '자본이라는 것을 주 대상으로 한다'고 밝히고 있다.[28] 이것이 마르크스주의가 중국에 전파된 현재까지의 자료들 가운데 가장 최초의 것이라고 할 수 있다.[29]

---

27) | 康有爲, 『大同書』, 中華書局, 1935: 356쪽.

28) | 李提摩太 譯 / 蔡芝紱 撰文, 「大同學第三章·相爭相進之理」, 『萬國公報』第123卷, 1899年4月 참조. 여기서 芝紱은 차이얼캉의 필명이다.

그런데 그와 같은 사소한 글들이 큰 영향력을 발휘하기 어렵다는 점은 분명해 보인다. 중국 사람들이 마르크스주의를 비교적 체계적으로 받아들인 통로는 결국 일본이었다. 그 이유는 중국 사람들의 생각에 일본이 서구를 배우는 데 어느 정도 성공했기 때문이기도 하지만, 지리적으로 중국과 일본은 가까울 뿐만 아니라 실제 거리도 멀지 않아 비용이 비교적 저렴했기 때문이다. 또한 문화교류의 역사도 오래 되어 일본 문화를 상대적으로 쉽게 배울 수 있었다. 량치차오는 다음과 같이 언급한 적이 있다. "일본말을 배우는 데 1년이면 되고, 일본글을 쓰는 데 반년이면 된다. 일본책을 읽는 데 며칠이면 어느 정도 진전이 있고, 몇 달이면 큰 진전을 볼 수 있다."[30] 그래서 당시에는 일본으로 유학하는 학생 수가 유럽이나 미국의 그것보다 훨씬 더 많았다.[31]

뿐만 아니라 당시 일본은 사회주의적 흐름이 고조되는 추세였기 때문에, 마르크스주의가 수용되고 전파되는 데 그처럼 많은 중국 유학생들의 역할은 자연스러웠다. 그 시기에 마르크스주의와 관련된 수많은 저서나 원서들이 유학생들의 번역을 통해, 일본에서 중국으로 전해졌다. 대표적으로 다음과 같은 것들이 있었다. 아리가 나가오[有賀長雄; Ariga Nagao, 1860-1921]의 『근세 정치사』, 무라이 토모요시[村井知至; Murai Tomoyosi, 1861-1944]의 『사회주의』, 후쿠이 준조[福井準造; Fukui Junzo, 1871-1937]의 『근

---

29) | 「大同學」은 키드[Benjamin Kidd, 1858-1916]의 『사회진화론(Social Evolution)』(1894)에서 앞부분 4개장을 중국어로 번역한 것이다. 번역문에는 마르크스라는 이름과 함께 『공산당 선언』(1848)의 일부 내용이 언급되어 있다. 그리고 여기서 '백성을 편안케 하는 새로운 학문'은 사회주의 학설, '자본이라는 것을 주 대상으로 하는 것'은 마르크스의 자본 연구를 가리킨다. 汪信硯, 「西學東漸與馬克思主義哲學中國化」, 『中國社會科學』2012年第7期: 5-6쪽 참조.

30) 梁啓超, 「論學日本書之益」, 『飮氷室合集·文集之四』, 中華書局, 1989(重印): 81쪽.

31) 1896년에서 1927년까지 일본에서 유학한 중국 학생이 8만여 명에 이른다는 통계도 있다. 李喜所, 『近代留學生與中外文化』, 天津人民出版社, 1992: 185-186쪽을 보라.

세 사회주의』, 고토쿠 슈스이[幸德秋水; Kotoku Shosui, 1871-1911]의 『광장설廣長舌』과 『사회주의의 정수社會主義精髓』 등이다. 그 가운데 고토쿠 슈스이의 『사회주의의 정수』의 영향력이 가장 컸다. 훗날 많은 저명한 공산당원들이 당시 『사회주의의 정수』를 읽고 나서 마르크스주의를 받아들였다고 회고하기도 했다.

또한, 그 시기에는 프랑스에서 고학苦學하자는 운동도 있었다. 따라서 마르크스주의가 중국에 전파되는 데 프랑스의 영향 또한 과소평가될 수 없다. 1912년에 리스쩡[李石曾, 1881-1973], 우즈후이[吳稚暉 / 吳敬恒, 1865-1953], 차이위안페이, 왕징웨이[汪精衛 / 汪兆銘, 1883-1944] 등은 베이징에서 '프랑스 고학생회'를 조직, 학생들이 프랑스로 가서 공부하는 것을 격려하고 도움을 주었다. 이를 목적으로 한 예비학교도 각지에 설립되었다. 1년 동안 약 120여 명의 학생들이 프랑스로 유학을 갔으며, 그 뒤를 이어 일부 노동자들도 그 학습 운동에 동참했다. 1920년에 이르러, 그 학생 수가 1,600여 명에 달했다.

또한 제1차 세계 대전 동안에도 프랑스 정부는 노동력 부족을 겪고 있었기 때문에 중국 정부와 중국 노동자를 모집해 프랑스에서 일을 시키는 합의를 체결하고 있었다. 1918년 말까지 약 40,000명의 중국 노동자들이 프랑스 정부에 고용되었으며, 그 노동자들 가운데 약 28,000명을 문화적 소양을 갖춘 학생과 교사들에서 모집했다.[32] 이처럼 많은 중국 사람들이 파리코뮌[33]의 봉기가 있었던 곳에서 일하면서 공부했던 것이다. 따라서 그 일부가 마르크스주의의 영향을 받았다고 짐작하는 것은 그리 어려운 일이 아니다. 실제 그 고학생들 가운데 마르크스주의적 혁명가와 이론가

----

32) 周縱策, 『五四運動: 現代中國的思想革命』, 江蘇人民出版社, 1996: 42-46쪽을 참조하라.
33) | 파리 시민과 노동자들의 봉기에 의해 1871년 3월 18일부터 5월 28일까지 72일 동안 수립된 혁명적 자치정부를 가리킨다.

가 배출되었는데, 장선푸[張申府, 1893-1986], 자오스옌[趙世炎, 1901-1927], 리리싼[李立三, 1899-1967], 저우언라이[周恩來, 1898-1976], 차이허썬, 샹징위[向警予, 1895-1928], 차이창[蔡暢, 1900-1990], 리푸춘[李富春, 1900-1975], 왕뤄페이[王若飛, 1896-1946], 리웨이한[李維漢, 1896-1984], 덩샤오핑[鄧小平, 1904-1997], 천이[陳毅, 1901-1972], 녜룽전[聶榮臻, 1899-1992] 등이 그들이다.[34]

중국에 마르크스주의가 전파된 경로로 미국을 거론하는 입장은 대체로 10월 혁명 이후 중국과 러시아의 교통이 원활하지 못했고, 당시 러시아어에 능통한 인재가 매우 적었기 때문에 일본이나 다른 서구 국가들의 출판물을 통해서만 러시아 혁명의 상황을 파악할 수 있었다는 점에 근거한다. 『신청년新青年』에 옮겨 실은 미국 『소비에트·러시아』(주간)의 글들과 『공산당』(월간)에 게재된 미국의 러시아 혁명 관련 글들은 모두 상당한 반응을 일으켰다.[35] 하지만 그렇다고 해서 그것을 다른 세 가지 경로와 함께 네 번째 경로라고 할 수 있는지는 의문이다.

마르크스주의가 중국에 들어온 모든 경로 가운데 러시아가 가장 중요하다는 것은 의심의 여지가 없다. 그 경로는 가장 나중에 이루어졌지만 그로 인해 중요성이 줄어들지는 않는다. 여기에는 러시아 10월 혁명의 영향으로 마르크스주의가 중국에서 더 빠르게 전파되었다는 점뿐만 아니라 중국의 선진적 인사들이 러시아 공산주의와 직접적으로 접촉하면서 마르크스주의적 정당, 즉 중국 공산당을 만들었기 때문이다.[36] 일찍이 1920년

---

34) 鮮於浩, 『留法勤工儉學運動史稿』, 巴蜀書社, 1994: 235-305쪽. ; 張允侯·殷敍彛·李峻晨, 『留法勤工儉學運動』, 上海人民出版社, 1980: 216-413쪽을 참조하라.

35) 石川禎浩 / 袁廣泉 譯, 『中國共産黨成立史』, 中國社會科學出版社, 2006: 39-48쪽. ; 王剛, 『馬克思主義中國化的起源語境硏究 - 20世紀30年代前馬克思主義在中國的傳播及中國化』, 人民出版社, 2011: 86-97쪽을 참조하라.

36) 중국 공산당의 성립이 마르크스주의의 중국 전파와 맺는 관계는 코민테른이 중국 공산당의 건설 과정에서 담당한 역할과 관련된다. 이에 대해서는 적절한 추정이 필요한데, 어느 한 측면만을 고집해서는 안 된다. 예전 연구에서는 중국 자체의 사회역사적

4월, 레닌이 이끄는 코민테른은 비신스키[Andrey Vyshinsky, 1883-1954]를 대표로 파견해 중국의 리다자오·천두슈와 관계를 형성했다. [즉] 러시아 10월 혁명의 경험을 소개했을 뿐만 아니라 중국 혁명에 대한 의견 교환 및 중국 공산당의 창당 관련 업무들을 협의했다. 1921년 7월, 코민테른 대표인 마링[Maring / Hendricus Josephus Franciscus Marie Sneevliet, 1883-1942]과 니콜

조건을 지나치게 강조했는데, 다시 말해서 중국 공산당은 '마르크스레닌주의와 중국의 노동자 운동이 결합된 산물'이라고 보았다. 하지만 그러한 시각에서는 이시카와 요시히로[石川禎浩; Ishikawa Yoshihiro]의 질문에 대답하기 어렵다. 동아시아 각국의 자본주의와 노동자 운동의 발전 정도, 그리고 마르크스주의가 전파된 폭과 깊이의 측면에서 보자면, 어찌 되었든 당연히 일본이 앞서고, 중국이 그 다음, 식민지 조선이 그 뒤를 따를 것이다. 하지만 실제로는 정반대였다. 왜 식민지 조선이 앞서고, 중국이 그 다음, 일본이 그 뒤를 따랐는가? 그런데 만약 노동자 운동의 발전 정도와 전파된 마르크스주의의 깊이와 폭이라는 것을 고집하지 않는다면, 오히려 나라가 위태로운 지경에 처했기 때문에 나라를 구하기 위한 방법을 절실히 찾았다는 측면에서 본다면, 의심의 여지없이 식민지 조선과 중국이 일본을 앞서게 된다. 따라서 이시카와 요시히로의 질문은 그 타당성이 상실된다. 또한 '남방의 천두슈와 북방의 리다자오가 당 건설을 약속했다.'는 것에 대한 의혹도 대부분 해소될 수 있다. 이시카와 요시히로의 질의와 그 질의에 대한 답변이나 논의는 石川禎浩 / 袁廣泉 譯,『中國共産黨成立史』, 中國社會科學出版社, 2006: 4-13쪽. ; 楊奎松,『開卷有疑: 中國現代史讀書札記』, 江西人民出版社, 2007: 17-27쪽. ; 汪文慶,「對『中國共産黨成立史』的幾點不同意見－訪北京大學蕭超然敎授」,『百年潮』2006年第6期: 70-76쪽. ; 朱成甲,「五四時期馬克思主義傳播與李大釗歷史作用問題的探討－兼評石川禎浩『中國共産黨成立史』的有關論述」,『中共黨史研究』2009年第8期: 87-96쪽을 참조할 수 있다. | 여기서 '남방의 천두슈와 북방의 리다자오가 당 건설을 약속했다.'는 것에 대한 의혹은 중국 공산당 성립 과정에서 하나의 정설로 굳어져 있던 천두슈와 리다자오의 당 건설 약속이라는 일화를 2004년 요시히로가 부정하면서 촉발된 것이다. 요시히로는 코민테른의 관계로부터 당시 중국에서 독자적인 당 건설이 가능하지도 않았을 뿐만 아니라 구전으로 전해진 그와 같은 '약속'은 검증되지 않은 허구에 불과하다고 주장했다. 이와 같은 주장은 중국 공산당의 독자성을 성립 과정에서부터 강조하던 중국공산당사 연구자들의 큰 반발을 야기하며 지금까지도 이어지고 있다. 黃愛軍,「'南陳北李, 相約建黨'確有其事－與石川禎浩先生商榷」,『太原理工大學學報(社會科學版)』2019年第4期를 참조하라.

스키[Nikolsky / Vladimir Abramovich Neyman, 1889-1938][37)]는 중국 공산당의 창당 대회에 참관했다. 중국 공산당 제1차 전국대표대회에서 채택된 당 강령은 대부분 러시아 볼셰비키의 당 강령에서 가져온 것이었다.

1919년 이전에는 러시아로부터 그리고 러시아어로 번역된 마르크스주의 저술은 거의 없었다. 1920년, 소련의 『프라우다Pravda』에 실린 「노동자·농민 정부의 소집 경위 상황」이라는 글이 중국에서 발표되었는데, 이것이 러시아어를 중국어로 번역해 10월 혁명을 알린 첫 번째 글이었다. 1920년 10월, 취추바이는 『신보晨報』의 초청을 받아들여 '중국 사람들을 위해 새로운 길을 열려'는 목적으로 소련에 갔다. 그가 발표한 「러시아로의 기행[餓鄕紀程]」[38)], 「붉은 모스크바에서의 여정[赤都心史]」과 같은 보도 기사는 당시 중국에 큰 반향을 일으켰다.

또한 그 시기에는 베벨[August Bebel, 1840-1913]의 「사회의 사회화」와 「공산주의와 문화」[39)], 부하린[Nikolai Ivanovich Bukharin, 1888-1938]의 「러시아의 신경제 정책」과 같은 저술들이 중국에 번역·소개되기 시작했다. 1923년 이후부터는 러시아어로 작성된, 소련의 상황과 마르크스주의를 소개하는 중국어 번역문이 급속히 늘어났는데, 「마르크스주의 변증법의 몇 가지 법칙」, 「마르크스적 계급투쟁설의 기원」, 「레닌론」 등이 대표적이다. 1923년

---

37) | 니콜스키의 본명은 블라디미르 아브라모비치 네이만으로 알려져 있다. 코민테른 소속으로 1921년 중국 공산당 창당대회에 파견되었다. 네이만은 정보국 요원으로 알려져 있는데, 그와 관련되어 주목을 끈 것은 생몰연대가 불분명했다는 점이다. 일반적으로 알려진 생몰연대는 1898-1943년이었다. 하지만 카르투노바[Kartunova]는 그의 생몰연대가 1889-1938년이라는 점을 2006년에서야 최종 확인했다. 徐元宮, 「中共一大參加者尼科爾斯基的眞實身分」, 『當代世界社會主義問題』2009年第2期: 77-78쪽.

38) | 여기서 중국어 俄羅斯(즉, 러시아)의 '俄'를 '餓'로 표기한 이유는 당시 러시아가 물질적으로 빈곤했지만, 사상적으로는 그렇지 않다는 점을 드러내기 위해서다. 王保賢, 「'俄'還是'餓' – 餓鄕紀程』中'餓'字考析」, 『北京日報』, 2012.5.21.

39) | 두 편 모두 瞿秋白, 『瞿秋白文集·政治理論編』8, 人民出版社, 1998에 들어 있다.

은 마르크스주의의 중국 전파에서 전환점이 되는 중요한 해였다. 일본어와 서구 언어로 되어 있던 마르크스주의 저술들에 대한 중국어 번역이 눈에 띄게 감소하고, 대신 러시아어로 된 마르크스주의 저술들의 중국어 번역이 급격하게 증가했기 때문이다.[40)]

그리고 동방노동자공산주의대학(줄여서 동방대학으로 부른다)이 1921년에 창립되자 중국 학생들이 그곳에 진학하기 시작했는데, 이들 중에는 류사오치[劉少奇, 1898-1969], 뤄이농[羅亦農, 1902-1928], 런비스[任弼時, 1904-1950], 샤오진광[蕭勁光, 1903-1989], 차오징화[曹靖華, 1897-1987], 펑수즈[彭述之, 1895-1983], 장광츠[蔣光慈, 1901-1931] 등이 있었다. 그 뒤를 자오스옌, 왕뤄페이, 류보젠[劉伯堅, 1895-1935], 차이창, 리푸춘, 녜룽전, 예팅[葉挺, 1896-1946], 샤오싼[蕭三, 1896-1983] 등이 이었다.

소련 정부의 지원으로 1925년에 세워진 모스크바 중산대학[41)]도 중국 공산당을 위한 이론가 간부들을 대거 배출했다. 예를 들어, 장원톈[張聞天, 1900-1976], 우위장[吳玉章, 1878-1966], 쉬터리[徐特立, 1877-1968], 린보취[林伯渠, 1886-1960], 쑨예팡[孫冶方, 1908-1983], 허수헝[何叔衡, 1876-1935], 천창하오[陳昌浩, 1906-1967], 왕자샹[王稼祥, 1906-1974], 양상쿤[楊尙昆, 1907-1998], 허커취안[何克全, 1906-1955], 쭤취안[左權, 1905-1942], 천사오위(왕밍)[陳紹禹 / 王

---

40) 이와 관련된 자료들은 左玉河, 「簡述馬克思主義傳入中國的渠道」, 『毛澤東思想硏究』1991年第1期: 134-135쪽에서 재인용했다.

41) 동방대의 공식 명칭은 '동방노동자공산주의대학'이다. 소련에서 가장 먼저 설립된 고급 당 학교로서, 1921년 가을에 설립되었다. 국내부와 국외부가 각각 설치되어 있었는데, 국내부에서는 소련 내 동양의 여러 소수민족 학생들을 모집했다. 국외부에서는 소련 외부의 동양 각 민족 학생들을 모집했는데, 중국반, 일본반, 인도네시아반, 이란반, 터키반, 몽골반, 식민지 조선반이 설치되었다. 1928년, 학생들과 학교 측의 갈등으로 중국반이 폐지되고, 학생들은 모스크바 중산대학으로 옮겨졌다. 모스크바 중산대학은 1925년에 설립, 1928년 '중국공산주의노동자대학'으로 이름이 바뀌었다. 1930년에 운영이 중단된다. 黃紀蓮, 「莫斯科東方大學和中山大學」, 『黑龍江社會科學』1997年第5期: 64-68쪽을 참조하라.

明, 1904-1974], 친방셴(보구)[秦邦憲 / 博古, 1907-1946], 예칭[葉青 / 任卓宣, 1896-1990] 등이 있다. 소련에서 수학했던 이들이 중국에 가져온 것은 당연하겠지만 러시아 사람들이 이해한 마르크스주의였다. 러시아에서 전해진 마르크스주의가 중국 사람들에게 얼마나 큰 영향을 끼쳤는지는 주지의 사실이다.

2 중국에서 마르크스주의가 전파된 초기의 리다자오

앞서 간략히 열거한 것에서 알 수 있듯이, 마르크스주의가 중국에 전래된 초기에 가장 중요한 매개 경로는 일본이었다. 일본으로부터 마르크스주의를 도입한 선구자들 가운데 리다자오의 역할이 가장 두드러진다. 그의 저서들이 일으킨 반향도 매우 뚜렷했다.[42]

1) 리다자오 초기 사상의 기본 특징

리다자오 초기의 철학 사상은 대체로 진화론적 특징을 보인다. 그는

---

[42] 이시카와 요시히로는 『중국공산당 성립사』에서 마르크스주의의 중국 전파를 논하면서, 천푸셴[陳溥賢, 1891-1957](필명은 '淵泉'이다)의 역할을 별도로 강조했다. 천푸셴이 리다자오에게 자료를 제공하고 번역상의 도움을 주었기 때문에 그가 리다자오와 일본 마르크스주의 연구를 매개했다는 주장이다. 나아가 "천푸셴을 제외한다면, 우리는 5·4 시기의 리다자오가 어떻게 마르크스주의를 수용했는지 논의할 수 없다."[石川禎浩 / 袁廣泉 譯, 『中國共産黨成立史』, 中國社會科學出版社, 2006: 10쪽.]고까지 주장한다. 물론, 이시카와 요시히로의 고증은 그 문제의 심화된 연구에 도움을 주었지만 그와 같은 주장은 지나치게 편파적이고 수용하기 어려운 것이다. 蕭超然과 朱成甲 등은 그 주장을 반박하는 글을 썼다. 石川禎浩 / 袁廣泉 譯, 『中國共産黨成立史』, 中國社會科學出版社, 2006: 6-22쪽. ; 汪文慶, 「對『中國共産黨成立史』的幾點不同意見 – 訪北京大學蕭超然教授」, 『百年潮』2006年第6期: 70-76쪽. ; 朱成甲, 「五四時期馬克思主義傳播與李大釗歷史作用問題的探討 – 兼評石川禎浩『中國共産黨成立史』的有關論述」, 『中共黨史研究』2009年第8期: 87-96쪽을 참조하라.

「자연의 윤리관과 공자」라는 글에서 다음과 같이 말했다. "우리는 우주가 시작도 끝도 없는 자연적 존재라고 생각한다. 우주 자연의 실재적 본체에 의해 생겨난 모든 현상들은 그 자연법에 따라 자연적이고, 인과적이며, 기계적이고, 점진적으로 진화한다."[43) 그 뿐만 아니라 "도덕이라는 것도 우주의 현상 가운데 하나다. 따라서 그것이 진화한다는 것은 반드시 자연적으로 진화하는 사회에 상응한 것이다. 자연의 변화는 결코 신비한 주재자의 은혜나 선물[物]이 아니며, 또한 옛날 성현들이 남겨 놓은 물건도 아니다."[44) 이와 같은 견해를 따르자면, 인간은 자연과 어떤 관계도 맺지 않은 듯 보인다.

그런데 리다자오는 또 다음과 같이 언급했다. "그와 같은 이치는 황폐하고 아득히 먼 지역의 백성들한테서 흔히 볼 수 있지만, 이것으로 문명의 종족을 평가하면 안 된다. 문명이라는 것은 바로 인류가 처음부터 민중의 의지[民彝]로 환경을 바꿔왔으며, 자연의 법칙을 이길 수 있다는 점을 가리킨다. 문명을 갖춘 이는 그로부터 환경이 우리에게 복종하도록 만들어야 하지, 우리가 환경의 노예가 되게끔 해서는 안 된다. 가장 좋은 것은 창조이고, 그 다음은 개조, 그리고 그 다음이 순응이다. 국가의 존립도 그와 같다. 국민 전체에도 커다란 생명이 갖춰져 있는데, 그것과 환경이 서로 싸울 때 요구되는 것은 지혜[彝]를 붙잡는 능력과 힘을 낼 수 있는 용기다. 그것은 개인이 생존을 도모하는 것 못지않다."[45)

바로 그러한 이치 때문에, 또 "중국은 오늘날에 이르러 진실로 절망적인 상태에 직면했지만 아직까지는 목숨이 붙어 있기 때문에, 우리는 스스로 절망하거나 낙담해서는 안 된다. 최근 들어 보여준 국민[公民] 정신의 의연함은 우리의 의지와 기개를 당당하게 만들기에 충분하다. 인류라는

---

43) 李大釗, 『李大釗全集』1, 人民出版社, 2006: 246쪽.
44) 李大釗, 『李大釗全集』1, 人民出版社, 2006: 246쪽.
45) 李大釗, 『李大釗全集』1, 人民出版社, 2006: 163쪽.

2. 중국에서 마르크스주의가 전파된 초기의 리다자오 **197**

것은 본래 상황에 제약되어 있어 상황과 다투지 않는다. 하지만 상황이 이루어지려면 반드시 사람의 행위가 있지 않으면 안 된다. 그렇기 때문에 우리는 스스로를 소극적인 숙명론Determinus으로 형상화시켜 정신을 억제하는 방향으로 나아가서는 안 된다. 대신 자유의지의 이론Theory of free will에 따라 발전과 진보를 위해 더욱 노력한다면, 그 상황을 바꿔 자신의 뜻에 부합시킬 수 있을 것이다. Henri Bergson[앙리 베르그손, 1859-1941]의 '창조적 진화론'Creative Evolution이 가장 좋은 것이다. 우리 백성들은 양지良知와 양능良能을 갖추었는데, 어찌 자신을 하찮게 여기고 다른 종족들의 부류에서 떨어짐이 있겠는가!"[46]

다윈의 진화론에 의하면, '자연 법칙'을 매우 소극적으로 받아들이는 것 또한 어쩔 수 없는 일이다. 그러나 리다자오는 분명히 그와 같은 소극적 결론을 인정하지 않고, 그 지점에서 고등동물은 스스로 진보하는 능력을 지녔다는 라마르크의 진화론 사상을 끌어들인다. 물론 거기서 라마르크가 주장한, 하등동물과 다른 고등동물의 자기 진보능력은 '황폐하고 아득히 먼 지역의 백성들'과 구분된 '문명 종족'의 자기 진보능력으로 전환되었다. 다음에서 다시 다루겠지만, 객관적 필연성과 주관적 능동성을 함께 고려했다는 것이 리다자오 철학 사상의 기본 특징이 된다. 그 문제를 직접 살펴보면, 그의 사상에는 어떤 비약이 존재하는 것 같다. 하지만 그의 철학적 기본 가정에서 그와 같은 비약은 비약으로 구성되지 않는다.

그 이유는 그가 다음과 같이 주장하고 있기 때문이다. "큰 실재의 거센 흐름은 영원히 시작도 없는 실재에서 끝도 없는 실재로 세차게 흘러가는 것이다. 우리의 '나'와 우리의 생명 또한 모든 생활상의 흐름과 영원히 합쳐지며, 큰 실재의 세찬 흐름에 따라 확대되고, 계속되며, 나아가면서 돌고, 발전하는 것으로 간주된다. 그러므로 실재는 동력이고, 생명은 유전

---

46) 李大釗, 『李大釗全集』1, 人民出版社, 2006: 139쪽.

流轉하는 것이다."47) 그렇다면 "인생의 본래 임무를 실재에 따라 행하면서 후세 사람들을 위해 큰 공덕을 쌓고, 영원한 '나'를 누리며, 확장하고, 전승함을 통해 끝도 없는 극단에 이르게 되면, '우주가 곧 나이고, 내가 곧 우주'인 결론에 도달하게 된다."48) 그것을 근거로 당시 리다자오의 철학에 어떤 신비한 의미들이 포함되어 있다고 말할 수도 있겠지만, 이후 주류적 철학 관념이라는 기준에서 "리다자오의 진화론은 범신론汎神論적 경향을 갖고 있"49)다거나 "당시 [그는] 유물주의자가 아니었다."50)라는 판단은 너무 지나친 듯하다.

2) 「나의 마르크스주의관」의 유물사관

중국 사람들은 러시아 10월 혁명의 자극으로 마르크스주의를 깊이 이해해야 할 필요성을 느꼈다. 시대적 추세에 걸맞게 리다자오는 1918년 7월부터 12월까지 「프랑스 혁명과 러시아 혁명의 비교 관점」, 「서민의 승리」, 「볼셰비즘Bolshevism의 승리」라는 글 세 편을 잇달아 발표해 10월 혁명의 의의를 널리 알린다. 세 편의 글은 마르크스주의가 중국에 공식적으로 전파되었다는 상징적 중요성을 갖는다. 얼마 후, 1919년 5월에 출판된 『신청년新青年』 제6권 제5호, 그리고 같은 해 11월에 출판된 『신청년』 제6권 제6호에 「나의 마르크스주의관(상)」과 「나의 마르크스주의관(하)」51)

47) 李大釗, 『李大釗全集』2, 人民出版社, 2006: 193쪽.
48) 李大釗, 『李大釗全集』2, 人民出版社, 2006: 194쪽.
49) 馮契, 『中國近代哲學的革命進程』, 上海人民出版社, 1989: 265쪽.
50) 馮契, 『中國近代哲學的革命進程』, 上海人民出版社, 1989: 265쪽.
51) 『新青年』제6권제5호에 적혀 있는 출판 시점은 1919년 5월이고, 당시 신문의 출판 광고에 실린 출판 시점은 실제 그해 9월이다. 『李大釗全集』의 편집자는 이 글이 1919년 5월 이전에 작성된 것이라는 점을 밝히고 있다.(『李大釗全集』3, 人民出版社, 2006: 353쪽의 '해제'를 보라.) 그 『新青年』는 '마르크스 연구 [특별]호'로 리다자오가

이 각각 발표되었다. 그것들은 중국에서 마르크스주의 학설이 비교적 전면적으로 소개된 첫 번째 글이라고 할 수 있다. 그 다음에 발표된 「물질적 변동과 도덕적 변동」52), 「중국 근대사상의 변동 원인에 대한 경제적 해석」53), 「종적 조직에서 횡적 조직으로」54), 「현대 역사학에서 유물사관의 가치」55), 「마르크스의 경제학설」56) 등은 마르크스주의를 더욱 상세하게 다룬 글들이다.

리다자오가 마르크스주의에서 밝혀낸 핵심은 유물사관이다. 그가 보기에 유물사관은 마르크스가 개척한 것이 아니라 "콩도르세[孔道西(지금은 孔多塞로 번역한다: 인용자)](Marquis de Condorcet, 1743-1794)가 기계론적 모델에 따라 역사를 하나의 과학으로 만들려고 했던 것에서 비롯되었는데, 발견된 보편적인 힘으로 변화무쌍한 역사 현상을 꿰뚫어 유물사관의 실마리를 세차게 열고자 했다."57) 그 후로도 생시몽[桑西門(지금은 聖西門으로 번역한다)](Le comte de Saint-Simon, 1760-1825), 티에리[Jacques Nicolas Augustin Thierry, 1795-1856], 미네[François-Auguste Marie Mignet, 1796-1884], 기조[François Pierre Guillaume Guizot, 1787-1874], 프루동[Pierre Joseph Proudhon, 1809-1865] 등이 유

편집장을 맡았다. 여기에는 리다자오의 글 외에도 구자오슝[顧兆熊 / 顧孟余, 1888-1972]의 「馬克思學說」, 링솽[凌霜 / 黃文山, 1901-1988]의 「馬克思學說批評」, 천치슈[陳啓修 / 陳豹隱, 1886-1960]의 「馬克思的唯物史觀與貞操問題」, 위안취안 [淵泉 / 陳溥賢]이 번역한 가와카미 하지메[河上肇; Kawakami Hajime, 1879-1946]의 「馬克思的唯物史觀」, 위안취안의 「馬克思奮鬪的生涯」, 류빙린[劉秉麟, 1891-1956]의 「馬克思傳略」이 함께 발표되었다.

52) 『新潮』第2卷第2號에 발표된 것으로, 1919년 12월에 출판되었다.
53) 『新青年』第7卷第2號에 발표된 것으로, 1920년 1월에 출판되었다.
54) 『解放與改造』第2卷第2號에 발표된 것으로, 1920년 1월에 출판되었다.
55) 『新青年』第8卷第4號에 발표된 것으로, 1920년 12월에 출판되었다.
56) 이것은 베이징대학의 마르크스 학설 연구회에서 진행했던 강연이다. 1922년 2월 21-23일[자] 『晨報』에 실려 있다.
57) 李大釗, 『李大釗全集』3, 人民出版社, 2006: 20쪽.

물사관을 더욱 발전시켰다.[58]

　그래서 일반적인 의미에서 "역사적 유물론자들은 사회적 현상을 관찰하는데 경제 현상을 가장 중시한다. 그 이유는 역사적으로 물질적 조건 가운데 그 변화가 가장 두드러진 것이 경제적 현상이라고 할 수 있기 때문이다. 그러므로 역사적으로는 경제적 조건만이 유일한 물질적 조건이 된다. 스스로 변화하지 못하는 것은 다른 현상들도 변화시킬 수 없기 때문이다."[59] 또는 "유물사관의 요체는 여타의 사회학적 현상들에 비해 경제적 구조가 가장 중요하다는 점을 인정할 뿐만 아니라 경제적 현상의 발전 경로가 불가항력적이라는 점도 인정한다는 점에 있다."[60]

　하지만 마르크스의 유물사관은 그것과도 구별된다. 특히, "마르크스의 유물사관에는 두 가지 핵심이 있다. 첫 번째는 인류의 문화적 경험을 설명한 것이고, 두 번째는 사회조직의 진화론이라고 하는 것이다. 전자는 인류의 모든 사회적 생산관계가 사회경제적 구조를 구성한다는 것을 말한다. 모든 사회에서의 정치적, 법제적, 윤리적, 철학적, 간단히 말해서 정신적 구조는 경제적 구조의 변화에 따라 변화한다. 우리는 그 정신적 구조들을 표층적 구조라고 부를 수 있다. …… 후자는 생산력과 사회조직이 밀접하게 관련되어 있다는 점이다. 생산력에 변동이 생기면 사회조직은 반드시 그에 따라 변동된다. 사회조직은 사회적 관계로서, 입을 것 또는 먹을 것과 마찬가지로 인류가 생산력에 의해 생산해낸 결과물이다. 손으로 만든 절구가 봉건적 제후의 사회를 만들었고, 증기를 이용한 제분기가 산업적 자본가의 사회를 만들었다."[61]

　사회가 변화하는 원인은 다음에 있다. "생산력으로부터 만들어진 사회

58) 李大釗, 『李大釗全集』3, 人民出版社, 2006: 20쪽.
59) 李大釗, 『李大釗全集』3, 人民出版社, 2006: 20쪽.
60) 李大釗, 『李大釗全集』3, 人民出版社, 2006: 21쪽.
61) 李大釗, 『李大釗全集』3, 人民出版社, 2006: 27쪽.

조직은 처음에는 생산력의 발전에 도움을 주지만 이후 사회조직이 적응할 수 없을 정도로 그 힘이 발전하게 되면, 그 사회조직은 그것에 도움을 주기는커녕 오히려 그것을 구속하고 방해한다. …… 힘의 발전이 커질수록 그것에 적응하지 못하는 사회조직은 생산력과 모순이 심화되어 결국이 낡은 사회조직은 붕괴될 수밖에 없다. 그것이 바로 사회혁명이다. 새로운 계기는 사회조직이 생산력과 호응하지 못할 때가 오는 것이며, 그것의 붕괴도 그 때문이다."[62]

또한 리다자오는 그가 '계급경쟁설'이라고 언급한 마르크스의 계급투쟁 학설을 소개하며, 다음과 같이 밝혔다. "역사적 유물론자들이 여러 사회적 현상들의 서로 다른 원인을 항상 경제라는 원인으로 규정하는 이상, 그들은 더욱 사회학적 경쟁 법칙에 따라 역사를 구성하는 확연한 사회적 사실들을 단지 직접적이거나 간접적일 수도 있는, 또는 많거나 적을 수도 있는, 그러한 각기 다른 계급 집단들의 경쟁으로 나타난 결과일 뿐이라고 인식하게 된다. 그들이 경쟁 속으로 끌려들어간 이유는 모두 그들 자신의 특수한 경제적 동기 때문이다."[63]

훗날 리다자오는 「마르크스의 경제학설」에서도 현대 사회 계급투쟁의 경제적 메커니즘을 설명하면서 다음과 같이 주장했다. "마르크스의 경제학설은 심오하다. 내가 알기로는 그의 학설에서는 두 가지 원리가 제시되어 있다. 첫째, 현대 자본주의적 경제 조직에서 자본가가 어떻게 노동의 결과를 빼앗아 가는지, 둘째, 현대 경제 조직의 흐름이다."[64] 첫 번째 측면에 대해 리다자오는 마르크스의 가치와 잉여가치 학설을 간략하게 소개하면서 자본가가 어떻게 노동자의 잉여가치를 착취하는지를 설명한다. 두 번째 측면에 대해서는 '자본 집중' 경향을 소개했다. 그와 같은 경향으로

---

62) 李大釗, 『李大釗全集』3, 人民出版社, 2006: 27쪽.
63) 李大釗, 『李大釗全集』3, 人民出版社, 2006: 28쪽.
64) 李大釗, 『李大釗全集』4, 人民出版社, 2006: 42쪽.

부터 '유산계급'과 '무산계급'이라는 양대 사회적 계급이 형성된 것이다. 또한 자본의 집중은 노동자의 결집을 초래하기 때문에 '계급적 자각'과 함께 "모두가 연대해 자본가와 싸우거나 자본가와 경쟁하"[65]게 된다. 따라서 "자본주의의 발달로부터 새로운 세력이 생겨난다. 그 새로운 세력이 바로 '사회주의'다."[66] 그래서 '사회주의'가 '자본주의'를 타파하는데 그것이 바로 '혁명'이다.[67] 이로부터 리다자오가 이해한 마르크스 유물사관의 핵심이 두 가지라는 점을 알 수 있다. 하나는 역사발전의 동력과 법칙이고, 다른 하나는 인간의 활동으로서 계급투쟁이라는 기능이다.

3 마르크스주의가 중국에 전파된 초기의 특징

앞서의 언급에서 알 수 있듯이, 마르크스주의가 중국에 전파된 초기와 기타 시기, 그리고 중국화 문제를 다른 나라와 비교해보면 3가지 특징이 두드러진다. 첫째는 이론적인 준비가 상대적으로 충분치 않았다는 점이다. 둘째는 그 시기에 전파된 주요 내용이 유물사관에 집중되었다는 점이다. 셋째는 대부분의 경우, 이미 이론과 실천의 길항 관계를 의식하고 있었으며, 어떤 식으로든 그것을 극복하려 했다는 점이다.

1) '이론적 준비 부족'에 대한 분석과 평가

마르크스의 실천철학이 중국에 실제로 적용되었을 때, 앞서 살펴본 것처럼 중국 마르크스주의자들은 서구 마르크스주의자들이 직면했던 문제

---

65) 李大釗, 『李大釗全集』4, 人民出版社, 2006: 46쪽.
66) 李大釗, 『李大釗全集』4, 人民出版社, 2006: 46쪽.
67) 李大釗, 『李大釗全集』4, 人民出版社, 2006: 46쪽을 참조하라.

들을 대체로 동일하게 마주했다는 점은 분명해 보인다. 하지만 특수한 역사적 조건으로부터 그것은 어느 정도에서 차이를 드러낸다. 당시 중국의 선진적인 이들은 마르크스주의를 이론적 흥미에서가 아니라, 주로 실천적 관심에서 마르크스주의를 찾았다. 그들은 그 날카로운 무기를 잡자마자 바로 사용했기 때문에, 스스로 그것을 사상적으로 성숙시킬 약간의 시간도 남아 있지 않았다. 앞서 언급했던 것처럼, 마르크스주의는 러시아 10월 혁명 이전에 이미 중국에 소개되었지만 커다란 반향을 일으키는 못했다. 그것도 다른 사회주의 유파와 엄밀하게 구분하지 못했고, 당시 사상 문화계에서는 여전히 진화론적 사조가 유행하고 있었다.

『신청년新靑年』의 지식인들도 대부분 이 사상을 수용하고 있었는데, 구국의 방도를 갈구하던 시기의 10월 혁명은 그들에게 또 다른 길을 보여줬다. 즉, 그들에게 러시아를 본받아 사회주의 혁명으로 중국을 구할 수 있다는 새로운 길을 자극했던 것이다. 따라서 중국의 선진적 지식인들이 마르크스주의로 전향하는데, 러시아 10월 혁명이 끼친 영향은 결코 가볍지 않다. 그럼에도 불구하고 그 이전까지 중국에서 마르크스주의는 드물게 알려졌을 뿐, 기본적으로 체계적인 이해를 말하기에는 많은 무리가 있다. 이 점이 다른 서구의 나라들이나 러시아와 크게 다른 부분이다. 일반적으로 마르크스주의는 프롤레타리아의 해방 이론으로서, 한 나라에서 그것이 전파되는 깊이와 폭은 당연히 노동자 운동의 발전 수준과 직결된 것이다. 그런 의미에서 중국 공산당 결성사 연구의 기존 통념을 비판한 이시카와 요시히로의 주장, 즉 마르크스주의의 전파는 노동자 운동의 발전 수준과 관련된다는 것은 매우 타당하다.

하지만 그와 같은 전제는 한 나라가 정상적인 역사적 상황에 처해 있을 때만이 정확한 것이다. 다시 말해서, 자본주의적 발전을 제외한 여타의 사회적 모순이 야기한 위기들이 없어야만 한다. 현대 중국이 그러한 정상적 상황에 놓여 있지 않았다는 점은 분명하다. 다양한 비정상적 사회 모순이 얽혀 있는 극도의 위기 상태였기 때문에 구국을 위해 유용한 이론이 매우 간절히 요구되었다. 유용하기만 하다면 어떤 이론이든 손에 잡히는 대로 바로 사용해서 되도록 짧은 시간 안에 효과를 보고자 했는데, 이론을 꼼꼼히 다듬을 시간이 어디에 있었겠는가? 따라서 다음과 같은 역사적 사실을 간과해서는 안 된다. 그것은 바로 마르크스주의가 중국에 실제로 적용되던 시기에 그 이론적 준비가 충분하지 않았다는 점이다. 물론 그와 같은 역사적 사실을 여기서 다시 언급하는 이유는 또 다른 역사적 가능성을 제기하려는 것도, 당시의 역사적 행위에 대해 별도의 평가를 하려는 것도 아니다. 그것은 역사의 한 부분을 더욱 잘 이해하기 위해서다.

　1922년 6월 6일자 『각오覺悟』(『민국일보民國日報』의 칼럼)에 '한쥔'[68]이라는 이름으로 발표된 「마르크스 학설의 필요성과 그로부터 현재 우리가 획득해야 할 방법에 관한 연구[研究馬克思學說的必要及其我們現在入手的方法]」이라는 글이 있는데, 거기서 당시 마르크스주의의 전파와 연구, 그리고 그것을 둘러싼 여건과 상황을 엿볼 수 있다. 다음의 내용이 그것을 잘 보여준다.

　　현재 중국에서는 마르크스 학설에 관한 서적이 매우 적은데, 그 모두를
　　난이도에 따라 나열해보자.
　　전체적 양상을 설명한 것:

　　1. 『근세 경제사상사론』(가와카미 하지메 / 리페이톈[李培天, 1895-1975]
　　　　옮김)
　　2. 『공산당 선언』(마르크스[馬格斯]·엥겔스[安格爾斯] / 천왕타오[陳望道,
　　　　1891-1977] 옮김)

---

68) '漢俊'은 중국에서 마르크스주의를 전파한 주요 인물이자 중국 공산당 제1차 전국대
　　표대회의 대표를 역임한 리한쥔[李漢俊, 1890-1927]의 필명이다.

유물사관을 설명한 것:

1. 『유물사관 해설』(헤르만 호르터[Herman Gorter, 1864-1927] / 리다 옮김, 중화서국[中華書局] 발행)

2. 『경제사관』(에드윈 셸리그먼[Edwin Robert Anderson Seligman, 1861-1939] / 천스푸[陳石孚, 1899-1979][69] 옮김)

3. 『사회주의와 진화론』(다카바타케 모토유키[高畠素之, 1886-1928] / 샤 멘쭌[夏丏尊, 1886-1946]·리지전[李繼楨, 1897-1956] 함께 옮김, 신시대 총서사[新時代叢書社])

4. 『다윈주의와 마르크스주의』(신시대총서사)[70]

계급투쟁을 설명한 것:

1. 『계급투쟁』(카우츠키[柯祖基] / 원다이잉[惲代英, 1895-1931] 옮김, 신청 년사[新靑年社] 발행)

경제학설을 설명한 것:

1. 『마르크스[馬格斯] 자본론 입문』(마시[Mary E. Marcy, 1877-1922] / 리한 쥔 옮김)

2. 『임금[公錢] 노동과 자본』(마르크스[馬克斯] / 위안랑[袁讓] 옮김)[71]

3. 『마르크스[馬克斯] 경제학설』(카우츠키[柯祖基] / 천푸셴 옮김)

---

69) | 1922년 6월 6일자 『覺悟』의 이 글에서는 陳孚石로 표기되어 있다. 陳石孚의 오타로 보인다.

70) | 리한쥔은 이 책의 이름을 『達爾文主義與馬克思主義』로 표기했지만, 사실 원서명 은 『馬克思主義和達爾文主義』(Antonie Pannekoek / 施存統 譯)이다. 1922년 1월에 新時代叢書社의 주관으로 商務印書館에서 출판되었다. 史春風, 「商務印書館與五 四時期社會潮流」, 『北京電子科技學院學報』2004年第1期: 52쪽 참조.

71) | 이 책의 번역자는 袁讓(또는 袁湘)으로 알려져 있다. 리단양은 袁讓을 리한쥔으로 추정한다. 李丹陽, 「關於李漢俊對馬克思主義著作飜譯情況的探討」, 『上海革命 史資料與硏究』2008年第8輯: 140-142쪽 참조.

그밖에도 리다가 번역한 다카바타케 모토유키의 『사회문제 총람總覽』, 그리고 저우포하이[周佛海, 1897-1948]가 번역한 이쿠타 조코[生田長江; lkuta Choko, 1882-1936]·혼마 히사오[本間久雄; Honma Hisao, 1886-1981]의 『사회문제 개관槪觀』에도 일부 마르크스 학설의 내용이 들어 있어 연구에 참고가 될 만하다.72)

앞서 열거한 12권의 책 가운데 4권의 저자가 일본 사람이다. 그리고 『마르크스 자본론 입문』과 『마르크스 경제학설』 두 권은, 일본 사람인 엔도 무스이[遠藤無水 / 遠藤又四郎, 1881-1962]73)와 다카바타케 모토유키가 각각 번역한 『통속 마르크스 자본론通俗馬格斯資本論』과 『마르크스 자본론 해설馬克思資本論解說』이라는 일본어 번역본을 중국어로 재번역한 것이다.74)

이러한 상황은 물론 마르크스주의 중국 전파의 초기에 일본의 역할이 중요했다는 점을 알려준다. 하지만 그것은 또한 당시 중국 사람들이 접할 수 있었던 마르크스주의의 자료들이 제한되어 있었다는 사실을 알려준다. 마르크스주의가 폭넓고 심오하다면, 상대적으로 그 자료들은 매우 제한적인 것이었다. 마르크스주의 개척자들의 저서도 『공산당선언』과 『임금 노동과 자본』 두 가지만 있었을 뿐이다. 물론 당시에도 마르크스주의 개척

---

72) 劉岳兵, 「'日本馬克思主義': 民國時期中國學界回望」, 『讀書』2012年第1期: 90-91쪽에서 재인용. | 류웨빙의 이 글에는 한쥔의 관련 내용이 인용되어 있는데, 곳곳에 오타와 누락이 두드러진다. 특히, 한쥔의 글이 게재된 날짜를 1922년이 아니라 1926년으로 잘못 표기했다. 저자인 왕난스는 류웨빙의 잘못된 부분을 그대로 재인용하고 있다. 본문에서는 당시의 자료를 기준으로 문제점들을 모두 바로잡았다.

73) | 리단양은 엔도 무스이의 본명이 엔도 마타시로라고 밝힌다. 李丹陽, 「關於李漢俊對馬克思主義著作飜譯情況的探討」, 『上海革命史資料與研究』2008年第8輯: 133쪽 참조.

74) 劉岳兵, 「'日本馬克思主義': 民國時期中國學界回望」, 『讀書』2012年第1期: 91쪽에서 재인용.

자들의 저서나 저서 일부가 중국어로 번역되어 있었지만[75], 전반적으로 리한쥔이 말한 것처럼, '마르크스 학설에 관한 서적은 매우 적었다.' 자료의 제한 때문에 마르크스주의에 대한 이해도 그러한 자료들의 범위를 벗어나 깊이 있는 수준에 도달하지 못했는데, 그것이 일반적 상황이었다.

그래서 중국의 선진적 이들이 마르크스주의를 실제에 적용하려 했을 때, 그 이론적 준비가 충분치 않았다고 하는 것이다. 그러한 불충분함은 당연히 역사적 조건에 의한 것이지, 인위적인 결과는 아니다. 그와 같은 역사적 사실은 그것이 발생한 이유와 결과를 이해하는 것이지, 그것을 비난한다거나 아니면 반대로 그것의 의미나 결과를 부정하는 것이 아니기 때문이다.[76] 물론 '부족함'이라고 한다면, 거기에는 충분함과 부족함을 판단하는 기준의 문제가 포함된다. 기준이 다르기 때문에 같은 사실에 대하고도 전혀 다른 결론이 야기된다. 일반적으로 이론적 준비가 충분치

---

75) 앞의 인용문에서 나열한 리한쥔의 목록은 분명 '전체'라고 할 수 없다. 그 시기에 이미 번역 출판된 관련 서적들은 다음과 같은 것이 있었다. 쾅모한[鄺摩漢, 1884-1932]이 번역한 『자본론』 1권 3편에서 5편까지의 일부 내용, 그리고 슝더산[熊得山, 1891-1939]이 번역한 『고타 강령 비평』(즉 『고타 강령 비판』)은 『今日』지 1922년 1권 2호에서 4호에 걸쳐 발표되었다. 또한 슝더산이 번역한 『가족[家庭], 사유재산[私有制] 그리고 국가의 기원』의 1·5·6장은 『今日』지 1923년 3권 2호에 발표되었다. 1925년 2월부터 3월까지 『民國日報』의 칼럼인 『覺悟』에 연재된 커바이녠[柯柏年, 1904-1985] 번역한 『공상에서 과학으로의 사회주의 발전』도 있었다. 『공상에서 과학으로의 사회주의 발전』은 1920년에 발표된 정츠촨[鄭次川, 1887-1925]의 번역본도 있는데, 일부 내용만 번역되었을 뿐이다. 구체적인 자료들은 다음을 참고하라. 胡永欽·耿睿勤·袁延恒, 「馬恩著作在中國傳播的歷史槪述(二)·中國共産黨的成立至第一次國內革命戰爭時期」, 『中國圖書館學報』1983年第3期: 29-34쪽.

76) 이와 관련된 논의들은 다음을 참고하기 바란다. 李增光, 「對'中國共産黨成立前理論準備不足'問題的認識」, 『中共黨史硏究』1988年第1期: 91쪽. ; 蕭超然, 「'理論準備不足'說辨析」, 『北京大學學報(哲學社會科學版)』1991年第4期: 42-43쪽. ; 袁鷹, 「'我從來不悲觀'－夏衍同志逝世十周年祭」, 『炎黃春秋』2005年第3期: 47-50쪽. ; 艾辛, 「十月革命一聲砲響給我們送來了什麼?」, 『中華魂』2005年第6期: 52-55쪽.

않았다고 말할 경우의 그 비교 기준은 대부분이 러시아다. 즉, 러시아에서는 마르크스주의가 실행에 옮겨지기 전부터 플레하노프와 같은 권위적 이론가들이 마르크스주의를 깊이 있게 연구했다면, 상대적으로 중국은 그와 같은 작업이 결여되었기 때문이다. 그렇지만 그러한 비교의 맥락에서 벗어난다면, 당시 러시아 사람들의 이론적 준비가 충분했다고 단정할 수는 없다.

레닌은 1914년부터 1915년까지 "유럽 전역을 뒤덮은 '제1차 세계대전'이라는 급변하는 정세를 앞에 놓고도, 헤겔 철학을 연구하는 데 몰두해 변증법 문제만을 연구했다."[77] 또한 "50년 동안 마르크스를 이해한 마르크스주의자는 없었다!!"[78]는 탄식이 그 사실을 말해준다. 레닌이 보기에도 당시 러시아 마르크스주의자들의 이론적 준비는 부족했다. 따라서 이론적 준비 부족이라는 것은 상대적 개념이지 절대적 개념이 아니라고 할 수 있다. 그것은 중국의 마르크스주의자들이 마르크스주의적 이론 체계를 체계적으로 깊이 파악하지 못했던 데에 여러 이유가 있었다는 점을 알려줄 뿐이다.

이론적 준비 부족은 당시 역사적 조건으로 인해 중국 사람들이 마르크스주의 주요 저서들을 열심히 공부할 수 있는 시간이 충분치 않았다는 점, 그리고 마르크스주의 자체의 사상적 폭과 깊이 때문에 그 심오한 이치를 짧은 시간 안에 이해할 수 없다는 점이 근본 원인이다. 『마르크스·엥겔스 전집』의 첫 번째 중국어판이 1956년 1권에서 1985년 50권까지 완간되는 데 꼬박 30년이 걸렸다는 것을 보아도 그 작업의 어려움을 알 수 있다. 그럼에도 불구하고 그 핵심을 제대로 완벽하게 이해했다고 말할

77) | 張一兵, 『回到列寧』, 江蘇人民出版社, 2008: 69쪽.
78) Lenin / 中共中央馬克思恩格斯列寧斯大林著作編譯局 編, 『列寧全集』55, 人民出版社, 1990: 151쪽.

수는 없다. 그리고 실효성을 중시하는 중국 전통문화의 실용이성적 태도도 간과하기 어려운 원인일 것이다. 그럼에도 불구하고 이론적 준비 부족은 어떤 이유에서든 중차대한 결과를 초래했다. 그 결과들을 인정하고 깊이 인식한다는 것은 앞 세대 사람들을 비난하거나 그 사실들을 부정한다는 것이 아니다. 오히려 그것을 보완하고 극복해 나가는 것만이 후세 사람들이 짊어진 본분이 될 것이다.

2) 왜 유물사관을 소개하는 데 집중했는가?

마르크스주의의 중국 전파 초기를 언급하면서, 그 시기에 유물사관이 집중적으로 전파되었다는 점을 밝혔다. 일반적으로 이와 같은 사실에 대해 이견은 존재하지 않는다. 이견이라고 하는 것은 유물사관에 집중된 원인, 그리고 그러한 사실을 어떻게 평가할 것인가에 있다. 어떤 논자들은 유물사관이 엥겔스의 언급처럼 마르크스가 발견한 두 가지 가운데 하나였기 때문에 그것에 집중되었다고 주장한다. 언뜻 보면 이 주장에 문제가 없는 것 같지만, 자세히 살펴보면 논리적으로나 역사적으로나 모두 허점을 지니고 있다. 논리적으로, 유물사관과 잉여가치설이 공히 마르크스의 가장 중요한 발견이라면, 왜 군이 유물사관이 앞서 집중적으로 전파되었을까? 이것은 논리적으로 설명되지 않는다. 또한 역사적으로도 당시 사람들이 유물사관을 마르크스의 두 가지 발견의 하나로 의식했으며, 그래서 그것이 당연히 앞서 전파되었다고 하는 증거는 문헌에서 찾아볼 수 없다.

그 이유를 알기 위해서는 당시의 역사적 상황으로 돌아가야 한다. 역사적으로 당시의 중국은 위태로운 상황이었기 때문에, 선진적 이들은 나라와 세상을 구할 방책을 찾고 있었다. 그렇지만 한편으로는 서구 자본주의 사회의 여러 문제점들을 목격하면서 자본주의를 능가하는 다양한 사회주의적 방안을 더 많이 신봉하게 되었다. 사회적인 개혁 방안을 논증하려면 직접적으로 다양한 역사관에 근거해야만 한다. 철학적 측면에서 역사관이나 역사철학이야말로 다양한 사회적 개혁 방안의 이론적 근거가 되기 때문이다. 따라서 사람들이 그 관심을 역사관에 집중했던 것은 타당하고도 적절한 것이다.

마르크스주의적 사회주의의 이론적 기초는 당연하게도 유물사관이라는 역사관이다. 그렇기 때문에 다음과 같은 사실을 어렵지 않게 알 수 있다. 즉, 10월 혁명이 촉발된 뒤 중국 사람들은 러시아와 마찬가지로 사회주의적 방식으로 나라를 구하고자 사회주의의 합리성과 필연성을 논증하려 했다. 그러려면 당연하게도 유물사관으로 거슬러 올라가야만 했다. 따라서 유물사관에 집중했던 것은 유물사관이 두 가지 발견이었기 때문이 아니라, 그것으로 사회주의를 전체적으로 논증할 수 있었기 때문이었다. 다시 말해서, 한편으로는 유물사관으로 사회주의 혁명의 필연성을 입증했으며, 다른 한편으로는 그것의 계급투쟁 이론이 그러한 사회적 이상을 실현하는 데 설득력 있는 방법이었기 때문이다.

물론 여기에는 마르크스의 또 다른 발견인 잉여가치설의 전파라는 문제도 포함된다. 왕야난[王亞南, 1901-1969]과 궈다리[郭大力, 1905-1976]가 번역한 『자본론』 세 권이 완간된 것은 1938년의 일이고, 사실 그보다 앞서 몇 가지 종류의 불완전한 번역본이 1930년부터 출판되고 있었다.[79] 하지

---

79) 1930년 3월, 곤륜(崑崙)서점은 천치슈[陳啓修 / 陳豹隱, 1886-1960]가 번역한 『자본론』 1권 1편의 1-3장을 출판했다. 그것을 이어 판둥저우[潘冬舟 / 潘文郁, 1906-1935]가 2편 4장에서부터 4편 13장까지를 번역했는데, 1932년 8월에 동아(東亞)서점이 [그것을] 출판했다. 1932년 9월부터 1936년 6월까지 가상 [명의]의 '국제학사(國際學社)'와 가상 [명의]의 '세계명저출판사'에서는 왕쓰화[王思華 / 王愼銘, 1904-1978]·허우와이루[侯外廬, 1903-1987] 번역의 『자본론』 1권을 출판했다. 1934년 5월에 상해상무인서관(上海商務印書館)은 우반눙[吳半農, 1905-1978]이 번역하고 첸자쥐[千家駒, 1909-2002]가 교정한 『자본론』 1권 1분책을 출판했다. 1938년에 독서생활출판사(讀書生活出版社)는 왕야난과 궈다리가 번역한 『자본론』 1-3권을 출판했다. 이 내용[資

만 리한쥔의 앞서 인용문을 통해 알 수 있듯이, 마르크스의 정치경제학 비판서인『임금[工錢] 노동과 자본』(즉,『고용雇用 노동과 자본』)과 같은 것은 이미 중국어 번역본이 출판되어 있었다. 또한 마르크스의『자본론』을 소개하는 여러 종류의 저서들도 출판된 상태였다.

따라서 당시 마르크스의 정치경제학 비판이라는 이론이 상당 정도까지 이해되고 있었다고 할 수 있다. 그럼에도 불구하고 유물사관이 집중적으로 전파되었던 이유는 당시의 이해와 이후의 그것이 같지 않았다는 점에 있다. 즉, 이후에는 마르크스주의를 3가지 부분으로 나누고 유물사관은 철학,『자본론』은 정치경제학에 각각 배치했지만, 당시에는 마르크스주의를 크게 하나의 유기적 전체로 간주하면서 유물사관을 그것의 핵심으로 보았다. 이로부터 경제학설은 유물사관의 이론적 확장이 되었다.

그것은 리다자오의「나의 마르크스주의관」에서도 잘 드러나는데, 그는 다음과 같이 밝혔다. "마르크스의 사회주의 이론은 크게 세 가지로 나뉜다. 첫 번째는 과거에 관한 이론이다. 그의 역사론은 사회조직의 진화론이라고도 한다. 두 번째는 현재에 관한 이론이다. 그의 경제론은 자본주의적 경제론이라고도 불린다. 세 번째는 미래에 관한 이론이다. 그의 정책론은 사회주의적 운동론이라고도 하는데, 사회민주주의를 가리킨다. 그의 독특한 역사관을 벗어나 그의 사회주의를 생각한다는 것은 그야말로 불가능하다. 왜냐하면 그의 역사관에 따르면, 근본적인 원인으로부터 사회조직이 어떻게 변화할지가 확정되기 때문이다. 그러한 확정 원리로부터 현재의 경제 상황을 관찰해보면, 다시 말해서 자본주의적 경제 조직을 분석적이고 해부적으로 연구해보면, 현재의 자본주의적 조직은 머지않아 사회주의적 조직으로 옮겨질 수밖에 없다는 필연적 운명이 예견된다. 그런 다음,

料]은 楊國昌,「『資本論』中譯本簡史」,『經濟科學』1984年第6期: 69-76쪽에서 재인용했다.

…… 사회주의를 실현하기 위한 수단과 방법은 여전히 궁극적으로 계급 간의 경쟁에 있다고 단정한다. 그의 3가지 이론은 모두 불가분의 관계에 있는데, 계급 간 경쟁설은 하나의 실처럼 그 3가지 원리를 근본적 차원에서 이어준다. …… 연구상의 편의를 위해 그의 학설을 각 측면에서 나누어 살펴보면 대체로 위와 같다. 사실 그의 학설 자체가 유기적이고 체계적으로 조직되어 있기 때문에 분리되거나 나눌 수 없는 것이다."[80]

또한 『자본론』의 내용 자체가 심오하고 복잡해서 짧은 시간 안에 그것을 이해하기 어려웠다는 점도 초기에 빠르게 전파되지 못했던 원인이 될 것이다. 다시 말해서, 『자본론』의 중요성을 인식하지 못했던 것이 아니라 그와 같은 과학적 대작을 중국 사람들에게 짧은 시간 안에 소개할 수 없었던 것이 더 큰 이유였다. 중국 사람들이 『자본론』 사상을 처음 접한 뒤, 완역본이 나오기까지 20여 년이 걸렸다는 점이 그것을 잘 보여준다.

그러한 사실을 어떻게 평가할 것인가에는 평가의 기준 문제가 포함된다. 여기서 관건은 마르크스주의 철학의 이해 문제, 즉 마르크스주의 철학이 유물사관(또는 역사적 유물주의)인가 그렇지 않은가의 여부에 있다. 마르크스주의 철학을 역사적 유물주의로 주장한다면, 당시 리다자오 등의 전파 활동은 마르크스주의의 핵심을 파악한 것이라고 할 수 있다. 하지만 마르크스주의 철학에 역사적 유물주의 말고도 변증적 유물주의 등이 포함되어 있다고 주장한다면, 그 평가는 크게 달라진다. 사실 대부분의 논자들이 훗날 소련 교과서 체계의 '변증적 유물주의와 역사적 유물주의'라는 구조로부터 당시 유물사관의 전파를 평가해왔다. 심지어 한 1930년대의 저서는 리다자오를 언급하면서 그의 유물사관을 다른 부분과 분리시켰다.

그 저서의 저자는 리다자오를 매우 높게 평가했다. "최근 50여 년 동안의 중국 사상사에서 리서우창[李守常 / 李大釗] 선생의 공헌은 다른 사람들

---

80) 李大釗, 『李大釗全集』3, 人民出版社, 2006: 18-19쪽.

의 그것과 비교할 수 없을 정도이다."[81] "리 선생은 역사에 관한 연구 성과가 가장 많을 뿐만 아니라 유물사관을 가장 앞서 철저히 주창한 사람이기도 하다. 오늘날 이렇게 중국에서 변증법, 유물론, 유물사관이 성행하게 된 데에는 모두 선생이 그 기초를 세우고 그 시작을 선도했기 때문이라고 할 수 있다. 선생이 앞서 알았고 깨달았기 때문에 그 사상의 영향과 중요성을 우리도 알게 되었다."[82]

그럼에도 불구하고 그가 나열 과정에서 유물사관, 변증법, 유물론을 함께 병렬시켰다는 것을 어렵지 않게 알 수 있다. 만약 역사적 유물주의와 변증법적 유물주의를 이처럼 병렬시킨다면 필연적으로 다음과 같은 결론에 도달하게 된다. 즉, 유물사관은 단지 마르크스주의 철학의 한 부분에 불과하며, 따라서 마르크스주의 철학의 전파 또한 불완전한 것이 된다. 또한 그것에 한계가 존재하기 때문에 보완과 시정이 요구된다. 후세 사람들이 변증적 유물주의의 내용을 보완하려 했던 이유이자, 유물사관의 집중적인 전파를 평가했던 기준이 대체로 이것이었다. 그러나 이 기준은 소련의 교과서 체계에 근거한 것이지, 마르크스주의 개척자들의 이론에 기초한 것이 아니다. 앞서 언급한 것처럼, 그것이 리다자오와 같은 이들이 이해했던 마르크스주의적 구성이 아니라면, 그것의 합리성 여부는 더 많은 논의가 필요할 것이다.

3) 마르크스주의의 내적 길항에 대한 인식

리다자오는 마르크스주의 이론의 내적 길항을 이미 알고 있었다. 그는 다음과 같이 말했다. "마르크스의 학설은 비난받을 만한 지점이 많은데,

---

81) 郭湛波, 『近五十年中國思想史』, 山東人民出版社, 1997: 111쪽.
82) 郭湛波, 『近五十年中國思想史』, 山東人民出版社, 1997: 117쪽.

유물사관과 계급경쟁설의 모순적 대립이 특히 그러한 편이다. 마르크스는 한편에서 역사(마르크스는 변화가 없으면 역사도 없다고 주장했다.)의 동력은 생산력이라고 명확하게 인정했지만, 다른 한편에서는 지금까지의 역사가 모두 계급경쟁의 역사라는 점, 즉 계급경쟁은 역사의 궁극적 법칙이며 역사는 계급경쟁에 의해 만들어진다고 주장했다. 한편에서는 계급 활동을 부정했는데, 생산력이라는 것이 직접적으로 경제적 현상 자체의 활동이든, 간접적으로 재산법이나 일반적 법제의 제한이든 간에 그것에는 언제나 경제적 과정을 결정하는 효력이 어느 정도 갖춰져 있다는 것이다. 그리고 또 다른 한편에서는 계급경쟁의 활동을 다시 언급했는데, 그것은 역사적인 근본적 사실을 추출해 사회적 진화의 전체적 방향을 결정할 수 있다는 것이다."[83]

리다자오의 언급에는 분명 마르크스주의 이론의 내적 길항을 포함하고 있다. 그러한 길항에 대해 리다자오는 마르크스를 반박한 에우제니오 리그나노(Eugenio Rignano, 1870-1930)의 언급들이 "핵심을 꿰뚫었다고 할 만하다"[84]고 평가한다. 그러면서 다음과 같이 주장했다. "이 명백한 모순은 마르크스 학설에서도 스스로 원만한 주장이 되었다."[85] 즉, "마르크스는 실제로 계급적 활동을 경제 과정의 자연스러운 변화로 귀결시켰다."[86] 하지만 리다자오는 그와 같은 설명이 "줄곧 모순을 억지로 끌어다 맞춘 것처럼 느껴진다."[87]고 했다. 이처럼 리다자오가 그 길항을 이해하는 방식과 일반적인 이해 방식이 서로 다르다는 점은 분명해 보인다. 그는 길항을 의도적으로 부정하거나 어떤 방식을 통해 해소시키지 않았다. 왜냐하면

83) 李大釗, 『李大釗全集』3, 人民出版社, 2006: 30-31쪽.
84) 李大釗, 『李大釗全集』3, 人民出版社, 2006: 31쪽.
85) 李大釗, 『李大釗全集』3, 人民出版社, 2006: 31쪽.
86) 李大釗, 『李大釗全集』3, 人民出版社, 2006: 31쪽.
87) 李大釗, 『李大釗全集』3, 人民出版社, 2006: 31쪽.

이론적 해석과 실제적 행위 간의 길항이 문제의 본질이라는 점, 따라서 단순한 이론적 방식으로는 해소될 수 없다는 점을 알았기 때문이다.

리다자오는 제2인터내셔널의 기계론적 결정론이나 숙명론이 가져온 위기를 명확하게 인지했기 때문에, 그 역시 단순한 이론상의 원만한 주장으로는 실질적 문제를 해결할 수 없다는 것을 알고 있었다. 그는 다음과 같이 말했다. "어떤 사람은 역사적 유물론자들이 경제적 과정의 진행 방향은 필연적이며 피할 수 없는 것이라고 하면서 그것에 숙명론의 색을 입혔다고 주장한다. 훗날 마르크스 유파의 사회당이 그 숙명론을 믿었다. 그래서 집단적인 생산제가 자연스럽게 성숙되기만을 기다리는 것 말고는 어떠한 제안도, 어떠한 활동도 없었다. 그로 인해 현대의 각국 사회당들이 큰 위기를 맞게 되었다. 그것은 물론 마르크스 유물사관의 폐단이라고 할 수도 있다. 하지만 마르크스와 엥겔스는 함께 발표한 『공산당선언』을 통해 전 세계의 노동자계급에게 그들이 연대해 자본주의를 전복시키자고 큰 소리로 호소했으며, 이로부터 사회주의의 실현은 인민 자신을 떠나서는 결코 이룰 수 없다는 것을 모두가 알게 되었다. 이것이 마르크스주의의 절대적인 업적이다."[88]

리다자오에게 마르크스주의는 역사적 필연성이 스스로 실현되기를 앞서서 기다리는 숙명론적 학설이 결코 아니었다. 그럼에도 불구하고 그러한 유물사관의 결정론적 관념에는 다음과 같은 실천적 효과가 포함되어 있다. "다른 한편으로, 사회주의에 필연성이 존재한다는 말을 가지고 사람들에게 사회주의에 대한 신앙을 갖게 하거나 그것이 반드시 이루어질 것이라고 믿게 할 수 있다. 사회주의를 선전하는 데 예수교의 복음 경전과도 같은 효과가 분명히 있다."[89] 얼마 뒤, 리다자오는 「현대 역사학에서 유물

---

88) 李大釗, 『李大釗全集』3, 人民出版社, 2006: 32쪽.
89) 李大釗, 『李大釗全集』3, 人民出版社, 2006: 32쪽.

사관의 가치」라는 글에서 다음과 같이 지적했다. "어떤 사람들은 유물사관을 오해하고 있다. 즉, 사회적 진보는 물질상의 자연적 변화를 통해서만 이루어지기 때문에 인류의 활동은 필요치 않으며, 새로운 상황이 도래하기만을 앉아서 기다려야 한다고 생각하는 것이다. 그래서 유물사관을 비판하는 일반 사람들도 이것을 빌미로 유물사관이 남(긴) 악영향은 바로 숙명론(운명은 하늘이 정한 대로 따른다)적 인생관이라고 한다. 하지만 이것은 완전히 잘못된 것으로, 유물사관이 인생에 끼친 영향은 오히려 정반대이다."[90] 그 예가 바로 "최근 들어, 유물사관의 영향을 받지 않은 고등교육기관의 역사학 교수들이 거의 없는데, 그들은 열심히 새로운 사회를 만들어내고 있다."[91]는 점이다.

물론 이론적으로만 보면, 리다자오가 역사적 필연성과 계급투쟁의 관계, 또는 결정론과 능동론의 관계를 처리하는 방식에 만족하기 어려울 것이다. 만약 이론적으로 그 주장을 그럴듯하게 바꾸는 것이 더 좋았을 것이라고 한다면, 어떤 방식으로 그것을 제기했어야 하는가는 따져봐야 할 문제가 된다. 예를 들어, 많은 논자들이 리다자오의 「마르크스에 대한 나의 관점」과 비슷한 시기에 발표된 후한민의 「유물사관 비판에 대한 비판」을 거론하면서[92], 후한민을 가리켜, "어떤 의미에서 유물사관에 대한 그의 진술이 학문적으로 더 정확하다." "유물사관에 대한 후한민의 이해가 리다자오의 그것보다 깊이가 있다."고 보았다. 그것도 아니면 일부 유물사관의 문제들에서 "후한민이 분명히 리다자오보다 정확하"게 이해했다거나, 심지어 어떤 이는 "그가 「유물사관 비판에 대한 비판」이라는 장

---

90) 李大釗, 『李大釗全集』3, 人民出版社, 2006: 221쪽.
91) 李大釗, 『李大釗全集』3, 人民出版社, 2006: 221쪽.
92) 리다자오의 「我的馬克思主義觀」은 『新靑年』第6卷第5·6號(1919년 9월-11월)에 발표된 것이고, 후한민의 「唯物史觀批評之批評」은 『建設』第1卷第5號(1919년 12월)에 발표된 것이다.

문의 글에서 리다자오의 글을 거의 조목조목 비판했다."고까지 주장했다.[93]

논자들이 주로 제기한 부분은 다음의 내용이다. 즉, 에우제니오 리그나노Eugenio Rignano가 마르크스를 반박한 것에 대해 리다자오는 '핵심을 꿰뚫었다'고 평가했을 뿐만 아니라 마르크스 '또한 스스로 원만한 주장을 했'다고 하면서도, 줄곧 모순을 억지로 끌어다 맞춘 것처럼 느껴진다고 언급한 지점이다. 이와 다르게, 후한민은 에우제니오 리그나노Eugenio Rignano(후한민은 '례나누[列拿努]'로 번역했다.)의 반박을 과감하게 일축한다.

후한민은 다음과 같이 말했다. "마르크스가 경제학 비판 등의 저서에서 사회적 생산력이 사회의 원동력이라고 이미 확인했음에도 불구하고, 공산당선언에서 지금까지의 역사는 계급투쟁의 역사라고 또 다시 언급했기 때문이다. 언뜻 보면 스스로 모순된 것 같지만 자세히 따져보면 그의 학설은 일관된다. …… 계급대립과 계급투쟁은 모두 경제적 과정의 자연스러운 변화이다. 그렇기 때문에 한쪽에서는 사회적 생산력이 역사의 원동력이라고 말하고, 다른 한쪽에서는 지금까지의 역사가 계급투쟁의 역사라고 말할 수 있는 것이다. 계급투쟁은 바로 사회적 생산력의 변화로부터 오는 것이다. …… 마르크스의 말은 사실 모순되지 않는다."[94]

앞서 언급한 논자들의 견해와 다르게, 리다자오와 후한민의 글을 자세히 비교해보면 사실 그 둘 사이에 어떠한 원칙상의 차이도 발견되지 않는다. 오히려 비슷한 주장들을 더 많이 볼 수 있다. 예를 들어, 마르크스를

---

93) 周聿峨·陳紅民, 『胡漢民』, 廣東人民出版社, 1994: 134쪽. ; 王守常·張翼星·陳岸瑛·李菱, 『20世紀西方哲學東漸史－馬克思主義哲學在中國』, 首都師範大學出版社, 2002: 43-44쪽. ; 周策縱, 『五四運動: 現代中國的思想革命』, 江蘇人民出版社, 1996: 411쪽을 참조하라.

94) 胡漢民, 『中國哲學史之唯物的研究』, 中國文化服務社, 1940: 84-86쪽.

반박한 에우제니오 리그나노Eugenio Rignano에 대해, 두 사람 모두 계급투쟁을 경제적 과정의 자연스러운 변화에 포함시키는 방식으로 그를 비판했다. 후한민의 글이 '리다자오의 글을 거의 조목조목 비판했다'는 저우처쭝[周策縱, 1916-2007]의 평가에 이르러서는 정말 어디서부터 무슨 이야기를 해야 할지 모를 정도이다.

물론 유물사관의 개척자들에 관해 후한민과 리다자오와 견해 차이가 있기는 하지만, 그 차이점은 두 사람이 유물사관을 다르게 정의했기 때문이다. 따라서 리다자오가 마르크스, 콩도르세, 생시몽과 같은 이들 간의 차이를 혼동한 것이 결코 아니다. 그렇기 때문에 무슨 실질적 차이가 있는 것도 아니며, '리다자오가 실수한 부분을 바로잡은' 것은 더더욱 아니다. 나름 중요한 의미가 있다고 할 수 있는 유일한 차이는, 글에 사용된 말투에서 후한민이 보다 유물사관에 충실한 것처럼 보였고, 반면, 리다자오는 '줄곧 모순을 억지로 끌어다 맞춘 것처럼 느껴진다'는 표현처럼, 에우제니오 리그나노Eugenio Rignano의 반박에 대해 그다지 자신 없는 태도를 보였다는 점에 있다.

하지만 그것이 알려주는 것은 무엇인가? 후한민이 리다자오보다 사상적으로 더 심오하다는 것일까? 반드시 그런 것이 아니다. 앞서 언급했던 것처럼, 리다자오는 역사적 필연성과 계급적 경쟁 가운데 하나만을 선택할 수 있다고 보지 않았다. 왜냐하면 그에게 사회를 바꾸는 데 두 가지 측면 모두가 필요했기 때문이다. 앞서 언급한 해결 방식은 사실 계급투쟁을 역사법칙에 귀결시킨 것인데, 그렇게 되면 계급투쟁도 더 이상 능동적인 활동이 되지 못하고 역사적 필연성에 의해 결정되는 그 무엇이 될 뿐이다.

만약 그와 같은 해결 방식을 계속 고수한다면, 그것은 사실 루카치가 헤겔의 변증법에 의존했던 것과 마찬가지라고 할 수 있다. 앞서 살펴봤던 것처럼, 루카치는 결국 능동적인 계급의식을 어떤 역사적 필연성에 귀결시키고 말았다. 비록 그것이 이론적으로는 모순을 해결한 듯 보이지만, 실제로는 프롤레타리아 의식의 능동성을 제거한 것이었다. 계급경쟁을 그렇게 이해하는 것은 분명 리다자오가 원하던 것이 아니다. 여기서 리다자오는 그러한 해결 방식을 놓고 유보적인 태도를 취했다. 비록 그럴듯해 보일지라도, 그것은 세계를 바꾸는 실천이 요구하는 능동성이라는 측면에서 타당하지 않았기 때문이다. 그래서 그는 차라리 그 모순을 그대로 존치시켰다. 어떤 방식으로든 그것이 표현상의 문제로만 해소되는 것을 원하지 않았기 때문이다.

저자의 부족한 소견으로는 그 점이 리다자오를 더욱 심오하게 만든다고 본다. 이론적으로는 후한민의 해석이 완성도가 더 높아 보이겠지만, 계급경쟁의 능동성은 제거되었다. 후한민의 글이 '리다자오의 글을 거의 조목조목 비판했다'는 저우처쭝의 언급은 그 근거가 매우 부족한 것이라고 할 수 있지만, 그럼에도 불구하고 그가 "마르크스주의에 대한 다이지타오[戴季陶, 1891-1949]와 후한민의 태도는 리다자오의 그것과 달랐다. 앞의 두 사람은 이론적 민족주의라는 의미를 강조했지만, 리다자오가 추구한 것은 계급투쟁이었기 때문에 훗날 그들은 서로 갈라서게 된다."[95]고 말한 것은 틀림없는 사실이다.

결국 그러한 뿌리 깊은 분열을 초래하게 된 사상적 원인은 리다자오가 그의 젊은 시절에 추구했던 '자유의지의 이치'라는 철학으로부터 마르크스주의를 독특하게 해석했기 때문일 것이다. 따라서 그가 계급경쟁을 중시했던 것도 마르크스주의를 그의 초기 철학적 기본 관념에서 독특하게 이해한 것에 지나지 않는다. 어떤 의미에서 보면, 그와 같은 이해는 그의 초기 사상이 마르크스주의로 확장된 결과라고 볼 수도 있다. 앞서의 언급 가운데 이론적 장단점이라는 측면에서, 결정론과 능동론을 다루었던 제2

---

95) 周縱策, 『五四運動: 現代中國的思想革命』, 江蘇人民出版社, 1996: 411쪽.

인터내셔널, 루카치, 그람시를 평가한다면 리다자오의 독특한 이해는 그람시의 그것에 더 가까웠다. 그렇기 때문에 적어도 그 문제들을 실천적으로 잘 처리할 수 있었던 것이다. 바로 그와 같은 이유에서 그는 이론적이고 논리적인 그럴듯함을 위해 그가 이해했던 마르크스주의의 정신적 본질이 훼손되는 것을 원치 않았다.

제3장

마르크스주의 철학의 체계화를 위한 노력

중국에 마르크스주의가 전래된 초기에 다양한 이유 때문에 유물사관에 집중될 수밖에 없었다면, 그 다음으로는 마르크스주의가 체계화되는 과정이 있었다. 그 과정에서 취추바이, 리다, 아이쓰치의 작업이 가장 성공적이었다고 할 수 있다.

1 체계화의 필요성

마르크스주의가 중국에 전래된 초기에는 대체로 유물사관을 널리 알리는 데 집중되었다. 그런데 취추바이로부터 중국의 마르크스주의 전파가 체계화 경향을 띠기 시작했다. 왜 그와 같은 변화가 나타났을까? 여기에는 외부적 원인과 내부적 원인이 있다. 하나는 전파의 경로의존성에 의한 제약이고, 다른 하나는 마르크스주의 이론이 중국에서 발전하기 위한 내적 필요성이다.

1) 마르크스주의가 중국에서 전파될 수 있었던 내적 필요성

전파된 이론 자체의 측면에서 본다면, 체계화는 마르크스주의가 중국에서 발전하는데 필수적인 것이었다. 그것은 다음과 같은 이유에서다. 마르크스주의는 외부에서 들어온 수많은 '주의'들 가운데 가장 두드러진 것이었는데, 당시 중국의 선진적인 이들이 그것을 선택하면서 하나의 문제에 봉착했다. 그것은 몇몇 선진적인 이들만의 '주의'가 아니라 어떻게 중국 사람들이 폭넓게 신봉하는 '주의'로 만들 것인가였다. 그렇게 하기 위해서는 우선적으로 다음과 같은 작업이 필요했다. 그것은 경쟁적 관계의 다른 '주의'들을 논쟁적으로 반박하는 과정을 통해 마르크스주의에게 이론적 승리를 안기는 것이다. 사실상 5·4 시기에 있었던 몇 차례의 사상

논쟁, 즉 '문제와 주의' 논쟁, 사회주의 문제 논쟁, 무정부주의 문제 논쟁, 그리고 1930년대 유물변증법 논쟁 등은 모두 경쟁 상대들을 논쟁적으로 반박하는 과정에서 자신의 영향력을 극대화시킨 특수한 전파 행위였다.

유물변증법 논쟁에 참여한 상대방들도 이 부분을 잘 알고 있었다. 예를 들어, 장둥쑨은 "유물변증법이 철학이라는 영역에 침입한 이상, 철학자라면 그것을 그냥 모른 척할 수는 없다."[1]고 했다. 이와 함께 통속화通俗化된 선전을 통해 광범위한 민중들, 우선적으로 수많은 청년들로 하여금 마르크스주의를 받아들이게 해서 마르크스주의를 대중화시키고, 또한 마르크스주의 자체의 전파력을 강화하는 것이 필요했다. 따라서 이 두 가지 작업이 보다 효과적이려면 체계화는 필수적인 것이었다. 그것은 체계화된 즉, 조직적인 팀을 이루어야만 상대방을 더욱 효과적으로 이길 수 있는 것과 같다. 체계화되어야만 경쟁적 관계의 다른 상대들을 힘 있게 반박할 수 있고, 또한 광범위한 민중들에게 가장 효과적으로 전파할 수 있기 때문이다.

2) 마르크스주의가 중국에 전파된 경로의존성

중국에서 마르크스주의가 전파된 초기에는 뚜렷한 두 가지의 특징이 보인다. 하나는 나라의 존립이 위태로운 시기에 중국의 선진적인 이들은 나라를 구하기 위한 방도를 찾고자 했으며, 결국 마르크스주의를 찾아냈다. 또 다른 하나는 구입 가능한 마르크스주의 자료들이 한정되어 있어 그러한 수용과 전파는 독자적인 이론적 형태를 갖출 수 없었다. 여기서 앞서 말한 10월 혁명의 촉매 작용이 간과되어서는 안 된다. 바로 10월

---

1) 張東蓀,「唯物辨證法之總檢討」, 許全興·陳戰難·宋一秀,『中國現代哲學史』, 北京大學出版社, 1992: 292쪽에서 재인용. | 참고로, 장둥쑨의 이 글은『唯物辨證法論戰』, 民友書局, 1934와『道德哲學』, 中華書局, 1931에 실렸던 것이다.

혁명의 영향으로, 마르크스주의를 수용한 중국의 선진적 일부가 러시아식으로 중국을 바꾸고자 했던 것이다. 그러했기 때문에 당연하겠지만, 러시아에서 들어온 마르크스주의는 중국에 막대한 영향을 끼칠 수밖에 없었다.

그래서 마오쩌둥이 "중국 사람들이 찾아낸 마르크스주의는 러시아 사람들이 소개한 것"[2]이라고 말했다. 여기서 '찾아낸'이라는 단어가 참으로 의미심장하다. 중국 사람들이 러시아 사람들로부터 가장 먼저 마르크스주의를 수용한 것이 아니라는 점을 마오쩌둥도 당연히 알고 있었다. 그는 훗날 일본인 친구를 접견할 때, 다음과 같이 말했다. "마르크스주의가 중국보다 일본에 더 일찍 전파되어 일부 마르크스주의 저작들은 일본에서 구한 것이다. 우리는 일본어 문헌을 통해 마르크스주의를 배웠다. 교토제국대학의 가와카미 하지메 교수가 쓴 저서는 지금도 우리의 참고서다."[3] 그가 이렇게 말한 것은 어떤 목적이 있어서가 아니라 단지 실제 사실을 말했을 뿐이다. 이와 다르게 러시아 사람들로부터 받아들인 마르크스주의는 중국 사람들에게 나라와 백성들을 구할 수 있는 그 무엇이었다.

근대에 들어, 중국 사람들은 2,000년 동안 겪어보지 못한 커다란 변화에 겪었는데, 그 때의 대책은 무엇이었을까? 중국 사람들이 여러 세대에 걸쳐 힘들게 찾았던 대안이었기에, 그야말로 그것은 "그대를 찾아 무리 속을 천 번 백 번 헤매었지"라고 할 만하다. 그런데 10월 혁명이라는 자극으로부터 "홀연히 고개 돌려", 나라를 구할 수 있는 '진리'를 발견했지만 그것은 "희미한 등불 아래 서" 있었다.[4] 그로부터 10월 혁명의 러시아는

---

2) 『毛澤東選集』4, 人民出版社, 1991: 1470쪽.
3) 郭建寧, 「馬克思主義中國化硏究的歷史·現狀與方法論」, 『毛澤東鄧小平理論硏究』2005年第5期: 44쪽에서 재인용.
4) | 이 문장에서 제시된 인용 부호의 내용은 모두 신기질(辛棄疾, 1140-1207)의 「靑玉案·元夕」이라는 詞에 실린 것이다.

중국 사람들에게 마르크스주의를 받아들이는 데 가장 중요한 준거틀이 되었다.

그 시기에 중국공산당이 창당되면서 러시아에 체류하던 공산주의자들이 속속 중국으로 돌아왔는데, 그때 그들이 가져온 것이 바로 소련 판본의 마르크스주의였다. 그것은 러시아어 전공자와 자료가 모두 부족했던 기존의 상황을 크게 변화시킨 계기가 되었다. 10월 혁명의 막강한 영향력 때문에 그 시기의 소련 마르크스주의 철학교과서는 우선적으로 학습하고 모방해야 할, 그리고 선전에 필요한 저본이 되었다. 그로부터 마르크스주의 철학의 체계화가 당시 마르크스주의 전파의 흐름이 된 것이다.

물론 이론적 측면에서 어떤 방식으로 체계화하는가는 특정한 해석 체계만을 취하기보다는 오히려 다양한 방식이 가능할 수 있다. 그것은 어떤 의미에서 체계화의 필연성이나 필요성을 알려주기도 하지만 많은 부분에서 소련식 모델의 체계화가 반드시 필연적인 것은 아니었다는 점을 일깨워준다. 예를 들어, 루카치는 마르크스주의 철학을 상이한 방식으로 체계화했지만 그 체계는 당시 중국 사람들에게 제대로 알려지지도 못했을 뿐만 아니라 그 이론 체계에 상응하는 실천적 성공 사례도 존재한 것이 아니었다. 그래서 실질적으로 참조할 만한 대상이 되지 못했다.

그렇지만 시대적 조건이 달랐다면 그것은 참고를 위한 모델이 될 수 있었다. 중국의 마르크스주의 철학은 1980년대부터 교과서 체계를 개혁하기 시작했는데, 그 때 많은 부분에서 또 다른 체계화기 시도되었다. 그 체계화가 바로 루카치가 재해석한 헤겔주의적 체계였기 때문이다. 그럼에도 불구하고 1920년대 중국 마르크스주의의 체계화는 특수한 역사적 원인들 때문에 소련의 마르크스주의적 교과서를 선택할 수밖에 없었던 것이다. 이처럼 각종 우연과 조건으로부터 그와 같은 체계화는 취추바이에 의해 시작된다.

2 취추바이와 초기 중국 마르크스주의 체계화의 정립

취추바이는 중국 마르크스주의를 체계화한 개척자이다. 취추바이로부터 중국 마르크스주의의 전파 방식이 바뀌어서 체계화라는 흐름이 나타났다. 여러 우연들에 의해 취추바이가 그러한 전환의 앞자리에 서게 되었다.

1) 취추바이라는 역사적 우연

취추바이는 학자 가문 출신으로, 천부적으로 총명하고 다재다능했다. 어려서부터 전통문화의 영향을 받았으며, 동정심도 많았다. 이후 가세가 기울고 야박한 세태에 염증을 느낀 그는 고민과 방황 끝에 베이징으로 갔다. 하지만 어려운 집안 형편으로 베이징대학에 진학할 수 없게 되자 1917년 가을에 학비를 받지 않는 외교부의 러시아어 전수관專修館에 들어간다. 그리고 당시의 시대적 영향, 특히 5·4운동에 러시아어 전수관의 학생 대표 자격으로 참가하면서 그의 사상은 점차 급진화되었고, 부조리한 사회를 바꾸겠다는 이상을 품게 된다. 문학 번역 활동, 특히 러시아 문학의 번역을 통해 그 사상은 크게 변화한다.

그는 훗날 「러시아로의 기행[餓鄕紀程]」에서 그 시기의 사상적 변화를 회상하면서 다음과 같이 밝혔다. "베이징에 도착한 다음부터 5·4운동까지의 3년 동안이 내 일생에서 가장 지루하고 단조로운 시간이었다. ...... 그 3년 동안 내가 철학을 연구할수록 염세주의적 철학 사상이 깊어져 갔다. ...... 당시의 고독한 삶이라는 '이원二元적 인생관'이 그것을 잘 보여준다. 즉, 생활의 일부분은 '세상사世上事에 대한' 내 책임으로서 스스로의 생계를 위해 준비했고, 또 다른 생활의 일부분은 '세상사를 벗어난' 선행으로서 문화를 가지고 중국을 구하고자 했다."[5] 바로 이 시기에, "5·4운동이 갑자기 터지면서 나는 소용돌이에 휘말렸다. 고적한 생활이 깨져버린 것이다."[6] 하지만 거기서 진행된 "사회주의 토론은 우리에게 무한한 흥미를 불러일으키곤 했다. 그렇지만 결과적으로 1840년대 러시아 청년 지식인들의 사상과 마찬가지로 그 영향 관계들이 모호할 뿐만 아니라 창가에 앉아 새벽안개를 보는 것처럼 사회주의적 유파와 사회주의의 의미가 모두 혼란스러워 명확하지 않았다."[7]

또한 취추바이는 그 시기에 친구들과 함께 사상적 측면에서 철학이나 인생관을 중시하기 시작했다고 한다. 하지만 그는 사회문제를 해결하는 데는 여전히 유심唯心적 태도로 일관했고, 유물사관의 의미도 명료하지 못했다. 1920년 3월, 그가 당시 발표했던 「『러시아 유명 작가의 단편소설집』 서문」에서는 "러시아 볼셰비키의 붉은 혁명이 정치적, 경제적, 사회적으로 엄청난 변동을 가져왔다. 천지가 놀라고 전 세계의 사상들은 모두 그것의 영향을 받게 되었다."[8]고 크게 찬양했다.

또한 그는 유물주의와 비슷해 보이는 이론을 가지고 러시아 문학의 변화 과정을 설명하고자 했다.[9] 그렇다고 하더라도 그의 사상은 전체적으로 다양한 사상적 흐름을 보였는데, 물론 그 가운데 사회주의가 주도적인 위치를 차지하기는 했다. 그것은 마치 그가 묘사했던 "학생운동의 방향이 갑자기 사회주의로 기울어졌다."[10]는 것과 같았다. 취추바이는 바로 그

---

5) 瞿秋白, 『瞿秋白文集·文學編』1, 人民文學出版社, 1985: 24-25쪽.
6) 瞿秋白, 『瞿秋白文集·文學編』1, 人民文學出版社, 1985: 25쪽.
7) 瞿秋白, 『瞿秋白文集·文學編』1, 人民文學出版社, 1985: 26쪽.
8) 瞿秋白, 『瞿秋白文集·文學編』2, 人民文學出版社, 1986: 248쪽.
9) 瞿秋白, 『瞿秋白文集·文學編』2, 人民文學出版社, 1986: 248-249쪽을 참조하라. 여기서 취추바이는 다음과 같이 말했다. "문학은 단지 사회의 반영이고, 문학가는 사회의 대변인일 뿐이다. 사회적 변동이 있어야만 사상이 영향을 받는다. 사상의 변화만이 문학에 영향을 준다. 문학이 변화했다고 해서 그것이 사상에 영향을 끼치는 일은 없다. 사상의 변화만이 사회적인 것들에 영향을 준다." 이러한 견해는 기계론적 반영론에 가까워 보인다.
10) | 瞿秋白, 「中國社會思想的大變動」, 內部發行, 『五四運動文選』, 生活·讀書·新

시기에 베이징에 있던 『신보晨報』의 제안을 받아들였고, 그 신문의 특파원 자격으로 소련에 가서 취재를 한 것이다. 러시아에 머무는 동안 취추바이는 배우고, 사색하며, 탐구하는 과정을 거쳐 한 명의 마르크스주의자로 거듭났다.

그 변화는 스스로 정한 목표이기도 했다. 러시아 국경을 넘을 때, 그는 다음과 같은 점을 분명히 했다. "본인은 러시아 남동부의 치타Chita시를 떠나 머지않아 '붉은 나라'로 들어간다. 책임을 수행할 시간이 가까워졌기 때문에 나는 당연히 이에 대한 원칙을 세워야 한다. 이제부터 이론 연구와 사실을 취재하는 것 이외에도, 사회적 심리가 반영된 여론을 실제에 부합하게 이해하고, 사회 조직들이 보여주는 현실 생활을 느낄 것이다. 그 과정에서 내 마음의 내적 요구도 따르겠지만, 뒤의 두 가지인 세상사로부터 양분을 더 많이 얻을 것이다. 나의 책임은 다음과 같다. 공산주의라는 사회 조직의 인류 문화적 가치를 연구하는 것, 그리고 인류문화의 한 부분이자 옛 문화로부터 새로운 문화로 나아가는 출발점으로서 러시아문화를 연구하는 것이다."[11] 취추바이는 이를 위해 동료인 위쑹화[兪頌華, 1893-1947]와 업무를 분담했다. 위쑹화가 기사 작성을 담당했기 때문에 그는 이론과 실제를 체계적으로 연구할 수 있었다.[12]

취추바이는 소련에 있는 동안 많은 조사 작업과 함께 연구 작업도 진행했다. 마르크스주의 이론을 공부했을 뿐만 아니라 소련 공산주의의 실행 과정과 문학예술 작품 등도 연구했다. 이와 같이 "취추바이는 러시아에 온 지 1년도 채 안 되었지만, 마르크스주의 이론을 공부하면서 현지 조사 작업을 병행해 나가면서 점차 마르크스주의의 사회혁명 사상을 이미 받아들였다. 그는 변증적 유물주의와 역사적 유물주의의 관점, 특히 계급적

知三聯書店, 1959: 429쪽.

11) 瞿秋白, 『瞿秋白文集·文學編』第1卷, 人民文學出版社, 1985: 84쪽.

12) 陳鐵健, 『瞿秋白傳』, 紅旗出版社, 2009: 86-87쪽을 참조하라.

분석 방법을 수용했다. 또한 그것을 조사 작업과 글쓰기에 적용하거나, 또는 그것으로 자신의 생각을 분석하고 수정하는 데 활용했다."13)

그는 그 기간 동안 일련의 작품들도 완성했다. 그 가운데 「러시아로의 기행」, 「붉은 도시에서의 여정[赤都心史]」은 철학적 이치가 담긴 산문 작품으로, 그가 러시아에 머문 동안 보고 들은 것, 생각과 감정의 변화, 독서 후기 등의 기록이다. 취추바이는 그것을 가리켜 '심리적 기록의 초고'와 '사회적 밑그림'이라고 했다. 그리고 「러시아 혁명론」은 러시아 혁명의 기원을 이론적으로 다루려는 시도이다. 그밖에도 「러시아 문학사」를 썼으며, 『신보』와 『시사신보時事新報』에도 상당한 분량의 기사들을 발표했다.

취추바이가 중국으로 돌아온 1922년 말, 그는 이미 확고부동한 마르크스주의 이론가가 되어 있었다. 그는 귀국하자마자 몇 개의 공산당 이론 관련 간행물, 그리고 상하이대학의 지도관리와 교육 업무를 주관하게 된다. 상하이대학에서 1923년에 〈사회철학 개론〉과 〈현대 사회학〉 강좌를 시작으로 1924년에는 〈사회과학개론〉도 강의하게 되었는데, 상하이서점에서 이 3편의 강의 원고를 1924년에 출판했다. 또한 같은 해, 유물변증법을 다룬 두 편의 번역문을 발표했다. 하나는 플레하노프의 「변증법과 논리」이고, 다른 하나는 아도라츠키[Vladimir Viktorovich Adoratskiĭ, 1878-1945]의 「마르크스주의적 변증법의 몇 가지 법칙」이다. 그리고 직접 저술한 「실험주의와 혁명철학」이 있다.14)

---

13) 陳鐵健, 『瞿秋白傳』, 紅旗出版社, 2009: 103쪽.

14) | 여기서 언급된 「변증법과 논리」, 「마르크스주의적 변증법의 몇 가지 법칙」, 「실험주의와 혁명철학」은 모두 『新青年』1924年第3期에 실려 있다. 저자 왕난스는 이 세 편의 글이 모두 취추바이와 관련된다고 주장하지만, 그것은 사실과 다르다. 즉, 「실험주의와 혁명철학」은 취추바이가 직접 쓴 글이 맞지만, 앞의 두 편은 취추바이가 번역한 글이 아니다. 『新青年』1924年第3期에 살펴보면, 「변증법과 논리」는 플레하노프의 글을 정차오린[鄭超麟, 1901-1998]이 옮겼으며, 「마르크스주의적 변증법의 몇 가지 법칙」은 아도라츠키의 글 일부를 스푸[石夫]가 옮겼다는 것을 확인할 수 있다.

그리고 1927년에는 고레브[Boris Isaakovich Gorev, 1874-1937]의 『무산계급의 철학 – 유물론』15)을 번역·출판했는데, 그 번역서의 부록으로 그가 1926년 초에 저술한 「유물론적 우주관 개론」과 「마르크스주의의 의미」라는 두 편의 글을 실었다. 1929년에는 메링[摩陵 / Franz Erdmann Mehring, 1846-1919] (지금은 중국어 메링[梅林]으로 번역한다)의 『역사적 유물주의』를 번역·출판했다. 이와 같은 저술들이 1920년대 취추바이가 마르크스주의 전파를 위해 기여했던 주된 성과라고 할 수 있다.

취추바이는 러시아에서 공부를 하면서 예전 중국 사람들에게 전파된 마르크스주의 철학이 유물사관에 국한되었기 때문에 완전하지 못하다는 것을 알게 된다. 그는 중국 내부의 당시 연구 현황을 다음과 같이 평가했다. "중국의 마르크스주의 이론 연구는 지금까지도 이상할 정도로 결핍되어 있다. 유물사관에 대한 소개도 그다지 정확하지도 명료하지도 못하다. 보통 유물사관이나 마르크스주의를 '유물사관'이라는 어휘로 번역해 왔는데 그 '유물사관'이라는 번역은 완벽하지 않은 것이다. 마르크스의 철학적 학설은 결코 유물사관만으로 개괄될 수 없기 때문이다. 따라서 제대로 된 마르크스주의의 의미를 알아야만 한다."16) 이로부터 그는 그와 같은 비정상적 상황을 바로잡고자 했다.

따라서 「변증법과 논리」의 옮긴이는 취추바이가 아니라 정차오린이다. 그런데 「마르크스주의적 변증법의 몇 가지 법칙」의 경우, 스푸가 누구인지 그 이후에도 밝혀지지 않아 문제가 되었다. 그 과정에서 옮긴이가 스푸에서 취추바이로 와전된 것이다. 왕레이는 당시의 관련 정황과 정차오린의 회고록(鄭超麟, 『鄭超麟回憶錄』, 東方出版社, 2004)을 근거로, 스푸가 인콴[尹寬, 1897-1967]이라는 사실을 밝혀냈다. 王磊, 「馬克思主義辨證法在中國早期傳播的一篇重要文獻 – 『馬克思主義辨證法底幾個規律』譯文作者考」, 『黨史研究與教學』2014年第5期를 참조하라. 참고로, 정차오린과 인콴은 모두 중국 트로츠키파의 핵심 인물들이다.

15) | 저자는 본문에서 『無産階級之哲學-唯物論』을 『無産階級哲學 – 新唯物論』으로 잘못 소개하고 있다.

16) 瞿秋白, 『瞿秋白文集·政治理論編』4, 人民出版社, 1993: 21쪽.

2) 취추바이가 소개한 체계화된 철학

고레브의 『무산계급의 철학 – 유물론』에 실린 두 편의 부록, 즉 「유물론적 우주관 개론」과 「마르크스주의의 의미」에서 취추바이의 이론적 의도가 매우 분명하게 드러난다. 그는 우선 이 두 편의 부록을 게재한 이유를 설명하면서 그 취지를 밝혔다. 취추바이는 두 편의 부록, 특히 「마르크스주의의 의미」는 다음과 같은 의의가 있다. "그것은 독자들이 '마르크스주의'라는 명사의 개념을 정확하게 파악할 수 있도록 도와준다. 마르크스주의가 유물사관이나 그것의 경제학설에만 국한되어 있다고 생각해서는 안 된다."[17]

그는 이 글에서 플레하노프의 말을 인용하면서 그것을 자기 견해의 근거로 삼았다. "마르크스주의는 전체적인 우주관에 해당한다. 간단히 말해서, 그것은 현대적인 유물론이다."[18] 그리고 나서 다음과 같이 명확하게 제기했다. "마르크스주의를 흔히 마르크스의 경제학설 또는 계급투쟁론으로 여기고 있길 뿐이다. 하지만 사실 이것은 완전히 잘못되었다. 마르크스주의는 우주, 자연계, 인류 사회에 대한 통일적 시각이자 방법이다. 그렇다면 무엇이 마르크스주의의 우주관과 사회관을 통일시키는가? 그것은 그가 '현대적인' 또는 변증법적dialectical, 즉 디알렉티케dialektike적 유물론의 시각에서 현실세계의 모든 현상을 해석했기 때문이다. 이것이 마르크스주의의 가장 근본적인 토대이며, 그것을 마르크스의 철학이라고 하는 부르는 것이다."[19]

따라서 유물사관은 마르크스주의를 이루는 한 부분이지 결코 전부가

---

17) 瞿秋白, 『瞿秋白文集·政治理論編』4, 人民出版社, 1993: 1쪽.
18) 瞿秋白, 『瞿秋白文集·政治理論編』4, 人民出版社, 1993: 18쪽. | 이 표현은 플레하노프의 「마르크스주의의 근본 문제」에서 인용한 것이다.
19) 瞿秋白, 『瞿秋白文集·政治理論編』4, 人民出版社, 1993: 18쪽.

아니다. 물론 인류사회의 역사는 자연계와 달리 특수한 법칙을 갖는다. 그럼에도 불구하고 "인류사회도 자연계의 일부기 때문에 당연하게도 우주 속 자연계의 근본 법칙을 따른다. 그러나 과학자들이 물리학의 역학 법칙을 생물학에 억지로 적용하지 않는 것처럼, 마찬가지로 자연계의 전체 법칙을 사회학에 직접 적용해서는 안 된다. 즉, 사회 현상에 대한 설명은 반드시 자연 법칙과 조응하는, 그를 통해 연구된 사회 법칙을 따라야 한다."[20] 그래서 "마르크스주의에서는 별도로 인류의 사회생활이라는 부분을 떼어서 연구한다. 여기에는 두 가지 과학이 포함되어 있는데, 하나는 유물사관이 적용된 마르크스주의 사회학이다. 다른 하나는 사회경제를 연구하는 마르크스주의 경제학이다."[21] 그렇다면 마르크스주의는 이론적으로 변증법적 유물론, 유물사관, 정치경제학이라는 3가지 부분으로 구성된다. 만약 여기에 프롤레타리아 혁명의 투쟁 이론인 과학적 공산주의까지 포함시키면 4가지가 된다. 따라서 마르크스주의가 단지 유물사관에 불과하다는 생각은 대단히 적절치 못한 것이라고 할 수 있다.

또한 취추바이는 「유물론적 우주관 개론」에서 유물론 전체의 우주관을 다룬다. 우선 '유물론에 대한 전체적인 정의'다. 즉, "마르크스주의 우주관의 기초는 변증법적 유물론에 있다. 변증법적 유물론이라는 명칭이 드러내는 것은 마르크스의 유물론이 유물론과 변증법의 결합이라는 점, 그리고 그 두 학설이 가장 발전적으로 형태로 진화된 결론이라는 점이다."[22] "유물론적 방법은 물질의 여러 성질과 집단적인 인간 활동의 조직들을 통해 그 심리 현상을 분석하는 것이다."[23]

그리고 물질은 "플레하노프에 의하면, '물질이라는 것은 어떤 방법으로

---

20) 瞿秋白, 『瞿秋白文集·政治理論編』4, 人民出版社, 1993: 19쪽.
21) 瞿秋白, 『瞿秋白文集·政治理論編』4, 人民出版社, 1993: 19쪽.
22) 瞿秋白, 『瞿秋白文集·政治理論編』4, 人民出版社, 1993: 1-2쪽.
23) 瞿秋白, 『瞿秋白文集·政治理論編』4, 人民出版社, 1993: 2쪽.

또는 직간접적으로 영향을 주어 생물 유기체에게 외부적 감각을 일으키게 하는 것이다.' …… 우리의 외부 감각이 느낄 수 있을 뿐만 아니라 중량과 부피 등과 같이 측정 가능한 모든 것이 '물질'이다."24) 그 다음으로는 '물질세계의 통일성'이다. 엥겔스는 그 통일성을 다음과 같이 설명했다. "우주의 진정한 통일은 그것의 물질성에 있다. 즉, 우주는 시작도 끝도 없는 통일된 물질이며, 그러한 물질 밖에 다른 어떠한 것도 없다."25) 또한 의식은 플레하노프의 언급처럼, "운동과 마찬가지로 물질의 한 성질에 불과한 것이다."26) 생명과 의식은 물질세계 발전의 결과로서, 특히, 의식은 "가장 발전된 형태의 심리적 작용일 뿐이다."27) 나아가 "모든 인식은 경험으로부터 발생하는데, 주관적인 '나'가 외부의 자극을 받아 형성된 것이다."28)

유물론의 근거와 원리는 다음의 몇 가지로 귀결된다. ① 우주에서 물질만이 유일하다. ② 정신은 물질의 특수한 성질이다. ③ 지구의 역사가 증명해주는 것은 주관적 정신이 발견된 것보다 객관적 물질이라는 존재가 훨씬 더 오래되었다는 점이다. ④ 인간이라는 것은 우주와 분리되지 않는 우주의 일부분이며, 자연세계에 법칙에 철저히 종속된다. ⑤ 인식의 유일한 근원은 외부 세계의 물질이다 ⑥ 실제에 부합된 인식이 곧 진리이다.29) 유물론을 하나의 방법으로 간주하게 되면, 그것의 특징은 다음에 있다. "과학적 우주관으로 모든 현상을 관찰하고, 외부 세계의 사물을 순수하고

---

24) 瞿秋白, 『瞿秋白文集 · 政治理論編』4, 人民出版社, 1993: 3쪽.
25) 瞿秋白, 『瞿秋白文集 · 政治理論編』4, 人民出版社, 1993: 5쪽. | 관련 내용은 Friedrich Engels / 김민석 옮김, 『반듀링론』, 중원문화, 2011을 참조할 것.
26) 瞿秋白, 『瞿秋白文集 · 政治理論編』4, 人民出版社, 1993: 6쪽.
27) 瞿秋白, 『瞿秋白文集 · 政治理論編』4, 人民出版社, 1993: 10쪽.
28) 瞿秋白, 『瞿秋白文集 · 政治理論編』4, 人民出版社, 1993: 13쪽.
29) 瞿秋白, 『瞿秋白文集 · 政治理論編』4, 人民出版社, 1993: 15쪽.

객관적으로 고찰함으로써 다양한 현상들의 물질적 측면, 즉 객관적이고 실제적인 측면의 원인을 찾아야만 한다. 주관적이고 이상적인 심리적 분석으로 우주나 사회 현상을 설명해서는 안 된다."[30]

사실 위의 표현들은 기계론적 유물주의라는 느낌을 쉽게 불러일으킨다. 그럼에도 불구하고 취추바이는 그가 어떤 목적에서 진정한 마르크스주의를 찾고자 했는지를 잊지 않고 있었다. 그래서 그는 「마르크스주의의 의미」에서 다시금 강조했다. "이론적 측면에서 과학적 공산주의는 앞서 언급한 마르크스주의의 세 부분, 즉 ① 변증법적 유물론 ② 유물사관 ③ 프롤레타리아 경제학의 결론이 된다. 하지만 과학적 공산주의는 실천적으로 마르크스주의 전체 체계를 구성하는 동기動機이기도 하다."[31] 그 이유는 다음과 같다. "공산주의는 마르크스주의를 만든 최초의 동기일 뿐만 아니라 동시에 마르크스주의에 실질적인 책무를 부여한다. 즉, 그것은 노동자계급의 혁명투쟁에 필요한 지식상의 수단으로서, 전체 인류사회가 노동자 계급에 의해 해방될 때까지 요구된다. 그러므로 순수하고 투철한 마르크스주의일수록 혁명적인 공산주의일 수밖에 없는 것이다."[32]

마르크스주의에 대한 편향된 이해를 바로잡기 위해, 특히 마르크스주의의 기초가 되는 변증법적 유물론을 보완하기 위해, 취추바이는 3편의 강의 원고에서 유물사관을 비교적 체계적으로 다루었다. 그런데 그 논의 방식이 대단히 독특하다. 『사회철학 개론』이라는 강의 원고의 경우, '머리말'과 본문 두 부분으로만 이루어져 있다. '머리말'의 내용은 '철학 속의 유심유물론'이다. 그리고 본문은 '유물철학과 사회현상'으로 표기되어 있는데, 각각 '총론', '1. 철학', '2. 경제'로 구성된다. '총론'의 분량은 많지

---

30) 瞿秋白, 『瞿秋白文集·政治理論編』4, 人民出版社, 1993: 15-16쪽.

31) 瞿秋白, 『瞿秋白文集·政治理論編』4, 人民出版社, 1993: 20쪽.

32) 瞿秋白, 『瞿秋白文集·政治理論編』4, 人民出版社, 1993: 21쪽.

않고, 주로 사회철학 관념의 역사적 변화를 다루었는데 대부분 철학적 내용이다. '1. 철학'은 '우주기원론'으로부터 '상호 전환의 법칙'과 '양과 질, 부정의 부정'에 이르기까지 모두 9절로 이루어져 있지만, '2. 경제'라는 사회철학 부분은 '사회적 물질로서 경제', '계급의 발생과 발전', '분업', '가치 이론', '자본과 잉여가치' 등 7절로 이루어져 있을 뿐이다.

그렇다면 실제적으로 유물론과 변증법을 다룬 것은 '머리말'과 '1. 철학'이다. 그리고 '총론'의 대부분 내용도 철학에 속한다. 이 세 부분을 합치면 전체 분량의 3분의 2에 달하고, '2. 경제'만이 사회 문제를 다루었을 뿐이다. 따라서 『사회철학 개론』의 내용은 그 명칭과 다르게 대체적으로 변증법적 유물론에 머물러 있는 것이다.[33] 그리고 『현대 사회학』과 『사회과학 개론』에서는 유물변증법과 유물사관으로 다양한 사회 현상을 분석하고 있는데, 유물사관의 내용을 일정 정도 체계적으로 설명했다고 할 수 있다.

취추바이는 유물사관을 설명할 때도 그것의 법칙성과 필연성을 강조했다는 점에서 매우 독특하다. 『사회과학 개론』에서는 '총론'을 제외하고, '사회의 의미', '경제', '정치', '법률', '도덕', '종교', '풍속', '예술', '철학', '과학', '사회 현상과의 관계'라는 11가지 문제를 다루었는데, 사회생활의 다양한 문제들을 논의하고 있다. 그것은 상대적으로 사회학에 가깝기 때문에 내용이 비교적 구체적이라고 할 수 있다.[34] 또한 『현대 사회학』에서는 일반적 역사관의 문제를 논의 대상으로 하면서 유물사관을 설명했다는 점에서 더 중요한 의의를 지닌다.[35]

『현대 사회학』에서 사회학의 특징, 그리고 그것과 기타 과학들의 관계를 다룬 1장을 제외한다면, 나머지 장들[36]은 모두 사회 운동의 법칙성을

---

33) 瞿秋白, 『瞿秋白文集·政治理論編』2, 人民出版社, 1988: 310-380쪽을 참조하라.
34) | 瞿秋白, 『瞿秋白文集·政治理論編』2, 人民出版社, 1988: 544-601쪽을 참조하라.
35) | 瞿秋白, 『瞿秋白文集·政治理論編』2, 人民出版社, 1988: 395-485쪽을 참조하라.
36) | 전체적으로 『현대 사회학』는 1장 '사회학의 대상, 그리고 사회학과 기타 과학들의

설명한 것이다. 취추바이는 바로 2장에다가 '사회과학의 원인론과 목적론'이라는 제목을 붙이고, 1절 '모든 현상의 법칙성'에서 다음과 같이 설명했다. "우주의 현상에는 반드시 그것에 상응하는 법칙이 있다. 그래서 '하늘이 온 백성을 낳았으니, 사물이 있으면 그 법칙이 있다.'[37]라고 한 것이다. …… 모든 현상에는 그 단서가 있으며, 이와 같은 현상들은 서로에게 영향을 끼치는 일정한 관계가 존재한다."[38] "사회 현상도 마찬가지다. 인간의 사회생활이 얼마나 복잡하고 상이하든 간에 우리는 항상 일정한 법칙을 살펴볼 수 있다."[39]

그런데 우주와 사회의 모든 현상에 법칙이 있다고 인정하게 되면, 두 가지의 '질문'이나 설명 방식이 있을 수 있다. 하나는 목적론이다. 다시 말해서, "법칙성이라는 성질은 그 법칙이 어떤 목적을 위해 설정된 것인가에서 존재한다."[40] 다른 하나는 인과론적인, "법칙성이라는 성질은 그 법칙이 어디에서 연유된 것인가에서 존재한다. 이것이 원인의 법칙성이다."[41] 그렇지만 목적론은 이치에 맞지 않는다. 왜냐하면 "목적론은 결국 신론神論으로 귀결되[42]기 때문이다. "모든 목적론 유파의 해석은 사실상 종교적 신앙인데, 이에 대해 어떠한 설명도 하지 않는다. 그렇기 때문에 법칙성이 어떤 법칙성인가라는 근본 문제에는 단 하나의 정답만이 있을 뿐이다. 즉, 자연계와 사회의 법칙성은 모두 원인을 가지며 객관적인 것이다."[43]

관계', 2장 '사회과학의 원인론과 목적론', 3장 '결정론과 비결정론', 4장 '사회현상의 변증법', 5장 '사회'로 이루어져 있다.

37) 『詩經』, 「大雅」: 天生蒸民, 有物有則.
38) 瞿秋白, 『瞿秋白文集·政治理論編』2, 人民出版社, 1988: 409쪽.
39) 瞿秋白, 『瞿秋白文集·政治理論編』2, 人民出版社, 1988: 410쪽.
40) 瞿秋白, 『瞿秋白文集·政治理論編』2, 人民出版社, 1988: 412쪽.
41) 瞿秋白, 『瞿秋白文集·政治理論編』2, 人民出版社, 1988: 412-413쪽.
42) 瞿秋白, 『瞿秋白文集·政治理論編』2, 人民出版社, 1988: 416쪽.

만약 이와 같다면 다음의 문제를 마주하게 된다. "사회 현상은 인간이 만드는 것이고, 사회는 인간이 조직하는 것이다. 인간은 생각할 수 있고, 사색할 수 있으며, 느낄 수 있고, 스스로 목적을 정할 수 있으며, 스스로 행동할 수도 있는, 그래서 '해야 할 바를 한다[有所作爲]'고 한 것이다. …… 하지만 지금 우리는 사회 현상에 객관적 법칙이 있다고들 한다. 그렇다면 그것은 한편으로 개개인의 행위 결과이기도 하지만, 그로 인해 개개인의 행위는 제약될 수밖에 없는 것이다. 이렇게 보면, 인간의 의지는 자유로운 것이 아니라 다른 현상들과 관련된 것이면서 어떤 법칙을 따르고 있는 것이다."44)

또한 "이것은 철학적으로 '의지의 자유'라는 문제다. 인간 의지의 자유는 제약되지 않는다고 주장하는 학설이 '비결정론'Indeterminisme이다. 그리고 의지의 부자유를 주장하면서 환경에 제약된다는 학설이 바로 '결정론'Determinisme이다."45) 취추바이는 비결정론을 다음과 같이 비판했다. "만일 비결정론을 마지막까지 적용한다면 어떤 결론을 얻을 수 있을까? 인간의 의지가 절대적 자유로서 다른 현상들과 관련되지 않았다고 한다면, 그것은 스스로 원인을 갖지 않는다. 다시 말해서, 빈대와 같은 곤충의 번식으로부터 태양계의 운행에 이르기까지 우주의 모든 것이 법칙을 지니지만, 오직 인간의 의지만이 마치 하늘의 신과 같이 우주 전체 위에 군림한다. 그것은 자연계의 일부도 아니며, 그저 유일한 예외일 뿐이다. 이처럼 의지의 자유론은 종교와 직접적으로 관련되었지만 그것에 대해 어떠한 설명도 하지 않는다. 그것은 지식이라고 할 만한 것도 없으며, 단지 맹목적 신앙만이 있을 뿐이다."46)

---

43) 瞿秋白, 『瞿秋白文集·政治理論編』2, 人民出版社, 1988: 422쪽.
44) 瞿秋白, 『瞿秋白文集·政治理論編』2, 人民出版社, 1988: 423-424쪽.
45) 瞿秋白, 『瞿秋白文集·政治理論編』2, 人民出版社, 1988: 424쪽.
46) 瞿秋白, 『瞿秋白文集·政治理論編』2, 人民出版社, 1988: 424쪽.

당연하게도 "사실은 그러한 주장과 완전히 다르다."[47] 취추바이는 비결정론에 다음과 같은 문제가 있다고 지적했다. "이러한 비결정론 유파들은 '제약이 없다'는 느낌과 객관적으로 '제약이 없다'는 것을 혼동한다."[48] 분명히, "그들에게 자유의 느낌이 있다"[49]고 하더라도 "그들의 행동에 어떠한 원인도 없고, 그들의 의지 또한 진정 자유롭다."[50]고 할 수는 없다. 그렇기 때문에 "전체적으로 인간의 느낌과 의지는 전적으로 그 유기체, 그리고 그것이 처한 환경과 밀접히 관련되어 있다. 의지는 그 밖의 자연계 현상들과 마찬가지로, 몇몇의 원인들에 의해 결정될 수밖에 없는 것이다. 인간이 자연계에 속해 있다면, 결코 예외일 수 없다."[51]

또한 취추바이는 조직화되지 않은 사회와 조직화된 사회에서 개별적 의지들이 결집하는 문제를 분석했다. "조직화되지 않은 사회에서는 계획적인 생산도 없고 서로 싸우는 계급만이 존재하기 때문에 모든 것이 계획에 의해서가 아니라 자연적으로 생성되고 소멸될 뿐이다. 많은 사람들이 그와 같은 사회에서 일어난 현상들을 바라지 않는다."[52] 비록 그것이 "인간의 의지를 거친 것"[53]이라고 해도, "개개인들은 무의식적이면서도 자연적으로 생성되고 소멸되는 성질에 의해 통괄되어 있는데, 그러한 자연적으로 생성되고 소멸되는 성질은 바로 개개의 의지들이 한데 모여 있는 것에 불과하다."[54]

그로부터 조직되지 않은 사회에서 개별적 의지의 결집과 관련된 다음

---

47) 瞿秋白, 『瞿秋白文集·政治理論編』2, 人民出版社, 1988: 424쪽.
48) 瞿秋白, 『瞿秋白文集·政治理論編』2, 人民出版社, 1988: 424쪽.
49) 瞿秋白, 『瞿秋白文集·政治理論編』2, 人民出版社, 1988: 424쪽.
50) 瞿秋白, 『瞿秋白文集·政治理論編』2, 人民出版社, 1988: 424쪽.
51) 瞿秋白, 『瞿秋白文集·政治理論編』2, 人民出版社, 1988: 426쪽.
52) 瞿秋白, 『瞿秋白文集·政治理論編』2, 人民出版社, 1988: 428쪽.
53) 瞿秋白, 『瞿秋白文集·政治理論編』2, 人民出版社, 1988: 429쪽.
54) 瞿秋白, 『瞿秋白文集·政治理論編』2, 人民出版社, 1988: 429쪽.

의 3가지 원칙을 도출해낸다. 첫째, 사회적 현상은 개별적인 의지, 감정, 행동 등이 '상호 교차'하는 과정에서 만들어진다. 둘째, 사회적 현상은 임의의 시간과 장소에서 개인의 의지들을 규정한다. 셋째, 사회적 현상은 개인의 의지를 드러내지 않으며, 자주 그 의지들과 단절되곤 한다. 그로 인해 개인은 자연적으로 생성되고 소멸되는 사회적 성질을 억압적으로 느낄 때가 있다.[55]

그렇지만 조직화된 사회에서는, 그것이 설령 공산주의 사회라고 하더라도 "공산주의 사회의 인간은 '자연을 초월한' 신이 되었다거나, 자연법칙의 제약을 절대 받지 않는다고 말하지 않는다. 그러한 것이 아니라, 공산주의 사회의 인간은 여전히 자연계의 일부분이자 인과율의 지배를 받고 있다."[56] 이로부터 조직된 사회의 3가지 원칙이 도출된다. 첫째, 사회적 현상은 개별적인 의지, 감정, 행동 등이 '상호 교차'하는 과정에서 만들어진다. 그런데 그러한 '상호 교차' 과정은 자연적으로 생성되고 소멸되는 것이 아니라, 의지를 지닌 이들에게는 조직된 것이다. 둘째, 사회적 현상은 임의의 시간과 장소에서 개인의 의지를 규정한다. 셋째, 사회적 현상은 개인의 의지를 드러낼 수 있을 뿐만 아니라 그 의지들과도 단절되어 있지 않다. 자신의 결의를 임의로 알릴 수 있으며, 자연적으로 생성되고 소멸되는 사회적 성질도 억압이라고 느끼지 않는다. 즉, 자연적으로 생성되고 소멸되는 사회적 성질은 이미 사라졌으며, 이성적이고 사회적인 조직의 성격이 그것을 대체했다.[57]

취추바이는 공산주의가 '필연의 세계에서 자유의 세계로의 이행'이라는 주장에 대해서도 직접 설명하고 있다. 그는 다음과 같이 지적했다. 그

---

55) 瞿秋白, 『瞿秋白文集·政治理論編』2, 人民出版社, 1988: 430쪽.
56) 瞿秋白, 『瞿秋白文集·政治理論編』2, 人民出版社, 1988: 431쪽.
57) 瞿秋白, 『瞿秋白文集·政治理論編』2, 人民出版社, 1988: 432쪽을 참조하라.

러한 주장으로부터 "어떤 학자들은 결정론이 부르주아 사회에만 적용될 수 있다고 본다. 하지만 실제로는 그렇지 않다. '자유의 세계'라는 것은 의식적이고 조직적인 성질을 가리키기 때문에, 자연적으로 생성되고 소멸되는 무의식적인 성질과는 상대적인 관계에 놓여 있다. 따라서 자유의 세계에서 사람들은 특정한 조건으로부터 무엇을 해야 하는지, 어떻게 해야 하는지를 정확히 알고 있다. 그것은 단지 그러한 것이다. 즉, '자유는 인식된 필연이다.'"[58]

일단 법칙성과 필연성을 언급했다면, 우연성 역시 다룰 수밖에 없다. 그래서 취추바이는 역사적 우연성과 역사적 필연성을 논의했다. 취추바이는 글의 첫머리에서 "결정론의 의의는 우연성이라고 불리는 모든 것을 부정하는 데 있다."[59]고 요지를 밝힌다. 그렇지만 그것을 그렇게 간단히 부정할 수는 없기 때문에, 그는 여러 형태로 우연성을 분석했다. 우선 "'우연'은 주관적일 뿐이다."[60] 사물의 원인은 아주 다양할 뿐만 아니라 서로 교차되는 것이다. 따라서 하나의 원인만 알고 나머지 다른 원인들을 모른다면, 우리는 여러 원인들로 이루어진 현상을 그저 우연으로만 보게 된다. "그래서 엄밀히 말하자면, 우연이라는 것은 없다. 다시 말해서, 세상에 원인이 없는 일이라는 것은 없다. 모든 현상은 객관적으로 반드시 원인을 갖는다."[61]

그로부터 그는 스피노자[Baruch de Spinoza, 1632-1677]의 주장에 동의했다. "우연이라는 것은 전적으로 우리의 무지에서 비롯된 것인데, …… 내가 그 원인들을 단지 알지 못하고 있을 뿐이다."[62] 일반적 우연성이 주관적

---

58) 瞿秋白, 『瞿秋白文集·政治理論編』2, 人民出版社, 1988: 432쪽.
59) 瞿秋白, 『瞿秋白文集·政治理論編』2, 人民出版社, 1988: 432쪽.
60) 瞿秋白, 『瞿秋白文集·政治理論編』2, 人民出版社, 1988: 433쪽.
61) 瞿秋白, 『瞿秋白文集·政治理論編』2, 人民出版社, 1988: 433쪽.
62) 瞿秋白, 『瞿秋白文集·政治理論編』2, 人民出版社, 1988: 433쪽.

이라는 점으로부터 다음과 같은 내용이 도출된다. "세상에 원인 없는 일이 없다면 당연히 그것은 역사에도 없는 것이다. …… 보통 역사에서 우연한 일이라고 하는 것들도 수많은 원인 가운데 단지 한두 개만 알아서 생기는 착각일 뿐이다. 인과관계를 벗어나 있는 역사적 사실이라는 것은 없다."[63]

물론, 또 다른 의미에서 역사적 우연과 필연성이 사용되기도 한다. 예를 들어, 자본주의 발전은 필연적으로 제국주의 전쟁을 유발할 수밖에 없다고들 하지만, 제1차 세계대전의 원인인 오스트리아 황태자 페르디난트 [Franz Ferdinand, 1863-1914] 부부의 피살 사건은 우연적 현상이라고 한다. 여기서 언급된 필연은 사회 발전 과정에서 대단히 중요한 원인을 포함한 사건, 그리고 우연은 그 역사적 변화 과정에서 발생한 대수롭지 않은 사건을 가리킨다. 그러나 아무리 사소한 우연일지라도 그것에는 원인이 갖춰져 있다. "따라서 엄밀히 말해서, 역사에서도 우연한 일이라는 것은 없다. 가장 작은 사실에서부터 가장 커다란 세계적 정세에 이르기까지 모두 인과율의 연속 과정에 놓여 있다. 모두 우연적이지 않으며, 모두가 원인을 갖는다."[64]

모든 역사가 우연적이지 않고 인과율에 놓여 있는 것이라면, '우연의 다른 일면인 필연'은 바로 역사적 필연성이 된다. 역사가 필연적이라면 사회과학 또한 자연과학과 마찬가지로 미래에 대한 예측이 가능해진다. "만약 우리가 사회의 발전 법칙과 발전 방향을 알게 된다면, 우리는 당연히 사회의 미래를 어렵지 않게 예측할 수 있다."[65] 하지만 "우리는 지금도 사회적 현상이 출현하는 시점을 예측하지는 못한다. 그것은 우리의 과학

63) 瞿秋白, 『瞿秋白文集·政治理論編』2, 人民出版社, 1988: 434쪽.
64) 瞿秋白, 『瞿秋白文集·政治理論編』2, 人民出版社, 1988: 435쪽.
65) 瞿秋白, 『瞿秋白文集·政治理論編』2, 人民出版社, 1988: 438쪽.

적 지식 능력이 아직도 정확한 숫자를 활용하지 못하기 때문이다. 우리가 사회의 발전 속도를 알지는 못하지만 사회의 발전 방향은 알고 있다."[66]

이어진 글에서 취추바이는 사회적 현상에 대한 많은 인식적 문제와 방법론 등을 다루었다. 그렇지만 법칙성과 필연성, 그리고 자유 의지와 우연성에 관한 논의가 가장 중요할 뿐만 아니라 가장 특징적이라는 점 또한 분명하다. 그 특징들은 훗날 중국 마르크스 철학의 이론적 발전에 큰 영향을 끼쳤다.

❸ 리다와 중국 마르크스주의의 체계화된 발전

리다는 마르크스주의가 중국에서 전파되는 과정에서 그 이전의 성과를 계승·발전시킨 인물이라고 할 수 있다. 그러한 마르크스주의의 전파 과정에서 리다의 사상 또한 매우 중요한 변화를 거쳤는데, 그 변화들은 중국 마르크스주의 이론의 방법론적 전환을 직접적으로 상징한다.

1) 『현대 사회학』의 유물사관

리다의 마르크스주의 전파는 대체로 1920년대 후반을 경계로 나뉜다. 그 이전 시기는 『현대 사회학』, 이후 시기는 『사회학대강』이 대표적인 저서다. 이전 시기의 사상적 특징은 일본에서 전래된 마르크스주의의 영향을 받았다는 점이다. 그리고 이후 시기의 사상적 영향은 상당히 복잡한데, 기존 일본의 영향과 함께 소련의 새로운 영향, 뿐만 아니라 마르크스의 저작과 유럽·미국 학자들의 저서들을 스스로 연구하면서 형성된 것도 있다.

---

66) 瞿秋白, 『瞿秋白文集·政治理論編』2, 人民出版社, 1988: 438-439쪽.

마르크스주의의 다른 초기 전파자들에 비해, 리다는 마르크스주의에 관한 학술적 기초가 가장 체계적이고 완벽하다고 할 수 있다. 1912년, 그는 일본 유학을 위한 국비 장학생에 선발되었다. 1913년에 일본 유학을 떠나 우선적으로 언어 공부에 매진했는데, 일본어, 영어, 독일어를 차례로 습득했다. 1914년, 폐질환으로 귀국해 3년 뒤 완치되었고, 다시 1917년에 일본으로 건너가 일본의 도쿄제일고등학교에서 광석 채굴과 금속 제련을 공부했다.

그는 러시아 10월 혁명의 승리에 크게 고무되었는데, 그것을 계기로 마르크스주의, 볼셰비키주의, 레닌주의를 알게 된다. 그도 배우고자 하는 마음이 있어 마르크스주의 학설을 연구하기 시작했다. 그 직후인 1918년에 리다는 돤치루이[段祺瑞, 1865-1936] 정부가 일본 정부와 체결한 〈중－일 공동 방어 군사협정〉을 반대하기 위해, '재일본 유학생 구국단'을 이끌고 베이징에서 청원 시위를 전개했다. 하지만 그 투쟁의 실패는 그에게 다음의 것을 "깊이 깨닫게 해주었다. 나라를 구하려면 …… 인민들이 일어나 반동 정부를 전복시켜야만 러시아와 같은 혁명의 길로 갈 수 있는 것이다. 그 길로 가려면 마르크스레닌주의의 이론과 러시아 사람들의 혁명 경험을 서둘러 배워야만 한다."[67] 그래서 그는 1918년에 다시 일본으로 돌아가 "물리와 수학 공부를 그만두고, 마르크스주의 학습에만 전념했다."[68] 그는 그 시기에 『공산당선언』, 『자본론』, 「『정치경제학비판』 서문」, 『국가와 혁명』 등의 고전적 저작들뿐만 아니라 당시 일본 사람들이 저술한 유물사관과 잉여가치 이론, 그리고 계급투쟁 학설에 관한 저서들을 연구했다.

5·4 운동이 시작된 이후, 리다는 비록 일본에 있었지만 국내 정세를

67) 李達, 『李達文集』4, 人民出版社, 1988: 733-734쪽.
68) 李達, 『李達文集』4, 人民出版社, 1988: 734쪽.

예의주시하면서 저술활동을 통해 과학적 사회주의를 소개했다. 또한 리다는 그 시기에 헤르만 호르터의 『유물사관해설』[69], 카우츠키의 『마르크스 경제학설』[70], 다카바타케 모토유키의 『사회문제 총람總覽』[71]을 번역해 중국에서 출판했다. 1920년 여름, 리다는 중국으로 돌아왔다. 그는 상하이에 도착한 다음, 공산당 창당에 뛰어들어 중국 공산당 제1차 전국대표대회의 준비 과정에도 참여했다. 그리고 대회 이후에는 중앙선전주임을 맡아 월간 『공산당』의 편집을 주관했으며, 인민출판사를 설립해 마르크스주의 저서를 대거 출판했다.

1922년 가을, 리다는 중앙 근무를 그만두고 마오쩌둥의 요청으로 후난[湖南]성에 돌아와 후난쯔슈[自修]대학의 학장을 역임했는데, 거기서 마르크스주의 이론의 연구와 교육에 전념했다. 이 때 리다는 유물사관, 잉여가치학설, 과학적 사회주의를 강의하면서 중국 혁명이라는 문제를 체계적으로 다루었다. 1923년 후난쯔슈대학이 폐쇄되자, 리다는 다시 후난법정전문학교로 가서 유물사관을 강의했다. 1926년 가을에는 덩옌다[鄧演達, 1895-1931]의 초청으로 우한[武漢] 국민혁명군 중앙군사정치학교의 대리 총

---

69) | 이 책은 리다의 번역으로 上海中華書局에서 1921년에 출판되었다. 저자인 왕난스는 이 책을 다카바타케 모토유키의 『유물사관해석』으로 설명했는데, 본문에서 이를 바로잡았다.

70) | 카우츠키의 이 책을 리다가 번역했다는 사실은 와전된 것이다. 왕신옌은 이 책의 중국어 번역본이 모두 5가지인데, 리다는 번역자에 포함되지 않는다고 주장했다. 5가지 번역본은 ① 柯資基 / 陳溥賢 譯, 『馬克思經濟學說』, 商務印書館, 1920. ② 考茨基 / 戴季陶 譯, 胡漢民 補譯, 『資本論解說』, 上海民智書局, 1927. ③ 考茨基 / 汪馥泉 譯, 『馬克思底經濟學說』, 神州國光社, 1930. ④ 考茨基 / 鐸梅 譯, 『馬克思底經濟學說』, 社會科學研究社, 1949. ⑤ 考茨基 / 區維 譯, 『馬克思的經濟學說』, 三聯書店, 1958이다. 汪信硯, 「李達傳播馬克思主義的中夭史實勘誤之一 - 關於李達是否飜譯過考茨基『馬克思經濟學說』的考辯」, 『武漢大學學報(人文科學版)』 2012年第6期: 7-9쪽 참조.

71) | 이 책은 리다의 번역으로 北京中華書局에서 1921년에 출판되었다. 저자는 이 책을 헤르만 호르터의 『사회문제 총람』으로 제시했는데, 본문에서는 이를 바로잡았다.

교관을 역임하며 유물사관을 강의했다.

1926년, 리다는 그 몇 년 동안의 유물사관 강의 원고를 한 권의 책으로 묶어 『현대 사회학』을 펴냈다. 그 책은 당시 리다의 이론적 연구 성과를 집대성한 것으로, 내용도 체계적일 뿐만 아니라 심오하기까지 하다. 그리고 현실적으로도 당시 유물사관을 널리 알린 연구 성과들 가운데 가장 수준이 높다고 할 수 있다. 그 책은 1926년 후난의 현대총서사에 의해 출판된 이후, 1928년 11월 상하이 곤륜서점의 개정판으로부터 1933년에 이르기까지 모두 합쳐 14차례 간행되었다. 또한 그것은 널리 유행되어 혁명가들에게 지대한 영향을 주었을 뿐만 아니라 당시의 사상계를 뒤흔들었다. 덩추민[鄧初民, 1889-1981]의 회고에 따르면, 당시 혁명가들은 "거의 모든 사람이 한 권씩 가지고 있었"[72]을 정도였다. 1929년에 출판된 『사회적 기초 지식』[73]은 『현대 사회학』를 바탕으로 논의를 더욱 진전시킨 것이다.

타오더린[陶德麟, 1931-2020]은 『현대 사회학』을 다음과 같이 평가했다. "첫째, 이 책은 중국 마르크스주의 이론가들(리다 본인을 포함해)이 유물사관을 설명했던 그 이전의 저술들보다 더 전반적이고 체계적이며 깊이가 있다."[74] "둘째, 이 책이 중국 사회와 중국 혁명을 연결시킨 실제적 성과라는 점에서도 일찍이 없었던 것이다."[75] "셋째, 이 책의 서술 방식 또한 중국적 특색이 담겨 있다."[76]

『현대 사회학』의 1928년 개정판은 모두 18장으로 되어 있는데, 총론인 1장을 제외하면 크게 3가지 측면으로 나뉜다. 첫 번째 측면은 2장부터

---

72) 陶德麟, 「李達」, 孟慶仁 編, 『著名馬克思主義哲學家評傳』3, 山東人民出版社, 1990: 307쪽을 보라.

73) | 저자는 『社會之知識基礎』로 표기했는데, 『社會之基礎知識』으로 바로잡는다.

74) 陶德麟, 「再版前言」, 李達, 『現代社會學』, 武漢大學出版社, 2007: 2쪽.

75) 陶德麟, 「再版前言」, 李達, 『現代社會學』, 武漢大學出版社, 2007: 2쪽.

76) 陶德麟, 「再版前言」, 李達, 『現代社會學』, 武漢大學出版社, 2007: 3쪽을 보라.

5장까지다. 「사회적 본질」, 「사회적 구조」, 「사회적 기원」, 「사회적 발전」이라는 순서로 되어 있는데, 여기서는 사회역사관의 기본 문제들을 다루었다. 두 번째 측면은 6장부터 13장까지다. 「가족」, 「씨족」, 「국가」, 「사회적 의식意識」, 「사회적 변혁」, 「사회적 진화」, 「사회적 계급」, 「사회적 문제」의 차례로 구성되며, 사회적 구조의 모든 측면을 포함한다. 세 번째 측면은 14장부터 18장까지다. 「사회사상」, 「사회운동」, 「제국주의」, 「세계혁명」, 「사회의 미래」라는 순서로, 현대 사회의 문제와 그 해결 방향을 제기했다.

그리고 리다는 1926년판 「서문」에서 사회학적 계급성을 논의했다. 그는 사회학의 연구 목적이 사회적 진화 원리의 탐구에 있다고 보고, 과거를 소급해 현재를 설명하고, 다시 현재로부터 미래를 추측하는 연구 방법을 취했다. 그렇게 하면 계급 대립의 근원을 파악하고, 이상적인 미래 사회를 추론할 수 있게 된다. 그 과정에서 필연적으로 인류 평등의 원칙이 확립되기 때문에 계급성도 드러날 수밖에 없는 것이다. "따라서 각 시대마다 유행한 사상은 모두 특수한 계급적 이익에 부합한 것들이다. …… 그러한 계급투쟁이라는 배경이 사회학에 반영되었기 때문에 지금의 계급성이 된 것이다."[77]

그런데 마르크스의 사회학설이 대부분 사회학자들에게 무시를 당했던 이유도 그 계급성 때문이었다. 하지만 "마르크스는 본래 사회학을 저술한 적도 없고, 사회학자라고 스스로를 일컬어 본 적도 없다. 그럼에도 불구하고 그가 개척한 유물사관 학설의 사회학적 가치는 실로 전무후무한 것이라고 할 만하다. 그것은 사회적 조직의 핵심을 발견했을 뿐만 아니라 사회적 진화의 방향도 제시했다. 나아가 사회적 전환의 지침도 제공했다. 그가 기여한 업적은 실로 영원히 사라지지 않을 것이다."[78]

---

77) 李達, 『李達文集』1, 人民出版社, 1980: 236-237쪽.

제2장 「사회적 본질」에서는 "예전부터 있던 역사적 사회이론의 3가지, 즉 계약적 사회론, 생물적 사회론, 심리적 사회론"[79]을 반박한 다음, '역사적 유물론이라는 사회론'의 긍정적인 면을 설명하고 있다. "그것에 따르면, 사회는 계약으로 이루어진 것도 아니고, 마음의 상호감응 작용에 의한 것도 아닐뿐더러, 유기체와 같이 자연 법칙의 지배를 전적으로 받는 것도 아니다. 그것은 생산 관계에 속한 개개인들이 모여 이루어진 것이다. …… 의식주라는 것은 실생활에 없어서는 안 될 생활필수품이다. 동서고금을 막론하고, 인류는 원래부터 자신의 생산 방식을 가지고 생활필수품을 생산했고, 또한 그것을 분배해왔다."[80] 그러한 생산관계는 "결코 우리의 의지에 의해 좌우되는 것이 아니다."[81]

어쨌든 "그렇기 때문에 인간은 생존을 위해 어쩔 수 없이 생활필수품을 얻어야만 하는 것이다. 생활필수품을 얻으려면 사회적 생산에 참여하지 않을 수 없다. 인간이 사회적 생산에 참여한 것은 생존으로부터 내몰렸기 때문이지, 본인의 의지와는 관련이 없는 것이다. 생존에 내몰린 사람이 사회적 생산에 편입되어 생활필수품을 공동으로 생산하게 되면, 그 생산 과정에서 함께 노동하거나 작업할 수밖에 없기 때문에 다양한 간접적 생산관계들이 만들어진다. 이와 같은 생산관계들이 복잡하게 뒤얽혀 사회적 경제 구조가 형성된다. 그리고 그 생산 관계에 편입된 개개인들이 점진적으로 하나의 사회를 구성하게 된다."[82]

이처럼 그는 사회가 유물주의적으로 어떻게 생겨나고 이루어졌는지를 설명했다. 그 설명으로부터 다음과 같은 사실을 알 수 있다. "사회생활이

---

78) 李達, 『李達文集』1, 人民出版社, 1980: 237쪽.

79) 李達, 『現代社會學』, 武漢大學出版社, 2007: 14쪽.

80) 李達, 『現代社會學』, 武漢大學出版社, 2007: 16쪽.

81) 李達, 『現代社會學』, 武漢大學出版社, 2007: 16쪽.

82) 李達, 『現代社會學』, 武漢大學出版社, 2007: 17쪽.

라는 과정은 바로 물질적 생산의 과정이며, 물질적 생산의 과정은 전적으로 생산 기술과 생산력의 지배를 받는다. 물질적 생산의 과정에서 정신문화라는 것도 물질적인 생산관계로부터 만들어진 것이다. 그것은 생산력의 발전에 따라 발전하고, 생산관계의 변화에 따라 변화한다. 따라서 사회적 진보는 바로 생산력의 진보이기도 하다."[83]

리다는 이와 같이 사회적 본질을 밝힌 다음, 이어서 사회적 기원을 설명한다. 인간은 사회적 존재라고 할 수 있다. 하지만 인류 사회는 동물의 사회성을 넘어선다. 인류에게 이것이 가능한 이유는 직접적으로 자연적 환경에 의존하는 동물과 다르게, 오로지 인간만이 도구를 제작할 수 있기 때문이다. 그는 프랭클린[Benjamin Franklin, 1706-1790]의 "인간은 도구를 만드는 동물이다."[84]를 인용하면서, 그 능력은 "오직 인류만이 가지고 있는 것으로, 다른 동물들에게는 없다. 이것이 인간과 금수의 근본적인 경제적 차이를 구성한다."[85] 도구의 발명이 진화할수록 인류의 진보도 촉진된다. 이처럼 "인류사회가 동물사회와 더욱 구분되는 지점은 바로 동물사회의 발전이 구성원인 각 개체의 발전에 의존되어 있지만, 인류사회의 발전은 기계라는 기술의 발전에 의존한다는 점이다. 그래서 인류사회가 동물사회를 넘어선 이후로는 동물사회의 지배 법칙이 인간사회에 적용되지 않는다."[86]

리다는 나아가 노동의 분업과 노동의 사회화도 다루었다. 도구의 발명이 진화할수록 분업의 발전이 촉발되었지만, 다른 한편에서는 인간의 집단 간 투쟁이나 전쟁도 사회 발전을 촉진시켰다. 인간 집단의 전쟁이 사유제私有制를 확립했지만, 이후 인간 집단의 전쟁은 계급투쟁이 되었다. 그

---

83) 李達, 『現代社會學』, 武漢大學出版社, 2007: 17쪽.
84) 李達, 『現代社會學』, 武漢大學出版社, 2007: 29쪽.
85) 李達, 『現代社會學』, 武漢大學出版社, 2007: 29쪽.
86) 李達, 『現代社會學』, 武漢大學出版社, 2007: 25쪽.

밖에도, 분업과 교환의 범위가 확대되면서 결국 "자본가계급은 그 자본의 힘을 소유하게 되었고, 새로운 생산 기술을 활용해 전 세계의 상품주의화를 빠르게 실현시켰다. 그들은 하늘 끝 바다 끝까지 소비자를 찾아다닌다."[87] 또한 생산력이 발전하면서 정치, 법제, 도덕, 종교, 과학, 예술, 철학과 같은 문물文物 제도라는 것도 함께 발전되었다. 그리고 『현대 사회학』에서는 「가족」과 「씨족」이라는 두 개의 장을 별도로 논의했는데, 그것은 국가 문제를 다루기 위한 준비 작업으로 보인다. 「국가」를 다루고, 다음으로 「사회적 의식」의 원리를 논의하려는 목적이다. 이어서 경제, 정치, 법률, 종교, 도덕, 철학, 예술 등의 차원에서 「사회적 변혁」과 「사회적 진화」라는 문제를 설명하고 있다.

세 번째 측면은 현대 사회의 문제와 그 해결 방향에 관한 논의이다. 그 장과 절의 배치, 그리고 그 내용은 자못 의도적이다. 우선 한 장을 할애해 「사회사상」을 다루었는데, 거기서 '자유주의', '보수주의', '마르크스의 사회주의', '공상적 사회주의', '무정부주의'와 같은 사회사상을 다루었다. 이러한 구조 배치는 언뜻 산만해 보이지만 거기에는 매우 깊은 의미를 담겨 있다. 그것은 바로 이어서 다룰 현대 사회의 문제와 해결 방향이라는 기본 논의의 사상적 전제가 되기 때문이다.

리다는 다음과 같이 밝혔다. "사회사상이라는 것은 사회 문제를 해결하는 근본 사상이다. 이 책에서 연구하는 사회 문제는 현대 사회의 문제다. 따라서 여기서 논하는 사회 문제 해결의 근본 사상도 바로 현대 사회의 사상이 된다. 사회 문제는 또한 사회 계급의 문제이기 때문에, 그것을 논하는 사회사상도 바로 계급의 사회사상이 된다. 현대 사회는 유산有産과 무산無産이라는 두 계급으로 분열되어 있기 때문에 사회사상의 유형도 사실 그것에 따라 분류된다. 즉, 유산계급의 사회사상과 무산계급의 사회

---

87) 李達, 『現代社會學』, 武漢大學出版社, 2007: 33쪽.

사상이라는 두 가지로 나뉜다. 그것을 형식적으로 분류하자면, 자유주의, 보수주의, 개량주의, 사회주의, 무정부주의라는 5가지로 나눌 수 있다. 자유주의는 현대적 사회 조직의 근본 사상이고, 자유주의에 대한 반동反動으로부터 나온 것이 보수주의다. 자유주의와 보수주의에 반대해 나타난 것이 사회주의와 무정부주의다. 그리고 둘 사이의 조화를 도모하는 것이 개량주의다."[88]

　사회 문제를 해결하기 위한 움직임은 이어서 논의한 「사회운동」이다. 사회운동은 넓은 의미와 좁은 의미로 나눌 수 있는데, 좁은 의미의 사회운동은 피억압계급이 자신의 해방을 도모하기 위해 억압계급에 대항하는 조직적인 운동을 가리킨다. 현대 사회에서 사회운동이라는 것은 "곧 무산계급의 모든 해방운동을 총칭하는 것이다."[89] 따라서 그 사회운동은 마르크스의 사회주의가 지도 사상이 되는 사회운동이다. 그런데 현대 사회가 자본주의의 가장 높은 단계인 제국주의의 시대라면, 무산계급의 해방과 약소민족의 해방이 동시적으로 병행되어야만 세계혁명이라는 과제를 달성할 수 있다. 중국의 경우, "제국주의가 중국에 끼친 피해가 오늘날까지도 극심하"[90]기 때문에 중국혁명 또한 민족혁명과 사회혁명을 동시적으로 병행해야만 한다. 마지막으로, "사회적 진화의 목표를 추측하고, 그 진행 경로를 예측하며, 인류가 그 경로를 따르는 것뿐만 아니라 그 목적을 달성하기 위한 방법을 연구하는 것, 이것이 사회학의 가장 큰 임무이자 우리의 정신적 소망이다."[91] 그 예측은 바로 "사회적 진화가 궁극적으로 공산사회에 도달해야 한다."[92]는 것이다.

---

88) 李達, 『現代社會學』, 武漢大學出版社, 2007: 133쪽.
89) 李達, 『現代社會學』, 武漢大學出版社, 2007: 163쪽.
90) 李達, 『現代社會學』, 武漢大學出版社, 2007: 177쪽.
91) 李達, 『現代社會學』, 武漢大學出版社, 2007: 187쪽.
92) 李達, 『現代社會學』, 武漢大學出版社, 2007: 187쪽.

2) 『사회학 대강』에 소개된 마르크스주의의 철학 체계

1927년 말부터 1932년 여름까지, 리다는 혼란[93]을 피해 상하이에서 지내며 동료들과 함께 출판사인 곤륜崑崙서점을 설립하고, 자신도 직접 필경당筆耕堂서점도 만들어 마르크스주의의 고전적 저작을 대량 출판했다. 그 시기에 리다가 번역 출판한 책들을 다음과 같다. 즉, 탈하이머[August Thalheimer, 1884-1948]의 『현대세계관』(『변증유물론입문』이라고도 불리며, 1929년 출판), 가와카미 하지메의 『마르크스주의의 철학적 기초』(『마르크스주의 경제학의 기초 이론』 상편上篇으로, 1930년 출판), 루폴[Lupol Ivan Kapitonovic, 1896-1943]의 『이론과 실천의 사회과학적 근본 문제』(1930년 출판), 시로코프[Ivan Mikhailovich Shirokov, 1899-1984] 등의 『변증법적 유물론 교정敎程』(레이중젠[雷仲堅, ?-?][94]과 함께 번역한 것으로, 1932년 출판) 등의 마르크스주의 철학 저서들이다. 주목해야 할 것은 그 4권 모두 원서가 출판된 후, 그 다음 해에 중국어로 번역 출판되었다는 점이다. 그것은 리다가 해외 마르크스주의의 이론적 연구 동향을 수시로 파악하고 있었을 뿐 아니라 중국 내 마르크스주의의 이론 연구와 그것을 전파시키는 일에 관심을 가지고 있었다는 점을 알려준다.

1932년 8월, 리다는 베이핑[北平, 베이징의 옛 이름]에서 베이핑대학 법상法商학원과 중국대학의 교수로 재직하면서, 경제학, 사회학, 사회발전사, 화폐학 등의 과목을 강의했다. 그는 그 시기에 『경제학 대강』, 『화폐학 개론』, 『사회학 대강』, 『사회진화사』라는 전문서 4권과 다수의 논문들을

---

93) | 마일馬日사변을 가리킨다. 이 사건은 공산당 주도의 혁명 활동에 불만을 가진 우한 국민정부의 장교들이 1927년 5월 21일에 일으킨 쿠데타이다. 1차 국공합작의 중단과 공산당의 숙청을 요구했다. 여기서 '마일'은 당시 전보電報를 보낼 때 사용되던 날짜 표기인 운목韻目에서 그 날짜가 '말'로 표기되었기 때문에 '馬日'이라고 부른다. www.baike.com 참조.

94) | 리다의 학생으로 알려져 있다.

저술했다. 그 가운데 『사회학 대강』이 가장 중요한데, 마오쩌둥이 그것을 "중국 사람이 처음으로 직접 쓴 마르크스주의 철학의 교과서"[95]라고 부를 정도였다. 그 책은 리다가 3-4년간의 시간을 들여 완성한 것으로, 전체 분량이 중국어로 50만자에 달한다. 원래 계획은 여섯 편이지만, 중국 사회를 다룬 6편이 완성되지 못해 다섯 편만이 출판되었다. 그것이 세상에 처음 모습을 드러낸 것은 1935년인데, 베이핑대학 법상학원의 강의록을 간행한 것이다. 이후 수정 보완을 거쳐, 1937년에 상하이 필경당서점에서 출판되었다.

저자인 리다는 초판 서문에서 "본서는 『현대 사회학』이 절판된 뒤 새롭게 나온 것으로, 그것과 내용이 완전히 다르다."[96]고 밝혔다. 그것이 『사회학 대강』과 『현대 사회학』의 관계를 명확하게 보여준다. 두 저서의 차이는 목차 배정에서도 알 수 있듯이, 1편 '유물변증법'의 분량이 늘어났다. 목차를 보면 1편인 유물변증법은 다섯 편 가운데 한 편에 불과하다. 그리고 2편에서 5편까지는 모두 역사적 유물론으로, 총 다섯 편 중 네 편이 여기에 해당한다. 하지만 분량 면에서 보면, 1편이 사실상 전체의 절반에 달한다. 그래서 책 이름이 『사회학 대강』일지라도, 실제 내용은 변증유물론과 역사적 유물론일 뿐만 아니라 그 중에서도 변증유물론이 중심을 차지한다.

또한 이 책은 취추바이의 『사회철학 개론』과 그 내용 구조가 매우 유사하다. 취추바이의 책 이름도 『사회철학 개론』이지만, 실제로 주된 내용은 '변증법적 유물론'이었기 때문이다. 그래서 『사회학 대강』도 사실상 마르크스주의 철학의 교과서가 될 수 있는 것이다. 그리고 취추바이의 『사회

---

95) | 武漢大學出版社, 「再版說明」, 李達, 『社會學大綱』, 武漢大學出版社, 2007: 1쪽 참조.
96) 李達, 「第一版序」, 『社會學大綱』, 武漢大學出版社, 2007: 1쪽.

철학 개론』도 중국 사람이 저술한 마르크스주의 철학의 교과서로 간주될 수 있는데, 즉 "중국에서 마르크스주의 철학 교과서의 흐름을 열었다."[97]

그렇지만 체계성과 완성도를 논한다면, 중국 사람이 집필한 마르크스주의 철학의 첫 번째 교과서는 『사회학 대강』이라고 하는 것이 보다 이치에 맞는다. 타오더린이 말한 것처럼, "『사회학 대강』이 세상이 나오기 전에도 중국 마르크스주의 이론가들(리다 본인을 포함해)이 발표한 마르크스주의의 철학적 저서들이 적지 않았지만, 변증적 유물주의와 역사적 유물주의를 전반적이고 체계적으로 논의한 교과서 형태의 저서는 없었다. 비교적 체계성을 갖춘 저서들은 모두 번역서였"[98]기 때문이다.

저자인 리다 자신이 언급한 그대로 이 책은 『현대 사회학』과 중요한 차이점을 드러낸다. 『현대 사회학』은 사회적 본질과 기원을 시작으로, 사회적 구조, 사회적 모순, 계급투쟁, 사회혁명을 끌어냈다. 『사회학 대강』의 1편 '유물변증법'에서 1장인 '인류 인식사의 종합으로서 유물변증법'이 역사적 개론으로 간주된다면, 본문인 2장 '철학적 과학으로서 유물변증법'부터 철학적 기본 문제가 제기된다. 리다는 이것을 '철학적 근본 문제'라고 불렀다. 그 내용은 다음과 같다. "모든 철학적 근본 문제는 우리 의식과 환경의 관계가 어떠하냐다. 이 문제를 학술 용어로 표현하자면, 자연과 인식, 객관과 주체, 사물과 자아, 외부 사물과 마음, 물질세계와 관념세계, 존재와 의식, 존재와 사유라고 하는 것들의 관계가 어떠한가의 문제다. 좀 더 쉬운 말로 하면, 그것은 바로 물질과 정신의 관계가 어떠한가의 문제다."[99] "이 근본 문제에 대한 해답이 서로 다르기 때문에, 모든 유파의 철학들이 유물론과 유심론이라는 두 파벌 또는 두 방향으로 갈라져

97) 袁貴仁·楊耕, 「馬克思主義哲學敎學體系的形成與演變」(上), 『哲學硏究』2011年 第10期: 9쪽.
98) 陶德麟, 「再版前言」, 李達, 『社會學大綱』, 武漢大學出版社, 2007: 2쪽을 보라.
99) 李達, 『社會學大綱』, 武漢大學出版社, 2007: 53쪽

있는 것이다."100)

그것은 하나의 기준에 근거하는데, 유물론은 "세계에서 물질이 먼저 존재한 다음에 정신이 존재하며, 물질이 근원이고 정신은 물질로부터 생겨나는 것이라고 주장한다."101) "인류 사회의 역사에서도 물질적 생활을 먼저 영위한 다음에 정신적 생활을 영위한다."102) 하지만 유심론의 답은 유물론과 완전히 상반된다. "세계에서는 먼저 정신이 존재한 다음에 물질이 존재하며, 정신이 근원이고 물질은 정신에서 생겨나는 것이라고 주장한다."103) "인류 사회의 역사에서도 먼저 개개인의 의식이 결합되고 난 이후에야 물질적 생활을 영위할 수 있다."104)

유물과 유심은 두 가지의 근본적 해답이다. 절충론이나 이원론은 결국 한 방향으로 기울어질 수밖에 없기 때문에 일관된 철학이 되지 못한다. 그래서 "철학의 역사는 인류 사회 역사의 일부분이다. 유물론과 유심론의 철학적 논쟁은 집단 투쟁이 역사적으로 반영된 것이다."105) "유심론은 흔히 보수계급의 이데올로기를 대변한다. 보수계급은 항상 진보계급을 탄압하는 정신적 무기로서 유심론을 활용한다. 이와 반대로 유물론은 항상 진보계급의 이데올로기를 대변한다. 진보계급은 줄곧 보수계급에 저항하는 정신적 무기로서 유물론을 사용한다."106) 물론 여기에는 일부 예외들도 존재한다. 예를 들어, 19세기 초 독일의 유심론은 진보계급에 의해 그들의 진보적 요구를 표현하는데 사용되었다.107) 이처럼 『사회학 대강』에

---

100) 李達, 『社會學大綱』, 武漢大學出版社, 2007: 53쪽.
101) 李達, 『社會學大綱』, 武漢大學出版社, 2007: 54쪽.
102) 李達, 『社會學大綱』, 武漢大學出版社, 2007: 54쪽.
103) 李達, 『社會學大綱』, 武漢大學出版社, 2007: 55쪽.
104) 李達, 『社會學大綱』, 武漢大學出版社, 2007: 55쪽.
105) 李達, 『社會學大綱』, 武漢大學出版社, 2007: 57쪽.
106) 李達, 『社會學大綱』, 武漢大學出版社, 2007: 57쪽.
107) 李達, 『社會學大綱』, 武漢大學出版社, 2007: 57쪽을 참조하라.

서는 철학의 근본 문제를 설명하고, 유물주의의 기본 개념인 '물질'을 규정하는 부분으로 넘어갔다. "물질은 철학적 개념으로서, 물질은 객관적 실재를 나타낸다. 다시 말해서 의식의 외부에 있을 뿐만 아니라 의식과 무관하게 독립적으로 존재하면서 의식에 반영되는 것이다."[108] 이어서 '운동', '시간과 공간'을 규정한 다음, '물질세계의 통일과 그 발전'을 논증했다.

이러한 내용은 훗날 교과서에서도 흔히 볼 수 있는 것들이지만, 그 책에는 이후 교과서와 사뭇 다른 부분들도 포함되어 있었다. 예를 들어, 1편 '유물변증법'의 1장은 역사적 개론으로 상당한 분량을 차지하고 있는데, 유물변증법의 이전 역사를 다루었다. 즉, 원시 시대의 인간 인식으로부터 고대 그리스 철학의 변증법, 중세 철학의 유물론, 근대 철학 가운데 특히 18세기 프랑스 유물론과 독일 고전 철학의 변증법에 이르기까지다. 그리고 유물변증법이 형성되고 발전한 역사적 근거와 포이어바흐와 헤겔 철학에 대한 비판적 수용 등을 설명하고 있다. 2장은 대체로 '본체론'이라고 할 수 있는 부분이다. 그것은 모두 3개의 절로 되어 있는데, 별도로 한 절을 할애해 방법론과 세계관의 통일로서 유물변증법, 즉 변증법, 인식론, 논리학의 동일성을 다루었다. 또한 세계의 물질적 통일성을 설명하는 절에서는 절반 정도의 분량을 '세계 인식사의 개관槪觀'에 할애했는데, 세계의 인식사가 직관적인 단계에서 형이상학적인 단계로, 다시 변증법적 단계로 나아갔다고 밝혔다. 이러한 내용들이 이후 교과서의 그것과 상당히 다른 부분이다.

1편의 3장은 '유물변증법의 제諸법칙'이다. 이 장 역시 꽤나 독특하다. 그 가운데 하나가 레닌의 『철학 노트』에 근거한 주장이다. "대립과 통일의 법칙은 변증법의 기본 법칙이며, 그것이 핵심이다. 이 기본 법칙은 변

---

108) | 李達, 『社會學大綱』, 武漢大學出版社, 2007: 65쪽.

증법의 나머지 법칙들, 즉 질에서 양으로, 그리고 양에서 질로의 전환 법칙, 부정의 부정의 법칙, 인과성의 법칙, 형식과 내용의 법칙 등을 포괄한다. 따라서 이 기본 법칙은 다른 모든 법칙들을 이해하는 관건이다."[109] 그와 같은 이해로부터 『사회학 대강』은 당시 소련에서 유행한 교과서, 대표적으로 리다가 직접 번역했던 시로코프 등의 『변증법적 유물론 교정』과도 다르게 대립과 통일의 법칙을 변증법의 핵심으로 간주했다. 모든 법칙과 범주의 배치에서도 대립과 통일의 법칙을 앞에 두고, 그 다음에 '양에서 질로, 그리고 질에서 양으로의 전환 법칙'과 '부정의 부정의 법칙'을 두었다. 범주를 다룰 때도 시로코프의 『변증법적 유물론 교정』 배치 방식을 따른 듯 보이지만 다소 변화를 주었다. 예를 들어, '본질과 현상', '내용과 형식'을 같은 절에, 그리고 '필연성과 우연성', '현실성과 가능성', '법칙과 인과성'을 같은 절에 배치한 것이 시로코프의 그것과 다르다.[110]

그밖에도, 『사회학 대강』의 가장 새로운 부분이 기본적으로 다음의 명제들을 명확히 제기했다는 점에 있다. "유물변증법은 유물변증법의 역사관과 자연관이 통일된 것이다. 두 가지를 통일시키는 기초는 사회적 실천이다."[111] 즉, 그것이 '실천적 유물론으로서의 유물변증법'이다. 그리고 그것은 "변증법적 유물론이 노동 개념을 매개로 자연적 인식 영역에서 역사적 인식 영역으로 확장되었기 때문에 유물론에 본질적 변화가 생겨 실천적 유물론이 되었다."[112] "실천적 유물론은 실천을 역사적·사회적 범주로 삼아 감성적이고 현실적인 인간 활동을 설명한다. 또한 그것을 인식론적 계기로 삼기 때문에 그것이 사회생활과 맺는 관계로부터 인류의 인식

---

109) 李達, 『社會學大綱』, 武漢大學出版社, 2007: 104-105쪽.
110) 李達, 『社會學大綱』, 武漢大學出版社, 2007: 97-165쪽. ; 西洛可夫 等 / 李達 等譯, 『辨證法唯物論敎程』, 筆耕堂書店, 1938: 180-339쪽을 참조하라.
111) 李達, 『社會學大綱』, 武漢大學出版社, 2007: 44쪽.
112) 李達, 『社會學大綱』, 武漢大學出版社, 2007: 44쪽.

발전사 전체를 이해할 수 있다. 따라서 관념론적 철학의 추상성과 사변성을 극복하고 유물변증법에 이르게 된다."[113] "실천적 유물론은 실천적 계기를 유물론에 적용했기 때문에 예전의 철학 내용에 본질적 변화를 가했다."[114]

리다가 이와 같이 제기할 수 있었던 이유는 마르크스의『1844년 경제학 철학 수고』와『자본론』등의 저서를 깊이 있게 연구했기 때문이다. 그는 다음과 같이 지적했다. "마르크스의 철저한 철학적 유물론은『경제학적 · 철학적 초고』(즉,『1844년 경제학 철학 수고』)를 통해 그 기초가 완성되었다."[115] 그것은 "역사적 유물론이 철학적 유물론의 일부분이 될 수 있다는 점에 가능성을 부여했다. 역사적 유물론의 기초는 노동 개념으로부터 만들어졌"[116]기 때문이다. 위안구이런[袁貴仁]과 양겅[楊耕]이 언급했던 것처럼, "『사회철학 개론』및 그 시기의 마르크스주의 철학 교과서들과 그것을 비교해보면,『사회학 대강』은 레닌과 엥겔스의 '요소'들을 갖추고 있을 뿐만 아니라 마르크스의 '요소'들을 더 많이 담고 있다. 특히, 그것이『1844년 경제학 철학 수고』,『포이어바흐에 관한 테제』,『도이치 이데올로기』의 주요 관점들을 제시했다는 점은 매우 탁월하다."[117]

그리고 일찍이 리다 사상에 큰 영향을 주었던 하지메의 사상적 관념 전환 또한 리다에게 영향을 끼쳤을 것이다. 하지메는 1920년대 후반에 사상적으로 중대한 변화를 보였는데, 마르크스의『포이어바흐에 관한 테제』 등으로부터 이론과 실천의 변증적 관계를 특별히 강조했다. 즉, 세계를

---

113) 李達,『社會學大綱』, 武漢大學出版社, 2007: 45쪽.

114) 李達,『社會學大綱』, 武漢大學出版社, 2007: 44-45쪽.

115) | 李達,『李達文集』2, 人民出版社, 1981: 58쪽.

116) | 李達,『李達文集』2, 人民出版社, 1981: 58쪽.

117) 袁貴仁·楊耕,「馬克思主義哲學敎學體系的形成與演變」(上),『哲學硏究』2011年第10期: 10쪽.

바꾸는 실천만이 이론에 결정적인 영향을 끼칠 수 있다고 보았다. 이론은 실천으로부터 만들어지고, 이론은 실천에 기초해 있으며, 또한 실천에 의해 제약된다. 하지메는 「유물사관에 관한 자기 청산淸算」에서 마르크스주의 철학을 '실천적 유물주의'로 규정하면서, 실천성이야말로 마르크스주의 철학이 다른 모든 철학과 구별되는 가장 본질적 특징이라고 생각했다.

또한 『사회문제 연구』에서는 실천적 유물주의를 변증적 유물주의로 간주했는데, 그것은 "세계를 인간과 자연의 투쟁 과정으로 파악한 투쟁적 유물주의"라는 점에 있다.[118] 리다는 일본 유학 시절, 하지메의 초기 작품을 연구했을 뿐만 아니라 많은 논자들이 지적하고 있듯이 그에게서 매우 큰 영향을 받았다. 1920년대 후반 하지메가 사상적 전환을 통해 '실천적 유물주의'라는 구상을 제기한 후, 리다는 그 시기에 저술된 하지메의 『마르크스주의의 철학적 기초』(『마르크스주의 경제학의 기본 이론』상편)을 번역했다. 그것은 번역 작업과 당시의 하지메 사상 연구가 리다의 사상에 일정한 영향을 줄 수밖에 없었다는 점을 알려준다.[119]

물론 하지메의 '실천적 유물주의' 개념이 소련 교과서 체계에 의해 제약되었던 것처럼, 『사회학 대강』의 '실천적 유물론'도 소련 교과서 체계를 일부 수정했을 뿐이다. 비록 그러한 수정이 교과서 체계 전체를 결정적으로 바꾼 것은 아니었지만, 그 의미는 결코 사소하다고 할 수 없다. 그것은 중국의 마르크스주의자들이 단순히 남의 것을 따르기만 했던 것이 아니라 자신만의 독자적인 사유를 견지하고 있었다는 사실을 알려주기 때문이다.

『사회학 대강』에서 논의한 역사적 유물주의 부분도 『현대 사회학』과

118) 宗山, 「河上肇」, 燕宏遠 編, 『著名馬克思主義哲學家評傳』4, 山東人民出版社, 1991: 297-313쪽을 참조하라.
119) 하지메의 원작은 1929년에 출판되었고, 리다의 중국어 번역본은 1930년에 나왔다.

비교해보면 어느 정도 차이를 보인다. 하나는 논의가 좀 더 체계[...] 점이고, 다른 하나는 내용 및 장과 절의 배치에 있어서도 변화를[...] 는 점이다. 2편 '과학으로서의 역사적 유물론'은 하나의 총론이자 [...] 이라고 할 수 있다. 그것은 역사적 유물론을 대상으로 해서 그 역사[...] 방법론, 그리고 이론과 실천의 통일로서 역사적 유물론을 다루었다. [...] 자산계급의 사회학과 역사철학을 비판했다. 3편 '사회적 경제 구조'에[...] 는 생산력과 생산관계, 경제 구조의 역사적 양식 등을 논의했다. 4편[...] '사회의 정치적 상부구조'로 '계급'과 '국가' 등의 범주를 다루었다. 5편에서는 '사회적 이데올로기'를 설명했다. 여기서 장과 절의 구조가 『현대 사회학』과 어느 정도 차이가 있다는 점을 알 수 있다. 그러한 수정은 소련 교과서를 참조했기 때문일 수도 있다. 하여튼 그것은 대체로 이후 중국 마르크스주의 철학 교과서의 역사적 유물주의 부분에서 하나의 전형이 되었다.

3) 『사회철학 개론』과 『사회학 대강』의 의의

취추바이의 『사회철학 개론』은 중국 사람이 직접 집필한 마르크스주의 철학 교과서의 초보적인 성과로, 그리고 리다의 『사회학 대강』은 상당한 수준에 도달한 마르크스주의 철학 교과서의 모델로 간주할 수 있다. 그렇다면 그 두 작품은 마르크스주의의 중국 전파라는 역사적 과정에서 하나의 단계가 끝나고 또 다른 단계가 시작되었다는 사실을 알려주는 상징이 된다.

마르크스주의의 중국 전파를 외부적 측면에서 상징화한다면, 그것의 전파 경로나 전파 수단이 일본이라는 '동쪽의 전래'에서 러시아라는 '북쪽의 전래'로 변경되었다는 점이다. 그와 같은 변경이 중국 마르크스주의 철학의 내용과 형식에 중대한 변화를 일으켰다는 점은 의심의 여지가 없시 말해서, 유물사관의 전파에 집중되었던 1단계가 변증적 유물주의 강조하는 2단계로 전환된 것이다. 1단계를 대표한 리다자오에게 역사 필연성과 계급투쟁, 그리고 결정론과 능동론의 관계가 상당히 모호했다면, 또는 실천적 의식이나 실천적 지혜이라는 직관으로 그 모호함의 균형이 맞춰졌다면, 다음의 2단계에서는 하나의 극단으로 기울어지게 된다. 즉, 결정론으로 기울어진 통일성이었다. 취추바이와 리다는 그 표현 방식과 정도에서 다소 차이가 있는데, 다시 말해서 취추바이가 기계론에 가까운 결정론, 그리고 자유의지와 우연성의 철저한 해소를 강조했다면, 리다는 실천이라는 매개를 통한 일종의 변증법적 해결을 시도했다. 그럴지라도 두 이론의 최종적 결과는 대체적으로 비슷하게 나타났는데, 모두 결정론으로 기울어졌다는 점이다.

또한 소련식으로 해석된 마르크스주의를 수용하게 되면서, 정치적 투쟁의 영향으로 포함된 일부 내용들도 함께 받아들여야만 했다. 예를 들면, 유물과 유심을 철학적 기본 문제로 간주하면서 유물주의와 진보계급, 유심주의와 보수계급을 각각 따로 묶어 이론적 파벌의 철학적 논쟁과 정치적 파벌의 투쟁을 한데 뒤섞는 것과 같다. 그 모든 것들은 많은 부정적 결과를 초래할 수밖에 없었다. 뿐만 아니라 많은 사람들이 지적하고 있듯이, 러시아 사람들이 해석한 마르크스주의는 일종의 '러시아화', 즉 러시아의 경험에서 비롯된 것이라는 문제를 피해갈 수 없다. 특히, 마르크스의 역사적 유물주의를 사회학으로 간주하고, 그것에 변증적 유물주의라는 기초를 포함시킨 방식은 러시아 사회가 막강한 종교적 힘에 의존해 있었기 때문에 일반적 유물주의가 계몽을 담당해야만 하는 특정한 역사적 상황에 의해 요청된 것이었다.

하지만 논자들은 자세히 따져보지도 않은 채, 그것을 마르크스 본인의 사상과 동일시하곤 했다. 그것 때문에 마르크스의 유물주의와 18세기의 프랑스 유물주의가 뒤섞인 이론적 혼란이 야기되었을 뿐만 아니라 일반

적 유물주의가 지닌 특유의 이론적 어려움을 한데 뭉뚱그려 받^게
되었다. 특히, 여기서 마르크스가 『포이어바흐에 관한 테제』에서 ^했
던, 인간의 능동성과 수동성이라는 프랑스 유물론의 이율배반적 난
마르크스주의 이론에 더 큰 당혹감을 안겨 주었다. 따라서 그 문제를 다.
살펴보고자 한다면, 그 부분들을 간과해서는 안 될 것이다.

그런데 그것도 문제의 한 측면일 뿐이다. 문제의 또 다른 측면은 그
이론적 형태의 변화에 있었다. 다시 말해서, 그것은 단지 전파 경로의 변
경에 의한 것일 뿐만 아니라 동시에 마르크스주의가 중국에서 전파되고
발전해야 한다는 자체의 필요성에 따른 것이었다. 앞서 지적했듯이, 전파
초기의 주의主義는 유사한 여러 이론들과 명확하게 구별되기 어렵다. 또
한 아직 실천에 주도적으로 개입한 이론도 아니었고, 다른 이론들과 경쟁
적 관계도 형성하지 못했기 때문에 이론 자체만 놓고 본다면, 그 시기의
대부분 사람들이 새로운 이론을 받아들이거나 감상하는 데 머물러 있었
다. 그래서 다른 이론들과의 차이 또는 이론 자체의 논리적 통일성이라는
문제 등에 그렇게 많은 주의를 기울일 수 없었던 것이다.

그럼에도 불구하고 하나의 이론을 실천에 옮겨야 한다면, 그것은 반드
시 공존하는 수많은 이론들 가운데 두각을 나타내야만 주도적인 이론이
될 수 있다. 그것이 아니라면 효과적인 실천은 진행될 수 없다. 그렇다면
역사의 발전으로부터 선택된 하나의 이론을 기치로, 그것을 부각시켜 주
도적으로 실천에 개입하는 이론을 만든다면 사정은 완전히 달라진다. 예
전 사람들에게는 전투적 이론 형태가 되도록 그 이론 자체를 조정하는
추진력이 없었다. 하지만 그 이론이 전투적인 이론 형태가 되기 이해서는
두 가지 측면이 요구되었다. 하나는 다른 경쟁적 이론들과 논쟁하는 과정
에서 확실하게 승리해야 한다는 것이고, 다른 하나는 실천 과정에서 대다
수 인민들의 지지를 얻어야 한다는 것이다. 특히 청년들이 그것을 받아들
일 수 있어야만 했다. 그러한 전투성을 갖춘 이론 형태가 바로 체계화된

ㅇ ㄴ 것이다.

이론의 체계화는 다름이 아니라 이론 자체의 조정과 규율이다. 하나의
이론이 형성되는 초기에는 체계성이 결여되어 있다. 그것은 다음과 같은
이유 때문이다. 즉, 이론의 형성은 부단한 탐색의 과정이고, 연구자는 반
드시 다양한 측면의 탐구를 거쳐야만 혁신적인 결과를 얻을 수 있다. 따라
서 이론을 정립한 사람의 저서는 일반적으로 그 정립 과정의 기록이라고
할 수 있다. 거기에는 일관적이지 못한 부분들도 포함되는데, 사후事後적
입장에서 보면 그것은 정연한 체계가 아니다. 또한 이론의 혁신 정도가
클수록 그러한 내적 탐색의 흔적이 더욱 선명하게 드러난다.

서구철학사에서 가장 위대하고 영향력 있는 이론들은 그것을 어떻게
이해하는가에 따라 논란의 여지가 더 커진다. 예를 들어 아리스토텔레스
의 철학이나 칸트의 철학은 줄곧 반복적인 해석이 필요한 대상들이다.
마르크스도 그들과 같은 반열에 속한 위대한 사상가로서, 그의 사상이
다양하게 해석될 가능성을 포함한다는 사실 역시 전혀 이상하지 않다.
그러한 상황에서 이론 자체가 하나로 해석되든, 아니면 다양하게 해석되
든 그것은 문제가 되지 않는다. 오히려 해석을 둘러싼 논란들은 그 자체로
이론을 깊이 이해하는 데 효과적인 경로일 수 있다. 논쟁적일수록 진리는
더욱 분명해진다는 것이 이를 가리킨다.

그렇지만 이론이 실천에 옮겨지면서 그것이 행동을 호소하거나 지휘하
는 기치가 된다면, 완전히 다른 상황이 된다. 그 때, 이론 자체의 내적
일관성은 필수불가결한 것이 된다. 내적 논리가 일관된 이론 체계를 만들
려면, 반드시 이론의 정립 과정에서 복잡했던 탐색 경험을 고려하지 않고,
바로 사후事後적 관점에서 또는 사후死後약방문이라고 할지라도 목적론
적 방식에서 그 이론을 재구성해야만 한다. 이론의 재구성이 일관되려면,
반드시 전체 이론 체계의 출발점으로서 논리적 기점을 선택해야 한다.
그 출발점이 이론적 명제 전체를 아우르거나 꿰뚫을 수 있어야 한다는

것은 바로 그 이론의 논리적 기점으로부터 전체 명제를 도출해낼 수 있어야 한다는 점이다.

확실히 체계화된 이론은 고도로 조직화되고 엄격한 훈련을 받은 군대와 비교할 만하다. 훈련을 엄격히 받은 군대는 통일적인 지휘와 엄격한 기율 때문에 상대를 가장 효과적으로 무찌를 수 있는 강한 전투력을 지니고 있다. 그들과 훈련을 거치지도 않고 통일적인 지휘도 없는 부대를 비교할 수는 없다. 마찬가지로, 체계화된 이론은 그 내적 일관성이 크기 때문에 가장 효과적으로 사람들의 마음을 사로잡을 수 있다. 그러한 내적 일관성으로부터 그것의 전제가 한 번 인정되면 결론도 따라서 인정될 수밖에 없는 것이다. 그렇기 때문에 논쟁 과정에서 가장 효과적으로 상대를 반박할 수 있고, 심지어 상대를 굴복시키거나 전향시킬 수도 있다. 그와 같은 측면에서 체계화된 이론은 정립 초기의 산만한 이론과 비교될 수 있는 것이 아니다.

10월 혁명의 승리가 중국 사람들에게 러시아를 본받게 만들었고, 러시아 사람들에게 승리를 안겨준 마르크스주의가 중국에서 수많은 경쟁적 학설들을 물리쳤을 때, 마르크스주의의 전투성을 증대하려는 과제도 함께 논의 일정에 올랐다. 그것을 자각했든 그렇지 못했든 간에, 이후 진행된 몇 차례의 철학적 논쟁들은 그 이론을 체계화시켰고 그것의 전투력을 증강시켰다. 그 과정에서 취추바이는 우연한 기회들로 인해, 예를 들어, 젊은 시절 사회를 바꾸려는 이상을 가지고 5·4운동에 참가했으며, 비교적 일찍 러시아어를 배웠을 뿐만 아니라 러시아에 가서 취재할 기회를 얻었고, 때마침 러시아에서 소련 판본의 마르크스주의 철학 등을 공부할 수 있었다. 그것이 그를 마르크스주의 체계화의 첫 번째 선구자로 만들었다.

그러나 리다에게 그 과정은 대부분 의식적인 선택이었을 것이다. 리다의 연이은 두 편의 주요 저서인 『현대 사회학』과 『사회학 대강』 간의 큰 차이가 바로 그 점을 보여준다. 그 차이는 우연한 기회라고 할 수 있는 우연적 요인에 의해 이루어졌다기보다는 리다가 의식적으로 선택했을 뿐이다. 그럼에도 불구하고 취추바이와 리다의 체계화 노력은 마르크스주의가 중국에서 발전하는 데 필요했던 것이고, 그런 이유로 훗날 중국 마르크스주의 철학 교과서의 전형이 되었다.

그러한 외부적 요인과 내부적 요인이라는 측면으로부터, 체계화는 지나치게 단순한 방식으로 고찰할 수 없는 문제가 되었다. 여러 원인으로 인해 소련이 마르크스주의 중국 전파의 주요 경로가 되었다고는 하지만, 그렇다고 해서 그것이 반드시 그럴 수밖에 없었다고 하는 것은 아니다. 사실이 그렇다는 것과 반드시 그럴 수밖에 없었던 것은 다른 문제이기 때문이다. 그래서 그 과정에서 빚어진 여러 결과들에 대해 무조건 변호할 수도, 완전히 부정할 수도 없다. 객관적이고 전반적으로 그것을 분석하고 이해·성찰할 필요가 있다.

하지만 학계에서는 단순화된 두 가지 평가만이 명확한 형태로 존재할 뿐이다. 하나는 그러한 체계화를 완벽하게 긍정한 평가이다. 예를 들어, 많은 관련 저서들에서 그 문제는 모두 '발전'으로 언급되고 있다. 초기에는 유물사관만이 전파되어 마르크스주의 철학을 단편적으로 이해할 수밖에 없었지만, 지금은 변증적 유물주의가 보완되어 마르크스주의를 전반적으로 이해할 수 있다는 주장이다. 또 다른 단순화된 방식은 이것과 상반된다. 예를 들어, 리다의 초기 저서인 『현대 사회학』은 비교적 높게 평가할 수 있지만, 『사회학 대강』은 일반적인 평가와 다르게 어떤 의미에서는 이론적 퇴보라고 주장하는 것이다. 그러한 두 가지 평가 관점은 분명 너무 단순하다고 할 수 있을 것이다.

앞서 언급했던 것처럼 체계화의 필요성은 의문의 여지가 없다. 그러나 체계화에 제한을 두어야 하는지에 대해서는 심각하게 고려해본 적이 없다. 체계화는 이론의 내부에서 그 이론을 조정해 일관되고 질서정연하게 만드는 것을 뜻한다. 하지만 그것은 동시에 이론이 자기 내부에만 주목하면서 새로운 경험의 수용을 방기할 뿐만 아니라, 그로 인해 이론이 발전하는 데 부정적 영향을 조성해 이론이 경직되고 새로운 상황에 적응하지 못한다는 의미이기도 하다. 소련의 경험을 보면, 체계화는 자주 정치적 집중화와 관련되었다. 소련의 철학적 체계화는 사실상 외부의 이론적 경쟁 상대를 이기기 위한 것이 아니라 내부의 이견에 초점이 맞춰져 있었다.

그것은 내부적으로 정치적 반대파를 배제하는 것과도 관련이 있다. 이처럼 이론적 체계화는 정치적인 사상 통일의 수단으로 전락했다. 그렇다면 두 측면의 연관성이 서로를 강화시키는 양상을 띠게 된다. 즉, 한편으로 이론의 체계화는 정치적 집중을 강화하고, 다른 한편으로는 정치적 집중화는 체계화된 이론의 경직화 경향을 강화한다. 따라서 반드시 상이한 측면에서 체계화를 고찰해야만 한다. 그 필요성을 이해해야 할 뿐만 아니라 그 부정적 기능을 분명하게 인식해야 하는 것이다. 또한 그 필요성의 합리적 한계도 고려해야만 한다.

아마 당사자 가운데 한 명인 취추바이의 사후적 성찰을 살펴본다면, 더 많은 교훈을 얻을 수 있을 것이다. 취추바이는 체포된 후 옥중에서 상당히 논쟁적인 『부질없는 이야기』를 썼는데, 그 가운데 자신의 이론적 작업을 회고한 부분이 있다. 그는 처음에 마르크스주의를 제대로 이해하지 못했다고 솔직하게 인정했다. "하지만 나는 사회주의나 공산주의의 궁극적 이상에 관심이 있던 편이었다."[120] 또한 "당시 알게 된 마르크스주의적 공산주의는 무정부주의와 마찬가지로 무계급, 무정부, 무국가라는 가장 자유로운 사회였고, 그것이 내 마음에 위안을 주었던 것으로 기억한다. 왜냐하면 그것은 당시 나의 무정부주의라는, 그리고 평화롭고 사랑이 가득한 세계라는 환상과 충돌하지 않았기 때문이다. 다른 점은 수단이었다. 마르크스주의가 나에게 알려준 것은 이러한 궁극적 목표에 도달하려면,

---

120) 瞿秋白, 『瞿秋白文集 · 政治理論編』7, 人民出版社, 1991: 704쪽.

객관적으로는 어떠한 경우에라도 가장 첨예한 계급투쟁을 피할 수 없기 때문에 프롤레타리아 독재, 즉 프롤레타리아가 국가를 지배하는 하나의 단계가 초래된다는 점이었다. '국가'를 소멸시키려면 반드시 일정 시기의 새로운 국가를 먼저 조직해야 하고, 가장 철저한 민권民權주의(즉, 민권이라는 사회)를 실현하기 위해서는 반드시 프롤레타리아의 민권이 앞서 실행되어야만 한다. 이것이 겉으로는 '자기모순'인 것처럼 보이지만 실제로는 이치에 맞는 논리이다. 다시 말해서, 그것은 마르크스주의에서 변증법이라고 불리는 것인데, 나의 흥미를 많이 끌었다. 나는 당시 이 문제를 대강 이해하고 그만두었다. 러시아어만을 공부하는 데에 매달려도 적어도 반년 이상이 필요했기 때문에, 나는 무슨 주의主義고 뭐고 신경 쓸 겨를이 없었다."121)

마르크스주의 이론에 대해서는, "물론 러시아에 도착하기 전에 베벨의 저서나 『공산당 선언』과 같은 극히 몇 권의 마르크스 저서를 읽었었다. 하지만 기본적으로 마르크스를 이해했다고 말할 정도는 아니었다."122) 그 이후, "내가 처음 러시아에 있었던 것은 2년이 채 되지 않는데, 진정으로 마르크스주의라는 상식을 열심히 공부한 것은 반년도 채 되지 않는다. 그것도 모스크바동방대학 수업에 필요한 책들을 본 것이 전부이다. 내일 경제학 수업에서 그 단락을 번역해야 하는데, 오늘 저녁에 일단 한 번 보면서 준비하려고 한다. 다른 유물사관 철학들도 마찬가지다. 그것은 결코 체계적인 공부가 아니었다."123) 그리고 "마르크스주의의 주요 부분은 유물론이라는 철학, 유물사관인 계급투쟁 이론, 경제정치학이다. 하지만 그것은 내가 체계적으로 공부해본 적이 없는 부분이다. 자본론, 나는 그것을 전혀 읽어본 적이 없으며, 더욱이 경제학에도 관심이 없었다. 마르크스

---

121) 瞿秋白, 『瞿秋白文集·政治理論編』7, 人民出版社, 1991: 704-705쪽.
122) 瞿秋白, 『瞿秋白文集·政治理論編』7, 人民出版社, 1991: 704쪽.
123) 瞿秋白, 『瞿秋白文集·政治理論編』7, 人民出版社, 1991: 705쪽.

주의 이론에 관한 내 약간의 상식은 거의 모두 신문과 잡지에 나왔던 자잘한 논문들, 그리고 레닌의 소책자 몇 권에서 얻은 것이 전부이다."124) "하지만 1923년이라는 중국에서 마르크스주의와 일반 사회학을 연구하는 사람들은 여전히 그 수가 매우 적다. 그래서 단지 그러한 이유 때문에 내가 상하이대학 사회학과 교수가 된 뒤, 나는 '마르크스주의 이론가'라는 허명虛名을 조금씩 훔치고 있었다."125)

어떤 논자들은 취추바이의 그러한 말들이 겸손의 표현이라고 주장하지만 문제는 그렇게 간단하지 않은 것 같다. 그 중에는 의심의 여지없이 겸손한 부분도 있었겠지만, 모두 겸손으로만 귀결시킬 수 없다. 저자는 앞서 인용된 몇 단락의 말들과 그의 저서 전체로부터 다음과 같은 두 가지 점을 알 수 있다고 본다. 하나는 그 자신이 마르크스주의 이론을 매우 제한된 형태로 이해했음에도 불구하고, 객관적인 필요와 여러 우연한 기회로부터 그와 같은 역사적 중책을 맡게 되었다는 점이다. 다른 하나는 그 자신이 만연한 당내 교조주의를 책임지려는 반성의 차원에서, 스스로 소련의 이론들을 '제대로 이해하지도 못한' 채 들여와 그러한 부정적 결과가 조성되었다고 표현한 것이다.

펑치[馮契, 1915-1995]는 이에 대해 다음과 같이 평가했다. "중국에서 마르크스주의 철학의 전파와 발전은 우여곡절의 과정을 거쳤다. 경험주의(실용주의)를 극복하자, 다시 교조주의에 대한 투쟁을 벌이게 되었다. 취추바이는 '새로운 시대의 발랄하고 어린 아이'로서, 새로운 인류 문화를 개척하는 길에서 '자신의 개성 실현'을 기대했다. 그는 역사결정론을 통해 인류가 필연의 세계에서 자유의 세계로 나아갈 것이라는 믿음을 논증했고, 또한 실용주의와 경험주의라는 비결정론, 그리고 '이론 경시'라는 오

124) 瞿秋白, 『瞿秋白文集 · 政治理論編』7, 人民出版社, 1991: 705쪽.
125) 瞿秋白, 『瞿秋白文集 · 政治理論編』7, 人民出版社, 1991: 705쪽.

류를 비판하는 데만 치중했다. 그러나 그는 훗날 다음과 같은 점을 깨닫게 된다. 그것은 이론이 교조화 되었을 뿐만 아니라 개성을 파괴하고 있었던 것이다. 그는 그러한 비극적 결과를 매우 고통스러워했는데, 그것은 바로 그가 이미 일정 정도 자신의 역사결정론에 어떤 편견들이 존재하고 있었다는 점을 느꼈다는 사실을 알려준다."[126]

이처럼 펑치의 시각은 매우 날카롭다. 그는 이어서 다음과 같이 평했다. "그러나 취추바이는 생전에 그와 같은 이론적 편견을 바로잡지 못했다. 또한 그러한 교조주의는 중국 혁명과 그 이후의 경제 건설에서도 거듭된 해악을 남겼다. 그것은 개성의 자유를 심각하게 억압했으며, 개성의 발전을 가로막았다. 그것들은 기계론적 성격을 띤 역사결정론, 그리고 숙명론적 경향을 띤 역사적 도구로서의 개인 이론과 관련되어 있다. 여기에는 이론적 사유의 심오한 교훈이 담겨 있다."[127]

4 아이쓰치와 마르크스주의의 대중화

철학적 대중화는 체계화된 마르크스주의 이론을 구성하는 하나의 부분, 또는 체계화의 필연적인 확장에 위치한 것이라고 할 수 있다. 따라서 아이쓰치가 이룬 성과는 그러한 측면에서 매우 돋보인 것이었다.

1) 철학적 대중화의 의의

철학의 대중화는 체계화된 마르크스주의 이론을 구성하는 하나의 측면

---

126) | 馮契, 『馮契文集』7(中國近代哲學的革命進程), 華東師範大學出版社, 2016: 409-410쪽.
127) 馮契, 『中國近代哲學的革命進程』, 上海人民出版社, 1989: 369쪽. | 馮契, 『馮契文集』7(中國近代哲學的革命進程), 華東師範大學出版社, 2016: 410쪽.

이다. 이론의 체계화는 이론 자체의 정연함으로 이론의 설득력과 ?

을 증대시킨다. 하지만 이론의 설득력과 전투력을 증대시키는 것?

화된 이론의 궁극적 목표는 아니다. 체계화 그 자체는 하나의 수단일

고, 궁극적 목표는 이론이 군중群衆을 장악하는 데 있다. 다시 말해서 ?

화의 목표는 그 이론을 기치로 하는, 또는 통일적 명령으로 하는 혁명

군대가 사회혁명을 진행해 최종적으로 승리하는 데 있다. 사회주의가 ?

류의 마지막 사회적 해방인 만큼, 그것은 수천 수백만의 군중들이 스스로

해방을 쟁취하려는 활동이다. 소수 혁명가들의 활동만으로 성공할 수 있

는 것이 아니다.

   그것은 마르크스주의 고전을 쓴 저자들이 일관되게 주장했던 바이기도

하다. 하지만 이론이 어떻게 군중을 조직할 수 있는지, 그리고 그들로 하

여금 혁명 운동에 투신해 이론을 실행하도록 하는지에 대해 마르크스주

의 이론의 개척자들은 구체적으로 생각해본 적이 없다. 마르크스는 다음

과 같이 말했다. "비판의 무기는 당연히 무기의 비판을 대체할 수 없으며,

물질적 힘은 물질적 힘으로만 파괴될 수 있을 뿐이다. 그런데 이론은 대중

을 장악하면서 물질적 힘으로 전환된다. 이론에 설득력만 갖춰져 있다면,

대중을 장악할 수 있다. 이론이 철저할수록 사람들을 설득시킬 수 있다.

철저하다는 것은 사물의 근본을 틀어잡는 것이다."[128] 이처럼 마르크스는

이론이 철저할수록 사람들을 설득시킬 수 있을 뿐만 아니라 대중을 장악

할 수 있다고 했다. 그런데 여기서 마르크스가 상상한 '군중'은 선진 자본

주의 세계의 노동자라고 할 수 있다. 따라서 이론적으로 철저하기만 하다

면 그들이 진심으로 믿고 따를 것이며, 기꺼이 일어나 세계를 바꿀 수

있는 것이다.

---

128) 中共中央馬克思·恩格斯·列寧·斯大林著作編譯局 譯, 『馬克思恩格斯選集』1,
    人民出版社, 1995: 9쪽.

지만 자본주의가 발달하지 못한 후진국에서, 조금의 교육도 받지 못
비非산업노동자계급 군중에게 그러한 이론적 철저함만으로는 효과를
기대하기 어려울 것이다. 이것이 앞서 레닌이 맞닥뜨린 문제였다. 레닌의
해결 방법은 전위 조직의 건설과 다른 계급에 대한 전위 조직의 지도권이
다. 훗날 그람시도 유사한 문제를 마주했다. 이탈리아의 정세가 다르기
때문에 그의 해결 방법도 레닌의 그것과 다소 다르게 유기적 지식인에
의한 문화적 헤게모니의 확립이라는 것이었다. 그가 유기적 지식인의 규
범적 형태로 삼은 것은 바로 가톨릭 선교사였다. 그럼에도 불구하고 당시
러시아와 이탈리아의 자본주의는 상당 정도로 발전해 있었고, 노동자계급
의 수도 중국에 비교할 수 없을 정도로 많았다. 따라서 그 나라들에 적지
않은 문제들이 있다손 치더라도 중국의 상황과는 같지 않았다. 중국의
자본주의는 발전하지 않은데다가 제국주의의 침략으로 민족모순이 부각
되었기 때문에 마르크스의 사회주의적 혁명 이론을 실천에 접목시키는
데 어려움이 더 컸다. 비非산업노동자계급 군중에게 어떻게 사회주의적
혁명 이론을 주입할 것인가는 당시 중국에서 매우 절실한 문제였다.

그것은 중국의 현실 상황에 적합한 혁명 이론이 필요하다는 것을 알려
준다. 이를 위해 우선적으로 서구적인 이론 배경을 중국의 실제에 가깝게
바꾸는 것이 필요했다. 그리고 반드시 서구에서 유래한 이론들을 중국
민중이 이해할 수 있도록 바꿔야만 했다. 물론 그것이 한 번에 가장 기층
에 있는 민중들에게 전달될 수 있다는 것은 기대하기 어렵다. 따라서 일정
한 교육을 받은 청년들을 먼저 붙잡고, 그들에 의해 군중들에게 더 많이
알려야 했던 것이다.

그러한 측면에서 보자면, 20세기 초 중국의 지식청년은 매우 특이한
집단이다. 큰 규모의 사회에 어떤 질서가 존재한다면, 거기에는 가장 높은
계층과 가장 기층의 민중을 연결해주는 집단이 없을 수 없다. 서구의 전
통사회에서는 보통 선교사들이 그러한 집단의 기능을 담당했지만, 중국

에서는 서구의 선교사들과 같은 사회적 계층이 존재하지 않았다. 대신 독서인이라는 계층이 있었다. 독서인 계층의 일부는 과거를 통해 가장 높은 계층으로 올라갈 수 있었지만 대다수는 사회에 남아 수많은 기층 사회의 민중들에게 영향력을 행사하는 엘리트 집단이 되었다. 예전의 지배계급도 의식적으로 그들을 통해 민중을 계도함으로써 사회 풍속을 교화하고자 했다.

그렇지만 청말 시기 과거제도의 폐지로, 그들은 신분 상승의 길이 막혀 더 이상 과거와 같은 사회적 기능을 담당할 수 없게 된다. 그들이 혁명사상을 쉽게 받아들였던 이유가 여기에 있다. 따라서 중국의 사회주의 혁명이 성공하려면 민중과 연결되어 있는 지식청년들의 도움이 반드시 필요했는데, 그들을 통해 민중을 일으켜 세우고 조직하기 위해서였다. 그래서 무엇보다 그들에게 마르크스주의를 널리 알려야 했고, 그들이 그것을 수용할 수 있도록 만들 필요가 있었다. 그와 같은 홍보가 바로 마르크스주의의 대중화이자, 철학적 대중화의 첫 번째 작업인 것이다.

2) 아이쓰치와 철학적 대중화의 결실

마르크스주의 대중화의 필요성은 당시 마르크스주의 이론가들도 분명하게 인식하고 있었다. 당시에는 선진적 문화를 알리기 위한 대중화 또는 통속화라는 것이 하나의 흐름이었기 때문이다. 황뤄펑[黃洛峰, 1909-1980]은 다음과 같이 기억했다. "당시 당의 지도와 영향력 아래, 상하이에서 좌익 문화운동이 활발히 전개되었다. 그것은 대중화·통속화와 합쳐져 하나의 큰 물결을 이뤘으며 거세게 각 지역을 향했다."[129] 그래서 당시 '철학적

---

129) 黃洛峰, 「思想戰線上的卓越戰士」, 艾思奇文稿整理小組 編, 『一個哲學家的道路 – 回憶艾思奇同志』, 雲南人民出版社, 1981: 64쪽을 보라.

대중화' 외에도, '문예대중화', '사회과학의 대중화', '과학의 대중화'와 같은 많은 구호들이 있었던 것이다.

아이쓰치는 스스로 과학의 보급을 위해 수필들을 썼을 뿐만 아니라 가오스치[高士其, 1905-1988]에게도 과학보급용 도서를 저술하도록 권장하고 격려했다. 물론 당시에도 천웨이스[陳唯實, 1913-1974], 선즈위안[沈志遠, 1902-1965], 후성[胡繩, 1918-2000]과 같은 이들이 철학적 대중화와 통속화에 종사하고 있었다. 그럼에도 불구하고 아이쓰치의 대중화 작업이 가장 큰 성공을 거두었다는 점은 분명해 보인다.

정이리[鄭易里, 1906-2002]는 다음과 같이 회고한다. 1934년, 아이쓰치는 리궁푸[李公朴, 1902-1946]가 주관하는 신보도서관[130)에서, 그 도서관과 함께 운영되는 『신보申報』의 '독서 문답'이라는 칼럼의 원고 작업을 담당하고 있었다. 그것은 각 지역 독자들의 다양한 사상적 문제를 해결하기 위한 것이었다. 하지만 독자들이 점점 늘어나면서 '독서 문답'이 독자들의 요구에 제대로 부응하지 못하게 되자, '독서 문답'은 『신보』로부터 독립해 『독서생활』(반월간)로 이름을 바꾸었다.[131)

아이쓰치는 이때부터 『독서생활』에 철학적 글을 매호마다 발표했는데, 나중에 그것들을 묶어 『철학 이야기』를 출판했다. 이후 수정을 거쳐 『대중철학』이라는 이름으로 다시 출판하게 된다.[132) 그 책은 1935년에 출판되고 나서 큰 인기를 얻으며 출판이 거듭되었다. 1949년까지 독서생활출판사에서만 32판이 나왔는데, 각 지역의 출판사들을 모두 합하면 무려 50

---

130) | '신보도서관'에서는 유통을 담당했다.

131) | 팡지샤오는 당시 국민당에 의해 암살당한 스량차이[史量才, 1880-1934]의 죽음이 그와 같은 변화를 야기한 직접적 원인이라고 본다. 方繼孝, 「李公朴與『申報』流通圖書館」, 『藝術市場』2007年第2期: 87쪽 참조.

132) 鄭易里, 「艾思奇和他的『大衆哲學』」, 艾思奇文稿整理小組 編, 『一個哲學家的道路 - 回憶艾思奇同志』, 雲南人民出版社, 1981: 54쪽을 참조하라.

판이 넘었다.[133]

『대중철학』은 모두 다섯 장으로 구성되었다. 1장 「서론」에서는 철학과 일상생활의 관계를 다루었는데, 그것은 철학이 지닌 신비감을 없애기 위한 노력이라고 할 수 있다. 또한 알기 쉬운 사례들을 열거하면서, "철학 사상은 전체 세계에 대한 사람들의 근본적 인식이나 근본적 시각이다. 세계관이라고도 한다."[134]는 결론을 이끌어낸다. 2장 「유심론, 이원론과 유물론」에서는 유심론, 이원론, 숙명론과 같은 철학 사상의 사회적 근원을 독단적 형태의 선언이 아니라 간단하고 알기 쉽게 분석하고 있다. 3장 '인식론'에서는 많은 비유들이 나오는데, 예를 들어, '사진 촬영의 비유'로 반영론을 소개하고, '원래 한 가족'이라는 표현을 가지고 감성적 인식과 이성적 인식의 모순 관계를 설명했다.

4장과 5장에서는 유물변증법의 기본 범주를 소개했는데, 그 생동감이 더욱 두드러진다. 예를 들면 다음과 같다. '하늘만이 안다'를 가지고 불가지론不可知論을 설명하고, '바람이 없으면 파도가 일지 않는다.'로 '보편적이고 유기적으로 연결된 사물의 법칙'을 다룬다. 또한 '마술이 아니다'를 가지고 '스스로 운동하고 발전하는 사물의 법칙'을, 『서유기西游記』의 손오공이 지닌 72종의 변신술'로 '현상과 본질'을, '운명적으로 정해진 재난은 피할 수가 없다.'로 '우연, 필연, 자유' 등을 설명하는 방식이다. 그것들은 철학이 어떤 것인지 잘 모르는 일반 대중을 위해 알기 쉽게 이해할 수 있게끔 서술된 것이다.

아이쓰치의『대중철학』은 끼친 영향은 실로 대단했다. 쑹핑[宋平, 1917-?], 모원화[莫文驊, 1910-2000], 원지쩌[溫濟澤, 1914-1999], 후위즈[胡愈之, 1896-

---

133) 艾思奇, 『大衆哲學』(修訂本), 人民出版社, 2004의 「修訂再版說明」(16-17쪽)을 참조하라.

134) 艾思奇, 『大衆哲學』(修訂本), 人民出版社, 2004: 13쪽.

1986], 쩌우타오펀[鄒韜奮, 1895-1944], 황난썬[黃楠森 / 黃枬森, 1921-2013], 샤오 첸[肖前, 1924-2007] 등의 회고로부터, 당시 열혈 청년들에게 끼친『대중철 학』의 영향을 알 수 있다. "항일전쟁에서 해방에 이르기까지 이 책의 영향 으로 한 무리의, 그리고 또 한 무리의 청년들이 혁명의 길로 들어섰다. 어떤 사람들은 그 책을 통해 입문한 뒤, 학문적 수준이 깊어져 광활한 마르크스주의의 보고寶庫에 빠져들었다."135) 어떤 사람은 당시『대중철 학』이 동원한 청년들이 어림잡아 10만 명에 이를 것이라고까지 했다.136)

또한 역설적이지만 장제스[蔣介石, 1887-1975]의 평가로부터『대중철학』 의 성공을 알 수 있다. 장제스의 선임고문과 참모를 지낸 마비[馬璧, 1912-1985]가 1984년에 다음과 같이 언급한 적이 있다. 그에 따르면 장제스 는 타이완으로 물러난 뒤 고위급 회의에서 여러 번 자신의 경험을 토로한 적이 있는데, 그는 부하들에게 말했다. "우리는 공산당과 대결에서 군사적 으로 실패했을 뿐만 아니라 인심을 얻는 데도 실패했다. 예를 들어, 공산 당에는 아이쓰치의『대중철학』이 있지만, 너희들은 왜 그와 같은 것을 만들지 못했는가?"137)

또한 마비가 아이쓰치 기념관에 기증한 시를 설명하는 부분에서도 다 음과 같이 언급되어 있다. "1949년에 장제스는 패전 원인을 검토하면서 중공의 군대에 진 것이 아니라 아이쓰치의『대중철학』에 패배했다고 자 평했다. 1975년, 당시 장징궈[蔣經國, 1910-1988]도『대중철학』의 사상적 위 력을 언급한 적이 있다."138) 이처럼 남겨진 표현들에서 문학적 요소를 찾 을 수도 있겠지만, 어쨌든『대중철학』이 이룬 업적이 매우 컸다는 점은 의심할 바가 없다.

---

135) 盧國英,『知慧之路 - 一代哲人艾思奇』, 人民出版社, 2006: 98쪽.
136) 盧國英,『知慧之路 - 一代哲人艾思奇』, 人民出版社, 2006: 100쪽을 참조하라.
137) 盧國英,『知慧之路 - 一代哲人艾思奇』, 人民出版社, 2006: 99쪽에서 재인용.
138) 盧國英,『知慧之路 - 一代哲人艾思奇』, 人民出版社, 2006: 99쪽에서 재인용.

아이쓰치의『대중철학』이 성공을 거둘 수 있었던 이유는 리궁푸가「편집자 서문」에서도 밝혔듯이, 그 책의 내용이 이해하기 쉬울 뿐만 아니라 "어려운 내용도 쉽게 설명했"[139]으며, "모든 것을 지금의 새로운 철학적 관점에서 썼다."[140]는 점에 있다. 또한, "저자는 경우에 따라 다른 어떤 저서들보다 더욱 분명하게 새로운 철학의 많은 문제점들을 설명하고 있다."[141] 하나의 사례를 들어보자면, "다른 저서들은 보통 목적성과 인과성을 한데 묶어 서술하는데, 이 책은 그것을 가능성과 현실성이라는 절에 포함시켜 책의 마지막에 배치했다. 그것은 가능성과 현실성이 인간의 활동이나 인간의 목적 실현과 직결된 것이기 때문에, 이와 같은 연결은 자연스럽다. 다른 한편으로, 마지막 절에 인간의 목적적 활동을 배치함으로써 모든 철학 이론들을 '세계를 바꾸는' 실천적 문제로 전환시켰다. 새로운 철학에서 '중요한 문제는 세계를 바꾸는 데 있'기 때문에 이러한 서술상의 배치는 적절하다고 볼 수 있다."[142]

미국 학자인 포겔[Joshua A. Fogel]도 다음과 같이 지적했다. "아이쓰치는 1930년대 이후, 중국에서 저서를 가장 많이 낸 마르크스주의 철학자이"[143]자, "중국에서 마르크스주의를 통속화시킨 유일하면서도 가장 탁월한 권위자다."[144] 또한 펑치는 다음과 같이 언급했다. "이 책이 한때 유행할 수 있었던 이유는 주되게 시대적 흐름을 파악했기 때문이다. 즉, 철학 이론을 가지고 당시(항일 전쟁이 일어나기 직전)의 애국 청년들과

---

139) 李公朴,「編者序」, 艾思奇,『大衆哲學』(修訂本), 人民出版社, 2004: 2쪽.
140) 李公朴,「編者序」, 艾思奇,『大衆哲學』(修訂本), 人民出版社, 2004: 2쪽.
141) 李公朴,「編者序」, 艾思奇,『大衆哲學』(修訂本), 人民出版社, 2004: 2쪽.
142) 李公朴,「編者序」, 艾思奇,『大衆哲學』(修訂本), 人民出版社, 2004: 3쪽.
143) 李今山,「艾思奇對中國馬克思主義發展的貢獻」, 李今山 主編,『大衆哲學家 – 紀念艾思奇誕辰百年論集』, 中共黨史出版社, 2011: 378쪽.
144) 李今山,「艾思奇對中國馬克思主義發展的貢獻」, 李今山 主編,『大衆哲學家 – 紀念艾思奇誕辰百年論集』, 中共黨史出版社, 2011: 378쪽.

혁명적 군중이 몸으로 직접 느끼던 문제를 쉽게 풀어 대답했기 때문이다. 그래서 그것은 이론으로부터 실제를 연결한, 특히 당시 군중의 사상적 측면을 연결한 뛰어난 성과라고 할 수 있다."[145]

아이쓰치의『대중철학』이라는 저서는 마르크스주의 체계화의 범위에 속한다. 또는 그것의 체계화된 확장이라고 할 수 있다. 하지만 그러한 체계화가 특정 의미의 체계화, 즉 소련 교과서 모델에 근거한 체계화라면, 그것은 결국 소련 교과서 체계가 지닌 여러 한계들에 봉착할 수밖에 없다. 그렇지만 아이쓰치는 그와 같은 한계에도 불구하고, 자신만의 독자적인 사유를 드러냈다. 예를 들어,『대중철학』의 초판에서 1장인「서론」을 제외하면, 2장에서 4장까지는「본체론(세계관)」,「인식론」,「방법론」의 순서로 배치되어 있다.

이와 같은 배치 방식이 언뜻 소련 교과서 체계와 매우 비슷해 보이지만, 아이쓰치 자신의 이해 방식을 따른다면 그 의미는 완전히 달라진다. "무엇이 올바른 철학인가? 왜 그것은 다른 철학보다 더 정확하며, 더욱 사실적 진리와 일치되는가? …… 우리는 3단계로 나눠서 살펴봐야 한다. 우선 첫 번째 단계는 세계 자체가 무엇인가를 논해야 한다. 물질인가? 정신인가? 이 단계의 논의를 본체론이라고 한다. 두 번째 단계에서는 우리가 어떻게 세계의 모든 것을 인식할 수 있는가를 논한다. 이 단계의 논의를 인식론이라고 한다. 세 번째 단계는 세계의 모든 것, 그리고 우리 인간의 사상과 같은 것들이 어떻게 변화하고 운동하는지를 논한다. 어떤 법칙에 근거해 운동하고 변화하는가? 다시 말해서, 가장 보편적이고 가장 근본적인 세계 모든 사물의 변화 법칙은 무엇인가? 이 단계의 논의를 방법론이라고 한다."[146] 그렇다면 '본체론'과 '인식론'은 더 이상세계를 단순히 해

---

145) 馮契,『中國近代哲學的革命進程』, 上海人民出版社, 1989: 415쪽. | 馮契,『馮契文集』7(中國近代哲學的革命進程), 華東師範大學出版社, 2016: 460쪽.

석하는 기본 원칙이 아니라, 세상의 변혁을 지향하는 '방법론'의 일부가
된다.

5 실천철학으로의 회귀

마르크스주의 이론의 체계화, 그리고 그것의 확장으로서 대중화는 모
두 이론적 활동이다. 그러한 활동이 궁극적으로 혁명적 실천에 복무하는
것일지라도, 그 자체는 어디까지나 이론적인 활동 범위 안에 존재한다.
그러나 마르크스주의는 세계를 해석하는 것에 국한되어 있지 않다. 뿐만
아니라 세계를 해석하는 것은 세계를 해석할 뿐이고, 세계를 바꾸는 것
은 세계를 바꿀 뿐이라는, 그 둘은 서로 관련되어 있지 않다는 주장도
아니다.

마르크스가 "철학자들은 서로 다른 방식으로 세계를 해석했지만, 문제
는 세계를 바꾸는 데 있다."[147]고 언급했던 것은 단지 세계에 대한 해석에
만 머무는 것이 아니라, 그와 더불어 세계도 바꿔야 한다는 말이다. 다시
말해서, '천교天橋에서 번지르르하게 말만 하면서 잡기를 선보이지 않는
다'가 아니다. 그것은 근본적으로 세계를 해석하는 이론 활동이 세계를
바꾸는 실천 활동에 본질적으로 종속되어 있다는 점, 즉 반드시 그 관계를
바꿔 의식적으로 세계를 바꾸는 것에 세계에 대한 해석을 종속시켜야 한
다는 점을 의미한다.

결국 마르크스주의 철학에서 이론은 궁극적으로 실천에 흡수되어야 하
지만, 그러한 흡수는 근본적 문제를 야기하게 된다. 즉, 이론이 결정론적

---

146) 艾思奇, 『艾思奇文集』1, 人民出版社, 1981: 140쪽.
147) | 中共中央馬克思·恩格斯·列寧·斯大林著作編譯局 譯, 『馬克思恩格斯選集』
    1, 人民出版社, 1995: 57쪽.

인 것이라고 한다면, 그러한 결정론을 믿는 사람은 어떻게 세계를 능동적으로 바꿀 수 있는 것일까? 마르크스주의 철학이 세계를 바꾸는 철학인 이상, 그 문제는 세계 변혁이라는 실천 영역으로 들어가 이론적으로 명확하게 해결되든, 아니면 실제적으로 불명확한 해결이든 간에 어떤 방식을 통해 해결될 수밖에 없는 것이다.

1) 이론적 지혜와 실천적 지혜

앞서 마르크스주의는 중국 전파가 실천 단계에 들어서면서 체계화를 요구받았다고 제기했다. 체계화를 통해 논쟁에서 경쟁 상대보다 주도적인 위치를 차지할 수 있을 뿐만 아니라 마르크스주의를 널리 전파시킬 수 있었기 때문이다. 하지만 그것은 문제의 한 측면에 불과하다. 이론이 실천 단계에 놓이면서 만들어지는 문제의 또 다른 측면은 바로 보편적 필연성을 갖춘 이론과 특수하고 구체적인 실천의 관계다.

그것을 다음과 같은 사실을 알려준다. "이론 활동이 도구적 노동으로부터 생성된 후, 인간의 세계는 이중화되었다. 현재, 우리는 직접적인 생활상의 실천을 통해 우리가 살아가는 생활 세계 또는 실천 세계를 만들었을 뿐만 아니라 그 기초 위에 우리의 이론 활동, 특히 과학 활동으로 이론이라는 객관적 세계를 구축했다. 한편, 과학적 이론의 세계는 실천 세계에 기초를 두고 있지만 실천 세계와 근본적으로 다른 특징을 지녔는데, 그것이 바로 엄격한 법칙성이다. 이처럼 이론 세계는 인과 법칙의 체계에 의해 지배되는 세계이다. 인과율이라는 것은 도구적 노동이 이론 활동에 대해 선험성을 갖는다는 점에 기초한다. 그로부터 과학적 대상인 이론 세계에는 반드시 인과율이 전제되는데, 다시 말해서 이론 세계는 반드시 인과론적 결정론의 세계로 만들어져야 한다. 그렇지 않다면, 과학적 이론의 활동은 그 의미를 잃게 된다. 그러한 의미에서 절대적인 기계론적 결정론이 과학적 이상理想이 되지만, 그 이상에 부합하지 못한다면 차선次善으로 통계 가능한 결정론이 그것을 대체하게 된다. 라플라스[Pierre-Simon Laplace, 1749-1827], 맥스웰[James Clerk Maxwell, 1831-1879], 아인슈타인[Albert Einstein, 1879-1955] 등이 통계 법칙을 불완전한 대체품으로 여겼던 이유는 그러한 과학적 이상에 기초했기 때문이다. 하지만 다른 한편으로는 과학적 이론의 세계가 출현, 특히 근대 이후 왕성하게 발전했지만 처음의 실천 세계나 생활 세계를 없애지도, 온전히 그것을 대체하지도 못했다. 근대 이후, 사람들은 일반적으로 과학적 이론 세계가 스스로 만든 생활 세계를 대체했다고 여겼지만, 생활 세계는 여전히 이론 세계의 외부에서 독자적으로 존재하고 있었다. 사람들은 단지 근대 형이상학에 의해 가려져 그것을 볼 수 없었을 뿐이다. 그렇지만 현대적 실천철학은 사람들에게 형이상학의 그와 같은 비밀을 폭로했다. 실천철학의 입장에서, 현실의 생활 세계는 과학적 이론 세계에 의해 소멸될 수 없는 것이다. 오히려 과학적 이론 세계가 생활 세계에 근거해 정립되었으며, 생활 세계가 없다면 이론 세계도 그 설 자리를 잃게 된다. 본질적으로 과학이 도구적 노동이라는 생활 세계의 특수한 활동을 추상시킨 것이라면, 그것은 자기 내부로 구체적인 생활 세계를 온전히 끌어들일 수 없으며, 단지 도구적 일의성一義性에 기초한 단선적 투시透視만이 가능할 뿐이다. 이처럼 이론 세계의 추상성과 확실성, 그리고 생활 세계 또는 실천 세계의 구체성과 다양성은 선명한 대조를 이룬다."148)

이론 세계에 들어서게 되면 반드시 인과관계에 의한 대상의 구조화가 요구되는데, 다시 말해서 세계는 필연적 관계로 구조화된다. 그렇다면 그 영역은 단지 필연적 영역이나 결정론적 영역으로서, 인간에게 능동적 작

---

148) 王南湜,「我們可以在何種意義上談論歷史規律與人的能動作用?」,『學術月刊』 2006年第5期: 48쪽.

용의 여지를 남기지 않게 된다. 또는 근본적으로 그 영역에서는 인간의 능동적 작용이 남아 있을 수 없으며, 인간의 능동성은 데카르트적 방식에 의해 일찌감치 객관 세계에서 배제되었다고 할 수 있다. 그것은 이론적 활동의 본질적 성격에 의해 그렇게 된 것인데, 기계론적 결정론 대신 확률적 결정론으로 기준을 낮춘다고 하더라도 그것 역시 결정론이기 때문에 인간에게 활동의 여지를 남기지 않는다.[149]

따라서 여기서는 다음과 같은 결론이 불가피하다. 즉, 이론 세계가 결정론적 세계이자 인간에게 활동의 여지를 남기지 않는 것이라면, 이론 세계에서 세계를 논하고 역사적 과정을 논한다는 것 자체가 단지 그것들을 결정론적으로 구조화할 뿐이고, 인간에게 불확정적 임의성의 여지를 남겨주지 않는 것이다. 그렇지 않다면 합당한 이론이라고 할 수 없을 것이다. 역사라는 영역은 당연히 자연의 영역과 근본적으로 다르다. 예를 들어, 대상이 지닌 극도의 복잡성 때문에 수학적 도구로 그 대상을 정확히 묘사할 수는 없겠지만, 양자의 차이는 역사를 이론적으로 연구하고, 그 이론 구조를 창출에 전혀 지장을 주지 않는다.[150] 이와 같은 이론 구조가 지닌

---

149) 물론 이론 세계를 인간의 활동 구조라는 측면에서 본다면, 기계론적 결정론으로 구조화된 세계는 사실상 또 다른 차원에서 인간의 능동적 작용에 의해 구현된 것이다. 루반(David Luban)이 말한 것처럼, "코페르니쿠스[Nicolaus Copernicus, 1473-1543]주의가 우리를 중심에서 벗어나 X로 이끌었지만, 우리가 중심에서 벗어난 그 유배 과정에서 겸손한 느낌을 갖추는 것은 쉬운 일이 아니었다. 오히려 우리를 어떤 지혜의 오만함으로 가득 차게 했다. 우리의 유배는 어디까지나 승리한 지식의 놀라운 결과였지, 실패의 결과가 아니었다."(David Luban / 蘇亦工 譯, 『法律現代主義』, 中國政法大學出版社, 2004: 24쪽.) 하지만 이것은 두 가지 차원의 문제다. 하나는 인간과 이론 세계의 관계를 다룬 것이고, 다른 하나는 이론 세계 내부를 다룬 것이다. 두 가지를 혼동해서는 안 된다.
150) 역사와 자연을 분할하는 것은 근대의 주체성 철학이 낳은 편견이다. 이 편견은 신칸트주의와 포퍼를 포함한 실증주의에 의해 계승되었지만, 마르크스의 철학적 혁명은 그러한 편견을 비판하는 기초 위에 정립되었다.

의미는 그것이 역사 영역에서의 보편적인 것을 인식하는 데 도움을 준다는 점이다. 뿐만 아니라 역사 영역에서 그와 같은 논의는 필연성을 띤다. 결정론적 방식을 가지고 역사적 필연성을 논하지 않고, 오히려 동문서답만 한다면 그것이 문제라고 할 수 있다. 그러한 이론 구조는 플라톤 이후 크게 중시되어 내려온 이론적 지혜다.

그러나 실천 영역 또는 실천 세계로 들어가는 것은 이론 영역으로 들어가는 것과 크게 다르다. 여기서 실천이 효율적이려면 보편성이나 필연성을 과장해서는 안 된다. 구체적이고 특수한 실천적 장에 맞는 실천 방안을 세밀히 강구해야 할 뿐만 아니라 실천 방안은 실천적 상황의 변화에 따라 언제 어디서나 수정이 가능해야 한다. 물론 이것은 보편적 필연성을 갖춘 이론과 구체적이고 특수한 실천이 어떠한 관련도 맺고 있지 않다는 말이 아니다. 이론이 효과적으로 실천에 개입하려면 실천을 직접적인 구조화 방식으로 통제하는, 즉 구체적 실천을 이론 구조로 추상화해서는 안 된다. 대신 칸트가 언급한 규제적 방법을 통해 간접적이고 조절적인 형태로 이론과 실천을 연결시켜야 한다.

자연과학적 이론과 산업기술이라는 실천을 예로 들자면, 자연과학적 법칙에서 공학기술적 규범으로의 전환 과정이 그 문제를 이해하는 데 많은 시사점을 준다. 과학적 법칙은 일반적으로 정확한 함수관계라고 할 수 있다. 하지만 그것이 공학기술에 적용되면, 과학 이론은 공학적 실제와 완전히 일치되기 위해 모든 공학적 세부 사항을 이론적으로 묘사하지 않는다. 또한 경험에 근거해 성공가능성을 높이는 방식을 선택한다. 예를 들어, 재료공학에서는 강도强度 이론에 따라 부품의 직경이나 두께가 어느 정도의 수치로 필요한지를 계산할 수 있다.

하지만 실제적인 공학 설계에서는 그렇게 계산된 수치를 그대로 적용하는 것도 아니고, 발생 가능한 재료적 결함이나 예측 불가능한 여타의 상황들을 상세히 측정해 원래의 이론적 계산치를 수정하는 것도 아니다.

그것은 일반적으로 경험적인 성공가능성을 높이는 방향에서 그 수치들을 수정하는데, 실질적으로 달성할 수 있는 산업 생산의 수준에 그 수치를 맞추게 된다. 또한 높여야 할 성공가능성도 실행자들에 따라 각기 상이하게 나타난다. 그것은 최소한 각 나라마다 성공가능성에 관한 기술적 규범도 다를 뿐만 아니라 한 나라의 지역과 업종도 서로 상이하기 때문이다. 그러한 차이에는 어떤 이론적 근거가 있는 것이 아니라, 단지 산업 기술이라는 실천적 경험에 따라 정해진다. 마찬가지의 이치로, 다른 영역들에서 이론이 실천으로 전환되는 것도 그러하다.

그와 같은 전환 방식으로부터 다음과 같은 사실을 알 수 있다. 즉, 이론은 현실의 공학기술적 규범에 대해 엄격하고 구성構成적인 것이 아니라, 일정하게 범위의 융통성을 지닌 유연한 규제 작용 또는 조절 작용이라는 점이다. 어떤 의미에서 비非구성적 조절 작용은 변증법의 하나인 실천적 변증법이라고 할 수 있다. 이론의 변증적 진행을 이론 논리 또는 이론적 지혜로 간주한다면, 실천적 변증법은 실천 과정에서 조절을 통한 적절한 행동 방안의 형성 과정으로 이론을 간주되기 때문에 그것은 실천 논리 또는 실천적 지혜가 된다. 그 두 가지 지혜는 서로가 서로를 대신할 수 없지만 보완할 수는 있다. 이론적 지혜가 세계의 일반법칙을 되도록 많이 파악해 최대한도록 세계를 설명한다면, 실천적 지혜는 실천 세계의 행위자를 둘러싼 매우 복잡한 다양성으로부터 이론을 현실생활에 접목시킨다. 그래서 마르크스주의를 실행에 옮긴다면 이론과 실천, 다시 말해서 이론적 지혜와 실천적 지혜의 관계를 어떻게 처리할 것인가라는 문제에 봉착할 수밖에 없다.

2) 논의의 대상으로서 실천적 운용의 문제

마르크스주의가 중국에서 전파되고 발전한 이론적 궤적을 보면, 1919

년 리다자오의 본격적인 전파로부터 리다의 『사회학 대강』이 세상에 나올 때까지는 대체적으로 체계도 없고 내적 엄밀성도 결여한 이론에서 체계화된 이론으로 나아간 과도기였다고 할 수 있다. 이론적 체계화가 해결해야만 하는 문제는 논쟁적인 토론을 거쳐 이론적 상대를 이기고, 스스로 가장 광범위하게 전파되어야 하는 것이었다. 그런데 기이한 점은 그와 같은 이론적 전파에 요구된, 체계화된 이론의 결정론적 성격이 경쟁 상대를 물리치는 이론적 무기가 되었지만, 그것이 일단 구체적인 실천 과정에 들어서게 되면 상반된 결과를 초래하곤 했다는 데 있다. 다시 말해서, 그것이 실천적 실패의 원인이 되었다. 교조주의가 지배적인 정치적 실천이 되면서 나타난 '좌'경 모험주의가 바로 그것이다.

물론, 보편적 이론을 특수한 구체적 사실에 잘못 적용한 데에 모든 원인을 돌릴 수는 없다. 다른 나라들의 경우에는 민족적 이익 때문에 개입하기도 했고, 투쟁력의 차이 등 실천에 영향을 끼친 요인은 다양했기 때문이다. 그럼에도 불구하고 보편적인 원리로 간주되는 이론을 직접적으로 특수한 실천에 적용하는 방식은 간과될 수 없는 원인이다. 그로부터 중요한 사상적 과제가 제시되었다. 그것은 기존의 체계화된 이론을 어떻게 유지할 것인가, 그리고 보편적 이론이 실천에 단순하거나 구성적으로 적용되던 것을 어떻게 방지할 것인가이다.

마르크스주의 이론의 체계화는 필요한 것이자 결정론적 체계가 모든 이론이 도달해야 할 가장 높은 이상理想인 만큼, 혁명적 실천의 성공을 위해서는 결정론적 체계를 추구할 수밖에 없었다. 하지만 그러한 결정론적 체계의 교조주의적 적용이 실천적 실패의 주 원인이었던 만큼, 혁명적 실천의 성공을 위해 체계화 이론의 교조주의적 적용도 피해야만 했다. 어떤 의미에서 그와 같은 두 가지 요구가 분명 상충되어 있다는 점을 알 수 있다. 그것은 이론적 체계의 보편적 필연성을 어떻게 논리적으로 유지할 수 있는가와 함께, 이론의 보편적 필연성을 어떻게 논리적으로 제약할 수 있는가의 문제다. 그 문제는 반드시 해결되어야만 했다. 그렇지 않으면 그것 때문에 중국 혁명이 중도에서 실패할 수도 있었기 때문이다.

3) 이론적 해결과 실천적 해결

해결될 수 없을 것 같은 난제를 어떻게 해결할 것인가? 두 가지 요구가 서로 충돌하고 있다는 점에서 이론적 방식만으로는 그 문제를 해결할 수 없다. 이 책의 1장 마르크스주의 이론사에서 다룬 성공하지 못했던 해결 방안들이 바로 그것의 어려움을 보여준다. 그래서 해결할 수 있는 방법은 이론적 지혜가 아니라 실천적 지혜에 있는 듯하다. 마오쩌둥의 공헌이 바로 이 부분에 있다.

그렇다면 마오쩌둥은 어떻게 해결할 수 있었는가? 그 이유는 마오쩌둥이 이론가이자 실천가라는 이중적 성격을 갖췄다는 점, 그리고 중국 전통 철학의 사유방식이 그에게 매우 큰 영향을 끼쳤다는 점과 관련되어 있다. 실천철학의 핵심은 세계에 대한 해석이 세계의 변혁에 종속된다는 점이다. 다시 말해서, 이론은 근본적으로 실천으로부터 유래하며, 실천에 종속된다. 이론과 실천에 관한 실천철학의 핵심은 이론적인 사변적 명제만이 아니라, 우선적으로 이론과 실천을 대하는 실제적인 생활 방식에 있다.

따라서 그것은 사상가에게 단순히 이론적 관점에서만 이론을 실천에 종속시키는 것이 아니라 실제적 측면에서 종속시킬 것을 요구한다. 그와 같은 일은 단순한 이론가에게는 매우 어렵지만 실천가에게는 그리 어렵지 않은 것이다. 물론 단순한 실천가도 그것을 자신의 실천적 원칙으로만 삼을 뿐, 그 원칙을 이론적 수준으로까지 끌어올리지 못한다. 하지만 마오쩌둥은 이론가와 실천가라는 이중적 성격을 갖추었기 때문에 마르크스주의 철학의 근본 문제라는 지점에서 매우 탁월한 자리를 차지할 수 있었다. 즉, 그는 실제적으로 그 원칙을 고수했을 뿐만 아니라 이론적으로도 그것을 표현했으며, 그를 통해 자신만의 철학적 원칙을 정초했다. 따라서 마오쩌둥은 소련 철학교과서라는 이론철학적 경향의 극복과 함께, '형식적으로'가 아니라 '실질적으로' 그와 같은 실천철학적 체계를 마련할 수 있었던 것이다.

마오쩌둥이 소련 철학교과서를 진지하게 검토했다는 점은 의심의 여지가 없다. 어떤 의미에서 소련 철학교과서는 마오쩌둥에게 마르크스주의 철학을 이해시킨 기본 자료라고 할 수도 있다. 그러나 마오쩌둥의 소련 교과서 연구는 무비판적인 것이 아니라 스스로의 이해에 기초해 있다. 특히, 중국 전통문화에 대한 자신의 '선이해[前見; preunderstanding]'를 바탕으로 그것을 비판적으로 재구성했다. 그 내용은 다음 장에서 자세히 분석할 것이다. 결론적으로 말해서, 마오쩌둥이 마르크스주의 철학을 학습하고 연구하는 데 끼친 소련 철학교과서의 영향은 일부분에 불과하다. 그는 교과서들을 통해 마르크스주의 철학을 단계적으로 알아갔지만 교과서 체계의 뚜렷한 이론철학적 경향에 점차 불만을 느끼면서, 결국 자신만의 방식으로 그것을 극복해 나갔다.

소련 철학교과서에 대한 마오쩌둥의 불만은 다음 장에서 논의하겠지만, 여기서는 간략히 지적하고자 한다. 우선 훗날 그의 철학 강의 원고인 『변증법적 유물론(강의 요점)』에서 보여준 태도에서 그 일단을 엿볼 수 있을 것 같다. 그 강의 원고는 마오쩌둥이 1937년 5월에서 8월까지 홍군紅軍대학(이후의 항일군사정치대학이다)에서 철학 과목을 강의하면서 작성된 것이다. 그것은 대부분 『항전대학』에 발표되었지만, 적지 않은 판본이 별도로 발행되기도 했다.151) 원고 가운데 『실천론』과 『모순론』 부분만 신

---

151) 시징펑의 설명에 따르면, 『변증법적 유물론(강의 요점)』은 1938년에서 1949년에 이르기까지 최소한 19종의 각기 다른 판본이 존재한다. 시징펑 본인은 그 중 12종을 소장하고 있다.(奚景鵬, 「關於毛澤東『辨證法唯物論(講授提綱)』早期版本」, 『黨的文獻』2007年第4期: 72-73쪽을 참조하라. | 참고로, 이 글에서 시징펑은 20종의 판

중국이 성립된 이후에야 공식적으로 발표되었다. 그런데 "주목해야 할 것은 스노우[Edgar Parks Snow, 1905-1972]가 1965년에 그것을 물었을 때, 마오 쩌둥은 자신이 『변증법적 유물론(강의 요점)』이라는 저서의 저자가 아니라고 했다는 점이다."152) 마오쩌둥은 왜 자신이 그 저서의 저자가 아니라고 했을까? 이 부분은 자세히 따져볼 필요가 있다.

슈람[Stuart Reynolds Schram, 1924-2012]은 마오쩌둥의 그 강의들이 "공산주의 운동의 지도적 인물들이 반드시 갖춰야만 하는 조건"153)인 "마르크스주의의 이론가 또는 철학자라는 명성"154)에 미치지 못했기 때문이라고 보았다. 다시 말해서, "변증적 유물주의에 관한 마오쩌둥의 강연은 기대한 목표에 확실히 미치지 못했다. 이 강연들은 상당히 많은 부분에서, 특히 강의의 전반부 몇 장은 소련의 내용을 거의 그대로 옮겨온 것이다. 그리고 마오쩌둥 자신의 언어로 표현된 곳도 결과적으로 그다지 만족스럽지 못했다."155) 하지만 당시 강의의 실제적 효과에 대한 관계자들의 회고를 살펴보면, 대체적으로 슈람의 해석은 주관적 억측이 심할 뿐만 아니라 설득력도 크게 부족한 것으로 보인다.

본을 소개하고 있다. 또한 자신이 확인하지 못한 판본이 더 있을 수 있다고 주장한다. 여기서 저자인 왕난스가 19종이라고 한 것은 착오로 보인다.) 마오쩌둥이 이 저서의 저자라는 점은 의심의 여지가 없다. 중앙문헌연구실에서 편찬한 『毛澤東著作專題摘編』(中央文獻出版社: 2003)을 보면, 출처 여러 곳이 八路軍軍政雜誌社에서 출판한 『辨證法唯物論(講授提綱)』(1937)으로 되어 있다. 이로부터 중앙문헌연구실이 마오쩌둥을 이 저서의 저자로 간주했다는 사실을 알려준다.

152) Stuart Reynolds Schram / 田松年 · 楊德 等譯, 『毛澤東的思想』, 中國人民大學出版社, 2005: 62쪽.

153) Stuart Reynolds Schram / 田松年 · 楊德 等譯, 『毛澤東的思想』, 中國人民大學出版社, 2005: 62-63쪽.

154) Stuart Reynolds Schram / 田松年 · 楊德 等譯, 『毛澤東的思想』, 中國人民大學出版社, 2005: 62쪽.

155) Stuart Reynolds Schram / 田松年 · 楊德 等譯, 『毛澤東的思想』, 中國人民大學出版社, 2005: 63쪽.

저자는 다음의 두 가지 원인이 보다 실제에 부합된 이해라고 판단한다. 하나는 그 강의 원고가 『실천론』과 『모순론』을 제외하고, 대부분 소련 철학교과서의 체계를 따랐다는 점에 있다. 사료에 의하면, 마오쩌둥은 강의 준비와 강의 요점을 저술한 기간 동안 마르크스주의의 고전적 저서 및 중국과 해외의 철학 저서들을 꼼꼼히 읽었을 뿐만 아니라 일부 저서들에는 많은 주석을 달았다. 예를 들어, 시로코프와 아이젠버그[A. Aizenberg, ?-?] 등의 『변증법적 유물론 교정』에 남긴 1937년 4월 4일 이전의 주석, 그리고 미틴[Mark Borisovich Mitin, 1901-1989] 등의 『변증적 유물론과 역사적 유물론』(상)[156]에 남긴 1937년 7월 이전의 주석과 같은 것들이다. 따라서 합리적인 해석은 마오쩌둥의 입장에서 그것들은 단지 강의 원고로 자신이 창조한 것이라고 할 수 없기 때문에 당연히 자신의 성과로 인정할 수 없었던 것이다.

또 다른 원인이 더 중요한데, 그것은 마오쩌둥이 지속적인 연구를 통해 더욱 높아진 마르크스주의 실천철학의 이론적 경지로부터 소련 철학교과서의 이론철학적 경향을 만족스러워하지 않았을 수 있다는 점이다. 강연 원고에서 『실천론』과 『모순론』을 제외한다면, 기본적으로 자신이 직접적으로나 간접적으로 만족스러워하지 않았던 소련 철학교과서의 내용이었다. 그리고 자신만의 독창적인 부분은 이미 별도로 발표되었기 때문에, 마오쩌둥이 그것을 자신의 저작으로 인정하지 않았다는 것은 매우 자연스러운 일이었다. 마오쩌둥이 『변증법적 유물론(강의 요점)』을 인정하지 않았으며, 소련 교과서 체계에 불만을 느꼈다는 사실은 기존과 다른 경로로 마오쩌둥 철학을 이해해야 한다는 점을 일깨워준다. 그것은 바로 마르크스주의 이론의 체계화라는 맥락에서 마오쩌둥 철학을 이해해서는 안

---

156) | Mark Borisovich Mitin / 沈志遠 譯, 『辯證唯物論與歷史唯物論』(上冊), 商務印書館, 1936.

된다는 점, 또는 적어도 그것을 중심에 놓고 이해해서는 안 된다는 점이다. 대신, 이론이 실천에 적용되면서 야기된 내적 길항을 어떻게 해결했는가라는 점에서 그것을 이해해야 한다.

그러한 내적 길항의 해소는 당연히 이론가의 책무이다. 그럼에도 불구하고 그 문제가 이론적으로 해결되기 어려운 문제처럼 보이고, 그 문제에 대한 이론가의 태도가 실천에 뛰어든 실천가의 그것만큼 절실하지 못하다는 점 또한 고려해야 한다. 그렇다면 이론가들이 그 문제를 자신의 핵심 사안으로 여기지 못한다는 것도 어쩌면 당연한 일일 것이다. 하지만 실천가는 그와 다르다. 그들에게 그 문제가 합리적으로 해결되지 못한다면 실천에 성공적으로 복무할 수도 없기 때문이다. 따라서 혁명적 실천가인 마오쩌둥에게 그 문제는 무엇보다도 전력을 다해 대응할 수밖에 없는 근본 문제였다.

주관적 측면에서 본다면, 마오쩌둥 자신의 문화사상적 경향이 그 문제를 해결하는 데 유리한 조건일 수 있다. 마오쩌둥은 젊은 시절 심학心學의 영향을 크게 받았다. "나는 예전부터 무아無我론을 주장했는데, 우주만이 있을 뿐 나는 없다고 생각했다. 지금은 그것이 아니라는 점을 알고 있다. 내가 곧 우주인 것이다. 개개의 나를 없애면 우주도 없을 것이고, 개개의 내가 모이면 우주가 된다."[157] 하지만 이것은 '소아小我'가 아니라 '대아大我'이다. "우리가 눈을 크게 뜨고 보면, 인류가 하나의 대아이고 생명체가 하나의 대아이며, 우주가 하나의 대아라고 할 수 있다."[158] 그러한 '대아'가 곧 "우주의 나이자 정신적인 나이다."[159] 그리고 그러한 '정신적인 나'

157) | 中共中央文獻硏究室·中共湖南省委『毛澤東早期文稿』編輯組, 『毛澤東早期文稿(1912.6-1920.11)』, 湖南出版社, 1990: 230-231쪽.
158) 中共中央文獻硏究室·中共湖南省委『毛澤東早期文稿』編輯組, 『毛澤東早期文稿(1912.6-1920.11)』, 湖南出版社, 1990: 141-142쪽.
159) 中共中央文獻硏究室·中共湖南省委『毛澤東早期文稿』編輯組, 『毛澤東早期文

에 영웅주의적 기개가 갖춰져 있다.

마오쩌둥은 「강당록講堂錄」에서 왕선산[王船山 / 王夫之, 1619-1692]의 성현聖賢과 호걸豪傑에 관한 언급, 즉 "호걸이면서 성현이 아닌 자는 있어도, 성현이면서 호걸이 아닌 자는 없다."[160]를 거론하면서 그것을 '수신修身'의 좌우명으로 삼았다. 여기서 '성현'은 고상한 품성을 지녔을 뿐만 아니라 공덕과 명성을 크게 성취할 수 있는, "덕업德業을 온전히 구비한 자"[161]로 해석된다. 그러한 정신을 갖춰야만 모든 난관을 극복하고, 공과 업적을 크게 이룰 수 있기 때문이다. "강물이 동관潼關으로 흐르는데, 화산華山이 그것을 막고 있기 때문에 강물의 힘이 배가되어 세차게 흘러간다. 바람이 삼협三峽로 돌아 나오는 것은 무산巫山에 가로막혀 있기 때문인데, 그로 인해 바람의 힘이 배가되어 매섭게 불어온다."[162] 그리고 그와 같은 정신은 시대적 요청으로, "지금 세상에는 도량이 큰 사람이 필요하다. 그런 사람이 철학과 윤리학에서 시작해 철학을 바꾸고 윤리학을 바꾸며, 근본적으로 나라 전체의 사상을 바꾼다."[163]

또 다른 측면에서, 마오쩌둥은 중국의 전통문화가 중시했던 실천적 효과 또는 나라와 백성을 이롭게 해야 한다는 전통사상의 영향을 크게 받았다. 예를 들어, 노중련魯仲連(B.C. 305?-B.C. 245?)과 전파田巴(B.C. ?-B.C. ?)의 논쟁이 역사적으로 중국의 고대 철학자들이 어떻게 이론적 관심과 실천적 관심을 연관시켰는지를 보여주는 좋은 사례라고 할 수 있다. 마귀한[馬

稿(1912.6-1920.11)』, 湖南出版社, 1990: 590쪽.

160) | 王夫之, 『俟解』

161) 中共中央文獻研究室·中共湖南省委『毛澤東早期文稿』編輯組, 『毛澤東早期文稿(1912.6-1920.11)』, 湖南出版社, 1990: 589쪽.

162) 中共中央文獻研究室·中共湖南省委『毛澤東早期文稿』編輯組, 『毛澤東早期文稿(1912.6-1920.11)』, 湖南出版社, 1990: 180-181쪽.

163) 中共中央文獻研究室·中共湖南省委『毛澤東早期文稿』編輯組, 『毛澤東早期文稿(1912.6-1920.11)』, 湖南出版社, 1990: 86쪽.

國翰, 1794-1857]이 수집·기록한 『노련자魯連子』에 따르면, "제나라의 언변가인 전파가 저구狙丘와 직하稷下 일대에서 연설을 했다. 그는 오제五帝[164], 삼왕三王[165], 오백五伯[166]을 폄하하고 비방했으며, 돌의 단단함과 흰 색을 분리하고, 같음과 다름을 뒤섞는 궤변으로 하루 만에 수천 명을 설복시켰다. 서겁徐劫이라는 사람이 있는데, 그의 제자인 노련[노중련]이 …… 전파에게 물었다. '나는 일찍이 다음과 같은 말을 들어본 적이 있다. 대청 위의 똥도 치우지 않는데, 어찌 교외 밖의 잡초를 제거하겠는가, 서로 뒤엉켜 백병전을 벌이면서 앞으로 나아가야 하는데, 어찌 갑자기 날아오는 화살을 대비할 수 있겠는가? 왜 그럴까? 그것은 급하게 해야 할 일은 하지도 않으면서 미뤄도 될 일을 먼저 하는 우를 범하기 때문이다. 지금 남양南陽 지방에 초나라 대군이 주둔해 있고, 고당高唐 일대는 조나라 군대의 공격을 받고 있으며, 연나라 군사 10만이 요성聊城을 겹겹이 둘러싸고 물러나지 않는다. 나라의 운명이 경각에 달려 있는데, 선생은 어찌하려 하는가?' 전파가 말하길, '어찌할 도리가 없다.' 노련이 대답하길, '위기의 상황을 안정시키지도 못하고, 멸망의 상황에서 생존의 계책을 제시하지도 못한다면 뛰어난 학자라고 할 수 없다.'"[167] 전파는 노중련의 추궁에 승복하고, 그때부터 "입을 닫고 직업을 바꿨으며, 다시는 사람들과 논쟁하지 않았다."[168]

---

164) | 오제(五帝)는 황제(皇帝)·전항(顓頊)·제곡(帝嚳)·당요(唐堯)·우순(虞舜)을 가리킨다.

165) | 삼왕(三王)은 하우(夏禹)·상탕(商湯)·주무왕(周武王)을 가리킨다.

166) | 오백(五伯)은 제환공(齊桓公)·진문공(晉文公)·진목공(秦穆公)·초장왕(楚莊王)·오왕합려(吳王闔閭)를 가리킨다.

167) | 張傑,「稷下學宮的務實精神與田齊的興盛」,『管子學刊』2000年第2期: 54쪽에서 재인용. | 참고로, 이 내용은 李昉,『太平御覽』卷464, 中華書局, 1960 / 1995: 2133쪽에 나와 있다.

168) | 李昉,『太平御覽』卷464, 中華書局, 1960 / 1995: 2133쪽을 참조하라.

이처럼 실천에 대한 고대 학파들의 이해는 많이 달랐지만, 실천을 중시한다는 점에서 그들은 공통된다. 그것이 바로 중국 고대철학에 깊게 각인되어 있는 사상 전통이다. 특히, 명청 교체기에 이르러 '경세치용經世致用'의 학문으로 크게 융성했는데, 황종희黃宗羲(1610-1695), 고염무顧炎武(1613-1682), 왕부지王夫之 등의 뛰어난 사상가들이 나타나 그 전통을 계승 발전시켰다. 경세치용을 중시하거나 나랏일에 필요한 학문을 강조해야만 한다면, 현실을 마주할 수밖에 없고 그것에 매진해야만 한다. 그러한 경향은 실무적 과정의 중시, 그리고 경세치용을 강조했던 후난[湖南 / 湖湘]의 문화적 전통에서 잘 드러난다.

중국번曾國藩 / 曾文正(1811-1872)으로 대표되는 호상湖湘학파는 한학漢學의 실무적 학풍과 송학宋學의 탐구적 정신을 조화시키려 했다. 즉, 실질을 추구하는 한학의 정신으로 송학의 공허함을 해결하고, '경세치용'으로 향하는 교량을 놓고자 했다. 그들은 대부분 '실속 없는 말만 쫓고, 실용적인 것을 추구하지 않'는 공허한 심성지학心性之學을 반대했다. 그들에게 송학은 인간의 정신을 헛되이 논했으며, 말을 하면 할수록 더욱 황당무계해질 뿐이었고, 현실 사회를 제대로 판단하지도 못했으며, 일처리도 무능했다. 그래서 그들에게 학문은 마땅히 경세치용을 논해야만 했다. 다시 말해서, 나라의 경제와 민생, 그리고 '일상생활의 실제'라는 측면에서 국가의 안정과 번영을 위한 모색하는 것이다. 마오쩌둥도 그러한 문화적 전통에서 벗어날 수 없었다. 실제로 그러했다. 그는 1917년 8월 리진시[黎錦熙, 1890-1978]에게 보낸 편지에서, 근대 주요 인물 몇몇을 비교하면서 다음과 같은 결론에 이르렀다. "근대 사람들에 대해 말하자면, 나는 오직 증문정曾文正만을 인정한다."[169] 따라서 실제와 효과를 중시하는 마오쩌둥의 사

---

169) 中共中央文獻硏究室·中共湖南省委『毛澤東早期文稿』編輯組, 『毛澤東早期文稿(1912.6-1920.11)』, 湖南出版社, 1990: 85쪽.

상적 경향은 그러한 문화적 전통으로부터 만들어진 것이다.

　이처럼 마오쩌둥 초기 사상의 상반된 듯 보이는 두 가지 경향은 서로 하나로 수렴된다. 즉, 정신의 능동적 작용을 강조하면서도 구체적인 성과와 효과를 중시한다는 이원적 성격의 사상 구조다. 이론철학적 관점에서 그것은 이론의 단일한 관점이 결여된 불철저한 철학이지만, 그것을 실천 철학의 시야에 놓게 되면 결과는 달라진다. 바로 그러한 이원적 구조에 이론과 실천, 결정론과 능동론의 균형이라는 방법론적 가능성이 갖춰진다. 앞서 언급한 것처럼, 객관적 필연성과 주체적 능동성의 측면을 함께 고려한다는 것이 리다자오 철학사상의 기본 특징이었다. 그 때문에 리다자오는 역사적 결정론과 계급투쟁론을 다룰 때도 어느 한 측면에 치우치지 않고 두 가지를 함께 고려할 수 있었다. 그와 유사하게, 마오쩌둥의 초기 사상에서도 두 측면을 함께 고려하는 특징이 나타나고 있다. 따라서 그 특징들은 두 철학사상 간의 유사성을 보여준다.

　훗날 마오쩌둥이 마르크스주의를 받아들여 유물주의자가 되었다는 점은 의심의 여지가 없는 사실이다. 하지만 한 사람이 지녔던 초기의 사상적 관념은 완전히 사라질 수 없는 것이다. 사람의 사상이 바뀌는 과정은 이전의 관념을 완전히 없앤 다음, 마치 백지 위에 새롭게 그리는 것이 아니다. 그것은 필연적으로 '지양'의 과정을 거칠 수밖에 없다. 다시 말해서, 기존의 사상에 기초한 재구조화 또는 '개조'인 것이다. 기존의 사상적 관념은 불가피하게 새로운 관념을 받아들이는 '앞선 이해'로 기능할 뿐만 아니라 변형된 형태로 새로운 관념에 내재하게 된다. 이처럼 객관성의 실제 효과에 주목하면서 사람의 능동적 작용을 강조하는 사상구조가 마오쩌둥의 실천철학적 역동성을 구성했다.

제**4**장

실천철학적 영역에서 본 마오쩌둥의 철학

지금까지 마르크스주의 철학의 중국화라는 과정으로부터 실천철학인 마오쩌둥 철학을 매우 간략하게 설명했다. 여기서는 우선 마오쩌둥의 주요 철학 저서인 『실천론』, 『모순론』, 『마오쩌둥 철학의 주석집』에 근거해, 보다 구체적인 논증을 진행하려고 한다. 특히, 기존의 연구에서 간과되었던 마오쩌둥 철학의 중국의 전통 부분, 그리고 중국과 서구의 철학 전통을 아울렀던 마오쩌둥의 노력을 다룬다. 그리고 앞서의 논의를 바탕으로 마오쩌둥 실천철학의 구조적 전제를 드러냄으로써 마오쩌둥 철학의 독특한 면모를 밝히고자 한다.

1 『실천론』의 실천철학적 해석

중국학계에서 『실천론』은 마오쩌둥의 가장 중요한 철학 저작 가운데 하나로 알려져 있다. 1951년 『인민일보』에 『실천론』이 공식 발표된 이후, 당시 소련 철학계와 서구 마르크스주의 학자들에게서 높은 평가를 받았다.[1] 하지만 저자는 그러한 평가들에도 불구하고 그 저서가 지닌 독특하

---

1) 왕뤄수이[王若水, 1926-2002]는 소련에서의 평가를 다음과 같이 소개했다. "소련 측의 반응은 뜨거웠다. 『프라우다』에 번역 전문을 게재하고, 그에 대한 논평도 함께 실었다. 그밖에도 일부 저명한 철학자들이 평론을 발표했다."(王若水, 「毛澤東時代的兩樁哲學公案」, 『炎黃春秋』1999年第11期: 14-19쪽.) 또한, 르와[Michelle Loi, 1926-2002]는 다음과 같이 말했다. "소련 사람들은 이 글이 마르크스주의의 기본 개념을 '활용'했다고 주장했고, 다른 이들은 이 글이 마르크스주의적 기본 개념을 '보완'·'발전'시킨 것이라고 단언했다. 평론가들에 의하면, 소련의 신문에서 그와 같은 표현 방식들은 단지 레닌과 스탈린에게만 적용되던 것이라고 밝혔다."(Michelle Loi, 「『實踐論』法文版前言」, 中國社會科學院情報硏究所 編, 『外國硏究中國』第1輯, 商務印書館, 1978: 20-21쪽을 보라.) 르와의 격찬 외에도, 서구 학계에서는 콘포스[Maurice Campbell Cornforth, 1909-1980], 윌슨[Dick Wilson], 맥클릴런[David McLellan], 리바인[Norman Levine] 등이 『실천론』을 매우 높게 평가했다.(Maurice Campbell Cornforth,

고 중요한 의미가 충분히 이해되지 못했다고 본다. 『실천론』이 발표된 후, 그것은 다양한 형태로 이해되었지만, 그와 같은 이해 방식은 전체적으로 이론철학적 전통에서 비롯된 것이었다. 그로부터 마오쩌둥 철학의 실천철학적 특징은 철저히 무시되었다. 그러한 이해 방식 가운데, 오랫동안 널리 사용되었고 가장 중요한 것이 『실천론』을 교과서 체계로 포함시켜 실체성 철학의 인식론으로 이해했던 것이다.

저자는 그러한 이해 방식이 실질적으로는 『실천론』을 이론철학적 인식론으로 간주한 것이자, 인식 활동이나 이론 활동이 실천 활동에 종속되어 있다는 실천철학적 특징을 크게 무시한 것이라고 본다. 그렇기 때문에 이와 같은 인식론적 이해에서는 『실천론』의 부제로 별도로 명명된, 실천철학으로서 '인식과 실천의 관계, 즉 지知와 행行의 관계를 논함'이라는 의미가 드러나지 않게 된다. 따라서 여기서는 『실천론』을 실천철학의 입장에서 해석하고자 한다. 그래야만 마오쩌둥 철학의 실제적인 파악이 가능하기 때문이다.[2]

『唯物主義與辨證法』, 三聯書店, 1958: 115쪽. ; Dick Wilson, 『毛澤東』, 中央文獻出版社, 2000: 198쪽. ; David McLellan, 『馬克思以後的馬克思主義』, 中國人民大學出版社, 2004: 233쪽. ; Norman Levine, 『辨證法內部的對話』, 雲南人民出版社, 1997: 415쪽을 보라.)

2) 그것의 연구 목적은 『실천론』의 실천철학적 해석을 통해 『실천론』에 관한 기존의 이론철학적 해석을 바로잡는 데 있다. 따라서 여기서는 『실천론』의 텍스트와 관련된 문제는 다루지 않는다. 또한 『실천론』의 상이한 판본과 같은 문제는 중국 마르크스주의 철학사에서 매우 중요한 의의를 지니고 있다. 하지만 본 연구 목적을 위해 잠시 보류하기로 한다. 그와 관련된 연구는 자오융마오, 예웨이핑 등의 저서들을 참조할 수 있다.(趙永茂·李峰華·盧洁, 『毛澤東哲學思想研究在國外』, 中共中央黨校出版社, 1993: 57쪽 이하. ; 葉衛平, 『西方'毛澤東學'研究』, 福建人民出版社, 1993: 149쪽 이하.)

1) 실천철학과 이론철학의 인식론적 대립

실천철학의 인식론적 입장에서 『실천론』을 다시 해석해야 할 필요성은 실천철학의 인식론과 이론철학의 인식론 사이에 존재하는 근본적 차이 때문이다. 이 인식론적 차이는 실천철학과 이론철학의 근본적 차이에서 비롯된 것이다. 저자는 다른 곳에서 그 차이를 다룬 적이 있는데, 여기서는 다시 언급하지 않기로 한다. 간략하게 그 내용을 설명하는 것으로 대신하겠다. 저자의 주요 논점은 다음과 같다.

이론철학과 실천철학은 철학적 사유를 가능케 하는 두 가지 근거다. 두 철학적 근거는 이론과 생활상의 실천이 맺는 관계에서 결정된다. 철학적 근거의 하나는, 만약 이론적 사유가 생활적 실천을 구성하는 일부분이라면 그러한 이론적 사유는 생활 자체를 근본적으로 넘어설 수 없으며, 생활의 외부에서 자신의 입장을 가질 수 없다. 이처럼 이론적 이성이 실천적 이성에 종속되었다는 것이 실천철학의 근거다. 철학적 근거의 또 다른 하나는, 만약 이론적 이성이 생활을 벗어날 수 있으며 생활의 외부에서 자신의 아르키메데스 점點을 찾을 수 있다면, 이론적 이성은 실천적 이성보다 우위에 서게 된다. 그것이 바로 이론적 철학의 근거다. 저자는 그와 같은 구분으로부터 다음을 논증했다. 서구철학은 플라톤에서 후설 [Edmund Husserl, 1859-1938]에 이르기까지 이론철학을 주도적 근거로 삼았으며, 실천철학은 아리스토텔레스에게서 크게 발전했지만 주류가 되지는 못했다. 반면, 중국의 전통철학은 실천철학이 주도적인 근거로 기능했다. 이론철학은 고대에서 일정한 맹아적 형태를 보였지만 마지막까지 형성되지는 못했다. 또한 마르크스 철학의 근거가 실천철학에 있다는 점에서, 마르크스는 서구의 현대적 실천철학을 정초한 사람이라고 할 수 있을 것이다.[3]

실천철학과 이론철학에 이와 같은 차이가 존재한다면, 인식론적으로는 양자에 어떤 근본적 차이가 존재할까? 그 차이는 우선 인식 활동의 목표가 상이하게 설정되었다는 점에 있다. 마르크스의 유명한 『포이어바흐에 관한 테제』의 11번째 강령인, "철학자들은 세계를 각기 다른 방식으로 해석했을 뿐이지만 문제는 세상을 바꾸는 데 있다."[4]는 말이 인식론적으로나 이론적으로 활동 목표를 세우는 데 두 철학적 근거의 근본적 차이를 분명히 드러낸다. 물론 이 말은 각기 다르게 이해될 수도 있겠지만, 대부분의 사람들에게 그것은 세계를 해석하면서도 세계를 바꾸는 것으로 이해된다. 다시 말해서, 말을 했으면 해야 하는 것이고, 아무 것도 하지 않은 채 말만해서는 안 된다는 뜻이다. 만약 그렇다면, 그 말은 상투적인 의미일 뿐 전혀 새로운 의미가 아니다. 바로 그러한 이해로부터 그 중요한 표현에 의문을 제기한 이들이 있었다. 심지어 그들은 마르크스가 일방적으로 이론을 경시했으며, 이론 없는 실천을 주장했다고까지 비난했다.

하지만 저자는 세계를 바꾸는 데 세계에 대한 해석이 선결 조건이 되어야 한다거나 세계를 해석할 것인가 말 것인가에 문제의 핵심이 있다고 보지 않는다. 오히려 그것은 세계를 바꾸고 세계를 해석한다는 상이한 두 활동에서, 어느 것이 더 근본적이고 어느 것이 더 종속적인 것인가에 있을 뿐이다. 의심할 바 없이, 이론 활동과 실천 활동은 인류에게 가장 중요한 활동으로서 근본적으로 통일적인 관계다. 양자가 통일된 관계가 아니라면 인류에게는 생존의 문제가 발생했었을 것이다. 하지만 문제는 양자가 어떤 활동으로부터 통일되었는가에 있다. 만약 세계를 해석하는 이론적 활동이 근본적이라고 하면, 세계를 바꾸는 실천적 활동은 단지 세계를 해석하는 이론적 활동의 확장 또는 그것에서 파생된 활동에 불과

---

3) 王南湜, 「新時期中國馬克思主義哲學發展理路之檢視」, 『天津社會科學』2000年 第6期: 4-10·47쪽.

4) 中共中央馬克思·恩格斯·列寧·斯大林著作編譯局 譯, 『馬克思恩格斯選集』1, 人民出版社, 1995: 57쪽.

하다. 반면, 세계를 바꾸는 실천적 활동이 근본적이라면 세계를 해석하는 이론적 활동은 실천적 활동의 확장 또는 그것의 파생물이 된다. 인식적이거나 이론적인 활동이 근본적인가, 아니면 파생적인가는 인식 활동의 목표가 이론 자체에 있는지, 아니면 실천에 있는지를 결정하는 완전히 상이한 이해 방식인 것이다.

또한 이론 활동이 근본적인 것이라면, 이론 활동 그 자체는 자족적인 것으로서 실천 활동에 의존하지 않는다. 그와 같은 이해 방식에서는 이론 활동의 목표도 이론 그 자체에 내재하게 되며, 나아가 이론 활동이 의존하는 사유 범주나 인지 도식 등도 이론적 주체 내부에 존재하게 된다. 다시 말해서, 이론 활동은 그 상황에서 세계와 직접적으로 연결되는데, 타자의 도움을 필요로 하지 않는다. 그렇지만 실천 활동이 근본적인 것이라면, 실천 활동 자체가 어떤 의미에서 자족적인 것이라고 할 수 있다. 그것이 이론 활동에 의존하지 않고, 대신 이론 활동이 실천 활동에 의존하기 때문이다. 그러한 이해 방식에서는 이론 활동이 세계와 직접적으로 연결되지 못하며, 실천이라는 매개를 거쳐야만 세계와 연결된다.

이것은 다음을 의미한다. 이론 활동이 의존하는 사유 범주나 인지 도식은 실천 활동에서만 유래하며, 그것은 단지 실천 활동의 범주나 도식이 전환된 것에 불과하다는 점이다. 다시 말해서 이론 활동을 어떻게 추상화하든, 실천 활동에는 없는 특정 시공간의 초월적 보편성을 이론 활동이 어떻게 지니든 간에, 그것은 결국 상징적 또는 기호화된 실천 활동에 지나지 않을 뿐이다. 그러한 실천적 범주나 도식이 인식적 또는 이론적 활동을 가능케 하는 '준선험準先驗'적 틀을 구성한다. 뿐만 아니라 실천에 대한 관심은 더욱 직접적인 방식으로 인식 활동의 지향을 규정하고, 이론 활동을 이끄는 관심을 형성한다. 따라서 그것은 이론 활동을 더욱 직접적인 방식으로 실천 활동에 종속시킨다.

마지막으로, 상이한 인식 활동의 목표로부터 인식 활동이 추구하는 지식의 궁극적 형태도 근본적으로 달라진다. 인식의 목표가 단지 세상을 해석하는 것이거나 이론 활동이 근본적인 것이라면, 인식의 초점은 인식 활동의 결과인 지식이 세계와 부합하는 관계, 즉 '참됨의 추구[求眞]'에 맞춰진다. 그러한 지식 상태가 바로 이론적 지혜다. 반면, 인식의 목표가 세상을 바꾸는 것이거나 실천 활동이 근본적인 것이라면, 인식의 초점은 '참됨'뿐만 아니라 그것의 결과와 실천 활동의 관계에도 맞춰진다. 다시 말해서, 지식과 활동 주체가 맺는 '선함의 추구[求善]'가 주목된다. 그런데 실천 과정에서 '참됨의 추구'와 '선함의 추구'라는 경향은 두 가지로 나뉘어 있는 것이 아니라 내적으로 통일된 실천 활동의 지향을 드러낸다.

그러한 참됨과 선함의 통일을 '올바름[是]'이라고 부를 수 있는데, 실천 활동에 기초한 근본적 인식 활동을 '실사구시實事求是'라고 한다. '실사구시'에서 '실사'라는 것은 물론 객관적 존재의 사물이기도 하지만 인간과 무관한 추상적 존재가 아니라 사람들의 실천 과정에 포함된 사물이다. 다시 말해서, 생활 세계 속의 '실사'인 것이다. 그리고 그것이 추구하는 '올바름' 또한 단순하게 인간과 무관한 객관적 존재로서 '올바름'이 아니라 실천적 활동의 법칙으로서 '올바름'이다. 분명한 것은 그 '올바름'이 진짜와 가짜의 '올바름'일 뿐만 아니라 옳고 그름의 '올바름'이기도 하다는 점이다.

이처럼 올바름은 실천 활동을 규정하는 그 무엇으로서, 성공적 실천을 지향하는 구체적인 실천적 지혜라고 할 수 있다. 실천적 지혜 또는 현명함이라는 것은 아리스토텔레스의 말대로, "바로 자신에 대한 선함과 유익함을 충분히 고려하는 것이다."[5] 그런데 그 유익함의 여부는 구체적인 상황에서만 논할 수 있는 것이다. 따라서 "현명함은 보편자에 대한 지식만이

---

5) Aristoteles / 苗力田 譯, 『尼各馬科倫理學』, 中國社會科學出版社, 1990: 120쪽. | Aristoteles / 천병희 옮김, 『니코마코스 윤리학』, 숲, 2018: 223쪽 참조.

아니라 개개의 사물도 완전히 파악해야 한다. 현명함이 행위를 포함한다는 것은 개개의 사물에 대한 행위가 있어야만 그것이 가능하기 때문이다.”[6] 이와 다르게, 만약 세계를 해석하는 것에만 치중한다거나 '참됨의 추구'만을 목표로 한다면, 그것은 구체적인 실천적 지혜가 아니라 단지 추상적인 이론적 지혜의 추구일 뿐이다.

2) 실천철학적 영역에서의 인식 과정 분석

인식론적 측면에서 실천철학과 이론철학이 근본적으로 다르다는 점을 명확히 해야만, 『실천론』에서 마오쩌둥이 다룬 인식론의 실천철학적 본질을 분석할 수 있게 된다. 마오쩌둥은 혁명가로서, 인식을 위한 인식과 단지 세계를 해석만 하는 이론철학을 견지할 수 없었기 때문에, 그는 세계를 바꾸는 실천철학으로 나아갔다. 따라서 마오쩌둥이 제기한 인식론 역시 실천철학적 인식론인 것이다.

『실천론』의 첫머리에서 마오쩌둥은 그것의 전체적 요지를 밝혔다. “마르크스 이전의 유물론은 인간의 사회성과 역사 발전이라는 측면을 벗어나 인식의 문제를 살폈기 때문에 인식이 사회적 실천과 맺는 의존적 관계, 즉 인식이 생산이나 계급투쟁과 맺고 있는 의존적 관계를 이해할 수 없었다.”[7] 마오쩌둥이 사회적 실천에 대한 인식의 의존 또는 그것의 종속관계로부터 인식의 문제를 연구하려 했다는 점은 분명해 보인다. 마오쩌둥은 이어서 다음과 같이 말했다. “인간의 인식은 주로 물질적 생산 활동에 의존하면서 자연의 현상, 자연의 성질, 자연의 법칙성, 인간과 자연의 관계를 점진적으로 이해한다. 또한 생산 활동을 거쳐 정도는 다르지만 다양

---

6) Aristoteles / 苗力田 譯, 『尼各馬科倫理學』, 中國社會科學出版社, 1990: 123쪽.
 | Aristoteles / 천병희 옮김, 『니코마코스 윤리학』, 숲, 2018: 229쪽 참조.
7) 毛澤東, 『毛澤東選集』1, 人民出版社, 1991: 282쪽.

한 측면에서 인간과 인간의 일정한 상호 관계를 점진적으로 인식하게 된다."[8] 그것은 다음의 사실을 알려주는데, 즉 마오쩌둥에게 실천 활동, 특히 생산적 실천은 자족적인 것이며 인식 활동은 그것에서 파생된 부차적 활동이라는 점이다.

인간의 인식 활동은 실천을 벗어나 이성적 관심이라는 순수한 상상에서 비롯된 것이 아니다. 그것은 실천 활동에 내재된 것이자, 실천 활동을 유기적으로 구성하는 요소가 된다. 여기서 주목해야 할 것은 마오쩌둥이 실천을 생산 활동에만 국한시키지 않았다는 점이다. "인간의 사회적 실천은 생산 활동이라는 하나의 형식에만 제한되지 않고, 다양한 여타의 형식, 즉 계급투쟁, 정치 생활, 과학과 예술의 활동, 한 마디로 사회적 인간이 참여하는 실제적 사회생활의 모든 분야에서 이루어진다."[9] 분명한 것은 그러한 마오쩌둥의 실천적 이해가 훗날 그것을 생산이나 생산에 관련된 분야로 직접 한정시킨 이들의 시각보다 훨씬 더 넓고 깊었다는 점이다. 그는 실천 영역을 '사회와 세계라는 모든 생활 영역'으로 보았다. 그랬기 때문에 "인간의 인식은 물질생활 이외에도 정치생활과 문화생활로부터 (물질생활과 밀접히 연관된) 정도는 다르지만 다양한 측면에서 사람과 사람의 여러 관계들을 깨닫는다."[10]

그뿐만이 아니다. 실천 활동에 대한 인식 활동의 종속성은 인식 활동의 발전 과정에서도 실천 활동의 발전에 의존하거나 종속되어 있다는 사실을 알려준다. "인류 사회의 생산 활동은 점진적으로 낮은 단계에서 높은 단계로 발전해 나간다. 따라서 사람들의 인식은 자연계 차원이든 사회적 차원이든 점진적으로 낮은 단계에서 높은 단계를 향해, 즉 얕은 곳에서

---

8) 毛澤東, 『毛澤東選集』1, 人民出版社, 1991: 282-283쪽.

9) 毛澤東, 『毛澤東選集』1, 人民出版社, 1991: 283쪽.

10) 毛澤東, 『毛澤東選集』1, 人民出版社, 1991: 283쪽.

깊은 곳으로, 그리고 일면적 측면에서 더 많은 측면으로 나아간다."[11] 한 마디로, 마오쩌둥에게 인식 활동은 다양한 사회적 실천 활동에 종속되고 담겨져 있으며, 끼워져 있는 것이다. 따라서 인식 활동의 발전도 실천의 발전을 따라갈 수밖에 없는 것이다.

어떠한 인식이든 그것은 모두 세계에 대한 인식이며, 올바른 인식은 세계에 대한 사실적 반영이다. 즉, 그것은 진리에 관한 것이다. 진리는 우리의 주관적 사상을 세계와 연결될 수 있도록 한다. 그런데 인식은 세계와 어떻게 연결되는가? 마오쩌둥은 "사람들의 사회적 실천만이 외부 세계에 대한 인식의 진리성을 판단하는 기준이다."[12]라고 주장했다. 그와 같은 마오쩌둥의 평가가 마르크스의 사상을 그대로 계승하고 있다는 점은 분명해 보인다. 마르크스는 『포이어바흐에 관한 테제』에서 다음과 같이 언급했다. "인간의 사유가 객관적 진리성을 갖추었는가는 이론의 문제가 아니라 실천의 문제다. 인간은 실천 과정에서 자기 사유의 진리성, 즉 자기 사유의 현실성과 힘, 그리고 자기 사유의 현세성[此岸性]을 증명해야 한다."[13] 마오쩌둥은 여기서 마르크스처럼 실천을 벗어나 인식의 진리성 문제를 논하지 않았다. 왜냐하면 그들은 다음의 사실을 알고 있었기 때문이다. "사유, 즉 실천을 벗어난 사유의 현실성 또는 비현실성에 대한 논쟁은 순수한 스콜라 철학의 문제다."[14]

---

11) 毛澤東, 『毛澤東選集』1, 人民出版社, 1991: 283쪽.

12) 毛澤東, 『毛澤東選集』1, 人民出版社, 1991: 284쪽.

13) 마오쩌둥이 『포이어바흐에 관한 테제』를 언제 처음 읽었는가는 확실한 자료 검증이 부족한 문제라고 할 수 있다. 하지만 일부 학자들은 여전히 마오쩌둥이 『실천론』을 집필할 때, 『포이어바흐에 관한 테제』을 읽었다고 주장한다.(尚慶飛, 『國外毛澤東學研究』, 鳳凰出版傳媒集團, 2008: 268-269쪽을 참조하라.) | 中共中央馬克思·恩格斯·列寧·斯大林著作編譯局 譯, 『馬克思恩格斯選集』1, 人民出版社, 1995: 55쪽.

14) 中共中央馬克思·恩格斯·列寧·斯大林著作編譯局 譯, 『馬克思恩格斯選集』1, 人民出版社, 1995: 55쪽.

직관적 인식론의 입장을 지닌 이들은 인간의 인식과 세계 자체가 직접적으로 연결될 수 있다고 본다. 즉, 세계 자체가 바로 인식을 위한 진리성의 기준이 되기 때문이다. 그러한 이유에서 그들은 인식을 매개하는 실천 작용을 직접적으로 부정하거나 외형만 바꾸는 형태로 부정한다. 외형을 바꿔 부정한다는 말은 객관적 세계 자체만이 진리의 기준이기 때문에, 실천은 단지 진리의 검증적 기준에 불과하다는 것이다. 직접적인 부정이든, 외형을 바꾼 부정이든 간에 그것들은 모두 실천이 배제된, 인간의 주관적 생각과 객관적 세계의 직접적 연관을 전제한다. 철학사적으로 그 직접적 연관에 대한 승인은 인식 주체와 객관 세계 사이에 존재하는 직관, 즉 경험주의의 감성적 직관이든지 또는 이성주의의 이성적 직관을 긍정한다는 것이다.

그러나 어떤 직관이 직접적 연관을 지닌 것으로 주장되더라도 거기에는 근본적인 이론적 난관이 존재한다. 감성적 직관을 주장하면 회의주의로 이끌릴 수밖에 없고, 이성적 직관을 주장하면 천부天賦 관념이라는 신비한 존재를 가정할 수밖에 없기 때문이다. 또한, 객관적 세계가 진리의 기준이고 실천은 단지 진리를 검증하는 기준일 뿐이라고 주장하면, 또 다른 어려움이 야기되는데, 그것은 바로 두 기준이 맺고 있는 관계상의 문제다.[15] 분명한 것은, 마오쩌둥의 진리 이해가 그것을 해석했던 많은

---

15) 이러한 측면에서, 전통적 교과서가 대표적인 전형적 사례라고 할 만하다. 교과서에서는 진리가 객관 세계를 정확하게 반영한 것이라고 말하면서도, 다른 한편으로는 실천이 진리를 검증하는 유일한 기준이라고 말한다. 이 두 측면의 주장은 어쨌든 하나로 통일될 수 없는 것이었다. 만약 실천 과정에서 획득된 성공이라는 수단 말고, 진리가 객관 세계의 정확한 반영이라는 점을 증명할 수 있는 또 다른 방법이 없다면, 결국 실천 과정에서 획득된 성공은 이른바 정확한 반영이라는 것의 유일한 근거가 된다. 하지만 교과서에서는 그와 같은 주장을 단호히 반대한다. 그것을 인정하게 되면 실용주의로 기울어질 뿐만 아니라 실체적 철학이라는 교과서의 입장과도 멀어지기 때문이다.

이들과 크게 달랐다는 점이다. 그에게 인식된 진리성의 기준은 실천만이 있었으며, 실천을 통해서만이 객관 세계와 연결될 수 있었다. 따라서 세계와 직접적으로 연결되는 것은 불가능했다. 당연하게도 유물주의적 입장에서 실천을 진리의 유일한 기준으로 삼는다는 것은 실용주의적 진리관과 근본적으로 다르다.[16]

마오쩌둥이 『실천론』에서 가장 많이 할애한 부분은 인식의 발전 과정에 관한 언급이었다. 그런데 인식 과정에 대한 마오쩌둥의 서술은 일반적 설명 방식과 큰 차이를 보인다. 『실천론』에서 마오쩌둥은 한결같이 실천 활동의 측면에서 인식 과정을 관찰한다는 점을 쉽게 발견할 수 있다. 그는 다음과 같이 묻는다. "인간의 인식은 도대체 실천에서 어떻게 시작되고, 또 실천에 근거하는 것일까?"[17] 그리고 다음과 같이 대답한다. "원래 인간은 실천 과정에서, 처음에는 과정상의 개개 사물이 드러내는 현상적 측면, 개개 사물의 부분적 측면, 개개 사물들 간의 표면적 연관성만을 볼 뿐이다. …… 그것을 인식의 감성적 단계라고 하는데, 바로 감각과 인상印象의 단계다."[18] 이것이 인식의 첫 번째 단계이다.

인식의 발전은 실천의 발전을 쫓아가는데, "사회적 실천이 계속되면서 실천 과정에서 형성된 감각과 인상이라는 것들이 사람들에게 여러 차례 반복된다. 그로부터 사람들의 머릿속에서는 인식 과정의 질적 변화(즉, 비약)가 일어나고 개념이 만들어진다. 개념이라는 것은 사물의 현상도, 사물의 부분적 측면들도, 사물의 표면적 연관성도 아니다. 그것은 사물의 본질, 사물의 전체, 사물의 내적 연관성을 부여잡고 있는 것이다. …… 개념·판단·추리라는 단계는 사람들이 사물을 전체적으로 인식하는 과정

---

16) 이 구분은 상당히 복잡한 것이기 때문에 여기서 논하지 않겠다. 王南湜, 「理論與實踐 關係問題的再思考」, 『浙江學刊』2005年第6期: 5-14쪽을 참조할 수 있다.

17) 毛澤東, 『毛澤東選集』1, 人民出版社, 1991: 284쪽.

18) 毛澤東, 『毛澤東選集』1, 人民出版社, 1991: 284-285쪽.

에서 매우 중요한 단계로서, 이성적 인식의 단계라고 할 수 있다."[19] 이것이 인식의 두 번째 단계이다.

첫 번째 단계가 감성적 단계라면, 그것은 이성적 단계이다. 그러나 감성적 단계와 이성적 단계는 "모두 통일적인 인식 과정의 단계다. 감성과 이성의 성격이 다르지만 서로 분리되어 있지 않으며, 그것들은 실천을 기반으로 통일된다."[20] 더욱 중요한 것은 양자가 각각 서로를 관여한다는 점이다. "우리의 실천은 다음을 증명한다. 즉, 우리는 감각된 것들을 즉각적으로 이해할 수는 없다. 반면, 이해된 것들이 있어야만 그것을 더욱 깊게 감각할 수 있다."[21]

한편, 인식 단계에 관한 마오쩌둥의 이론은 비판을 받기도 했다. 감성적 단계와 이성적 단계에 대한 마오쩌둥의 표현들은 경험주의적 심리학에 지나치게 의존했던 소련 교과서의 영향을 받았기 때문에 분명 용어 사용에 있어 정확하지 못한 지점이 존재한다. 예를 들어, 인식의 감성 단계를 '감각과 인상의 단계'로 부른 것이 하나의 예가 된다. 감각과 인상은 감각 기관에 의한 재료로서 개념 없이 그것들을 이해한다면, 그것들은 단지 심리적 현상에 불과할 뿐이다. 또한 그것들은 마르크스주의 철학이 계승한 독일 고전철학적 전통에서도 인간의 인식으로 분류되지 않는다. 인간의 인식은 어느 단계에서든 항상 개념과 범주의 도움으로 감각 기관의 재료들을 이해하기 때문이다.

하지만 이와 다르게 인식 단계에 관한 마오쩌둥의 구분과 묘사가 실제적으로는 정확할 뿐만 아니라 독창적인 시각을 갖추었다고 해석할 수도 있다. 만약 그의 언급대로 인식의 첫 번째 단계를 현상에 관한 인식의

---

19) 毛澤東, 『毛澤東選集』1, 人民出版社, 1991: 285-286쪽.
20) 毛澤東, 『毛澤東選集』1, 人民出版社, 1991: 286쪽.
21) 毛澤東, 『毛澤東選集』1, 人民出版社, 1991: 286쪽.

단계, 두 번째 단계를 본질에 관한 인식의 단계로 이해한다면, 사실 그의 인식 과정 묘사는 추상에서 구체라는 마르크스의 2단계 이론과 일치하는 것이다. 마르크스는 다음과 같이 말했다. "첫 번째 과정에서 완전한 표상은 추상적 규정으로 증발蒸發된다. 그리고 두 번째 과정에서 추상적 규정은 사유의 여정을 거쳐 구체의 재현再現으로 나타난다."22) 현상에 관한 인식이라는 것은 사물의 각 측면에 대한 인식이며, 그것은 다양한 추상적 규정으로 표현된다. 다시 말해서, 사물의 부분적 특징들이 추상적 보편성으로 표현된다. 그리고 본질적 인식이라는 것은 다양한 추상적 규정들을 변증법적으로 종합한 것이다. 그와 같은 종합은 결과적으로 사물의 전체적 본질을 드러내는 구체적 보편성이 된다.

소련의 철학자 코프닌[P. V. Kopnin, 1922-1971]은 '감성적 인식' 또는 '인식의 감성적 단계'와 같은 표현의 부적절함을 정확하게 지적했다. 그가 보기에 그것은 다음과 이유 때문이다. "인간의 인식은 다양한 형식이나 표현에서 언제나 감성적 인식과 이성적 인식이 통일된 상태로 되어 있다. 만약 그 중 하나가 결여되면 인간의 인식은 없는 것이다."23) 또한 "만약 감각을 지식으로 본다면 동물도 지식이 있다고 인정해야 할 뿐만 아니라 그로부터 지식의 선험성도 인정해야 한다."24) 그는 '경험적 지식의 수준과 이론적 지식의 수준'이라는 지식의 층차 구분으로 '감성적 인식'과 '이성적 인식'이라는 시간상의 단계 구분을 대체하자고 제안했는데25), 그 역시 타당한 것은 아니다.

마오쩌둥이 인간의 인식을 현상적 인식에서 본질적 인식으로 나아간다

---

22) 中共中央馬克思·恩格斯·列寧·斯大林著作編譯局 譯, 『馬克思恩格斯選集』2, 人民出版社, 1995: 18쪽.

23) P. V. Kopnin / 馬迅·章雲 譯, 『馬克思主義認識論導論』, 求實出版社, 1982: 206쪽.

24) P. V. Kopnin / 馬迅·章雲 譯, 『馬克思主義認識論導論』, 求實出版社, 1982: 205쪽.

25) P. V. Kopnin / 馬迅·章雲 譯, 『馬克思主義認識論導論』, 求實出版社, 1982: 207쪽.

고 한 것은 실천 과정에서 인식을 파악했기 때문이다. 다시 말해서, 실천의 진전에 따라 인식 활동도 사물의 현상에서 본질에 이르는 이해 과정을 드러낸다는 점이다. 이와 다르게, 코프닌의 '경험적 지식의 수준과 이론적 지식의 수준'이라는 것은 정적인 층차 구분으로, 동적인 인식의 발전 과정을 표현하지 못한다. 실천 과정을 통해 인식 과정을 파악한다는 것은 실천철학적 인식론의 핵심을 이룬다. 만약 그 과정을 인정하지 않는다면 실천철학으로부터 멀어질 뿐만 아니라 이론철학이라는 추상적 입장으로 기울어지기 때문이다.

앞서 제기한 실천철학적 인식론의 본질적 규정은 다음과 같다. 즉, 인식 활동은 실천 활동에 종속되어 있으며, 실천 활동이 인식 활동의 기초라는 점으로부터 인식 과정을 이해한다는 것이다. 마오쩌둥의 『실천론』은 그러한 관점에 입각해 있을 뿐만 아니라 그것을 더욱 확장시킨 것이라고 할 수 있다. 또한 마오쩌둥의 실천적 기초라는 설명은 독특한 접근법인데, 그것은 인식과 실천의 상호작용이라는 과정을 강조함으로써 실현된다. 그는 다음과 같이 말했다. "실천에서 진리를 발견하며, 실천에서 진리를 증명하고 발전시킨다. 감성적 인식으로부터 능동적으로 발전해 이성적 인식에 이르고, 또한 이성적 인식으로부터 능동적으로 혁명적 실천을 지도함으로써 주관적 세계와 객관적 세계를 바꾼다. 실천·인식·재실천·재인식이라는 형식의 순환이 끝없이 반복되면서 각 순환마다 그 내용을 이루는 실천과 인식이 한 단계 높은 수준으로 상승된다. 그것이 바로 변증적 유물론의 인식론 전모다. 또한 그것이 바로 변증적 유물론의 지행통일知行統一이라는 관점이다."[26]

이처럼 과정에 대한 강조를 통해, 마오쩌둥은 인식 과정을 실천 과정에 위치시켜 그만의 독특한 실천철학적 인식론을 형성했다. 그 과정에서 인

---

26) 毛澤東, 『毛澤東選集』1, 人民出版社, 1991: 296-297쪽.

식 활동과 실천 활동의 상호작용뿐만 아니라 두 활동의 상호 전제가 되는 내적 연관성도 마련되었다. 이로부터 이론적으로는 인식 활동이 실천 활동에 포함되었으며, 실천철학적 입장에 기초한 인식론이 만들어질 수 있었다. 그렇지만 그러한 과정에서 벗어나게 된다면, 인식 과정에 대한 동적 묘사는 정적인 구조 분석으로 바뀌면서 인식 활동과 실천 활동도 불가피하게 분리된다. 그로 인해 실천철학적 입장의 유지도 불가능해진다. 대부분의 철학들이 그렇듯이 인식은 감성적 요소와 이성적 요소, 또는 두 가지가 결합된 방식으로 설명되는데, 그것은 이론철학의 전형적인 사유방식에 해당한다. 그와 같은 설명은 인식의 구성을 이해할 수 있게 도와주지만 인식과 실천의 내적 관계나 그 상호작용은 이해할 수 없게 된다. 한 마디로 말해서, 그것은 이론과 실천의 통일성을 이해하지 못하게 한다.

이론과 실천의 통일성에서 실천철학과 이론철학의 근본적 차이는 어떠한 인식 결과를 추구하는가에서 가장 집중적으로 드러난다. 실천철학에서는 모든 지식이 궁극적으로 실천적 지혜, 즉 실천을 지도할 수 있는 어떤 것으로 귀결될 수밖에 없다고 본다. "마르크스주의적 철학에서는 객관 세계의 법칙을 이해해 세계를 해석하는 것이 아니라 객관적 법칙이라는 인식을 가지고 능동적으로 세계를 바꾸는 것을 매우 중시한다."[27] 그리고 "정확한 이론이 있어도 그것을 단지 헛소리로 한바탕 늘어놓거나 그대로 방치해 둔다면, 즉 그것을 실행하지 않는다면 그 이론은 아무리 좋은 것이라도 의미가 없는 것이다."[28] 이처럼 인식의 목적은 구체적으로 실천에 적용할 수 있는 실천적 지혜를 얻는 것이다.

훗날 마오쩌둥은 「우리의 학습을 개조하자」에서 '실사구시'라는 옛말을 설명하면서 더욱 분명하게 그 점을 밝혔는데, 그는 다음과 같이 말했

---

27) 毛澤東, 『毛澤東選集』1, 人民出版社, 1991: 292쪽.
28) 毛澤東, 『毛澤東選集』1, 人民出版社, 1991: 292쪽.

다. "'실사實事'는 객관적으로 존재하는 모든 사물을 가리킨다. '시是'는 객관 사물의 내적 연관인 법칙성, '구求'는 우리가 연구하는 것들을 말한다. 우리는 중국의 내외, 성省 내외, 현縣 내외, 구區 내외의 실제 상황에서 주관적 억측이 아니라 그것의 고유한 법칙을 끌어내야 한다. 다시 말해서, 주위의 사물 변화에 대한 내적 연관성을 찾아내 우리 행위의 길잡이로 삼아야 한다."[29] 여기서 다음과 같은 사실을 어렵지 않게 알 수 있다. 마오 쩌둥에게 '실사구시'라는 것은 추상적 '사물'이 아니라 우리 주변의 사물로부터 시작된다는 점, 그리고 그것이 추구하는 '올바름'은 우리와 무관한 '참됨'이 아니라 '주위 사물의 내적 연관성', 즉 참됨과 선함의 통일체라는 점이다. 한마디로, 그것은 '우리 행위의 길잡이'라는 '실천적 지혜'로 이해된다.

3) 실천적 지혜와 과학적 이론

두말할 나위 없이 마오쩌둥의 『실천론』은 마르크스주의 철학의 중국화 과정에서 가장 중요한 성과 가운데 하나다. 마르크스주의 철학의 중국화라는 것은 한편으로 마르크스주의 철학을 중국적 실천에 적용해 중국의 실제적 문제들을 해결했다는 의미이기도 하지만, 다른 한편으로는 서구철학의 전통에서 유래한 마르크스주의 철학이론을 중국 전통철학으로 끌어들여 그 양자를 융합시켜 새로운 철학을 만들었다는 의미이기도 하다. 앞서도 언급했지만 서구철학의 주도적 흐름은 이론철학이다. 실천철학은 아리스토텔레스로부터 크게 발전했지만 결과적으로 주류가 되지는 못했다. 마르크스에 이르러 철학적으로 혁명적인 변화가 일어나 현대적 실천철학이 시작되었다.

---

29) 毛澤東, 『毛澤東選集』3, 人民出版社, 1991: 801쪽.

서구철학의 전통과 다르게 중국 전통철학의 주도적 흐름은 실천철학이다. 앞서 말했던 것처럼, 중국 전통철학과 서구철학의 주류적 전통의 차이에 관해서는 수많은 중국과 해외 연구자들이 심도 있게 다룬 바 있다. 일반적으로 말해서, 그 차이는 근본적으로 사유방식의 차이라고 할 수 있다. 어떤 이는 중국 사람들의 사유방식을 '관계적 사유'[30]로 귀결시켰고, 어떤 이는 중국 사람들의 사유방식에서 "확정되지 않았거나 구분되지 않은 심미적 연속체 개념이 철학적 내용을 구성한다."[31]고 했다. 또한 어떤 이들은 중국 사람들의 사유 특징을 '직각법'[32], '실용이성'[33], '상적 사유'[34]로 보았다.

이상의 주장들은 모두 특정 측면에서 중국 전통철학의 사유방식 특징을 드러냈다고 할 수 있다. 그 특징은 주체와 객체의 분립에 기초한 서구 전통철학의 이론철학적 사유방식과 확연히 구분된다. 사유방식의 확연한 구분은 그 사유방식 위에 세워진 중국 전통철학이 이론철학이 아니라 바로 실천철학이라는 점을 알려준다. 이것은 다음의 사실을 의미한다. 즉, 사유방식으로부터 마르크스주의 철학과 중국 전통철학이 실천철학적 전망을 공유하는 만큼, 양자 사이에는 친화성이 존재할 수밖에 없다는 점이다. 그러한 친화성은 의심할 바 없이 중국의 마르크스주의자들이 고전적 마르크스주의 철학을 수용하고 이해하는 데 도움을 주었다.

일부 연구자들이 지적했듯이, 사실 마오쩌둥은 『실천론』의 집필 시기

---

30) Roger T. Ames / 溫海明 編, 『和而不同: 比較哲學與中西會通』, 北京大學出版社, 2002: 59쪽을 참조하라.
31) 馮友蘭 / 塗又光 譯, 『中國哲學簡史』, 北京大學出版社, 1985: 31쪽을 참조하라. | 馮友蘭 / 趙復三 譯, 『中國哲學簡史』, 新世界出版社, 2004: 21쪽. 이 표현은 노스롭의 언급을 재인용한 것이다.
32) 賀麟, 『哲學與哲學史論文集』, 商務印書館, 1990: 175쪽을 참조하라.
33) 李澤厚, 『中國古代思想史論』, 人民出版社, 1985: 303-306쪽을 참조하라.
34) 王樹人 · 喩柏林, 『傳統智慧再發現』(上), 作家出版社, 1996: 8-64쪽을 참조하라.

에 마르크스주의 철학을 개척한 이들의 저서를 많이 읽지 못했다. 그럼에도 불구하고 그가 마르크스주의의 실천철학적 정수를 상당히 정확하고 깊게 이해할 수 있던 것은 중국 전통철학적 배경이 있었기 때문이라고 말하지 않을 수 없다. 바로 그러한 사유방식의 친화성으로부터 마오쩌둥은 마르크스를 비교적 쉽게 이해할 수 있었다. 같은 이유로, 플레하노프는 철학적 전통의 친화성이 결여되었기 때문에 마르크스주의 경전을 많이 읽었을지라도, 마르크스를 제대로 이해하지 못했을 뿐만 아니라 심지어 이론철학인 실체성 철학으로 마르크스의 실천철학을 해석했던 것이다.

하지만 마르크스 철학과 중국 전통철학이 실천철학적 근거를 함께 공유한다고 하더라도, 그것은 양자의 완전한 일치를 의미하는 것이 아니라 양자 사이에 사유방식의 친화성이 있다는 것만을 가리킨다. 그것은 다음과 같은 이유 때문이다. 즉, 중국철학과 서구철학은 매우 상이한 문화적 전통에 속할 뿐만 아니라, 실천철학적 근거를 함께 공유한다고 하더라도 하나는 고대의 실천철학이고, 하나는 현대적 실천철학이기 때문에 양자의 차이는 매우 크다고 할 수 있다. 현대적 실천철학인 마르크스주의 철학은 근대적인 주체성 철학을 비판적으로 극복하는 과정에서 형성되었으며, 이론철학의 정점인 주체성 철학을 부정했다.

반면, 중국의 전통철학에서는 이론철학적 요소가 발전한 적이 없었는데, 특히 근대적 시장경제 사회에 상응하는 주체성 철학은 더더욱 존재한 적이 없다. 따라서 그것은 직접적인 원시적 형태의 실천철학일 뿐이다. 그러한 측면에서 중국의 전통철학은 마오쩌둥에게 진정한 마르크스 철학의 핵심에 접근하는 지름길이기도 했지만, 다른 한편에서는 해로운 영향을 끼치는 것이기도 했다. 여기서는 현대 실천철학과 고대 실천철학의 관계를 다룬다. 양자가 구분되는 핵심 지점은 근대 과학의 발전, 그리고 사회적 생산과 생활상에서 점차 증대되는 그것의 활용 문제를 다뤄야 하는가에 있다.

주지하다시피 이론 활동의 전형으로서 과학은 근대에 들어 발전하기 시작했지만 고대에서는 발전하지 못했다. 이와 같이 고대 사회에서 실천 활동을 지도할 수 있는 실천적 지혜는 일반적으로 과학적 이론이 개입되지 않은 경험적인 것이었다. 다시 말해서, 그러한 상황에서 실천적 지혜라는 것은 주로 경험적 차원에서 형성되었다. 저자가 다른 곳에서도 언급한 적이 있는데, "아리스토텔레스의 실천철학에서 실천적 지혜는 여러 요소들을 하나로 모아 거기에 합당한 '중도中道'를 파악할 수 있는데, 그것은 로고스의 성격과 힘에 정확히 일치한다."[35] 중국 고대철학에서 실천적 지혜에 대한 이해도 대체로 이와 같았다.

여기서의 근본적 문제는 다양하고 특수한 상황에서 행위의 일정한 범위를 어떻게 파악할 것인가에 있다. 그 일정한 범위에서 가장 중요한 부분은, 어떤 측면의 행동이 특정 의미에서 계량화될 수 있는 것이라면, 그 적정한 계량치는 여러 측면의 요인들에 의해 결정된다는 점이다. 거기서 만약 하나의 요인만을 고려한다면, 그것은 극단으로 치달아 '넘치'거나 '모자르'게 될 수밖에 없기 때문이다. 따라서 여러 요인들을 다양하게 고려할 수 있어야만 가장 적정한 계량치, 즉 어떤 상황에서도 가장 적절하고 이상적인 행위의 일정한 범위를 파악할 수 있다.

또한 여러 요소들을 한데 모아 그것의 적정한 '중도'를 파악한다면, 그것은 로고스에 정확히 일치하게 된다. 다양한 상황의 문제를 구체적으로 이해한다는 것, 다시 말해서 실천적 지혜의 올바른 형성은 마오쩌둥이 『실천론』에서 온 힘을 다해 강조했던 지점이다. 그리고 『모순론』에서는 실천적 지혜가 형성되는 구체적 방법을 매우 상세히 분석하고 있다.[36]

---

35) 王南湜, 「辨證法與實踐智慧」, 『哲學動態』2005年第4期: 6-7쪽을 참조하라.
36) 『모순론』의 변증법은 실천적 지혜를 구성하는 실천적 변증법을 다룬 것이다. 이 책의 4장 2절 『모순론』 관련 논의를 참조하라.

그 분석들이 실천적 지혜를 형성한 중국 고대의 실천철학적 통찰들과 밀접히 관련되었다는 점은 분명해 보인다.

그런데 아리스토텔레스를 모델로 하는 서구 고대의 실천철학이든, 중국 고대의 실천철학이든 간에 그것들은 모두 과학의 도전을 받은 적이 없을 뿐만 아니라 과학이 사회적 실천이나 사회생활에 끼쳤던 근본적 차원의 영향들을 고려할 필요도 없었다. 하지만 현대적 실천철학은 그 모든 것들을 마주해야만 했다. 그것은 바로 현대 사회에서 올바른 실천적 지혜를 형성하려면, 과학 이론의 기능을 고려하지 않을 수 없다는 점을 뜻한다. 고대에서 실천적 지혜의 형성 과정이 경험적 차원에서만 이루어졌다면, 현대에서는 이론적 측면을 포함한, 다시 말해서 경험과 이론적 측면 모두를 포함해야만 한다.

과학은 사물의 본질을 인식하는 것이며, 과학의 커다란 성공은 그것이 세계에 관한 진리적 인식이라는 점을 알려준다. 따라서 과학 이론으로 실천 활동을 지도하는 것 역시 피할 수 없는 일이 되었다. 그러나 모든 과학 이론은 추상적 보편성이라는 정리定理를 띨 수밖에 없기 때문에 그것을 구체적인 실천 활동에 적용하고자 한다면, 반드시 그것을 구체화시켜 구체적 상황에 적합하도록 만들어야 한다. 과학 이론을 이론적 지혜라고 할 수 있다면, 그것이 실천에 적용될 때에는 반드시 실천적 지혜로 바뀌어야만 한다. 그와 같은 전환은 온전히 이론적 차원에서만 이루어지는 것이 아니라 경험적 차원의 다양한 요소들을 고려해야만 한다. 다시 말해서, 과학 이론과 경험적 지식을 한데 묶을 수밖에 없는데, 그것이 곧 실천적 변증법으로 실천적 지혜를 구성한다는 것이다.

『실천론』에서는 현대적 과학 이론과 실천 경험을 어떻게 통합시켜 실천적 지혜를 효과적으로 구성할 것인가에 대해서 깊이 있게 다루지 않았다. 그것은 『실천론』 저자의 부주의가 아니라 저자가 당면했던 실천적 상황이나 실제적인 문제 때문이었다. 『실천론』은 혁명전쟁이 한창일 때

쓰인 것이다. 당시 저자가 해결해야 할 가장 중요하고도 실제적인 문제는 그 혁명전쟁에서 어떻게 승리할 것인가이다. 그런데 전쟁이라는 것을 근대 과학적 방식으로 정밀하게 묘사한다는 것은 매우 어려운 일이다. 그것은 불확실성이 가득한 활동상의 영역으로, 거기서 필요한 것은 정밀하게 계량화된 과학적 이론이 아니라 대단히 유연한 실천적 지혜다.

실천적 지혜를 경험적 차원에서 이해하는 고대의 실천철학적 방식은 그와 같은 상황에 정확히 호응한다. 하지만 생산과 사회생활의 측면에서 사회화된 대량 생산과 과학이 널리 적용된 현대 사회에서는, 그러한 경험적 방식만의 실천은 더 이상 가능할 수 없다. 과학 이론이 사회생활의 다양한 측면으로 스며든 이상, 실천을 지도하는 실천적 지혜 또한 경험에만 의존한 형태로 만들어질 수 없기 때문이다. 따라서 실천적 지혜는 과학 이론의 영향 관계를 고려해야할 뿐만 아니라 그것이 형성되는 과정에서 과학 이론을 통합시켜야만 한다. 마오쩌둥은 중국 혁명을 이끌면서 전쟁 시기에 큰 승리를 거두었지만, 사회주의 건설 과정에서 여러 가지 오류들을 범하기도 했다. 그러한 현격한 차이는 일정 의미에서 과학이 현대적 사회생활에 끼친 영향을 제대로 예측하지 못했다는 점과 관련되어 있다.

그런데 과학 이론을 실천적 지혜에 통합시키는 것은 결코 쉬운 일이 아니다. 그 이유는 다음과 같다. 일단 자연과학 이론을 생산 과정에 적용할 수 있는 실제적 기술로 바꾸는 것[37]이 매우 어렵다. 많은 과학 이론들이 세상에 등장했어도, 오랫동안 그 실질적 용도를 모른 채 순수 이론적인

---

37) 생산적 실천 과정에서 기술은 실천적 지혜와 동일 차원의 대등한 관계로 이해된다. 중국 사람들이 자주 '과학'과 '기술'이라는 단어를 함께 사용하는 것은 두 가지를 하나로 보았기 때문이다. 하지만 양자는 근본적으로 다른 것이다. 과학은 추상적인 이론이고, 기술은 실제적이고 생산적인 실천이다. 기술은 과학이 응용된 것일 수도, 독자적으로 발전한 것일 수도 있다. 그런데 기술이 과학적 응용으로 여겨지거나 과학이 기술로 대규모의 전환을 이룬 것은 비교적 최근의 일로서, 기술은 역사의 초창기에 독자적인 발전 형태를 보였다.

형태로만 존재할 뿐이라고 여겼던 것이 그 사례다. 또한 사회생활에서 다양한 사회이론과 실제 경험의 통합해 사회생활에 대한 실천적 지혜를 형성하는 것은 그보다 더 어렵다고 할 수 있다. 그렇지만 실천적 지혜와 과학 이론의 통합은 현대적 사회실천의 순조로운 진행을 위해 필수적으로 요구되는 것이다. 따라서 철학적 측면으로부터 과학의 시대에 실천적 지혜를 어떻게 마련할 것인가는 시대적으로 요청된 사상적 책무가 된다. 또한 그것은 마오쩌둥이 개척한 중국화된 마르크스주의의 실천철학적 근거를 추구하는 것이자, 새로운 역사적 조건에서 『실천론』이 담고 있는 실천적 지혜의 구성 방법을 계승하고 발전시키는 것이다.

2 실천철학적 시야에서의 『모순론』

『모순론』은 마오쩌둥의 중요한 철학 저술 중 하나로, 발표 이후 다양한 형태로 설명되었다. 그러한 설명 방식 가운데 오랫동안 유행했을 뿐만 아니라 가장 중시되었던 것은 그것을 교과서 체계에 포함시켜 실체성 철학의 일부분으로 설명한 것이다. 그밖에도 중요했던 설명 방식은 1980년대 실천적 유물주의가 제기되면서, 일부 연구자들이 시도한 실천적 유물주의적 설명이다. 이 두 가지의 설명 방식은 크게 다르지만, 전체적으로는 모두 이론철학적 전통으로 귀결되었다고 할 수 있다. 따라서 여기서는 그것들과 다르게 실천철학적 전통에 기초해 설명한다. 그러한 설명 방식이 마오쩌둥 철학, 특히 그의 변증법적 사상 본질을 파악하는 데 더 많은 도움을 주기 때문이다. 이를 위해 다음에서는 실천철학적 시야의 변증법으로부터 시작해, 아리스토텔레스의 실천철학과 『모순론』의 변증법을 비교하면서 후자를 하나의 실천적 지혜로 이해하고자 한다. 나아가 『모순론』에 내재된 존재론적 전제를 대상으로 논의를 확장시킨다.

1) 실천철학적 입장에서의 변증법 문제

여러 변증법들의 본질을 철학사적으로 본다면, 변증법의 문제는 모두 유한한 규정성을 초월하는 것과 관련된다. 사물에 대한 인식은 그 사물에 규정성이 존재한다는 것으로 표현된다. 어떠한 현실적 규정도 모두 현실 생활을 추상화한 것이기 때문에 유한할 수밖에 없다. 반면, 변증법은, 적어도 긍정적 형태의 변증법이라면 추상적이고 유한한 규정성을 초월해 무한한 구체성을 지향한다. 다시 말해서, 추상에서 구체로 나아간다. 하지만 그와 같은 지향은 이론 체계에서 가장 꺼리는 자기모순적 폐단에 봉착할 수밖에 없다. 그 모순의 실체는 특별한 그 무엇이 아니라 바로 유한한 이론 체계로 무한한 절대적 진리를 포괄하려 한다는 점에 있다. 그 문제에 대해, 이성이 경험 가능한 범위를 넘어서면 이율배반에 빠질 수밖에 없다고 한 칸트의 주장은 지극히 심오한 것이다. 그러한 이율배반 또는 모순이 바로 이론의 유한성을 드러내기 때문이다.[38]

사실, 철학사에서 변증법은 이론적 사유를 부정하는 요소로 철학에 도입되었다. 제논의 역설이 전형적 사례다. 제논의 역설은 실제적으로 이론적 사유의 유한성을 밝혀냈다. 만약 우리가 그리스인들처럼 감성을 무시하지 않고, 감각되는 운동을 사실적인 것으로 인정한다면, 제논의 역설이 밝힌 이론적 사유에서 운동은 극복 불가능한 어려움에 봉착한다는 점이 인정될 수밖에 없다. 다시 말해서, 사물은 명백히 운동하는 것이지만, 이론적 사유는 그 운동을 무모순적으로 파악할 수 없기 때문이다.

'운동은 모순을 포함한다.'라는 진술을 무모순적으로 끌어낼 수 있다는

---

38) 충분히 다양한 체계에서 완전성과 일치성이 동시에 존재할 수 없다고 한 괴델[Kurt Godel, 1906-1978]의 불완전성 정리는 어떤 의미에서 칸트의 이율배반 이론을 확실하게 증명해주는 것이다. 괴델의 불완전성 정리가 수학에 끼친 큰 충격으로부터 칸트의 철학적 혁명이 지닌 의의를 되새겨볼 수 있다.

주장도 있지만, 그와 같은 주장은 제논의 역설을 제대로 이해하지 못한 것으로, 따라서 근본적으로 변증법의 문제를 오해한 것이다. 제논의 역설은 운동하는 물체가 이성적 사유로 표현되려면, 필연적으로 서로 모순된 두 개의 판단이 함께 긍정되어야 한다는 점이 핵심이다. a. 그 물체는 어느 한 순간 어느 지점에 위치한다. b. 그 물체는 그 순간에 그 어느 지점에 위치하지 않는다. 분명한 것은 하나의 이론 체계에서 서로 모순된 두 가지 명제가 존재할 수 없다는 점이다. 만약 하나의 이론 체계가 서로 모순된 명제를 인정하게 된다면, 그 어떠한 결론도 모두 가능해진다고 논리학은 말한다. 왜냐하면 그것이 이론 체계의 확실성을 제거시켜 어떤 의미도 없게 만들기 때문이다.[39]

이론이 모순을 배척한다는 점은 분명해 보인다. 이론은 추상적인 유한성, 그리고 효력은 없지만 유한성을 넘어서는 구체성 사이에서 선택을 해야만 한다. 추상·유한·일면만을 선택한다면 그것은 확실성을 지니지만, 전체·무한·구체만을 선택한다면 그 확실성이 사라져 효력이 상실될 뿐이다. 인간이 이론 활동을 하는 목적은 세계를 정확히 파악해 효과적으로 생존하는 데 있는 것이지, 서로 모순된 개념들만 잔뜩 양산하는 데 있지 않다. 그렇기 때문에 확실성을 선택함으로써 효과적으로 유한성을 추구해야 한다는 것은 자명하다. 확실성을 추구한다는 측면에서 이론은 모순을 거부하는 입장에 서 있다.

그러한 이론의 유한성은 특정 이론 체계뿐만 아니라 현실 인간의 모든

---

39) 물론 운동을 수학 이론으로 표현하는 데 성공했을지라도, 운동의 방정식에서 운동은 어떻게 표현될까? 운동의 방정식은 그저 시간의 지점과 공간의 지점을 하나씩 대응시켰을 뿐이다. 시간의 지점과 공간의 지점에 대한 그러한 대응은 시간을 공간화함으로써 운동을 순수하게 공간화된 무엇, 또는 정적인 존재로 바꾸었다. 분명히 그것은 우리가 감각하는 운동이 아니라 현실 운동을 추상적으로 묘사한 것에 불과하다.(Tobias Dantzig / 蘇仲湘 譯, 『數: 科學的語言』, 上海敎育出版社, 2000: 106-107쪽을 참조하라.)

이론 활동에도 적용된다. 그것은 수학에서 유한한 양量이 거듭 유한하게 누적된다고 하더라도 무한이 될 수 없다는 이치와 같다. 무한한 생활 역시 유한한 이론을 아무리 겹쳐 쌓아도 무한이나 구체에 도달할 수는 없다. 그래서 헤겔은 역사성을 끌어들여 모순을 진전시키는 방식으로 이론의 유한성을 뛰어넘어 궁극적으로 무한이나 절대적 진리에 도달하고자 했지만, 그 자체의 모순 때문에 실패할 수밖에 없었다.

그렇다면 결국 변증법은 쓸모도 없고, 이론에 해만 끼치는 사유상의 혼란에 불과한 것일까? 이론철학적 범주에서는 이와 같은 결론을 피할 수 없다. 철학사에서 칸트는 이성이 경험을 넘어서면 필연적으로 이율배반에 빠진다고 밝혔지만, 이론철학적 전통에서 스스로 헤어 나오지 못하는 이들은 언제나 방법을 찾아 그 결론을 피하고자 했다. 그들이 그러한 시도를 하는 이유는, 또는 결론을 회피하는 길을 꾸준히 찾은 이유는 근본적으로 다음에 있다. 만약 그 결론을 인정하게 되면, 그것은 이성의 유한성이나 이론 활동의 유한성을 인정한 것이자, 이론 활동이 현실 생활을 제대로 파악하지 못했다고 인정하는 것이 되기 때문이다.

그런데 그것을 인정한다는 것은 그리스인들의 이론철학에서 유래된, 이성에 관한 전통적 전제와 완전히 모순된다. 다시 말해서, 그것을 인정한다는 것은 소크라테스와 플라톤으로부터 이어진 대부분의 서구철학 전통 전체를 부정한다는 의미가 된다. 바로 그 이유 때문에 많은 이들이 오늘날까지도 변증법의 문제가 이론철학에 안겨준 어려움을 직시하지 못하고, 여전히 이론철학적 테두리 안에서 그 어려움을 해결하려는 헛수고를 하고 있다.

물론 변증법으로 인해 이론철학이 어려움에 빠졌다고 해서, 그것이 곧 철학 전체도 동일한 상황에 빠졌다는 것은 아니다. 다른 측면에서 보면, 이론철학이 어려움에 빠진 것은 실천철학으로의 전환이 불가피함을 보여준다. 적지 않은 철학자들이 여전히 이론철학적 전통에서 해결 방안을 모색하고 있지만, 20세기 들어 가장 눈에 띄는 철학적 흐름은 생활 실천이나 생활 세계로의 전환을 통해 이론철학의 어려움을 극복했다는 점이다. 이론철학의 중심이 직간접적으로 이론 활동을 인간의 가장 근본적인 활동으로 간주하는 데 있다면, 이성의 유한성과 이론 활동의 유한성을 인정한다는 것은 곧 실천 활동을 인간의 근본적 존재 방식으로 인정하는 것의 전제가 된다.

그러한 이론철학과 다르게 정반대로, 실천철학이 생활 실천을 인간의 가장 근본적인 존재 방식으로 간주한다면, 이론 활동은 단지 그 생활 실천을 구성하는 부분이나 존재 양태가 된다. 다시 말해서, 실천철학의 입장에서 이론의 유한성을 뛰어넘는 것이 바로 생활 실천인 것이다. 생활 실천의 과정에서 사람들은 그들이 생활하는 세계를 어느 정도 이해하고 있는데, 이론 활동은 그러한 이해로부터 파생되는 하나의 방식일 뿐이다. 하이데거가 밝힌 것처럼, 주객체의 분립으로 상징되는 이론적 인식은 생활 실천에 문제가 생겼을 때 시작된다. 사람과 사물이 손 안에 있는 상태에 처하면 주객체 대립은 존재하지 않는다. 하지만 이론은 대상의 '응시凝視'로서, 응시가 진행될 때 사물은 생활 실천의 과정에서 벗어나 추상화되고 눈앞에 있는 상태가 된다. 일상적으로 손 안에 있는 상태에서는 '응시'를 필요로 하지 않지만, '응시'를 하게 되면 반드시 '문제'가 발생한다. 여기서 이론의 파생성이 매우 명확해진다. 이미 100년 전에 마르크스는 그것을 분명히 지적했다.[40]

---

40) 실천 활동이 이론 활동에 우선한다는 마르크스의 관점은 대부분의 철학 저술에 나타난 주제였지만, 그것은 오랫동안 심할 정도로 간과되었거나 잘못 해석되어 왔다. 여기서 마르크스가 이론철학의 경제학자를 비판했던 언급을 다룰 필요가 있다. "그러나 사람들은 무엇보다도 '그러한 외부 사물의 이론적 관계 속에 있'지 않다. 다른 동물들과 마찬가지로 우선 먹어야 하고 마셔야 하는 것처럼, 다시 말해서 그들은 어떤 관계 속에 '있는' 것이 아니라 적극적인 활동을 통해 일정한 외부 사물을 얻음으로써 자신의 필요를 충족시킨다.(그래서 그들은 생산에서 시작한다.) 그러한 과정이 반복되면서

이론은 생활 실천에서 파생된 것이기 때문에 유한한 것이고, 생활 실천 자체는 무한한 것, 유기적인 전체, 완전한 것이라면, 생활 실천 자체는 필연적으로 하나의 전체로서 이론적 대상이 될 수 없거나, 이론은 생활 실천의 전체를 파악할 수 없다는 결론에 이르게 된다. 전체로서의 생활 실천은 근본적 차원에서 이론 활동의 능력을 넘어서기 때문이다. 이론이 자기모순에 매몰되는 이유는 바로 그 이론 활동이 자신의 경계를 벗어났다는 점에 있다. 다시 말해서, 이론은 자신의 유한성을 뛰어넘어 온전함이라는 것을 대상으로 삼기 때문이다.

이론이 생활 실천의 전체를 파악하지 못하는 이상, 생활 실천은 단지 생활 실천 자체의 '대상'이 될 뿐이다. 여기에 '대상'이라는 단어를 강조한 이유는 이론 활동에서처럼 주체와 분리된 객체나 대상이라는 것이 생활 실천에서는 존재하지 않기 때문이다. 생활 실천의 과정에서 인간은 생활에 완전히 몰입할 뿐이지, 이론 활동에서처럼 인식 대상을 생활세계로부터 분리시켜 추상적 사물로 바꾸지 않는다. 그런데 인간이 생활 실천을 이론적 대상이나 인식 대상으로 삼지 않는다고 해서 그것이 생활 실천을 알지 못한다는 의미는 아니다. 하이데거의 언급처럼, 사실 인간은 생활 실천에 대한 직접적인 지식을 가지고 있을 뿐만 아니라 스스로의 깨달음을 지니고 있다. 다만 그 지식들이 이론화된 형태로 존재하지 않을 뿐이다.

그것은 생활 실천 전반에 대한 이론화된 지식은 존재하지 않으며, 직접적인 실천적 지식만이 존재한다는 말이다. 실천적 지식은 직접적인 무엇으로, 반드시 생활 실천 전반에 관한 것이기 때문에 실천적 지식은 이론적

사물은 사람들에게 '필요를 충족시키는' 속성으로 기억된다. 이로부터 인간과 짐승은 '이론적으로' 그들의 필요를 충족시킬 수 있는 외부 사물과 모든 여타의 외부 사물들을 구별하게 된다."(中共中央馬克思 · 恩格斯 · 列寧 · 斯大林著作編譯局 譯, 『馬克思恩格斯全集』19, 人民出版社, 1963: 405쪽.)

지식과 흥미로운 대조를 이룬다. 이론적 지식이 추상적이고, 유한하며, 일면적이라면, 실천적 지식은 온전하고 미분화된 것이다. 그러한 대조는 다음을 의미한다. 즉, 이론이 자신의 합법적인 운용 범위를 벗어나 온전함을 대상으로 삼음으로써 결국 자기모순에 빠지게 되었다면, 생활 실천은 자신만의 직접적인 지식을 갖추었다.

그렇다면 여기서 불가피하게 하나의 질문을 해야만 하는데, 그것은 생활 실천에 관한 온전한 지식도 이론적 지식처럼 자기모순이나 변증법에 빠져 그 효력을 상실할 수 있는가이다. 실천적 지식은 실질적 효력을 갖추었다고 답할 수 있다. 만약 그렇지 않다면 수만 년 동안 이론적 지식이 갖추지 못했던 인류의 생존은 불가능했기 때문이다. 따라서 문제는 실천적 지식이 효과적인가 그렇지 않은가에 있지 않고, 실천적 지식이 지닌 유효성을 어떻게 이해할 것인가에 있다. 또는 실천적 지식이 어떻게 효과적일 수 있는가의 문제라고 할 수 있다.

그것은 이론과 실천이 사물을 파악하는 각기 다른 방식과 관련된다. 사람들은 생활 실천 과정에서 사물을 상대할 때, 이론 활동처럼 주객 대립의 방식으로 대상을 '응시'하는 것이 아니라 직접적이다. 하지만 그렇다고 해서 사람들의 생활 실천이 아무런 방향 없이 혼돈 속에 완전히 빠져 있는 것도 아니다. 사람들의 실천은 그 생활환경에 의해 제약되며, 상이한 시간·공간·상황에서 각기 다른 흐름을 드러내기 때문에 생활 실천 과정에서 직접적으로 형성된 지식 또한 상이한 방향·관점이나 시야를 지닐 수밖에 없다.

그러한 상이한 시야나 관점들이 실천적 지식 내부의 차이를 구성한다. 하지만 실천적 지식 내부의 차이와 상이한 관점은 상황적인 차이이거나 다름일 뿐이지, 이론적 지식과 같은 비非상황적이고 추상적인 구분이나 대립이 아니다. 따라서 그와 같은 차이나 다름은 자기모순을 형성하면서 실천적 지식의 유효성을 상실케 하지 않는다. 바꾸어 말하면, 생활 실천 자체의 온전함은 실천적 지식이 다양한 시각으로 구성될 수밖에 없다는 점을 뜻한다. 그에 비해 이론 활동은 그것의 추상성으로 인해 단일한 시각을 견지할 수밖에 없다.[41] 이론적 지식과 실천적 지식의 다름은 어떤 의미에서 보면, 투시透視를 중시하는 서양화와 그것을 중시하지 않는 중국화의 다름과도 비슷하다.

물론 실천적 지식이 다양한 관점으로 구성되어 있다고 해서, 실천적 지식의 상이한 시각들이 서로 관여하지 않는다는 의미가 아니다. 실제적으로 생활 실천 과정에서 실천적 지식 내부의 상이한 시각들 사이에는 보통 크고 작은 길항들이 존재한다. 특히, 과학 수준이 높은 현대화된 사회에서는 과학 지식이 생활 실천에 개입하면서 상이한 관점들의 생활 속 길항이 더욱 크게 증대되었다. 따라서 실천 과정에서 그러한 길항을 통합 또는 완화함으로써 그것이 생활 실천을 망가뜨리거나 와해되지 않도록 해야 한다.

그런데 그와 같은 통합이나 완화는 단일한 관점으로부터 수미일관한 이론 체계를 만드는 것이 아니라, 실천적 지식 내부의 통합이자 실천적 통합일 뿐이다. 실천적 통합과 이론적 통합의 근본적 차이는 다음에 있다. 이론적 통합은 필연적으로 개별 상황을 벗어나 보편성이나 일반성이라는 단일한 관점에서 운영되는 것이지만, 실천적 통합은 구체적 상황성이라는 차원에서만 운영되는 것이다. 그 차이로부터, 단일한 관점에서 생활세계 전체를 개념화하려는 이론의 통합 시도는 자기모순이나 변증법으로 이끌려 그 확실성을 상실하게 된다. 반면, 실천적 통합은 다양한 관점을 하나로 묶는 대신, 그것을 절충하거나 저울질하면서 상이한 관점의 합리적

---

41) 여기서는 이론과 실천의 특징만을 묘사할 뿐, 평가의 문제는 다루지 않는다. 이론이 지닌 단일 시각은 이론이 쓸모없다는 것을 뜻하지 않는다. 오히려 바로 그 시각적 단일성 때문에 이론이 유효한 것이다.

요소들을 자신의 내부로 끌어들인다. 그럼에도 불구하고 실천적 통합은 실천적 지식의 상황성과 구체성으로 인해 그 확실성을 상실하지 않는다. 물론 실천적 통합으로부터 형성된 실천적 지식의 확실성은 구체적인 생활 상황에 기초한 것으로, 이론적 지식과 같이 추상적이면서도 구체적 조건을 벗어난 그러한 일반적 확실성이 아니다. 그런데 어쨌든 확실성을 갖추기만 한다면 효과적인 지식이 된다. 그 때문에 이론적 지식에서 다양한 관점과 의미들은 허용되지 않고 적극적으로 거부되지만, 실천적 지식에서는 그것이 합법적으로 존재하게 된다.

　만약 칸트의 설명에 따라 이론이 자신의 유한성과 단일한 관점을 넘어서기 위해 다양한 관점으로 구성된 세계 전체를 자기 내부에서 파악하려는 충동을 가리켜 이론 활동의 변증법이라고 한다면, 마찬가지로 실천 활동 과정에서 실천적 통합을 거쳐 구성된 다양한 관점의 실천적 지식행위를 실천 활동의 변증법 또는 간단히 실천적 변증법으로 부를 수 있을 것이다. 여기서 변증법은 실질적으로 다양한 관점의 통합으로 이해되거나, 전통적인 설명에 따른다면 다양성을 통일적으로 이해하는 것이다. 물론 이론적 지식의 형성 과정에서 변증법은 소극적이고 부정적이지만, 실천적 지식의 형성 과정에서 그것은 적극적이고 긍정적인 의미를 갖는다. 그런데 아리스토텔레스는 일찍이 그의 실천철학에서, 실천 활동이 지닌 상이한 관점과 요소들의 균형, 절충, 비교를 고찰했을 뿐만 아니라 그것을 현명함이나 신중함 또는 실천적 지혜라고 불렀다. 따라서 실천적 변증법은 실천적 지혜, 또는 실천적 지혜로서의 변증법이라고도 할 수 있다.

　앞선 논의의 결론이 변증법은 실천적 지식의 형성 과정에서 긍정적 의미를 갖지만, 이론적 지식의 형성 과정에서는 칸트식의 소극적 의미만을 띤다고 말하는 것 같다. 이와 같은 결론은 이론철학적 영역의 이론적 사유에 대해서 전적으로 옳다고 할지라도, 실천철학적 영역의 이론 활동에 대해서는 좀 더 논의가 필요하다. 실천철학은 이론을 거부하는 것이 아니라, 이론철학이 이론 생활을 인류의 가장 우수한 생활양식으로 간주하면서 이론의 출발점인 생활 실천을 무시하는 것에 반대했을 뿐이다. 실천철학적 입장에서 보면, 이론 활동은 생활 실천과 무관하지 않으며, 자족적이지도 독립적이지도 않기 때문이다. 이론 활동은 단지 생활 실천에 존재하는 하나의 양태이자, 부차적인 방법일 뿐이다. 다시 말해서, 이론 활동도 하나의 실천 활동으로서 이론을 갖춘 실천이나 이론적 실천이 된다.

이론은 다음과 같은 의미를 지닌다. 실천 과정에 문제가 발생했을 때, 즉 사물이 손 안에 있는 상태에서 눈앞에 있는 상태로 바뀔 때, 실천 과정의 어떤 특정 부분을 반성하거나 '응시凝視'하는 것이다. 그와 같은 '응시'는 특정 부분에서 그것과 관련된 부분을 의식적으로 연결시켜 문제를 찾아내고, 그것을 해결함으로써 실천이 정상적으로 작동하도록 한다. 따라서 '응시'의 체계화가 곧 이론 활동이 된다. 그러나 그 활동은 하나의 특정한 문제적 부분에서 시작된 것이지, 실천 활동 전체에서 비롯된 것이 아니기 때문에(그것은 불가능하다) '응시'는 그 부분이 근거한 특정 시각에 제한될 수밖에 없다. 다시 말해서, 특정 시각으로부터 사물을 '투시'하는 것이다. 그러한 의미에서 이론은 특정 시각에 기초한, 생활 실천에 대한 체계화된 투시로 간주된다. 따라서 당연하겠지만 실천 활동에 긍정적 의미의 변증법이 존재한다면, 이론 활동에 대해서도 긍정적 의미의 그것이 존재한다. 그런데 앞서 이론철학의 변증법이 이론적 사유에 부정적 의미만을 갖는다고 지적한 이상, 어떤 의미에서 변증법이 이론 활동에 긍정적 의미를 지니는지 매우 조심스럽게 살펴볼 필요가 있다.

앞서 언급했던 것처럼, 이론 활동은 유한성을 넘어서면서 자기모순이나 변증법에 빠지게 된다. 그것의 근본 원인은 이론이 본질적으로 단일한 시각에 기초한다는 점 때문이다. 또한 유한성을 넘어선다는 것은 상이한 시각들을 자신의 내부로 끌어들인다는 의미다. 극단적으로 말해서, 헤겔철학과 같은 이론철학은 하나의 완벽한 시각을 구성해, 가능한 모든 시각들을 포섭하려고 했다. 이성적 사유 과정에서 세계를 만들어내고, 사유 내부에서 세계를 파악하려는 것은 모든 이론철학의 가장 은밀한 목적이다. 이론철학이 그것을 자신의 목표로 삼을 때, 이론의 본질적 측면인 단일한 시각과 유한성을 뛰어넘겠다는 이론철학의 추구 목표는 조화가 불가능한 대립 관계에 놓이게 된다. 이론의 자기모순은 바로 그러한 대립 관계의 구체적 표현이다.

여기서 핵심은 이론철학이 가능한 모든 시각을 하나로 통합하는 입장에 서 있다는 점이다. 만약 실천철학이 이론철학의 그와 같은 과도한 입장을 포기한다면, 새로운 세계가 열릴 수도 있다. 그것은 다음을 알려준다. 실천철학이 상황성이라는 생활 실천 과정에서 다양한 시각의 실천적 지식을 피할 수도 없으며, 개개의 시각도 그 특정성으로부터 일면적일 수밖에 없다고 주장하는 이상, 실천철학은 그것들을 모두 하나로 귀결시키고자 해서는 안 된다. 그렇지만 실천철학은 또 다른 측면에서 전체성이라는 실천적 목표를 위해 유한성의 정도程度에 따라 상이한 시각들을 통합하거나 종합해야만 한다. 그러한 통합은 앞서 설명했던 것처럼 상황성을 구성하는 실천적 지식의 경로이자, 이론적으로도 그것의 발전을 추동한다는 긍정적 의미를 갖는다.

실천철학은 이론철학과 다르게 관용적인 태도로 수많은 시각들의 존재를 인정하면서, 개개의 경쟁적 이론들을 상이한 관점이 투시된 결과로 간주한다. 또한 실천철학은 동시에 단일 시각이 추상적이고 일면적일 수밖에 없기 때문에 제한된 범위에서 자신의 시각을 확장하려는 포용력을 요구한다. 일면성을 줄이고 특정한 시각을 확장시키는 포용력은 단 하나의 방법을 통해서만 얻을 수 있다. 그것은 상이한 시각, 특히 대립적 시각들의 대화나 충돌로부터 형성되는 '지평의 융합', 다시 말해서 포용력을 더 많이 갖춘 확장된 시각으로 나아가는 것이다.

하지만 확장된 시각은 이중적이거나 복합적인 시각이 아니라 여전히 하나의 단일한 시각으로 남아 있다. 따라서 단일한 시각으로 구성된 이론 체계 역시 논리적으로는 자기완결적이어야 하며, 자기모순을 허용해서는 안 된다. 그 이론의 운동이나 진행 과정은 확실히 특정 시각을 확장시켜 지평의 융합에 도달했기 때문에 이론을 진전시킨 것이다. 그럼에도 불구하고 그러한 진행 과정이 만들어낸 새로운 시각은 여전히 단일한 것이기 때문에 제한된 시각이 되지만, 새로운 이론 체계에서는 제한을 넘어서는 자기모순이 초래되지 않는다. 상이한 시각들의 대화를 통해 기존의 이론적 시각을 확장하고, 이론의 진전을 이끌어낸다는 점에서 그 진행 과정은 분명 하나의 변증적 과정이자, 실천철학적 영역인 이론 활동의 변증법이다.

실천철학적 변증법에는 두 가지 측면이 포함된다. 하나는 생활 실천의 측면에서 상이한 시각을 통합시킨 상황적 실천 지식이 구성된다. 또 다른 하나는 이론 활동의 측면에서 상이한 이론적 시각들의 대화를 거친, 확장된 시각 또는 포용력을 더 많이 갖춘 새로운 이론이 만들어진다. 후자의 변증법적 측면, 즉 실천철학에서 진행되는 이론 활동의 변증법은 이론철학의 변증법과 다르게, 이론 체계의 내부에서 자기모순을 일으키지 않는다. 그것은 특정한 이론 체계의 내부에서가 아니라 개개의 이론 체계 외부나 그것들 사이에서 출현한다.

실천철학적 입장에서 이론 활동이 특수한 실천 활동의 한 방식으로 간주된다면, 개개의 이론들 사이에서 나타나는 변증법 역시 실천적 변증법이 된다. 또는 그것을 실천적 지혜나 이론적 실천의 지혜라고도 할 수 있다. 그러한 지혜의 기본적 특징은 특정한 이론적 시각의 유한성에 대한 인정, 그리고 어느 누구도 진리를 독점할 수 없다는 점을 인정하는 데 있다. 모든 이론적 시각에는 합리적인 무언가가 담겨져 있기 때문에 다른 시각들의 존재는 허용되어야만 하고, 다른 시각들과 대화하고 경쟁하는 과정을 통해 자신을 발전시켜 나가야만 한다. 자신의 본분을 벗어나 세계를 통일하거나 제패하려는 시도를 해서는 안 된다.

앞서 언급한 실천적 지혜로서 변증법과 유가에서 말하는 '중용中庸의 도', '화이부동和而不同'이라는 '중화中和의 도', '시중時中'이 다르지 않다는 것을 알 수 있다. 실천적 지혜는 서구 고대철학에서도 논의된 바 있는데, 특히 아리스토텔레스 철학에서 체계적으로 다루어졌다. 그에 비해, 실천적 지혜라는 학설은 중국 고대철학에서 큰 장족의 발전을 이루었다. 그러한 현상이 조금도 이상하지 않은 것은 중국 고대철학이 본질적으로 실천철학이라는 점, 이론철학은 발전하지 못했다는 데 그 이유가 있다. 하지만 서구에서는 이론철학만 크게 발전했고, 실천철학은 전적으로 억눌린 상태에 놓여 있었다. 따라서 단일 시각이라는 이론철학의 본질로부터 변증법은 서구철학에서 줄곧 소극적이거나 부정적인 대상이 되었다.

헤겔 철학이 변증법에 긍정적 의미를 부여하기도 했지만, 여전히 이론철학적 입장을 견지했기 때문에 그것은 실패로 귀결될 수밖에 없었다. 헤겔 철학의 실패는 이론적 이성의 과도함에서 비롯된 것이다. 다시 말해서, 가능한 이론적 시각 모두를 유일한 하나의 시각에 귀속시키면서, 유한한 이론적 시각 전체를 절대적 진리를 위한 소재로 평가절하했다. 그것이 명실상부한 유한성 이론이라고 할 수 있는 개별적 과학적 이론의 주창자들, 즉 과학자들의 분노를 촉발시켜 변증법은 더 넓은 의미로 궤변이나 '마술'이 되었다.

중국에서도 변증법은 구체적인 실제 생활 과정에서 추상적인 원리로 남용되었기 때문에 실제 생활이라는 구체적 상황성을 벗어나 일반적인 변증법 원칙만이 추상적으로 다루어졌고, 결국 그것은 확실성을 갖춘 실천적 지식이 되지 못했다. 그로 인해 변증법은 효력을 상실한 궤변이나 '마술'으로 간주되었다. 이로부터 변증법의 신뢰 상실은 불가피해졌다. 그와 같은 상황에서 변증법의 명예를 회복할 수 있는 유일한 방법은 변증법을 실천적 지혜로 되돌려 놓는 것뿐이다. 다시 말해서, 헤겔식의 이론적 변증법의 과도함을 배제하고, 실천적 변증법에 위치시키는 것이다.

변증법을 실천적 지혜로 되돌린다는 것은 중국 고대철학의 실천적 지혜라는 의미를 다시 살려내는 것이다. 물론 중국적 실천철학을 다시 살려내는 것은 단순히 고대 실천철학으로 돌아간다는 것이 아니라, 그것을 현대화하고 현대적 실천철학으로 전환시킨다는 말이다. 그 이유는 다음에 있다. 현대적 실천이 마주한 생활 세계는 고대 사람들이 마주했던 세계와 근본적으로 다르기 때문에 그것에 상응하는 실천적 지혜 또는 실천적 지식을 획득할 수 있는 방법이 필요하다. 그와 같은 전환을 실현할 수 있는 경로가 바로 현대 중국의 실제적인 생활 실천에 기초한 상황성이다. 그것은 고대 실천철학과 대화하면서도, 동시에 서구의 현대적 실천철학과도 대화를 진행하는 것이다. 대화를 통해 자신의 이론적 시각을 확장시킴으로써 지평의 융합을 실현하는 것, 그 자체가 실천적 지혜로서의 변증법적 과정이다.

2) 마오쩌둥의 실천적 변증법

마오쩌둥 철학이 실천철학이라면 『모순론』의 변증법은 실천적 변증법이다. 실천적 변증법이라는 것은 이론적 변증법에 상응하는 개념이다. 앞서 언급한 것처럼 형식논리는 이론의 확실성을 보장하는 유일한 방법이기 때문에 이론에서 반드시 지켜져야만 하지만, 변증법은 형식논리의 동일률과 상충돼 성립되지 못한다. 따라서 그것이 성립되기 위해서는 실천적 변증법이거나 실천적 지혜로 간주되어야 한다. 철학사적으로 아리스토텔레스가 실천적 지혜를 가장 상세히 다루었기 때문에 여기서는 실천적 지혜에 관한 아리스토텔레스의 논의를 참조하면서 실천철학적 시각으로부터 『모순론』의 변증법을 설명하고자 한다.

아리스토텔레스 철학에서 인간의 활동은 이론, 실천, 제작이라는 3가지의 기본 방식으로 구분된다. 이론적 대상은 "필연으로부터 조건 없이 존재하는 것"[42], 즉 "영원한 것"[43]이다. 그리고 "제작과 실천이라는 두 가지는 가변적 사물을 그 대상으로 한다."[44] 그런데 여기서 실천과 제작은 다시 구분된다. 일반적으로 말해서, 실천은 스스로의 목적을 구성하는 활동이고, 제작의 목적은 활동 외부에 존재한다. 그리고 각각의 인간 활동에는 그에 어울리는 품성과 행위의 능력이 들어 있다. 그러한 품성이 바로 이론이나 사변思辨적 측면에서 이론적 지혜 또는 철학적 지혜인 것이고, 제작의 측면에서는 기교이며, 실천의 측면에서는 실천적 지혜나 현명함인 것이다.

아리스토텔레스는 『니코마코스 윤리학』 6권 5장에서 실천적 지혜에 관해 상세히 논의했다. 아리스토텔레스는 실천적 지혜가 이론적 지혜와 다르고, 기교와도 다르다고 보았다. 그것은 이론적 지혜와 다르게 불변의 것들을 고려하지 않았다. 왜냐하면 인간이 불변의 것들을 인식할 수 있어도 그것으로 할 수 있는 일이 없었기 때문이다. 또한 그것은 기교와도 다르다. 기교가 어떤 사물을 만들어 자신을 이롭게 하는 데 목적이 있다면, 실천적 지혜는 다른 사물을 만드는 데 목적이 있는 것이 아니라 실천 그 자체가 목적이기 때문이다. 그러므로 실천적 지혜나 현명함이라는 것은 "바로 자신에 대한 선함과 유익함을 충분히 고려하는 것이다. 그것은 부분적인 이로움, 예를 들어 건강이나 건장함과 같은 이로움이 아니라 생활 전체에 대한 이로움인 것이다."[45]

---

42) Aristoteles / 苗力田 譯, 『尼各馬科倫理學』, 中國社會科學出版社, 1990: 117쪽.
| Aristoteles / 천병희 옮김, 『니코마코스 윤리학』, 숲, 2018: 220쪽 참조.
43) Aristoteles / 苗力田 譯, 『尼各馬科倫理學』, 中國社會科學出版社, 1990: 117쪽.
| Aristoteles / 천병희 옮김, 『니코마코스 윤리학』, 숲, 2018: 220쪽 참조.
44) Aristoteles / 苗力田 譯, 『尼各馬科倫理學』, 中國社會科學出版社, 1990: 118쪽.
| Aristoteles / 천병희 옮김, 『니코마코스 윤리학』, 숲, 2018: 222쪽 참조.

실천적 지혜에 관한 아리스토텔레스의 분석의 초점은, 상이하거나 상충하는 요소들을 실천 과정에서 어떻게 결합시킬 것인가를 파악해 사물의 가장 이상적인 수준과 가장 적절한 행위 방안을 끌어내는 데 맞춰져 있다. 아리스토텔레스의 실천 개념은 인간들의 윤리와 정치적 행위를 가리키는데, 마르크스주의 철학의 실천 개념과 커다란 차이를 보인다. 하지만 그것들 모두 인간의 행위라는 측면과 관련되기[46] 때문에 마오쩌둥의 변증법적 사상과도 비교가 가능하다. 사실『모순론』이 해결하고자 했던 문제들은 아리스토텔레스의 윤리학적 대상과 많은 부분에서 겹친다. 그것은 바로 행위자가 복잡한 상황에서 어떻게 가장 이상적인 행동 방안을 선택할 수 있는가라는 문제다. 여기서는 보편적 원리와 특수한 사물의 관계, 행위적 상황의 구조와 분석, 행위의 로고스 등과 같은 몇 가지 측면에서 마오쩌둥의『모순론』에 담긴 변증법을 아리스토텔레스의 실천적 지혜와 비교해 보고자 한다.

보편적 원리와 특수한 사물의 관계는 인간의 행위를 분석하는 데 가장 먼저 마주할 수밖에 없는 문제다. 아리스토텔레스는 우선 존재 상태로부터 이론 및 실천(그리고 제작)의 대상을 구분했다. 이론적 대상은 "필연으로부터 조건 없이 존재하는 것"[47], 즉 "영원한 것"[48]이다. 그리고 "제작과 실천이라는 두 가지는 가변적 사물을 그 대상으로 한다."[49] 개별적이고

---

45) Aristoteles / 苗力田 譯,『尼各馬科倫理學』, 中國社會科學出版社, 1990: 120쪽.
   | Aristoteles / 천병희 옮김,『니코마코스 윤리학』, 숲, 2018: 223쪽 참조.
46) 아리스토텔레스로부터 마르크스에 이르는 실천 개념의 변화는 王南湜,「實踐·藝術
   與自由 - 馬克思實踐槪念的再理解」,『哲學動態』2003年第6期: 4-6쪽을 참조할 수
   있다.
47) Aristoteles / 苗力田 譯,『尼各馬科倫理學』, 中國社會科學出版社, 1990: 117쪽.
   | Aristoteles / 천병희 옮김,『니코마코스 윤리학』, 숲, 2018: 220쪽 참조.
48) Aristoteles / 苗力田 譯,『尼各馬科倫理學』, 中國社會科學出版社, 1990: 117쪽.
   | Aristoteles / 천병희 옮김,『니코마코스 윤리학』, 숲, 2018: 220쪽 참조.

특수한 경험은 영원한 것에 대해 별다른 의미를 갖지 않지만, 가변적 사물의 입장에서 보면 상황은 크게 다르다. 그와 같은 대상의 차이가 영원한 것을 대상으로 하는 이론적 지혜, 그리고 가변적 사물을 대상으로 하는 실천적 지혜의 근본적 차이를 결정한다.

따라서 실천적 지혜는 보편적인 것과 관련되어 있을 뿐만 아니라 반드시 특수한 것을 인식할 수 있어야만 한다. 왜냐하면 실천이 항상 특수한 상황과 관련되기 때문이다. "현명함은 보편자에 대한 지식만이 아니라 개개의 사물도 완전히 파악해야 한다. 현명함이 행위를 포함한다는 것은 개개의 사물에 대한 행위가 있어야만 그것이 가능하기 때문이다."[50] 또한 실천적 지혜는 특수한 사물에 관한 것이기 때문에, 경험은 실천적 지혜에서 매우 중요한 것이다. 아리스토텔레스는 예를 들어 설명했는데, 젊은이들은 기하학과 수학에 통달해 그 방면에서 지혜로운 자가 될 수 있지만, 실천적 지혜를 갖춘 자는 될 수 없다. 실천적 지혜가 특수한 사물에 관한 것이기 때문이다. 그것은 경험을 거쳐야만 능숙해질 수 있는 것으로, 젊은이들에게 부족한 것이 바로 경험이다.[51]

마오쩌둥은 실천적 지혜에 대해 비슷한 태도를 취했을 뿐만 아니라 심지어 더욱 두드러진 면을 보이기까지 했다. 마오쩌둥이 특수한 것을 강조하고, 실제에서 벗어난 이론을 신랄하게 비판했다는 것은 널리 알려진 사실이다. 그는 『모순론』에서 교조주의자들을 다음과 같이 비판했다. "그들은 모순의 보편성이 바로 모순의 특수성 안에 머물러 있다는 점을 알지

---

49) Aristoteles / 苗力田 譯, 『尼各馬科倫理學』, 中國社會科學出版社, 1990: 118쪽.
   | Aristoteles / 천병희 옮김, 『니코마코스 윤리학』, 숲, 2018: 222쪽 참조.
50) Aristoteles / 苗力田 譯, 『尼各馬科倫理學』, 中國社會科學出版社, 1990: 123쪽.
   | Aristoteles / 천병희 옮김, 『니코마코스 윤리학』, 숲, 2018: 229쪽 참조.
51) Aristoteles / 苗力田 譯, 『尼各馬科倫理學』, 中國社會科學出版社, 1990: 124쪽.
   | Aristoteles / 천병희 옮김, 『니코마코스 윤리학』, 숲, 2018: 231쪽 참조.

못한다. 또한 그들은 당면한 구체적 사물의 모순적 특수성을 연구하는 것이 혁명적 실천을 지도하는 데 얼마나 중요한 의미가 있는지에 대해서도 알지 못하고 있다."52)

나아가 그는 특수성의 근원적 위상을 별도로 강조했다. "이러한 공통성은 모든 개별성 속에 포함되어 있기 때문에 개별성이 없다면 공통성도 없는 것이다. 모든 개별성을 제거한다면 어떤 공통성이 남아 있을 수 있겠는가?"53) 마오쩌둥의 결론은 다음과 같다. "공통성과 개별성, 그리고 절대성과 상대성이라는 이치는 사물의 모순 문제에서 정수精髓다. 그것을 이해하지 못한다는 것은 변증법을 내다버리는 것과 같다."54)

아리스토텔레스의 실천철학에서와 마찬가지로, 마오쩌둥은 사물의 특수성과 개별성 측면을 매우 중시했다. 이와 같은 이론적 경향의 동일성은 다음의 사실을 알려준다. 즉, 보편과 특수라는 대립적 측면에 대해 실천철학과 이론철학은 기본적으로 상이한 태도를 취한다는 점이다. 이론에서 보편성이 더 중요한 위치를 차지한다는 것은 의심의 여지가 없다. 그 이유는 이론의 1차적 목적이 세계를 해석하는 데 있기 때문이다. 세계를 해석한다는 것은 세계의 다양한 사물들을 어떤 보편적 원리들로 귀결시키는 것에 다름 아니다. 가장 이상적인 이론은 하나의 이론 체계로 모든 것들을 설명하는 것이다.

하지만 실천은 그와 다르다. 실천의 목적은 세상을 바꾸는 것, 즉 새로운 사물을 만들어내는 데 있기 때문이다. 그리고 사물은 항상 개별적인 방식으로 존재한다. 다시 말해서, 세계에 개개의 인간만이 존재하는 것처럼, 일반적인 인간이나 인간 자체는 존재하지 않는다. 그래서 실천은 우선

---

52) | 毛澤東, 『毛澤東選集』1, 人民出版社, 1991: 304쪽.

53) 毛澤東, 『毛澤東選集』1, 人民出版社, 1991: 319-320쪽.

54) 毛澤東, 『毛澤東選集』1, 人民出版社, 1991: 320쪽.

적으로 개별 사물에 주목하지 않을 수 없는 것이다. 일반적인 원리는 실천 과정에서 실천적 운용이 가능한 경우로 구체화되어야만 그 중요성이 인정된다. 이로부터 다음과 같이 말할 수 있다. 이론에서는 보편적인 것이 기초와 출발점을 이루고, 개별 사물들은 단지 보편적 원리를 보증한다는 차원에서만 중시된다. 반면, 실천 과정에서는 이와 다르게 개별적인 것들이 기초와 출발점을 구성하고, 보편적인 것은 개별적인 것들로 인입되어 세계를 바꾸는 필수적 부분으로서 중시된다.

개별 사물에 대한 관심은 실천철학의 공통적 특징인데, 개별 사물을 구체적으로 파악하는 것이 곧 실천적 지혜의 근본 목적이 된다. 아리스토텔레스의 실천철학에서 실천적 지혜는 한데 묶은 다양한 요소들 가운데 가장 적절한 '중도中道'를 파악하고, 그것을 올바른 로고스와 합치시킬 수 있는 품성과 능력을 가리킨다. 사물을 바꾸거나 제작하려면, 인간은 실천 또는 제작되는 사물이 어떻게 구성되는지에 대한 일정 정도의 관념, 다시 말해서 우선적으로 머릿속에 소기의 목적을 지닌 사물을 상상해낼 수밖에 없는 것이다. 그 상상은 관련된 여러 관념들을 결합한 것에 불과하지만, 그것을 통해 머릿속에서 목적에 맞는 새로운 사물을 구성하고, 또한 그것을 가지고 행위를 추동한다. 따라서 실천적으로는 머릿속에서 관련된 관념들을 먼저 결합시켜 행위의 로고스를 구성하는 것이 무엇보다 필요하다.

문제는 어떻게 결합시킬 것인가에 있다. 아리스토텔레스는 여러 생활적 측면과 관련된 덕德의 목록을 제시하면서, 상이한 생활 측면에서 이상적인 품성이나 선함에 도달할 수 있는 방법을 매우 상세히 다루었다. 이와 다르게 마오쩌둥은 『모순론』에서 개별 사물의 구체성을 어떻게 파악할 것인가에 대해 훨씬 복잡한 방법론적 체계를 제시했다.55) 마오쩌둥은 거

---

55) 毛澤東, 『毛澤東選集』1, 人民出版社, 1991: 304쪽을 참조하라.

기서 모순의 보편성을 간략하게 다룬 다음, 모순의 특수성을 분석하는 데 매우 많은 분량을 할애했다. 즉, 물질적 운동의 다양한 형식에서 나타나는 모순의 특수성, 사물의 상이한 발전 과정에서 나타나는 모순의 특수성, 각 과정의 상이한 단계에서 나타나는 모순의 특수성, 그리고 상이한 과정과 단계의 모순이 드러내는 각기 다른 측면의 특수성 등 여러 측면들을 매우 세밀하게 논의했다.[56]

마오쩌둥은 그와 같은 분석에 이어서 모순의 특수성 가운데 주요 모순과 주요 모순적 측면을 별도로 다룬다.[57] 그는 그 분석들을 통해 개별 사물의 구체성을 어떻게 파악할 것인가라는 체계적 방법을 알려준다. 그 방법이 기존의 것이라고 해서 그대로 따를 필요는 없겠지만, 그래도 여전히 상당한 활용성을 지니고 있을 뿐만 아니라 실천적 방법론의 절차로까지 간주될 수 있는 것이다. 만약 실천 과정에서 앞서 언급했던 사물의 여러 측면들이 지닌 모순의 특수성에 주목할 수 있다면 사물의 상당 부분을 구체적으로 파악할 수 있으며, 그것을 바탕으로 새로운 사물에 대한 구체적인 상상도 가능해질 것이다.

여기서 마오쩌둥의『모순론』에서 제기된 구체적 사물을 파악하는 방법론이 아리스토텔레스의 윤리학에 제기된 경험적 방법보다 더 풍부한 보편적인 색채를 지녔다는 점을 알 수 있다. 그 이유는 다음과 같다. 아리스토텔레스에게 이론과 실천(또는 제작)은 확연히 분리된 것으로, 불변의 보편적 필연에 대해서만 보편적 지식이 있을 수 있으며, 가변적인 실천 대상은 경험적 분석만이 가능할 뿐이다. 반면, 마오쩌둥에게 보편은 가변적인 개별 사물에 내재하는 것으로, 모순의 특수 성질에 대한 그의 분석법은 그 자체로 보편적인 방법론적 의의를 지닌다.

---

56) 毛澤東,『毛澤東選集』1, 人民出版社, 1991: 308-320쪽.
57) 毛澤東,『毛澤東選集』1, 人民出版社, 1991: 320-327쪽을 참조하라.

이론적 지혜가 정적인 관찰을 특징으로 한다면, 실천적 지혜는 바람직한 행위를 지향한다. 따라서 구체적 사물의 특수성을 파악한다는 것은 특수성을 정적으로 관찰하는 데 있지 않고, 선善의 목적이나 성공의 목표를 달성하는 데 있다. 그것은 또한 어떻게 올바르게 행동할 것인가라는 방법론적 문제이기도 하다. 그 문제에 대한 아리스토텔레스의 기본 원칙은 바로 선함이 하나의 적절함이자 중용中庸의 도라는 것이다. 그로부터 다양한 상황에서 선한 행위는 지나침과 모자람의 적정 지점이 된다. 여기서 중용은 절충이나 평범함이 아니라 정도에 맞는 적절함이다.

마오쩌둥도 『모순론』에서 어떻게 올바르게 행동할 것인가라는 방법론적 원칙을 언급했다. 그것은 주요 모순과 주요 모순적 측면을 틀어잡고, 동시에 부차적 모순과 부차적 모순의 측면을 함께 고려한다는 것이다. 그것이 의미하는 바는 다음과 같다. 한편으로, "과정상에서 모든 모순을 같은 비중으로 다룰 수는 없다. 반드시 그것들을 주요한 것과 부차적인 것이라는 두 가지로 구분하고, 주요 모순을 포착하는 데 중점을 둬야 한다."[58] 또한 주요 모순적 측면도 제대로 틀어잡아야 한다.

다른 한편으로는 주요 모순과 주요하지 않은 모순, 주요 모순적 측면과 주요하지 않은 모순적 측면이 고정되어 있지 않고 서로 전환되기 때문에 그 측면들을 놓쳐서는 안 된다. "만약 과정상에서 주요 모순과 주요하지 않은 모순, 그리고 모순의 주요 측면과 주요하지 않은 측면이라는 두 가지 상황을 연구하지 않는다면, 다시 말해서 모순의 두 상황이 드러내는 차이성을 연구하지 않는다면, 결국 추상적 연구로 빠져 모순적 상황을 구체적으로 이해하지 못하게 된다. 따라서 모순을 해결할 올바른 방법도 찾아낼 수 없게 된다."[59] 이와 다르게, 그와 같은 연구를 진행한다면 모순을 해결

58) 毛澤東, 『毛澤東選集』1, 人民出版社, 1991: 322쪽.
59) 毛澤東, 『毛澤東選集』1, 人民出版社, 1991: 326쪽.

할 수 있는 올바른 방법, 즉 효과적이고 성공적인 행위를 발견할 수 있을 것이다.

3) 『모순론』의 존재론적 가정

앞서 대체로 방법론적 관점에서 아리스토텔레스 실천철학의 실천적 지혜를 참조하면서, 아리스토텔레스와 구분된 실천적 지혜로서 마오쩌둥 『모순론』의 변증법을 논의했다. 그러나 어떤 방법론도 순수한 의미의 방법론이 될 수 없으며, 반드시 존재론을 가정해야만 한다. 또는 콰인[Willard Van Orman Quine, 1908-2000]의 언급을 빌리자면, 필연적으로 존재론적 개입 [Ontological Commitment]이 요구된다. 『모순론』에서 존재론적 가정이나 존재론적 개입을 심도 있게 살펴본다면, 마오쩌둥의 변증법에 담긴 실천철학적 특징이 보다 명확하게 드러날 것이다.

일반적으로 어떤 철학이든 명시적이거나 암묵적으로 존재론이 전제될 수밖에 없다. 만약 철학 전체를 이론철학과 실천철학이라는 두 가지 기본 형태로 나눌 수 있다면, 완전히 대립하는 두 가지 철학적 유형의 존재론도 확연히 구분될 수밖에 없다. 실제로, 아리스토텔레스는 이론적 대상, 실천적 대상, 제작의 대상을 구분하면서 이론철학과 실천철학에 가정된 존재론이 근본적으로 다르다는 점을 밝혔다. 여기서 이론적 대상은 "필연으로부터 조건 없이 존재하는 것"[60], 즉 "영원한 것"[61]이며, "제작과 실천이라는 두 가지는 가변적 사물을 그 대상으로 한다."[62]는 아리스토텔레스의

---

60) Aristoteles / 苗力田 譯, 『尼各馬科倫理學』, 中國社會科學出版社, 1990: 117쪽.
   | Aristoteles / 천병희 옮김, 『니코마코스 윤리학』, 숲, 2018: 220쪽 참조.
61) Aristoteles / 苗力田 譯, 『尼各馬科倫理學』, 中國社會科學出版社, 1990: 117쪽.
   | Aristoteles / 천병희 옮김, 『니코마코스 윤리학』, 숲, 2018: 220쪽 참조.
62) Aristoteles / 苗力田 譯, 『尼各馬科倫理學』, 中國社會科學出版社, 1990: 118쪽.
   | Aristoteles / 천병희 옮김, 『니코마코스 윤리학』, 숲, 2018: 222쪽 참조.

언급을 상기할 필요가 있다.

그러한 구분이 대단히 중요한데, 사실상 그것이 완전히 상이한 두 가지의 존재론적 유형을 결정했기 때문이다. 하나는 '필연으로부터 조건 없'는 '영원한 것'이 실제적 존재로, 또 다른 하나는 가변적인 것 또한 실제적인 것으로 간주된다는 점이다. 물론, 이 두 가지 존재론은 아리스토텔레스가 처음 제기했던 것이 아니라, 그보다 앞서 일부 그리스 철학자들에 의해 주장된 것이다. '필연으로부터 조건 없'는 것은 피타고라스 학파, 엘레아 학파, 플라톤에 의해 주장되었고, 변화하는 사물이 실제적 존재라는 주장은 자연철학자, 특히 헤라클레이토스의 주장이다.

그럼에도 불구하고 아리스토텔레스의 독창적인 부분은 두 가지 유형의 존재론을 각각 인간의 이성과 활동이라는 상이한 두 가지로 연결시켰다는 점에 있다. 그로부터 인간의 이성도 "두 가지로 나뉘는데, 한 부분은 불변적 근원의 존재들을 살피고, 다른 부분은 가변적 근원의 존재들을 고찰한다."[63] 전자는 이론 활동이고, 후자는 실천이나 제작 활동이다. 이론이나 학문적 대상은 반드시 필연적이고, 보편적이며, 영원해야 하는데, "필연에서 비롯된 것은 당연하게도 학문적으로 인식될 수 있다."[64]

하지만 변화하는 것들은 보편적 지식을 형성할 수 없다. 실천과 제작의 대상은 가변적일 수밖에 없는데, 그것들이 변화가능성을 지니고 있기 때문이다. 그렇지 않다면 어떤 실천이나 제작도 모두 불가능해진다. 실천 과정에서는 필연에서 비롯된 사물이 고려되지 않는데, 그 이유는 필연적 사물이 그 변화불가능성으로부터 실천이나 제작의 대상이 될 수 없다는 데 있다. 그러한 아리스토텔레스의 구분에는 심오한 뜻을 내포되어 있다.

---

63) Aristoteles / 苗力田 譯, 『尼各馬科倫理學』, 中國社會科學出版社, 1990: 115쪽.
   | Aristoteles / 천병희 옮김, 『니코마코스 윤리학』, 숲, 2018: 217쪽 참조.
64) Aristoteles / 苗力田 譯, 『尼各馬科倫理學』, 中國社會科學出版社, 1990: 117쪽.
   | Aristoteles / 천병희 옮김, 『니코마코스 윤리학』, 숲, 2018: 220쪽 참조.

그것은 이론철학에 가정된 실제적 존재가 반드시 보편적이고 필연적이며, 영원한 사물이어야 하지만, 실천철학에 가정된 실제적 존재는 변화하는, 또는 변화 가능한 사물이어야 한다는 점이다.

그러한 구분에서 마오쩌둥 철학을 실천철학으로 분류한다는 것은, 그것이 가정하는 존재론 또한 변화하는 세계나 변화가 가능한 세계일 수밖에 없다는 점을 알려준다. 마오쩌둥의 『모순론』에서 세계는 변화가 멈추지 않는, 쉼 없이 변화하고 발전하는 세계로 묘사된다. 그는 세계의 존재를 설명하기 위해, 우선 형이상학적 우주관, 즉 "세계의 모든 사물, 그리고 모든 사물의 형태와 종류를 영원히 서로 고립되고 영원히 변하지 않는 것으로 여기"[65]는 데 반대했다. 그리고 다음과 같이 주장했다. "사물의 발전은 사물 내부의 필연적 자기 운동으로 간주된다. 각 사물의 운동은 그것을 둘러싸고 있는 다른 사물들과 서로 연관을 맺으면서 서로 영향을 끼친다. 사물이 발전할 수 있는 근본 원인은 사물의 외부가 아니라 사물의 내부에 존재하는데, 즉 사물 내부의 모순성에 있다. 어떤 사물이라도 내부에 그러한 모순성이 존재하기에 사물의 운동과 발전이 생겨난 것이다."[66]

사물을 변화 발전하는 것으로 파악하는 것은 실천철학적 입장에서 매우 중요하다. 만약 사물이 발전하지도 변화하지도 않는 것이라면, 세계를 바꾸려는 어떤 활동도 불가능해진다. 자연철학자들이나 헤라클레이토스와 같이, 변화하는 사물을 실제적 존재로 간주하는 철학이 반드시 실천철학적인 것은 아니지만, 실천철학은 변화의 존재론을 가정할 수밖에 없다. 실천철학과 변화의 존재론이 갖춘 내적 연관성은 마오쩌둥이 마르크스 철학에 접근할 수 있었던 진정한 이유에 대해 중국 전통철학이 어떻게 긍정적으로 기여했는지를 설명해준다.

---

65) 毛澤東, 『毛澤東選集』1, 人民出版社, 1991: 300쪽.
66) 毛澤東, 『毛澤東選集』1, 人民出版社, 1991: 301쪽.

그런데 실천철학에서 세계는 가변적일 뿐만 아니라 반드시 변화가 가능한, 즉 바뀔 수 있는 것이어야 한다. 세계 자체는 객관적인 변화가능성을 지녔으며, 나아가 실천가들이나 세계를 바꾸려는 이들은 바로 그 실천되고 바뀌는 세계에서 살아가면서 세계를 구성하는 하나의 '요소'가 된다. 이것이 이론철학과 확연히 구분되는 지점이다. 이론철학적 세계는 사람들이 살아가는 세계가 아니라 즉, 그들이 살고 있는 감성 세계를 넘어서는 이념적 세계와 같은 추상적 세계일 수밖에 없다. 세계를 바꾸는 실천의 입장에서 보면, 실천가들은 변화 가능한 세계에 살고 있어야만 변혁 활동을 전개할 수 있다. 반면, 이론적 세계가 바뀌지 않는 것이라면, 그리고 단지 사색의 대상이라면, 이론 주체는 그 세계의 외부에서 그것을 상대할 뿐이다. 하이데거의 표현을 빌리자면, 실천철학에서 실천가와 그가 살아가는 세계의 관계는 '세계 – 내 – 존재' 또는 '내 – 존재'이고, 이론철학에서 이론 주체와 실제 세계로 간주되는 것의 관계는 '초월'일 수밖에 없다. 『모순론』에서 마오쩌둥이 드러낸 실제 세계는 바로 실천가와 세계를 바꾸려는 사람들이 머물고 있는 그 세계인 것이다.

지금까지 실천철학적 시각에서 『모순론』의 변증법을 살펴보았다. 이와 같은 설명이 거칠고 초보적인 단계에 머물러 있다고 할지라도, 마오쩌둥의 철학을 실천철학으로 그리고 그의 변증법을 실천적 지혜로 보는 데는 큰 무리가 없을 듯하다. 따라서 그 연구를 지속적으로 확장시킨다면 넓고 새로운 이론적 공간을 창출해, 심화된 마오쩌둥의 철학사상을 이해할 수 있을 것이다.

3 마오쩌둥 철학의 중국적 전통 요소에 대한 재평가

철학적 방법, 특히 변증법은 헤겔이 말했던 것처럼 철학의 영혼이라고 할 수 있다. 마오쩌둥 철학은 중국화된 마르크스주의 철학의 전형이자, 서구문화와 충돌하는 과정에서 재구성된 중국문화의 전형이기도 하다. 따라서 마오쩌둥 철학의 핵심인 변증법의 구성 방식을 깊이 있게 고찰한다는 것은 문화를 부흥시키려는 중국 사람들에게 대단히 각별한 의의를 갖는다. 하지만 안타까운 것은 마오쩌둥 변증법에 영향을 끼친 중국의 전통 철학적 요소에 대한 이전의 연구가 매우 부족했다는 점이다. 그러한 결핍이 중국화된 마르크스주의 철학의 구성 방식을 적절하게 이해하는 데 어려움을 가져왔다. 또한 그것은 마오쩌둥 변증법의 진정한 핵심을 파악하는 것뿐만 아니라 나아가 민족문화 부흥의 효과적인 방식을 이해하는 데도 많은 영향을 주었다.

저자는 그와 같은 점을 고려해 '마오쩌둥 철학의 중국적 전통 요소에 대한 재평가'를 제기함으로써, 그 문제에 대한 심화된 논의를 이끌어내고자 한다. 여기서 '재평가'라는 것은 마오쩌둥 변증법에 중국적 전통 요소가 포함되었다는 사실을 다시 한 번 검토한다는 것이고, 다른 한편으로 그러한 사실의 의미를 다시 한 번 조명한다는 것이다. 지면의 제한으로 마오쩌둥의 넓고 심오한 변증법 전체를 다룰 수 없기 때문에, 여기서는 중국과 서구의 사유방식 차이라는 측면에 한정시키려 한다. 이를 위해 전형적인 의미상의 몇 가지 문제들을 분석함으로써 마오쩌둥 변증법에 담긴 중국적 전통 요소의 비중을 살펴보도록 한다.

1) 마오쩌둥 변증법의 독특성

마오쩌둥의 변증법적 사상은 수많은 저서들에서 등장하지만, 『모순론』은 두말할 나위 없이 그 변증법적 사상이 가장 집중된 표출된 것이다. 그래서 『모순론』으로부터 시작해야만 마오쩌둥이 어떻게 마르크스주의 철학을 사유방식의 차원에서 중국화했는지를 이해할 수 있다. 또는 중국적 전통 요소가 어느 정도까지 마오쩌둥의 변증법에서 구현되었는지를 논할 수 있다. 물론 『모순론』에는 다양한 내용이 포함되어 있기 때문에 여기서 그것을 전체적으로 다룰 수는 없다. 여기서는 마오쩌둥 변증법의 기본적 특징이 가장 두드러진 몇 가지 문제에 대해서만 논의하겠다.

앞서 언급했던 것처럼, 『모순론』의 핵심적 특징은 모순의 특수성, 특히 주요 모순과 주요 모순적 측면에 대한 강조이다. 그것으로부터 마오쩌둥 변증법과 서구의 전통적 변증법의 중요한 차이를 알 수 있다. 그것은 중국과 해외 학자들 모두 인정하고 있는 부분이기도 하다. 톈천산은 다음과 같이 설명했다. "슈람을 비롯해 많은 학자들이 인정했지만, 마오쩌둥이 변증법이라는 과학에 가장 크게 기여한 것은 '주요 모순'과 '주요 모순적 측면'이라는 개념을 발전시켰다는 점이다."[67]

그와 관련해 마오쩌둥은 어떻게 올바르게 행동할 것인가에 대한 방법론적 원칙을 제시했다. 그것은 바로 주요 모순과 주요 모순적 측면을 틀어 잡고, 동시에 부차적 모순과 부차적 모순의 측면을 함께 고려한다는 것이다. 그것은 다음을 뜻한다. 한편으로는 "과정상의 모든 모순을 같은 비중으로 다룰 수는 없다. 반드시 그것들을 주요한 것과 부차적인 것으로 구분해야 하며, 주요 모순을 포착하는 데 중점을 두어야 한다."[68] 또한 주요 모순적 측면도 정확하게 틀어잡아야 한다. 다른 한편으로는 주요 모순과 주요하지 않은 모순, 그리고 주요 모순적 측면과 주요하지 않은 모순적 측면은 고정되어 있는 것이 아니라 서로 전환되기 때문에 반드시 그러한 측면에 주의를 기울여야 한다. "만약 과정상의 주요 모순과 주요하지 않은 모순, 그리고 모순의 주요 측면과 주요하지 않은 측면이라는 두 상황을

---

67) 田辰山, 『中國辨證法:從「易經」到馬克思主義』, 中國人民大學出版社, 2008: 140-141 쪽. | 田辰山, 『中國辨證法:從「易經」到馬克思主義』, 中國人民大學出版社, 2016: 145쪽.
68) 毛澤東, 『毛澤東選集』1, 人民出版社, 1991: 322쪽.

연구하지 않는다면, 다시 말해서 모순의 두 상황이 드러내는 차이성을 연구하지 않는다면, 결국 추상적 연구로 빠져 모순적 상황을 구체적으로 이해하지 못하게 된다. 또한 모순을 해결할 올바른 방법도 찾아낼 수 없다."[69]

물론 '주요 모순'이라는 개념은 마오쩌둥이 먼저 제기한 것이 아니라, 소련 교과서에서 유래된 것이다. 하지만 소련 교과서에서는 전체적으로 주요 모순과 내부 모순을 동일한 층차에 속한 개념으로 간주한다. 다시 말해서, 내부 모순과 외부 모순의 관계가 주요 모순과 부차적 모순의 그것으로 이해된다. 그런데 '주요 모순'과 '부차적 모순'이라는 개념과 그 양자의 관계를 그와 같이 이해하게 된다면, 주요와 부차의 관계는 본질과 현상이라는 관계와 마찬가지로 변경이 불가능해진다.

마오쩌둥이 표현하고자 했던 것은 그것이 아니다. 그는 시로코프와 아이젠버그 등의 『변증법적 유물론 교정』(중국어 번역본 제3판) 모순 관련 부분에 다음과 같은 주석을 남겼다. "하나의 복잡한 과정에는 많은 모순이 담겨 있는데, 이 많은 모순들 가운데 하나는 주요 모순이고, 다른 것들은 부차적 모순이다. 주요 모순의 발전이 여러 부차적 모순들의 발전을 규정하기 때문에 모순의 주요와 부차 그리고 규정하는 모순과 규정된 모순이 구별되지 않고, 과정상의 가장 본질적인 것을 파악할 수 없다.(예시)"[70] 이와 같은 견해는 『모순론』에서 더욱 명확한 규정과 상세한 표현으로 등장하는데, 특히 거기서 모순의 위상 변화라는 관점이 제기되었다.

마오쩌둥은 중국과 같은 반半식민지 국가를 사례로 설명한다. "제국주의가 그 나라들을 향해 침략 전쟁을 일으키면, 일부 반역자를 제외하고 그 나라의 각 계급들은 일시적이나마 반反제국주의로 단결해 민족 전쟁을

69) 毛澤東, 『毛澤東選集』1, 人民出版社, 1991: 326쪽.
70) 中共中央文獻研究室 編, 『毛澤東哲學批注集』, 中央文獻出版社, 1988: 87-88쪽.

일으킬 수 있다. 이 때에 제국주의와 그 나라들의 모순이 주요 모순이 되고, 그 나라의 계급 간 모든 모순(봉건제도와 인민대중의 주요 모순을 포함한)은 일시적으로 부차적이고 종속적인 위치로 전락한다."[71] 그리고 "제국주의가 전쟁을 통한 억압이 아니라 정치·경제·문화 등 비교적 온화한 방식으로 억압한다면, 반+식민지 나라의 지배계급은 제국주의에 투항해 그것과 동맹을 맺고 인민대중을 함께 억압한다. 그런 경우, 인민대중은 국내 전쟁이라는 방식을 통해 제국주의와 봉건계급의 동맹에 대항해왔다. 반면, 반+식민지 나라의 반동파가 인민을 억압하면 제국주의는 직접적으로 행동하지 않고, 간접적으로 지원하는 방식을 취함으로써 내부 모순의 특수한 첨예성을 드러냈다."[72] 주요 모순은 사물의 과정상 발전에서 그 단계를 결정하는데, 즉 "과정상 발전의 각 단계에서 주요 모순만이 주도적인 기능을 담당할 뿐이다."[73]

마오쩌둥은 앞서 인용한 단락의 주석 내용에 이어 주요 모순적 측면을 다루었는데, 그 부분도 『모순론』에서 보인다. 주요 모순과 관련된 문제에서 마오쩌둥과 소련 교과서의 차이가 그다지 명확하지 않았다면, 주요 모순적 측면에서는 극명한 이해 차이가 드러난다. 마오쩌둥은 다음과 같이 밝혔다. "어떤 모순이든 모순의 모든 측면은 불균형적 발전 양상을 보인다. 그것들의 힘이 서로 비슷해 보일 때도 있지만, 그것은 일시적이고 상대적인 것으로 기본적인 형태는 모두 불균형적이다. 모순된 두 가지 측면에서는 반드시 하나의 측면만이 주요한 것이고, 다른 측면들은 부차적인 것이다. 주요 측면이라는 것은 모순에서 주도적인 기능을 담당하는 측면을 가리킨다. 따라서 사물의 성질은 대부분 지배적 위치에 있는 모순

---

71) 毛澤東, 『毛澤東選集』1, 人民出版社, 1991: 320-321쪽.
72) 毛澤東, 『毛澤東選集』1, 人民出版社, 1991: 321쪽.
73) 毛澤東, 『毛澤東選集』1, 人民出版社, 1991: 322쪽.

의 주요 측면에 의해 결정된다."[74]

소련 교과서에서도 모순의 두 가지 측면의 위상이 각기 다르다는 점을 언급했는데, 여기서 별도로 강조해야 할 것은 바로 소련 교과서에서 '모순의 주도적 측면이 지닌 의미'를 설명한 부분이다. "과정 내부의 모순, 과정 상의 대립된 모든 측면들이 맺고 있는 불가분의 관계를 확정한 다음, 반드시 이 모순의 주도적 측면을 찾아내야 한다. 마르크스는 자본론에서 상품의 가치와 사용가치라는 대립적 측면이 맺는 불가분의 관계에서 가치가 주도적인 기능을 담당한다는 점, 그리고 생산력과 생산관계의 모순에서 생산력이 주도적인 기능을 담당한다는 점을 지적했다."[75] 또한 "이론과 실천의 상호 관계를 다룬 유물변증법 문제에서도 양자의 모순으로부터 그것을 규명함으로써, 실천이 그 모순에서 주도적 측면이 된다는 인정을 논의의 출발점으로 삼았다."[76]

하지만 마오쩌둥이 지적한 것은 다음과 같다. "그러나 이와 같은 상황은 고정된 것이 아니며, 모순의 주요 측면과 주요하지 않은 측면이 서로 전환되기 때문에 사물의 성질에서도 이에 따라 변화가 일어난다."[77] 그리고 그는 별도로 다음을 비판했다. "어떤 이들은 그렇지 않은 모순들이 있다고 주장한다. 예를 들어, 생산력과 생산관계의 모순에서는 생산력이 주된 것이고, 이론과 실천의 모순에서는 실천이 주된 것이며, 경제적 토대와 상부구조의 모순에서는 경제적 토대가 주된 것이고, 그 위상은 서로 전환되지 않는다는 주장이다. 하지만 그와 같은 견해는 기계론적 유물론

---

74) 毛澤東, 『毛澤東選集』1, 人民出版社, 1991: 322쪽.
75) 中共中央文獻硏究室 編, 『毛澤東哲學批注集』, 中央文獻出版社, 1988: 85-86쪽에서 재인용.
76) 中共中央文獻硏究室 編, 『毛澤東哲學批注集』, 中央文獻出版社, 1988: 86쪽에서 재인용.
77) 毛澤東, 『毛澤東選集』1, 人民出版社, 1991: 322쪽.

이지, 변증적 유물론이 아니다. 보통 생산력, 실천, 경제적 토대가 주된 결정적 기능을 담당한다고 알려져 있는데, 누구라도 그것을 부정한다면 유물론자가 아닌 것이다. 그러나 일정한 조건에서는 생산관계, 이론, 상부구조라는 측면도 주된 결정적 기능을 담당할 수 있다. 이것 또한 반드시 인정되어야만 한다. …… 그것은 유물론을 위배한 것이 아니라 오히려 기계론적 유물론을 방지하고 변증적 유물론을 고수하는 것이다."[78]

이와 같은 비판은 소련 교과서에 나온 관련 내용의 비판으로 여겨진다. 마오쩌둥은 훗날 모순의 두 가지 측면의 위상에 관한 상호전환 문제를 거론하면서, 스탈린을 직접적으로 비판했다. "스탈린은 형이상학적 요소를 많이 지니고 있다. 또한 그는 그러한 형이상학을 많은 이들에게 주입하기까지 했다. …… 소련이 편찬한 『간단명료한 철학 사전』 제4판의 동일성 조항은 스탈린의 견해가 반영된 것이다. 사전에는 다음과 같이 소개되어 있다. '전쟁과 평화, 부르주아와 프롤레타리아, 삶과 죽음과 같은 현상들은 동일한 것이 될 수 없다. 왜냐하면 그것들은 근본적으로 대립하면서 서로 배타적이기 때문이다.' 다시 말해서, 근본적으로 대립하는 그 현상들은 마르크스주의적 동일성을 갖지 않으며, 그것은 단지 서로 배척하고 서로 관계하지 않기 때문에 일정한 조건에서도 서로 전환될 수 없다. 하지만 그 견해는 근본적으로 잘못되었다."[79]

주요 모순과 부차적 모순, 주요 모순적 측면과 부차적 모순의 측면이 서로 다르다고만 주장하는 것은 분명 소련 교과서와 차별성을 지니기에 불충분해 보인다. 이와 다르게 주요 모순과 부차적 모순, 주요 모순적 측면과 부차적 모순의 측면이 일정한 조건에서 상호 전환이 이루어진다고 주장하는 것이 모순의 특수성 문제에서 그것을 중요하고도 관건적인 사

---

78) 毛澤東, 『毛澤東選集』1, 人民出版社, 1991: 325-326쪽.
79) 陳晉 主編, 『毛澤東讀書筆記解析』下冊, 廣東人民出版社, 1996: 865쪽에서 재인용.

안으로 만든다. 그 때문에 마오쩌둥은 계속해서 그 견해를 고수했을 뿐만 아니라 스탈린까지도 직접 비판했던 것이다. 소련 교과서에서는 사실 레닌의 「헤겔의 『논리학』에 대한 적요摘要」의 관련 내용을 인용하면서 모순의 대립적 측면 간 상호 전환 문제를 다루었는데, 마오쩌둥도 같은 내용을 『모순론』에서 다루고 있다.[80] 그것은 마치 그 문제에 대해 마오쩌둥, 레닌, 그리고 소련 교과서의 이해가 완전히 일치한 듯 보인다.

그렇지만 왕수바이[汪澍白, 1922-2013]의 지적처럼, 마오쩌둥의 모순 전환은 레닌의 그것과 다소 다르다. "현실 생활에서 사물의 두 가지 모순은 언제나 전환될 수 있는 위상이 아니다. 물질의 1차성과 정신의 2차성이 그러한 것이다. 레닌은 예전에 물질과 정신의 이와 같은 관계에 '절대'적 의미가 있다고 강조했다. 하지만 『모순론』은 양자의 위상이 서로 전환될 수 있으며, 정신은 일정한 조건에서 주된 결정적 작용으로 바뀔 수 있다고 제기했던 것이다."[81] 스중취안[石仲泉]도 명확하게 지적했다. "주요 모순과 주요하지 않은 모순, 그리고 모순의 주요 측면과 주요하지 않은 측면이 전환될 수 있다는 견해는 소련 교과서에서 다루고 있지 않다."[82]

이와 다르게 레빈[Norman Levine]은 마오쩌둥의 변증법적 특징을 제대로 이해하지 못했던 것 같다. 그는 『모순론』을 다음과 같이 평가했다. "이

---

80) 레닌의 언급은 다음과 같다. "변증법은 하나의 학설로서, 그것은 대립적 측면이 어떻게 해야 동일할 수 있는지, 어떻게 동일한지(어떻게 그렇게 되는지)를 연구한다. 즉, 어떤 조건에서 그것들이 상호 전환하면서 동일해지는가이다."(Lenin / 中共中央馬克思恩格斯列寧斯大林著作編譯局 編, 『列寧全集』55, 人民出版社, 1990: 90쪽. 이와 함께 中共中央文獻硏究室 編, 『毛澤東哲學批注集』, 中央文獻出版社, 1988: 79쪽. ; 毛澤東, 『毛澤東選集』1, 人民出版社, 1991: 327쪽을 참조하라.)

81) 汪澍白, 「試論毛澤東哲學思想與中國傳統哲學的繼承關係」, 『求索』1982年第6期: 36쪽.

82) 石仲泉, 「硏究毛澤東哲學思想的新文獻—『毛澤東哲學批注集』介紹」, 中央文獻硏究室科硏部圖書館 編, 『毛澤東著作是怎樣編輯出版的』, 中國靑年出版社, 2003: 374쪽을 보라.

글은 주로 레닌의 「헤겔의 『논리학』에 대한 적요摘要」에서 끌어온 것이다. 철학적 차원에서 보자면, 마오쩌둥은 도가道家 학설의 외양을 갖춘 채, 레닌의 「헤겔의 『논리학』에 대한 적요摘要」에 담겨 있는 변증법적 본체론의 원칙만을 단순하게 반복하고 있다."[83] 레빈의 이러한 단정은 그 근거가 결여되어 있기 때문에 분명 설자리가 없어 보인다.

의심할 바 없이, 마오쩌둥의 사상은 소련 교과서의 이론체계와 어울리지 않는다. 마오쩌둥의 주장처럼, "일정한 조건에서는 생산관계, 이론, 상부구조라는 측면도 주된 결정적 기능을 담당할 수 있다."[84]고 하면, 그것은 생산관계에 대한 생산력의 결정적 작용, 또는 상부구조에 대한 경제적 토대의 결정적 작용 등 일반적으로 알려진 명제와 논리적으로 어울리기 어렵다. 그로부터 마오쩌둥의 주장을 비판하거나 보완하려는 시도가 나타났다. 한 학자는 다음을 지적했다. "모순의 구체적인 형태는 천차만별인데, 어떤 모순들은 주요와 부차가 구분된다. 하지만 어떤 모순들은 주요와 부차라는 측면의 구별이 근본적으로 존재하지 않고, 단지 동일한 근원이나 동일한 운동의 대립으로만 표현될 뿐이다. 그리고 어떤 모순들은 '서로 대립하지만 서로를 이루어준다'는 것으로 나타나지만, 어떤 것들은 '사물의 전개가 극에 달하면 반드시 반전이 있다.'는 것으로 표출된다."[85]

또한, "어떤 모순의 두 가지 측면의 위상은 서로 전환될 수 없다. 예를 들어, 물질과 정신의 대립은 절대적 의미를 갖는데, 물질의 1차성과 정신의 2차성이라는 모순의 위상과 기능은 바뀔 수 없는 것이다. 주관적 유심주의는 물질에 대한 정신의 반작용, 그리고 정신이 실천을 거쳐 물질로

83) Norman Levine / 張翼星・黃振星・鄒溱 譯, 『辨證法內部對話』, 雲南人民出版社, 1997: 424쪽.
84) 毛澤東, 『毛澤東選集』1, 人民出版社, 1991: 325쪽.
85) 張非, 「關於矛盾的主要方面和次要方面幾個問題的探討概要」, 『哲學動態』1982年第4期: 11쪽을 참조하라. | 인용 부호는 옮긴이가 표기한 것이다.

전환된다고 하면서, 그것을 두 가지가 모순의 위상 전환을 이룬 것이라고 말한다. 그로부터 물질이 정신에서 파생될 수 있다는 잘못된 결론을 이끌어냈다."[86] 따라서 "모든 모순을 반드시 주요와 부차라는 측면으로 나눠야 한다는 무분별한 주장은 반反변증법적 형이상학의 관점이다."[87] 이 학자는 나아가 "자주 인용되는 사례들, 즉 정치와 경제 또는 생산력과 생산관계의 모순을 구체적으로 분석하면서, 이 모순들에 '모든 모순은 반드시 주요와 부차로 나눠야 한다.'는 형식을 덧씌우고, 일정한 조건에서 모순은 서로 전환될 수밖에 없다는 결론을 도출한 것이 바로 상부구조 결정론 또는 정신적 만능주의의 이론적 근거가 된다고 보았다."[88] 이와 함께 다른 학자들은 "모순을 주요와 부차라는 두 가지로 구분하는 것은 유물변증법의 발전이지만, 그것은 보편적 원리가 아니다."[89]라고 주장했다.

그밖에도 마오쩌둥의 관련 논의를 '보완'하려는 논자들이 있었다. 예를 들어, 어떤 학자들은 사물에 주요 모순과 모순의 주요 측면뿐만 아니라 기본 모순과 모순의 기본 측면이 있다고 보았다. "'모순론'의 주요 모순은 모순의 불균형으로부터 정의되는 것이지, 주요 모순과 기본 모순의 구분으로부터 규정된 것이 아니다. 주요 모순과 부차적 모순의 구분도 모순의 불균형을 나타내지만, 기본 모순과 비非기본 모순의 구분 역시 모순의 불균형을 드러낸다. 따라서 주요 모순과 기본 모순의 구분으로부터 주요

---

86) 張非, 「關於矛盾的主要方面和次要方面幾個問題的探討概要」, 『哲學動態』1982年第4期: 11쪽을 참조하라. | 인용 부호는 옮긴이가 표기한 것이다.

87) 張非, 「關於矛盾的主要方面和次要方面幾個問題的探討概要」, 『哲學動態』1982年第4期: 11쪽을 참조하라. | 인용 부호는 옮긴이가 표기한 것이다.

88) 張非, 「關於矛盾的主要方面和次要方面幾個問題的探討概要」, 『哲學動態』1982年第4期: 11쪽을 참조하라. | 이 부분은 저자인 왕난스가 張非의 논문에서 언급된 金春峰의 주장을 재서술한 것이다. 인용 부호는 옮긴이가 표기한 것이다.

89) 林靑山, 「任何矛盾雙方都有'主次之分'幷在轉化時'互易其位'嗎?」, 『社會科學研究』1981年第2期: 112쪽을 참조하라.

모순을 규정하는 것이, 모순의 불균형으로부터 주요 모순을 규정하는 것보다 당연히 훨씬 더 구체적이다. 주요 모순에 대한 마오쩌둥의 정의는 여기서 주요 모순과 기본 모순이라고 하는 것의 공통성을 개괄한 것이다."[90]

또한, "기본 모순의 존재는 주요 모순이 존재 가능하다는 점을 배제하지 않는데, 그것들은 각각 스스로 존재해야 하는 내적 원인을 가질 뿐만 아니라 사물의 존재와 발전, 특히 복잡한 사물의 존재와 발전에 대해 각기 다른 의미와 기능을 지닌다. 그러한 상이한 의미와 기능은 서로 간에 흡수되거나 대체되지 않는다. 주요 모순은 기본 모순의 의미를 띠지도 기본 모순의 역할을 담당하지도 않으며, 기본 모순 또한 주요 모순을 절대적으로 대체하지 못한다. 사물이 발전하는 일정한 조건에서, 어떤 구체적 기본 모순이 주요 모순의 역할을 담당하면서 주요 모순의 의미를 지닌다면, 그것은 다음의 이유에서다. 즉, 그와 같은 조건에서 기본 모순이 주요 모순이 되는 경우뿐이다. 다시 말해서, 그 상황에서 그것은 기본 모순의 자격資格을 나타내는 것이 아니라, 주요 모순의 위상으로서 자체 사물에 작용한다."[91]

그러한 비판과 보완은 분명 주요 모순과 부차적 모순, 그리고 주요 모순적 측면과 부차적 모순의 측면이 일정한 조건에서 서로 전환된다는 마오쩌둥의 언급과 소련 교과서 체계가 이론적으로 어울리지 않는다는 것의 반증이 된다. 물론 교과서 이론체계의 입장에서 그러한 비판과 보완은 나름 타당하다. 그렇지 않다면 마오쩌둥의 관련 논의와 교과서의 내용을 적절히 조화시킬 방법이 없기 때문이다. 하지만 다음의 사실 또한 의심의 여지가 없다. 그것은 주요 모순과 부차적 모순, 주요 모순적 측면과 부차

적 모순의 측면이 일정한 조건에서 서로 전환된다는 주장을 마오쩌둥이 오랫동안 고수했다는 점에서, 그의 관점을 이론적 착오로 보기보다는 분명히 또 다른 의도가 있었다고 봐야 할 것이다.

연안延安 시기의 독서 기록과 『모순론』의 언급을 제외하더라도, 마오쩌둥은 신중국 성립 이후에도 최소한 두 번은 관련된 언급을 했다.92) 비판이나 보완의 시각과는 다르게, 마오쩌둥은 '기본 모순'과 '주요 모순'을 구분하지 않았다. 그가 아이쓰치의 『철학 선집』93)을 읽을 때, 명확하게 "기본, 주도主導, 주요의 의미는 같은 것이다. 그것들의 구별은 잘못된 일"이라는 평가를 남겼다.94) 그리고 한 논자가 지적했듯이, "마오쩌둥은 당시의 발언과 글에서 기본 모순과 주요 모순을 구분하지 않았다. 예를 들어, 마오쩌둥이 1937년 5월의 「항일 시기의 중국공산당 임무」에서는 제국주의와 중화민족의 모순을 다루면서 '기본 모순'이라는 개념(『마오쩌둥 선집』1, 제2판, 252쪽을 보라)을 사용했다.95) 하지만 1939년 12월에 쓴 「중국 혁명과 중국공산당」에서는 '주요 모순'(『마오쩌둥 선집』2, 제2판, 631쪽을 보라)을 사용했다."96)

마오쩌둥의 변증법과 서구 변증법의 차이점은 변증법의 3대 기본 법칙을 반대했던 마오쩌둥의 주장에서 나타난다. 변증법의 3대 기본 법칙이라는 것은 헤겔로부터 소련의 철학교과서에 이르기까지 일관되게 견지되어

---

92) 劉林元·尙慶飛, 「毛澤東讀書批注中的重要哲學思想」, 『江蘇大學學報』2007年 第2期: 4쪽을 참조하라.

93) | 艾思奇, 『哲學選輯』, 讀書出版社, 1937을 참조하라. 이후 이 책은 다양한 판본으로 출판된다.

94) 中共中央文獻硏究室 編, 『毛澤東哲學批注集』, 中央文獻出版社, 1988: 376쪽을 참조하라.

95) | 엄밀하게 말해서, 마오쩌둥은 이 글에서 '주요 모순'과 '기본 모순'이라는 표현을 함께 사용하고 있다.

96) 陳晉 主編, 『毛澤東讀書筆記解析』下冊, 廣東人民出版社, 1996: 853쪽.

온 내용이다. 하지만 마오쩌둥은 그것을 비판한 것이다. 마오쩌둥은 처음부터 대립과 통일의 법칙이 변증법의 핵심이라고 강조했을 뿐, 다른 기본 법칙들을 배제하지 않았다.

그는 말년에 다음과 같이 말했다. "변증법의 핵심은 대립과 통일의 법칙이다. 양과 질의 전환, 부정의 부정, 연관, 발전 등과 같은 다른 범주들은 …… 모두 핵심적인 법칙으로 설명이 가능하다. 연관이라는 것은 모든 대립물이 시간과 공간 속에서 서로 연관되어 있다는 것이고, 발전이라는 것은 모든 대립물Anorises이 투쟁한 결과인 것이다. 양과 질의 전환, 부정의 부정은 현상적 본질이나 형식적 내용과 함께 핵심적 법칙으로부터 설명되어야 한다. 몇 가지 법칙을 나열시켜 온 예전의 철학적 방법은 타당하지 않았는데, 레닌에 의해 기본적으로 해결되었다. 우리에게는 그것을 설명하고 활용할 책무가 있다. 다양한 범주들(10가지 이상의)은 모두 사물의 모순적 대립과 통일로부터 설명이 가능하다. 예를 들어, 무엇을 본질이라고 하는가 하면, 본질은 단지 사물의 주요 모순과 주요 모순적 측면일 뿐이라고 할 수 있다. (이)와 같이 유추된다."[97] 그는 마지막으로 "스탈린의 것을 베껴 쓸 필요가 없다"[98]고 적었다.

1964년 8월, 한 토론[99] 자리에서도 마오쩌둥은 엥겔스의 3대 법칙을 직접적으로 비판했다. "엥겔스가 3가지 범주를 말했는데, 나는 그 중 두 가지 범주는 믿지 않는다. (대립과 통일은 가장 기본적인 법칙이고, 양질의 전환은 양과 질의 대립과 통일이며, 부정의 부정은 아예 없는 것이다.) 양질 전환, 부정의 부정이 대립과 통일의 법칙과 동등하게 나열된다면, 그것은 삼원론이지 일원론이 아니다. 가장 근본적인 것은 대립과 통일이

97) 中共中央文獻研究室 編,『毛澤東哲學批注集』, 中央文獻出版社, 1988: 505-507쪽.
98) 中共中央文獻研究室 編,『毛澤東哲學批注集』, 中央文獻出版社, 1988: 507쪽.
99) 1964년 8월 18일에 마오쩌둥이 康生, 陳伯達 등과 나눴던 철학적 토론을 가리킨다.

다. 양질 전환은 양과 질의 대립과 통일이기 때문이다. 부정의 부정이라는 것은 없다. 긍정, 부정, 긍정, 부정 …… 사물의 발전 과정에서 하나의 단계는 긍정적이면서도 부정적이기 때문이다."[100]

1965년 12월, 항저우 회의석상에서도 마오쩌둥은 다음과 같이 말했다. "예전에는 변증법의 3대 법칙이라고 했는데, 스탈린은 4대 법칙을 말한다. 하지만 내 생각에는 하나의 법칙만이 있는데, 그것은 모순의 법칙이다. 양과 질, 긍정과 부정 …… 내용과 형식, 필연과 자유, 가능성과 현실성 등은 모두 대립적 통일이기 때문이다."[101] 따라서 마오쩌둥의 변증법과 서구의 전통적 변증법의 중요한 차이를 간과해서는 안 될 뿐만 아니라, 그것을 이론적 사유의 측면에서 범한 마오쩌둥의 착오라고 주장해서는 더더욱 안 된다. 그것은 제대로 된 연구를 통해 합리적으로 설명되어야 할 부분이다.

2) 중국과 서구의 상이한 사유방식으로부터 본 마오쩌둥의 변증법

마오쩌둥은 주요 모순과 주요 모순적 측면이라는 자신의 관점을 견지했다. 그는 말년에, 엥겔스가 헤겔의 '전체 체계를 구축한 기본 법칙'으로 평했던 부정의 부정 법칙을 거부했는데, 그것이 이 문제를 다시 살펴봐야 하는 이유가 된다. 여기서는 그것이 논리적으로 일치하는가라는 지엽적 문제가 아니라, 그것의 근본적 사유방식을 다루어야 한다는 점은 분명하

---

100) Stuart Reynolds Schram / 田松年·楊德 等譯, 『毛澤東的思想』, 中國人民大學出版社, 2005: 162쪽에서 재인용. | 참고로, 그 재인용 부분은 Stuart R. Schram(ed.). *Mao Tse-Tung Unrehearsed. Talks and Letters: 1956-71.* Penguin, 1974, p. 226에 있다.

101) Stuart Reynolds Schram / 田松年·楊德 等譯, 『毛澤東的思想』, 中國人民大學出版社, 2005: 162쪽에서 재인용. | 참고로, 그 재인용 부분은 Stuart R. Schram(ed.). *Mao Tse-Tung Unrehearsed. Talks and Letters: 1956-71.* Penguin, 1974, p. 240에 있다.

다. 시각을 달리해 중국과 서구의 상이한 사유방식이라는 측면에서 이 문제를 본다면, 마오쩌둥이 취했던 그 단호한 태도를 쉽게 이해할 수 있기 때문이다.

앞서 1장에서 살펴본 것처럼, 서구 변증법의 가장 근본적인 특징은 '형상'과 사물, 보편과 특수, 이성과 감성 등 대립쌍의 두 측면이 절대적으로 불평등하다는 점에 있다. 다시 말해서, 전자가 후자보다 절대적으로 우월한 위상을 지닌다는 점, 그리고 이성 세계와 감성 세계가 언제나 분리되어 있다는 점이 그것이다. 그러나 중국의 전통적 사유방식, 그리고 그로부터 형성된 철학적 방법과 변증법은 서구의 그것과 다르다. 첫째, 중국의 전통적 변증법의 모든 대립쌍은 원칙적으로 동일한 차원에 위치하기 때문에 차등적 관계가 아니다. 즉, 대립하는 두 가지는 동일한 세계에 위치하는 사물이나 '상象'이다. 그로부터 중국적 변증법에서 모순이라는 것은 '하나'와 '많음', 본체와 현상, 이성과 감성 등과 같은 두 가지 차원의 대립이 아니라, 동일한 차원에서 나타나는 사물의 두 가지 경향이나 형세의 대립이 된다.

둘째, 중국의 전통적 변증법에서 모순의 운동과 그것의 해결은 시간 속에서 진행되는 것이다. '역易'을 '상'으로 드러내는 것은 사물이 변화하는 형세이지, 추상적 개념들의 조합이 아니다. 셋째, 상象적 변증법의 모순된 두 가지의 상호작용은 직접적인 상호작용이지, 추상적인 '본체'나 '본질'과 특수한 사물 간의 상호작용이 아니다. 그러한 상호작용이 동일한 차원에서 일어나는 만큼, 모순된 두 가지 위상은 시간의 추이에 따라 변화되는 것이다. 그것은 서구의 변증법처럼, 본체 세계와 감성 세계, 본질과 현상, '하나'와 '많음'이 맺고 있는 영원불변한 지배와 피지배 관계가 아니다.

앞서 묘사한 중국과 서구의 변증법적 차이로부터 다음의 사실이 명확해진다. 주요 모순과 부차적 모순, 주요 모순적 측면과 부차적 모순의 측면이 일정한 조건에서 서로 전환된다는 마오쩌둥의 언급은 서구의 '개념적 사유' 변증법에서 성립되지 않지만, 중국의 '상象적 사유' 변증법에서는 가능하다는 점이다. 그것은 왕수바이도 밝혔듯이, "이 관점은 중국 고대의 변증법적 학파가 모순된 두 가지 위상의 전환을 일반화시키려 했던 흐름과 일정한 계승 관계를 갖는다."[102] 그 이유는 다음에 있다. 개념적 변증법에서 각각의 사물은 '하나'와 '많음' 또는 본체와 현상 간의 모순으로 이해되고, 앞부분에 의해 뒷부분이 절대적으로 통섭統攝된다. 그렇다면 주도적 측면은 현상 또는 '많음'이 아니라, 본체·본질·'하나'일 수밖에 없고, 모순된 두 관계 또한 고정화된다. 소련 교과서에서도 그러한 서구적 관념이 그대로 적용되어 있다.

반면, '상적 사유'의 변증법에서는, 첫째, 앞서 언급된 모든 대립쌍은 원칙적으로 동일한 차원에 속한다. 서구의 사유방식에서는 두 가지 차원으로 이해되는 관계일지라도, 그것에서는 동일한 차원으로 간주되기 때문에 원칙적으로 차등적인 종속 관계가 존재하지 않는다. 또한 관계들로부터 존재하는 모든 모순의 주요와 부차라는 위상 또한 상호 전환이 가능하다. 둘째, 그러한 상호작용이 동일한 차원에서 일어나는 것이라면, 모순된 두 가지 위상은 시간의 추이에 따라 바뀔 수 있다. 그것은 서구 변증법의 본체 세계와 감성 세계처럼, 영원불변한 지배와 피지배 관계가 아니다. 셋째, 대립된 두 가지가 영원한 추상적 사물이 아니라 동일한 차원의 현실적 사물인 만큼, 중국의 전통적 변증법에서 모순의 운동과 그것의 해결은 필연적으로 시간 속에서 진행된다. 따라서 모든 모순의 주요와 부차라는 위상, 그리고 모순의 모든 측면에 존재하는 주요와 부차라는 위상 간 전환은 필연적으로 사물의 성질 변화를 야기한다.

---

102) 汪澍白, 「試論毛澤東哲學思想與中國傳統哲學的繼承關係」, 『求索』1982年第6期: 36쪽.

마오쩌둥이 변증법의 기본 법칙에서 부정의 부정을 거부한 것도 중국과 서구의 상이한 전통적 사유방식으로부터 이해할 수 있다. 엥겔스가 '부정의 부정 법칙'을 헤겔의 '전체 체계를 구성하는 기본 법칙'이라고 언급한 것은, 서구 변증법의 집대성자인 헤겔의 변증법적 정수가 부정의 부정에서 가장 완벽하게 구현되었기 때문이다. 황난썬은 다음을 지적했다. "헤겔·마르크스·엥겔스는 모두 부정의 부정을 변증법의 핵심으로, 즉 부정의 부정 법칙에 의해 사물의 자기 운동이 전개된다고 생각했다."[103]

헤겔에게 부정의 부정은 다음과 같은 핵심적 의의를 갖는다. 즉, 보편과 특수 등의 '배타적 이분법'에 의해 절대적으로 불평등한 두 측면의 대립쌍에서 지배적 위치를 점한 한 쪽이 다른 한 쪽을 흡수하게 되는데, 그러한 흡수 과정을 거쳐 후자를 전자의 수준으로까지 끌어올리는 것이다. 다시 말해서, 추상적 보편성과 동일한 성격의 추상적 특수성 간 대립으로부터 구체적 보편성에 이르는 것이다. 그것은 역사에도 적용되었는데, 순환적 과정이 아니라 구불구불 나아가면서 상승하는 과정으로서 역사를 이해한다.

반면, 중국의 전통 사상에는 두 가지 측면의 불평등한 관계로부터 형성된, 구불구불 나아가면서 상승한다는 역사의식이 존재하지 않는다. 중국의 전통적 역사 관념은 순환론적인 것이고, 또한 류창린이 언급했던 '환도관闌道觀'이기도 하다. "환도는 곧 순환의 길이다. 환도관은 순환론이라고도 하는데, 우주와 우주 사이를 메운 만물들은 영원토록 끊임없이 돌고 도는 순환 운동, 즉 발생, 발전, 소멸을 따르는 것으로 간주된다. 환도관은 중국의 전통문화에서 가장 근본적인 관념 형태 가운데 하나다. …… 그러한 환도 사상은 『주역』을 통해 처음으로 상당히 체계적인 서술을 갖추게

---

103) 黃枬森,「關於唯物辨證法的核心問題」,『社會科學戰線』1993年第2期: 87쪽.

되면서, 그로부터 널리 알려졌다. 철학적 상상에서 예술적 창작으로, 과학적 연구에서 종교적 신앙으로, 시공간적 의식에서 사회 역사와 인생의 가치로, 우주 이론에서 농업과 수공업 기술에 이르기까지, 중국의 전통문화가 깃든 거의 모든 분야에서 환도 관념의 자취와 영향을 발견할 수 있다. 중국문화의 각기 다른 특징들은 환도 관념에서 파생되었거나 환도 관념과 밀접하게 연관되어 있다고 할 수 있는데, 사유방식의 측면에서 중국 전통문화의 가장 큰 특징은 하나의 원圓으로 표현된다. 나아가 중국문화는 특정 의미에서 환도 문화라고도 할 수 있다."[104]

그러한 환도관의 시각으로 보면, 광활한 세계에는 음陰과 양陽 두 효爻의 대립과 상호작용, 그로부터 형성된 대립쌍의 갖가지 상象들만이 있을 뿐이고, 긍정과 부정의 대립쌍, 그리고 그로부터 야기된 '환도'라는 순환운동만이 있을 뿐이다. 따라서 거기에는 헤겔의 변증법과 같이 추상적 보편성으로부터 특수성과의 상호작용을 거쳐 구체적 보편성에 이르는, 구불구불 상승하는 부정의 부정이라는 과정이 전혀 존재하지 않는다. 그렇기 때문에 마오쩌둥이 부정의 부정이라는 법칙을 비판한 것은 명확하게 서구의 개념적 변증법을 상적 변증법의 입장에서 재구성한 시도로 여겨진다.

지금까지 주요 모순, 주요 모순적 측면, 그리고 부정의 부정 법칙에 관한 마오쩌둥의 중국적 사유방식과 소련 교과서에서 드러난 서구적 사유방식의 차이를 분석했다. 이를 통해 마오쩌둥의 변증법에는 중국의 전통적 '상적 사유'에서 유래한 변증법적 성격이 농후하다는 점, 그리고 중국 전통적 사유방식의 요소들이 짙게 드리워져 있다는 점을 알 수 있다. 마오쩌둥의 변증법이 중국화된 마르크스주의 철학의 전형으로 간주된다면, 그러한 '중국화' 자체에 이미 필연적으로 중국의 전통적 사유방식으로 마르

104) 劉長林,「圓道觀與中國思維」,『哲學動態』1988年第1期: 16쪽.

크스주의 철학을 받아들이고 바꾸었다는 의미가 포함되어 있다.

마오쩌둥의 변증법에 중국 전통적 사유방식의 요소가 짙게 드리워져 있다는 점을 인정할 수밖에 없다면, 불가피하게 하나의 질문에 봉착하게 된다. 그것은 마오쩌둥의 변증법과 마르크스주의 개척자들의 변증법을 어떠한 관계로 이해해야 하는가이다. 이 문제를 설명하려면 서구 변증법의 형태적 변화 과정에서 시작해야 한다. 서구 변증법은 일련의 변화를 거쳤는데, 즉 자연철학자들이 제시한 직관적 형태의 변증법으로부터 파르메니데스와 제논의 반성적 형태의 변증법을 거쳐, 헤겔에 의해 집대성된 역사주의 형태의 변증법으로 이어졌다. 하지만 헤겔의 변증적 운동 주체는 허상과도 같은 절대정신이기 때문에, 그것의 역사적 과정 또한 추상적인 초월적 본체의 운동 과정일 수밖에 없다.

그와 같은 추상성에 불만을 지닌 마르크스는, 서구철학사에서 가장 먼저 이론을 숭배하면서 실천을 경멸했던 형이상학이나 이론철학적 전통을 혁명적으로 비판하고 현대적 실천철학을 정초했다.[105] 그리고 장둥쑨이 언급했던 것처럼, 전통적 중국철학은 실천철학이지 이론철학이 아니다. 그렇다면 마르크스주의 철학과 중국의 전통철학은 모두 실천철학으로서 친화성을 지닌다. 더욱이 마르크스는 실천철학적 기초에서 헤겔의 변증법을 유물주의적으로 재해석하면서 추상적 변증법에 현실성을 부여했다. 다시 말해서, 추상적 개념 운동을 현실적 역사 과정의 개념적 이해로 전환시킨 것이다.

마르크스는 그의 변증법과 헤겔 변증법의 차이를 다음과 같이 논했다. "헤겔에게 사유 과정은, 즉 그가 관념이라고 하면서도 그것을 독립적 주체로까지 변모시킨 사유 과정은 현실 사물의 창조주이다. 따라서 현실

---

105) 王南湜, 「馬克思哲學當代性的三重意蘊」, 『中國社會科學』2001年第5期: 28-36쪽을 참조하라.

사물은 사유 과정의 외재적 표현일 뿐이다. 하지만 내 생각은 다르다. 관념이라는 것은 사람들의 머릿속에 옮겨진 것으로, 사람들의 머릿속에서 변형된 물질일 뿐이다."106) 이와 같은 견해는 그가 『경제학 수고 1857-1858』에서 헤겔을 비판한 것과도 일치한다. "헤겔은 환상에 빠져 있었는데, 실재를 사유가 스스로 통합·심화·운동한 결과로 이해했다. 추상을 구체로 상승시키는 방법은 사실 사유를 통해 구체를 파악하거나, 정신적 측면의 구체가 재현된 것으로 사유를 간주하는 방식뿐이다. 따라서 그것은 구체 그 자체가 생산되는 과정은 아니다."107)

그것은 다음을 분명하게 보여준다. 마르크스에게 개념으로 표현된 것은 현실을 초월한 본체와 같은 것들이 아니라, 현실이 정신적으로 재현되는 방식일 뿐이다. 또한 추상이 구체로 상승하는 변증적 과정은 사유의 과정일 뿐이다. 물론, 그것은 사유가 현실을 개념적 방식으로 파악한다는 것이지, 현실 자체가 개념과도 같은 추상적 존재라는 말은 아니다. 현실을 초월적인 추상적 사유로 귀결시킨 기존의 규정, 다시 말해서 형이상학이나 유심주의적 변증법과 그것은 경계를 달리 한다. 바꾸어 말하자면, 마르크스 철학에는 서구 전통의 초월적 형이상학과 다르게 현실을 초월한 존재가 없다. 따라서 그것은 서구의 철학적 전통 가운데 마르크스 변증법이 중국의 전통철학과 가장 유사한 사고방식이라는 점을 알려준다. 톈천산이 "서구의 사상 전통에서 마르크스 사상이 중국의 전통문화와 대화 가능성이 가장 크다."108)고 지적한 것은 탁월한 견해라고 할 만하다. 바로 그러한 근접성 때문에 중국 사람들이 더 쉽게 마르크스주의 철학을 받아들였

---

106) 中共中央馬克思·恩格斯·列寧·斯大林著作編譯局　譯, 『馬克思恩格斯全集』 23, 人民出版社, 1972: 24쪽.

107) 中共中央馬克思·恩格斯·列寧·斯大林著作編譯局 譯, 『馬克思恩格斯選集』2, 人民出版社, 1995: 18-19쪽.

108) 田辰山, 「要重視中西方傳統文化的結構差異」, 『中國圖書評論』2008年第8期: 14쪽.

던 것이다.

그럼에도 불구하고 『자본론』에 등장하는 마르크스 변증법은 대체로 개념적 변증법으로, '개념'을 사유 단위로 하는 '개념적 사유'의 방식이다. 그 개념적 사유는 추상적 분석을 위주로 한다. 따라서 그것은 '상'을 사유 단위로 하는 '상적 사유'의 즉각적인 깨달음이나 유추와 같은 총체적 방법과는 근본적으로 다르다. 그렇기 때문에 마르크스 철학이 중국화되는 과정에서 두 가지 사유방식의 관계를 어떻게 처리할 것인가는 마오쩌둥에게도 피할 수 없는 문제였다. 또한 그것은 마오쩌둥의 변증법을 중국이나 서구의 변증법이라는 각각의 전통과 단순하게 연속시킬 수 없다는 점을 의미한다. 마오쩌둥 변증법이 중국화된 마르크스주의 철학의 대표적 성과라는 점을 감안한다면, 그것은 어떤 단일한 전통의 성분만으로 구성될 수 없으며, 두 가지 전통의 성분이 결합될 수밖에 없다. 그와 같은 결합은 『모순론』에서 두드러지는데, 특히 모순의 보편성과 특수성 관계를 다룬 부분에서 그러하다.

『모순론』에서 마오쩌둥은 모순의 법칙이 '변증법의 본질' 또는 '변증법의 핵심'이라는 주장에 동의했을 뿐만 아니라, 별도로 "공통성과 개별성, 절대성과 상대성의 이치는 사물의 모순이라는 문제에서 정수精髓다. 그것을 알지 못하면 변증법을 포기해 버린 것과 같다."[109]고 강조했다. 그것은 '핵심'과 '정수'가 변증법에서 갖는 각각의 의미, 그리고 양자의 관계를 문제시한 것이다. 하지만 그 관계를 문제시한 것은 다양한 해석을 불러일으켰다. 어떤 이는 '핵심'과 '정수'를 동일하게 보았지만, 또 어떤 이는 모순을 변증법의 '핵심'으로 보고, 공통성과 개별성의 관계를 그 '핵심'의 '정수'로 파악하기도 했다. 그런데 곰곰이 살펴보면, 그 해석들 모두 앞뒤가 맞지 않는다는 점을 알 수 있다. 왜냐하면 그것들이 그 관계에 포함된

---

109) 毛澤東, 『毛澤東選集』1, 人民出版社, 1991: 320쪽.

중국과 서구의 변증법적 전통이라는 배경뿐만 아니라, 마오쩌둥이 양자를 결합시키기 위해 진행했던 모색과 노력을 보지 못했기 때문이다.

앞서 말한 바와 같이, 개념적 변증법의 본질은 방법론적으로 현상을 개념의 조합에 귀결시켜 그것으로 현상을 파악하려 했다는 점에 있다. 그것의 처리 과정에서 감성적 세계나 현상은 그 모습 그대로 남겨지는 것이 아니라, 본체나 본질이 현현顯現한 것이나 개념의 조합으로 귀결된다. 다시 말해서, 그 변증법은 추상적 보편성으로부터 변증적 운동을 거쳐 구체에 도달하는데, 그 구체는 이론적으로 다양성이 통일된 '구체적 보편성'일 뿐이지, 실천 과정에서 직접적으로 현실의 개별 사물을 파악하는 것이 아니다. 그 변증법은 세계에 대한 해석을 목적으로 한 순수 이론철학에 도달하면서 그대로 종결된다.

하지만 마르크스주의 철학은 세계를 바꾸려는 실천철학으로서 거기에 머무르지 않고, 이론을 실천에 적용하는 데까지 나아간다. 보편적 이론을 실천에 적용하려면, 그것을 특수한 실천 상황에 적합한 실천적 관념이나 실천적 지혜로 만들기 위한 더욱 구체화된 사상적 노력이 요구된다. 이것 또한 보편과 특수의 문제라고 할 수 있지만, 그것은 이론적 변증법에서의 보편과 특수가 아니라 이론적 보편성과 실천적 특수성의 문제이다. 따라서 마르크스의 변증법은 이론적 관념이 실천적 관념이나 실천적 지혜로 구체화·현실화되는 과정에서 두 가지의 보편성과 특수성을 드러낸다. 즉, 하나는 관념적 이론에서의 보편성과 특수성이고, 다른 하나는 이론적 보편성과 실천적 특수성이다.

반면, 중국의 전통적 변증법을 실천철학인 '상적 변증법'이라고 한다면, 실천철학적 대상이 구체적인 실천 상황이라는 점, 그리고 '상'의 생동적 직관성이 비추상적이라는 점에서 '상적 변증법'의 모순된 두 가지는 동일한 차원에 위치한다. 따라서 그것에는 추상적인 개념적 사유에 의해 야기된 보편과 특수의 문제가 포함되지 않는다. 그렇지만 마르크스주의는 하나의 보편적 이론이기 때문에, 그것을 중국 혁명의 실천 과정에 적용하게 되면 이론적 보편성과 중국 상황이라는 특수성 문제가 부각될 수밖에 없다. 그리고 중국 전통의 상적 변증법에 그와 같은 문제가 존재하지 않았다면, 중국적 마르크스주의 철학에서는 반드시 그 문제를 해결하기 위한 방법론적 도구를 끌어와 중국의 변증법과 서구의 변증법을 결합시켜야만 한다. 그것이 바로 보편성과 특수성으로 구분된 서구의 분석 방법을 중국의 전통적 변증법이라는 총체적 방법 속으로 끌어들이는 것이다. 물론 여기서 끌어들이는 보편성과 특수성의 변증법은 이론적 보편성과 실천적 특수성이라는 변증법이지, 보편적 이론에서의 보편성과 특수성이라는 변증법이 아니다.

모순의 문제가 변증법의 실질이자 핵심으로 규정된 이상, 그것과 구분하기 위해 여기서는 보편성과 특수성의 문제를 단지 '정수'라고 부를 수 있을 뿐이다. 그 이유는 다음에 있다. 일반적인 의미에서, 상적 변증법과 개념적 변증법은 모두 대립과 통일을 그 핵심으로 한다. 하지만 앞서 말한 바와 같이, 모순은 두 변증법에서 매우 상이한 의미를 갖는다. 다시 말해서, 중국과 서구 변증법에서 모순이 변증법의 핵심이라는 동일 명제는 완전히 다른 의미다. 보편성과 특수성을 모순의 '정수'로 간주했을 때, 서구 변증법에서는 처음부터 보편성과 특수성이라는 대립과 통일의 관계가 핵심이었고, 마르크스주의 변증법에서는 두 가지 종류의 보편과 특수라는 문제가 존재하고 있었다. 그렇기 때문에 언어적 표현 방식에서 보편성과 특수성을 모순의 '정수'로 제기하는 것은 적절하지 않은데, 대부분의 경우 '구체적 문제의 구체적 분석'이라는 방법을 강조하는 형태로 그 의미가 표현되었다.

이와 다르게, 중국의 전통적 변증법에서는 보편성과 특수성을 엄격하게 구분하지 않았기 때문에, 그것은 보편성과 특수성이라는 규정으로 보완될 필요가 있다. 또한 대립과 통일의 관계는 보편과 특수라는 관계와 다른 것이기 때문에, 중국의 전통적 변증법만을 놓고 보자면, 보편성과 특수성의 관계를 모순의 '정수'로 파악해야만 그 의미가 분명해지고, 언어적 표현에도 부합된다. 여기서 '정수론'은 '핵심론'에 대한 보완이자, 모순의 법칙인 변증법에 대한 진일보한 규정이라고 할 수 있다. '핵심'은 중국의 전통적 변증법에 포함된 것이지만, '정수'는 새롭게 도입된 것이기 때문이다. '정수'의 문제는 마오쩌둥이 중국과 서구의 변증법을 결합시키는 데 결정적 역할을 담당했다.

지금까지 '정수'라는 하나의 사례만을 가지고, 마오쩌둥이 결합시킨 중국과 서구의 변증법을 다루었기 때문에 아직 전반적인 논의로 들어가지는 못했다. 여기서 마오쩌둥이 '정수'의 문제로 중국과 서구의 변증법을 결합시켰다고 한 것은 그가 중국과 서구의 변증법적 이론에 대한 연구로부터 통합적인 이론 체계를 만들었다는 의미가 아니다. 저자는 그와 같은 결합의 상당 부분이 중국의 전통적 사유방식을 '선이해'로 해서 서구의 변증법을 받아들인 결과라고 본다. 또한 여기서 언급된 '통합'은 마오쩌둥이 이론적으로 완벽한 하나의 논리 구조를 만들었다는 의미도 아니다. 그 문제에 대한 석연치 않은 설명들은 사실 '정수론'과 '핵심론' 사이에 논리적 길항이 존재한다는 점을 알려준다. 따라서 그 문제는 단순한 이론적 논리의 문제도 아닐뿐더러 중국과 서구의 사유방식과 변증법 사이의 길항을 나타낸다고 할 수 있다. 중국문화와 서구문화가 서로 충돌했다는 전제에서 그 길항은 단순한 방법으로 없앨 수도 없기 때문에 아마도 오랫동안 남아 있을 것이다.

3) 마오쩌둥 변증법에서 중국 전통적 요소의 평가 문제

마오쩌둥 변증법에 중국의 전통적 요소가 포함되었다는 사실과 그 의미는 새롭게 평가되어야 할 것이다. 첫째, 중국의 전통적 사유방식과 서구에서 들어온 사유방식이 사회생활 가운데 공존하고 있다는 점은 하나의 사실로 간주된다. 어떤 유형의 사회든 만약 두 가지 철학이 공존하면서도 충돌하고 있다면, 반드시 대화와 융합의 과정이 나타날 수밖에 없다. 앞서 분석했던 것처럼, 마르크스 철학은 다른 서구철학의 유파들보다 중국철학과 서구철학의 융합 문제에 더 강한 면모를 보인다. 따라서 중국이 20세기 전반기에 마르크스주의를 선택했다는 것은 결코 우연이 아니다.

사유방식이라는 심층적 차원에서 보면, 그 이유는 다음에 있다. 즉, 마르크스주의 철학은 서구의 철학적 전통에서 중국의 전통적 사유방식과 가장 가까울 뿐만 아니라 실천철학적 전통과도 밀접하게 관련되어 있기 때문이다. 앞에서도 지적했지만, 마르크스주의 철학은 현대적 실천철학이고, 중국의 고대철학 역시 본질적으로 실천철학이다. 그래서 중국의 고대철학과 마르크스 철학은 많은 공통점을 지니고 있을 뿐만 아니라 대화 가능성도 매우 크다.

실제로 그와 같은 대화와 융합의 성공 사례가 존재한다. 그것은 바로 마오쩌둥 철학, 그 가운데서도 그의 변증법 사상이다. 마오쩌둥은 마르크스주의 철학을 받아들이는 동시에 중국 고대철학의 지혜를 함께 융합시켜 그것을 혁명적 실천에 적용했다. 더 중요한 것은 그 실천이 성공을 거두었다는 점이다. 하지만 많은 경우, 기존의 교과서적 틀로부터 마오쩌둥의 철학 사상을 설명했기 때문에 적절하지 못했다. 여기서는 다음을 밝히고자 한다. 마오쩌둥 철학은 중국 전통적 사유방식의 색채가 매우 짙은 철학이자, 그의 변증법은 실천을 이끌어 나갈 수 있는 실천적 지혜의 변증법이라는 점이다. 따라서 그것은 이론체계를 세우는 헤겔식의 이론적 변증법이 결코 아니다.

둘째, 현대적 중국 마르크스주의 철학연구의 기본 역할은 마르크스주의 철학을 철저히 중국화하는 것과 함께, 마르크스주의의 철학적 입장에 기초해 중국철학을 재구성하는 것이다. 그런데 그 두 가지 측면은 사실 동일한 문제의 두 측면이라고도 할 수 있다. 마르크스주의 철학을 철저히 중국화한다는 것은 현실적 차원에서 마르크스주의를 가지고 중국의 실제적 문제를 해결한다는 것이다. 또한 심오한 정신적 차원에서는 마르크스주의 철학을 중국 전통의 철학적 사유방식에 융합시키거나, 중국 사람들의 사유방식을 가지고 마르크스주의 철학을 이해하는 것이라고 할 수 있다. 다시 말해서, 그것으로 마르크스주의 철학을 재해석하고, 그것을 중국 철학 정신의 유기적인 구성 부분으로 만드는 것이다. 마오쩌둥 변증법이 중국 현대사상사에서 차지하는 의의는 그것이 전통을 기초로 서구 사상을 받아들인 대표적 사례라는 점에 있다. 전통과 무관하게 온전히 외부에서 들어온 사상은 진정한 생명력을 지닐 수 없다. 마오쩌둥 변증법이 대표성을 띤다는 것은 중화민족의 문화적 부흥이라는 과정에서, 문화 발전에 없어서는 안 될 경험과 교훈을 얻기 위해 마오쩌둥 변증법을 철저히 연구해야 한다는 사실을 뜻한다.

셋째, 중국과 서구의 사유방식이 지닌 각각의 기본 특징과 장점을 더욱 꼼꼼히 살펴봐야 한다. 실천철학적 입장에서 중국과 서구의 사유방식 차이는 처음부터 신비롭게 갖춰진 무엇이 아니라, 그것이 만들어졌던 특정 시점의 실천방식과 밀접한 연관이 있다. 사유방식의 형성 문제는 역사적인 기원 문제로 간주된다. 저자는 중국과 서구의 문명을 형성한 '축의 시대'의 상이한 생활방식으로부터 그것에 대한 조사와 추정이 가능하다고 본다. 저자는 고대 그리스의 도시국가에서 발달한 상공업, 특히 수공업처럼 어떤 '형식'을 '질료'에 결합시키는, 즉 생산품을 '무기無機적'으로 '제조'하는 생산 방식이 주객 이분법이라는 대상적 사유방식의 근간을 형성했다는 시각이다.(쉬창푸는 이 문제를 상당히 독창적으로 다루었다.[110])

---

110) 徐長福, 「希臘哲學思維的製作圖式－西方實踐哲學源頭初探」, 『學習與探索』 2005年第2期: 34-40쪽을 참조하라.

하지만 '동태적 과정과 전체'를 중시하는 중국 사람들의 '상적 사유' 또는 '의상적 사유' 방식은 중국 문명의 축의 시대에 존재하던 농목업과 같이 자연에 '유기적'으로 순응하는 방식에 근거한 것으로, '제조'적인 생산 방식이 아니다.[111]

이처럼 상이한 기원 형태와 실천적 원형이 두 가지 사유방식의 이후 발전 경로와 함께, 두 가지 사유방식의 특징을 결정지었다. 서구적 사유방식의 실천적 원형이 수공업 제작과 같이 생산품을 '무기적'으로 '제조'하는 생산 방식이라면, 그 특징은 당연히 이성적 방식, 특히 수학을 도구로 한 사물의 분석과 재구성이 된다. 그것이 서구에서는 과학 영역에서 가장 먼저 성과를 내었고, 그것으로 자연을 개조하고 부를 축적한다는 사상의 방법론적 기초가 되었다. 이와 다르게, 중국적 사유방식의 실천적 원형이 농목업과 같이 주로 자연에 '유기적'으로 순응함으로써 자신의 생존을 도모하는 생산 방식이라면, 그 특징은 자연스럽게 사물의 전체적 파악에 있게 된다. 사물을 전체적으로 파악하려는 사유방식으로부터 중국 전통의 의학이나 병학兵學과 같은 '상 과학'이 만들어진 것이다.

마오쩌둥 철학이 지닌 풍부한 중국의 전통적 요소는 전쟁 시기에 승리를 안겨준 사상적 기초였다. 이와 같은 승리는 중국 전통의 '상적 사유' 변증법이 전쟁이나 정치와 같은 복잡다단한 사물을 파악하는 데 대단히 효과적이라는 사실을 알려준다. 그러나 중국 전통의 '상적 사유' 방식은 개념적 사유방식에 근거한 서구 과학과 어떠한 호환성도 지니고 있지 않다. 그렇기 때문에 마오쩌둥이 근대 과학이 조성한, 실천에 대한 과학적 이론 활동의 상대적 독립성을 실천철학적 입장에서 제대로 고려하지 못했던 것이고, 인식론적으로도 지나치게 직접적 경험을 중시했던 것이다.

---

111) 실천방식과 사유 패러다임의 정합성 문제를 비교적 상세히 다룬 논의로는 王南湜, 「社會哲學何以可能」, 『學海』2000年第1期: 18-22쪽을 참조할 수 있다.

또한 그것은 훗날 사회건설 시기에 중대한 오류를 범한 사상적 원인이 되었다.

따라서 개념적 변증법은 비교적 안정적인 상태의 전체 사물을 파악하는 데 적합하지만, 상적 변증법은 변화 과정 속에 있는 전체 사물을 파악하는 데 더 적합하다고 할 수 있다. 예를 들어, 마르크스는 개념적 변증법으로 자본주의적 생산 방식을 매우 심오하면서도 포괄적으로 분석했기 때문에 『자본론』이라는 대작을 세상에 남길 수 있었다. 반면, 마오쩌둥은 상적 변증법을 가지고 거의 신의 경지에 오른 듯 중국 항일전쟁의 흐름을 분석해 「지구전을 논함」이라는 전쟁론의 명문名文을 세상에 남겼다. 만약 두 가지 상황을 뒤바꿔 가정한다면, 다시 말해서 개념적 변증법으로 수시로 변하는 전쟁을 파악하고, 상적 변증법으로 안정적인 운행 기제에 기초한 경제적 과정을 분석한다면 그로 인해 어떤 결과가 초래될지는 가늠하기 어려울 것이다.

넷째, 중국과 서구의 두 가지 사유방식과 두 가지 변증법의 장점은 자연스럽게 양자를 통합시키는 방향으로 나아갔는데, 그것을 헤겔과 비슷하게 두 가지 장점이 함께 갖춰진 사유방식이나 변증법 체계로 만들었다. 하지만 그와 같은 생각이 매우 자연스럽고 매력적일지라도, 그러한 충동을 억제하거나 그 유혹으로 벗어날 필요가 있었다. 왜냐하면 한꺼번에 모든 것을 얻으려는 방식의 거창한 구상으로는 중국과 서구의 사유방식을 제대로 융합시킬 수도 없을 뿐만 아니라 오히려 제대로 된 수용을 방해할 여지도 크기 때문이다.

중국과 서구의 문화가 충돌하고 100년 넘는 시간이 지나면서 중국 사람들의 사유방식에 변화가 일어났는데, 그것은 서구의 개념적 사유방식이 그들의 뇌리 속에 크게 자리를 잡았다는 점이다. 그럼에도 불구하고 중국 사람들은 자신들의 전통적 사유방식을 완전히 없애지는 못했다. 두 가지 사유방식에 근본적으로 상반된 성질이 갖춰져 있기 때문에 양자를 하나로 만드는 것이 불가능하다고까지는 말할 수 없지만, 적어도 대단히 어려운 문제라는 점은 분명하다. 그러한 상황에서 서두르게 되면, 즉 그 원형을 실천할 수 있는 뒷받침이 부족한 상태에서 이론적인 통합 체계를 억지로 만들면, 부분을 전체로 간주하는 착각에 빠질 수밖에 없다.

오늘날까지도 중국 사람들의 전통적 사유방식은 온전하게 유지되지 못하고 있을 뿐만 아니라 그들 자신의 사유방식을 철저하게 '서구화[西化]'시킬 수도 없고, 또 그럴 필요도 없다. 중국과 서구의 사유방식이 공존하고 있다는 상황은 매우 오랜 역사적 시간 동안 중국 사람들이 마주할 수밖에 없는 문제였다. 그러한 상황에서는 생활세계를 나누고 각기 다른 영역에서 상이한 사유방식을 운영하는, 즉 어떤 사유방식을 바탕으로 다른 종류의 사유방식 요소들을 받아들이는 칸트식의 선택이 가장 현명해 보인다. 또는 칸트와 같이 이성을 순수 인지이성과 실천이성으로 구분한 다음, 심미적 영역에서 양자의 통합 기제를 찾는 방식도 의미가 있을 것이다. 하지만 그와 같은 통합을 모색할 때 통합은 하나의 조절적 의미만을 지닐 뿐, 구성적 기능은 수행하지 않는다는 점을 기억해야만 한다. 따라서 조절적 의미에 한정해 한 번에 모든 것을 이루려는 헤겔의 통합적인 변증법 체계를 다룬다면, 그러한 복잡한 사유 훈련 또한 중화민족의 문화적 재건을 이루는 데 도움이 될 것이다.

4 마오쩌둥 실천철학의 본질적 특징

마오쩌둥의 철학은 매우 독특한 실천철학이다. 그의 철학은 철학적 이론 체계라는 계통으로부터 고찰해서는 안 되며, 반드시 이론과 실천 또는 결정론과 능동론의 길항 관계를 어떻게 처리하는가에 맞춰져야 한다. 마오쩌둥 철학의 가장 핵심적인 공헌은 그가 소련에서 온 철학 교과서보다 인식 과정을 더 잘 묘사했다거나 대립과 통일의 법칙 등을 더 잘 표현했다는 데 있지 않다. 오히려 그것은 근본적인 차원에서 이론과 실천, 결정론과 능동론의 관계를 해결할 수 있는 실천철학적 구상을 제공한 데 있다. 비록 그 구상이 논리적으로 정연하고 위계질서가 엄격한 개념적 체계는 아닐지라도, 그것은 마오쩌둥 실천철학 내부에서 하나의 전제적 구조로 표현되며, 적절한 실제적 효과도 지니고 있다. 마오쩌둥이 제시한 그 전제 구조를 어떻게 개념화시켜 하나의 실천철학적 이론을 만들 수 있는지가 오늘날 철학연구자들의 이론적 과제라고 할 수 있다.

1) 마오쩌둥 실천철학의 전제 구조

앞서 그의 전문적 철학 저서로부터 마오쩌둥 실천철학의 여러 측면들을 전체적으로 살펴보았을 뿐만 아니라, '세계'에 대한 마오쩌둥의 본체론적 가정과 같은 문제들을 다루었다. 하지만 그 정도의 논의로는 마오쩌둥 실천철학의 전모를 그려내는 데 부족해 보인다. 마오쩌둥 저작들의 연구 과정에서 그 사상의 깊은 곳에 내재한 어떤 원칙이나 전제를 느낄 수도 있겠지만 그것이 명확하게 표현된 적은 없다. 그 내용들은 세계에 대한 근본적 가정과 관련되어 있는데, 전통적으로는 본체론에 속하는 것이다. 마오쩌둥은 관련된 일부 내용을 『변증법적 유물론(강의 요점)』에서도 다룬 적이 있다. 하지만 그는 스스로 그 저서에 대해 『실천론』과 『모순론』을 제외하고는 자신의 것이 아니라고 밝혔을 뿐만 아니라 실제로도 그 내용은 소련 교과서나 다른 사람들의 저서에서 가져온 것이 많아 보인다. 따라서 그것을 근거로 마오쩌둥 실천철학의 본체론적 가정을 추론할 수는 없을 듯하다. 그렇다면 그 문제는 다른 방법으로 접근해야만 하는 것이다. 어쩌면 마오쩌둥과 같은 이론가이자 실천가로서, 그람시가 겪었던 비슷한 삶의 체험에서 어떤 시사점을 발견할 수 있을지도 모른다.

그람시는 다음과 같이 언급했다. "정치인이 철학에 관해서 저술했을 때, 그의 '진정한' 철학은 정치학에 관한 그의 저작 속에서 찾아져야 한다. 우세하고 탁월한 한 가지 활동영역이 모든 개인들에게 있게 마련이다. 그 개인의 사고를 탐구해야 하는 지점은 바로 여기이다. 여기서 그의 사고는 은밀한 모습으로 있는 것이 아니라 종종 밖으로 표출되며, 공식적으로 주장한 것과 때때로 모순되는 형태를 띠고 나타나기조차 한다."[112] 물론, 그람시는 이어서 그러한 역사적 판단 기준을 제한하며, 매우 조심할 것을 요구하기도 했다.

그럼에도 불구하고 정치인의 철학 사상은 어떤 식으로든 그의 정치적 저서에서 제대로 표현될 수밖에 없다. 왜냐하면 정치적 저서의 주제가 철학이 아닐지라도 정치인의 '전공'이 정치이고, 정치가 모든 인류의 문제 가운데 가장 복잡하고 난해한 문제인 이상, 정치인은 정치적 문제를 다룰 때 당연히 최선의 노력으로 자신의 심오한 지혜를 드러냄으로써 그 문제를 합리적으로 해결하고자 하기 때문이다. 그와 같은 상황에서 정치인의 가장 심오한 철학적 관념이 자연스럽게 표출된다. 그것은 조금도 이상한 일이 아니다. 적지 않은 이들이 지적했듯이, 마오쩌둥의 철학 사상은 그의 정치적·군사적 저서들에서 찾아야 한다.

이 점을 밝힌 리쩌허우의 견해는 매우 탁월하다. "마오쩌둥의 가장 빛나는 이론적 저술은 의심할 바 없이 군사 투쟁에 관한 것이다. 「중국 혁명 전쟁의 전략적 문제」(1936년 12월)와 「지구전을 논함」(1938년 5월)이 대표적이다. 마오는 그 저술들에서 전쟁 문제를 최대한 마르크스주의 변증적 유물론의 인식론이라는 이론적 형태로부터 논증·서술하고 있다. 또한 그

---

112) Antonio Gramsci / 曹雷雨·姜麗·張跣 譯, 『獄中札記』, 中國社會科學出版社, 2000: 317쪽. | Antonio Gramsci / 이상훈 옮김, 『그람시의 옥중수고2』, 거름, 2007: 265 쪽 참조.

는 레닌이 '마르크스주의 영혼'이라고 부른 '구체적 문제의 구체적 분석'을 매우 중시했다. 많은 저술에서 마오의 논의 방식이 일반에서 특수로 가는 것 같지만, 실제적인 사유 과정은 특수에서 일반, 즉 감성에서 이성, 개별에서 일반으로 가는 경험적 총괄인 것이다. 마오쩌둥은 실제로부터 사물의 경험적 특수성을 매우 중시했기 때문에 일반적 공식을 그대로 적용하거나 교조敎條적으로 문제를 인식하고 해결하는 것에 반대했다. 그렇지만 그는 항상 특수성을 일반적 법칙의 수준으로 끌어올렸는데, 그것이 그의 사상적 특징이라고 할 수 있다."113) 이와 같은 설명에 동의한다면, 그의 철학사상에 포함된 핵심적 전제 구조를 파악하기 위해서라도 최소한 더 많은 마오쩌둥의 저서들을 살펴봐야 할 것이다.

마오쩌둥은 「중국 혁명전쟁의 전략적 문제」에서 다음과 같이 밝혔다. "군사 전문가는 물질적 조건이 허용하는 범위 밖에서 전쟁의 승리를 꾀할 수 없다. 하지만 군사 전문가는 물질적 조건이 허용하는 범위 안에서 전쟁의 승리를 쟁취할 수 있으며, 또 반드시 그렇게 해야만 한다. 군사 전문가의 활동 무대는 객관적인 물질적 조건 위에 세워져 있기 때문에 군사 전문가는 그 무대에 의지해야만 생동감 있고 위풍당당한 장면들을 많이 연출해낼 수 있다."114) 여기서 군사 전문가로 칭했지만, 그 주체를 보통 사람들로 바꿔도 무방할 것이다.

「지구전을 논함」에서는 더욱 일반적인 표현을 사용했다. "우리는 문제를 주관적으로 보는 것에 반대한다. 한 사람의 생각이 객관적 사실에 근거하지 않거나 부합하지 않으면, 그것은 공상이자 거짓된 이치다. 문제를 주관적으로 처리하게 되면 실패할 수밖에 없기 때문에 그것에 반대한다. 그런데 어떤 일이든 사람이 해야 되는데, 아무도 하지 않으면 지구전이나

---

113) 李澤厚, 『馬克思主義在中國』, 三聯書店, 1988: 44-45쪽.
114) 毛澤東, 『毛澤東選集』1, 人民出版社, 1991: 182쪽.

최후의 승리와 같은 것들은 이루어지지 못할 것이다. 누군가가 한다면 먼저 객관적 사실에 근거해 생각·이치·의견 등을 이끌어내고, 계획·방침·정책·전략·전술 등을 제시해야만 제대로 했다고 말할 수 있다. 생각과 같은 것들은 주관적인 것이고, 무엇을 하거나 행동하는 것은 주관이 객관이라는 것으로 드러난 것인데, 모두 인간의 특수한 능동성이다. 우리는 그러한 능동성을 '자각적 능동성'이라고 부른다. 그것은 사람이 사물과 구별되는 특징적 근거다."115)

그 언급으로부터 마오쩌둥 사상에 두 가지 측면의 요소가 존재한다는 것을 알 수 있다. 하나는 "'자각적 능동성'을 강조하면서도, 그것을 '사람이 사물과 구별되는 근거'로 간주하는 종족적 본성으로 운동, 활동, 노동, 실천, 직접적 경험을 강조한다. 그로부터 행동을 유발하고 지배하는 실천적 의지가 강조되고, '정신이 물질로 변한다.'거나 '사유와 존재의 동일성' 등이 강조된다. 그것은 젊은 시절부터 말년에 이르기까지 마오를 관통하는 철학적 기본 관념인 듯 보인다."116) 다른 하나는 "경험적 법칙에 대한 객관적 인식을 강조하고, '조사와 연구'를 강조하며, '실제 상황에서 주관적 억측이 아니라 그것의 고유한 법칙을 끌어내야 한다. 다시 말해서, 주위의 사물 변화에 대한 내적 연관성을 찾아내 우리 행위의 길잡이로 삼아야 한다.'117)에 대한 강조가 곧 '실사구시'다."118) "그러한 경험론적 유물론을 '경험 이성'이라고도 하는데, 그것이 '자각적 능동성'의 경거망동을 방지하면서 혁명전쟁과 혁명적 정치투쟁에서 지속적인 승리를 안겨주었다."119) 이로부터 다음과 같은 결론을 이끌어 낼 수 있을 것 같다. 마오쩌

---

115) 毛澤東, 『毛澤東選集』2, 人民出版社, 1991: 477쪽.
116) 李澤厚, 『馬克思主義在中國』, 三聯書店, 1988: 53쪽.
117) | 毛澤東, 『毛澤東選集』3, 人民出版社, 1991: 801쪽.
118) 李澤厚, 『馬克思主義在中國』, 三聯書店, 1988: 53-54쪽.
119) 李澤厚, 『馬克思主義在中國』, 三聯書店, 1988: 54쪽.

둥 사상에는 자각적 능동성과 객관적 법칙성으로 구성된, 인간과 그들의 활동 상황에 관한 존재론적 또는 본체론적 구조가 존재한다는 점이다.

그렇다면 마오쩌둥 사상에서 존재론적 구조는 어떤 성질을 띠는가? 리쩌허우는 다음과 같이 주장했다. 자각적 능동성과 경험 이성에서, 마오쩌둥은 자각적 능동성을 본질·목적·세계관으로, 그리고 경험론과 객관적 인식을 수단·방법·인식론으로 간주했다. 양자는 주종主從 관계로 구분된다.120) 그런데 그렇게 본다면, 마오쩌둥은 자각적 능동성에 객관적 법칙성을 종속시킨 유심주의자와 같아진다. 여기서 리쩌허우의 설명에 모호하고 부정확한 부분이 있다고 명확히 지적해야만 한다. 심층적인 본체론적 문제를 고려하지 않고, 단순하게 인간의 활동이라는 측면에서만 본다면, 리쩌허우의 시각도 성립될 수 있을 것이다. 하지만 존재론이나 본체론에서 본다면 그렇게 말하기 어렵다.

마오쩌둥 초기 사상 가운데 "내가 곧 우주"121), "우주가 하나의 대아大我"122)라는 주장에서 알 수 있듯이, 그 시기의 마오쩌둥 사상에서 '나'와 '우주'의 관계는 '소아小我'에 집착할 때만이 대립한다. 이와 다르게 '우주가 하나의 대아'라는 경계境界에 이르게 되면, '나'와 '우주' 사이에는 어떠한 간격도 존재하지 않는 하나가 된다. 그러한 차원의 이원대립에서는 무엇이 주主이고 무엇이 종속적인 것인가는 존재하지 않는다. 물론 '내가 곧 우주'라는 신비로운 주장은 그가 마르크스주의를 신념화하고 유물주의적 입장으로 바뀐 이후, 더 이상 그 타당성을 입증하기 어려워 보였다.

하지만 그것이 전부라고 할 수는 없을 것이다. 어쩌면 물질세계가 스스

---

120) 李澤厚, 『馬克思主義在中國』, 三聯書店, 1988: 54쪽.

121) | 中共中央文獻硏究室·中共湖南省委『毛澤東早期文稿』編輯組, 『毛澤東早期 文稿(1912.6-1920.11)』, 湖南出版社, 1990: 231쪽.

122) | 中共中央文獻硏究室·中共湖南省委『毛澤東早期文稿』編輯組, 『毛澤東早期 文稿(1912.6-1920.11)』, 湖南出版社, 1990: 142쪽.

로 능동성을 지닌다는 시각에서 '나'와 '우주'의 관계를 재구성한다면, 궁극적으로 그것을 하나의 통일적인 존재로 볼 수도 있기 때문이다. 그렇지 않다면, 유물주의적 입장에서 어떻게 인간의 능동성을 가정할 수 있겠는가? 만약 그와 같다고 한다면 궁극적 통일성은 사변적으로만 가정되는 경계이며, 실생활이라는 실천 영역에서 가정될 수 있는 것은 고작 자각적 능동성과 객관적 법칙성의 대립, 그리고 능동적 활동으로 인해 변화가 발생한 이후의 상대적 통일뿐이다.

그럼에도 불구하고 마오쩌둥의 존재론적 구조는 이론과 실천, 결정론과 능동론의 길항을 합리적으로 해결할 수 있는 존재론 또는 방법론적 전제를 제공했다. 그 존재론적 전제로부터, 인간의 능동성과 실천적 환경이라는 객관적 법칙성은 양립 가능한 이중적 구조 또는 이중적 시각이 된다. 따라서 이런저런 변증적 모델을 구상해가며 이원대립을 해소해야 할 필요성도 없어졌다. 1장에서 루카치나 헤겔처럼 아무리 깊이 있게 천착하더라도, 변증적 진행 과정에서는 그 문제를 해결할 방법은 없다고 언급한 바 있다. 그들이 심혈을 기울여 만들어낸 방대한 체계는 문제를 해결하지 못했을 뿐만 아니라, 결국 잠재적인 역사결정론으로 전락했다. 그로부터 세계를 바꾸는 실천 활동도 이해할 수 없는 것이 되었다.

마오쩌둥 사상의 핵심 관념은 그의 철학 저서에서 명확한 형태로 서술된 적은 없지만, 그람시의 언급처럼 그의 정치적 저술에서 표현되고 있다. 전문적인 철학 저서에서는 이론적 논리의 일의성—義性을 마련하기 위해 단일한 시각으로 서술할 수밖에 없었다. 단일한 시각은 이론적으로 당연히 추상적이기 때문에, 그것으로 이중적 시각이라는 경계를 표현할 수 없었던 것이다. 물론 앞서도 지적했지만, 이론적 서술이 엄밀하지 않은 경우, 예를 들어, 소련 철학교과서에 대한 마오쩌둥의 주석처럼 교과서의 관점들을 비판하면서 자신의 관점을 드러내는 사례도 있다. 하지만 마오쩌둥의 핵심 철학은 어디까지나 정치군사적 저서에서 명확하게 표현되어 있다. 그것은 그람시가 탁월한 식견으로 이론과 실천의 비밀을 정확히 이해하고 있었다는 점을 알려준다. 그러한 혜안은 그이와 같이 정치적 지도자와 철학자라는 역할을 동시에 맡은 사람만이 갖출 수 있는 것이다.

마오쩌둥 사상에 본체론적 전제 구조가 존재한다면, 하나의 평가 근거가 마련된다. 다시 말해서, 마오쩌둥의 일생에 있었던 성공과 실수를 그 구조와 연관시켜, 그 구조에서 무엇이 성공을 가져왔고, 무엇이 실수를 범하게 했는지를 설명할 수 있는 사상적인 방법적 근거가 마련된다. 이러한 맥락에서 보면, 문제의 해답은 이원적 구조의 불확실성에 있는 듯 보인다. 그 불확실성은 다음과 같은 사실을 알려준다. 그것은 자각적 능동성과 객관적 법칙성의 분명한 경계선을 찾을 수 없으며, 두 측면의 확정적인 구조적 관계도 명확하게 묘사될 수 없다는 점이다. 그저 일반적인 상상이 있을 뿐이다.

물론 그와 같은 불확실성은 현실적 실천의 복잡성, 불확실성, 변화의 다양성에 의해 결정된다. 실천이라는 것 자체가 이처럼 복잡다단한데, 어떻게 사상적 불변이 요구될까? 그것이 바로 실천적 지혜의 특징이 된다. 오히려 그 불확실성은 자발성을 크게 확대시켜 실천가들이 실천적 상황을 재구성할 수 있도록 도와주며, 실천가들에게 그 상황에서 스스로 결단할 수 있는 공간을 크게 확장시켜 준다. 그래서 본래의 취지에서 쉽게 벗어나기도 하는데, 즉 자각적 능동성이라는 측면에만 치우쳐 객관적 법칙성의 제약을 고려하지 않게 된다.

당연하겠지만, 그와 같은 이탈을 극복하거나 최소한 방지할 수 있는 방법도 그 구조에서 찾을 수밖에 없다. 그 해결 경로는 의외로 간단한데, 바로 객관적 법칙으로 제한하는 것이다. 구체적으로 말해서, 과학 이론을 모델로 하는 이론적 지혜를 가지고 실천적 지혜를 제약하는 것이다. 물론 이론적 지혜가 실천적 지혜를 대신할 때, 그것이 교조주의로 이끌려서는 안 된다. 분명한 것은 여전히 그 두 가지 지혜를 어떻게 처리할 것인가에 대해 확실한 원칙이 존재하지 않는다는 점이다. 그저 그다지 확실하지 않은 실천적 지혜만이 있을 뿐이다.

2) 실천적 지혜의 구조를 어떻게 이론적으로 드러낼 것인가?

마오쩌둥의 사상에 담긴 전제 구조의 실천적 결과가 어떠하든, 적어도 그 사상 속에 이론과 실천, 결정론과 능동성을 합리적으로 해결했던 핵심 구조가 존재한다면 그리고 철학 저서에서 그 구조를 다룬 적이 없다면, 실험적으로 그 구조를 명확한 철학적 언어로 표현해내는 작업도 가능하지 않을까? 어쩌면 해내지 못할 수도 있겠지만, 시도해볼 만하다고 생각한다. 마오쩌둥 사상의 핵심 구조가 이원적 또는 이중적 시각을 띠고 있다면, 이중시각론적 방법으로부터 그 전제성前提性의 관념을 재구성할 수 있을 것이다.

최근 이중시각론을 제기한 가라타니 고진으로부터 이야기를 시작해보자. 가라타니 고진은 그 문제를 이해하는 방식으로 칸트식의 '초월론'을 제시했다. 그 방식은 '이동하는 시야' 즉, '사전事前'과 '사후事後'라는 두 가지 시야로부터 대상에 대한 동시적 관찰을 요구한다. 그는 다음과 같이 밝혔다. "칸트는 『판단력비판』에서 기존의 법칙으로부터 각각의 사물을 정리한 '규정적 판단력'을 '반성적 판단력'과 구분했다. 후자는 기존의 법칙에서 정리되지 않는 예외적 사물을 탐구함으로써 그 안에 포함된 새로운 보편성을 사유하는 것이다. 이 경우에 종합적 판단의 어려움은 후자에 있다. 반성적 판단력이 제대로 실행되려면 '이론적 신념'에 의존할 수밖에 없기 때문이다. 하지만 일단 그 판단이 허용되면 이후의 판단은 규정적인 것이 된다. 여기서 우리는 규정적·반성적이라는 구별을 사전성과 사후성이라는 구별로 생각해볼 수 있다. 칸트의 『순수이성비판』에서는 종합적 판단을 이미 확립된 것으로 간주하고, 그 위에서 초월론적 조건을 탐구했다. 그것은 사후적 입장이지만, 그것이 종합적 판단의 용이함을 의미하지는 않는다. 종합적 판단은 어떤 비약을 내포하고 있기 때문에 위험성이 상존할 뿐만 아니라 그 때문에 '확장성'을 갖는다. 칸트가 종합적 판단에서 발견한 어려움은 '사전'이라는 입장에서 사유할 때이다. 또한 그는 초월론적인 고찰을 제외하고는 항상 '상황을 앞에 둔' 관점에서 사유해왔다고 할 수 있다."[123]

이와 비슷하게 생산과 교환의 두 가지 시각에서 자본주의적 경제 생활을 살펴볼 수 있다. 경제학 역사에서 "고전적 경제학자들은 이미 상품가치를 노동의 관점에서 바라보기 시작했는데, 화폐는 단순히 가치를 나타내는 것으로 간주되었다. 그들은 화폐에 어떠한 신비함도 없었다. 산업자본주의의 측면에서 생각한 그들은 이전의 상인자본과 대금업 자본을 부정하고 있었다. 하지만 마르크스는 상인자본과 이자를 낳는 자본의 관점에서 자본을 관찰하고자 했다. 그는 자본의 운동을 G-W-G′라는 '일반' 공식에 담았는데, 산업자본도 마찬가지였다. 마르크스는 더 나아가 이자를 낳는[이자부] 자본인 G-G′에 주목했다."[124] 여기서의 두 가지 시각 또한 '사전'과 '사후'라는 시각이다.

가라타니 고진이 "애덤 스미스[Adam Smith, 1723-1790]는 사태事態를 사후적으로 사유했다."[125]고 언급한 이유는 애덤 스미스가 "그것을 사전에 투

123) Karatani Kojin / 趙京華 譯,『跨越性批判 – 康德與馬克思』, 中央編譯出版社, 2011: 150-151쪽. | Karatani Kojin / 이신철 옮김,『트랜스크리틱 – 칸트와 맑스』, 도서출판 b, 2017: 291쪽 참조.

124) Karatani Kojin / 趙京華 譯,『跨越性批判 – 康德與馬克思』, 中央編譯出版社, 2011: 148쪽. | Karatani Kojin / 이신철 옮김,『트랜스크리틱 – 칸트와 맑스』, 도서출판 b, 2017: 288쪽 참조.

125) Karatani Kojin / 趙京華 譯,『跨越性批判 – 康德與馬克思』, 中央編譯出版社, 2011: 150쪽. | Karatani Kojin / 이신철 옮김,『트랜스크리틱 – 칸트와 맑스』, 도서출판 b, 2017: 290쪽 참조.

사시켜 상품에 교환가치가 처음부터 존재한 것으로 생각했"126)기 때문이다. 이와 다르게, 마르크스 "그는 그것을 '종합'적으로 파악했다. 다시 말해서, 그는 '사전'에서 사태를 관찰한 것이다. 그런데 이때 통합이 이뤄졌는지는 보장할 수 없다."127) 그와 함께, "마르크스는 노동가치설을 부정하지 않았는데, 그것이 사후적으로 타당했기 때문이다. 산업자본주의 단계에서 화폐에 규정된 가격을 통해 모든 생산물에 강요된 것이 바로 노동의 가치다."128)

마르크스는 명확하게 밝힌 바 있다. "과학적 분석은 언제나 실제적인 발전과 상반된 경로에서 얻어지는데 …… 사후로부터 시작된다. 즉, 발전 과정이 끝난 그 결과로부터 시작된다."129) 그리고 '과학적 분석'이라는 사후적 시각을 '당사자의 일상적 관념'과 양립시킨다.130) 따라서 마르크스의 방법은 '사전'과 '사후'라는 이중적 관찰 시각이다. 그것은 실천 과정에서의 당사자나 행위자의 시각과 함께 과학적 또는 이론적 연구에서의 관찰자 시각에 다름 아니다.

그렇다면 이론과 실천의 관계는 방관자와 행위자의 관계로 이해될 수

---

126) Karatani Kojin / 趙京華 譯, 『跨越性批判 – 康德與馬克思』, 中央編譯出版社, 2011: 150쪽. | Karatani Kojin / 이신철 옮김, 『트랜스크리틱 – 칸트와 맑스』, 도서출판 b, 2017: 290쪽 참조.

127) Karatani Kojin / 趙京華 譯, 『跨越性批判 – 康德與馬克思』, 中央編譯出版社, 2011: 150쪽. | Karatani Kojin / 이신철 옮김, 『트랜스크리틱 – 칸트와 맑스』, 도서출판 b, 2017: 290쪽 참조.

128) Karatani Kojin / 趙京華 譯, 『跨越性批判 – 康德與馬克思』, 中央編譯出版社, 2011: 156쪽. | Karatani Kojin / 이신철 옮김, 『트랜스크리틱 – 칸트와 맑스』, 도서출판 b, 2017: 298쪽 참조.

129) 中共中央馬克思・恩格斯・列寧・斯大林著作編譯局 譯, 『馬克思恩格斯全集』 23, 人民出版社, 1972: 92쪽.

130) 中共中央馬克思・恩格斯・列寧・斯大林著作編譯局 譯, 『馬克思恩格斯全集』 25, 人民出版社, 1974: 939쪽을 참조하라.

있다. 여기서 방관이라는 것은 자연과 같은 영원한 존재를 가만히 바라보는 것이 아니라, 행위자의 행동과 사건에 대한 방관이다. 또한 그 행위자는 다른 사람만이 아니라 방관자 자신일 수도 있다. 그 전제가 되는 것은 행위시 방관자가 될 수 없다는 점, 방관시 행위자가 될 수 없다는 점에 있다. 따라서 스스로를 방관자라고 한다면, 그 방관은 '사후'적으로 되돌아보거나 성찰하는 것뿐이다. 만약 철학적 차원으로 끌어올린 되돌아봄 또는 성찰이라면, 그것은 역사적 종착점에서의 방관일 뿐이다. 인류의 역사에서 진정한 방관자란 존재하지 않으며, 사람들 모두가 행위자다. 마찬가지로, 누구나 자신의 행위를 성찰하지 않을 수 없다는 의미에서 모두 방관자다.

물론 행위자의 역할이 각기 다르고 세계를 바꾼 결과 또한 서로 다른 것처럼, 방관자 역시 구분된다. 어떤 방관자는 멀리 내다보는 안목을 가지고 세상의 대세를 살피지만, 어떤 이는 안목이 좁아 눈앞의 사물만 바라볼 뿐이다. 어쨌든 사람들 모두 행위자와 방관자라는 두 가지 지위를 동시에 지닌다는 점에는 의문의 여지가 없다. 따라서 역사적 행위의 경우에도 모든 사람이 행위자이기 때문에 순수한 의미의 방관자가 존재할 수 없다면, 역사적 행위의 '방관'이라는 것도 마치 경기 대회에서 일부는 방관하고 일부는 활동하는 것이 아니라, 모두가 자신의 행동을 '방관'하는 것이 된다. 자신의 행위를 '방관'할 수 있지만 행위시 스스로의 '방관'이 가능하지 않다면, 그것은 더 이상 활동하지 않거나 그 활동에서 벗어났을 때의 '방관', 즉 행위가 끝난 이후의 뒤돌아봄 또는 성찰을 뜻한다. 그 때문에 역사에서의 방관자적 '방관'은 결국 '사후'적 성찰일 뿐이다.

그러한 '사후'는 역사의 종결인 '최후의 심판'이 아니라 '방관자'가 '방관'할 수 있는 '사후'적 안목만을 가리킨다. 그것을 위해서는 살아 움직이는 생활상의 흐름이나 역사적 흐름을 끊어내는 것이 필요하다. 즉, '사전'에 볼 수 있는 '진행식進行式'을 '사후'에나 볼 수 있는 '완료식'으로 바꿈으로써만이 '방관'과 성찰이 가능해진다. 만약 생활상의 흐름을 끊어내지 않고 그것을 '죽여'서 '과거'로 만든다면, 그것은 행위자가 '진행식'에서 여전히 빠져나오지 못했다는 의미가 된다. 그렇게 되면 제삼자의 입장에서 제대로 된 '방관'하지 못한다.

가령, 성찰이나 '방관'을 생리학적 해부로 본다면, 전체적으로 살아있는 몸을 해부할 수도 없을 뿐만 아니라 그 해부의 결과 또한 시체일 뿐이다. 그와 마찬가지 이치다. 역사적 행위를 성찰하거나 '방관'한 결과는 살아있는 대상을 추상화하거나 이른바 '이상화理想化'시킨 '추상적 도식'일 뿐이다. 역사적인 '추상적 도식'은 더 이상 생명 활동을 하지 않는, 생명이 없는 존재로서 기계적 운동 법칙에 종속된다. 그러한 의미에서 '추상적 도식'인 역사는 기계론적인 것, 즉 기계론적 결정론으로 묘사될 수밖에 없다. 르네상스 시대의 지식인들은 시계를 원형으로 해서 우주를 비할 데 없이 거대한 기계로 상상했다. 그로 인해 후세 사람들에게 지탄의 대상이 되었지만, 냉정히 말해서 그것은 사실 어떠한 과학적 연구도 피해갈 수 없었던 방법상의 문제였다. 어떤 과학이 역학力學을 기본 모델로 삼아 결정론과 같은 묘사를 하지 않았는지 묻고 싶다. 모든 존재가 역학적 대상으로만 귀결되면 안 된다는 것을 알고 있었지만 실제로는 귀결시킬 수밖에 없었던 것이다.

그렇다고 해서 그것이 방관자의 이론 세계가 전적으로 허구이며, 역사라는 '시체'만을 표현할 뿐이고, 살아있는 역사와는 무관하다는 것을 뜻하지 않는다. 실제로 동물해부학이 동물의 생체에 관해 유용한 이해를 제공하는 것처럼, 역사라는 '시체'를 해부하는 것도 일정 정도 살아있는 역사를 이해하는 데 유효하다. 물론, 모든 방관자가 전지전능한 신과 같이 멀리 내다보는 안목을 지니고 전체적 국면을 살피는 것이 아니기 때문에, 역사적 '사후' 인식도 그 깊이와 올바름에 차이가 존재한다.

그럼에도 불구하고 하나의 유효한 이론이라면 현실세계에서 그에 상응하는 존재 양식을 가져야만 한다. 그러한 상응성이 사진 촬영식의 반영론으로 이해되어서는 안 되겠지만, 그것은 그렇게 엄격하지 않다. 오랜 시간 물리학을 연구하다가 철학 연구로 방향을 바꾼 한 학자의 언급처럼, "우리가 이해할 수 있는 세계는 개념화된 것이고, 개념은 불가피하게 어떤 보편성과 관련된다. 세계가 표준 양식과 규칙성들을 확실히 드러낼 때만 이 개념적 보편화가 가능하다. …… 그런데 다행스럽게도 세계는 확실히 그러한 원리가 적용된 많은 체계와 과정들을 포함하고 있다."131) "양자역학의 대부분은 확실성이다. 운동의 양자방정식은 다른 동력학의 규칙처럼 미분방정식이다. 비선형 이론과 카오스 이론의 발전은 인과성의 영역을 줄인 것이 아니라 오히려 더 확장시켰다. 그것은 나아가 임의적 현상으로 보이는 것조차 내적으로 동력학의 규칙을 갖추고 있다는 점을 알려준다."132)

만약 과학적 이론에 '적용'된 '다행스러움'을 절대적으로 부정할 수 없다면, 그 '다행스러움'이 '적용'된 이론이 일정 정도에서는 객관적 확실성을 갖추고 있다고 인정할 수밖에 없다. 물론, 모든 이론이 '적용된' 이론은 아니다. 또한 인간이 만들어낸 이론 가운데 '적용된 것'은 많지 않고, '쓸모없는 것'들이 대부분을 차지한다는 사실도 인정하지 않으면 안 된다. 자연과학에서조차 성공한 이론은 극히 일부에 불과하고 대부분은 폐기되었다. 하지만 치매에 걸린 사람이 있다고 해서 모든 사람이 치매에 걸렸다고 단정할 수 없듯이, '적용된' 이론이 적다고 해서 모든 이론이 허구라고 단정해서는 안 된다.

그리고 '적용된' 이론이라고 하더라도 그 객관적 확실성은 무한적이거나 절대적이지 않고, 제한적이면서 상대적이라는 점 또한 인정해야 한다.

---

131) 歐陽瑩之, 『複雜系統理論基礎』, 上海科技教育出版社, 2002: 277쪽.
132) 歐陽瑩之, 『複雜系統理論基礎』, 上海科技教育出版社, 2002: 277쪽.

그것은 어떠한 이론도 추상적인 것, 즉 살아 있는 대상을 '죽여'서 고찰한 결과에 불과하기 때문에 그 대상을 올바로 파악했을지라도 그것은 제한적인 것일 수밖에 없다. 그럼에도 불구하고 하나의 이론이 세상에 '부합'되려면 그것은 제한적인 객관적 확실성을 갖춰야만 한다. 그렇기 때문에 방관자적 입장에서 존재론적으로 또는 본체론적으로 비非절대적이거나 제한된 보편성과 확실성을 가정하거나, 또는 콰인이 언급했던 '개입'을 해야 하는 것이다.

그러나 행위자의 세계는 그것과 전혀 다르다. 행위자가 살아 움직이는 역사의 흐름 속에 위치한다면, 다시 말해서 '상황 속'에 있다면 초월적 안목으로 역사를 응시할 수 없다. '상황 속'에 있기 때문에 아직 결말에 이르지 않았다면, '상황을 앞에 둔' 안목을 가지고 자신의 행동을 바라볼 수 있을 뿐이다. 거기서는 근본적으로 '사후'적인 방법을 쓸 수 없다. '상황을 앞에 둔' 것이라면 '진행식'으로서 전체 국면을 한 번에 볼 수도 없고, 역사라는 세계를 이미 완료된 것으로 간주할 수도 없다. 그것은 마치 도박을 하고 있는 사람처럼, 상대방이 어떤 패를 낼지 알지 못한 채 개략적인 추측만으로 자신의 행동을 결정할 뿐이다. 흔히 '바둑을 두는 사람보다 옆에서 구경하는 사람이 수를 더 잘 읽는다.'고 하는 것이 바로 그것이다.

따라서 행위자의 '사전'적 안목에서 상황을 보게 되면, 세계는 비결정적이고 불확실한 우연의 상태에 놓여 있을 뿐이다. 그러한 우연성이나 불확실성은 헤겔적 의미의 필연성으로 드러나는 우연성이나 심층적 법칙으로 드러나는 표층적 현상이 아니다. 그것은 단지 단순한 우연성과 불확실성을 뜻한다. 그렇기 때문에 행위자의 입장에서 존재론적으로 또는 본체론적으로 세계의 불확실성과 우연성을 가정하거나 '개입'해야만 한다.

행위자의 안목에 근거한 실천철학의 측면에서 행위자의 실천세계나 생활세계는 1차적인 실재實在가 되지만, 방관자의 이론세계는 현실세계의 추상화에 불과하기 때문에 현실세계에서 파생된 세계이자 2차적 존재가 된다. 실제로, 20세기의 하이데거, 말년의 후설, 비트겐슈타인 [Ludwig Josef Johann Wittgenstein, 1889-1951]과 같은 많은 철학자들이 추상적 이론세계를 생활세계로 바꾸고자 했다. 예를 들어, 후설은 말년에 그의 '생활세계' 이론에서 근대 과학적 본질을 재구성했다. 그에게 "생활세계 는 원시적인 명증성의 영역이었다."[133] 하지만 객체화된 과학은 "방법 론적 사안이며, 또한 과학 이전의 경험이라는 이미 주어진 것에 기초한 다."[134]

그것이 의미하는 바는 다음과 같다. 과학에서의 자연은 직접적이고 직 관적인 세계가 아니라, 그러한 원시적 기반을 관념화한 '관념적 구조물'이 다. 그런데 근대 철학이 그와 같은 과학적 본질을 오해하면서, '관념적 구조물'이 유일하면서도 실제적인 자연으로 간주되었다. 그래서 "갈릴레 이[Galileo Galilei, 1564-1642]로부터, 관념화된 자연이 과학 이전의 직관적 자 연을 슬그머니 대체하기 시작했다."[135] "다시 말해서, 방법론적인 관념화 기능으로 모든 관념화의 전제가 되는 현실성, 그것이 직접 주어지는 것을 은밀하게 대체했다."[136]

그런데 만약 과학이 생활세계로 환원될 수 있다면, 그리고 그것이 현존 재의 세계 – 내 – 존재 일반으로 이해될 수 있다면, 어떻게 생활세계와 구 분되면서도 주목을 끄는 객관적 필연성을 갖추게 되었는가? 그것을 제한 된 객관적 필연성만으로 이해하기에는 무리가 따른다. 2차적이고 방관자

---

133) Edmund Husserl / 倪梁康·張廷國 譯,『生活世界現象學』, 上海譯文出版社, 2002: 265쪽.

134) Edmund Husserl / 倪梁康·張廷國 譯,『生活世界現象學』, 上海譯文出版社, 2002: 256쪽.

135) Edmund Husserl / 倪梁康·張廷國 譯,『生活世界現象學』, 上海譯文出版社, 2002: 238쪽.

136) Edmund Husserl / 倪梁康·張廷國 譯,『生活世界現象學』, 上海譯文出版社, 2002: 239쪽.

적인 이론세계의 존재는 인간이 유한하다는 차원에서 행위자의 생활세계나 실천세계로 귀결될 수 있지만, 실천세계로 직접 환원될 수는 없기 때문이다. 여기서 '귀결'이라는 것은 이론세계가 생활세계로부터 발생·변형·형성되었다는 단선적 측면을 가리키고, '환원'이라는 것은 더욱 직접적으로 양자의 관계 구성을 시도한다는 의미다. 하지만 그 귀결 방식은 지나치게 단순해서 과학의 기원을 설명할 수는 있어도 과학이 어떻게 '청출어람'을 이루었는지, 어떻게 세계를 바꾸는 엄청난 힘을 갖게 되었는지를 설명하지는 못한다.

그 원인은 다음에 있다. 환원은 생활세계에서 과학을 형성한 특수한 매개, 즉 마르크스가 대단히 중시했던 도구적 생산 노동을 간과했는데, 이론 활동은 도구적 노동의 기초 위에서만 발전할 수 있기 때문이다. 그것의 타당성은 다음에 있다. "효과적이고 목적을 이룰 수 있는 도구나 도구체계는 하나의 의미에서 특정한 목적을 지향하는 도구, 또는 일의적 도구를 가리킨다. 여기서 일의성—義性은 활동의 확실성, 즉 수단으로부터 목적의 확실성을 끌어낸다는 의미다."137) "이론 활동은 도구적 기술 활동의 상징적 표현으로 간주되는데, 물질적 도구가 언어적 기호로 대체됨으로써 이루어진 것이다."138)

그것은 근대 과학의 인과因果 관념에서 가장 명확하게 드러난다. 버트[Edwin Arthur Burtt, 1892-1989]는 근대 기계론적 인과 관념과 고대 목적론적 인과 관념의 근본적 차이점을 지적했다. 전자에서는 "설명을 필요로 하는 하나의 사건이 비교적 간단한(그리고 종종 앞서 존재하는) 부속품으로 분석된다는 점이다. 또한 원인을 수단으로 해서 결과를 예측하거나 통제한

137) 王南湜, 『社會哲學－現代實踐哲學視野中的社會生活』, 雲南人民出版社, 2001: 82쪽.
138) 王南湜, 『社會哲學－現代實踐哲學視野中的社會生活』, 雲南人民出版社, 2001: 84쪽.

다."[139] 여기서 '원인을 수단으로 해서 결과를 예측하거나 통제한다'는 것은 분명 도구적 노동 방식이 관념으로 자연스럽게 확장된 일종의 '관념 속 구조물'이다. 도구적 노동에 포함된, 수단화된 원인에 의해 결과가 통제되는 특유의 인과관계를 기초로 해서 과학적 이론세계의 인과관계가 만들어졌다. "인간의 활동으로부터 인과 관념의 기초가 마련되었는데, 그것은 곧 하나의 운동이 다른 운동의 원인이 된다는 관념이다."[140] 다시 말해서, 도구적 노동에 기초한 인과관계가 과학적 대상 세계의 필연적 조건, 즉 선험적 조건이나 선험적 원리를 구성한다. 이처럼 과학은 생활에서 유래하지만 단순하게 생활로 환원되지 않는다. 그것은 마치 비단이 누에에서 유래하지만 비단을 누에로 환원시킬 수 없는 것과 같다.

따라서 결정론은 방관자의 이론세계나 과학세계에 존재하는 것이고, 능동론은 행위자의 실천세계 또는 생활세계에 존재하는 것이다. 두 세계의 존재는 방관자이자 행위자라는 이중적 존재로부터 야기되었을 뿐만 아니라 '사후'와 '사전'이라는 상이한 시각으로부터 문제를 바라본 결과이다. 방관자의 '사후'적 안목으로 사안을 보는 것과 행위자의 '사전'적 안목으로 사안을 보는 것은 근본적으로 상이한 결과를 만들어낸다. 결정론과 능동론은 방관자의 이론세계와 행위자의 실천세계라는 상이한 세계에서 개별적으로 존재하기 때문에 세계에 관한 결정론적 묘사와 능동론적 묘사가 서로 공존해도 모순이 발생하지 않는다. 그러한 상이함은 간단히 없앨 수도 없으며, 없애서도 안 된다. 그리고 실제로 간단히 없어지지도 않는다.

---

139) Edwin Arthur Burtt / 徐向東 譯,『近代物理科學的形而上學基礎』, 北京大學出版社, 2003: 265쪽.

140) Friedrich Engels / 中共中央馬克思·恩格斯·列寧·斯大林著作編譯局 譯,『自然辨證法』, 人民出版社, 1971: 208쪽. | 中共中央馬克思·恩格斯·列寧·斯大林著作編譯局 譯,『馬克思恩格斯全集』20, 人民出版社, 1971: 573쪽.

간단히 없앨 수도 없고, 없애서도 안 되는 이유는 방관자의 이론세계와 행위자의 실천세계가 함께 존재하지 않으면 안 되기 때문이다. 만약 그것을 단순하게 하나로 귀결시킨다면, 존재 이유를 지닌 하나를 배제시키는 것과 같다. 행위자의 실천세계나 생활세계라는 존재를 배제하는 것은 터무니없는 것으로 쉽게 드러나지만, 방관자의 이론세계라는 존재를 배제하는 것도 터무니없는 것이라고 할 수 있다. 전자의 배제는 인간이 신성함에 기초하는데 인간의 본질이 신이라는 것이다. 그래서 일종의 이성적 신을 내세워 인간이 적어도 마음의 영역에서는 신처럼 행동할 수 있다고 본다. 그와 같은 '전지전능함'을 가지고 절대적 전체를 통찰한다. 후자의 배제는 그것과 상반되게, 인간의 모든 신성함을 부정하면서 인간은 단지 현실세계에서만 살 수 있다고 본다. 따라서 신성을 거론하는 것 자체가 헤게모니적 담론 책략에 불과하다.

하지만 본질적으로 반신반수半神半獸라는 인간의 특성은 변할 수 없는 것이다. 다시 말해서, 인간의 인간다움은 '절반은 천사이고, 절반은 야수'라는 점에 있으며, 그 비율에 조금의 변화라도 생기게 된다면 인간은 더 이상 인간다움을 유지할 수 없게 된다. 그러한 이중적인 인간의 본질적 특징이 하나로 귀결될 수 없는 것이라면, 존재론적으로 그 사실을 솔직하게 인정하는 것이 보다 합리적일 것이다. 그로부터 두 가지 측면이 어떻게 인간의 몸에서 공존할 수 있는지, 그리고 그 사이에 어떤 연관성이 있는지, 있다면 어떻게 연관되는지를 명확하게 밝혀야 한다. 다시 말해서, 만약 결정론적 이론이 생활적 실천에 긍정적인 의미를 가지고 있다면, 결정론적 이론이 비결정적인 실천에 개입해도 어떻게 모순적이지 않을 수 있는지에 대해서는 더 많은 논의가 필요하다.

그 문제의 실질적인 어려움은 다음에 있다. 만약 방관자의 이론세계가 결정론적이고 행위자의 실천세계는 능동론적이거나 비결정론적이라면, 서로 아귀가 맞지 않는 두 세계에서 서로에 대한 개입이 어떻게 가능할 수 있을까? 결정론적 이론이 직접적으로 현실세계에 개입될 수 있으려면, 현실세계의 결정론적 성격이 이미 정해져 있어야할 뿐만 아니라 사람이 세계를 바꿀 수 있다는 가능성도 배제되어야 한다. 하지만 그와 같은 주장은 행위자의 현실세계 규정과 모순된다.

따라서 그 문제를 해결할 수 있는 방법은 역사주의적 변증법을 활용하는 것이다. 추상적 규정으로부터 무한적으로 진전시키는 일련의 매개 작용을 거쳐, 궁극적으로 구체적인 현실 존재에 도달하게끔 하는 것이다. 그것이 바로 헤겔주의적 변증법이 추상적 이론에서 현실을 통찰하는 방법이다. 현실을 변증적으로 살피는 방법은 일정한 의미에서 합리성을 갖추었기에, 마르크스도 그것을 비판적으로 수용했다는 점은 분명하다. 하지만 마르크스와 헤겔의 변증법에는 큰 차이가 있다. 첫 번째 차이는 헤겔의 변증법이 "실재를 자기 종합·자기 심화·자기 운동이라는 사유 결과로 이해"[141]했다면, 마르크스는 추상에서 구체로 끌어올리는 변증적 방법을 제기했다. "사유를 통해 구체를 파악했으며, 사유는 구체가 정신적으로 재현되는 방식이 된다."[142] 다시 말해서, 헤겔은 이론세계를 현실세계의 본질로 여겼지만, 마르크스에게 이론은 단지 현실을 파악하는 방법일 뿐이다.

두 번째 차이는 헤겔이 현실을 절대적이고 유기적인 전체, 즉 절대정신의 구현으로 파악했다는 점이다. 그러한 변증법에서는 현실적 존재가 아니라, 현실의 본질에 해당하는 절대적이고 유기적인 전체라는 절대정신이 그 대상이 된다. 그리고 추상에서 구체에 이르는 과정은 무한하게 진행된다. 하지만 마르크스에게는 현실 존재가 직접적 대상이고, 현실세계는 상

---

141) 中共中央馬克思·恩格斯·列寧·斯大林著作編譯局 譯, 『馬克思恩格斯全集』46 (上), 人民出版社, 1979: 38쪽을 참조하라.

142) 中共中央馬克思·恩格斯·列寧·斯大林著作編譯局 譯, 『馬克思恩格斯全集』46 (上), 人民出版社, 1979: 38쪽을 참조하라.

대적이고 제한적인 유기적 전체로 간주된다. 따라서 그의 변증법은 상대적이고 유기적인 전체를 파악하는 것이며, 추상에서 구체에 이르는 과정은 제한적으로 진행된다.

또한 더 나아가 살펴보면, 이론적으로 제한된 과정일지라도 실제적인 운영은 무한한 과정에 놓여 있는 것처럼, 제한된 시간 안에 실천이 완성되기는 어렵다. 마르크스가 저술한 『자본론』이 하나의 사례다. 마르크스는 1858년에 그것을 "전체 6권으로 된 저작"으로 구상했다.[143] 그러나 실제로는 이후 그 일부만 완성되었다. 그와 같은 결과는 바로 현실적으로 문제를 해결하기 어렵기 때문이다. 추상에서 구체에 이르는 과정은 개념이 처한 조건에 따라 그 규정성이 끊임없이 바뀔 수밖에 없다. 다시 말해서, 생산된 상품이 세계 시장에 이르는 과정은 이미 갖춰진 어떤 본질적인 무엇을 가지고 그 현상을 설명한 것이 아니라, "세계 시장은 자본주의적 생산방식의 기반이자 생활 조건"[144]이라는 것으로부터 상품 생산을 새롭게 규정해야만 했다.

그렇지만 그것은 대단히 어려운 일이다. 『자본론』의 경우에도 거듭 수정된 집필 계획, 그리고 거듭 연기된 집필 상황이 있었다는 점을 고려한다면, 그것을 어렵지 않게 이해할 수 있다. 마르크스가 끝내 『자본론』을 평생 완성하지 못했다는 것은 그러한 방식이 사실상 불가능에 가깝다는 것을 알려준다. 설령 그 작업이 제한된 시간 안에 이루어질 수 있다고 하더라도, 마르크스의 견해에서 그것은 현실세계 자체가 아니라 이론적 사유가 파악한 현실일 뿐이다. 이처럼 추상적 이론과 구체적으로 살아 움직이는 현실 사이에는 커다란 간격이 존재한다. 역사주의적 변증법으로도 그

---

143) 中共中央馬克思・恩格斯・列寧・斯大林著作編譯局 譯, 『馬克思恩格斯全集』 29, 人民出版社, 1972: 531쪽.

144) | 中共中央馬克思・恩格斯・列寧・斯大林著作編譯局 譯, 『馬克思恩格斯全集』 25, 人民出版社, 1974: 126-127쪽.

것을 극복하지 못한다면, 결국 다른 해결 방안을 모색해야 한다.

또 다른 해결 방안으로 다음을 들 수 있다. 이론이 효과적으로 실천에 개입하려면 직접적인 구조화 방식, 즉 구체적 실천을 이론 구조로 추상화시키는 방식으로 실천을 이끌어서는 안 된다. 대신 칸트가 언급했던 규제적 방식을 가지고 간접적이고 조절적인 방식으로 실천에 연결시킬 뿐이다. 앞서 밝혔던 것처럼, 과학에서 기술적 실천으로 전환되는 과정에서 그와 같은 연결이 전형적으로 드러난다. 어떤 의미에서 그러한 비非구성적 조절 작용은 변증법, 즉 실천적 변증법이기도 하다. 다시 말해서, 이론적인 변증적 과정이 이론적 논리나 이론적 지혜로 간주된다면, 실천 과정에서 조절을 통해 적절한 행동 방안의 형성 과정으로서, 이론을 이해하는 실천적 변증법은 실천적 논리나 실천적 지혜에 해당한다. 두 가지 지혜는 서로를 대신할 수 없지만 서로를 보완할 수는 있다. 이론적 지혜는 최대한도로 추상에서 구체로 나아감으로써 이론세계에서 더 높은 수준의 구체성을 마련하고자 하는 반면, 실천적 지혜는 실천세계의 행위자가 처한 대단히 복잡한 다양성으로부터 이론을 현실 생활에 접목시키고자 한다.

어떠한 변증법이든 간에 그 본질은 여러 범주 또는 '상相'들을 결합시켜 구체적 사물을 설명하는 방법이나 로고스다.[145] 실천적 지혜의 변증법도 예외일 수 없다. 다만 실천적 지혜는 이론적 지혜와 다르게 불변적인 것들을 고려하지 않는다. 그뿐만이 아니다. 실천적 지혜는 보편에 관한 것만이 아니라 특수한 것도 인식할 수 있어야 한다. 왜냐하면 실천이 언제나 특수한 상황과 관련되었기 때문이다. "현명함은 보편자에 대한 지식만이 아니라 개개의 사물도 완전히 파악해야 한다. 현명함이 행위를 포함한다는 것은 개개의 사물에 대한 행위가 있어야만 그것이 가능하기 때문이다."[146] 실천적 지혜는 특수한 사물에 관한 것이기 때문에 실천적 지혜의

---

145) 王南湜, 「辨證法與實踐智慧」, 『哲學動態』2005年第4期: 6쪽을 참조하라.

경험은 무엇보다 중요하다.

이론적 지혜와 실천적 지혜라는 두 가지 변증법이 존재한다는 주장이 성립될 수 있다면, 방관자의 이론세계에서 행위자의 실천세계로의 전환은 두 가지 변증법 간의 전환이 된다. 이론적 지혜의 변증법이 존재할 수 있는 합법적 영역은 이론세계 뿐이다. 이론세계의 이론은 마르크스가 그랬던 것처럼, 가능한 한 추상에서 구체로 나아가는 방식을 통해 대상을 하나의 유기적 전체로 파악한다. 또한 대상의 존재에 영향을 주는 여러 가능성들을 최대한 이론으로 흡수해 가능한 한 이론이 현실 대상에 근접하도록 한다. 그러나 반드시 알아야만 할 것은 그와 같은 접근이 무한한 과정이라는 점이다. 다시 말해서, 지나치게 낙관적인 취지를 보인 헤겔처럼 유한한 역사에서 제한적인 절차로써 달성될 수는 없는 것이다.

여기에 인간의 이성이 극복하기 어려운 한계가 존재한다. 그렇지만 인간에게는 인간의 방식이 있듯이, 이론적 지혜로 해결할 수는 없지만 실천적 지혜라면 가능하다. 실천적 지혜는 실천세계에서만 합법적으로 존재할 수 있는데, 만약 그것이 이론세계로 넘어가게 되면 이론적 지혜의 단일 시각이라는 규범과 부합되지 않기 때문에 그 합법성이 상실된다. 실천적 지혜는 실천세계에서 자신의 방식으로 실천적 대상을 재구성할 수 있다. 물론 그 재구성이 이론적 지혜의 성과에 기초해 있다는 것은 분명하지만, 교조주의적으로 옮겨진 것이 아니라 규제적 또는 조절적 원리로 간주된다. 나아가 실천적 지혜의 다양한 방법들을 사용해 행위자의 상황에 근거해 재구성되는 것이다.

거기서 '중도中道', 특히 마오쩌둥의 모순의 특수성 원리는 주요 모순과 모순의 주요 측면에 초점을 맞춘 원리로서 기본적으로 규제적 기능을 포

---

146) Aristoteles / 苗力田 譯,『尼各馬科倫理學』, 中國社會科學出版社, 1990: 123쪽. | Aristoteles / 천병희 옮김,『니코마코스 윤리학』, 숲, 2018: 229쪽 참조.

함한다. 따라서 주요 모순과 모순의 주요 측면을 어떻게 틀어잡느냐 하는 방식의 문제에서, '적용된' 이론이 드러내는 대상의 실제는 규제성의 지표가 될 수 있다. 그러한 틀을 가지고 행위를 끌어내야 하는 실천적 지혜의 상황에 처했다면, 부정되었던 이론적 지혜의 가능성이라는 공간은 어쩌면 실천적 지혜에 종속되어 운영되는 것일지도 모른다. 다시 말해서, '적용된' 이론과 행위자가 직면한 구체적 상황들에 따라 행위 가능한 모델을 구축하고, 거기서 가장 적절한 방안을 선택해 실행에 옮기는 것이라고 할 수 있다.

위의 논의로부터 개략적으로나마 '본체론적 개입' 또는 '존재론적 개입'을 그려볼 수 있다. 방관자적 입장에서 제한적 확실성에 개입하는 것을 세계의 절대적 우연론 또는 확률론으로 가정할 수 없듯이, 행위자의 입장에서 불확실성에 개입하는 것도 세계의 절대적 결정론으로 가정되지 않는다. 두 가지 차원의 개입 모두 제한적이고 비非절대적이기 때문에, 존재론이나 본체론적으로 두 가지는 서로 공존이 가능해진다. 두 가지를 한데 묶어서 보면, 존재론적 또는 본체론적 일반 가정은 '개방성', 즉 세계나 우주는 하나의 '열린 우주'일 수밖에 없다. 물론 그것은 단지 '개입'일 뿐이다. 다시 말해서, 그것은 결정론과 능동론이 공존하는 이중적 세계의 상황에서 거꾸로 만들어져 나온 것이지, 세계 자체의 이론적 구조가 아니다. 만약 그것이 세계 자체의 이론적 구조라고 한다면, 절대적 방관자인 신의 전지전능한 이론세계로 다시금 들어가야만 할 것이다.

따라서 '본체론적 개입'은 기본적으로 '본체론'이 아니라 기껏해야 '세계관', 즉 세계에 대한 '관점' 정도로만 부를 수 있다. 그와 같은 '세계관'의 특징은 스스로의 추정에 기초한 '개입'일 뿐, 결코 확고부동한 구조가 아니라는 점을 명확히 했다는 데 있다. 그 '세계관'은 방관자의 이론세계와 행위자의 실천세계의 중간에 서서 세계를 바라보는 '관점'이다. 그 '관점'은 두 세계의 길항 관계를 유지하려고 애쓰는데, 가능한 한 어느 한쪽에 치우치지도 어느 한쪽을 버리지도 않으려 한다. 그로부터 스스로가 '애매성'의 특징을 지닌 '머뭇거리면서 관망'하는 '관점'이라는 것을 깨닫는다. 그렇지만 그 '애매성'의 특징을 실천적 지혜라는 입장에서 보면, 그것은 바로 실천적 지혜가 요구하는 '중도中道'가 된다.

제5장

현대적 중국 마르크스주의 철학의 실천적 진전

마르크스주의 철학은 실천철학이다. 실천철학은 이론 발전의 궁극적 근원을 현실적 실천에 둔다. 현대적 중국 마르크스주의 철학도 예외가 아니다. 현대적 중국 마르크스주의 철학의 발전 양상은 크게 두 가지 측면으로 나뉜다. 하나는 현대 중국의 현실적 실천에 직접적으로 결합된 이론이자, 현실적 실천을 위한 지도 사상으로 나타났다. 다른 하나는 학술 이론으로, 주로 이론적 형태의 발전 과정에서 구현되었다. 후자는 다음에서 자세히 다루도록 하고, 여기서는 현대적 중국 마르크스주의 철학에 관한 전자의 내용을 살펴보고자 한다. 철학적 측면에서 현대적 중국 마르크스주의의 발전은 대체로 다음의 몇 가지 문제에 집중되어 있다. 그것은 사회주의적 본질 문제, 특히 사회주의 역사에서 나타난 이상과 현실 문제, 인간의 전반적인 발전 문제, 사회 발전의 방식 문제다.

1 사회주의: 이상에서 현실로

사회주의 운동사는 본질적 측면에서 끊임없이 이상에서 현실로 나아간 역사라고 할 수 있다. 마르크스주의 개척자들로부터 사회주의적 이상을 현실화하는 과정이 시작되었으며, 그것은 이후 레닌의 러시아 혁명과 그 건설 과정에서, 그리고 마오쩌둥의 중국 혁명과 그 건설 과정에서 나타났다. 하지만 중국의 개혁개방 시기에도 근본적인 문제는 그대로 남아 있었다. 그 문제는 중국적 특색사회주의의 이론 체계, 특히 그것의 기초를 이루는 사회주의의 초급단계 이론과 사회주의적 시장경제 이론을 통해서만이 실질적으로 해결될 수 있었으며, 그로부터 사회주의는 제대로 된 현실적 기초를 마련할 수 있었다.

고전적 마르크스주의 이론으로부터 중국적 특색사회주의의 이론에 이르기까지 당면한 문제들은 각기 달랐지만, 이상을 현실화시킨 이론적 방식에는 뚜렷한 유사점이 있었다. 그것은 바로 이상사회라는 원칙을 토대로 이상 실현을 단계별로 나누고, 이상이 보다 현실적인 매개를 갖도록 하는 것이었다. 그래서 매개를 통해 궁극적 이상과 현실 운동을 분리시켜 이상과 현실의 '겹침'으로 인해 발생할 수 있는 현실적 운동의 위험을 피할 수 있었다. 다른 한편으로는 궁극적 이상과 현실적 운동을 연결시켜 궁극적 이상이 현실에 개입할 수 있도록 했다.

1) 사회주의 이론의 역사가 지닌 시사점

사회주의 운동사를 살펴보면, 끊임없이 이상에서 현실로 나아가는 과정이었다는 것을 어렵지 않게 알 수 있다. 그 이유는 무엇일까? 그것은 조금만 생각해봐도 쉽게 이해할 수 있는 것이다. 첫째, 사회주의는 하나의 사회 형태로서, 이전의 모든 사회 형태와 근본적으로 구분된다. 다시 말해서, 예전의 사회 형태는 모두 이상 추구의 결과가 아닌 역사 발전의 직접적 결과였다. 하지만 오직 사회주의만이 이상 사회를 위한 하나의 청사진을 제기했으며, 또 실현되었다. 둘째, 사회주의는 이상 사회를 위한 이론이며, 여타의 이론들과 다르게 이상 실현을 고취시키는 현실적인 자체적 힘을 지니고 있다.

그것은 다른 사회 발전 과정에서 한 번도 제기되지 않았던 문제, 즉 이상적 사회주의와 현실적 사회주의의 차이를 드러냈다. 물론 이상이 좋기는 하지만, 그것이 현실에 안착하기 위해서는 반드시 현실화되어야만 한다. 그렇지 않다면 이상은 그저 단순한 이상에만 머물러 있을 뿐이다. 사회주의가 단순한 이론에서 그것이 실현되는 과정상의 문제로 전환되었다면, 이상과 현실의 관계가 부각될 수밖에 없다. 따라서 사회주의 운동이 정상적으로 발전할 수 있는가는 바로 사회주의의 궁극적 이상과 현실적 운동의 관계를 제대로 해결되었는가에 달려 있다.

과학적 사회주의의 정립은 사회주의 운동이 순수한 이상에서 현실로 나아가는 실제적인 첫걸음이라고 할 수 있다. 『공상에서 과학으로 – 사회주의의 발전』에서 엥겔스는 다음과 같이 언급했다. "이 두 가지 위대한 발견, 즉 유물주의적 역사관 그리고 잉여가치로부터 자본주의적 생산의 비밀을 밝혀낸 것은 모두 마르크스의 공로다. 그 발견들로 인해 사회주의는 과학이 되었다."[1] 현실적 근거의 부족으로 관념에만 머물러 있는 것이 '공상'이라면, '과학'은 견고한 현실적 토대를 갖는다. 그렇지만 '공상에서 과학으로의 사회주의적 발전'은 한 번에 이루어지는 것이 아니라, 이론과 현실적 실천의 길항으로부터 끊임없는 사상적 변화 과정을 거친다.

마르크스는 『1844년 경제학 철학 수고』에서 다음과 같이 주장했다. 소외된 노동이 인간과 자연, 사유와 존재, 자유와 필연 등 역사 전체에서 대립을 조성한 근원이었다면, 인간의 자기소외인 사유재산을 적극적으로 지양하는 것이야말로 모든 소외의 적극적인 지양이 된다. 그리고 공산주의는 그러한 적극적 지양의 역사적 형식이다. "공산주의는 사유재산, 즉 인간의 자기소외를 적극적으로 지양한 것이다. …… 그것은 인간과 자연, 인간과 인간 사이에 존재하는 모순의 진정한 해결이다. 그리고 존재와 본질, 대상화와 자기 확증, 자유와 필연, 개체와 유類 사이에서 벌어지는 투쟁의 진정한 해결이다."[2]

그것은 공산주의가 인간의 유적 본질을 회복하는 형태로 구상되었으며, 인간의 유적 본질을 규정하는 생산 노동 또한 이상적인 것으로 이해되었다는 점을 알려준다. 다시 말해서, 거기서 생산 노동은 인간의 유적인 본질로 확증되었지만, 우선적으로 개체의 생존을 위해서가 아니라 노동

---

1) 中共中央馬克思・恩格斯・列寧・斯大林著作編譯局 譯, 『馬克思恩格斯選集』3,
人民出版社, 1995: 740쪽.
2) 中共中央馬克思・恩格斯・列寧・斯大林著作編譯局 譯, 『馬克思恩格斯全集』42,
人民出版社, 1979: 120쪽.

소외라는 조건에서 노동 자체가 '개인의 생활 유지를 위한 수단이 되었'을 뿐이다. 따라서 그와 같은 유적 본질은 인간의 자연적 특성과 직접적 관련이 없는, 자연을 벗어난 이상적인 것이라고 할 수 있다.

그런데 마르크스는 18세기 유물주의 학설에 관한 연구를 통해, 인류 생활의 자연적·물질적 이익에 대한 새로운 관점을 제출했다. "자연의 필연성, 인간의 특성(그것들이 어떤 소외 형식으로 표현되든 간에), 이익은 시민사회의 구성원을 서로 연결시킨다. 그들 사이의 현실적 연관은 정치 생활이 아니라 시민 생활이다."[3] 이것은 그가 『도이치 이데올로기』에서 프랑스 철학의 유물론과 독일 철학의 변증법을 종합하는 데 기초가 되었다. 그러한 종합의 결과는 '현실적 개인'으로부터의 강조였다. '현실적 개인'이라는 것은 그들에게 "의식주와 기타의 것들이 필요하"[4]고, "따라서 첫 번째 역사 활동은 그 수요를 만족시키는 재료의 생산, 즉 물질생활 자체를 생산하는 것이다."[5] 다른 한편으로, 그들은 "일정한 물질적 조건, 그들이 임의의 지배를 받지 않는 경계·전제·조건에서 활동하는 존재"[6]이다.

그런데 인간과 자연, 그리고 인간과 인간의 관계를 매개하는 분업으로부터 사유제와 사회의 분열, 인간 활동의 소외, 인간 스스로 생산한 힘이 인간 자신을 거부하는 현상이 야기되었다. 다시 말해서, 인간과 자연 또는 주체와 객체의 통일적인 발전, 그리고 인간의 개성 발전을 도모해야 하는

---

3) 中共中央馬克思·恩格斯·列寧·斯大林著作編譯局　譯, 『馬克思恩格斯全集』2, 人民出版社, 1957: 154쪽.

4) 中共中央馬克思·恩格斯·列寧·斯大林著作編譯局　譯, 『馬克思恩格斯選集』1, 人民出版社, 1995: 79쪽.

5) 中共中央馬克思·恩格斯·列寧·斯大林著作編譯局　譯, 『馬克思恩格斯選集』1, 人民出版社, 1995: 79쪽.

6) 中共中央馬克思·恩格斯·列寧·斯大林著作編譯局　譯, 『馬克思恩格斯選集』1, 人民出版社, 1995: 72쪽.

생산력 증대는 오히려 인간과 인간의 교류라는 매개, 즉 그로 인해 야기된 분업 때문에 주체와 객체의 대립이 심화되었고, 사물의 힘이 인간을 지배하게 되었으며, 개개인들의 일면적인 발전만이 초래되었다. 또한 그것이 '우연적인 개인', '추상적인 개인'을 가져왔다. 인간 스스로 생산한 힘이 인간 자신을 거부하는 현상은 분업과 사유제가 소멸될 정도로 생산력이 고도로 발전했다는 조건에서만 온전히 극복될 수 있다. 미래의 "공산주의적 제도가 그것의 현실적 기초가 된다. 그것은 개인에 의존하지 않고 존재하는 모든 것들을 배제한다."7) 이로부터 공산주의는 개개인 모두가 전반적으로 발전할 수 있다는 조건을 마련했는데, 다시 말해서 소수의 사람들만이 발전의 독점권을 차지하고, 대다수 사람들은 그 발전가능성을 상실하는 그러한 양자 대립은 더 이상 존재하지 않게 되었다.

『도이치 이데올로기』에서 진행된 공산주의 논의가 『1884년 경제학 철학 수고』보다 질적으로 뛰어나다고 하더라도 그 논의는 철학적 측면에 국한되었을 뿐이다. 따라서 미래의 이상 사회와 그 실현 방식에 관한 구상은 애매모호할 수밖에 없었다. 마르크스가 『1884년 경제학 철학 수고』에서 주장한 인간의 자유 활동의 실현은 소외와 사유재산을 지양한 인간의 진정한 본질의 실현이었다. 또한 그것은 "인간이 전반적인 방식으로, 다시 말해서 온전한 인간으로서 자신의 전반적 본질을 갖추는 것이다."8) 그렇게 자신의 본질을 갖추는 것은 자발적인 노동에 온전히 이르는 것이기도 했다. 또한 마르크스에게 인간의 전반적인 발전 단계, 즉 인간이 하나의 온전한 인간으로 간주되는 단계는 소외를 지양한 자발적 노동 과정에서 직접적으로 실현되는 것이었다.

7) | 中共中央馬克思·恩格斯·列寧·斯大林著作編譯局 譯, 『馬克思恩格斯全集』3, 人民出版社, 1960: 79쪽.
8) 中共中央馬克思·恩格斯·列寧·斯大林著作編譯局 譯, 『馬克思恩格斯全集』42, 人民出版社, 1979: 123쪽.

마르크스의 『도이치 이데올로기』는 현실적 개인으로부터 노동을 생존 유지의 수단으로 간주했으며, 인간의 자유가 전반적으로 발전할 수 있는 조건을 새롭게 규정했다. 거기서 물질 생산 영역이나 물질적 실천 활동은 인간의 전반적 발전이 실현되는 주요 영역이 된다. 그 가운데 자유 활동과 자발적 노동은 동일한 의미를 갖는데, 그는 심지어 공상적 사회주의자의 표현까지 사용하기도 했다. "공산주의 사회에서는 어떤 누구라도 특수한 활동 범위를 갖지 않지만, 어떤 영역에서든 발전해나갈 수 있다. 사회가 전체 생산을 조절하기 때문에 나는 스스로의 관심에 따라 오늘은 이 일을, 내일은 저 일을 할 수 있다. 오전에는 사냥을 하고, 오후에는 낚시를 하며, 해질 무렵에는 가축을 돌보고, 저녁식사 후에는 비평 활동에 참가한다. 그러한 활동 덕분에 나는 언제나 한 명의 사냥꾼, 어부, 목축업자나 비평가에만 머물지 않을 수 있다."[9]

이러한 생각이 기본적으로 바뀌려면 정치경제학을 깊이 있게 연구하거나 잉여가치설을 정립해야만 한다. 만약 엥겔스의 평가를 받아들여 유물사관과 잉여가치설이라는 "두 가지의 위대한 발견으로부터 …… 사회주의는 과학이 되었다."[10]고 한다면, 잉여가치설이 정립되기 이전의 마르크스주의는 아직 하나의 전체로 온전히 성숙되지 못한 것이었다. 따라서 "인간 역사의 발전법칙을 발견"[11]해야 할 뿐만 아니라 "현대 자본주의의 생산 방식과 그것이 만들어낸 부르주아 사회의 특수한 운동 법칙도 발견"[12]해내야지만, 사회주의는 진정으로 과학적이고 현실적일 수 있다.

9) 中共中央馬克思·恩格斯·列寧·斯大林著作編譯局 譯, 『馬克思恩格斯選集』1, 人民出版社, 1995: 85쪽.
10) | 中共中央馬克思·恩格斯·列寧·斯大林著作編譯局 譯, 『馬克思恩格斯選集』3, 人民出版社, 1995: 740쪽.
11) 中共中央馬克思·恩格斯·列寧·斯大林著作編譯局 譯, 『馬克思恩格斯選集』3, 人民出版社, 1995: 776쪽.

잉여가치의 발견은『철학의 빈곤』에서 리카도[David Ricardo, 1772-1823]의 노동가치설을 인정하면서 비롯되었지만,『자본론』의 초고인『경제학 수고 1857-1858』에서 그 개략적인 내용이 만들어졌다. 마르크스는 거기서 상품의 가치와 가격을 명확히 구분하면서, 상품의 가치가 상품생산자들의 사회적 관계를 드러낸다고 지적했다. 다시 말해서, 우선 과학적 노동가치설을 확립한 다음, 그 기초 위에 노동과 노동력을 과학적으로 구분하면서 노동과 자본의 교환 법칙인 잉여가치 법칙을 밝혔다. 그것이 자본주의 착취의 비밀을 드러냈다. 심오한 정치경제학적 연구가 있어야만 인간의 전반적인 발전 조건이 더욱 현실적으로 규정될 수 있다는 점은 분명하다.

여기서 마르크스가 최초로 제기한 인간의 전반적 발전 조건은 상이한 측면 또는 상이한 관점에서 규정된 것이다. 즉, 인간의 전반적인 발전 조건은 '자유롭게 지배할 수 있는 시간' 또는 자유로운 시간이라는 차원에서 규정된다. 그는 다음과 같이 제기했다. "개성을 자유롭게 발전시킨다는 것은 잉여노동을 얻기 위해 필요노동시간의 단축이 아니라, 직접적으로 사회적 필요노동을 최저한도로 단축하는 것이다. 그러면 모든 사람들에게 그에 걸맞은 여가 시간도 생기고 수단도 마련되기 때문에, 개인은 예술, 과학 등의 방면에서 발전할 수 있게 된다."13) 따라서 "그때의 부의 척도는 더 이상 노동시간이 아니라 자유롭게 지배할 수 있는 시간이 된다."14) 이처럼 자유로운 시간으로부터 사람들은 전반적 발전의 진정한 조건을 마련했는데, 즉 "모든 자유로운 시간은 자유롭게 발전할 수 있는 시간"15)

---

12) 中共中央馬克思·恩格斯·列寧·斯大林著作編譯局 譯,『馬克思恩格斯選集』3, 人民出版社, 1995: 776쪽.

13) 中共中央馬克思·恩格斯·列寧·斯大林著作編譯局 譯,『馬克思恩格斯選集』46 下, 人民出版社, 1980: 218-219쪽.

14) 中共中央馬克思·恩格斯·列寧·斯大林著作編譯局 譯,『馬克思恩格斯全集』46 下, 人民出版社, 1980: 222쪽.

이거나 "개인이 충분히 발전할 수 있는 시간"[16]이다.

이어서 마르크스는 『자본론』의 마지막 원고에서 다음과 같이 주장했다. 물질적 생산 영역에서 인간은 자연적 필연성의 지배를 벗어날 수 없고, 분업과 사유제의 소멸을 통해서만이 역사적 필연성을 지양할 수 있다. 자연적 필연성이 맹목적 힘으로 스스로를 지배할 수 없게 만들어야 가장 합리적인 조건에서 물질을 생산할 수 있다. 왜냐하면 "어쨌든 이 영역은 언제나 필연의 왕국"[17], 즉 '자연적 필연성의 왕국'이기 때문이다. 따라서 인간이 물질적 생산 영역에서 궁극적으로 실현할 수 있는 것은 인간 능력의 제한된 발전이고, 제한된 자유일 뿐이다. 인간의 능력이 전반화되고 자유롭게 발전할 수 있는 영역인 '진정한 자유의 왕국'은, "필수적이고 외적인 목적이 규정하는 의무노동이 종결되는 지점에서 비로소 시작된다. 따라서 사물의 본성에서 보자면, 그것은 물질적 생산 영역의 진정한 피안彼岸에 존재한다."[18] 이처럼 마르크스는 궁극적으로 인간의 전반적 발전이 충분히 실현되는 영역을 물질적 생산 영역이 아니라 그 바깥, 다시 말해서 '물질적 생산 영역의 진정한 피안'으로 이해했다. 그 영역에서는 "인간 능력의 발전이 목적 그 자체로 간주되"[19]는데, 인간 능력의 발전을 목적 그 자체로 삼는 '진정한 자유의 왕국'이다.[20]

---

15) 中共中央馬克思 · 恩格斯 · 列寧 · 斯大林著作編譯局 譯, 『馬克思恩格斯全集』46 下, 人民出版社, 1980: 139쪽.

16) 中共中央馬克思 · 恩格斯 · 列寧 · 斯大林著作編譯局 譯, 『馬克思恩格斯全集』46 下, 人民出版社, 1980: 225쪽.

17) 中共中央馬克思 · 恩格斯 · 列寧 · 斯大林著作編譯局 譯, 『馬克思恩格斯全集』25, 人民出版社, 1974: 927쪽.

18) 中共中央馬克思 · 恩格斯 · 列寧 · 斯大林著作編譯局 譯, 『馬克思恩格斯全集』25, 人民出版社, 1974: 926쪽.

19) | 中共中央馬克思 · 恩格斯 · 列寧 · 斯大林著作編譯局 譯, 『馬克思恩格斯全集』25, 人民出版社, 1974: 927쪽.

20) 여기서 언급한 '자연적 필연성의 왕국'은 마르크스가 자연적 필연성과 역사적 필연성

'자연적 필연성의 왕국'과 '진정한 자유의 왕국'의 구분으로부터, 마르크스는 『고타 강령 비판』에서 공산주의의 두 가지 단계와 과도적 시기라는 구상을 명확하게 제시했다. 물질적 생산 영역에서 인간이 자연적 필연성의 지배를 벗어날 수 없다면, 부르주아 지배의 전복을 통한 사유제 소멸이 가져오는 것은 단지 제한된 자유일 뿐이며, '진정한 자유의 왕국'은 생산력이 최대로 발전한 바탕 위에서만 가능한 것이다. 따라서 생산력 발전 상황에 따라 미래의 공산주의 사회는 낮은 단계와 높은 단계라는 두 단계로 나눌 수밖에 없다. '공산주의 사회의 낮은 단계'는 다음과 같은 사회다. "그 자체의 기반 위에서 발전된 것이 아니라, 그와 정반대로 자본주의 사회로부터 막 생겨난 것이다. 그래서 그것은 경제, 도덕, 정신 등 각 영역마다 옛 사회로부터 변화되어온 흔적을 지니고 있다."[21] 반면, '공산주의 사회의 높은 단계'에서는 "노예처럼 강제로 분업에 종속되는 상황이 소멸했기 때문에, 그로부터 정신노동과 육체노동의 대립도 사라졌다."[22] "노동은 생계수단일 뿐만 아니라 그 자체로 생활상의 첫 번째 필요

을 구분한 것과 관련된다. 자연적 필연성이라는 것은 일반적으로 자연 법칙, 즉 자연계의 물질적 운동 법칙을 가리킨다. 하지만 마르크스가 역사 과정을 다루면서 별도로 언급한 자연적 필연성은 인류 역사와 관련된 자연법칙이다. 즉, 직접적으로 인간과 자연의 물질적 교환을 지배하는 자연법칙이다. 인간과 물질적 생산 활동을 지배하는 그와 같은 자연법칙이 바로 인간의 역사적 활동에 존재하는 자연적 필연성이다. 마르크스가 '진정한 자유의 왕국'의 상대적 차원에서 '자연적 필연성의 왕국'을 언급했을 때, 그것은 '물질적 생산 영역'을 가리킨다. 또한 그 자연적 필연성은 '모든 사회 형태에서, 그리고 모든 가능한 생산 방식에서' 필연적으로 존재한다. 하지만 역사적 필연성은 자연적 필연성과 다르게 인간과 인간의 교류 활동을 지배하는 법칙, 즉 좁은 의미의 역사법칙만을 가리킨다. 그와 같은 역사법칙이나 역사적 필연성은 물질적 생산력의 발전이라는 특정한 상황에서, 인간과 인간의 본질적 연관이라는 사회 내부의 본질적 연관으로 표현된다.

21) 中共中央馬克思·恩格斯·列寧·斯大林著作編譯局 譯, 『馬克思恩格斯選集』3, 人民出版社, 1995: 304쪽.
22) 中共中央馬克思·恩格斯·列寧·斯大林著作編譯局 譯, 『馬克思恩格斯選集』3,

다."23) 그리고 "개인들이 전반적으로 발전하면서 그들의 생산력도 향상되었으며, 모든 집단적 부의 원천도 완전히 활성화되었다."24)

그러한 마르크스의 이해를 따르자면, 공산주의 사회의 낮은 단계에서는 아직 '노예처럼 강제로 분업에 종속되는 상황'이 소멸되지 않았기 때문에, '정신노동과 육체노동의 대립' 또한 사라지지 않았다는 점은 분명하다. 노동은 대부분의 경우 여전히 '생계 수단일 뿐', '생활상의 첫 번째 필요가 되지' 못했다. 더욱 근본적인 문제는 생산력이 최대한도로 확장된 것이 아니기 때문에 '모든 집단적 부의 원천'도 '완전히 활성화'되지 못했다는 점이다. 그 사회에서는 이미 생산수단이 사회적 소유가 되었기 때문에, 개인은 "어느 누구도 자신의 노동 이외에 다른 무엇을 제공할 수 없으며"25), 단지 '노동에 따른 분배'라는 원칙만이 시행될 뿐이다. 즉, "개별적 생산자들이 몇 가지 항목의 공제 이후, 사회로부터 돌려받는 것은 그들이 사회에 제공했던 것이다. 그들이 사회에 제공했던 것은 바로 그들 자신의 노동량이다."26)

그것은 평등한 권리다. 하지만 "여기서의 평등한 권리란 원칙적으로 여전히 부르주아들의 권리"27)이며, "항상 부르주아의 틀 안에서 제한된다."28) "그러나 이러한 병폐는 자본주의 사회로부터 오랜 진통을 겪고

人民出版社, 1995: 305쪽.

23) 中共中央馬克思·恩格斯·列寧·斯大林著作編譯局　譯, 『馬克思恩格斯選集』3, 人民出版社, 1995: 305쪽.

24) 中共中央馬克思·恩格斯·列寧·斯大林著作編譯局　譯, 『馬克思恩格斯選集』3, 人民出版社, 1995: 305쪽.

25) 中共中央馬克思·恩格斯·列寧·斯大林著作編譯局　譯, 『馬克思恩格斯選集』3, 人民出版社, 1995: 304쪽.

26) 中共中央馬克思·恩格斯·列寧·斯大林著作編譯局　譯, 『馬克思恩格斯選集』3, 人民出版社, 1995: 304쪽.

27) 中共中央馬克思·恩格斯·列寧·斯大林著作編譯局　譯, 『馬克思恩格斯選集』3, 人民出版社, 1995: 304쪽.

태어난 공산주의 사회의 낮은 단계에서는 불가피한 것이다. 권리는 사회적 경제구조와 그 경제구조에 의해 제약된 사회적 문화 발전을 벗어날 수 없다."29) 오직 공산주의 사회의 높은 단계에서만 "비로소 부르주아들의 권리라는 협소한 시야를 완벽하게 벗어날 수 있으며, 사회는 자신의 기치 위에 '각자 최선을 다하고, 필요에 따라 분배한다!'라고 쓸 수 있다."30)

분명한 것은 『고타 강령 비판』에서 보여준 공산주의적 사회 형태에 관한 마르크스의 이해는, 완전히 이상화된 『1844년 경제학 철학 수고』의 그것과도 다를 뿐만 아니라 분업과 사유제의 소멸을 모호하게 규정한 『도이치 이데올로기』의 그것과도 상당한 차이를 보인다는 점이다. 의심의 여지가 없이, 공산주의 사회의 낮은 단계라는 규정으로부터 그것의 실현가능성이 더욱 커졌다. 또한 마르크스는 거기서 공산주의 사회의 실현 방법으로서 이행기의 문제를 다루었는데, 이행기의 설정은 사회주의의 현실성을 한층 높이려는 시도로 볼 수 있다.

마르크스주의 개척자들은 사회주의적 이상을 현실화시키려는 모색을 진행했는데, 그 이후로 레닌은 러시아 혁명을 이끄는 과정에서 사회주의가 하나의 국가에서도 우선적으로 승리할 수 있다는 이론31), 혁명 과정에서 요구되는 당 조직의 전위 이론, 소비에트형 국가 이론32)을 창시했다.

---

28) 中共中央馬克思 · 恩格斯 · 列寧 · 斯大林著作編譯局 譯, 『馬克思恩格斯選集』3, 人民出版社, 1995: 304쪽.

29) 中共中央馬克思 · 恩格斯 · 列寧 · 斯大林著作編譯局 譯, 『馬克思恩格斯選集』3, 人民出版社, 1995: 305쪽.

30) 中共中央馬克思 · 恩格斯 · 列寧 · 斯大林著作編譯局 譯, 『馬克思恩格斯選集』3, 人民出版社, 1995: 305-306쪽.

31) 그람시는 러시아 10월 혁명이라는 승리를 '반『자본론』적 혁명'이라고 과장되게 표현했다. Antonio Gramsci / 李鵬程 編, 『葛蘭西文選』, 人民出版社, 2008: 8-11쪽을 참조하라.

또한 마오쩌둥은 붉은 혁명의 근거지를 만들었으며, 농촌으로 도시를 포위해 혁명을 성공시킨다는 이론33)을 제창했다. 그 이론들은 사회주의가 이상에서 현실로 나아가는 데 중요한 기능을 담당했다.

2) 사회주의 운동의 난관과 그 해결을 위한 모색

마르크스주의 개척자들은 사회주의 이론의 현실화를 끊임없이 모색했지만, 마르크스와 엥겔스가 살았던 시대에 현실화된 사회주의는 경험할 수 없었다. 따라서 그들의 이론적 모색 또한 현실화된 사회주의의 전체 문제를 예측할 수는 없었다. 하지만 레닌의 러시아 혁명으로부터 사회주의는 현실 속의 생활이 된다. 레닌이 묘사했던 것처럼, "이제 더 이상 사회주의는 요원한 미래도, 무슨 추상적 도식도, 무슨 우상도 아니"34)며, "우리는 사회주의를 일상생활로 끌어들였다."35) 그렇지만 마르크스주의 개

---

32) 미국의 사회과학자들은 1900년-1965년 동안의 사회과학 주요 공헌 62개항에 당 조직의 전위 이론과 소비에트형 국가 이론을 포함시켰다.(Daniel Bell / 範岱年 等譯, 『當代西方社會科學』, 社會科學文獻出版社, 1988: 1-12쪽을 참조하라.) 그와 같은 측면에서 두 이론이 지닌 거대한 큰 영향력을 가늠해볼 수 있다. 실제로, 레닌의 당 조직 전위 이론은 각국 공산당, 특히 후진국 공산당들이 신봉했던 원칙이었을 뿐만 아니라 비(非)공산주의적 정당 조직들에도 큰 영향을 끼쳤다. 따라서 그것은 그와 같은 영향 관계를 학술연구 패러다임과 같은 이성적 생활 영역에 제한시킨 순수 이론들과 근본적으로 구분된다.

33) 마오쩌둥의 이론도 1900년-1965년 동안의 사회과학 주요 공헌 62개항 가운데 하나다.(Daniel Bell / 範岱年 等譯, 『當代西方社會科學』, 社會科學文獻出版社, 1988: 1-12쪽을 참조하라.) 레닌의 당 조직 전위 이론과 마찬가지로, 중국 혁명과 혁명 이후의 사회생활, 그리고 다른 나라들의 현실 생활에 끼친 그 이론의 영향은 결코 순수한 학술 이론이 미칠 수 있는 것이 아니다.

34) 中共中央馬克思·恩格斯·列寧·斯大林著作編譯局 譯, 『列寧全集』43, 人民出版社, 1987: 302쪽.

35) 中共中央馬克思·恩格斯·列寧·斯大林著作編譯局 譯, 『列寧全集』43, 人民出版

척자들이 예상했던 것처럼, 사회주의 사회는 서구 선진국에서 먼저 실현된 것이 아니라 동양의 낙후한 국가에서 먼저 성공했다.

그것은 새로운 문제를 야기했는데, 즉 사회주의적 이상의 현실화라는 난관이 더욱 어려워졌다는 점이다. 이로부터 마르크스주의 개척자들의 고전적 이론과 구체적 현실의 사회적 조건, 그 관계를 어떻게 현실적 상황에 근거해 검토할 것인가라는 대단히 어렵고 힘든 과제가 부각되었다. 레닌과 마오쩌둥은 그것을 해결하기 위해 지난한 모색의 과정이 거쳤지만, 중국의 개혁개방 시기에도 해결되지 못한 어려운 문제들이 여전히 남아 있었다. 그것은 우선 마르크스주의 고전의 저자들이 남긴 관련 내용을 이해하는 문제, 그리고 그러한 이해와 현실의 사회적 조건이 맺고 있는 관계로부터 비롯되었다.

마르크스주의 개척자들의 구상에 의하면, 서구 선진국에서 공산주의 혁명은 동시에 달성될 수 있는 것이었다. 그 국가들은 상당히 높은 수준의 생산력을 갖추고 있기 때문에, 자본주의 사회에서 공산주의 사회로 이행하는 과정에서 단기간의 이행기만 거친다면 공산주의 사회의 낮은 단계에 도달 가능하다. 물론 이행기에서는 생산수단의 공유제가 실현되었을지라도, 노동에 따른 분배 등 여전히 부르주아의 권리가 남아 있는 상태다. 마르크스는 그러한 이행기의 정치적 특징을 다음과 같이 설명했다. "자본주의 사회와 공산주의 사회에서는 전자가 후자로 이행되는 혁명의 전환기가 있다. 따라서 그 시기에 상응하는 정치적 이행기도 있는데, 그 때의 국가 형태는 프롤레타리아트의 혁명적 독재만이 존재한다."[36]

프롤레타리아의 과도기적 임무는 바로 "스스로의 정치적 지배를 가지

社, 1987: 302쪽.

36) 中共中央馬克思・恩格斯・列寧・斯大林著作編譯局 譯, 『馬克思恩格斯選集』3, 人民出版社, 1995: 314쪽.

고 점차 부르주아의 모든 자본을 빼앗아 국가, 즉 지배계급으로 조직된 프롤레타리아에게 일체의 생산도구를 집중시킨다. 그를 통해 생산력의 총량을 가능한 한 빠르게 증대시킨다."[37] "그 과정에서 계급의 차이는 사라지고, 모든 생산이 개인들의 연합에 집중될 때 공공권력의 정치적 성격은 상실된다." 프롤레타리아는 "그로부터 자신의 계급적 지배를 소멸시킨다."[38] 여기서 마르크스에게 부르주아지를 거세하는 프롤레타리아트의 독재정치 또는 프롤레타리아트 지배라는 과도기는 일시적이며, 급격한 사회적 변동 시기에 한정되었다는 점은 분명하다. 따라서 그것은 사회구조가 독립적이고 안정적으로 유지되는 단계에서는 적용되지 않으며, 그 시기의 정치적 생활도 혁명적 전환이라는 이례적이고 급박한 상태가 된다. 급변기의 정치적 생활은 끊임없이 변화 상태에 놓여 있기 때문에 안정된 사회적 단계에서와 같이 그것을 일반적인 표현으로 묘사하기는 어렵다. '프롤레타리아트의 혁명적 독재'라는 이례적 표현이 사용된 이유가 여기에 있다.

서구 정치사에서 '독재dictatorship'라는 용어는 비상 시기의 통상적이지 않은 정치적 행위를 표현하는 데서 유래되었다. "초기 로마 공화국에서는 …… 국가의 외부 위협과 내부 동란이라는 특수한 상황에서 집정관이 원로원의 추천을 받아 독재자를 임명했는데, 독재자는 쿠리아 민회(평민의 회)가 비준한 최고 행정관원이라고 할 수 있다. 그의 임기는 일시적이며, 6개월 이내로 한정된다."[39] 근대 이후, 독재의 함의에 다소 변화가 있었을지라도, 비상 시기의 통상적이지 않은 정치 행위라는 뜻은 여전히 사라지

---

37) 中共中央馬克思·恩格斯·列寧·斯大林著作編譯局 譯,『馬克思恩格斯選集』1, 人民出版社, 1995: 293쪽.

38) 中共中央馬克思·恩格斯·列寧·斯大林著作編譯局 譯,『馬克思恩格斯選集』1, 人民出版社, 1995: 294쪽.

39) 鄧正來 主編,『布萊克維爾政治學百科全書』, 中國政法大學出版社, 1992: 201쪽.

지 않았다. 그렇기 때문에 일시적 과도기라는 주장은 결코 독립적인 의미를 갖추지 못한, 이상적 사회 이론에 속하는 것이다.

그런데 그 이상을 실현시키려고 했을 때, 이상적 이론인 고전적 마르크스주의와 현실적 역사 과정에 매우 큰 차이가 존재한다는 점을 알게 되었다. 사회주의 혁명은 서구 선진국에서 먼저 실현되지 못했고 오히려 동양의 낙후한 국가에서 먼저 성공했는데, 그 국가들은 고도로 발달한 생산력의 수준을 갖추지 못했으며, 대부분 농업 위주의 경제 수준에 머물러 있었다. 이처럼 자본주의나 시장경제화 수준이 매우 낮았기 때문에 사회주의적 혁명의 대상인 부르주아지 또는 그것의 추진 동력인 프롤레타리아트가 인구의 대다수를 차지하지도 못했다. 그것은 매우 심각한 문제를 야기했는데, 그러한 수준의 사회가 어떻게 공산주의 사회로 넘어갈 수 있는가라는 문제였다.

마르크스주의 개척자들의 언급으로부터 다음의 사실을 알 수 있다. 그것은 공산주의 사회로의 이행에 매우 상이한 조건을 갖춘 두 가지의 과도기가 있다는 점이다. 우선 마르크스가 제시한 과도기는 일시적인 것이었지만, 이후 시공간적 여건의 변화로 마르크스가 묘사한 공산주의 사회의 낮은 단계로의 이행이 짧은 시간 안에 이루어지지 못했다. 그래서 후대에서는 그 이행기의 시간이 점점 더 늘어날 수밖에 없었다. 소련에서든 중국에서든 이행기가 그리 길지 않을 것으로 보았는데, 즉 비교적 짧은 기간인 몇 십 년 안에 공산주의가 실현될 것으로 낙관했다.

스탈린은 1936년에 소련의 사회주의가 '기본적으로 실현되었다'고 선포했지만, 소련공산당(볼셰비키) 제18차 당 대표 대회에서 다시금 공산주의로의 이행을 제기했다. 또한 1961년 소련공산당 제22차 당 대표 대회에서도 소련은 "20년이면 기본적으로 공산주의 사회를 건설할 수 있다."고 밝혔다. 중국에서도 몇 십 년이면 공산주의의 건설이 가능하다고 낙관한 마오쩌둥의 발언들을 찾아볼 수 있다. 하지만 이후 이행은 매우 긴 역사적 시간이라는 인식이 확산되었다. 이로부터 새로운 문제가 제기되었는데, 그것은 공산주의 사회의 낮은 단계, 즉 일반적으로 사회주의로 불리는 사회와 이행기의 관계 문제다.

원래 마르크스주의 개척자들에게 이행기, 공산주의 사회의 낮은 단계 (일반적으로 사회주의 사회로 불리는), 그리고 공산주의 사회의 높은 단계 가 맺는 관계는 명확한 것이었다. 이행기는 '자본주의 사회와 공산주의 사회 사이'에 위치하며, 공산주의 사회의 낮은 단계인 사회주의 사회와 공산주의 사회의 높은 단계는 공산주의 사회에서 내재적 관계를 맺는다. 명확하게 말해서, 전자가 그것의 외부적 측면을 표현한다면, 후자는 그것 의 내부적 측면을 표현하고 있다. 그런데 이처럼 분명했던 문제가 내부적 측면과 외부적 측면에 혼동이 일어났다.

여기서 지적해야 할 것은 공산주의 사회, 사회주의 사회 등의 명칭 사용 에 있어서, 후대 사람들과 마르크스주의 개척자들 사이에 확실히 다른 부분이 존재한다는 사실이다. 마르크스와 엥겔스에게 공산주의와 사회주 의라는 개념적 용법은 시기에 따라 비교적 큰 변화가 있기는 했지만[40] 전체적으로, 특히 그들의 말년에 이르러서는 대부분 동일한 의미로 사용 되었다. 그들은 공산주의 사회의 낮은 단계를 언급했을지언정, 그것을 사 회주의로 부르지는 않았다. 마르크스주의 고전을 집필한 저자들 가운데, 사회주의를 공산주의의 낮은 단계로 명확하게 인식한 것은 레닌으로부터 시작되었다. 물론, 레닌의 그것도 당시 통용되던 표현을 그대로 따랐을

---

40) 마르크스와 엥겔스가 공산주의와 사회주의를 상이한 개념적 용법으로 사용했다는 것은 이미 많은 학자들에 의해 상세히 논의된 바 있다. 榮長海,「對馬克思恩格斯 著作中'社會主義'和'共産主義'二詞的若幹考辨」,『天津師範大學學報(自然科學 版)』1982年第6期: 21-25쪽. ; 陳文源,「社會主義·共産主義二詞的由來及其科學的 含義」,『歷史教學問題』1987年第1期: 10-15쪽. ; 徐彩蓮·陳少牧,「從經典著作中理 解'社會主義'·'共産主義'兩個名稱」,『中共鄭州市委黨校學報』2007年第2期: 14-16 쪽을 참조할 수 있다.

가능성이 크기 때문에, 이른바 "공산주의 사회의 낮은 단계(일반적으로 사회주의로 불리는)"와 같은 표현이 있었던 것이다.[41]

　레닌에게도 두 개념의 용법에 비교적 큰 변화가 있었지만, 초기의 그것은 이행기와 공산주의 사회의 낮은 단계인 사회주의 사회를 명확하게 구분했다. 그 이후 레닌의 사용법에 큰 폭의 변화가 나타났다. 「10월 혁명 4주년 기념일에 부쳐」과 「신경제정책과 정치교육 위원회의 임무」에서 '바로 공산주의로 넘어가고자 했던' '전시戰時 공산주의' 정책의 잘못을 반성하면서, 그는 다음과 같이 평가했다. 즉, 경제적으로 낙후한 소농小農 국가에서 곧바로 공산주의적 생산과 분배가 실행되는 단계로 넘어갈 수는 없다. 따라서 반드시 "국가자본주의와 사회주의라는 과도적 단계를 거쳐"[42]야만 한다. "사회주의의 실행을 위한 계획과 감독의 시간을 거치지 않는다면, 공산주의의 낮은 단계로 가는 것조차 불가능할 것이다."[43]

　이와 같은 그의 표현은 사회주의를 공산주의 사회의 낮은 단계로 이해했던 예전의 입장과 분명히 다르다. 레닌은 말년에 사회주의를 공산주의 사회의 낮은 단계와도 구분된 별도의 이행기로 이해했다. 그런데 정작 이행기를 공산주의의 낮은 단계인 사회주의와 혼동했던 사람은 바로 스탈린이었다. 당시의 소련 상황은 마르크스주의 개척자들이 제시한 공산주의 사회의 낮은 단계라는 여건을 갖추지 못했지만 스탈린은 개념적으로 그것을 새롭게 규정하지 않았다. 그리고 모호하게 당시 소련 사회는 이미 사회주의를 기본적으로 달성했다고 발표했다. 따라서 그것은 실제로 사회

41) 中共中央馬克思·恩格斯·列寧·斯大林著作編譯局 譯,『列寧選集』3, 人民出版社, 1995: 196쪽을 참조하라.

42) 中共中央馬克思·恩格斯·列寧·斯大林著作編譯局 譯,『列寧全集』42, 人民出版社, 1986: 176쪽.

43) 中共中央馬克思·恩格斯·列寧·斯大林著作編譯局 譯,『列寧全集』42, 人民出版社, 1986: 182-183쪽.

주의 사회라는 규정을 바꾸었을 뿐만 아니라, 개념적으로도 사회주의 사회와 이행기를 명확하게 혼동했던 것이다.

그리고 마오쩌둥은 '이행기는 자본주의에서 사회주의까지만 해당된다.'는 명제에 문제제기를 하면서, "이행기는 자본주의에서 사회주의까지는 물론, 사회주의에서 공산주의까지를 포함한다."[44]는 의견을 제출했다. 이후 1962년 중국 공산당 8기 중앙위원회 10차 전체회의의 공보公報에서는 "자본주의에서 공산주의로 넘어 가는 모든 역사적 시기"[45]라는 표현이 등장했다. 또한 1963년 중국 공산당 중앙위원회의의 「국제 공산주의 운동 총노선에 관한 건의」에서는 다음의 내용이 분명하게 제시되었다. "공산주의 사회의 높은 단계에 진입하기 전까지는 자본주의에서 공산주의로 나아가는 이행기인 동시에 무산계급 독재의 시기다."[46] 그런데 만약 이와 같다면, 사회주의 사회는 이행기와 동일해지거나, 기껏해야 완전히 이행기에 포함되어 버리고 만다.

사회주의와 이행기를 혼동하게 된 현실적 원인은 사회주의 혁명 초기의 현실적 조건과 마르크스가 구상한 사회주의 혁명의 초기 조건이 크게 다르다는 점에 있다. 그 차이는 마르크스주의 개척자들의 사회주의 이론과 사회 현실 사이에 심각한 모순을 발생시켰다. 즉, 한편으로 현실에서 사회주의 혁명이 승리한 국가는 정치, 경제, 문화 등 모든 영역에서 마르크스가 구상했던 혁명의 초기 조건과 다르게 낙후한 상태였고, 마르크스가 요구한 공산주의의 낮은 단계가 지닌 여러 조건과도 상당한 차이가 있었다. 그래서 상당히 긴 이행기가 필요했다. 다른 한편으로는 마르크스주의 개척자들의 기준에서 혁명 이후의 이행기가 오랫동안 지속된다는

---

44) 中華人民共和國國史學會 編, 『毛澤東讀社會主義政治經濟學批注和談話』(國史研究學習資料, 內部淸樣本)上, 1998: 77쪽.

45) 「中國共產黨第八屆中央委員會第十次全體會議公報」, 『人民日報』, 1962.9.29.

46) 中共中央文獻硏究室, 『建國以來重要文獻選編』16, 中央文獻出版社, 1997: 447쪽.

것이 사회주의가 아직 실현되지 못했다는 것을 의미한다면, 그것은 혁명을 이룬 국가에서 자신의 사회주의적 제도를 승인하는 데 매우 곤란한 상황이 연출된다.

이처럼 낙후된 국가에서 혁명에 승리한 마르크스주의 정당은 이와 같은 사회적 현실에 직면할 수밖에 없었다. 그것은 자본주의 사회가 아니지만, 마르크스주의 개척자들이 이해한 공산주의 사회의 낮은 단계라는 조건에도 부합되지 않았다. 또한 마르크스주의 개척자들이 이해했던 것처럼 일시적 과도기가 아니라, 이행기는 상당히 긴 역사 시간이었다. 마르크스주의 개척자들의 견해를 이렇게 실제로 존재하는 사회주의 사회에 엄격히 적용한다면, 그것을 사회주의 사회든 이행기든 어떻게 부르던 간에 그 어떠한 것도 이름과 실제가 괴리된, 타당성을 상실한 것이라는 점만큼은 분명해 보인다.

따라서 마르크스주의 이론가들은 그러한 이론과 현실의 괴리가 메울 수 있는 방법을 반드시 찾아야만 했다. 이론적으로 가능한 선택은 공산주의 사회의 낮은 단계인 사회주의 사회와 이행기의 구별을 없애고, 사회주의 사회를 자본주의에서 공산주의 사회로 가는 이행기 사회로 보는 것이다. 다시 말해서, 모든 사회주의 사회를 과도기로 보고, 두 가지를 동일하게 간주한다면 이론상의 모순을 해결할 수 있다. 그렇지만 이행기와 공산주의 사회의 낮은 단계인 사회주의 사회를 동일시한다고 해서, 실제적인 생활상의 어려움이 해결되는 것은 아니다. 기껏해야 이론상의 일부 어려움들만 해결했을 뿐이다. 더 중요한 것은 그와 같은 동일시가 예상치 못했던 실질적이고 이론적인 결과들을 초래했다는 점이다.

이행기와 공산주의 사회의 낮은 단계를 혼동하면서 초래된 사회적 현실 생활의 결과는 사실 상당히 심각한 것이었다. 공산주의 사회의 낮은 단계, 즉 레닌이 말한 사회주의가 비록 공산주의 사회의 저급한 단계일지라도 마르크스주의 개척자들이 서술한 내용들을 살펴보면, 그 사회 또한 나름대로의 특정한 경제적, 정치적 발전 단계가 존재한다는 점을 알 수 있다. 예를 들어, 경제 제도로서의 공유제, 부르주아의 권리에 속하는 노동에 따른 분배, 정치 제도로서의 파리코뮌식의 민주제 등이 그것이다. 결론적으로 말해서, 그것을 하나의 독립된 사회 발전단계로 볼 수 있다.

그런데 공산주의 사회의 낮은 단계와 이행기의 혼동으로부터 공산주의 사회의 낮은 단계인 사회주의 사회를 하나의 독립된 사회적 발전단계로 규정하지 않으면, 불가피하게 그것은 간과될 수밖에 없다. 그와 함께, 과도기적 사회의 급격한 변화라는 측면과 그에 상응하는 정치적 생활이라는 비일상적 측면만이 주목된다. 또한 그러한 혼동은 마르크스주의 개척자들이 묘사한 공산주의 사회의 낮은 단계라는 조건이 미처 갖춰지지 못한 사회를 그것이 이미 갖춰진 사회로 간주하게 만들었다. 다시 말해서, '당연한' 기준에 의해 현실 존재를 억지로 강제한 결과가 야기되었다.

따라서 그것은 불가피하게 두 가지 측면의 심각한 결과를 가져왔다. 하나는 이상을 척도로 현실을 규범화한 것이다. 경제적으로는 '일대이공一大二公'47)의 '가난해도 공산주의로 이행할 수 있다'48)를 추구해 '공산주의로 달려'가고자 했다. 다른 하나는 사회의 정상적인 상태와 발전이 지닌 안정성을 크게 무시한 것이다. 이행기는 불안정하다는 시각에서 사회적 생활에 접근했기 때문에 정치적으로는 계급투쟁이 심각해졌을 뿐만 아니라 크게 확대되었다. 그로 인해 7·8년마다 문화대혁명과 같은 대규모 군중운동이 전개되었다.

47) | '一大二公'은 1958년 9월 3일자 『人民日報』의 사설 「高擧人民公社的紅旗前進」에서 나온 표현이다. 인민공사의 특징인 큰 규모와 높은 수준의 공유화·집단화를 가리킨다.

48) | '가난해도 공산주의로 이행할 수 있다[窮過渡]'는 1958년 류사오치에 의해 제기되었다. 생산력보다 생산관계의 결정적 작용을 강조하면서, 비록 지금 가난할지라도 3-4년 후면 공산주의로 이행할 수 있다는 것이 기본 내용이다. 이 주장은 마오쩌둥의 비판을 받았다. 吳冷西, 『憶毛主席』, 新華出版社, 1995: 111-112쪽을 참조하라.

또한 이행기와 공산주의 사회의 낮은 단계를 혼동하면서 초래된 결과는 이론적으로도 매우 심각했다. 공산주의 사회의 낮은 단계나 사회주의 사회가 불안정한 이행기로 간주되는 이상, 이론적으로 안정적 구조를 갖춘 독립적인 사회 발전단계에서나 가능한 사회정치적 철학 이론으로 끊임없이 변화하는 '이행기'에 대응할 수는 없다. 그래서 사회주의 건설 이후 몇 십 년 동안의 정치적 상황, 특히 무산계급 독재에 관한 글들이 많을지 몰라도, 사회주의적 정치구조의 규범과 실제를 통일적으로 다룬 사회정치적 철학 이론이 없다는 점은 당황스럽기까지 하다. 물론, 넓은 의미에서 이행기에 관한 여러 논증들 또한 정치철학적 이론으로 볼 수 있다. 하지만 이행기에 관한 논의 초점이 마르크스가 언급했던 이상理想 사회로의 이행에 맞춰져 있는 만큼, 그 논의들은 이상 사회의 이론에 포함될 뿐이지, 자체로 독립적인 의미를 갖지는 못한다. 같은 이유에서 그것들은 사회주의적 정치구조에 관한 독립적인 정치철학 이론이 아니라고 할 수 있다.

그로부터 현실 생활이든 이론적으로든 갈피를 잡기 어려운 상황이 만들어졌다. 따라서 그 어려움을 어떻게 해결할 것인가는 전체 사회주의 연구자들 앞에 놓인 피할 수 없는 과제가 되었다. 그러한 난관을 해결하기 위해서는 현실 생활의 변화와 이론의 창조적 생산이 필요하다. 전자의 사례로는 사회주의 국가의 개혁 모색, 특히 중국적 특색사회주의의 성공 경험이 있고, 후자로는 '사회주의 초급단계'라는 개념의 제시가 있다. '사회주의 초급단계'는 중국 사회의 실제 상황으로부터 처음 제기되었으며, 그 일차적 목적은 중국 사회가 직면한 문제들을 해결하기 위해서였다.

중국 공산당 11기 중앙위원회 3차 전체회의 이후, 덩샤오핑은 중국의 생산력이 낙후되었기 때문에 현대화 건설은 장기간에 걸쳐 이루어져야 한다고 수차례 강조했다. 11기 중앙위원회 6차 전체회의를 통과한 「중국 공산당 중앙위원회의 건국 이래 당의 일부 역사적 문제에 관한 결의」에 최초로 중국이 사회주의 초급단계에 위치한다는 것을 명시했다. 중국 공산당 제12차 전국대표대회 보고에서는 더 나아가 "중국이라는 사회주의 사회의 발전은 현재 초급 단계에 있으며, 물질문명이 아직 발달하지 못한 상태다."[49]라고 제시되어 있다. 12기 중앙위원회 6차 전체회의를 통과한 「사회주의 정신문명 건설의 지도 방침에 관한 결의」에서는 사회주의 초급단계의 특징을 구체적으로 규정했다.

그리고 중국 공산당 제13차 전국대표대회 개최 직전, 덩샤오핑은 다음과 같이 언급했다. "중국 공산당 제13차 전국대표대회에서는 중국 사회주의가 어떤 단계에 있는지를 밝히고자 한다. 그것은 초급단계에 있으며, 초급단계의 사회주의이다. 사회주의 자체가 공산주의의 초급단계인데, 우리 중국은 그 사회주의에서도 초급단계로 아직은 발달하지 못한 상태라고 할 수 있다."[50] 그로부터 사회주의 초급단계 이론은 중국 공산당 제13차 전국대표대회에 정식으로 제출되었을 뿐만 아니라 중국 공산당 당헌에도 포함되었다.

그 개념은 중국의 현실 문제를 해결할 수 있다는 의의를 지녔을 뿐만 아니라 그 자체가 지닌 의미는 사실 그것이 제기되었던 목적을 훨씬 넘어선 것이었다. 그 개념이 지닌 중국 사회의 현실적 의미에 대해서는 아주 많은 관심들이 있었지만, 세계 사회주의 운동사와 마르크스주의 발전사의 차원에서 그것이 지닌 혁명적 의의는 이해되지 못했다. 그것의 의의는 기본적으로 사회주의 운동의 이상과 현실 문제를 마침내 해결했다는 데 있다. 앞서도 언급했듯이, 마르크스주의 개척자들은 그들의 말년에 예전부터 자본주의 사회의 대립물로만 두루뭉술하게 간주되던 공산주의 사회를 낮은 단계와 높은 단계로 구분했다. 그러한 구분은 분명 이상에서 현실

49) | 中共中央文獻編輯委員會 編, 『胡耀邦文選』, 人民出版社, 2015: 435쪽.
50) 中共中央文獻編輯委員會 編, 『鄧小平文選』3, 人民出版社, 1993: 252쪽.

로 가는 큰 걸음, 즉 이상 사회에서 현실 사회로의 확장이라고 할 수 있다.

그로부터 이제 막 옛 사회에서 배태되어 나온 공산주의 사회의 낮은 단계는 "그래서 그것은 경제, 도덕, 정신 등 각 영역마다 옛 사회로부터 변화되어온 흔적을 지니고 있다."[51] 다시 말해서, 공산주의 사회의 낮은 단계는 옛 사회와 많은 부분에서 비슷할 수밖에 없는 것이다. 특히, 자본주의 사회와 사회주의 사회에서는 기본 원칙으로서 등가교환 법칙이라는 부르주아적 권리가 서로 공유되는 지점도 있지만, 사회주의 사회는 사유제가 소멸되었다는 점에서 자본주의 사회와 구별된다. 하지만 이상에서 현실로의 하향下向 확장 구상은 공산주의 사회의 낮은 단계에서 완전한 공유제로 실현되었지만 여전히 매우 이상적인 형태로 남게 된다. 아울러 낙후된 국가에서 이루어진 사회주의의 승리로부터 그러한 이상과 현실의 거리가 한층 더 멀어졌다는 점은 분명하다. 중국의 개혁개방에 이르기까지, 사회주의 운동은 이미 100여 년이 넘게 지속되었고, 현실화된 사회주의 사회도 이미 50여 년이 넘게 존재하고 있다. 그럼에도 불구하고 이상과 현실의 문제는 여전히 해결되지 못했다.

그러나 '사회주의 초급단계' 이론이 제출되면서, 그와 같은 현실적이고 이론적인 어려움이 근본적으로 해결될 수 있었다. 오늘날 사회주의 초급단계 이론에서의 사회주의는 이상이 현실에 더 근접한, 다시 말해서 더욱 나아간 하향 확장이기 때문에 사회주의는 큰 포용력을 갖추게 되었다. 그 포용력은 등가교환 법칙이라는 부르주아적 권리를 서로 공유할 뿐만 아니라, 사유제가 주도적 위치를 차지하지 않는 선에서 제한적으로 유사한 것들의 존재가 용인된다. 덩샤오핑이 지적했던 것처럼, 사회주의는 공산주의 초급단계이고, 그 초급단계가 다시 초급단계로 구분되는 것이 사

---

51) 中共中央馬克思·恩格斯·列寧·斯大林著作編譯局　譯, 『馬克思恩格斯選集』3, 人民出版社, 1995: 304쪽.

418 제5장 현대적 중국 마르크스주의 철학의 실천적 진전

회주의 초급단계다.

이로부터 사회주의는 더 큰 존재 공간을 확보하게 되었고, 더 이상 이행기와 혼동되지 않았다. 또한 사회주의 자신의 발전을 위해서 이행기를 명확하게 구분했다. 이행기는 불안정한 급변의 시기이기 때문에 사회주의 초급단계는 결코 그러한 불안정한 과도기가 아니다. 대신, 그것은 자체적 규정성을 갖는 장기적으로 안정된 사회 발전단계다. 물론 세계에서 불변의 사회란 존재하지 않지만, 일정한 범위에서의 변화가 그 사회의 본질적 규정까지 바꾸지는 못할 것이다. 그러한 발전단계의 시간 간격, 즉 사회주의 초급단계라는 역사적 과정에 대해, 중국 공산당 제15차 전국대표대회에서는 중국의 실제 상황으로부터 최소한 100년이 걸릴 것이라고 천명했다. 사회주의 초급단계는 이 기간 동안 다양한 변화를 겪겠지만, 그 본질적 규정은 쉽게 바뀌지 않을 것이다.

그래서인지 일부 이론계에서는 '사회주의 초급단계' 개념에 비판적 태도를 취하기도 하지만, 그와 같은 개념이 있었기에 앞서 논한 실제와 이론이라는 난관을 벗어날 수 있었다는 점을 알아야 한다. 그 개념은 현 단계의 사회와 이행기를 구분함으로써 사회주의 초급단계가 스스로 안정된 구조의 독립된 사회 발전단계라는 사실을 알려주었다. 더 이상 비상 시기의 일반적이지 않은 방식의 정치 활동이 요구되지 않았으며, 안정된 구조에서 평상시의 정상적인 방식으로 경제, 정치, 문화생활을 도모할 수 있게 되었다. 또한 그 개념은 중국의 현 단계 사회주의와 마르크스주의 개척자들이 구상한, 즉 선진국에서는 사회주의 혁명으로부터 일시적 과도기를 거친 공산주의 사회의 낮은 단계를 구분했다. 따라서 그것은 마르크스주의 개척자들이 설정한 실현가능성이 없는 기준으로 현실 사회를 재단하지 않도록 했으며, '일대이공'과 '가난해도 공산주의로 이행할 수 있다'를 벗어나 현실에 발붙이고 자신을 발전시킬 수 있도록 했다. 특히, 경제 발전을 적극적으로 추동하는 사회주의적 시장경제 시스템을 수립했다.

그런데 '사회주의 초급단계' 개념이 독창적인 것인지에 대해서는 이론 계에서도 논쟁이 있었다. 저자는 그것이 완전히 새로운 개념이라는 견해[52]에 찬성한다. 그것의 독창성을 반대하는 주된 이유는 레닌이 일찍이 사회주의 사회의 발전단계를 논의한 적이 있는데, '사회주의 초급단계' 이론은 레닌과 관련된 사상을 계승·발전시킨 것에 불과하다는 것이다. 10월 혁명 이후, 레닌은 러시아의 실제 상황에 기초해 '사회주의 초급단계'로 해석될 수 있는 선도적 개념들을 제시했다는 점은 분명하다. 하지만 적지 않은 이들이 지적했던 것처럼, 레닌에게 그 개념은 사회주의의 일반적 발전에서 반드시 거쳐야 할 일련의 단계였지, 결코 공산주의 사회의 낮은 단계와 높은 단계와 같은 사회적 단계는 아니었다. 다시 말해서 '사회주의 초급단계'와 같이, 그는 명확하게 사회주의 사회를 다른 사회적 단계들과 구분하지 않았다.[53] 심지어 일부 논자들은 레닌의 '초급 형식의 사회주의'가 사실 이전 번역본에서의 오역이었고, 그래서 신판 『레닌전집』에서는 수정되었다고 한다.[54]

---

52) 於光遠, 「社會主義初級階段的經濟」, 『中國社會科學』1987年第3期: 73-88쪽을 참조하라.

53) 牛繼升, 「列寧對社會主義社會是否具體地劃分過階段?」, 『教學與研究』1985年第6期: 43-46쪽. ; 顧歧山, 「關於社會主義初級階段理論研究中的一個問題」, 『黨政論壇』1987年第11期: 13-15쪽. ; 王笑鴻, 「正確理解列寧關於社會主義社會階段劃分思想」, 『學術界』1988年第2期: 18-19쪽. ; 林風, 「關於列寧與社會主義發展階段問題的思考」, 『南方論刊』2001年第1期: 34-36쪽. ; 趙光俠, 「略論鄧小平對列寧社會發展階段思想的繼承與超越」, 『山西高等學校社會科學學報』2003年第8期: 11-14쪽을 참조하라.

54) 田永祥, 「列寧是否提過'初級形式的社會主義'概念?」, 『理論信息報』1987年8月1日: 24쪽을 참조하라. 하지만 수정 이후의 번역문에 대해 高放은 田永祥과 완전히 다른 견해를 보인다. 高放, 「如何理解列寧關於社會主義'最初級形式'、'初級形式'等提法」, 『理論信息報』1987年7月27日: 20쪽을 참조하라.

3) 사회주의 초급단계설의 이론적 공헌

사회주의 초급단계 이론의 가장 직접적인 의의는 바로 사회주의와 시장경제가 양립 불가능하다는 이론적 금기를 깨뜨렸다는 점이다. 오랫동안 마르크스주의 경제학이나 서구 주류경제학에서는 시장경제와 자본주의 경제를 동일시하면서 그것들의 차이에 주목하지 못했다. 하지만 시장경제가 시행된 지 수백 년이 지나고 나서야 마침내 시장경제가 자본주의 경제와 다르다는 사실을 알게 되었다. 서구 경제학자들은 시장이 자본주의적 경제의 본질적 특징이 아니며, 따라서 시장과 자본주의를 혼동해서는 안 된다고 보았다. 시장이 상품경제와 관련이 있기는 하지만, 상품경제는 아주 오래 전부터 존재했던 것으로 심지어 고대에서도 크게 발전했었다. 예를 들어, 고대 그리스·로마 시대, 중국의 전국 시대부터 서한西漢 시대까지가 그러하다.[55]

역사학자 브로델[Fernand Braudel, 1902-1985]은 역사적 고찰을 통해 다음과 같은 설명했다. "자본주의 세계에서든 사회주의 세계에서든, 사람들은 자본주의와 시장경제를 구분하려고 하지 않는다. 보통 사람인 나는 그것에 유감이다."[56] 그것은 서로 구분되는데, "자본주의는 여지없이 최고층의 경제 활동 혹은 최상층을 향한 경제 활동의 부산물이라는 점이다. 이러한 대단한 능력을 가진 자본주의는 물질생활과 시장경제라는 양대 기반 위에 군림하면서 고이윤의 영역을 구현해낸다. 나는 자본주의를 하나의 감제고지瞰制高地[57]로 간주한다."[58] 또한 사회주의 국가에서는 몇 십 년 동안 실시된 계획경제로부터 마침내 고도로 집중된 계획경제의 여러 폐

---

55) 胡代光 等, 『當代國外學者論市場經濟』, 商務印書館, 1996: 4쪽을 참조하라.
56) Fernand Braudel / 顧良·張慧君 譯, 『資本主義論叢』, 中央編譯出版社, 1997: 118쪽.
57) | 적의 활동을 살피기에 적합하도록 주변이 두루 내려다보이는 고지를 가리킨다.
58) Fernand Braudel / 顧良·張慧君 譯, 『資本主義論叢』, 中央編譯出版社, 1997: 117쪽.

단뿐만 아니라 사회주의가 결코 계획경제와 같지 않다는 사실을 깨닫게 되었다. 따라서 시장경제가 자본주의나 사회주의와 맺는 관계를 다시금 불가피하게 확정해야만 한다.

만약 공산주의 사회의 낮은 단계나 사회주의에 대한 마르크스주의 개척자들의 규정을 계속해서 고수한다거나, 또는 "개인의 소비재를 제외하고 어떠한 것도 개인의 재산이 될 수 없다."[59]는 엄격한 공유제를 견지한다면, 그것은 필연적으로 다음과 같은 결론에 도달할 수밖에 없다. 즉, "사회가 생산수단을 점유하면 상품생산은 사라질 것이다. 이에 따라 상품이 생산자를 지배하는 것도 함께 사라질 것이다. 사회적 생산 내부의 무정부 상태는 계획을 가진 자각적 조직에 의해 대체될 것이다."[60] 사회가 유일한 생산수단 소유자가 되면, 상품교환이 요구하는 각기 다른 소유자라는 조건은 존재하지 않게 된다. 따라서 사회주의는 계획경제를 의미할 수밖에 없다.

그런데 만약 사회주의 초급단계 이론을 받아들여 사회주의를 이상으로부터 하향 확장시키고, 사회주의 초급단계에 다양한 소유제가 남아 있을 수 있다는 점을 인정한다면, 계획경제와 사회주의는 더 이상 필연적 관계가 아닌 것이다. 다시 말해서, 계획경제든 시장경제든 간에 그것은 자원 배치의 방식일 뿐이지, 경제에 사회주의 성격이 남아 있는가로 결정되지 않는다. 시장기제는 자본주의적으로도 사회주의적으로도 사용될 수 있다. 그 점이 바로 현대적 중국 마르크스주의의 획기적인 인식에 해당한다.

개혁개방 초기, 덩샤오핑은 사회주의와 시장경제의 관계를 언급하면서 고도로 집중된 계획 시스템의 과도한 압력 때문에 경제의 활력이 사라졌

---

59) 中共中央馬克思・恩格斯・列寧・斯大林著作編譯局 譯, 『馬克思恩格斯選集』3, 人民出版社, 1995: 304쪽.

60) 中共中央馬克思・恩格斯・列寧・斯大林著作編譯局 譯, 『馬克思恩格斯選集』3, 人民出版社, 1995: 633쪽.

다고 비판했다. 1992년의 남순강화南巡講話에서는 더욱 분명하게 지적했다. "계획적 요소가 더 많든, 시장적 요소가 더 많든, 그것은 사회주의와 자본주의의 본질적 구분이 아니다. 계획경제는 사회주의와 다르며, 자본주의 역시 계획적이기도 하다. 시장경제는 자본주의와 다르며, 사회주의에도 시장이 있다. 계획과 시장 모두 경제적 수단일 뿐이다."[61] 14기 중앙위원회 3차 전체회의에서 통과한 「중공 중앙의 사회주의 시장경제 체제 건립에 관한 일부 결정」에서 사회주의적 시장경제의 기본적 틀이 제시되었다. 그리고 16기 중앙위원회 3차 전체회의에서는 사회주의적 시장경제 시스템을 더욱 보완해야 한다고까지 요구했다. 그렇다면 사회주의와 시장경제의 결합을 어떻게 이해해야만 하는가?

브로델은 시장경제와 물질생활(브로델에게 '물질생활'이라는 용어는 의식주와 교통수단을 뜻한다.)을 사회적 기층으로, 그리고 자본주의를 물질생활과 시장경제 위에 세워진 '상부구조'로 간주했는데, 그것이 시사하는 바가 크다. 물론 자본주의를 '상부구조'라고 하면, 마치 자본주의가 정치제도인 것 같은 오해를 불러일으키기 쉽다. 하지만 실제 브로델의 의도는 하나의 제도로서 자본주의적 층위가 시장경제의 그것보다 높다는 데 있다. 그는 다음과 같이 주장했다. "가장 큰 잘못은 억지로 자본주의가 '경제제도'라고 우기는 것이다. 사실, 자본주의는 사회 조직의 부산물로서 그것의 힘은 언제나 거추장스러운 거대한 몸집의 국가와 비슷하다. 또한 자본주의는 문화를 통해 사회라는 고층 건물을 견고히 하기 위해 모든 지원을 다한다. 비록 사회 각 계층에 의해 그 문화가 골고루 향유되지도 않고, 문화 내부에 다양한 흐름과 모순만이 가득할지라도, 문화는 언제나 최선을 다해 현 질서를 지탱한다. 자본주의는 지배계급을 떠받들고 지배계급은 자본주의를 보호하는 동시에 자신을 보호한다."[62]

61) 中共中央文獻編輯委員會 編, 『鄧小平文選』3, 人民出版社, 1993: 373쪽.

만약 자본주의가 시장 경제에서 만들어지고 시장경제와 연동된 것으로, 그리고 시장경제를 특정 범위에서의 사회적 조직 방식으로 제한시켜 이해한다면, 사회주의도 그러한 자본주의적 시장경제와 비슷하게 시장경제라는 기반 위에 스스로를 세울 수 있으며, 시장경제에 특정한 형식을 부여할 수 있다. 그와 같은 측면에서 시장경제는 보편적 의미의 경제적 활동 방식이 된다. 따라서 자본주의와 사회주의는 시장경제를 기반으로 그것을 특화하는 각자의 방식을 통해 스스로를 구성한다. 즉, 시장경제가 자본주의 방식으로 특화된 것이 자본주의적 시장경제이고, 사회주의 방식으로 특화된 것이 사회주의적 시장경제이다. 이처럼 시장경제에는 두 가지의 양식 또는 모델이 존재한다. 전자는 수백 년의 역사를 지니고 있고, 후자는 몇 십 년 동안의 경험을 갖고 있다. 또한 지금도 스스로에게 적합한 존재 방식을 계속해서 찾아나가고 있다.

그런데 시장경제가 공유되는 것이라면, 사회주의는 자본주의와 어떤 점에서 구분되는가? 자본주의의 본질적 특징이 무엇보다 고용노동 제도에 있다는 점은 분명하다. 자본주의에서는 상품관계가 최대한도로 발전하면서 모든 것이 상품으로 바뀌었는데, 특히 노동력이 상품으로 변화되었다. 자본주의는 바로 그 고용노동 제도에 의해 발전된 것이다. 그런데 고용노동이 예전 사회에서도 존재했다는 점을 감안한다면, 현대적 고용노동 제도인 자본주의와 예전의 고용노동은 어떤 지점에서 구분될까?

여기서 자본주의의 특징에 관한 브로델의 규정을 통해 그것들을 구분해볼 수 있다. 브로델의 주장에 의하면, 자본주의적 시장경제의 특징은 경쟁에 기초한 독점이다. "자본주의는 언제나 독점적이다."[63] 그런데 그

---

62) Fernand Braudel / 顧良・張慧君 譯, 『15至18世紀的物質文明, 經濟和資本主義』3, 三聯書店, 1993: 725쪽.
63) Fernand Braudel / 顧良・張慧君 譯, 『資本主義論叢』, 中央編譯出版社, 1997: 118쪽.

독점은 경쟁을 없애는 것이 아니라, 오히려 경쟁을 기반으로 존재하는 독점이다. "시장경제의 자유경쟁에서 벗어난(또는 영양을 섭취한) 자본주의(과거와 현재의 자본주의, 그리고 그 독점 정도에 따른 각기 다른 단계)는 결코 완전히 경쟁을 없애지 못하고, 경쟁 위에서 군림하며 그것과 병존한다."[64] 독점을 자본주의의 특징으로 간주한 브로델의 이해는 통상적인 그것과 모순된다. 일반적으로는 자본주의가 제국주의 단계로 발전해야지만 독점자본주의가 출현한다고 알려져 있다. 그와 같은 설명은 독점자본주의가 존재하면서도 동시에 비非독점적인 자유자본주의가 존재한다는 것을 뜻한다.

그렇지만 브로델의 독점은 제국주의 특징이라는 일반적인 독점과 명백히 다르다. 그는 그 용어를 상당히 넓은 의미로 사용했는데, 일반적으로 말하는 독점은 매우 높은 수준의 독점일 뿐이다. 저자는 독점이라는 용어를 비교적 넓은 의미에서 이해한다면, 브로델의 독점으로 자본주의와 일반적 시장경제의 특징을 구분할 수 있으며, 그리고 그것을 매우 탁월한 견해로 본다. 그에게 현대적 자본주의 경제의 수많은 수제공방과 독립적 소기업들은 자본주의가 아니라 경쟁의 영역에 속하는 것이다. "자본주의에서도 상당히 두터운 기층경제라는 층위가 존재한다. 그것을 무엇으로 부르던지 간에, 그것은 독립적인 단위로 구성되어 확실히 존재하고 있다."[65] 따라서 자본주의는 그 기층 위에 존재하는 독점적 조직과 대기업의 경제 활동만을 가리킬 뿐이다. 그러한 구분으로부터 다음을 주장할 수 있다. 즉, 수제공방과 독립적 소기업에서 이루어지는 고용 관계는 자본주의적 고용노동 제도가 아니다. 이와 다르게, 일정 정도의 독점적 기초를

---

64) Fernand Braudel / 顧良・張慧君 譯, 『15至18世紀的物質文明、經濟和資本主義』2, 三聯書店, 1993: 641쪽.

65) Fernand Braudel / 顧良・張慧君 譯, 『15至18世紀的物質文明、經濟和資本主義』3, 三聯書店, 1993: 734쪽.

갖는 대기업과 독점적 조직의 고용 관계들만이 자본주의적 고용노동 제도에 속한다.

　브로델의 견해는 분명 참신하고 독특하지만, 일반적인 시각과 달라 쉽게 받아들여지지 못했다. 하지만 그 견해는 명백한 역사적 사실과 함께 현실적인 생활 경험에 의해 뒷받침되고 있기 때문에 검증 가능한 신뢰성을 갖추었다. 물론 브로델이 독점을 자본주의의 특징으로 간주한 것에도 문제점은 있는데, 그것으로는 계획경제의 국가독점과 자본주의적 독점이 구분되지 않기 때문이다. 따라서 그 규정에 대한 보완과 수정이 필요하다. 그리고 자본주의는 사유제에 기초하기 때문에 자본주의적 독점은 개인적 독점으로 규정된다. 따라서 개인적 독점에 기초한 고용노동 제도만이 자본주의의 본질적 특징이 된다.

　앞서의 규정은 사회주의적 시장경제의 본질적 특징을 모색하는 데도 새로운 사유를 제공한다. 사회주의와 자본주의는 대립적인 사회제도로 알려져 있다. 하지만 자본주의가 시장경제와 같지도 않고, 단지 시장경제라는 기초 위에 세워진 상층에 불과하다면, 사회주의는 시장경제와 대립되지 않기 때문에 일정한 방식으로 시장경제 위에 세워질 수 있다. 그래서 사회주의적 시장경제와 자본주의적 시장경제는 시장경제의 상층 부분에만 구분된다. 그 부분은 자본주의적 시장경제에서 개인적 독점에 기초한 고용노동 제도를 가리키는데, 사회주의 시장경제는 그것을 부정한다. 다시 말해서, 개인적 독점에 기초한 고용노동 제도 자체를 부정한다. 그 부정은 사회주의의 전제인 공유제에 대한 긍정이기도 하다. 공유제는 개인적 독점을 부정할 뿐만 아니라 그것에 기초한 현대적 고용노동 제도를 부정한다. 그렇다면 근본적인 문제는 사회주의적 시장경제에서 어떻게 공유제와 시장경제를 결합시킬 것인가이다.

　자본주의적 시장경제는 개인적 독점과 시장경제가 결합되었거나, 개인적 독점이 시장경제를 제한한다고들 한다. 비록 그 내부에 개인적 독점과 자유경쟁의 모순이 불가피하게 존재하기는 하지만, 그 모순의 발생은 자생적인 것이다. 반면, 사회주의적 시장경제는 공유제와 시장경제의 결합으로서 그러한 자생성이 존재하지 않는다. 그것은 자발적 선택의 결과일 뿐이다. 따라서 그러한 결합을 가능케 하는 방식의 파악이 무엇보다 중요하다. 이러한 결합 방식에서 가장 일반적인 제약 방식은 시장경제를 인정하면서 공유제도 인정하는 것이다. 그렇지만 시장경제가 사회주의적 시장경제의 기층인 이상, 중요한 문제는 공유제가 어떻게 시장경제라는 기층 위에 존재할 수 있는가이다.

공유제는 아직까지도 그 함의가 확정되지 못한 개념이다. 계획경제는 오랫동안 사회주의의 유일한 현실적 존재 형식이었기 때문에, 계획경제와 사회주의를 동일시해 계획경제가 사회주의를 유일하게 가능케 하는 형식으로 간주되곤 했다. 또한 계획경제는 지침을 내려 경제를 주도하는 방식으로 간주되었는데, 그것은 재산권의 절대적 집중인 완전한 국유제를 요구할 수밖에 없었다. 그래서 공유제는 국가소유제와 동일시되었을 뿐만 아니라, 나아가 국가가 직접 소유권·사용권·수익권·처분권 등 모든 재산권의 내용을 행사하는, 즉 절대적으로 집중된 국유제로 간주되었다. 그러한 계획경제 모델에 갇혀 공유제를 이해하게 되면, 공유제는 분명 시장경제에서 요구되는 존재 조건을 만족시킬 수 없게 된다. 왜냐하면 공유제가 절대적으로 집중된 국유제인 이상, 그것은 시장경제가 요구하는 재산권 분할과 서로 호응할 수 없기 때문이다.

그렇지만 실천 과정을 통해 앞서 언급한 공유제의 이해가 편향적이고 불완전하다는 사실이 점차 밝혀졌다. 그리고 절대적으로 집중된 국유제는 공유제를 가능케 하는 하나의 형식일 뿐이지 유일한 형식이 아니라는 점, 국유제와 함께 집단소유제도 공유제를 가능케 하는 하나의 형식이라는 점이 분명해졌다. 여기서 국유제는 절대적으로 집중된 국유제와 구분된다. 왜냐하면 국유제에서 소유권, 사용권, 수익권, 처분권 등 구체적인 재산권 내용을 일정 방식으로 분리시킬 수 있기 때문이다. 공유제를 이와 같이 이해한다면, 공유제는 시장경제에서 요구되는 존재 조건과 서로 호응할 뿐만 아니라 시장경제 위에 그것을 세울 수 있게 된다. 또한 집단소유제도 다수라는 특징으로부터 재산권 분할과 같은 시장 기제의 요구를 만족시킬 수 있다. 소유권이 다른 재산권을 상대적으로 분리된 국유제 역시 일정 정도에서 재산권 분할이라는 요구를 충족시킬 수 있다.

물론, 시장경제의 재산권 분할은 절대적으로 요구되는 것이 아니라, 시장 기제가 정상적으로 작동될 수 있는 정도에서만 요구된다. 그렇기 때문에 사회주의적 시장경제는 시장 경쟁의 기초 위에 브로델이 언급한 독점이 어느 정도까지는 허용된다. 그것은 자본주의적 시장경제가 독점을 허용하는 것과 마찬가지다. 사회주의적 시장경제에서는 개인적 독점을 허용하지 않지만, 일정 정도의 비非개인적 독점은 허용된다. 비개인적 독점에는 국가 독점과 집단기업의 독점이라는 형식이 존재한다. 국가 독점은 주로 국민 경제, 국가 안전 등 매우 중요한 핵심 산업 부문에 집중되지만, 집단기업의 독점은 각각의 정도에 따라 시장경제의 기층 위에 존재할 수 있다.

앞서 언급한 사회주의와 시장경제의 양립은 공유제와 시장경제의 양립에 국한된다. 공유제와 다양한 소유제의 공존에 관해서는 아직까지 충분한 검토가 이루어지지 못했다. 사회주의적 시장경제는 사실 완전한 공유제가 아니라 공유제 중심만을 요구할 뿐이다. 공유제 중심이라는 전제에서만이 다양한 소유제의 경제가 함께 발전할 수 있을 것이다. 왜냐하면 공유제를 중심으로 해야만 전체적으로 노동에 따른 분배를 중심에 놓고, 공동의 부를 목표로 하는 사회주의 성격을 담보할 수 있기 때문이다. 사회주의 초급단계 이론에 근거한 사회주의적 시장경제 이론은 사회주의적 이상을 하향 확장시킨 것이다. 다시 말해서, 개개인이 자유롭게 발전하는 공산주의 사회라는 인류의 가장 숭고한 이상적 목표와 함께, 현대에서 가장 현실적인 경제적 생활 방식인 시장경제를 결합시켜 그 이상을 현실화시키고자 한 것이다. 사회주의적 시장경제야말로 오늘날 이상 사회의 실현에 가장 현실적 방식이라고 할 수 있다.

2 사회주의와 인간의 전반적인 발전

오늘날 중국에서 인간의 발전 문제는 일찍이 볼 수 없었던 방식으로, 대단히 두드러지면서도 절박하게 등장했다. 시장경제의 초보적 형성은 중국 사람들의 물질적 생활 조건을 전체적으로 현저히 향상시켰고(보도에 따르면, 2003년의 평균 1인당 소득은 중국을 더 이상 가난한 나라로 분류할 수 없으며, 또한 2020년에 중진국 수준에 도달할 것으로 전망하고 있다.), 그들에게 자유로운 발전의 가능성을 더 많이 안겨주었다. 그러나 다른 한편으로는 시장경제의 발전과 그것이 야기한 모든 것(분업의 발전, 급격한 사회적 변화, 급격한 빈부의 분화 등)은 마르크스가 구상했던 자유가 전반적으로 발전한 이상적 왕국과 매우 큰 차이를 보이는 듯하다. 따라서 그 문제들을 해결하기 위해서는 현실에 부합한 이론적 혁신이 있어야만 하고, 그래야만 합리적 해답을 제시할 수 있다.

중국 공산당 제16차 전국대표대회에서는 이와 관련되어 다음을 제기했다. "당의 선진성과 사회주의 제도의 우월성을 견지해 선진적 생산력과 선진적 문화를 발전시키고, 가장 광범위한 인민들의 기본 이익을 실현한다. 그를 통해 사회의 전반적인 진보를 추진하고, 인간의 전반적인 발전을 촉진시킨다."[66] 그것은 웅대한 구상이었다. 그와 같은 이론적 구상은 새로운 역사적 조건으로부터 인간의 전반적 발전에 관한 마르크스주의 이

---

66) 江澤民, 『全面建設小康社會, 開創中國特色社會主義事業新局面(在中國共産黨第十六次全國代表大會上的報告)』, 人民出版社, 2002: 5쪽.

론을 재해석했다는 점에서 지대한 의의를 갖는다. 그만큼 그 의미는 역사적으로도 매우 깊다고 할 수 있다. 하지만 그것을 어떻게 이해할 것인가는 그리 간단한 문제가 아니다.

이처럼 현실적으로 대단히 중요한 문제에 직면하게 된다면, 무원칙하게 기회주의적 방법을 현실에 '적용'해서는 안 된다. 또한 마찬가지로 교조주의적 방법을 이론적 원칙으로 삼아 현실을 도외시해서도 안 된다. 현실에서의 역사적 변화들을 근거로 기존의 이론들을 검토하고, 그를 통해 이론적 구상의 혁신적인 돌파구를 마련해야 한다. 마르크스의 인간 발전 이론은 매우 소중한 학술적 유산이자, 벗어날 수 없는 '선이해'가된다. 여기서는 우선 인간의 자유로운 발전에 관한 마르크스 이론으로부터, 이후 현실의 사회주의 운동 과정에서 등장했던 문제점과 그 이론에 대한 해석들을 살펴보고자 한다. 마지막으로, 현실에 기초해 마르크스의 인간 발전 이론을 어떻게 이해하고 해석해야 하는지를 논하려 한다.

1) 마르크스의 인간 발전 이론에 관한 두 가지의 문화적 근원

중국에서 시장경제가 발전하면서 초래된 여러 문제들은 이론계에 심각한 곤혹감을 안겨주었다. 시장경제의 발전이라는 동일한 현실을 놓고도, 이론적으로 동일한 이해에 도달하지 못하는 경우들이 있었다. 인간의 발전 문제, 특히 시장경제의 발전과 인간의 발전이 맺는 상관성 문제에서 이론계는 확연히 상반된 관점을 드러내곤 했다. 하나는 시장경제가 발전하면 그만큼 인간의 발전이 힘 있게 촉진될 수 있다는 주장이다. 그것과 상반된 시각으로는 시장경제가 발전하면 그만큼 인간의 발전에 부정적이라는 주장이다.[67] 양측의 논점은 실생활에서도 그 실증적 자료를 찾아볼

---

67) 尤安毅, 「人的全面發展問題的硏究綜述」, 『求實』2003年第6期: 23-24쪽을 참조하라.

수 있을 뿐만 아니라 마르크스에게서도 각각 그 이론적 근거를 찾아볼 수 있다.

그와 같은 상황이 하나의 가능성을 고려하도록 만들었는데, 그것은 바로 예전 사람들이 마르크스의 인간 발전 이론에 포함된 두 가지 요소를 진지하게 다루지 않았다는 점이다. 그 두 가지 요소에는 내적 길항이 존재한다. 다시 말해서, 내적 길항이 존재했기 때문에 이론계가 각각 마르크스의 인간 발전 이론 가운데 하나를 붙잡을 수 있었던 것이고, 특정한 이론적 조건에서 마르크스 인간 발전 이론의 두 가지 측면이 하나로 통합된다는 사실을 간과했던 것이다. 그것을 이해하기 위해서는 마르크스 인간 발전 이론이 지닌 두 가지 요소, 그리고 그것의 이론적 근원에 대한 의식이 요구된다.

어떤 이론이든 모두 그 정신적 원천이 있듯이, 마르크스의 인간 발전 이론도 예외일 수 없다. 마르크스의 학설은 인류의 전통문화, 특히 서구 전통문화의 정수를 흡수하면서 발전한 것이다. 따라서 인간에 관한 그의 학설은 서구문화의 두 가지 근원인 그리스 문화와 기독교 문화의 인간 관념이 포함되어 있다. 널리 알려진 것처럼, 기독교 문화와 그리스 문화라는 두 가지 서구문화의 근원에는 세계 내 인간의 위치, 인간의 발전과 같은 문제들이 매우 상이한 상상으로 존재해 있다. 이후 격렬한 충돌과 상호 흡수를 거쳐 서로가 서로를 포함하는 방식으로 일정 정도의 융합을 이루었다고 할지라도, 그 사이의 충돌이나 길항은 완전히 해소되지도 해소될 수도 없다는 점에서 두 가지 경향은 여전히 분명한 형태로 존재한다.

인간의 발전 문제에 관한 두 문화적 전통의 차이는 대체로 다음과 같다. 그리스의 문화적 전통에서 인간의 본질에 관한 상상은 세속적·속세 참여적·유한한 것이라면, 기독교적 전통에서 그것은 초월적·탈세속적·무한한 것이다. 그리고 그리스적 전통의 인간은 신도 동물도 아닌, 이성적이고 정치(도시를 구성하는)적인 동물이라면, 기독교적 전통의 인간은 신이 자신의 형상에 따라 창조한 것이다. 근대에 들어, 르네상스 철학과 프랑스 계몽철학은 주로 그리스적 전통을 계승했으며, 유한하면서도 감성적 존재인 인간은 현실 생활로부터 발전해간다는 점을 강조했다. 반면, 독일의 고전철학은 기독교적 인간의 형상을 더 많이 계승됐고, 인간의 본질을 초월적 존재로 더 많이 상상했으며, 현실 생활의 유한성은 그러한 신성한 본질의 소외에 불과했다.

마르크스의 철학은 독일 유심주의의 반역이었기 때문에 일정 정도에서 그리스 전통뿐만 아니라 현실 생활을 중시했던 르네상스 철학과 프랑스 계몽철학의 전통을 이어갈 수밖에 없었다. 그런데 마르크스는 독일 철학자로서 독일 철학이 중시했던 인간의 초월성 전통을 완전히 벗어날 수는 없었다. 따라서 마르크스 실천철학에는 현실성과 초월성의 길항이 불가피하게 존재하게 된다. 그것은 마르크스의 인간 발전 이론을 이해하는 데 매우 중요한 의미를 갖는다. 마르크스 철학이 유물주의적 실천철학인 이상, 인류 사회의 이상적 상태를 탐구하고 규정한다는 것은 인간의 생활적 실천에서 시작될 수밖에 없으며, 인간의 생활을 벗어난 상태(천국과도 같은 것)는 상상할 수도 없다는 것이다. 따라서 마르크스에게 인간의 이상적 상태는 특별한 생활이나 생존의 상태일 뿐이지, 지속가능한 인간의 생활을 벗어난 그 무엇이 아니라는 의미이기도 하다.

또한 이상적인 생존 상태는 마르크스가 자유의 왕국이라고 부른, 즉 필연의 왕국에 맞서는 자유의 왕국을 가리킨다. 그것의 핵심적 의미는 근본적으로 현실 생활을 벗어난 인간 개성의 자유로운 발전에 있다. 그러한 내적 길항은 마르크스의 인간 발전관이 형성되는 과정에서 매우 두드러지게 나타났다. 마르크스는 실천철학적 입장에서, 즉 인류의 실천이 발전해온 역사로부터 인간의 자유로운 발전을 이해할 수밖에 없었다. 마르크스가 스스로에게 던진 질문은 어떤 조건에서 '개개인의 전반적이고 자유로운 발전'이 실현될 수 있는가였다.

그 문제에 대한 마르크스의 규정은 일련의 변화 과정을 겪었다. 마르크스의 사상에서 인류의 궁극적 이상이었던 자유의 왕국은 인간 능력의 전반적이고 자유로운 발전이었는데, 그것은 그의 일생 동안 한 번도 바뀐 적이 없다. 그렇지만 인간의 능력이 실현되는 조건이나 형식의 측면은 그의 사상 형성 과정에서 여러 차례의 변화를 거쳤다. 다음에서 다시 언급하겠지만, 그 변화의 궁극적 지향은 내적 길항에 의해 추동된다는 점이다. 다시 말해서, 그것의 실현 조건이나 형식은 점점 더 현실적으로 규정되어 가지만, 그것의 이상적 측면은 점점 더 초월적 양상이라는 특징을 띠게 된다. 대체적으로 『1844년 경제학 철학 수고』, 『도이치 이데올로기』, 『경제학 수고 1857-1858』, 『자본론』의 마지막 원고에서 마르크스의 인간 발전 이론이 형성된 몇 가지 단계를 볼 수 있다.

인간의 발전관에 관한 마르크스의 첫 번째 체계적인 서술은 『1844년 경제학 철학 수고』에서 나타난다. 마르크스는 초기 저서에서 인간의 유類적 본질을 '자유롭고 자각적인 활동'으로 규정했다. 그러한 활동을 통해 인간은 주체로서 전반적인 발전을 이루고, 그 유적 본질도 실현된다. "소외된 노동은 스스로의 활동과 자유로운 활동을 수단으로 폄하했고, 인간의 유적 생활도 인간의 육체적 생존을 유지하는 수단으로 변화시켰"[68]을 뿐이다. 따라서 인간의 전반적 발전을 실현한다는 것은 소외된 노동을 지양하고, 인간의 유적 생활이라는 본질을 회복하는 데 있다.

그 단계에서의 인간은 마르크스에게 하나의 완전한 인간이기 때문에, 전반적인 발전은 소외를 지양한 자발적 노동 과정에서 직접적으로 나타난다. 여기서 인간 본질에 관한 독일 고전철학의 초월적 상상이 계승되고 있다는 점은 분명하다. 따라서 상대적으로 인간의 현실적 측면은 대부분

---

68) 中共中央馬克思·恩格斯·列寧·斯大林著作編譯局 譯, 『馬克思恩格斯全集』42, 人民出版社, 1979: 97쪽.

간과되어 있다. 그 이후의 마르크스 사상에서 보면,『1844년 경제학 철학 수고』의 가장 큰 이론적 결함은 노동을 통해서만 인간의 유적 본질이 실현될 수 있다고 본 것이다. 다시 말해서, 인간의 물질적 필요를 충족시킨다는 노동의 가장 기본적 목적이 명확하게 드러나지 않았다. 그로부터 분업과 사유제의 기원이 합리적으로 설명되지 못했을 뿐만 아니라, 소외가 지양된 이상세계의 공상空想적인 측면만이 크게 부각되었다.

프랑스 유물주의 철학의 영향69)을 받은『도이치 이데올로기』에서 마르크스는 현실적 개인이라는 개념을 가지고 노동을 생존 수단으로 간주하면서 앞서의 결함을 극복했다. 따라서 인간의 전반적 발전이라는 조건 역시 새롭게 규정되었다. 지금의 소외 개념은 분업 이론에 기초한 것이기 때문에 소외의 지양, 즉 자발적 노동의 실현도 우선적으로 생산력 발전에 기초하게 된다. 그로부터 소외의 지양은 분업의 소멸이라는 의미에서 규정된다. 여기서 물질적 생산 영역이나 물질적 실천 활동은『1844년 경제학 철학 수고』와 마찬가지로, 여전히 인간의 전반적 발전을 실현시키는 주요 영역으로 간주된다. 하지만 무엇보다 노동이 생존의 수단으로 간주되었다는 점에서, 인간의 전반적 발전에도 그에 상응하는 의미 변화가 나타났다.

오늘날까지도 자유로운 활동과 자발적 노동은 동일한 의미로 이해되며, '완전한 개인' 또는 '개성 있는 개인'도 분업과 사유제가 사라진 조건에서의 공동체적 개인과 동일한 의미로 사용되고 있다. 다시 말해서, "이러한 자발적 활동은 바로 생산력 총합에 대한 점유占有, 그리고 그에 따른 재능의 총합이 발휘된 것이다."70) 그런데 자유로운 활동 자체에 새로운

---

69) 코누는 "마르크스 사상의 발전 단계에서 그에게 영향을 준 것은 주로 18세기 유물주의와 프랑스 사회주의였다."라고 평가한다. Auguste Cornu / 王謹 譯,『馬克思的思想起源』, 中國人民大學出版社, 1987: 79쪽.

70) 中共中央馬克思·恩格斯·列寧·斯大林著作編譯局 譯,『馬克思恩格斯選集』1,

의미가 담겨 있다. "공산주의 사회에서는 어떤 누구라도 특수한 활동 범위를 갖지 않지만, 어떤 영역에서든 발전해나갈 수 있다. 사회가 전체 생산을 조절하기 때문에 나는 스스로의 관심에 따라 오늘은 이 일을, 내일은 저 일을 할 수 있다. 오전에는 사냥을 하고, 오후에는 낚시를 하며, 해질 무렵에는 가축을 돌보고, 저녁식사 후에는 비평 활동에 참가한다. 그러한 활동 덕분에 나는 언제나 한 명의 사냥꾼, 어부, 목축업자나 비평가에만 머물지 않을 수 있다."71)

이처럼 마르크스는 인간의 발전 문제를 다른 방향에서 규정하고 있다. 그것은 그리스 정신에서 비롯된 프랑스 유물주의의 전통을 더 많이 계승했다는 점이다. 여기서는 인간의 자유롭고 전반적인 발전이 고정화된 분업에만 국한되지 않는다. 그것은 어떠한 초월적 상상도 허용하지 않는 매우 현실적인 구상으로서, 기독교적 초월정신에서 유래된 독일 고전철학의 전통적 요소가 자주 등장하는 『1844년 경제학 철학 수고』와는 분명 다르다.

하지만 마르크스는 독일 고전철학의 계승자로서 현실을 벗어난 비非초월적 전통에 그리 오래 머무르지 않았다. 마르크스가 『경제학 수고 1857-1858』에서 인간의 전반적인 발전 조건을 또 다른 측면, 또 다른 시각에서 새롭게 규정했다는 것을 볼 수 있다. '자유롭게 지배할 수 있는 시간' 또는 자유 시간의 시각으로부터 인간의 전반적인 발전 조건을 규정한 것이다. 그는 다음과 같이 밝혔다. "개성을 자유롭게 발전시킨다는 것은 잉여노동을 얻기 위해 필요노동시간의 단축이 아니라, 직접적으로 사회적 필요노동을 최저한도로 단축하는 것이다. 그러면 모든 사람들에게 그에

人民出版社, 1995: 129쪽을 참조하라.

71) 中共中央馬克思·恩格斯·列寧·斯大林著作編譯局 譯, 『馬克思恩格斯選集』1, 人民出版社, 1995: 85쪽.

걸맞은 여가 시간도 생기고 수단도 마련되기 때문에, 개인은 예술, 과학 등의 방면에서 발전할 수 있게 된다."[72] 따라서 "그때의 부의 척도는 더이상 노동시간이 아니라 자유롭게 지배할 수 있는 시간이 된다."[73] 이처럼 자유로운 시간으로부터 사람들은 전반적 발전의 진정한 조건을 마련했는데, 즉 "모든 자유로운 시간은 자유롭게 발전할 수 있는 시간"[74]이거나 "개인이 충분히 발전할 수 있는 시간"[75]이다.

그와 같은 새로운 접근은 『자본론』의 마지막 원고에서 확장되었는데, 마르크스는 이로부터 인간의 전반적 발전을 구체적이고 최종적으로 규정했다. 바로 상이한 인간 활동의 양상들이 드러내는 관계 변화로부터 인간의 전반적 발전을 위한 구체적 조건을 찾는 것이다.[76] 여기서 마르크스는 인간이 물질적 생산 영역에서 자연적 필연성의 지배를 벗어날 수 없고, 분업과 사유제의 소멸을 통해서만이 역사적 필연성을 지양할 수 있다고 보았다. 자연적 필연성이 맹목적 힘으로 스스로를 지배할 수 없게 만들어야 가장 합리적인 조건에서 물질을 생산할 수 있다. 왜냐하면 "어쨌든 그 영역은 언제나 필연의 왕국이"[77]기 때문이다.

---

72) 中共中央馬克思·恩格斯·列寧·斯大林著作編譯局 譯, 『馬克思恩格斯選集』46 下, 人民出版社, 1980: 218-219쪽.

73) 中共中央馬克思·恩格斯·列寧·斯大林著作編譯局 譯, 『馬克思恩格斯全集』46 下, 人民出版社, 1980: 222쪽.

74) 中共中央馬克思·恩格斯·列寧·斯大林著作編譯局 譯, 『馬克思恩格斯全集』46 下, 人民出版社, 1980: 139쪽.

75) 中共中央馬克思·恩格斯·列寧·斯大林著作編譯局 譯, 『馬克思恩格斯全集』46 下, 人民出版社, 1980: 225쪽.

76) 이와 같은 생각들은 마르크스가 1864-1865년에 작성한 원고를 바탕으로, 엥겔스가 다시 정리·완성한 『자본론』3에 담겨 있다. 하지만 그 이후 마르크스는 이 문제를 다룬 적이 없다. 따라서 이 생각들은 그 문제에 대한 마르크스의 마지막 사유로 볼 수 있다.

77) 中共中央馬克思·恩格斯·列寧·斯大林著作編譯局 譯, 『馬克思恩格斯全集』25,

따라서 인간이 물질적 생산 영역에서 궁극적으로 실현할 수 있는 것은 인간 능력의 제한된 발전이고, 제한된 자유일 뿐이다. 하지만 '진정한 자유의 왕국'은 인간의 능력이 전반화되고 자유롭게 발전할 수 있는 영역으로서, "필수적이고 외적인 목적이 규정하는 의무노동이 종결되는 지점에서 비로소 시작된다. 따라서 사물의 본성에서 보자면, 그것은 물질적 생산 영역의 진정한 피안彼岸에 존재한다."[78] 이처럼 마르크스는 궁극적으로 인간의 전반적 발전이 충분히 실현되는 영역을 물질적 생산 영역이 아니라 그 바깥, 다시 말해서 '물질적 생산 영역의 진정한 피안'으로 이해했다.

그렇다면 그 영역은 어떤 것일까? 저자는 마르크스가 인간의 전반적이고 자유롭게 발전할 수 있는 영역을 인류 예술의 활동 영역으로 보았다고 생각한다. 마르크스는 젊은 시절부터 말년에 이르기까지 인간의 전반적인 발전 조건을 규정할 때마다, 인간의 전반적 발전과 심미적 활동을 서로 결부시켰을 뿐만 아니라 예술 활동을 자유로운 노동의 진정한 모델로 삼았다. 그래서 마르크스가 최종적으로 물질적 생산 영역은 '언제나 필연의 왕국'이었지, 인간의 능력이 전반적으로 발전하는 영역이 아니라고 주장했을 때, 그의 마음속에서 진정한 자유의 왕국은 예술 활동의 영역이나 심미적인 왕국일 수밖에 없었던 것이다. 따라서 자유의 왕국은 아름다움의 왕국이기도 하다.[79]

여기서 칸트와 비슷한 기묘한 방식으로, 마르크스의 자유 발전관에서 드러난 현실성과 초월성의 내적 길항이 이론적으로 원만하게 해결되었다는 점을 알 수 있다. 즉, 이상세계에서는 전적으로 현실의 물질적 생산력

人民出版社, 1974: 927쪽.

78) 中共中央馬克思·恩格斯·列寧·斯大林著作編譯局 譯, 『馬克思恩格斯全集』25, 人民出版社, 1974: 926쪽.

79) 이 문제를 상세하게 다룬 논의로는 王南湜, 「馬克思的自由觀及其當代意義」, 『現代哲學』2004年第2期: 1-9쪽을 참조할 수 있다.

이 발전하면서 자유 시간이 늘어나지만, 현실적 왕국의 인간은 제한된 자유만이 실현되고 제한된 발전만이 있을 뿐이다. 또한 '물질적 생산 영역의 진정한 피안에 존재'하는 '진정한 자유의 왕국'은 "인간 능력의 발전이 목적 그 자체로 간주"[80]되는 이상세계인 것이다. 이처럼 이론적으로 원만히 해결되었다고 해서 그것이 곧 더 이상의 길항은 존재하지 않는다는 것을 뜻하지 않는다. 오히려 그 길항이 더욱 심오한 형태로 역사 속에 스며들었다고 봐야 할 것이다.

2) 현실 속 사회주의 실천 과정에서 나타난 인간 발전 이론의 상이한 해석들

마르크스는 대단히 교묘한 방식으로 인간 발전 이론이 지닌 현실성과 초월성의 내적 길항을 원만하게 해결했지만 그것은 이론적인 해결이었을 뿐, 실생활에서는 여전히 그와 같은 길항을 마주해야만 했다. 마르크스 이후의 사회주의 운동은 그의 구상처럼 선진국에서 먼저 성공한 것이 아니라, 정반대로 후진국인 러시아 그리고 중국과 같은 아시아의 저개발국가에서 차례로 승리를 거두었다. 매우 낙후한 나라의 생산력 상황에 마르크스가 구상했던 대폭적인 근무일 단축과 대폭적인 자유 시간 확대라는 제도를 적용할 수 없다는 것만큼은 분명해 보인다. 설령 저개발국의 혁명이 성공하지 못했고, 대신 선진국에서 먼저 사회주의적 제도를 시행했다고 하더라도, 그 나라의 생산력 수준이 사람들에게 자유롭게 발전할 수 있는 자유 시간을 제공하지 못할 수도 있다.

마르크스의 인간 발전 이론과 현실이 직접적으로 연결되지 않는다면, 그 이론에 다양하게 접근한 새로운 해석들을 고려해 볼 수 있다. 여기서는

---

80) 中共中央馬克思·恩格斯·列寧·斯大林著作編譯局 譯, 『馬克思恩格斯全集』25, 人民出版社, 1974: 927쪽.

그 문제와 관련해 3가지 해석에 주목하고자 한다. 첫 번째는 계획경제 시대의 일반적 해석이고, 두 번째는 마오쩌둥의 '5·7 지시'에 담긴 독특한 해석이다. 그리고 세 번째는 오늘날 사회주의적 시장경제 시대의 해석이다. 우선 사회주의적 계획경제 시대의 새로운 해석은 전체적으로 뒤떨어진 생산력 수준에 대응하기 위해 생산력 발전의 중요성을 적극 강조한 것이었다. 하지만 그것은 생산력이 발전해야 인간의 자유로운 발전을 위해 사용 가능한 자유 시간이 확대될 수 있다는 일반적인 차원의 강조가 아니었다. 오히려 생산력 발전에 따른 물질적 생활수준의 향상을 인간의 발전으로 간주하는 적극적 내용이었다.

널리 알려진 사례로는 소비에트 권력에 전 국가의 전력電力화를 이룬 것이 공산주의라는 레닌의 주장, 그리고 1950년대 중국에서 유행한, 공산주의는 '위층과 아래층 어디나 전등과 전화가 있다'는 통속적 버전이 그것이다. 그렇게 이해했기 때문에 물질적 생산력을 빠르게 끌어올리는 것이 가장 시급한 임무가 되었다. '대약진', 영국을 뛰어넘고 미국을 따라잡는다, 20년 안에 공산주의를 실현한다와 같은 '호언장담'식의 발전 목표는 그래서 생겨난 것이었다. 거기서 공산주의가 빈번하게 언급되었다고 하더라도, 그것은 어차피 가까운 시기(몇 십 년 이내)에 이루어질 수밖에 없는 목표였기 때문에 현실적으로는 물질적 생산력의 발전 수준에만 관심을 쏟았다.

그로부터 '물질적 생산 영역의 진정한 피안에 존재'하는 것, 또는 '인간 능력의 발전이 목적 그 자체로 간주'되는 '진정한 자유의 왕국'은 전혀 고려되지 않았다. 다시 말해서, 마르크스의 인간 발전 이론이 지닌 현실성과 초월성의 내적 길항에서 초월성이 약화되고 간과되었기 때문에 그 이론에 대한 새로운 해석이 가능했던 것이다. 그 새로운 해석은 기본적으로 마르크스 인간 발전 이론의 초월성과 현실성에서 분명 그 초월성을 현실에 굴복시킨 타협적 경향이었다.

그러나 현실 속 사회주의 발전 과정에서 마르크스의 인간 발전 이론에 대한 새로운 해석은 거기에만 머물지 않았다. 마오쩌둥은 단순히 생산력 발전만을 강조하게 되면, 혁명의 이상이 망각되어 자본주의로 흐를 수 있다는 것을 알아차렸다. 그래서 그는 인간의 발전 문제를 다시금 새롭게 해석했다. 그것이 마오쩌둥의 '5·7 지시'에 나타난 인간의 발전 이론이다. 마오쩌둥은 린뱌오[林彪, 1907-1971]에게 보낸 1966년 5월 7일자 편지에서 다음과 같이 밝혔다. "세계대전이 일어나지 않는 한 군대는 거대한 학교여야 한다. 설령 제3차 세계대전이 일어났다고 하더라도 학교는 계속 그러한 기능을 담당해야 할 것이다. 왜냐하면 전쟁 시기에 전쟁 말고도 해야 할 일들이 많기 때문이다. 제2차 세계대전 8년 동안, 우리가 항일근거지들에서 그렇게 하지 않았던가? 거대한 학교에서 정치·군사·문화를 배우면서도 농업이나 부업 등의 생산 활동에 종사할 수 있다. 일정 규모의 공장을 운영해 스스로에게 필요한 제품들이나, 국가와 등가교환이 가능한 제품도 생산할 수도 있다. 그리고 군중과 관련된 업무, 즉 사회주의 교육을 위한 공장과 농촌의 사청운동四淸運動[81]에도 참여할 수 있다. 사청이 끝나더라도 언제든 군중과 관련된 업무들을 볼 수 있다면 군민을 영원히 하나로 만들 수 있을 것이다. 또한 자산계급을 비판하는 문화혁명 투쟁에 수시로 참여해야만 한다. 그와 같이 군대와 학업, 군대와 농업, 군대와 공업, 군민일체라는 몇 가지를 함께 아우를 수 있다. 하지만 적절한 배치를 위해서는 주된 것과 부차적인 것의 구분이 필요하다. 하나의 군부대가 농업·공업·군민일치라는 3가지를 동시에 해서는 안 되며, 그 중 한 가지나 두 가지만 담당하는 것이 적당할 것이다. 그렇게 한다면 수백만의 군대가

---

81) | '사청운동'이란 1963년부터 1966년 상반기까지 중국 공산당 중앙이 전국 도시와 농촌에서 전개했던 사회주의 교육운동을 가리킨다. 여기서 '사청'은 사상·정치·조직·경제 부문의 정화를 뜻한다.

수행할 수 있는 역할은 대단히 클 것이다."[82]

　또한 마오쩌둥은 그 서신에서 다음을 지적했다. "노동자들도 마찬가지로 그렇게 공업을 위주로 해야 하"[83]고, "농민은 농업을 위주로 해야 하"[84]며, 특히 "학생들도 그렇게 학업을 위주로 하되 다른 것들, 즉 일반 지식뿐만 아니라 공업·농업·군사 분야도 배워야 한다. 또한 자산계급도 비판해야 한다. 학제는 단축되고, 교육은 혁명적이어야 한다. 그래야만 자산계급 지식인들이 우리 학교를 지배하는 현상이 더 이상 지속될 수 없을 것이다."[85] 이것이 바로 그 유명한 '5·7 지시'인데, 어떤 논자는 그것을 다음과 같이 평가했다. "그 지시는 마오쩌둥이 마음속에 품었던 것들, 즉 분배는 대체로 평균적이고, 자급자족을 하며, 상품생산을 제한하고, 사회적 분업을 점차 제거해 나가는 공산주의 사회의 개략적 윤곽을 드러냈다."[86]

　여기서 마오쩌둥의 '5·7 지시'와 마르크스와 엥겔스가 『도이치 이데올로기』에서 보여준 미래 사회의 구상에 어떤 유사점이 존재한다는 것을 알 수 있다. 그들은 모두 전통적 분업 형태의 소멸을 중시했으며, 그와 같은 전통적 분업 형태에 구속받지 않는 '전반'적인 또는 '모든 일에 능숙한 사람'의 상태로 인간의 발전을 이해했다는 점이다. 그렇지만 한 지점에서 그들은 근본적으로 구분된다. 마르크스는 분업의 발전이 생산력의 발전에 의해 제약되며, 인간의 자유로운 발전 역시 생산력의 발전에 따라

---

82) 中央文獻出版社 編譯, 『建國以來毛澤東文稿』12, 中央文獻出版社, 1998: 53-54쪽.

83) 中央文獻出版社 編譯, 『建國以來毛澤東文稿』12, 中央文獻出版社, 1998: 54쪽.

84) 中央文獻出版社 編譯, 『建國以來毛澤東文稿』12, 中央文獻出版社, 1998: 54쪽.

85) 中央文獻出版社 編譯, 『建國以來毛澤東文稿』12, 中央文獻出版社, 1998: 54쪽.

86) 黃瑤, 「毛澤東把五七指示寫給林彪背景考」, 『炎黃春秋』2003年第9期: 43쪽. | 참고로, 저자는 원문에서 이 글을 「毛澤東爲何把'五七指示'寫給林彪」라는 제목으로 소개하고 있다.

제한된 범위 내에서만 이루어질 뿐, 그 제한을 넘어설 수 없다고 강조했다. 반면, 마오쩌둥은 '5·7 지시'에서 생산력 수준의 문제를 전혀 거론하지 않았는데, 그것은 그가 적어도 생산력 수준 문제를 중시하지 않았다는 점을 알려준다.

이처럼 마오쩌둥의 새로운 해석에서는 전체적으로 생산력의 발전 조건이라는 현실적 측면이 더 이상 중시되지 않았고, 대신 '전반적' 이상의 직접적 실현이 그 중점에 놓였다는 특징을 보인다. 그러나 그 '전반성'은 초월적 이상을 가리키는 것이 아니라, 현실 속에서 어떤 주관적 측면의 소망을 실현할 수 있다는 그러한 '전반적' 이상이다. 따라서 마오쩌둥의 해석에는, 인간의 본질과 이상사회의 상상이라는 중국문화의 전통적 성격이 짙게 배어 있다고 할 수 있다.

'문화대혁명'의 광기와 환멸을 겪은 중국 사람들은 그 어떠한 이상적인 것에도 흥미를 느끼지 못하고 또 다른 극단으로 옮겨진 듯 보였다. 다시 말해서, 그들은 그저 현실적인 것만 확실히 붙잡고 경제 발전에 몰두함으로써, 더욱더 많은 물질적 이익을 얻으려는 것만 같았다. 그러한 상황에서 당 중앙의 제16차 전국대표대회 보고가 제기되었다. "당의 선진성과 사회주의 제도의 우월성을 견지해 선진적 생산력과 선진적 문화를 발전시키고, 가장 광범위한 인민들의 기본 이익을 실현한다. 그를 통해 사회의 전반적 진보를 추진하고, 인간의 전반적 발전을 촉진시킨다."[87] '인간의 전반적 발전'이라는 표현을 접한 당시의 이론계는 너무 크게 놀랐으며, 결국 그 개념의 해석을 둘러싸고 또 다시 혼란에 빠져들었다.

중국에서 사회주의적 시장경제가 형성되던 초기에, 이론계는 마땅히 새로운 역사적 조건에 맞춰 마르크스의 인간 발전 이론이 지닌 현실성과

---

87) 江澤民, 『全面建設小康社會, 開創中國特色社會主義事業新局面(在中國共産黨第十六次全國代表大會上的報告)』, 人民出版社, 2002: 5쪽.

초월성의 내적 길항 문제를 새롭게 검토했어야 했다. 하지만 안타깝게도 대부분의 해석들은 그저 현실성만을 붙잡았을 뿐, 초월성에 그다지 주의를 기울이지 않았다. 그리고 양자의 길항에 대한 검토 역시 결여된 채 남겨졌다. 인간의 전반적 발전에 관한 마르크스 이론을 거론될 때, 대부분은 현실적 측면에 치우친 『도이치 이데올로기』를 그 문헌적 근거로 들었다. 반면, 초월성에 치우친 『1844년 경제학 철학 수고』, 결국 다시 초월성으로 돌아간 『자본론』의 마지막 원고에 대한 언급은 기본적으로 없었다.[88]

이론계에서는 일반적으로 현실적 측면에서 인간의 전반적 발전을 이해해왔다. 다시 말해서, 대부분은 물질적 생활수준의 향상과 인간 능력의 다양한 발전을 결부시켜 그것을 사회발전의 현실적 목표로 규정했다. 단지 소수의 논자들만이 마르크스주의의 최고 명제나 근본 가치, 현대적 중국 사회주의 가치시스템의 최고 목표, 나아가 전 인류에게 새로운 세기의 최고 헌장憲章으로 인간의 전반적 발전을 간주했다. 그런데 세밀히 살펴보면, 여기서 '최고'라는 형용사는 초월성이 아니라 비교적 오랫동안 총체화된 현실적 목표를 가리킨다. 물론 마르크스의 인간 발전 이론이 지닌 어떤 차이나 길항의 존재를 상당히 예민하게 느낀 논자들도 확실히 있었다. 그래서 그들은 인간의 전반적 발전을 최소 목표와 최종 목표, 최소 강령과 최대 강령으로 구분하고, 지금은 현실적으로 후자가 아니라 전자에 더 많은 의의가 있다고 주장했다.

하지만 정작 그와 같은 과정에서, 인간 발전의 현실성과 초월성이라는

---

88) 저자는 최근 5년 간 인간의 전반적 발전을 다룬 수천 편의 중국 학계 논문들을 검색했다. 마르크스의 인간 발전 이론을 다룬 논문들은 거의 모두 『도이치 이데올로기』라는 고전적 텍스트를 근거로 삼고 있었으며, 아주 적은 수의 논문들만이 『경제학 수고 1857-1858』를 다루었다. 『1844년 경제학 철학 수고』와 『자본론』의 마지막 원고를 가지고 인간 발전 이론을 제기한 논문은 전혀 찾아볼 수 없었다.

길항 또한 기나긴 역사적 흐름과 함께 해소되었다. 물론, 그 해소는 마르크스가 『자본론』의 마지막 원고에서 보여준 해결 방식과 분명 다른 것이었다. 오히려 그것은 기나긴 역사적 과정에서 떨어져 나온, 즉 문제 자체의 취소였지 실질적으로 해결된 것이 아니었다. 인간의 발전 문제에 관한 사회주의적 시장경제 시기의 해석 또한 마르크스의 발전관에서 초월성과 현실성의 길항을 아무렇지 않게 없앴다는 특징을 보였다. 그것은 특히, 초월성이라는 기준을 취소하려는 경향이다. 서로 다른 역사적 조건에서 유사한 해석적 경향이 나타났다고 해서, 그것이 직접적인 현실적 이유나 동기의 동일함을 의미하지 않는다. 어쩌면 그것은 마르크스와 다른 문화적 전통에 의해 심층적 차원에서 제약된 것일 수 있다.[89]

3) 마르크스의 인간 발전 이론에 대한 전반적인 이해

그렇다면 마르크스의 인간 발전 이론에 내재된 길항을 어떻게 봐야 할까? 저자는 우선 여러 방식으로 그 내적 길항을 없애기 보다는 그 자체를 직시해야 한다고 본다. 또한 마르크스가 『자본론』의 마지막 원고에서 보여준 내적 길항에 관한 이론적 해결 방식을 진지하게 성찰하면서, 그것이 이론적으로 정립될 수 있었던 조건을 검토해야 한다. 그래야만 그 내적 길항에 정확하게 대처할 수 있다. 뿐만 아니라 오늘날의 인간 발전 문제를 이해하는 데, 서구 문화의 전통이 지닌 인간의 두 가지 상상이 어떠한 현실적 의미를 갖는지 정확하게 파악할 수 있다.

앞서도 밝혔듯이, 마르크스의 인간 발전 이론에 현실성과 초월성의 내

---

89) 예를 들어, 중국에서는 기독교와 같은 초월적 종교가 존재한 적이 없다는 점이 근본적 원인일 것이다. 도화원(桃花源)과 같은 중국적 이상사회나 유토피아적 상상과 기독교적 문화전통의 유토피아적 상상은 완전히 상이한 것이다. 여기서는 대단히 논쟁적인 이 문제를 다루지 않겠다.

적 길항이 존재한다는 것은 이론사적 사실에 속한다. 심지어 어떤 측면에서 보자면, 마르크스 사상의 발전은 그 내적 길항을 각기 다른 방향에서 해결해온 사상의 역사라고까지 말할 수 있다. 그 내적 길항의 문제는 『자본론』의 마지막 원고에 이르러서야 비로소 이론적으로 원만하게 해결되었다. 그런데 그러한 원만한 해결이 곧 실천적으로도 원만하게 해결될 수 있을 것이라는 의미는 아니었다. 마르크스가 살았던 시대를 역사적 배경으로 하면 마르크스의 해결 방식은 이론적으로 원만하지만, 오늘날의 입장에서 보면 마르크스의 관련 이론은 두 가지 도전에 직면해 있다.

두 가지 도전은 그 이론이 근거한 두 가지 가설에서 각각 제기되었다. 첫 번째는 생산력이 무한대로 늘어날 수 있다는 가설이다. 마르크스의 근거 가운데 핵심적 부분은 자유 시간의 확대가 과학 발전에 따른 생산력 수준의 지속적 향상에 기초한다는 점이다. 여기서 생산력 수준의 지속적 향상은 생산력 발전을 위한 자원이 무한대로 제공될 수 있다는 점을 전제로 한다. 무한한 자연 자원이라는 관념이 19세기에는 문제가 되지 않았겠지만, 21세기에 들어선 지금 더 이상 문제가 안 된다고 할 수는 없을 것 같다. 자원이 생산력의 무한한 발전을 보장할 수 없다면, 생산력의 무한한 발전에 근거한 '인간 능력의 발전이 목적 그 자체로 간주'되는 자유 왕국은 실현되기 어려울 것이다.

두 번째로는 생산력이 최대한도로, 그리고 무한대로 늘어난다고 하더라도 그것이 필연적으로 인간의 자유로운 발전을 가져올 수 있는가의 문제다. 또한 그것은 자유 왕국에 관한 마르크스의 또 다른 이론적 규정과 관련되는데, 바로 인간의 물질적인 생필품의 수요가 유한하다는 점이다. 인간의 물질적 생필품을 규정하는 수요가 제한되어야만 필요노동시간과 그것에 의해 결정되는 근무일수는 생산 과정에 과학이 적용됨에 따라, 그리고 생산력 수준이 꾸준히 향상되어감에 따라 점차 단축될 수 있기 때문이다. 그리고 그에 상응해 '자유롭게 발전할 수 있는 시간'이나 '개인을 충분히 발전시킬 수 있는 시간', 즉 '자유 시간'이 늘어난다.

마르크스가 살았던 시대에 인간의 물질적 생필품 수요가 제한된다는 규정은 군이 말할 필요가 없는, 적어도 의문의 여지는 없었던 것이다. 그렇지만 오늘날 경제 발전이 가져온 소비 수준의 향상과 소비사회 이론의 대두는 그러한 이론적 규정에 의구심을 갖게 만들었다. 소비사회 이론에 따르면, "우리는 '소비'가 전체 생활을 통제하는 지경에 이르렀다."[90] 소비사회에서 소비품의 소유는 더 이상 소비품의 사용가치에 있는 것이 아니라 소비품의 부가적 가치를 과시하는 데 그 목적이 있다. 사용가치를 목적으로 하는 소비 행위는 제한적이지만, 과시를 목적으로 하는 소비 행위에는 제한이 없기 때문이다. 그렇다면 생산력이 무제한으로 발전한다고 해도 늘어난 소득의 결과는 자유로운 발전을 위한 자유 시간의 확대가 아니라 과시적인 소비 능력의 증대로만 나타날 뿐이다. 정말 그렇다면, 생산력 발전이 가져온 것은 가까워진 자유의 왕국이 아니라 소비사회라는 우울한 풍경에 불과하다.

진정한 마르크스주의자는 그러한 매우 도전적인 두 가지 문제를 외면해서는 안 된다. 마르크스 이론의 유효 기간은 이미 지났다고 쉽게 생각하거나, 또는 같은 태도로 단순하게 그 이론을 지지하는 것은 모두 책임 있는 자세가 아니다. 이론적 양심은 다시 한 번 그 문제를 살펴볼 것을 요구한다. 물론 그 문제를 거듭 살펴본다는 것은 현실성과 초월성을 하나로 통합시키는 어떤 이론적 방법을 또 다시 찾아야 한다는 의미가 아니다. 그와 반대로, 우선 이론적 통합이 필요한지를 검토해야 한다. 즉, 두 가지가 통합되어야만 규범화된 인간의 발전 요구를 충족시킬 수 있는가이다. 그 다음으로 현실성과 초월성 모두가 인간의 건전한 발전에 필수적인 것

---

90) Jean Baudrillard / 劉成富·全志鋼 譯, 『消費社會』, 南京大學出版社, 2000: 6쪽. | Jean Baudrillard / 임문영 역주, 『소비의 사회』, 계명대학교출판부, 1998: 17쪽 참조.

인지, 그 가운데 하나를 버릴 수 있는지를 검토해야 한다. 특히, 숭고함을 경시하는 포스트모더니즘의 시기에 더 이상 어떠한 의미의 초월적 이상도 요구되지 않는 것인지 살펴야 한다.

먼저 첫 번째 문제부터 살펴보자. 그 통합은 이론이 요구하는 완전함으로부터 의심할 바 없이 필요한 것이다. 그것은 이론에 단일한 시각을 부여하기 때문에 확실성의 기본 전제가 된다. 그러나 마르크스 자신이 개척한 실천철학적 입장에서, 이론상의 통합은 현실적 실천을 위해 반드시 요구되는 것이 아니다. 그것은 다음과 같은 이유에서다. 앞서 언급된 마르크스의 통합에서 보자면, 이론상의 어떠한 통합이 이루어지더라도 그 통합은 역사의 종착점에서 문제를 바라본 것일 뿐, 현실이라는 역사적 과정에서 문제를 본 것이 아니다. 역사의 종착점은 유한한 인간이 실제 다다를 수 있는 지점이 아니며, 현실적 인간이 다다를 수 있는 지점은 그저 역사적 과정일 뿐이다. 다시 말해서, 실천적 시야는 현실적인 것에 불과하며, 역사의 종착점은 현실적 실천의 시야가 될 수 없다.

따라서 역사적 과정의 현실적 실천에서 그와 같은 통합은 실현 불가능한 것일 뿐만 아니라 어떠한 현실적 의의도 없는 것이다. 하지만 이론상의 통합이 불가능할지라도, 두 가지의 공존이 현실적 실천에서 아무런 의미가 없다는 것은 아니다. 이론이 통일성을 추구하는 것은 그 이론이 모든 구체적 상황의 보편성을 벗어나 단일한 시각의 논리적 일의성에서만 확실성을 확보할 수 있다는 특징에서 비롯된다. 반면, 실천은 직접적인 현실성이나 상황성으로부터 스스로의 확실성을 갖추었기 때문에 그것을 밖에서 찾을 필요가 없다. 그 때문에 실천을 이끄는 실천적 지혜는 다중多重적 시각의 공존을 허용하며, 그러한 공존으로부터 발생할 수 있는 확실성의 상실을 두려워하지 않는다.[91] 그렇다고 한다면, 예전처럼 마르크스의 인

---

91) 王南湜, 「作爲實踐智慧的辨證法」, 『社會科學戰線』2003年第6期: 18-22쪽을 참조

간 발전 이론에서 현실성과 초월성의 어느 한 쪽을 포기함으로써 이론상의 일치성을 마련해야 할 필요성이 사라진다. 대신 두 가지를 공존시켜 그것들이 각기 다른 방향에서 자신의 역할을 수행하도록 한다. 그러면 실천적으로 두 가지의 장점을 모두 취할 수 있다.

두 번째 문제의 경우, 현실적 측면에서 그 필요성을 의심할 수는 없을 것이다. 현실의 생산력 수준이 제공하는 여건에 따라, 현실적인 사회생활에서 이룰 수 있는 물질적 생활수준의 제고와 다양한 현실적 능력의 향상, 특히 다양한 취미의 개발을 상상해볼 수 있다. 따라서 그것을 수줍게 최소 목표나 강령으로 제한할 필요도 없으며, 마르크스의 자유 왕국을 어떤 풍족한 사회의 모습으로 격하시킬 필요도 없다. 그러한 연구들은 현실 생활에 적합하면서도 제한적으로 발전하는 새로운 풍경, 즉 실생활에서 개인이 건전하게 발전할 수 있는 관점을 재구성하는 데 도움을 준다. 그것은 비인간적으로 부를 허비할 정도로 내버려둘 문화적 공백 상태를 허용하지 않는다. 오늘날 이와 관련된 연구는 많은 관심을 받고 있을 뿐만 아니라 연구 성과 또한 많이 축적되어 있다. 생활의 질을 높이기 위한 연구들은, 심지어 각종 소비 안내서와 레저 안내서 등과 같은 형태로 세분화되어 있기 때문에 더 이상의 말은 필요 없을 듯하다.

여기서 또 다른 측면, 즉 마르크스의 인간 발전 이론의 초월성 측면에 대해 몇 마디 더 보태지 않으면 안 될 것 같다. 저자가 이 부분에서 특별히 지적하고 싶은 것은 생산력 발전의 제한 때문에 마르크스가 구상했던 '인간 능력의 발전이 목적 그 자체로 간주'되는 자유 왕국의 실현에 대한 판단을 중지해야 한다면, 마르크스의 인간 발전 이론이 지닌 초월적 측면이 더 이상 현실적 의미를 갖지 못하는가이다. 나는 그렇지 않다고 대답할 수 있다. 핵심적인 것은 마르크스의 인간 발전 이론에서 초월성 측면을

하라.

다시금 인식해야만 한다는 데 있다. 초월성은 역사의 종착점에 놓인 고고한 이상일 뿐만 아니라 현실 생활과도 밀접하게 연관된 눈앞의 이상이자 현실 사회의 이상화 정도를 판단하는 기준이다. 따라서 초월성이 현실 생활을 비판하는 원동력이 된다는 점을 인식해야 한다.

이와 같다면, 마르크스주의자는 시장경제 사회를 상대하면서, 더 이상 그것에 대해 애매한 태도를 취할 것이 아니라 그것을 비판할 수 있어야 한다. 그것이야말로 마르크스주의의 비판적 전통으로 되돌아가는 것이고, 또한 초월성이 시장경제의 건전한 발전을 위해 필수적인 측면이라는 점을 인식하는 것이다. 일반적으로 시장경제 사회의 특징은 반드시 모든 것이 이익을 위해 존재해야만 한다는 것인데, 거기서 인간의 생존이라는 기본 의미는 망각되고 있다. 따라서 그러한 사회적 존재 방식에 대한 경고와 비판은 사회의 건전한 발전을 위해 절대적으로 요구된다. 이처럼 비판은 하나의 사회적 교정이라고 할 수 있다.

그렇다면 부의 숭상에 완전히 함몰된 사회를 어떠한 기준에서 교정할 것인가? 헤겔처럼 세계의 역사 과정에 모든 것을 맡겨 현실적인 것을 모두 합리적인 것이라고 간주할 수는 없다. 대신 인류의 이상이라는 비非현실적인 존재 형태, 그리고 예술 활동의 완전함을 가지고 현실과 비교할 수 있다. 그를 통해 인간이 신성함의 기준이라는 점, 현실이 유한하다는 점을 깨달을 수 있으며, 그것이 바로 인간이라는 존재를 질적으로 향상시키는 것이다. 지금까지 현실 생활의 변화라는 입장에서 현대적 중국 마르크스주의의 인간 발전 이론의 새로운 해석들을 제시했다. 그 해석이 현실성과 초월성의 통합을 이론적으로 포기했을지는 몰라도, 그것은 실천적으로 그 두 가지에 나름의 위치를 부여함으로써 상이한 측면에서 양자가 현실 생활의 건전한 발전에 기여하도록 만들었다.

3 실천철학적 시야에서의 과학적 발전관

'과학적 발전관'[92]은 일반적으로 인간을 근본에 놓는, 전반적·균형적이고 지속가능한 발전에 대한 관점이며, 경제·사회·인민생활의 전반적 발전을 도모하는 것으로 알려져 있다. 분명 그러한 발전관은 특정한 사회의 발전이라는 시공간을 넘어 보편성을 지녔다. 하지만 오늘날의 중국 사회는 그러한 일반적 관점으로는 이해될 수 없는 것이다. 오히려 그것은 중국의 사회주의적 시장경제 역사를 배경으로 삼을 때만이 그 풍부한 함의가 드러날 수 있다.

1) 과학적 발전관이 제기된 실천적 기초

인간을 근본에 놓는, 전반적·균형적이고 지속가능한 발전에 대한 관점은 우선 중대한 국가전략 사상의 한 차례 전환, 즉 집권당의 집권 이념과 통치 이념의 새로운 전환을 의미했다. 그러한 전략적 사상의 중대한 전환을 제대로 이해하기 위해서는, 20여 년 전[93]에 있었던 역사적이고 획기적인 전략적 사상 전환, 즉 그 중심을 계급투쟁에서 경제건설로 이동시킨 것과 연결시켜야 한다. 제1차 전환은 중국 사회주의적 시장경제의 수립을 위한 사상적 통로를 열어주었다. 그리고 이번 2차 전환은 중국 사회주의 시장경제를 보완하기 위한 사상적 기초를 다져주었다고 할 수 있다.

첫 번째 전환은 표면적으로 경제 건설만을 중시한 것이지만, 두 번째 전환은 경제·사회·인민 생활에 이르기까지 전반적인 발전을 추진함으로써, 경제만을 강조했던 1차 전환을 보완하고 있다. 하지만 그와 같은 이해

---

92) | '과학적 발전관'은 2003년 중국 공산당 제16차 전국대표대회에서 후진타오(胡錦濤)에 의해 제기된 중국의 국가전략 사상이자 중국 공산당의 지도 사상이다.
93) | 개혁개방 시기를 가리킨다.

는 대단히 복잡한 사회 발전을 단순화시켰다는 점에서 문제가 된다. 전략적 사상의 두 차례 전환, 그리고 그것에 포함된 철학적 방법론은 중국 사회주의적 시장경제의 발전이 사회구조와 가치 관념에 야기한 심대한 변화라는 역사적 배경을 고려했을 때만이 그 의미가 충분히 드러나기 때문이다.

앞서의 문제를 이해하려면, 비非시장경제에서 시장경제로의 전환 과정에서 발생한 사회구조와 가치 관념의 변화를 먼저 설명해야만 한다. 저자가 다른 곳[94]에서 상세히 다룬 바 있지만, 사회의 기본구조가 경제·정치·문화라는 3대 영역의 관계로 이해될 수 있다면, 비시장경제적 상황에서 물질적 생산 수준은 대체로 안정적인 편에 속했기 때문에 역동적인 사회 질서가 인간의 생존에 더 중요한 의미를 갖게 되었다. 또한 거기서는 분업과 교환이 발달하지 못했기 때문에 사회적 질서 확립은 주로 정치적 활동의 강력한 통합 기능에 의존하게 되면서 경제 활동의 역할은 줄어들었다. 따라서 정치 활동이 불가피하게 사회생활의 핵심적 위치를 차지하게 되었다. 또한 정치 활동은 경제 활동과 문화 활동을 자신의 내부로 종속시키는, 다시 말해서 3대 활동 영역 전체를 정치라는 하나의 영역으로 통합시켰다.

반면, 시장경제적 상황에서 분업과 교환은 고도로 발전된 형태를 취하기 때문에 상호의존적인 경제적 유대 관계가 만들어졌다. 또한 경제 활동 자체가 시장이라는 보이지 않는 손에 의해 사회적 질서를 보장하는 통합적 힘이 되었다. 그로부터 여전히 정치 활동이 사회 통합적 기능을 담당하고 있었을지라도, 그것은 더 이상 객관적으로 모든 영역을 아우르는 핵심적 위치에 서지 못했다. 그와 같은 현상은 각 영역들 간에 직접적인 종속 관계가 더 이상 존재할 수 없다는 것뿐만 아니라 오히려 그 간극이 벌어져

---

94) 王南湜, 『從領域合一到領域分離』, 山西教育出版社, 1998을 참조하라.

상대적으로 분리된, 즉 모든 영역이 분리되는 결과를 가져왔다. 영역 통합에서 영역 분리로 이행한 것은 비시장경제가 시장경제로 전환되면서 발생시킨 사회적 기본구조 또는 사회의 기본적 가치체계의 가장 근본적 변화라고 할 수 있다.

시장경제 확립이 가져온 사회적 기본구조의 변화라는, 즉 영역 통합에서 영역 분리로의 이행이라는 측면으로부터 그 두 차례의 전략적 사상 전환은 다음의 사실을 알려준다. 그것은 전략적 사상이 전환될 때마다 직면했던 문제가 무엇인지, 그리고 어떤 방법이 문제 해결에 가장 효과적이었는지에 대한 것이다. 순수 이론적 시각에서 보면, 처음부터 경제와 사회생활의 전반적 발전을 도모하는 것이 더 낫지 않을까라고 할지도 모른다. 그렇지만 그와 같은 문제제기는 역사적 배경과 무관한 추상적 관점일 뿐이다. 그 관점에 서면, 제1차 전략적 사상 전환이 해결하려던, 즉 사회주의적 시장경제를 어떻게 확립시킬 것인가라는 문제를 보지 못하게 된다.

하지만 앞서의 언급처럼, 계획경제라는 전형적인 비시장경제적 상황에서 사회적 기본구조는 정치 생활이 중심인 영역 통합의 상태일 수밖에 없고, 그 가운데 정치 생활이 모든 것을 압도하며 우월한 위치에 있다. 예를 들어, 모든 것을 정치가 지휘하고, 사상이 선도하며, 모든 일에 정치적 이해득실을 따지고, 사회주의의 잡초를 심을지언정 자본주의의 싹을 키워서는 안 된다는 식의 주장[95]이 그것을 표현하고 있다. 그 상황에서 사회 발전이 직면한 우선적 문제는 전반적인 발전이 아니라 어떻게 생산

---

95) | '사회주의의 잡초를 심을지언정, 자본주의의 싹을 키워서는 안 된다.'는 표현은 문화대혁명 시기에 유행한 것으로 알려져 있지만, 그 출처는 지금까지도 불분명하다. 공식적으로 언급된 것은 1976년 11월 25일 교육부 대비판조의 발표문에서 찾아볼 수 있다. 教育部大批判組,「毛主席的教育方針豈容篡改 – 批判張春橋的一個謬論」,『湖南教育』1976年第12期: 15쪽을 참조하라.

력 발전을 저해하는 경제 시스템을 개혁할 것인가에 있다. 그것을 해결하기 위해서는 정치 생활이 중심인 영역 통합의 상태를 반드시 바꿔야만 한다. 만약 그러한 시기에 사회의 전반적인 발전을 주장한다면, 그것은 과녁이 없는데도 활을 쏜 것이나 마찬가지로 핵심을 전혀 파악하지 못한 것이고, 또한 결과적으로 계획경제 시스템만을 공고히 할 뿐이다. 영역 통합의 사회구조는 그 자체로 전반적인 유대 관계를 유지하고 있기 때문이다. 따라서 그와 같은 사회구조를 개혁하려면, 그 중 한 영역을 우선적으로 발전시키기 위해 기존의 균형을 깰 필요가 있었다. 그것이 바로 경제 건설을 중심으로 제1차 전략적 사상 전환이 이루어졌던 이유인 것이다.

그렇지만 경제 건설의 우선시는 어디까지나 특정 시기의 전략적 사상일 뿐, 시공간을 뛰어넘어 보편적으로 적용될 수 있는 영원한 원칙이 아니다. 그 전략적 사상의 역사적 임무는 기존의 균형을 깨고 시장경제를 확립한 데 있다. 그런데 시장경제 시스템이 전체적으로 안정화되면서, 깨어졌던 균형이 다시 회복되는 사회적 문제에 직면했다. 사회구조를 개혁하기 위해서는 반드시 기존의 균형을 타파해야 하지만, 어떠한 사회도 불균형한 상태를 지속하는 것은 불가능하기 때문이다. 따라서 적절한 시기에 전략적 사상의 2차 전환을 제기하는 것은 새로운 사회적 기초 위에 각 영역의 균형적 발전 상태를 회복한다는 의미를 갖는다. 또한 그것은 객관적 필연성이기도 했다. 여기서 적절한 시기라는 것은 시장경제가 기본적으로 확립되고, 경제 발전이 정상적 궤도에 도달해 다시는 돌이킬 수 없는 추세가 되었을 때를 말한다. 그것이 바로 제2차 전략적 사상 전환, 즉 과학적 발전관이 제기된 직접적 이유가 된다.

2) 과학적 발전관과 사회적 균형 발전

하지만 과학적 발전관의 의의는 여기에 국한되지 않는다. 그것은 모든 사회생활 영역의 균형 발전을 회복시킨다는 일반적 의미뿐만 아니라 시장경제 사회의 경제생활이 기형적으로 발전해 나가는 것을 교정한다는 특별한 의미도 지니고 있다. 비시장경제에서 시장경제로의 전환은 사회구조의 모든 영역이 통합 상태에서 분리 상태로 전환된다는 것뿐만 아니라 그에 따른 모든 사회생활의 가치구조도 변화된다는 것을 포함한다. 가치가 생활이라는 의미로 이해될 수 있다면, 인간의 생활이 경제·정치, 정신문화라는 3가지 활동 영역으로 구성되었기 때문에, 생활이라는 의미나 가치 또한 경제·정치, 정신문화로 구분될 수 있다. 따라서 정치 활동이 중심이 되는 영역 통합의 상태에서는 3가지 영역의 가치들도 정치적 가치를 중심으로 한 통합 상태가 될 수밖에 없다.

하지만 3가지 영역이 분리된 상태에서는 모든 가치관계도 분리된다. 일반적으로 경제생활의 핵심 가치는 효율성, 정치생활은 공정성, 정신문화는 넓은 의미의 자유나 자아실현이라고 할 수 있다. 개별적 가치들이 통합된 상태에서 그것들은 정치적 가치가 중심인 종합적 가치로 통합되며, 각 영역의 가치들은 서로가 서로를 제약하게 된다. 따라서 종합적 가치가 주도하는 사회생활에서는 일반적으로 하나의 가치가 지나치게 두드러진 편향적 사회로 발전할 수 없게 된다. 반면, 모든 영역이 분리된 시장경제 사회에서 가치들은 분리되어 있기 때문에 사회생활 전체를 아우르는 원칙으로서 하나로 통합된 종합적 가치는 더 이상 존재하지 않는다. 개별적인 가치 원칙들은 각자의 영역 안에서만 주도적으로 작동될 뿐이다. 그 상황에서 하나의 가치는 하나의 영역에만 국한되지 않고 지배적인 역할을 수행할 수 있다는 가능성으로 존재한다. 특히, 경제생활이 사회생활의 기반이 된다는 점, 그리고 시장교환이 지닌 사회적 질서 형성이라는 부수적 기능 때문에, 경제생활의 핵심 가치인 효율성은 더욱 강력하게 경제생활을 주도하는 추동력이 된다.

일반적으로 경제생활에서 효율성을 지배적인 가치 원칙으로 간주하는 것은 충분히 합리적이지만, 경제생활에서 합리적인 것이 곧 사회생활 전체에서도 합리적인 것은 아니다. 또한 인간의 발전에 도움이 된다고 할 수도 없다. 그리고 경제생활의 합리성이라는 것도 일시적이고 부분적인 경우가 많기 때문에, 전체적이고 장기적인 관점에서 그것을 반드시 합리적인 것이라고 할 수 없으며, 인간의 장기적인 이익에 도움이 되는 것도 아니다. 이처럼 경제생활에서도 단순한 효율성의 추구가 합리적이지 아닐 수 있다면, 총체적이고 장기적인 가치 목표로부터 효율성을 규범화시켜 그것이 방치되도록 해서는 안 될 것이다. 개혁개방 초기에 제기된 "효율성을 우선으로 하되 공정성도 함께 고려한다"[96]는 정치적 이해득실만을 따지는 계획경제의 관념적 구속을 벗어나 시장경제를 확립해야 했다는 점에서, 그것은 절대적으로 요구되었다. 하지만 시장경제 시스템의 초기 단계가 확립되고 효율성이 경제 활동의 자명한 가치 원칙이 되었다면, '효율성 우선'이라는 구호의 목적성이 상실되었기 때문에 더 이상 합리적이라고 할 수 없다. 따라서 사회적 공정성으로 경제 활동을 규범화하고 제한하는 과정을 통해 두 가지 가치 원칙의 비중을 합리적으로 유지해야 한다.

시장경제적 상황에서 효율성은 경제 활동 영역의 지배적 원칙일 뿐만 아니라 다른 영역까지 자발적으로 확장되는, 즉 효율성 하나의 가치로 다른 가치들을 대체하는 경향이 있다. 예를 들어, 경제적 성과가 관리들의 정치적 업적을 평가하는 주요 지표나 유일한 지표가 되는 것, 눈앞의 이익에만 급급한 개발, 경제적 이익이 되지 않는 문화 사업은 방기하는 것 등이 경제 활동의 가치 원칙이 다른 영역으로까지 확장된 결과라고 할

---

96) | 효율성과 공정성을 둘러싼 논의는 개혁개방 이후 다양한 형태로 진행되었지만, 그 표현은 1992년 중국 공산당 제14차 전국대표대회에서 공식적으로 등장했다. 段西寧·鄭愛文, 「對'效率優先,兼顧公平'提法的分析」, 『企業經濟』2007年第1期: 122쪽을 참조하라.

수 있다. 경제적 가치로 정치적·문화적 가치를 대체하는 그와 같은 확장은 다른 활동 영역의 가치를 무시하는 것이고, 모든 것을 경제적 관점으로만 평가하는 것이며, 건전한 사회생활의 발전에 큰 피해를 입히는 것이 분명하다. 따라서 사회적 생활의 차원에서 전체적으로 그것을 제한하고 교정해야만 한다.

시장경제적 상황에서 경제적 가치의 자발적이면서도 강력한 확장성 때문에, 이른바 모든 가치 원칙들의 적절한 비중 유지를 통해 사회적 생활의 3가지 영역을 균형적으로 발전시킨다는 것의 실제적 의미는 자발적인 관여를 통해 경제적 가치를 합리적 범위 내에서 제한하는 것이다. 왜냐하면 그것이 지속가능한 사회 발전과 인간의 전반적 발전에 도움이 되기 때문이다. 하지만 그와 같은 제한은 계획경제에서와 같은 직접적인 방식이 아니라 시장경제적 사회라는 특수성을 고려해야만 한다. 계획경제를 전형으로 하는 비시장경제적 상황에서는 각 영역이 정치를 중심으로 하는 통합적 관계를 이루었으며, 개별적 가치들은 서로가 서로를 제약하고 구속했기 때문에 직접적인 방식을 취할 수 있었다. 반면, 시장경제적 사회에서는 각 영역이 분리된 상태이기 때문에 과거 사회와 같이 직접적 방식으로 하나의 활동 영역 가치가 제약될 수 없다. 따라서 시장경제적 사회의 특수성에 적합한 새로운 방식을 가지고 각각의 활동 영역을 합리적이고 균형 있게 발전시켜야만 한다.

제약 방식의 변화는 경제적 가치와 정치적 가치의 관계에서 유달리 두드러졌다. 양자의 가치관계는 효율성과 공정성의 관계로 정리될 수 있다. 계획경제라는 상황에서는 사회적 공정성이 효율성을 직접적으로 제약하는데, 그것은 모든 일에 정치적 이해득실을 따진다는 것으로 표현된다. 그렇다면 영역이 분리된 시장경제적 상황에서 공정성은 어떻게 효율성을 제약하는가? 물론 경제 활동 자체가 스스로 존립 가능한 활동 영역을 구성하지도 못하고, 자발적으로 효율성을 극대화시킬 수도 없다. 그래서 정치가 그것에 필요한 규범들을 마련해야만 경제 활동은 질서 있는 방식으로 효율성이 극대화된다. 그와 같은 상황에서는 정치 활동이 직접적인 방식을 통해 경제활동을 규범화해야만 한다. 그리고 그 규범은 공정성의 가치로 효율성의 가치를 제한하는 것이 아니라, 경제생활에서 효율성의 가치가 실현되는 데도 도움이 된다. 그 범위 내에서 공정성의 가치와 효율성의 가치는 일치하며 충돌하지 않는다.

그럼에도 불구하고 공정성의 가치와 효율성의 가치에는 근본적으로 중대한 차이가 존재하기 때문에 완전히 같다고 할 수는 없다. 그 상황에서 공정성의 가치가 직접 경제 활동에 간섭한다면, 효율성이 실현되는 데 악영향을 끼쳐 사회 발전의 경제적 기초가 사라질 수도 있다. 따라서 간접적 교정만이 합리적인 방식이 된다. 공정성이 효율성을 직접 교정하는 것이 일종의 사전적 교정이라면, 간접 교정은 사후적 교정이라고 할 수 있다. 다시 말해서, 사후적 교정은 직접적인 경제 활동 이외에 세수稅收 등의 2차 분배를 통해, 직접적인 경제 활동이 초래한 불공평한 결과를 사후에 보상함으로써 그것을 공평으로 바꾸는 것이다. 예를 들어, 농업세 등을 줄이거나 없애는 것도 모두 사후적 보상에 속한다.

마찬가지로, 문화적 가치도 경제적 가치 확장에 아무런 역할도 하지 못한다고 볼 수는 없다. 문화적 가치는 직접 경제생활에 관여할 수는 없지만, 문화 활동과 교육 등을 통해 사회 구성원들의 생각 속에 스며든다. 경제 활동 또한 인간이 종사하는 영역이기 때문에 문화적 가치를 수용한 활동 주체가 경제 활동 과정에서 보인 행위들에는 그 규범이 적용될 수밖에 없다. 이렇듯 문화적 가치도 간접적 의미에서 경제적 가치 실현을 제약한다. 결론적으로, 인간 중심의 과학적 발전관은 시장경제가 야기한 사회적 기본구조, 그리고 사회생활이 지닌 개별적 가치들의 구조 관계라는 거대한 역사적 전환을 그 배경으로 해야지만 그것에 대한 깊이 있는 이해가 가능해진다.

3) 현대적 중국 마르크스주의 이론의 혁신을 위한 변증법

끊임없이 발전하고 변화하는 세계에서 이론이 실천을 정확하면서도 합리적으로 이끌고 나가려면, 지속적으로 이론을 혁신함으로써 그러한 세계의 변화에 적응해야만 한다. 이론적 혁신이라는 것은 새로운 관념을 통해 사물의 본질을 가장 적절하게 파악하는 것에 지나지 않는다. 그러나 사물은 자신의 본질을 직접적으로 드러내지 않기 때문에, 그것을 적절히 파악하려면 반드시 변증이라는 방법을 사용해야만 한다. 변증법은 사물을 전반적으로 파악하는 방법으로서, 그것의 본질은 개념의 '양극단에서 매개에 이르는' 변증적 운동을 통해 사물을 전반적으로 이해하는 사유 방법이다. 그 방법은 중국적 특색사회주의의 이론 체계를 수립하는 과정에서 전형적으로 나타났다. 이론적 혁신 과정을 구체적으로 분석해보면 다음을 알 수 있다. 즉, 그것은 이론 체계를 구성하는 기본 문제들이 해결되는 과정이 바로 원활하게 '양극단에서 매개에 이르는' 변증적 사유의 과정이라는 점이다. 다음에서는 '사회주의 초급단계론', '인간의 전반적 발전론', '과학적 발전관'이라는 3가지 문제를 사례로, '양극단으로부터 매개에 이르는' 변증적 사유방식의 함의를 분석하고자 한다.

일반적으로 사회주의 초급단계 이론은 중국적 특색사회주의라는 이론 체계를 정초한 것으로 평가된다. 그렇다면 그것을 구체적으로 어디에서 찾을 수 있을까? 그것은 100여 년 동안 사회주의 운동을 괴롭혀왔던 문제, 즉 사회주의 이상을 어떻게 현실 위에 정초할 것인가라는 문제를 근본적으로 해결했다. 사회주의 운동사를 보면, 사회주의 운동은 끊임없이 이상에서 현실로 나아가는 과정이었고, 『자본론』에서 잉여가치 법칙을 밝혀지면서 사회주의는 진정한 과학이 되었다. 그리고 『고타강령 비판』에서는 공산주의의 두 가지 발전 단계를 제시했는데, 예전부터 두루뭉술하게 자본주의 사회의 대립물로만 간주했던 공산주의 사회를 낮은 단계와 높은 단계로 구분했다. 그러한 구분이 이상에서 현실로 한 걸음 더 나아갔다는 것은 분명하다. 다시 말해서, 현실 사회와 이상 사회를 매개하는 낮은 단계를 설정해 이상 사회를 현실 사회 쪽으로 확장시킨 것이다. 그 확장의 결과가 이제 막 옛 사회로부터 배태되어 나온 공산주의 사회의 낮은 단계이다. "그래서 그것은 경제, 도덕, 정신 등 각 영역마다 옛 사회로부터 변화되어온 흔적을 지니고 있다."[97] 따라서 공산주의 사회의 낮은 단계는 필연적으로 그것이 배태되어 나온 이전 사회와 많은 부분에서 비슷할 수밖에 없다. 하지만 공산주의 사회의 낮은 단계에서 그러한 하향 확장의 구상은 완전한 공유제로 실현되었지만, 여전히 매우 이상적인 형태로 남아 있었다. 아울러 낙후된 국가에서 사회주의가 승리했다는 사실로부터 이상과 현실의 거리는 분명히 한층 더 멀어졌다.

이처럼 중국의 개혁개방에 이르기까지, 사회주의 운동은 이미 100여 년이 넘게 지속되었고, 현실화된 사회주의 사회도 이미 50여 년이 넘게 존재했다고 할지라도 이상과 현실의 문제는 여전히 해결되지 못했다. 그런데 '사회주의 초급단계' 이론이 제출되면서, 그와 같은 현실적이고 이론적인 어려움이 근본적으로 해결될 수 있었다. 오늘날 사회주의 초급단계 이론에서의 사회주의는 이상이 현실에 더 근접한, 즉 더욱 나아간 하향 확장이기 때문에 사회주의는 큰 포용력을 갖추게 되었다. 그 포용력은 등가교환 법칙이라는 부르주아적 권리를 서로 공유할 뿐만 아니라, 사유제가 주도적 위치를 차지하지 않는 선에서 제한적으로 유사한 것들의 존재가 용인된다. 덩샤오핑이 지적했던 것처럼, 사회주의는 공산주의 초급단계이고, 그 초급단계가 다시 초급단계로 구분되는 것이 사회주의 초급단계다.

---

97) | 中共中央馬克思·恩格斯·列寧·斯大林著作編譯局 譯, 『馬克思恩格斯選集』3, 人民出版社, 1995: 304쪽.

마르크스주의 개척자들로부터 현대적 중국 마르크스주의자들에 이르기까지 그 문제에 대한 공통적인 해결 방식은 다음과 같다. 우선 예전부터 규정되어온 이상 사회를 깊이 있게 분석하거나 구분하고, 그 가운데 이상적인 것과 현실적인 것의 경계를 분리시켰다. 다시 말해서, '이상적인 현실성' 또는 '현실적인 이상성'을 도출해 이상성과 현실성의 매개로 간주함으로써, 이상성과 현실성을 소통 가능한 관계로 만들었다. 그와 같은 양방향 소통은 이상성을 현실성으로 나아가게 하는 확장, 현실성을 이상성으로 나아가게 하는 확장이라고 할 수 있는데, 그것을 통해 이상성과 현실성의 괴리 문제를 해결했다. 마르크스주의 개척자들이 제기했던 이전 사회의 흔적을 지닌 공산주의 사회의 낮은 단계이든, 아니면 덩샤오핑의 사회주의적 초급단계이든 간에 그것들은 모두 양방향의 확장성이라는 매개를 갖추었을 뿐만 아니라 '이상적인 현실성'이거나 '현실적인 이상성'이 된다. 당연하겠지만, 이상성과 현실성의 관계의 해결했다는 것 자체가 바로 '양극단으로부터 매개에 이르는' 과정인 것이다.

사회주의 초급단계 이론이 지닌 가장 직접적인 의의는 바로 사회주의와 시장경제가 양립 불가능하다는 이론적 금기를 깨뜨린 주춧돌이 되었다는 점이다. 만약 사회주의 초급단계 이론을 받아들여 사회주의를 이상으로부터 하향 확장시키고, 사회주의 초급단계에 다양한 소유제가 남아 있을 수 있다는 점을 인정한다면, 계획경제와 사회주의는 더 이상 필연적 관계가 아닌 것이다. 아울러 계획경제든 시장경제든 간에 그것은 자원 배치의 방식일 뿐이지, 경제에 사회주의 성격이 남아 있는가로 결정되지 않는다. 시장기제는 자본주의적으로도 사회주의적으로도 사용될 수 있다. 그 점이 바로 현대적 중국 마르크스주의의 획기적인 인식에 해당한다. 자본주의가 시장경제와 같지도 않고, 단지 시장경제라는 기초 위에 세워진 상층에 불과하다면, 사회주의는 시장경제와 대립되지 않기 때문에 일정한 방식으로 시장경제 위에 세워질 수 있다.

그렇다면 근본적인 문제는 사회주의적 시장경제에서 어떻게 공유제와 시장경제를 결합시킬 것인가이다. 그러한 결합의 문제는 시장경제와 공유제를 존재적으로 동시에 인정해야 한다는 점에 있다. 사회주의적 시장경제는 사실 완전한 공유제가 아니라 공유제 중심만을 요구할 뿐이다. 공유제 중심이라는 전제에서 다양한 소유제의 경제는 함께 발전할 수 있다. 왜냐하면 공유제를 중심으로 해야만 전체적으로 노동에 따른 분배를 중심에 놓고, 공동의 부를 목표로 하는 사회주의 성격을 담보할 수 있기 때문이다. 사회주의 초급단계 이론에 근거한 사회주의적 시장경제 이론은 사회주의적 이상을 하향 확장시킨 것이다. 개개인이 자유롭게 발전하는 공산주의 사회라는 인류의 가장 숭고한 이상적 목표와 함께, 현대에서 가장 현실적이고 그것과 전혀 어울릴 것 같지 않은 경제적 생활 방식, 즉 시장경제를 결합시켜 그 이상을 현실화시키고자 한 것이다. 그 결합은 무원칙적인 조합이 아니라 대립하는 쌍방을 적절한 방식으로 매개한 것이며, 그로부터 시장경제가 사회주의 내부로 인입되었다는 점은 분명해 보인다.

인간의 전반적 발전에도 마찬가지로, 그와 같은 변증법이라는 실천적 지혜가 담겨 있다. 앞서 밝힌 것처럼, 마르크스는 『자본론』의 마지막 원고에서 이상과 현실 간의 직접적 관계를 끊어버리고 간접적 관계만을 남겨두었다. 그것이 바로 물질적 생산 영역은 언제나 필연의 왕국에 속해 있으며, 고도로 발전된 물질적 생산력은 자유의 왕국을 위한 물질적 기초일 뿐이라는 주장이다. 중국 마르크스주의 철학의 발전 과정에서 오랫동안 사용된 설명 방식은 스탈린의 기계론적 결정론이었다. 하지만 개혁개방이 가져온 시장경제의 발전으로 인해 생활환경에 근본적인 변화가 일어났다. 이론철학에 근거한 주체성 철학의 패러다임에서는 인간의 능동성을 추상적으로 표현했고, 이상과 현실을 애매모호한 역사 과정으로 뒤섞어 버렸다. 그래서 낭만주의 색채를 지닌 헤겔주의는 그러한 뒤섞음으로부터 기계론적 결정론을 극복했다.

또한 형이상학이 결여된 중국문화의 전통, 즉 초월적 존재를 경시하고 '실용이성'을 중시하던 전통은 마르크스주의의 수용 과정에서 서구 사람들보다 이상과 현실의 경계를 더 쉽게 무시하게 만들었다. 마르크스주의가 단순한 비판 역량으로만 존재할 때는, 혼동된 이상과 현실이 비판의 근거가 되면서 이상 사회와 그 비판 대상인 현실적 자본주의 사회는 반비례 관계에 놓았다. 다시 말해서, 비판자는 그저 비판하는 것에만 머물거나, 이상 사회에서 현실 사회를 관조하면서 그 잘못된 점들을 들추어낼 뿐이다. 그래서 실제로 그 문제들을 어떻게 해결할 것인지, 그리고 어느 정도까지 해결할 수 있는지는 정작 사회비판자들이 걱정할 일이 아니다.

일반적으로는 이상과 현실의 혼동 상황이 그렇게까지 심각한 결과가 초래할 것이라고 생각하지 않는다. 하지만 막상 이상을 현실화시키려 하면, 예전에 표면화되지 않던 경계의 문제들이 눈앞에 펼쳐진다. 단순한 의미의 비판자는 현실 사회에 대한 실제적 적용 문제를 걱정할 필요가 없지만, 비판자에 그치지 않고 건설자의 입장에 서게 되면, 현실 사회에 대한 실제적 적용 문제를 걱정하지 않을 수 없다. 다시 말해서, 건설자는 이상과 현실을 구분해야만 하고, 만약 그 경계를 무시한다면 실로 커다란 대가를 치를 수도 있다.

이상성과 현실성의 혼동이 불가피하게 나쁜 결과들을 초래할 수 있다는 점은 분명해 보인다. 따라서 현실성과 이상성의 양극단에는 길항이라는 관계가 요청된다. 이를 위해 마르크스주의 철학 연구에서는 마르크스 저서의 내용 가운데 그 두 가지 영역의 경계성을 다룬, 특히 현실성 영역과 관련된 이론을 찾아내는 것이 필요하다. 현실성 영역에서 찾아낸 것들이 하나의 이론 체계에서 설명된다면, 다양한 현실 생활들을 더 효과적으로 논의할 수 있을 뿐만 아니라 다른 이념들과 이론적인 대결도 가능해진다. 그렇다고 한다면 이상성 영역을 통해 직접 '현실'을 주시할 필요가 없게 된다. 또한 이상적인 목표로부터 현실을 되돌아봄으로써 현실을 비판적으로 절합하면서 사회의 건전한 발전을 이끈다.

이처럼 이상과 현실이 요구하는 길항을 유지하면서도 그것들을 동일시하지 않는 것이 바로 실천철학의 실천적 지혜이자 실천철학의 변증법이다. '과학적 발전관'은 분명 특정한 사회 발전이라는 시공간을 넘어선 보편성을 지닌다. 그러나 오늘날 중국 사회는 그러한 일반적 관점으로는 이해될 수 없는 것이다. 오히려 그것은 중국의 사회주의적 시장경제 역사를 배경으로 삼을 때만이 그 풍부한 함의를 드러날 수 있다. 인간을 근본에 놓는, 전반적·균형적이고 지속가능한 발전에 대한 관점은 우선 중대한 국가전략 사상의 한 차례 전환, 즉 집권당의 집권 이념과 통치 이념의 새로운 전환을 의미했다. 그러한 전략적 사상의 중대한 전환을 제대로 이해하기 위해서는, 20여 년 전에 있었던 역사적이고 획기적인 전략적 사상 전환, 즉 그 중심을 계급투쟁에서 경제건설로 이동시킨 것과 연결시켜야 한다. 제1차 전환은 중국 사회주의적 시장경제의 수립을 위한 사상적 통로를 열어주었다. 그리고 이번 2차 전환은 중국 사회주의 시장경제를 보완하기 위한 사상적 기초를 다져주었다고 할 수 있다.

순수 이론철학적 관점에서 보면, 그 두 차례의 전환을 분리 실행했다는 것은 융통성이 없어 보인다. 하지만 앞서도 언급했듯이, 그와 같은 문제제기는 역사적 배경과 무관한 추상적 관점일 뿐이다. 그 이유는 각기 다른 시기에 상이한 문제를 제기했기 때문이다. 그것은 실천적 역사성에 의해 규정된 것이자, 실천철학 자체의 요청이기도 하다. 제1차 전략적 사상 전환이 해결하고자 했던 문제는 사회주의적 시장경제를 어떻게 확립할 것인가였다. 정치생활 중심의 상황에서 그와 같은 사회구조를 개혁하려면, 기존의 균형을 깨기 위해 그 중 한 영역을 우선적으로 발전시켜야만 했다. 그런데 시장경제 시스템이 전체적으로 안정화되면서, 깨어졌던 균형이 다시 회복되는 사회적 문제에 직면하게 되었다. 사회구조를 개혁하기 위해서는 반드시 기존의 균형을 타파해야 하지만, 어떠한 사회도 불균형한 상태를 지속하는 것은 불가능하기 때문이다. 따라서 적절한 시기에 전략적 사상의 2차 전환을 제기하는 것은 새로운 사회적 기초 위에 각 영역의 균형적 발전 상태를 회복한다는 의미를 갖는다. 또한 그것은 객관적 필연성이기도 했다. 여기서 적절한 시기라는 것은 시장경제가 기본적으로 확립되고, 경제 발전이 정상적 궤도에 도달해 다시는 돌이킬 수 없는 추세가 되었을 때를 말한다.

과학적 발전관은 실천철학의 변증적 방법론이라는 정수를 보여주었다. 사회생활은 다양한 측면으로 이루어져 있다. 사회적 발전 과정에서 각 방면의 균형과 불균형을 어떻게 처리할 것인가는 줄곧 직면하게 되는 문제다. 그것은 바로 사회생활이라는 전체를 가지고 어떻게 각 영역을 매개하는가, 다시 말해서 언제 균형을 깨고 또 언제 그 균형을 회복시킬 것인가의 문제다. 여기서의 핵심은 '적절한 때' 또는 '시간상의 기회'를 제대로 파악하는 것이다. 그것은 적절한 시기에, 적합한 방식으로, 적당한 일을 어떻게 할 것인가를 파악하는 것을 말한다. 만약 그것을 해낼 수 있다면, 매개 변증법의 '시중時中'의 경지에 이르렀다고 할 만하다. 또한 적절한 시간상의 시기를 어떻게 파악하느냐는 이론철학의 이론적 지혜가 이룰 수 있는 것이 아니라 실천철학의 실천적 지혜만이 할 수 있는 것이다.

제 **6** 장

학술화된 연구 분야에서의
현대적 중국 마르크스주의 철학

직업적이거나 비직업적인 연구자들의 학술화된 마르크스주의 철학 연구는 중국의 마르크스주의 철학의 매우 중요한 부분으로, 마르크스주의 중국화의 핵심 부분을 차지한다. 중국화된 마르크스주의 철학의 초기 과정에서, 실제적인 학술 연구는 리다·아이쓰치와 같은 이들의 작업이 핵심적인 역할을 차지했다. 또한 리다자오·취추바이·마오쩌둥과 같은 이들의 연구도 분명 학술화의 한 측면을 담당했다. 그럼에도 불구하고 1949년 이후 마르크스주의 철학의 학술 연구는 직업화와 함께 큰 규모의 인력 확충으로 인해 이전 시기와는 상이한 특징을 갖는다. 따라서 그것을 별도로 논의할 필요가 있다.

학술화된 철학 이론은 몇 십 년 동안 매우 뚜렷한 변화 과정, 즉 사유 패러다임의 전환 과정을 거쳤다. 그것은 어떤 측면에서 마르크스주의 철학의 중국적 발전인 중국화의 진행 과정을 드러낸다고 할 수 있다. 전체적으로 보면, 학술화된 마르크스주의 철학은 50여 년 동안의 발전을 거쳤는데, 2,000여 년의 발전을 거친 서구철학과 마찬가지로 실체성 철학과 주체성 철학이 포함된 이론철학에서 실천철학의 방향으로 나아갔다. 그러한 발전 방향은 원형으로서 본래의 마르크스주의 실천철학으로 돌아간 것이자, 중국화된 마르크스주의 철학의 전형인 마오쩌둥 실천철학으로 회귀한 것이다. 그러한 회귀는 또한 마르크스주의 철학과 실천철학인 전통적 중국철학의 대화, 그리고 심화된 중국화로 나아가는 견고한 기반을 조성했다.

1 50여 년 동안 이어진 중국 마르크스주의 철학의 변천 과정 및 그 논리

앞서 중국 마르크스주의 철학의 사유 패러다임 변화를 여러 차례 언급했지만, 그 문제를 자세히 살펴보지는 못했다. 여기서는 50여 년 동안 이어진 중국 마르크스주의 철학의 변천 과정을 깊이 있게 살펴보고자 한다. 그것을 위해 두 가지가 필요한데, 하나는 그 변천 과정을 직관적으로 묘사하는 것이다. 다른 하나는 그 변천 과정의 논리나 필연성을 분석하는 것이다. 그 분석은 다시 두 가지로 나뉘는데, 하나는 철학적 사유방식이나 사유 패러다임의 변천 과정에서 그 내재적 논리의 측면을 보는 것이다. 다른 하나는 철학적 사유 패러다임이 사회적 생활방식이나 인간의 실천방식과 맺고 있는 정합성과 관련된 측면을 살펴보는 것이다.

1) 50여 년 동안 이어진 중국 마르크스주의 철학의 사유 패러다임 변천 과정

우선 50여 년 동안 지속된 중국 마르크스주의 철학의 형태상 변화 과정을 직관적으로 묘사하는 것에서 시작해보자. 일반적으로 중국 마르크스주의 철학이 50여 년 동안 이어진 형태 변화의 역사는 이론철학의 본체론이나 실체성 철학의 사유 패러다임에서 인식론 또는 주체성 철학의 사유 패러다임으로, 그리고 다시 인류학 또는 실천철학적 사유 패러다임으로 변화된 과정으로 그려볼 수 있다. 다음에서는 각 흐름별 주요 특징에 대해 간략하게 서술하고자 한다.

중국 마르크스주의 철학의 첫 번째 존재 형태는 본체론적 사유 패러다임의 철학 또는 실체성 철학이라고 한다. 그 철학적 형태는 주로 개혁개방 이전의 계획경제 시기에 존재했으며, 다양한 판본의 마르크스주의 철학 교과서가 그것을 대표하는 전형에 속한다. 그 철학의 가장 두드러진 특징은 인간의 능동성 또는 주체성을 제거했다는 점인데, 인류의 역사나 사회생활은 자연화 방식으로 표현되었다. 다시 말해서, 자연관과 역사관의 구분 없이, 역사관은 자연관이 일반화되거나 확장된 것이 된다.

그러한 자연화 방식의 시초는 중국 사람들이 아니라 앞서 언급했던 소련 사람들이다. 중국 사람들은 대체로 러시아 사람들을 통해 마르크스주의를 받아들였기 때문에 소련 사람들의 처리 방식도 함께 수용되었다. 따라서 중국의 마르크스주의 철학 교과서 또한 소련 판본의 복사본에 불과했다. 널리 알려진 『소련공산당사』의 4장 2절인 「변증적 유물주의와 역사적 유물주의」에서, 스탈린은 마르크스주의 철학을 '변증적 유물주의와 역사적 유물주의'로 규정했다. 아울러 변증적 유물주의는 마르크스주의 철학의 자연관으로, 역사관인 역사적 유물주의는 자연관인 변증적 유물주의의 확장으로 이해된다.

하지만 스탈린은 역사적 유물주의가 변증적 유물주의의 확장이라고 했을 뿐, 그것이 어떻게 확장된 것인지는 언급하지 않았기 때문에 교과서 집필진들이 극심한 어려움을 겪었다. 역사와 자연은 분명히 다른 것으로, 자연계는 맹목적인 무의식적 운동이지만 역사는 인간의 목적적 활동이 만들어낸 것이기 때문이다. 두 영역이 확연히 구분되고, 자연계에 인간만의 고유한 능동성·목적성·의식성이 존재하지 않는다면, 두 영역을 하나로 합쳐 능동성과 의식성을 제거해야만 그 확장설은 성립될 수 있다. 하지만 인간에게 의식이 없다고 말할 수는 없기 때문에, 인간에게 의식과 목적이 존재하지만 그것은 표면적 현상일 뿐, 실제로는 무의식적인 자연계와 별반 다르지 않다고 말할 뿐이다.

이와 관련되어 상당히 유행했던 주장은 두 가지다. 첫 번째 주장은 생산력이나 경제적 토대가 인류 사회의 결정적 요인이며, 생산력이나 경제적 토대는 객관적인 물질적 힘으로 인간의 의지로는 바뀌지 않는다는 것이다. 그러므로 인간은 목적과 의식을 지녔지만 그것은 없는 것과 마찬가지며, 인간의 목적성과 의식성이 생산력이라는 객관적 사실을 바꾸지 못한다. 이 주장이 터무니없다는 점은 분명하다. 인간은 임의로 생산력을 바꿀 수는 없지만, 임의적이지 않게 바꾸는 것이 가능하기 때문이다. 생산력이 객관성을 갖추었다고 하더라도, 그것은 인간의 외부에 존재하는 사물이 아니라 자연의 형태를 바꿀 수 있는 인간의 활동 능력이다.

사실, 마르크스는 생산력을 언급할 때마다 사람들의 물질적 생산력이라고 표현했는데, 훗날 그것이 '생산력'으로 단순화되면서 인간의 외부에 존재하는 것처럼 받아들여졌다. 여기서 문제는 인간의 목적과 의지가 객관적 조건과 맺는 관계를 어떻게 설명할 것인가에 있다. 마르크스는 인간이 정해진 조건에서 자신을 능동적으로 표현한다고 했다. 하지만 교과서 체계에서는 인간의 능동성을 제거해 인간을 자연물에 귀속시켰기 때문에, 교과서의 주장은 기본적으로 성립되지 않는다.

두 번째 주장은 '역사적 힘의 합성 이론'이라는 것이다. 그것은 엥겔스의 '역사적 힘의 합성 이론'을 왜곡시켜 자연관과 역사관의 차이를 없앤 주장이다. 원래 엥겔스의 '역사적 힘의 합성 이론'은 경제의 결정적 역할을 전제로 해서 역사적 과정에 나타난 우연성을 설명하고자 했던 것이지, 인간의 의지나 목적이 아무런 유용성도 없다는 것을 논증하려던 것이 아니었다. 하지만 지금은 인간 의지들의 상호 충돌에 의해 초래된 마치 자연적 과정과도 같은 객관성을 논증하는 데 사용되고 있다. 이 주장도 분명 통용될 수 없는 것이다.

중국 마르크스주의 철학의 두 번째 존재 양식은 인식론적 패러다임의 철학 또는 주체성 철학이라고 하는 것이다. 1980년대 중국 사회에서 개혁개방을 진행되면서, 철학 체계의 개혁도 논의 대상으로 부각되었다. 그 시기의 특징은 마르크스주의 철학에 대한 인식론적 해석, 즉 인식론적 패러다임 철학이라는 점에 있다. 그것을 인식론적 패러다임 철학이라고 표현한 것에는 두 가지 의미가 있다. 하나는 인식론적 연구가 1980년대 철학 연구의 주요 문제가 되었다는 점이고, 다른 하나는 그 시기의 문제연구 방식이 모두 인식론을 모델로 하는, 또는 인식론적 사유 패러다임이라는 점 때문이다.

그렇다면 무엇을 인식론적 사유 패러다임이라고 할까? 간단히 말해서,

주체와 객체의 대립적 틀로부터 사유하는 것이다. 1980년대 이전까지 철학적 논저에서 주체와 객체라는 명사는 좀처럼 보이지 않았다. 기껏해야 주관이나 객관과 같은 개념을 사용되었을 뿐이다. 1980년대에 이르러, 주체·객체·구조·선택 등과 같은 명사들이 곳곳에서 등장하기 시작했다. 하나의 사례를 가지고 두 시기에 사용되었던 개념상의 차이를 설명할 수 있다. 즉, 마르크스의 『포이어바흐에 관한 테제』 첫 번째 테제에서 보이는 subjective라는 어휘가 그것이다. 예전에는 그것을 '주관적'으로 직역했지만, 저명한 미학자인 주광첸[朱光潛, 1897-1986]은 1980년대에 쓴 장문의 글1)에서 마땅히 그것을 '주체적'으로 번역해야 한다고 주장했다.

본체론 철학에서는 자아의식이나 주체를 자각하는 데까지 나아가지도 못했고, 사유의 매개 기능조차도 자각되지 않았기 때문에, 주체와 객체와 같은 개념들을 필요로 하지 않았다. 물론 본체론 철학에서도 인식을 다루었지만, 그것은 인식을 하나의 존재로 묘사했을 뿐만 아니라 본체론적 시각에서 인식 현상을 바라봤다. 반면, 인식론 철학에서는 인식론적 시각으로부터 모든 것을 다룬다. 본체론의 연구 방식은 늘 독단적이지만, 인식론은 생각의 확실성으로부터 지식의 유용성을 마련하고자 한다. 데카르트[Rene Descartes, 1596-1650]의 '나는 생각한다. 고로 존재한다.'라고 하는 것이 하나의 대표적 사례다.

1980년대의 중국 마르크스주의 철학이 인식론 또는 주체성 철학이었다는 언급은 당시의 모든 마르크스주의 철학 연구들이 인식론적 방향에서 진행되었다는 것이 아니다. 그것은 당시 인식론적 패러다임에 입각한 연구가 주도적인 흐름을 차지했다는 의미일 뿐이다. 실제로, 그 사유 패러다

---

1) | 朱光潛, 「對『關於費爾巴哈的提綱』譯文的商榷」, 『社會科學戰線』1980年第3期를 참조하라. 주광첸은 여기서 '주관'이라는 표현에는 '주체로서의 인간'이라는 의미가 들어 있지 않다고 평가한다. 朱光潛, 「對『關於費爾巴哈的提綱』譯文的商榷」, 『社會科學戰線』1980年第3期: 36-37쪽.

임의 전환 문제는 마르크스주의 철학의 이데올로기적 성격 때문에 오랫동안 논란의 빌미가 되었다. 뿐만 아니라 그와 같은 전환은 교과서 집필이 시간적으로 지연되면서, 1980년대에 출판된 대부분의 교과서에 반영되지 못했다.

그런데 그러한 전환을 알려주는 몇 가지 징후들이 있다. 첫째, 지린[吉林]대학의 가오칭하이가 편집을 맡은 『마르크스주의의 철학적 기초』라는 교재가 1981년에 교육부 승인을 얻어 집필되기 시작했다.(상권은 1986년, 하권은 1988년에 각각 출판되었다.) 그 책의 기본 구조는 객체 / 주체 / 주체와 객체 통합으로 구성되어 있는데, 그것은 분명 인식론적 패러다임에 해당한다. 둘째, 1980년대에 적어도 두 가지의 서구철학사가 '객체 / 주체 / 주체와 객체 통합'이라는 흐름으로 책의 전체 구조를 배열했다. 하나는 화난[華南]사범대학 장상런[張尚仁]의 『유럽 인식사의 개요』, 다른 하나는 베이징대학 주더성[朱德生, 1931-2019] 등이 집필한 『서구 인식론 역사의 개요』이다. 그 구조들은 분명 인식론적 패러다임에 해당한다. 셋째, 1980년대 중국에서 활발하게 진행되었던 가치론 연구에서 인식론적 패러다임이 주도적인 사유 패러다임을 차지했다. 다시 말해서, 가치론 연구자들 대부분이 주체와 객체의 관계로부터 가치의 본질을 규정하는 방법을 채택했다. 예를 들어, 대부분의 논자들이 가치를 주체에 대한 객체의 작용으로 규정했다.

중국 마르크스주의 철학의 세 번째 존재 양식은 인류학 또는 실천철학적 사유 패러다임이라고 할 수 있다. 그 사유 패러다임은 1990년대 초반에 등장했다. 1980년대 중국 학계에서 연구의 쟁점이었던 인식론은 1990년대 들어 점차 그 관심이 줄어들었다. 1990년대 중반에 인식론적 과제를 채택한 한 박사 과정생은 뜻밖에도 1990년대 이후의 간행물에서 참고할 만한 인식론 관련 문헌이 거의 없다는 것을 발견했다. 인식론에 냉담해진 상황을 알 수 있는 구체적 사례라고 할 수 있다. 인식론적 연구의 냉담한 상황과 다르게, 다양한 명의의 실천철학적 사유 패러다임이 활발해졌다. 그와 같은 패러다임으로는 다음의 사례들이 있다. 첫째, '인간학' 연구는 1990년대부터 시작되었는데, 철학계의 상당수가 그 연구에 관심을 가지고 있었다. 많은 양의 논문과 저서들이 발표되었을 뿐만 아니라 '인간학 연구회'도 만들어졌다. '인간학'이라는 명칭 자체가 너무나 광범위할 뿐만 아니라 거기에는 여러 경향과 상이한 학문 분야의 내용이 담겨 있었다. 그럼에도 불구하고 그것은 이론적 관심이 변화되었다는 것을 상징한다.

둘째, 지린대학의 가오칭하이는 1990년대 초반에 '인간은 철학적 신비', '인간을 철학의 중심 위치로 올려놓아야 한다', '인간을 철학의 주요 주제로'와 같은 명제를 제기했는데, 그것들은 훗날 '유類철학'의 바탕이 된다. 저자는 그것을 가오칭하이의 사유 패러다임 전환이라고 보았다. 그 자신도 관련 글에서 그것("1990년대 이후, 내 자신의 사상이 또 한 차례 큰 변화를 겪었다."[2])을 언급했다. 그 변화의 결과는 다음과 같은 내용이다. "철학은 '세계관'의 이론으로, 그것이 외부 세계를 상대할지라도 그것은 인간의 자기 관점을 표현한다. 철학이 실질적으로 인간 자신의 관점을 표현한다는 것은 단지 인간이 언제나 인간의 입장에서만 세계를 대하고, 인간의 목적을 위해서만 세계를 연구한다는 뜻이 아니다. 그것은 세계에 대한 철학적 인식이 실제로는 인간의 자기 인식에 불과하며, 그것은 세계 인식을 통해서만 인간 자신의 존재와 그 활동의 성격이나 의미·가치 등을 이해한다는 의미다. 물론 이 말은 역설적으로 인간도 언제나 자신을 이해하는 것으로부터 외부 세계를 인식하고 파악한다는 의미가 된다. 그래서 철학사적으로 다음과 같은 상황이 연출되었다. 즉, 철학은 인간을 이해하는 방식으로 세계를 이해한다. 세계에 관한 철학적 관점들은 본질적으로, 자신에 대한 인간의 견해."[3] 셋째, 1990년대 이후 마르크스주의

---

2) 高淸海,「前言」,『高淸海哲學文存』4, 吉林人民出版社, 1997: 2쪽.

철학의 사유 패러다임 전환에 대한 문제제기가 지속적으로 이루어졌는데, "인류학 패러다임으로의 전환"[4], "'사물'에서 '인간'으로의 전환"[5], 그리고 "인류학 또는 실천철학으로의 회귀"와 "가치론의 전환"[6] 등이 주장되었다. 새로운 세기에 접어들어, 처음 몇 년 동안 관련 논문들이 집중적으로 나오면서 논의를 심화시켰다.[7]

2) 철학적 사유 패러다임 변화의 내재적 논리

앞서는 중국 마르크스주의 철학이 50여 년 동안 지속된 존재 형태, 특히 사유 패러다임의 변화를 직관적으로 묘사했다. 그 묘사가 매우 거칠었을지 몰라도 대략 50여 년 동안 지속된 중국 마르크스주의 철학의 형태상 변화 궤적을 드러냈으며, 또한 경험적 자료들도 충분히 뒷받침되었다는 점에서 타당한 근거를 지녔다고 할 수 있다. 하지만 여기에는 문제가 존재한다. 즉, 그 변화는 어떻게 가능했을까, 또는 그러한 발전이나 변화를 어떻게 이해해야 하는가이다. 철학은 인간의 전체 생활을 구성하는 한 부분

---

3) 高淸海, 「前言」, 『高淸海哲學文存』4, 吉林人民出版社, 1997: 3쪽.

4) 王書明·耿明友·陶志剛, 「困惑中的進步 – 淺談馬克思主義哲學思維範式的當代轉型」, 『佳木斯大學社會科學學報』1998年第1期: 52-58쪽을 참조하라.

5) 高淸海·徐長福, 「力求哲學範式的及早轉換 – 對世紀之交哲學發展的主張」, 『哲學動態』1998年第12期: 9-12쪽을 참조하라.

6) 王南湜, 「啓蒙及其超越」, 『天津社會科學』1999年第3期: 4-10쪽. ; 王南湜, 「論哲學思維的三種範式」, 『江海學刊』1999年第5期: 73-80쪽. ; 高飛樂, 「百年歷程:哲學的價値論轉向」, 『中共福建省委黨校學報』1999年第4期: 22-25쪽을 참조하라.

7) 衣俊卿, 「論世紀之交中國哲學理性的走向」, 『求實』2001年第1期: 10-14쪽. ; 徐長福, 「新時期馬克思主義哲學的演進態勢」, 『學術月刊』2001年第2期: 3-10쪽. ; 鄒詩鵬, 「生存論轉向與馬克思的實踐哲學」, 『現代哲學』2002年第1期: 27-32쪽. ; 劉懷玉, 「論馬克思的現代哲學範式革命」, 『哲學動態』2003年第9期: 11-15쪽. ; 仰海峰, 「生産理論與馬克思哲學範式的新探索」, 『中國社會科學』2004年第4期: 25-36쪽을 참조하라.

으로, 그것의 발전적 변화는 인간 생활의 다른 부분들에 의해 제약될 수밖에 없다. 따라서 철학은 그것들과 적절한 관계를 유지해야 하지만, 철학은 독특한 이론 활동으로서 그 발전적 변화에도 내재적인 논리적 근거가 갖춰져 있다. 그렇기 때문에 어떠한 철학적 존재 형태의 변화를 이해하려면, 철학적 발전의 내재된 논리로부터 철학적 사유 패러다임의 발전적 변화라는, 그것의 일반적 순서를 먼저 고찰해야 한다.

중국 마르크스주의 철학은 특수한 시공간적 조건에서 특수하게 존재하는 철학적 형태이다. 그러한 특수한 존재를 이해하기 위해서는 철학적 발전의 일반 형식을 먼저 이해할 필요가 있다. 철학의 발전은 내재된 논리를 전제로 한다. 철학의 현실적인 존재 형태가 천차만별이라 모두 헤아리기는 어렵지만, 철학(여기서는 주로 서구철학을 가리킨다.)의 가장 기본적인 사유 패러다임은 3가지로 국한된다. 철학적 사유 패러다임의 제한성은 철학적 사유의 전제를 이루는 이성적 형태의 유한성에 근거한다. 일반적으로 철학적 사유의 가장 기본적 특징은 이성적인 궁극적 관심에 있다고 할 수 있다. 어떤 철학도 결국 하나의 목표를 지향할 수밖에 없는데, 그 목표는 바로 인생의 궁극적 의미나 궁극적 가치를 밝히는 것, 사람들에게는 편안하고 안정된 삶이 근본이 된다는 의미다. 그것이 바로 궁극적 관심이다.

하지만 인생의 궁극적 의미나 궁극적 가치에 대한 연구는 철학뿐만 아니라 예술이나 종교가 지향하고 있는 목표이기도 하다. 철학이 종교나 예술과 다른 점은, 그것이 이성적 방법으로 궁극적 실재를 탐구해 궁극적 가치를 드러낸다는 점이다. 여기서 언급한 이성적 활동은 철학적 사유 과정 자체이지, 철학자들이 주장하는 특정한 관점이 아니다. 철학이 비이성주의적일 수 있지만, 그 철학적 주장은 반드시 이성적 방식으로 표현되어야 한다. 그렇지 않으면 그것은 철학이 아니라 문학일 뿐이다. 따라서 이성이 모든 철학적 사유의 일반 전제가 된다고 말할 수 있다.

또한 철학적 사유 패러다임의 구분도 필연적으로 이성적 근거나 근원에 대한 상이한 패러다임적 가정에 근거한다. 그리고 지식이라는 것도 주체와 객체의 대립, 또는 자아와 외부세계의 대립으로부터 생겨난다. 그렇다면 이성의 근원에 대해서는 3가지 대답이 있을 수 있다. ① 세계 자체에서 유래한 것으로, 세계 이성, 우주 이성, 신의 이성과 같은 객관적 이성이다. ② 주체, 자아, 자아의식 등에서 유래한 주관적 이성이다. ③ 주체와 객체가 미분화되거나, 자아와 세계가 미분화된 인간의 존재 또는 인간 세계 자체에서 유래한 인간 이성, 사회적 이성, 의사소통적 이성이다. 이것이 바로 이성의 3가지 형태에 속한다.

이성의 3가지 관점은 사유의 출발 근거가 되는 3개의 아르키메데스 점을 사전에 확정한 것이라고 할 수 있다. 그 출발점은 자명自明한 것으로 간주되며, 증명할 필요도 없고 증명할 수도 없다. 철학이 궁극적 실재를 이성적으로 파악해 궁극의 지식을 얻고자 한다면, 그것은 다른 지식의 부류와 같이 어떤 특수한 경험이나 다른 학문 분야에 의존해서는 안 된다. 대신, 자명한, 적어도 자명하다고 여겨지는 기점에서 시작해서 철학적 관념이라는 전체 건물을 세워야만 한다. 3가지의 이성적 형태는 사실 3가지의 자명한 출발점이 사전에 설정된 것이다. 그로부터 3가지 철학적 사유 패러다임의 기본 형태, 즉 본체론 또는 실체적 사유 패러다임, 인식론 또는 주체적 사유 패러다임, 인류학 또는 실천철학적 사유 패러다임이 형성된 것이다.

이제 다음에서 3가지 이성의 논리적 관계를 다루어보자. 생각은 직접적으로 주어지는 의식에서 시작된 것이다. 본체론적 사유 패러다임은 성찰적이지 않은 직접적인 사유 패러다임으로서, 첫 번째 철학적 사유 패러다임이 된다. 전통적인 본체론적 철학들, 또는 일반적으로 언급되는 형이상학들은 모두 그 사유 패러다임에 속한다. 그 철학은 플라톤 철학을 원형으로 한다. 그 사유 패러다임이 반드시 답해야 할 문제는 바로 객관적인 이성이 어떻게 유한한 인간에게 주어지는가이다. 플라톤의 해결 방식은 상기설이다. 즉, 인간의 영혼에는 세계의 원형이 되는 이념이 선험적으로 갖춰져 있는데, 감각의 세계에서는 그것이 가려져 있거나 망각되어 있기 때문에 그 기억을 되살려내는 것이 바로 학습이다.

플라톤의 해결 방식은 하나의 전형성을 갖추고 있는데, 이후 합리론의 생득 관념론도 여기에 속하기 때문이다. 그 패러다임은 인간의 현실 생활을 거부했으며, 모든 감각적 직접성을 부정했을 뿐만 아니라 지식을 온전히 생득적인 것으로 간주했기 때문에 사람들의 직관과 동떨어져 있다는 점에서 문제가 된다. 또한 현실세계와 구분된 이념세계라는 주장도 독단적인 것이다. 철학자도 현실세계의 구성원인데, 그들은 어떻게 현실세계를 벗어나 수많은 이들이 전혀 모르는 이념세계로 들어갈 수 있을까? 그 답은 신비주의에 있다.

주체적 의식은 직접적으로 주어지는 의식에 대한 의식이기 때문에, 인식론 또는 주체적 사유 패러다임은 사유의 역할을 의식한 사유 패러다임이 된다. 이것이 두 번째 사유 패러다임이다. 그 패러다임은 의식으로부터 출발해 그 의식 속에서 대상을 구성해낸다. 주체적 패러다임은 자아와 외부세계의 대립을 명확하게 하는 데서 시작한다. 자아와 외부세계가 대립하는 상황에서 사물이 존재한다고 하면, 그것에는 두 가지 의미가 가능하다. 하나는 의식 밖에 존재하는 것이고, 다른 하나는 의식 속에 존재하는 것을 가리킨다. 그런데 그 패러다임에서는 의식 밖의 존재가 문제로 부각된다. 자아의식의 측면에서 내가 알고 있는 것은 의식 안의 존재일 뿐이지, 의식 밖의 무엇이라고 말할 수 없기 때문이다. 앞서의 첫 번째 패러다임과 정반대로, 두 번째 패러다임의 근본적인 문제는 외부 세계에 관한 우리 지식의 객관적 유용성을 어떻게 확증하는가에 있다. 그것을 출발점으로 하게 되면, 결국 유아론唯我論, 절충적 이원론, 또는 회의론으로 나아갈 수밖에 없다.

이처럼 앞의 두 가지 패러다임은 모두 추상화라는 한계를 보인다. 다시 말해서, 살아 있는 인간과 인간의 세계를 그 생활세계로부터 추상화시켜, 추상화된 세계 또는 자아가 그것을 대체했기 때문에 곤란한 지경에 빠진 것이다. 그 추상화를 극복한 것이 세 번째 사유 패러다임, 즉 인류학 또는 실천철학적 사유 패러다임이다. 이 패러다임에서 이성은 인간 생활에 근거한 것, 또는 생활이라는 형식의 구성 부분이기 때문에, 사회적 이성이나 의사소통적 이성이 된다. 이성의 보편성은 인간의 생활을 넘어서는 것이 아니라 그러한 생활 형식의 보편성에 있다. 앞서 언급한 두 가지 패러다임의 근본적 문제점은 다음에 있다. 즉, 객관적 세계로부터 자아에 이르는 과정이 합리적이지 못하고, 자아로부터 객관적 존재에 이르는 과정 또한 합리적이지 못하다는 점이다.

인류학 또는 실천철학은 그 문제를 해결하기 위해 우선적으로 문제제기 방식을 바꾸었다. 인류학 또는 실천철학의 기본적인 방법론적 원칙은 이론적 문제를 실천으로 환원하거나 인간의 생활 자체로 환원시킴으로써, 인간의 생활 자체에서 추상적인 이론적 문제를 끌어내 설명한다는 점에 있다. 구체적으로 말해서, 의식과 사물, 주체와 객체의 대립을 인간의 생활 그 자체 또는 현존재의 실존이라는 파생적 상태로 보는 것이다. 실존 또는 생활에서 인간이나 현존재가 그 실존 또는 생활을 깨닫는다는 것은 주체와 객체의 대립을 전제로 한 인식보다 더욱 원시적이고 기초적이다. 그렇다면 객관적 이성이 어떻게 유한한 인간에게 주어지고, 자아가 어떻게 객관적 세계와 연결되는가라는 문제는 인류학 또는 실천철학에서 존재하지 않는 허구적인 것이 된다. 따라서 실천철학 패러다임이 앞서 언급한 두 패러다임의 문제를 합리적으로 해결한, 더욱 합리적인 패러다임이라면, 실체적 패러다임에서 주체적 패러다임으로, 그리고 다시 실천철학적 패러다임에 이르는 경로는 논리적 필연성을 갖는다.

실체적 패러다임에서 주체적 패러다임으로 다시 실천철학적 패러다임

이르는 경로가, 논리적 필연성의 차원에서 철학이나 서구철학의 존재 형태 또는 사유 패러다임 발전을 위한 일반적 절차와 법칙을 구성했다면, 서구철학의 특수한 존재 형태인 마르크스주의 철학에 뿌리를 둔 중국 마르크스주의 철학의 발전 과정 역시 그 절차를 따를 수밖에 없었다. 그래서 먼저 옛 교과서로 대변되는 실체성 철학이 나타날 수밖에 없었고, 1980년대 이후는 주체성의 고양, 실천적 유물주의의 제창, 주체와 객체의 관계를 다룬 주체성 철학으로 표현되었다. 그리고 1990년대 초부터 인간은 철학적 신비라는 주장, 인류학 또는 실천철학의 재구성, 생활세계로의 회귀, 의사소통적 이성의 확산 등의 인류학 또는 실천철학이 나타났다.

3) 사회적 실천방식과의 정합성으로부터 살펴본 철학적 사고 패러다임의 변천 과정

앞서 철학적 사유 패러다임의 내적 논리를 분석했는데, 그것은 단지 철학적 사유 패러다임의 변화가능성을 설명해줄 뿐이다. 단지 그것을 설명만 했을 뿐이다. 철학에 변화가 나타난다면 그러한 내적인 논리적 순서에 따라 변화될 것이다. 하지만 그러한 논리적 순서는 현실의 역사 과정에서 철학이 왜 그와 같이 변화되었는지, 중국 마르크스주의 철학이 왜 50여 년 동안 그러한 변화를 겪었는지 설명하지 못한다. 현실적 변화를 설명하기 위해서는 추가적인 조건이 마련되어야 한다. 그것은 철학이 순수한 논리적 사변일 뿐만 아니라 인간 생활의 가장 심층적인 면을 포함하고 있다는 점 때문이다. 그것을 인식하는 것은 매우 중요하다. 예전에는 흔히 철학을 생활과 무관한 순수한 사변, 또는 순수한 이론적 취미로 간주했기 때문에, 그것의 생활적인 면을 보지 못했다. 이것은 이전의 철학적 관점이 지닌 중대한 결함이라고 할 수 있다. 하지만 철학은 그런 것이 아니다. 철학은 그 자체로 생활이다.

따라서 논리적 필연성만으로는 현실의 철학이 어떤 형태로 존재해야 하는지를 결정할 수 없다. 현실 역사로부터 철학의 발전과 변화를 설명하려면 철학을 인간의 생활 전체로 되돌려놓고, 철학이 인간의 실생활과 맺는 연관 관계를 살펴봐야만 한다. 이와 같은 접근 방법은 실천철학적 전통에서 유래한 방법으로서 이론보다 실천을 더 근본적인 것으로 간주하는 철학적 입장이며, 이론과 생활적 실천을 통일시킨 방법이다. 그런데 그 방법론이 비록 마르크스주의 철학의 기본 원칙이었을지라도, 그 원칙은 오랫동안 그것을 해석하는 이들에 의해 몹시 피상적으로 변했을 뿐만 아니라 단순화되었다. 일반적으로 그 원칙은 인식론적 의미에서 이해되었는데, 다시 말해서 양자의 통일은 인식을 실천에서 일치시키는 것, 실천을 중시해야 하는 것, 공리공담을 쫓지 않는 것으로 이해되었다.

하지만 이론과 실천의 통일은 인식론에만 국한되지 않는다. 그것은 무엇보다 인간 세계의 존재론 또는 인간 존재의 본체론적 원칙이라고 할 수 있다. 인간의 존재론으로부터 그 문제를 본다면, 이론과 실천의 일치성은 심층적 측면에서 우리가 주관적으로 노력해야 하는 목표가 아니라 하나의 객관적인 존재 상태이자, 인간의 생활로부터 벗어날 수 없는 상태를 가리킨다. 달리 말하자면, 생활적 실천은 이론의 근본이고, 실천 활동은 이론 활동과 함께 인간 생활을 이루는 두 측면이기 때문에 일정한 역사적 시기에 이론과 실천이라는 측면은 서로가 서로에게 투영되어 있는 것이다. 또한 특정 시기에서 이론적 활동의 기본 방식인 사유방식이나 사유 패러다임은 실천적 방식을 표현해야만 하는데, 그 반대도 마찬가지다. 인식론적 의미에서 이론과 실천의 일치성은 사실 좁은 의미의 일치만을 요구한다. 다시 말해서, 그것은 특수한 이론 활동이 특수한 실천적 목적에 결합되거나 종속될 것을 요구한다. 당연하겠지만, 그러한 좁은 의미의 일치는 심층적 측면의 일치에 근거해야만 가능해질 수 있다.

심층적 측면에서 이론과 실천의 일치는 매우 중요한 방법론적 의미를 지니고 있다. 그것은 이론과 실천의 상호연관을 통해 이론의 발전 추이를 고찰하는 데 도움을 준다. 일반적으로 이론적 활동은 상징적이고 관념적인 활동이기 때문에, 그리고 그 자발적인 선택가능성 때문에, 그것의 표현형식이 쉽게 파악되지 않는 특징을 보인다. 반면, 실천적 활동은 실재적 활동으로서 인간이라는 생명 존재와 밀접하게 연결된 활동이다. 따라서 정상적인 사회에서 실천 활동은 생명 존재라는 조건에 의해 제약되기 때문에 객관적 확실성을 지니지 않을 수 없다.

그와 같은 실천 활동의 객관적 확실성, 그리고 이론과 실천의 심층적 동형성[homology]으로부터 이론적 활동도 그와 관련된 어떤 객관적 확실성을 획득하게 된다. 따라서 실천 활동의 기본 방식을 고찰하는 과정을 통해 심층적 차원에서 이론의 기본 방식이나 사유 패러다임, 즉 이론적 활동의 일반적인 발전 추이도 비교적 정확한 파악이 가능해진다. 그것은 철학적 이론에 대해 다음과 같은 의미를 갖는다. 즉, 특정 시기에 어떤 이론이 등장할지 구체적으로 단언할 수는 없지만, 사유방식이나 사유 패러다임이라는 측면에서 특정 시기의 철학적 이론이 발전해가는 추이는 예측할 수 있다.

앞서 언급한 이론과 실천의 통일이라는 원칙에 따라, 현실적인 역사 과정에서 철학적 사유 패러다임의 변화를 결정하는 것은 사유방식과 실천방식의 정합성이다. 실천의 방식은 '함[做]'의 방식이기도 한데, '함'에는 두 가지 차원이 있다. 하나는 '사물에 대한 함[做事]'으로 사람과 사물의 관계에 관련된 것이고, 다른 하나는 '인간에 대한 함[做人]'으로 사람과 사람의 관계를 다룬다. 사물에 대한 함의 결과는 물건이고, 인간에 대한 함의 결과는 사회적 의사소통이라는 관계 또는 사회 조직이다.

문명의 시대가 시작된 이후, 가장 기본적 측면에서 가능한 인간의 '함'이나 실천적 방식에는 두 가지가 있었다. 하나는 유기有機적이거나 개괄적인 함이고, 다른 하나는 무기無機적 또는 구조적인 함이다. 사물에 대한 유기적 함의 전형은 농업 생산이고, 인간에 대한 유기적 함의 전형은 자연적 혈연관계나 유사 혈연관계에 근거한 공동체적 의사소통이다. 그 두 가지를 합치면 자연 경제에 기초한 실천적 방식이 된다. 그 사물에 대한 함과 인간에 대한 함이라는 방식에서 인간의 활동은 일반적으로 대상 자체를 바꾸는 것이 아니라 대상의 존재 법칙에 따른 외부적인 배려나 개선으로 나타난다. 그 경우, 인간이 살아가는 세계는 인간에게 이미 갖춰진 존재, 즉 인간의 힘을 벗어난 '실체'나 '본체'로 드러날 수밖에 없다. 따라서 사물에 대한 함과 인간에 대한 함의 방식에 어울리는 사유방식도 당연히 유기적, 개괄적, 순응적 방식이 된다. 다시 말해서, '실체성' 또는 '본체론'의 사유방식이 되는 것이다.

반면, 사물에 대한 무기적 또는 구조적인 함의 전형은 산업 생산이고, 인간에 대한 그 함의 전형은 자발적인 이해관계에 근거한 결합체적 의사소통이다. 두 가지를 합치면 상공업이나 시장경제에 기초한 실천적 방식이 된다. 그러한 사물에 대한 함과 인간에 대한 함이라는 방식에서 인간의 활동은 대상 자체에 영향을 끼칠 뿐만 아니라, 일반적으로 인간의 목적에 맞게 대상을 재구성한다. 그 경우에 인간이 사는 세계는 인간에게 인위적이고 구성적인 존재로 나타난다. 다시 말해서, 세계는 활동 주체의 결과로 존재한다. 또한 그 사물에 대한 함 또는 인간에 대한 함의 방식에 어울리는 사유방식도 자연스럽게 무기적이고 구성적인 방식, 즉 '주체성'의 사유방식이 된다.

분명한 것은 고대 철학이 실체성의 철학이 되고, 본체론 중심이 된 데에는 바로 그 철학이 고대의 실천적 방식 또는 사물에 대한 함과 인간에 대한 함이라는 방식과 서로 호응했기 때문이다. 그리고 근대 철학이 '주체성'의 철학이 되고, 인식론 중심이 된 것에도 그 철학이 근대 이후의 실천적 방식과 서로 조응했기 때문이다. 근대 철학의 혁명은 실체적 사유 패러다임에서 주체적 사유 패러다임으로의 전환, 본체론적 패러다임에서 인식론적 패러다임으로의 전환에 그 본질이 있다. 하지만 상공업 경제에 기초한 근대적 실천방식은 인류의 생존 환경을 전체적으로 향상시켰을지는 몰라도 일련의 심각한 문제들을 초래했다. 계몽이 제시했던 화려한 약속도 실현되지 않았고, 주체성의 고양도 결국 주체의 소외로 귀결되었다. 그것이 근대적 실천방식의 폐해를 극복할 수 있는 새로운 실천적 방식을 모색하게 만들었다. 그와 같은 실천적 방식을 찾는 과정에서 다양한 현대 철학이 생겨난 것이다.

근대 이후, 상공업이라는 실천적 방식의 가장 두드러진 특징은 외부적 자연에 대한 인간의 통제 능력을 끌어올렸다는 점이다. 물론 그 실천적 방식 역시 장점이자 단점을 동시에 갖고 있다. 인간의 물질적 생활수준은 크게 향상되었지만, 다른 한편으로는 생태계의 불균형, 에너지의 고갈, 인구의 폭발, 핵전쟁의 위협과 같은 인류가 직면하고 있는 각종 어려움들은 모두 그것과 무관치 않다. 또한 그와 함께 근대 철학적 사유 패러다임의 장단점도 주체성 문제에 집중되었다. 하지만 근대 철학이 드높인 주체성이라는 것도 사실 인간 존재에 대한 추상적 관점, 즉 인간 존재를 추상적 주체성의 존재 또는 추상적 자아의식으로 바라본 것에 불과하다. 그 사유 패러다임은 이성중심주의라고도 불리는데, 다시 말해서 이성이 인간의 본질로 간주된다. 그것은 분명 인간 생활의 전반적이고 풍부한 측면을 무시한 일면적 관점이라고 할 수 있다.

다양한 현대철학의 유파들이 비록 각기 다른 주장을 했을지라도, 근대의 주체성 철학이나 인식론적 사유 패러다임의 이성중심주의가 가져온 폐해를 극복하고자 했다는 점에서, 그들은 매우 일치된 태도를 보였다. 그와 같은 태도는 각 현대철학 유파들이 각기로 다른 방식으로 인간 생활 자체로 회귀했다는 것을 보여준다. 다시 말해서, 인류학 또는 실천철학적 패러다임이 현대철학의 주류가 된 것이다. 그 흐름은 마르크스의 실천철학에서 비롯되었다고 할 수 있다. 20세기 들어 두드러졌는데, 하이데거,

듀이, 후기 비트겐슈타인, 루카치, 하버마스[Jurgen Habermas]와 같은 이들을 인류학 또는 실천철학에 포함시킬 수 있다.

앞서 살펴본 내용은 다음과 같은 사실을 알려준다. 실체성에서 주체성으로, 그리고 다시 인류학에 이르는 철학적 사유 패러다임의 논리적 필연성은 인간의 현실적 실천과 맺어진 정합성을 통해 현실의 발전을 위한 절차로 실현되었다. 따라서 그것은 현실적 역사 과정에서 철학(주로 서구철학을 가리킨다)적 존재 형태의 일반적인 발전 법칙이 된다. 그렇다면 특수한 철학적 형태인 중국 마르크스주의 철학도 실체성에서 주체성으로, 그리고 다시 인류학에 이르렀다면, 그 또한 필연적으로 어떤 역사적 단계의 실천적 방식이 변화하면서 규정된 것, 아니면 그 실천적 방식의 변화에 호응한 것이라고 할 수 있다.

중국 마르크스주의 철학이 몇 천 년 동안 이루어진 서구철학의 이론적 공간을 불과 몇 십 년 만에 급속하게 거칠 수 있었던 이유는 다름이 아니라 실천적 방식의 변화, 즉 그 짧은 몇 십 년 동안 중국 사람들의 실천적 방식에 아주 빠른 변화가 일어났기 때문이다. 실제적으로 몇 십 년 동안 중국에서 시행했던 계획경제라는 활동 방식은 현대적 산업경제의 실천방식이라기보다는 자연경제의 실천방식에 더 가깝다고 할 수 있다. 그러한 실천적 조건으로부터 산업화된 도시에서 '사물에 대한 함'의 방식에 다소 변화가 있었을지라도 여전히 '인간에 대한 함'의 방식은 기본적으로 전통적이었다. 인구의 절대 다수를 차지하는 농촌에서 그 사회의 기본 조직, 예를 들어, 전통적 혈연공동체인 종족宗族 조직이 형식적으로 사라졌다고 하더라도 인민공사의 생산대生産隊는 본질적으로 혈연공동체와 지연공동체의 혼합체였고, 여전히 전통적 공동체의 변종이었다. 도시 사회의 기본 조직인 행정적 '단위單位'는 혈연과 지연의 뿌리에서 벗어나 있었지만, 그것은 또 다른 전통적 공동체인 직연職緣[8] 공동체의 변종이었다. 직원들에 대한 '단위'의 역할이 마치 식구들에 대한 가족의 역할과 같았기 때문이다. 그와 같은 조건에서 그것에 어울리는 사유방식은 일반적으로 실체성 뿐이었고, 철학적으로도 본체론적 패러다임이나 실체성의 철학에 불과 했다. 따라서 그 패러다임이 구현된 옛 철학교과서 체계에서, 철학이 천 편일률적으로 자연·사회·사유의 일반 법칙에 관한 이론 또는 과학과 같 은 본체론적 명제들로 서술되었다는 점은 사실 조금도 이상한 일이 아니 었다.

그런데 1980년대 중국 땅에 시장경제가 출현하면서 실천방식에도 큰 변화가 생겼다. 만약 '사물에 대한 함'의 변화가 비록 급격하기는 했지만 결과적으로 질적인 변화를 가져온 것은 아니라고 말할 수 있다면, '인간 에 대한 함'의 변화는 질적인 변화를 가져왔다. 개혁개방 이전과 이후의 세대 간 '세대 차이'도 뚜렷할 뿐만 아니라 가치 관념의 차이도 심해 크게 놀랄 지경이었다. 옛 담벼락에 쓰인 '정치가 지휘하고, 사상이 선도 한다.'라는 구호는 아직도 그 빛이 바래지 않았지만, 신축 건물에는 '시 간은 돈이고, 효율성은 생명이다.'라는 커다란 표어가 걸려 있다.

현실의 변화와 함께 철학도 주체성 철학 또는 인식론적 사유 패러다임 으로 급격히 전환되면서 인식론은 한순간 철학 연구의 중심으로 떠올랐 다. 그 때문에 다른 철학 분야들(가치론이나 역사관과 같은)도 인식론적 연구 방법의 영향을 크게 받을 수밖에 없었다. 철학적 변화가 때론 현실의 변화 과정을 뛰어넘기도 했다. 하지만 1990년대 들어, 인식론적 연구는 급속히 퇴조했을 뿐만 아니라 갈수록 그 사유 패러다임도 문제로 부각되 었다. 그와 같은 상황은 다음의 사실을 알려준다. 즉, 시장경제가 점차 확 립되면서 그 폐해도 점점 눈에 띠게 늘어났기 때문에, 그 부정적 결과를 제한하거나 바꾸려는 비판적 검토가 하나의 과제로 등장했다는 점이다. 하지만 인식론적 패러다임 또는 주체성 철학이라는 조건에서 그 패러다

---

8) | 혈연이나 지연 등과 같은 직장의 연고 관계를 가리킨다.

임이 시장경제라는 실천방식와 맺고 있는 긍정적 정합성은 비판을 불가능하게 만들었다.

그래서 새로운 사유 패러다임의 수립이 하나의 철학적 과제로 제기되었다. 새로운 사유 패러다임은 다름 아닌 인식론적 사유를 지양한 인류학 또는 실천철학이었다. 중국 마르크스주의 철학의 연구 과정에서 등장한 실천철학적 사유 패러다임은 그 연구 과정이 심화되어 갈수록 현대 서구 철학의 실천철학적 패러다임이 끼친 영향, 특히 하이데거, 비트겐슈타인, 하버마스와 같은 철학자들이 끼친 사상적 영향을 무시할 수 없다. 그렇다고 하더라도 중국 마르크스주의 철학의 내재적 논리라는 요구, 그리고 중국 사회의 생활 변화와 철학적 사유의 정합성이라는 요구가 더 중요했다고 할 수 있다.

4) 마르크스주의 철학의 본래 모습으로 되돌아가기

앞서는 중국 마르크스주의 철학의 사유 패러다임이 본체론에서 인식론으로, 그리고 실천철학에 이르는 변화 과정을 분석했다. 그것은 논리적 합리화의 과정이자 사회생활의 변화가 요구한 정합성의 과정이었다는 점을 알려준다. 따라서 그 과정 자체가 대단히 중요한 의미를 지니고 있다. 하지만 그 의미는 단지 마르크스주의 철학 자체의 형태가 변했다는 점에 있지 않고, 마르크스주의 철학의 본래 형태로 되돌아가는 데 있다. 실제로 앞서의 분석에는 마르크스주의 철학의 본래적 형태인 인류학 또는 실천철학의 의미가 담겨 있다. 따라서 실천철학적 패러다임으로의 발전은 마르크스 철학의 본래 정신으로 되돌아가는 것이기도 하다. 가장 직관적인 입장에서 마르크스주의 철학의 원초적 형태가 차지하는 이론사적 위치나 그것이 차지하는 현실 역사상의 위치에서 보더라도, 근대적 실천방식을 극복하려는 했던 사회운동과 결합된 철학이 만약 새로운 사유 패러다임을 채택하지 않았다고 한다면, 그것도 상상하기 힘든 일일 것이다.

사실, 마르크스 자신이 바로 인류학 또는 실천철학의 개척자이다. 이론의 역사를 한번 되돌아보기만 해도 그것을 알 수 있다. 앞서 인류학 또는 실천철학이 실체적 패러다임과 주체적 패러다임의 추상성과 다르게 철학을 인간 생활로 돌려놓았다는 데 그 핵심이 있다고 언급했다. 이처럼 마르크스는 철학사에서 가장 먼저 철학을 인간 생활로 되돌릴 것을 주장했다. 마르크스는 철학이 아무리 세속을 떠난 것처럼 보여도, 아무리 난해하고 추상적인 것처럼 보여도 그것은 인간의 실생활에 깊이 뿌리박혀 있다고 보았다. 사실, 마르크스 철학의 기본 개념인 실천은 인간의 생활 또는 인간의 활동과 동의어로 이해된다. 물론 마르크스는 물질적 생산으로서 실천이 인간 생활에서 지닌 결정적 역할, 즉 물질적 생산이 기본적인 실천 양태라는 점을 매우 강조하기는 했지만, 그는 단 한 차례도 실천을 물질적 생산으로 이해한 적은 없었다.

마르크스가 자신의 새로운 사유 패러다임을 어떻게 다루었는지 살펴볼 수 있는데, 그는 『포이어바흐에 관한 테제』에서 다음과 같이 밝혔다. "인간의 사유가 객관적 진리성을 갖추었는가는 이론의 문제가 아니라 실천의 문제다. 인간은 실천 과정에서 자기 사유의 진리성, 즉 자기 사유의 현실성과 힘, 그리고 자기 사유의 현세성을 증명해야 한다. 사유, 즉 실천을 벗어난 사유의 현실성 또는 비현실성에 관한 논쟁은 순수한 스콜라 철학의 문제다."[9] 또 다음과 같이 언급했다. "사회생활 전체는 본질적으로 실천적인 것이다. 이론을 신비주의라는 신비스러운 무엇으로 이끄는 것들은 인간의 실천 과정에서 그리고 그 실천을 이해하는 과정에서 모두 합리적으로 해결될 수 있다."[10] 이처럼 여기서 마르크스는 인류학 또는

9)   中共中央馬克思·恩格斯·列寧·斯大林著作編譯局 譯, 『馬克思恩格斯選集』1,
     人民出版社, 1995: 55쪽.

실천철학의 기본적인 방법론적 원칙을 제시했다. 바로 이론적 문제를 실천에 환원시키거나 인간의 생활 자체로 환원시키는 것, 그리고 인간 생활 자체에서 추상적인 이론적 문제들을 끌어내 현실적으로 설명하는 것이었다.

마르크스는 『1844년 경제학 철학 수고』에서 인류학 또는 실천철학을 활용해 헤겔의 자의식을 인간에게 환원시켰다. 거기서 그는 다음과 같이 주장했다. "헤겔의 추상성을 고려하지 않고 자의식을 인간의 자아의식으로 대체했다."[11] 마르크스는 『신성 가족』에서도 대단히 주목할 만한 말을 남겼다. "헤겔 체계에는 3가지 요소가 들어 있다. 스피노자의 실체, 피히테의 자의식, 그리고 그 두 요소가 헤겔에게서 필연적이고 모순적으로 통일된 절대 정신이다. 첫 번째 요소는 형이상학적으로 외양을 바꾼, 인간과 유리된 자연이다. 두 번째 요소는 형이상학적으로 외양을 바꾼, 자연에서 벗어난 정신이다. 세 번째 요소는 형이상학적으로 외양을 바꿔 앞의 두 요소를 통일시킨, 즉 현실의 인간과 현실의 사람들이다."[12]

마르크스는 분명 실체, 자아의식, 절대정신과 같은 것들을 단지 인간 생활을 추상화시킨 것에 불과하다고 보았다. 마르크스는 『도이치 이데올로기』에서 더욱 명확하게 '실체'와 같은 추상적 개념을 사회적 생활로 환원시켰다. 그는 말했다. "각각의 개인과 세대가 맞닥뜨리는 이미 만들어진 것들, 즉 생산력, 자금, 사회적 교류라는 형태의 총합은 철학자들이 '실체' 또는 '인간의 본질'이라고 상상했던 것의 현실적 기반이자, 그들이 신격화

---

10) 中共中央馬克思·恩格斯·列寧·斯大林著作編譯局 譯, 『馬克思恩格斯選集』1, 人民出版社, 1995: 56쪽.
11) 中共中央馬克思·恩格斯·列寧·斯大林著作編譯局 譯, 『馬克思恩格斯全集』42, 人民出版社, 1979: 171쪽.
12) 中共中央馬克思·恩格斯·列寧·斯大林著作編譯局 譯, 『馬克思恩格斯全集』2, 人民出版社, 1957: 177쪽.

1. 50여 년 동안 이어진 중국 마르크스주의 철학의 변천 과정 및 그 논리 **487**

하고 그것에 맞서 싸우는 것의 현실적 기반이다."[13] 마르크스는 철학적 주·객체의 대립이나 분열은 현실 생활에 뿌리를 둔 것으로, 그것의 해결 또한 현실 생활의 대립과 분열에서 찾았다. 여기서 완전히 새로운 사유 패러다임이 언급되었다는 점은 틀림없다.

물론 본래의 마르크스주의 철학과 20세기의 수많은 철학적 유파들이 모두 인류학 또는 실천철학에 속한다고 해서, 그들 사이에 원칙적 차이가 없는 것은 아니다. 사유 패러다임이 동일하다고 해서, 그것이 동일한 패러 다임의 유파들이 드러내는 구별이나 대립, 심지어 근본적인 대립에 영향 을 끼치지 못한다. 그런데 이와 같은 구분은 사유 패러다임의 차이와 전혀 다른 것이다. 왜냐하면 인류학 또는 실천철학인 마르크스주의 철학은 인 간 생활에서 물질적 생산의 기본적 위상을 강조했다는 점, 그리고 근대 주체성 철학을 적극적 지양하거나 그 전환을 강조했다는 점에서 그 독창 적 의의를 찾을 수 있기 때문이다. 따라서 일부 유파들처럼 인간 생활에서 그 이상화된 측면을 더 많이 강조하거나 포스트모더니즘처럼 주체성을 '축출'할 정도로 극단적이지는 않았다. 그럼에도 불구하고 본래의 마르크 스주의 철학이 인류학, 실천철학, 또는 인류학적 철학이었다는 것은 의심 의 여지가 없다. 그렇기 때문에 실천철학적 패러다임으로의 전환은 마르 크스주의 철학의 성격이 바뀐 것이 아니라 마르크스주의 철학의 진정한 모습으로 돌아간 것이다.

마르크스주의 철학의 본래 형태가 실천철학적 패러다임이라고 한다면, 마르크스주의 철학의 실체적 해석 방식 또는 주체적 해석 방식은 마르크 스주의 철학의 본래 형태에 의한 변종이 된다. 이론과 실천이 하나라는 관점에서 보면, 실체적 해석이라는 변종은 계획경제라는 유사 자연경제적

---

13) | 中共中央馬克思·恩格斯·列寧·斯大林著作編譯局 譯, 『馬克思恩格斯全集』3, 人民出版社, 1960: 43쪽.

실천방식과 정합성을 갖는다. 왜냐하면 유사 자연경제적 실천방식은 그에 상응하는 사유방식이 정신적으로 뒷받침되지 않으면 정상적으로 존재할 수 없기 때문이다. 다시 말해서, 유사 자연경제적 실천방식은 비실체적 사유 패러다임과 전혀 어울리지 않기 때문에 그것이 정상적으로 존재하는 데 어려움이 따른다. 따라서 유사 자연경제적 실천방식이 역사적 합리성을 지녔다는 가정으로부터 그 실천방식을 놓고 보면, 마르크스주의 철학의 실체화는 어떤 의미에서 필연적일 뿐만 아니라 합리적이기까지 하다. 그런 의미에서 실체화된 마르크스주의 철학의 해석 체계는 마르크스주의 철학의 존재 형태로 간주된다. 이와 다르게, 주체적 해석이라는 변종은 시장경제적 실천방식와 정합성을 갖추기 위한 것이었다. 특히, 그것은 시장경제의 형성 초기, 시장경제에 합리적 근거를 제공하려는 목적이 있었다. 따라서 그러한 해석 또한 시장경제가 합리적 존재라는 의미에서 당연히 합리성을 지닐 뿐만 아니라 마르크스주의 철학의 또 다른 존재 형태로 간주된다.

그러나 마르크스주의 철학의 본래 형태가 실천철학적 패러다임에 속한 것이라고 한다면, 그리고 그것은 자연경제나 유사 자연경제와도 어울리지 않고, 시장경제와도 긍정적 관계가 아니며, 시장경제 사회의 폐해를 비판하면서 그 사회 형태를 뛰어넘고자 하는 경로라면, 그것은 실체적 해석이나 주체적 해석이 얼마나 역사적 합리성을 갖췄던지 간에 실제적으로 마르크스주의 철학의 진정한 모습에서 벗어난 것이 된다. 그리고 그 벗어남은 순수 이론적 차원에서가 아니라 사회생활이라는 근본적 차원에서 발생했다는 점이 아주 중요한데, 결과적으로 실천철학이 아닌 해석들은 사회 기능적 측면에서 마르크스주의 철학의 진정한 모습을 계승하지 못했다. 이로부터 가장 직접적인 현실적 의미에서 건전한 시장경제의 발전을 위해서는 바로 이 점이 철학적 이론에 요구되었다.

어떠한 사회라도 건전하게 발전하려면 자체적인 교정 기제가 없을 수 없지만, 시장경제 사회가 요구하는 교정 기제는 자연경제 또는 유사 자연경제의 그것과 같지 않다. 비非시장경제적 사회의 기본 구조는 경제, 정치, 정신문화라는 3가지 활동 영역이 정치를 중심으로 통합된 것이지만, 시장경제 사회에서는 그 3가지 영역이 분리되어 있기 때문이다.[14] 영역이 통합된 경우, 각 영역은 서로가 서로에 관여하면서 통합되어 있기 때문에 그 비판적 교정 기제는 내재적인 것이 된다. 다시 말해서, 이상화된 정신문화 가치의 규제적 기능이 경제적·정치적 활동에 내적으로 관여하면서 현실화된 경제적·정치적 가치와 함께 종합적인 가치로 절충되는데, 그로부터 사람들의 활동을 통일적으로 규범화한다. 반면, 영역이 분리된 경우에는 각 분야의 가치가 분리되는 추세를 보인다. 이상화된 정신문화 가치가 현실 생활을 규범화하거나 교정하는 것도 그것의 외부에서 분리된 채 진행될 뿐이다. 그 방식은 주로 현실적 사회생활의 폐해를 비판하는 것인데, 그 비판을 통해 사회의 건전한 발전을 도모한다.

철학은 정신문화의 핵심 부분으로서, 당연히 사회적 교정 기제에서 중심적인 역할을 담당하고 있다. 어느 서구 학자는 마르크스주의 철학이 100여 년 동안 인류 역사에 기여한 위대한 공헌은 바로 사회 비판을 통해 건전한 사회생활을 지향했던 점이라고 단언한 바 있다. 그것은 또한 사회주의 운동이 크게 위축된 이후에도, 마르크스주의 철학이 여전히 그 생명력을 유지할 수 있었던 원인이 된다. 당연하겠지만, 중국의 시장경제 사회가 건전하게 발전하기 위해서도 철학적 교정 기능이 요구된다. 중국 마르크스주의 철학은 그것이 기원한, 본원적 마르크스주의 철학의 비판적 전통 때문에 마르크스 개인으로 돌아갔을 때만이 민족의 장래가 걸린 중차대한 과제를 감당할 수 있을 것이다. 그것은 곧 중국 마르크스주의 철학이 마르크스주의 철학의 본래 형태인 실천철학적 패러다임으로 돌아가는 것

---

14) 王南湜, 『從領域合一到領域分離』, 山西教育出版社, 1998: 153-178쪽을 참조하라.

이자, 그 비판적 전통으로 돌아가는 것이다. 또한 마르크스주의 철학이라는 위대한 전통을 부흥시키는 것이다. 전체적으로 50여 년 동안 지속된 중국 마르크스주의 철학의 사유 패러다임은 실체성에서 주체성으로, 그리고 다시 실천철학으로의 전환이었다. 그 전환은 철학 발전의 내재적 논리, 그리고 인간 생활에서 각 영역들의 정합성과 관련된 역사적 필연성에 의한 이끌림이었을 뿐만 아니라 건전한 현실 생활이 요구한 것이기도 했다.

2 현대적 중국 마르크스주의 철학 연구와 헤겔주의

헤겔 철학은 마르크스 철학의 직접적인 이론적 근원이기 때문에 불가피하게 양자의 철학적 체계에는 무수히 많은 관련성이 존재한다. 따라서 후세 사람들은 마르크스 철학을 해석하면서 헤겔 철학에 대한 태도를 표명하지 않을 수 없었고, 마르크스 철학을 이해하기 위한 전제로서 헤겔 철학을 각기 다른 방식으로 인용했다. 그랬기 때문에 마르크스주의 철학을 해석하는 과정에서 헤겔 철학의 위상과 역할은 이론적 연구의 패러다임 변화를 알려주는 하나의 나침반이었다. 또한 간과될 수 없는 한 측면은 그것이 상이한 연구 패러다임에서 마르크스주의 철학의 기본 특징을 드러냈다는 점이다. 따라서 그 측면으로부터 50여 년 동안 이어진 중국 마르크스주의 철학의 발전을 조망한다면, 이론적 발전 과정에서 그 두 가지 철학 체계를 다뤘던 여러 방식들의 장단점을 각각 밝힐 수 있을 것이다. 여기서는 50여 년 동안 지속된 중국 마르크스주의 철학을 실체성의 철학, 주체성의 철학, 실천철학이라는 3가지 기본 패러다임으로 단순화하고자 한다. 이를 통해 3가지 패러다임이 마르크스 철학의 해석 과정에서 보여준 헤겔 철학의 위상과 역할에 대한 간략한 비판적 고찰, 마지막으로 그러한 고찰로부터 전망을 위한 견해들을 제시해보고자 한다.

1) 헤겔 철학의 전반적 특징

논의의 편의를 위해 우선 헤겔 철학의 전반적 특징을 간단히 살펴볼 필요가 있다. 헤겔 철학은 대체적으로 다음의 3가지와 밀접히 관련되어 있다. ① 정신적 활동을 강조한다. 전통철학은 '정신을 하나의 사물로 간주하'거나 고정된 실체로 간주했지만, 헤겔은 다음과 같이 보았다. 즉, 본질적으로 말해서 "정신은 정지된 것이 아니라 차라리 절대적으로 멈추지 않는 것, 순수한 활동, 불변의 모든 지성이 규정하는 부정이나 관념성이다. 그것은 그것이 자신을 드러내기 이전에 이미 완성된 것 또는 겹겹이 쌓인 현상 뒤에 숨어 있는 본질이 아니라, 자신이 필연적으로 드러내는 다양한 확정적 형태로부터 진정한 현실이 된다. 또한 정신은 이성적 심리학이 억측한 것처럼 몸과 외적으로 연결된 영혼과 같은 것이 아니라, 개념적 통일성으로부터 몸과 내적으로 연결된 것이다."15)

② 정신의 활동성을 강조하는 것으로부터 사유와 존재라는 철학적 기본 문제의 유심주의적 해결 방식은 바로 사유와 존재의 동일성에 대한 절대적 긍정이다. 헤겔이 보기에, "사유는 주체가 소유한 특수한 상태나 행동이 아니라 모든 특수성, 어떤 특질이나 상황 등의 추상적 자의식에서 벗어나 보편적인 것을 활동하게 할 뿐이다. 그와 같은 활동에서 사유는 모든 개체와 동일해진다."16) 따라서 "사상은 그 규정에 의해 객관적 사상이라고 부를 수 있다."17) 바꿔 말하면, "이성은 세계의 영혼으로 세계에 머물러 있다. 이성은 세계를 구성하는 내재적이고, 고유하며, 심오한 본성이다. 또는 이성을 세계의 공통성이라고도 할 수 있다."18) 이를 위해 헤겔

---

15) Georg Wilhelm Friedrich Hegel / 楊祖陶 譯, 『精神哲學』, 人民出版社, 2005: 4쪽.
16) Georg Wilhelm Friedrich Hegel / 賀麟 譯, 『小邏輯』, 商務印書館, 1980: 78쪽.
17) Georg Wilhelm Friedrich Hegel / 賀麟 譯, 『小邏輯』, 商務印書館, 1980: 79쪽.
18) Georg Wilhelm Friedrich Hegel / 賀麟 譯, 『小邏輯』, 商務印書館, 1980: 80쪽.

은 따로 칸트를 신랄하게 비판했다. "칸트는 예를 들어, 원인과 결과에 방금 언급했던 객관적 의미가 갖춰져 있다는 사유 범주를 부정했다."[19] "사상의 진정한 객관성은 마땅히 다음과 같은 것이다. 즉, 사상은 우리에게 사상임도 동시에 사물 자체이기도 하며, 또한 대상對象적인 것의 본질이기도 하다."[20] 그로부터 헤겔에게 칸트의 "우리가 알고 있는 사물은 단지 우리에게 현상일 뿐이다. 그 사물들 자체는 항상 우리가 도달할 수 없는 피안彼岸이다."[21]라는 것은 완전히 잘못되었다. 왜냐하면 "이제는 물 자체보다 더 쉽게 알 수 있는 것이 없"[22]기 때문이다.

　③ '부정의 부정'이라는 변증법적 방법을 가지고 사유와 존재의 동일성 문제를 해결했다. 헤겔은 칸트의 이원론적 사상을 비판하면서도 "칸트 이전의 형이상학에서는 사유에 대한 규정이 곧 사물의 기본 규정이라고 했는데 …… 그러한 입장은 이후에 나온 그의 비판철학보다 더 심오한 것 같다."[23]고 평가했다. 그렇지만 헤겔은 '직접적 지식'이라는 철학적 입장을 단호히 반대했다. 그는 변증적 방법으로 사상과 사물의 대립을 지양하고, 부정을 거쳐 부정의 부정으로 나아가야 한다고 주장했다. 그 부정의 부정을 통해 사유와 존재의 동일성은 하나의 과정, 또는 정신과 사상의 노동 과정으로 간주되었다. 다시 말해서, 그 정신이나 사상의 노동 과정을 거쳐야만 그것들은 사물의 외재성을 극복하고, '실체는 본질적으로 주체'라는 의식에 도달하게 된다.[24] 그로부터 "최종적으로 다다른 견해는, 전

19)　Georg Wilhelm Friedrich Hegel / 賀麟 譯, 『小邏輯』, 商務印書館, 1980: 119쪽.

20)　Georg Wilhelm Friedrich Hegel / 賀麟 譯, 『小邏輯』, 商務印書館, 1980: 120쪽.

21)　Georg Wilhelm Friedrich Hegel / 賀麟 譯, 『小邏輯』, 商務印書館, 1980: 127쪽.

22)　Georg Wilhelm Friedrich Hegel / 賀麟 譯, 『小邏輯』, 商務印書館, 1980: 126쪽.

23)　Georg Wilhelm Friedrich Hegel / 賀麟 譯, 『小邏輯』, 商務印書館, 1980: 95쪽.

24)　Georg Wilhelm Friedrich Hegel / 賀麟· 王玖興 譯, 『精神現象學』上, 商務印書館, 1979: 15쪽을 참조하라.

체적인 전개 과정이 바로 이념의 내용과 의미를 구성한다는 것이다."[25] 그와 같은 방법에서는 역사성이 매우 중요한 의미를 갖는데, 즉 사유와 존재의 동일성을 드러내는 매개가 된다.

2) 중국 마르크스주의 철학의 상이한 패러다임에서 나타난 헤겔 철학

헤겔 철학의 3가지 기본 특징은 중국 마르크스주의 철학의 상이한 연구 패러다임에서 각기 다른 위상과 표현 형태를 보인다. 중국 마르크스주의 철학의 연구 과정에서 오랫동안 지배적인 위치를 차지한 패러다임은 실체성 철학인데, 전통적 교과서가 그 전형이다. 그 철학적 패러다임에서 헤겔 철학은 매우 미묘한 상태에 놓여 있었다. 실체성 철학은 18세기의 기계론적 유물주의 학설과 본질적으로 비슷했기 때문에 헤겔 철학에서 특별히 강조되었던 정신적 능동성은 당연하게도 그 패러다임에서 유심주의적인 것으로 간주되어 축출되었다. 그로부터 사유와 존재의 동질성은 거꾸로 뒤집힌 방식으로 긍정되었다. 다시 말해서, 헤겔 철학이 정신이나 사유를 사유와 존재의 동일성 기초로 삼은 것과 다른 것이다. 거기서 동일성의 기초는 물질적 존재로 옮겨졌는데, 사유나 정신은 물질적 세계의 발전 결과가 되고, 외부 세계에 대한 인간의 인식은 물질세계의 자기 인식이 되었다. 또한 부정의 부정 변증법은 물질세계의 물결식의 발전 또는 나선형의 상승이라는 객관적 법칙이 된다.

이처럼 교과서 체계에서는 정신의 활동성이라는 헤겔 철학의 본질적 요소가 제거되었기 때문에, 독일 사변철학이 18세기 프랑스 유물주의에 대해 "승리한, 그리고 내용도 풍부한 복벽復辟"[26]이라고 했던 언급이 완

---

25) Georg Wilhelm Friedrich Hegel / 賀麟 譯, 『小邏輯』, 商務印書館, 1980: 423쪽.

26) | 中共中央馬克思·恩格斯·列寧·斯大林著作編譯局 譯, 『馬克思恩格斯全集』2, 人民出版社, 1957: 159쪽.

전히 무시되었다. 『1844년 경제학 철학 수고』에서 마르크스는 헤겔의 유심주의라는 기본 입장을 신랄하게 비판하면서도 "헤겔이 유일하게 알고 있고 인정했던 노동은 추상적인 정신노동이었다."[27]라고 평가했다. 그러면서 마르크스는 헤겔의 활동적 정신 개념을 높이 평가했다. "헤겔은 인간의 자아 형성을 하나의 과정으로, 대상화를 대상의 상실로, 외화外化와 그 외화의 지양으로 간주했다. 그래서 그는 노동의 본질을 틀어잡고 대상화된 인간, 또는 현실적인 그래서 진정한 인간을 노동의 결과로 이해했다."[28]

이와 같이 마르크스는 인간의 능동적이고 대상화된 활동을 강조했는데, 그것이 바로 헤겔의 정신의 활동성을 유물주의적으로 바꾼, 가장 중요한 성과가 된다. 마르크스는 나아가 『도이치 이데올로기』에서 "그러한 활동, 그러한 연속적인 감성적 노동과 창조, 그러한 생산이 바로 현존하는 감성 세계 전체의 기반이 된다."[29] 전통적인 교과서 체계는 마르크스에 의해 헤겔의 정신의 활동성이 비판적으로 바뀌었다는 점을 이해하지 못했기 때문에, 변혁을 위한 마르크스 철학의 기본 개념인 실천개념을 이해할 수 없었다. 그래서 실천의 역할은 단지 인식론적으로 미리 수집된 감성적 자료를 가지고, 인식의 진리성을 사후적으로 검증할 뿐이었다. 당연하겠지만 기본적으로, 전통적 교과서 체계의 이론적 문제들은 모두 여기서 비롯되었다.

1980년대 중국 마르크스주의 철학의 연구 패러다임은 시장경제라는 시

---

27) 中共中央馬克思·恩格斯·列寧·斯大林著作編譯局 譯, 『馬克思恩格斯全集』42, 人民出版社, 1979: 163쪽.
28) 中共中央馬克思·恩格斯·列寧·斯大林著作編譯局 譯, 『馬克思恩格斯全集』42, 人民出版社, 1979: 163쪽.
29) 中共中央馬克思·恩格斯·列寧·斯大林著作編譯局 譯, 『馬克思恩格斯選集』1, 人民出版社, 1995: 77쪽.

대적 격랑에 맞춰 주체성의 철학으로 빠르게 바뀌었다. 그 주체성 철학도 근대 서구의 주체성 철학과 유사하게 인식론이 주를 이루었기 때문에, 인식론 연구에서 정신의 활동성을 강조한 헤겔 철학이 두드러지게 나타났다. 또한 거기서는 실체성 철학의 경우와 다르게, 인식 주체의 능동성이 강조되었다. 그와 같은 강조는 대체로 인식 주체를 인식하는 활동 과정에서 인식 대상을 선택하는 기능, 특히 그 구조적 기능에 집중되었다. 그리고 교과서 체계의 인식론에서 강조된 반영론은 능동적인 반영론을 가리키기도 했지만, 인식 대상에 대한 인식 주체의 능동적 역할이 인정되지 않는 상황에서 어떻게 그 능동적 기능을 드러내는가에 대해서 설명하지 못했다. 반면, 주체성 철학에서 인식의 능동성은 인식 주체가 인식 대상을 선택하거나 그것의 구조적 기능이 긍정되기 때문에 명확한 형태로 표현되었다.

이처럼 그 단계에서 주체적 능동성에 대한 긍정은 대체로 인식 활동 영역에만 국한되어 있다. 따라서 사유와 존재 문제를 처리하는 데도 양자의 인식적 관계만이 고려되었을 뿐이다. 그로부터 사유와 존재 문제도 사유와 외부세계의 인식 문제로 받아들여졌다. 또한 실천적 주체와 실천적 객체 관련 내용도 일반적으로 인식적 관계에서 다루어졌다. 그 시기에 통용된 실천은 일반적으로 이론적 지도를 받는 활동을 가리켰기 때문에 이론이 실천보다 우월적 지위를 점하고 있었다는 점은 분명하다. 실천이 인식의 진리성을 검증하는 유일한 기준이라고 강조되었을 때조차도, 우선 진리의 기준을 객관적 사물로 가정했으며, 성공한 실천은 진리를 위한 인식이 객관적 사물에 부합된 것이라는 증명일 뿐이었다. 다시 말해서, 실천은 인식의 진리성을 검증하는 기준일 뿐이지, 진리의 기준 자체는 아니었다. 그래서 그 시기에 이론이 인간과 세계를 철학적 대상으로 삼았을 때, 양자는 인식적 관계에만 국한될 수밖에 없었다. 이로써 헤겔의 사유와 존재의 동일성 문제는 인식적 관계의 동일성 문제, 즉 인식 주체가 외부세계를 어느 정도로 인식하는가라는 문제가 되었다.

인간과 세계의 인식적 관계를 철학적 대상으로 간주한 것과 관련해서, 헤겔의 변증법도 인식론의 범위로 포함되어 인식적 관계로 다루어졌다. 인식적 관계로서의 변증법은 곧 사유의 변증법을 가리킨다. 그 당시의 교과서 체계에서는 원래 객관 세계의 발전 법칙인 변증법이 사유 발전의 변증법으로 해석된 것이다. 그래서 전통적인 교과서 체계에서 별도로 나뉘어 있던 변증법의 3대 법칙과 여러 범주들도 현재까지도 발전 법칙의 인식이라는 측면에서 해석될 뿐이었다. 또한 그것을 근거로 법칙과 범주의 배열 순서도 새롭게 해석했다. 분명히 이 단계에서는 마르크스 철학의 해석 과정에 헤겔 철학적 요소가 강화되었다. 대부분의 내용이 인식론에 국한되어 있었기 때문에, 결국 주체의 능동성 문제가 야기되었다. 하지만 그 단계의 문제점은 마르크스 실천 개념의 존재론적 의미를 이해하지 못한 데 있다. 다시 말해서, 존재론적 측면에서 마르크스가 바꾸었던 헤겔 철학의 지점을 제대로 파악하지 못했다.

1990년대 이후 중국 마르크스주의 철학은 점차 넓은 의미의 실천철학적 패러다임 단계로 전환되었다. 이 단계의 연구 패러다임은 각기 다르게 명명되었는데, 예를 들어, 인간학적 패러다임, 실천철학적 패러다임, 실존론적 패러다임 등이다. 하지만 그 논의들을 단순화시켜보면, 모두 넓은 의미의 실천철학으로 불러도 큰 문제가 없다. 그 단계가 이전 단계들과 다른 특징은 인식론적 시야를 넘어서 존재론적 측면에서도 실천 활동을 이해했다는 점이다. 다시 말해서, 실천을 더 이상 인간과 외부세계에서 발생하는, 존재론적 의미가 부재한 '관계'로 보지 않고, 특정한 실재성을 갖춘 인간의 근본적 존재방식으로 간주했다. 그것은 헤겔 철학을 바꾸었던 마르크스의 본질적 지점으로 되돌아갔다는 의미가 된다. 그로부터 마르크스가 『포이어바흐에 관한 테제』에서 제기한, "대상, 현실, 감성에 대해"[30] "단지 객체客體나 직관의 형식으로부터 이해해"[31]서는 안 되며, 마땅히 "그것들을 감성적 인간의 활동이나 실천으로 이해해"[32]야만 한다. 특히, '세계를 바꾸는' 실천이 '세계를 해석하는' 이론보다 우위를 차지한다는 것의 강조[33]는 어느 정도 달성되었다고 할 수 있다.

따라서 이제 실천에 존재론적 의미를 부여할 수 있다면, 헤겔 철학에서의 정신의 활동성은 인간의 실천적 능동성 문제로 전환된다. 또는 헤겔의 본질적인 정신노동이 이제 대상 세계를 바꾸는 물질적 활동으로 전환되었다고 할 수도 있다. 따라서 그 활동의 의미도 더 이상 사유의 내적 세계를 바꾸는 것이 아니라, 우선적으로 외부세계를 바꾸는 것으로 전환된다. 이처럼 인간의 실천적 능동성은 마르크스 철학의 해석 과정을 통해 그 존재론적 의미를 갖추게 된다. 능동적으로 외부세계를 바꾼 그 결과가 바로 인간이 구조화한 자신의 주변세계이다. 마르크스가 『도이치 이데올로기』에서 제기했던 명제, 즉 "그러한 활동, 그러한 연속적인 감성적 노동과 창조, 그러한 생산이 바로 현존하는 감성 세계 전체의 기반이 된다."[34]는 예전에 좀처럼 주목을 받지 못했지만 지금은 빈번히 인용되고 있다.

인간의 능동성이 존재론적 의미를 지닌다는 것으로부터 사유와 존재의 문제는 더 이상 인식적 관계에 국한되지 않고 존재론적 의미를 갖게 되었다. 헤겔의 사유와 존재 동일성은 이제 존재론적 측면에서 실재적인 동일

---

30) 中共中央馬克思・恩格斯・列寧・斯大林著作編譯局 譯, 『馬克思恩格斯選集』1, 人民出版社, 1995: 54쪽.

31) 中共中央馬克思・恩格斯・列寧・斯大林著作編譯局 譯, 『馬克思恩格斯選集』1, 人民出版社, 1995: 54쪽.

32) 中共中央馬克思・恩格斯・列寧・斯大林著作編譯局 譯, 『馬克思恩格斯選集』1, 人民出版社, 1995: 54쪽.

33) 中共中央馬克思・恩格斯・列寧・斯大林著作編譯局 譯, 『馬克思恩格斯選集』1, 人民出版社, 1995: 57쪽을 참조하라.

34) | 中共中央馬克思・恩格斯・列寧・斯大林著作編譯局 譯, 『馬克思恩格斯選集』1, 人民出版社, 1995: 77쪽.

관계로 이해된 것이다. 또한 이전 단계에서는 그 관계가 한쪽 방향으로만 진행되던 인식적 관계였지만, 그와 달리 존재론적 의미의 실천 활동은 객관 세계를 바꿔 특정한 의미에서의 주체적 목적에 부합시켰다. 그렇게 되면 사유와 존재의 동일성은 단지 한쪽 방향으로 진행되는, 즉 주체가 객체로 동일화되고 인간이 세계로 동일화되는 것이 아닌 쌍방향적 관계로 바뀐다. 인간의 실천은 외부세계에 적응해야 하는 것이지만, 다른 한편으로는 불가피하게 외부세계를 넘어서거나 외부세계에서 인간의 목적을 달성해야만 하는 것이기 때문이다. 그것은 마르크스의 언급에서도 드러난다. "사상이 현실이 되도록 노력하는 것만으로는 부족하고, 현실 자체가 사상을 지향하게끔 노력해야 한다."35) 마르크스가 강조한 것은 외부세계를 바꾸는 실천 활동에 의해서만 "인간과 자연의 통일"36)이 만들어진다는 점, "또한 그 통일은 매 시대마다 산업 발전의 완만함이나 신속함에 따라 끊임없이 변화한"37)다는 점이다. 그것이 현재까지도 헤겔의 사유와 존재 동일성을 유물주의적으로 바꿨다고 인정되는 지점이다.

인간의 현실 실천에 기초한 주체의 능동성, 그리고 사유와 존재의 동일성 모두 존재론적 의의를 갖는다면, 헤겔에게 사유와 존재의 문제를 해결해준, 방법론적 원칙인 부정의 부정 변증법 또한 존재론적 의미를 갖는다. 앞서 언급했듯이, 부정의 부정이라는 헤겔의 변증법은 사유와 존재의 동일함을 하나의 과정으로, 그리고 정신이나 사상의 노동 과정으로 간주했다. 그 과정에서 역사성이 매우 중요한 의미를 갖는다. 실천에 기초한 주

35) 中共中央馬克思·恩格斯·列寧·斯大林著作編譯局 譯, 『馬克思恩格斯選集』1, 人民出版社, 1995: 11쪽.

36) 中共中央馬克思·恩格斯·列寧·斯大林著作編譯局 譯, 『馬克思恩格斯選集』1, 人民出版社, 1995: 76쪽.

37) 中共中央馬克思·恩格斯·列寧·斯大林著作編譯局 譯, 『馬克思恩格斯選集』1, 人民出版社, 1995: 76-77쪽.

체의 능동성이나 사유와 존재가 존재론적 의미를 갖는 경우, 정신 발전의 역사 과정으로서 헤겔의 부정의 부정은 실질적인 인류 역사의 발전 과정으로 전환되기 때문이다. 이른바 부정의 부정은 지금까지도 인류의 실천 활동이나, 생산 노동의 소외와 그 소외의 지양이라는 역사적 과정으로 이해된다.

전체적으로, 앞서 언급한 마르크스 철학의 해석은 적어도 현재 중국의 마르크스주의 철학계의 주류적 관점을 대변한다. 최근 몇 년 동안, 젊은 학자들이 현상학, 실존철학, 해석학과 같은 유파들로부터 '생활세계', '내-존재', 손 안에 있는 상태, '지평의 융합' 등의 학술적 내용을 들여왔다. 그들은 그것으로 실천 개념의 내용을 확장하거나 전환시켜 마르크스 철학에 더욱 현대적인 이미지를 부여하고자 했다. 그 논의들이 마르크스 실천철학의 해석을 심화시킨 것도 사실이지만, 저자는 그 논의들이 객관적으로 마르크스 철학의 텍스트에 제시된 기존의 이론적 원칙에 의한 제약과 함께, 주관적으로는 마르크스 철학과 그 현대철학에 대한 이해 수준의 한계를 드러냈다고 본다. 그로 인해 그 작업들은 근본적으로 헤겔주의의 이론적 틀에서 벗어나지 못했고, 단지 얼마간의 현대철학이라는 색채를 헤겔에게 덧씌웠을 뿐이다.

중국 마르크스주의 철학의 3가지 연구 패러다임에서 헤겔 철학의 기능을 돌이켜 보면, 그 역할이 점점 더 커지고 심화되는 경향을 알 수 있다. 구체적으로, 헤겔 철학을 긍정적으로 인용하는 부분이 늘어났으며, 다른 한편으로는 마르크스 철학의 해석 과정에서 헤겔 철학의 3가지 기본 요소의 내적 일치성에 대한 강조가 많아졌다. 교과서 체계에서 헤겔 철학은 기본적으로 유심주의이며, 그렇기 때문에 부정적으로 평가되어 있다는 점을 상기할 필요가 있다. 다시 말해서, 거기서는 능동적 요소가 배제되었을 뿐만 아니라 사유와 존재의 동일성, 부정의 부정의 변증법도 거꾸로 뒤집어야만 제한적 수용이 가능했다. 당연하겠지만, 거기서 전제가 되는 정신의 활동성 요소가 철저히 배제되었기 때문에, 그 3요소의 내적 연관성이나 일치성은 존재할 수 없었다. 하지만 주체성 철학 패러다임의 주체적 능동성은 인식론적 범위에서 긍정되었고, 또한 그 긍정으로부터 사유와 존재의 동일성, 그리고 부정의 부정 변증법도 인식론적 범위에서는 어느 정도 긍정되었다. 마찬가지로, 그 3요소도 인식 주체의 능동성이라는 기초 위에서 어느 정도의 일치성을 갖추었다고 할 수 있다.

그런데 마르크스 철학의 해석 과정에서 헤겔 철학의 가장 심대한 역할은 세 번째 연구 패러다임에서 나타났다. 여기서 헤겔 철학의 3가지 기본 요소는 인간의 능동성을 근거로 존재론적으로 완벽하게 긍정되었다. 더욱 중요한 것은 그 연구 패러다임에 이르러, 헤겔 철학에서 긴밀히 연관된 정신의 활동성, 사유와 존재의 동일성, 부정의 부정 변증법이라는 3가지 기본 요소가 마르크스 철학의 해석 과정을 통해 다시 한 번 새롭게 통합되었다는 점이다. 물론 그러한 통합의 기반은 더 이상 헤겔의 정신 활동성이 아니라 인간의 실천 활동이라는 능동성이다. 사유와 존재의 동일성도 더 이상 정신이나 사유, 그리고 그것이 외화된 존재의 통합이 아니라 인간과 자연, 역사와 자연의 통합이 된다. 부정의 부정이라는 변증적 운동의 주체 또한 더 이상 정신이나 자의식 등이 아니라 현실적 인간이나 역사적 인간이다. 그로부터 마르크스 철학의 해석 과정에서 진정한 헤겔주의적 전통이 확립되었다고 할 수 있다.

중국 마르크스 철학의 해석 과정에서 헤겔 철학적 요소의 기능 변화는, 각각의 패러다임 해석이 서구철학에서 인용한 대상의 변화에서도 나타난다. 교과서 체계에서 인용된 저서는 주로 마르크스주의 철학의 개척자 또는 그것의 이론적 계승자로 분류되는 이들의 것이었다. 그 가운데 가장 기본적인 것이 엥겔스의 『반듀링론』과 레닌의 『유물론과 경험비판론』이라는 논쟁적인 두 권의 저서다. 그리고 주체성 철학의 단계에서는 인용 대상이 크게 바뀌었는데, 서구의 현대 인식론자인 피아제[Jean Piaget,

1896-1980], 포퍼, 쿤 등의 저서가 가장 많이 인용되었다. 그 이유는 그 학자들이 인식 주체의 구조적 기능 또는 선택적 기능을 체계적이고 긍정적으로 다루었다는 점에 있다. 세 번째 단계에서는 인용 대상이 루카치와 같은 서구 마르크스주의자의 저서로 크게 바뀌었다. 특히, 루카치의『역사와 계급의식』이 대표적이다. 그 뒤를 이어 하이데거도 그러한 인용 대열에 합류했다.

인용 대상의 변화는 마르크스 철학의 해석 과정에서 헤겔주의적 요소가 체계적으로 늘어났다는 점을 단적으로 보여준다. 교과서 체계에서 인용된 저서 가운데 헤겔 철학은 기본적으로 부정적인 것이었다. 두 번째 단계의 인용 저서에서도 헤겔 철학은 일반적 수준의 비판 대상이었다. 하지만 세 번째 단계의 인용 저서에서만 헤겔 철학을 긍정적이고 높게 평가했다. 특히, 루카치의『역사와 계급의식』에서 헤겔 철학은 거의 마르크스 철학과 다를 바 없는, 적어도 그리 차이가 나지 않는 이론으로 형상화되었다. 사상사 연구자인 마틴 제이는『마르크스주의와 총체성』에서 루카치, 코르쉬[Karl Korsch, 1886-1961], 그람시, 블로흐[Ernst Bloch, 1885-1977]와 같은 1세대 서구 마르크스주의자들을 헤겔주의적 마르크스주의로 분류했다. 그는 거기서 호르크하이머[Max Horkheimer, 1895-1973]에 이르러서야 헤겔주의적 마르크스주의가 '퇴각'하거나 '철수'하기 시작했다고 했는데,[38] 크게 잘못된 말은 아니다. 따라서 루카치와 같은 헤겔주의적 마르크스주의가 인용의 주 대상이 되었다는 것은 중국 마르크스주의 철학의 해석 과정에서 헤겔주의의 역할이 아주 컸다는 것을 단적으로 보여준다. 그 뒤를 이어, 하이데거의 영향력이 커지기는 했지만 헤겔주의의 지배적 영향력은 크게 바뀌지 않았다. 그것은 다음과 같은 이유에서다. 첫째, 골

---

38) Martin Jay, *Marxism and Totality: The Adventures of a Concept from Lukács to Habermas*(Polity Press, 1984), pp. 2-7을 참조하라.

드망[Lucien Goldmann, 1913-1970]의 견해처럼, 하이데거 철학과 루카치 철학은 그 자체로 서로 통하는 부분이 있다.[39] 둘째, 마르크스 철학의 해석 과정에서 의도했든 의도치 않았든 하이데거 철학을 바꿔 루카치의 헤겔주의적 마르크스주의와 유사하거나 그것에 더욱 가깝게 만들었다.

3) 헤겔주의를 넘어서

저자는 현대적 중국 마르크스 철학의 해석 과정에서 헤겔주의의 역할은 충분히 인정되어야 한다고 본다. 마르크스 철학의 이론적 원천이 바로 헤겔 철학일 뿐만 아니라 헤겔 철학을 비판적으로 전환하는 과정에서 마르크스 철학이 성립되었기 때문이다. 마르크스는 자신의 철학을 만드는 과정에서 이론의 직접적 원천이 되는 헤겔 철학의 요소를 수용할 수밖에 없었다. 또는 헤겔 철학의 기본 논의들이 유물주의적으로 전환되면서 마르크스 철학을 구성하는 필수 요소가 되었다고도 할 수 있다. 만약 마르크스 철학에서 헤겔 철학의 요소들을 모두 없앤다면, 그것이 어떠한 모습으로 변할 것인가는 상상하기조차 어렵다.

전통적인 교과서 체계가 일종의 옛 유물주의적 패러다임으로 간주된 이유는 헤겔 철학의 기본 요소들이 거기서 모두 축출되었기 때문이다. 하지만 주체성 철학의 단계로부터 헤겔 철학의 요소들은 점차 긍정적으로 해석되기 시작했고, 지금의 실천철학 패러다임에 이르러서야 헤겔 철학적 요소들의 역할이 충분히 밝혀졌다. 현대적 중국 마르크스 철학의 연구 과정에서 만약 헤겔 철학적 요소들의 역할이 지속적으로 증대되지 않았다면, 마르크스 철학의 해석적 패러다임의 발전적 변화도, 그 이론

---

39) Lucien Goldmann, *Lukács and Heidegger: Towards a New Philosophy*(Routledge and Kegan Paul, 1977), pp. 1-24를 참조하라.

자체의 발전도 없었을 것이다. 어떤 의미에서 20세기에 마르크스로 돌아 가자고 했을 때, 그것의 실제 의미는 헤겔로 돌아가자는 것과 같았다. 그 러한 이론적 배경으로부터 만약 헤겔로 돌아가지 않는다면, 결국 마르크스 로 돌아갈 수 없는 것이다.

여기서 별도로 루카치의 철학을 언급할 필요가 있다. 그는 『역사와 계 급의식』에서 역사를 자연이 포함된 총체로 가정한다. 그리고 "프롤레타리 아는 진정한 인류 역사의 주객동일자로 간주된다."[40] "세계를 창조하는 '우리'"[41]라는 표현이 알려주듯이, 헤겔의 정신의 활동성이라는 요소를 최대한도로 받아들였다. 또한 사물화와 사물화된 의식을 분석했는데, 그 를 통해 현대 사회에서 모순적 대립이 발생하는 이유와 사물화 현상이 직관적으로 의식되는 원인을 설명했다. 특히, 프롤레타리아가 철학적으로 부르주아 사상의 이율배반적이고 사물화된 의식을 어떻게 극복해야 하는 지를 다루었다. 마르크스 철학의 해석적 입장에서 루카치 철학은 사실상 헤겔주의의 정점에 도달한 것이라고 할 수 있다. 루카치 철학은 마르크스 철학에 대한 제2인터내셔널 이론가들의 기계론적 해석이나 신칸트주의적 해석을 바로잡는 등 역사적으로 큰 기여를 했다. 당시 중국에서도 교과서 체계와 주체성 철학의 극복 문제는 중요한 의미를 지녔기 때문에 헤겔주 의가 마르크스 철학의 해석에 기여했다는 것은 전적으로 루카치의 공이 라고 할 수 있다.[42]

----

40) Georg Lukács / 杜章智·任立·燕宏遠 譯, 「新版序言」, 『歷史與階級意識 – 關於馬 克思主義辨證法的研究』, 商務印書館, 1992: 18쪽. | Georg Lukacs / 박정호·조만영 옮김, 『역사와 계급의식 – 맑스주의 변증법 연구』, 거름, 1993: 26쪽 참조.

41) Georg Lukács / 杜章智·任立·燕宏遠 譯, 『歷史與階級意識 – 關於馬克思主義辨 證法的研究 – 關於馬克思主義辨證法的研究』, 商務印書館, 1992: 228쪽. | Georg Lukacs / 박정호·조만영 옮김, 『역사와 계급의식 – 맑스주의 변증법 연구』, 거름, 1993: 237쪽 참조.

42) 저자는 마르크스주의의 철학적 발전을 위한 루카치의 큰 공헌에 대해, 아직까지도

물론 현대적 중국 마르크스 철학의 해석 과정에서 헤겔주의의 역할을 충분히 긍정한다고 해서, 그것이 마르크스 철학에 대한 헤겔주의적 해석에 문제가 없다거나 수정이 불필요하다는 것을 뜻하지 않는다. 그와 정반대로, 현재의 중국 마르크스주의 철학 연구에서 헤겔주의는 진일보한 이론의 발전을 가로막고 있기 때문에, 반드시 헤겔주의의 제약을 넘어 마르크스 철학을 더욱 적절히 파악하기 위한 방향으로 나아가야 한다. 헤겔주의를 극복하기 위한 해석 패러다임이 필요한 이유는 다음에 있다. 어찌되었든 마르크스 철학은 헤겔 철학의 비판적 전환을 통해 형성된 것이고, 또한 그 전환은 지엽적인 차원의 수정이 아니라 근본적이고 원칙적인 변혁이었다. 다시 말해서, 근본적인 원칙적 측면에서 헤겔 철학을 넘어선 것이다. 따라서 마르크스 철학은 학술적으로 헤겔주의적 방식이나 변형된 헤겔주의적 방식으로는 이해될 수 없다.

여기서 가장 근본적인 차이점은 바로 헤겔 철학의 주체가 절대정신·이념·이상理想과 같은 것 또는 그와 같은 존재지만, 마르크스 철학의 주체는 현실적 개인이라는 점에 있다. 분명히 전자는 무한한 것이지만 후자는 유한한 존재다. 그러한 주체의 무한함과 유한함의 차이는 그 능동성의 정도를 결정한다. 다시 말해서. 헤겔에게 정신의 활동성이나 능동성은 무제한적인 것이지만, 마르크스에게 그 주체는 현실적 인간이기 때문에 그 능동성은 제한될 수밖에 없다. 따라서 헤겔에게는 정신의 무한한 활동성으로부터 사유와 존재가 무제한적인 동일성, 즉 주체와 객체, 사유와 존재, 정신과 자연, 자유와 필연이라는 대립과 모순이 절대적으로 해소된 상태에 이르게 된다. 반면, 마르크스에게 그와 같은 모순과 대립은 유한한 역사에서, 그리고 한정된 범위에서 제한적으로만 해소될 뿐이다. 모순적 대립의 해결 방법인 부정의 부정 변증법 또한 헤겔에게는 절대적인 것, 즉

중국학계에서 깊이 있는 연구와 정당한 평가를 하지 못했다고 평가한다.

주체로부터 출발해 결국 다시 주체로 돌아가는 변증적인 방법이다. 하지만 마르크스에게는 주체의 유한성, 외적 자연의 우선성, 그리고 인간과 자연의 대립이 온전히 해소되지 못할 가능성으로부터, 그것은 제한적인 방법일 뿐이다. 다시 말해서, 주체에서 주체로 돌아가는 것, 그리고 주체와 객체의 원만한 통합은 불가능하다.

루카치는 프롤레타리아를 '인류 역사의 주객동일자'라고 했는데, 그것은 헤겔의 절대정신과 같은 주체에 비해 어느 정도 현실적인 주체라고 할 수 있다. 하지만 양자의 차이는 표면적인 것에 불과하다. 루카치가 '세계를 창조하는 "우리"'라는 개념을 통해 프롤레타리아를 이해한 것은 사실상 헤겔의 절대정신과 별반 차이가 없기 때문이다. 그것은 마르크스의 초기 저서에 나온 '유類적 본질'보다도 더 헤겔적인 것이며, 심지어 어떤 의미에서는 헤겔보다 더 심한 경우도 있었다. 루카치 자신도 훗날 그 문제를 인식하고 있었다. "프롤레타리아를 진정한 인류 역사의 주객동일자로 간주한 것은 유심주의적 체계를 극복한 유물주의의 실현이 아니었다. 그것은 헤겔보다 더욱 헤겔적인 시도였으며, 모든 현실 위에 과감하게 군림하면서 객관적으로 헤겔이라는 거장 자체를 넘어서려는 시도였다."[43]

주체의 유한성과 무한성의 차이로부터, 마르크스 철학은 헤겔 철학이나 헤겔주의적 마르크스주의와 일련의 해석상의 구별과 대립이 발생하기도 했다. 예를 들어, 이론과 실천을 둘러싼 유한한 동일성과 무한한 동일성의 구별과 대립, 이상성과 현실성에서 조성된 유한한 동일성과 무한한 동일성의 구별과 대립, 이론적 대상이 실천적 대상이나 실재와 맺는 유한한 동일성과 무한한 동일성의 구별과 대립, 그리고 역사와 자연으로부터

---

43) Georg Lukács / 杜章智 · 任立 · 燕宏遠 譯, 「新版序言」, 『歷史與階級意識－關於馬克思主義辨證法的研究』, 商務印書館, 1992: 18쪽. | Georg Lukacs / 박정호 · 조만영 옮김, 『역사와 계급의식－맑스주의 변증법 연구』, 거름, 1993: 26쪽 참조.

형성된 유한한 동일성과 무한한 동일성의 구별과 대립 등이 그것이다. 그와 같은 구별과 대립은 다시 실천적 측면에서 다양한 근본적 구별과 대립을 야기하게 된다. 예를 들어, 루카치처럼 이론과 실천의 동일성이 무한한 것이라고 한다면, 그것은 불가피하게 이론 밖에 존재하는 실천의 독립성과 이론에 대한 실천의 우월성을 부정해야만 한다. 또한 이상성과 현실성이 특정한 역사적 과정에서 동일해질 수 있다고 한다면, 다시 말해서 이상이 완벽하게 실현될 수 있다면, 결과적으로 현실과 이상의 실제적 차이에 관심을 두지도 않을 것이고, 현실을 이상 실현의 과도적 단계로만 여길 것이며, 현실적인 행위 규범을 만들지도 않을 것이다. 사회주의 국가가 수립된 지 50여 년이 지났지만, 아직까지 마르크스주의적이고 현실적인 정치철학의 입장에서 사회주의적 현실 정치의 생활 규범을 이론적으로 고찰한 이가 한 명도 없다는 점이 대표적인 사례라고 할 수 있다. 그러한 문제들이 존재하고 있다는 점에서, 루카치식의 헤겔주의적 해석 패러다임은 분명 넘어서야 할 대상이 된다.

해석 패러다임이 헤겔주의를 넘어섰다고 해서 그것이 다시 칸트주의적 해석 패러다임으로 돌아갔다는 의미는 아니다. 물론 스미스[Norman Kemp Smith, 1872-1958]의 언급처럼, 독일 고전철학의 맥락에서 헤겔 철학과 칸트 철학은 '이성의 일원론을 만드는 데 노력했'는가라는 근본 문제를 놓고, 고대 플라톤 철학과 아리스토텔레스 철학의 대립을 잇고 있다.[44] 따라서 헤겔 철학에서 벗어난다는 것은 어떤 의미에서 칸트 철학에 다가서는 것이라고 할 수도 있다. 또한 마르크스 철학은 독일 고전철학을 비판적으로 계승했으며, 독일 고전철학에는 헤겔 철학만이 아니라 칸트 철학도 포함된다는 사실을 인정할 수 있다면, 거기에는 마르크스 철학이 칸트 철학도

---

44) Norman Kemp Smith / 韋卓民 譯,『康德「純粹理性批判」解義』, 華中師範大學出版社, 2000: 28쪽을 참조하라.

비판적으로 계승하고 있다는 말이 당연히 포함된다. 하지만 그것이 어떠한 형태의 접근이든 어떠한 형태의 계승이든 간에, 마르크스 철학을 이전의 철학으로 귀결시킬 수는 없다. 마르크스 철학은 마르크스의 철학이다. 그것은 헤겔 철학의 단순한 연장선에 위치한 것도 아니며, 칸트 철학의 단순한 연장선상에 위치한 것도 아니다. 루카치식의 헤겔주의적 해석 패러다임이 존재한다고 해서, 그 패러다임을 극복하려는 모든 시도가 칸트주의적인 것으로 받아들여져서는 안 된다. 따라서 시도의 목적은 마르크스 철학과 칸트 철학 또는 그것과 헤겔 철학의 실질적 경계를 명확히 함으로써 마르크스가 철학적으로 이룬 변혁, 즉 그것의 혁명적 의의를 충분히 드러내는 데 있다.

마지막으로 설명이 더 필요한 부분이 있다. 여기서 루카치 모델의 헤겔주의적 해석 패러다임을 실천철학적 연구 패러다임의 사례로 간주하면서 그것을 넘어선다고 해서, 그것이 실천철학이라는 연구 패러다임 자체를 넘어선다는 의미는 아니다. 실천철학의 개념적 범위는 매우 넓다. 니량캉의 견해처럼, 만약 실천철학을 반反형이상학적 의미로 이해한다면45), 실천은 1차적 활동, 실천철학은 제1철학이라는 의미의 포괄적인 실천철학은 분명히 극복이 불가능한 대상이다. 여기서 극복해야할 대상은 루카치나 사르트르[Jean Paul Sartre, 1905-1980]와 같은 사변적 실천철학에 한정된다. 그것이 사변적 실천철학으로 불리는 이유는 다음과 같다. 의도했든 의도하지 않았든 루카치와 사르트르는 모두 이론의 전능함뿐만 아니라 자신의 이론으로 총체적인 현실 실천을 완전히 파악할 수 있다고 가정했다. 다시 말해서, 이론 내부에서 현실 실천을 전체적으로 구조화하는 것이

---

45) 倪梁康, 「本期視點: 歐陸哲學的總體思考: 海德格爾思想比較研究」, 『求是學刊』 2005年第6期: 27쪽을 참조하라. | 저자는 원문에서 이 글을 「歐陸哲學的總體思考: 海德格爾思想比較研究·主持人話語」로 소개하고 있다.

그들의 이론적 목표였다. 그로 인해 은연중에 존재에 대한 사유의 우월성이 가정되었고, 면서, 실천 활동의 1차성이 취소되었고 유물주의를 벗어나 유심주의로 기울어졌다. 따라서 루카치식의 헤겔주의적 실천철학 패러다임을 극복한다는 것은 실천철학 자체를 넘어선다는 것이 아니라, 유심주의적 경향의 사변적 실천철학을 극복하고 '제한된 합리성'의 실천철학으로 나아가는 것이다.

3 현대적 중국 마르크스주의 철학 연구에서 이론과 실천의 문제

이론과 실천은 실천철학의 근본 문제이다. 따라서 어느 정도까지 양자의 관계에 관심을 갖는지에 따라 실천철학의 이해 수준이 드러난다. 마르크스 철학이 현대적 실천철학이라면, 양자의 관계를 어느 정도까지 깊이 있게 연구했는지가 마르크스 철학의 이해 수준을 판단하는 척도가 된다. 그 관계의 문제가 마르크스주의 철학에서는 너무 익숙해져 더 이상 따져볼 필요도 없을 것 같지만, 익숙해진 지식이 참된 지식은 아닐 것이다. 50여 년 동안 이어진 중국 마르크스주의 철학에서 그 문제가 어떻게 다루어졌는지를 살펴본다면, 마르크스주의 철학에서 마땅히 중시해야 할 기본적인 문제였지만 제대로 중시되지 못했다는 점을 알 수 있다.

교과서 체계에서는 이론과 실천이 인식론에 국한되어 있을 뿐이었고, 그 실천은 인식의 기초 또는 인식의 진리성을 검증하는 기준으로서 단지 이론과 함께 그 양자의 관계를 구성하는 것에 지나지 않았다. 이후에 등장한 실천적 유물주의나 실천적 본체론에서는 실천의 위상이 매우 두드러졌고, 실천 개념이 전체 체계의 기본 범주로 간주되었으며, 실천이 물질을 대신해 전체 체계의 출발점이 되었다. 그럼에도 불구하고 이론과 실천의 문제는 여전히 결여된 상태로 남아 있었다.[46] 이론과 실천의 문제는 마르크스 철학을 실천철학[47]으로 파악했을 때만이 근본적인 문제로 부각된다. 물론, 그 문제는 제기되기만 했다. 아직까지 폭넓은 관심과 깊이 있는 고찰이 이루어지지도 못했고, 그 근본적 문제들은 여전히 남아 있는 실정이다. 따라서 여기서는 이론철학과 실천철학에서 각기 다르게 드러나는 이론과 실천의 위상을 간략하게 살펴보고, 그 문제에 대한 상이한 해결 방식을 평가함으로써 보다 합리적인 해결 방안을 모색하고자 한다.

1) 이론철학 패러다임에서 이론과 실천의 관계

이론철학과 실천철학이라는 두 가지 철학적 근거로부터 철학 전체를 구분한다면, 일반적으로 이론철학에서의 이론과 실천 관계는 등한시되거

---

46) 마르크스주의 철학에서 이론과 실천이라는 근본 문제를 무시했다는 것은 마르크스 개인에 대한 수많은 오해를 야기했을 뿐만 아니라, 루카치·그람시·코르쉬와 같은 서구 마르크스주의자들에 대한 잘못된 이해를 가져왔다. 루카치의 경우, 그가 『역사와 계급의식』에서 이론과 실천을 근본적으로 일치시켰다는 것에 대해 그다지 관심을 갖지 않았다. 지금까지 출판된 관련 연구들 보면, 어느 누구도 「사물화와 프롤레타리아 의식」이라는 장에서 그가 사물화 현상으로부터 사물화된 의식을 이끌어낸 것을 지적하지 않았다. 또한 근대 철학에서 사물화된 의식이 집약적으로 구현된 형식과 내용의 이율배반을 진지하고 철저하게 분석한 이도 없었다. 그저 간략하게 언급했을 뿐, 구체적으로 다루지는 않았다. 하지만 사물화에서 사물화된 의식으로, 그리고 부르주아 사상이 사물화를 파악하려는 시도에 이르기까지, 또한 프롤레타리아 의식 등을 분석하는 과정에서 루카치는 이론과 실천의 일치라는 마르크스주의 철학의 심오한 사상을 매우 탁월하게 드러냈다.

47) '실천철학'은 여전히 학계에서 그 의미가 통일되지 못한 개념이다. 아리스토텔레스가 이론, 실천, 제작을 병렬시켰다는 점에서 실천철학은 이론철학과 병렬적 관계인, 실천과 관련된 철학적 사유방식이 되었다. 하지만 마르크스가 이론적 활동의 절대적 독립성을 부정했다는 점에서, 그것은 이론철학과 병렬 관계인 철학적 방식이 아니라 유일하게 가능성을 지닌 철학적 방식이다. 그러한 의미에서 하이데거, 비트겐슈타인, 가다머, 하버마스와 같은 많은 현대철학자들이 실천철학적 범위에 포함된다. 중국철학계에서는 대체로 실존 철학을 주장하는 이들이 이 범위에 속한다.

나 무시되었다. 그것은 다음과 같은 이유에서다. 이론철학의 자체적 이해에서는 이론과 실천의 관계가 문제로 드러나지 않기 때문이다. 즉, 이론철학은 이론적 활동이 생활적 실천을 극복할 수 있고, 이론적 이성 내부에서 실재를 파악하는 기반을 찾을 수 있으며, 생활적 실천과 무관하게 이론으로부터 세계를 만들 수 있다고 여기기 때문에, 논리적 측면에서 이론은 실천에 비해 절대적인 우월성을 지녔다고 할 수 있다. 또한 이론적 활동은 스스로의 힘으로 실재나 진리에 도달할 수 있기 때문에 실천적 활동이 유일하게 할 수 있는 일은 그저 실행에 옮긴다거나 진리성을 갖춘 인식에 맞춰 행동한다는 것일 뿐이다.

그와 같다면 실천적 활동은 사실상 독자성을 띠지 못한다. 그것은 이론에 의존한, 이론이 연장된 것에 불과하거나, 이론의 그림자나 투사投射일 뿐이다. 이로부터 이론과 실천의 관계는 대단히 단순한 문제로 바뀌는데, 기껏해야 실천적 상황을 고려한다는 기술적 문제만 남게 된다. 결국, 하나의 중요한 근본 문제로 관심을 기울일 만한 가치도 없는 것이다.[48]

---

48) 물론, 이것은 이론철학의 일반적 상황을 언급한 것에 불과하다. 특정 철학자들을 구체적으로 거론하면 문제는 훨씬 더 복잡해진다. 예를 들어, 이 문제에 대한 아리스토텔레스와 칸트는 입장은 비교적 예외적이다. 아리스토텔레스는 실천철학이라는 연구 영역을 개척했을 뿐만 아니라, 실천철학에 독립적인 가치를 부여했다. 그러나 다른 한편으로는 '가변적 사물을 대상으로 한' 실천과 다르게, 이론의 대상은 '필연으로부터 조건 없이 존재하는 것', 즉 '영원한 것'으로 보았다. 따라서 그의 이론에서는 실천적 가능성이 존재하지 않는다. 이처럼 이론과 실천은 내재적 관계를 갖지 않지만, 모두 인간의 활동이라는 점에서 차등적인 질서를 지닌다. 다시 말해서, 이론은 '영원한 것'을 대상으로 하기 때문에 가변적인 것을 대상으로 한 실천보다 더 고귀한 것이 된다.(Aristoteles / 苗力田 譯, 『尼各馬科倫理學』, 中國社會科學出版社, 1990: 117·118쪽을 참조하라.) 한편, 칸트는 이론철학과 옛 형이상학에 대한 비판적 성찰로부터 이성을 이론적 이성과 실천적 이성으로 구분했다. 또한 아리스토텔레스와 다르게, 이성의 실천과 적용을 보다 중요하고도 근본적인 것으로 보았다. 그럼에도 불구하고 그 역시 아리스토텔레스의 그것과 마찬가지로, 이론적 이성과 실천적 이성을 확연히 분리시켰기 때문에, 양자 관계를 말할 여지도 없었다.

또한 이론철학은 실체성 철학과 주체성 철학이라는 유형 또는 패러다임으로 구분된다.[49] 전통적 교과서는 일반적으로 실체성 철학으로 분류되는데,[50] 여러 가지 이유에서 확실히 일반적인 실체성 철학과는 다르다. 거기서는 이론과 실천의 관계를 비교적 많이 다루고 있기 때문에 어느 정도의 분석이 요구된다. 첫째, 전통적인 교과서에서 이론과 실천의 관계는 인식론 영역에서만 제기되었는데, 그것은 그 관계가 기초적 문제로 다뤄지지 않았다는 점을 알려준다. 다시 말해서, 그것은 존재론적 기초를 갖추지 못했다고 할 수 있다.

둘째, 교과서의 주 내용은 인식에 대한 실천의 역할에 관한 것이다. 여기에는 실천이 인식의 기반이라는 점, 그리고 실천은 인식의 진리성을 검증하는 기준이라는 점이 포함되어 있다. 이론은 인식의 가장 높은 단계로 여겨지기 때문에, 대체로 인식과 실천의 관계가 이론과 실천의 관계로 이해된다. 실천이 인식의 기반이라고 언급한 것은 한편으로, 인식이 실천적 필요로부터 형성되며, 실천은 인식의 목적이 된다는 말이다. 다른 한편으로는 실천이 인식의 원천이며, 실천 과정을 통해서만 그 인식을 가능케 하는 감성적 재료를 얻을 수 있다는 말이다. 또한 실천이 인식의 진리성을 검증하는 기준이라는 것은 다음을 가리킨다. 인식이 객관 실재를 올바르게 반영했는가의 여부는 실행에 옮겨진 인식이 예상한 결과에 도달했는지의 여부로 검증된다는 말이다. 도달했다면 그 인식은 진리성을 갖춘 것이고, 도달하지 못했다면 진리가 아니다.

---

49) 이론철학을 실체성 철학과 주체성 철학으로 구분하는 것에 대해서는 王南湜,「馬克思哲學當代性的三重意蘊」,『中國社會科學』2001年第5期: 28-36쪽을 참조할 수 있다.
50) '교과서'는 상당히 모호한 개념이다. 새롭게 만든 교과서의 경우, 그 내용이 크게 바뀌었을 수도 있지만 지금까지 나온 교과서들은 소련 교과서의 스탈린식 모델에서 기본적으로 벗어난 적이 없다. 따라서 그것을 모호하지만 실체성 철학에 포함시키는 것도 그리 잘못된 일은 아닐 것이다.

그리고 실천이 인식의 원천이라는 말은 실천이 인식 주체에게 객관적 실재와 직접적으로 접촉할 수 있는 조건을 제공하고, 그로부터 인식 주체는 인식을 가능케 하는 감각적 재료를 얻게 된다는 의미다. 그런데 그것은 실천이 인식을 위해 실현 가능한 조건을 외적으로 제공했다는 말에 지나지 않는다. 따라서 그것은 인식의 본질과 무관한, 외적으로 만들어진 관계일 뿐이다. 또한 인식의 본질이라는 것도 전통적 교과서에는 객관적 물질 세계에 대한 능동적 반영이라고 분명히 적혀 있다. 그런데 여기서 실천은 인식의 목적이고, 실천은 인식의 진리성을 검증하는 기준이라는 말을 떠올리면, 설령 이 말에 이론철학을 넘어설 수 있는 요소가 포함되어 있더라도, 결국 인식은 반영이 본질이라는 언급과 크게 모순된다. 그러한 논리적 모순에도 불구하고 전통적 교과서에서는 실천은 인식의 목적 또는 인식의 진리성 검증 기준이라는 것을 억지로 '객관적 반영'설에 가져다 놓았다.[51)]

셋째, 교과서에서는 전체적으로 실천에 대한 이론의 역할을 다루고 있지 않다. 하지만 실천을 이론의 지도를 받는 물질적 활동으로 규정했다는 표현에서 교과서가 실천을 이론적 모델을 통해 이해한다는, 그리고 실천을 이론적 활동의 연장으로 간주한다는 기본 입장을 알 수 있다. 따라서 교과서에서 이론과 실천의 관계는 결국 실체성 철학의 입장에 서 있는 것이다.

---

51) 교과서에서는 진리가 객관 세계를 올바르게 반영한 것이라고 말하면서도, 다른 한편으로는 실천이 진리를 검증하는 유일한 기준이라고 한다. 이 두 가지 주장은 어떻게 하더라도 하나로 통일될 수 없는 것이다. 만약 진리가 객관 세계의 올바른 반영이라는 것을 증명할 수 있는 실천 과정과 무관하면서도 효과적인 수단이 없다면, 실천 과정을 통해 이룬 성공만이 이른바 올바른 반영이라는 것을 판단할 수 있는 유일한 근거가 된다. 하지만 교과서에서는 그와 같은 주장을 절대 인정하지 않는다. 그것을 인정한다는 것 자체가 실용주의에 경도되었다는 의미로, 그것은 교과서가 취하는 실체성 철학의 입장과 거리가 멀기 때문이다.

1980년대에 등장한 실천적 유물주의와 실천적 본체론과 같은 주체성 철학의 주장으로부터, 실천 개념의 위상이 철학 체계 내에서 예전과 다르게 크게 높아졌다고 할 수 있다. 이로부터 실천은 체계 전체의 출발점이자 토대가 되었다. 하지만 그와 같은 철학적 주장에서도 이론과 실천의 관계는 다시금 무시되었다. 그 이유는 다음에 있다. 즉, 동일한 이론철학인 주체성 철학과 실체성 철학에서는 주객체의 분립과 인간의 본질로서 이성이라는 가정이 전제된다. 그 가정은 실체성 철학에서 암묵적인 형태로, 주체성 철학에서는 의식적인 형태로 드러난 뿐이다.

　　그렇다면 주체성 철학의 출발점은 데카르트적 자아일 수밖에 없는데, 그 자아도 주객 분립을 전제할 뿐만 아니라 본질적으로 이성적인 것이기 때문에, 그것이 실천을 이해하는 방식은 이론화된 것일 뿐이다. 다시 말해서, 주체성 철학에서 실천 활동은 원칙적으로 이론적 방식을 통해 만들어지게 된다. 그러한 철학적 주장으로부터 실천을 이해한 방식도 실체성 철학의 가정에 근거한 높은 수준의 이론화였고, 실천은 이론적 활동과 유사한 활동으로 이해된다. 그와 같은 이해의 전형적 사례가 바로 칸트의 지식 구성론적 방식으로 마르크스의 실천 활동을 설명하는 것이다.

　　칸트 철학에서는 인간 주체의 인식 장치인 오성 범주에 감각적 재료가 주어짐으로써, 오성이라는 형식을 가지고 보편적 필연성을 지닌 지식이나 현실적인 현상계를 구성한다. 그 실천 활동은 주체성 철학과 비슷하게 인간 주체에 감성적 대상이 주어지는 합목적적 형식의 과정으로 이해된다. 그것이 주체성 철학과 다른 점은 실천 활동의 매개에 내적 장치인 오성 범주만이 아니라, 외부 장치인 도구 체계도 포함한다는 것이다. 또한 실천 활동은 관념적인 현상계나 감성세계만이 아니라, 보다 근본적 차원의 실재적인 감성세계나 인간화된 자연을 구성한다. 하지만 그 차이가 얼마나 나던지 간에, 양자의 구성 방식은 높은 수준의 일치성을 보인다.52) 이처럼 칸트 이론에서는 실천의 중요성을 인정했음에도 이론적 패러다임에 의해 실천이 규정되었기 때문에, 결국 이론이 첫 번째 자리에, 실천은 이론을 모방한 것이 되었다. 그러한 근본 방식의 일치성은 기본적으로 이론과 실천의 관계 문제를 논의할 필요도 없는 문제로 만들어 버렸다. 왜냐하면 양자가 본질적으로 동일한 것을 암묵적으로 가정했기 때문이다.

2) 실천철학 패러다임에서 이론과 실천의 문제

이론철학이나 옛 형이상학에서 가정된 주객 분립이 이론을 우월적 위치에 두고 실천을 억압한 것에 문제의식을 지닌, 현대적 실천철학은 그것에 반발했을 뿐만 아니라 이론과 실천의 관계를 매우 중시하는 태도를 취했다. 따라서 실천철학에서 이론과 실천의 관계는 이론철학과 다르게, 근본적으로 중요한 위상을 차지한다. 그 위상은 학문적으로 자체의 필연성을 지녔다고 할 수 있다. 첫째, 논리적 측면에서 그 자신도 하나의 이론인 실천철학이 자신과 다른 실천적 활동을 가장 근본적인 활동이라고 강조한 이상, 그것은 반드시 자신의 이론적 활동과 실천적 활동의 관계를 설명해야만 한다. 또한 실천적 활동이 어떻게 이론적 활동에 비해 더 근본적인 활동인지, 이론적 활동이 어떻게 실천적 활동에 근거하는지를 설명

---

52) 사실, 하버마스도 칸트식 패러다임으로 마르크스의 실천과 노동 범주를 해석했다. 그는 다음과 같이 말했다. "(인간) 주변의 자연계는 인간의 주관적 자연계와 맺어진 연결로부터, 사회적 노동 과정에 의해 우리의 객관적 자연계가 구성된 것에 불과하기 때문이다. 그래서 노동은 인류학의 기본 범주일 뿐만 아니라 인식론의 범주이기도 하다. 객관적 활동의 시스템은 사회생활의 재생산이 가능한 실질적 조건을 만들어냈고, 경험적 대상의 객관성을 가능케 하는 선험적 조건도 만들었다. 우리가 도구를 만드는 동물의 범주로 인간을 이해한다면, 우리는 그것을 통해 활동 양식과 세계를 이해하는 양식을 하나로 볼 수 있다."(Jurgen Habermas / 郭官義 · 李黎 譯, 『認識與興趣』, 學林出版社, 1999: 23쪽.) 이러한 해석은 그에게 마르크스의 노동 범주를 비판하는 전제가 된다.

해야만 한다. 그렇지 않다면 그 이론은 스스로를 부정한 것이 된다. 이와 다르게, 그 자신이 하나의 이론인 이론철학이 이론적 활동의 근본적 위상을 인정했다면, 이미 이론적 활동의 근본적 위상이 인정된 이상, 그것과 그 자신보다 열등한 실천적 활동의 관계는 증명의 필요성을 상실한다.

둘째, 철학사적으로 현대적 실천철학은 2,000년 동안 지배적 위치를 차지한 이론철학에 대한 반역이다. 그것은 다음을 주장했는데, 즉 철학사에서 오랜 시간 이론적 활동이 숭배되고 실천적 활동이 억압된 것은 허구적 관념에 불과하다는 점, 따라서 그 관계를 거꾸로 뒤집어야 한다는 점이다. 현대적 실천철학이 그와 같이 주장한 이상, 그것은 불가피하게 양자의 실제적 관계를 설명할 수밖에 없다.

셋째, 더욱 중요한 점은 다음에 있다. 실천철학은 근본적으로 이론철학이 가정한 주객 분립과 이성이 인간의 본질이라는 것을 부정했다. 또한 그것은 그 분립이 역사적 과정을 통해 점진적으로 이루어졌기 때문에 제한적인 것이며, 인간의 이성 역시 역사적이고 제한적인 것으로 보았는데, 그로부터 생활적 실천은 완벽하게 이론화될 수 없다는 의미를 갖추었다. 이처럼 실천철학은 이론이 실천에 근거하면서 생활적 실천을 구성하는 부분이 된다는 점을 인정하면서도, 다른 한편으로는 생활적 실천을 완전히 이론화할 수 없다는 점 또한 인정한다. 따라서 실천철학의 이론과 실천에는 차별화된 길항이 존재하고, 그로부터 그 양자의 관계는 불가피하게 중요한 근본 문제로 부각될 수밖에 없었다.

실제로도 실천철학은 항상 이론과 실천의 관계를 매우 중시하는 태도를 취한다. 여기서 현대적 실천철학의 개척자인 마르크스가 그의 저서에서 이론과 실천의 관계를 어떻게 다루었는지 잠시 살펴보자. 마르크스는 일찍이 「『헤겔 법철학 비판』 서문」에서 청년 헤겔학파를 비판한 바 있다. 그 학파는 "지금까지 철학 자체가 이 세계에 속하며, 비록 관념적인 보완일지언정 그것이 이 세계에 대한 보완이라고 생각하지 못했다."[53] 이것은 마르크스가 이론적 활동을 상징하는 철학과 현실 생활의 관계를 검토하고자 했다는 점을 알려준다. 동일한 내용이 『도이치 이데올로기』에서 다시 한 번 나타난다.[54] 마르크스는 『1844년 경제학 철학 수고』에서도 다음과 같이 주장했다. "이론의 대립 자체를 해결하는 것은 실천적 방식을 통해서만, 인간의 실천력에 의해서만 가능하다. 따라서 그러한 대립의 해결은 결코 인식만의 과제가 아니라 현실 생활의 과제인 것이다. 철학이 그 과제를 해결하지 못한 것은 철학이 그것을 단지 이론적 과제로만 여겼기 때문이다."[55]

마르크스는 『포이어바흐에 관한 테제』에서 또 지적했다. "인간의 사유가 객관적 진리성을 갖추었는가는 이론의 문제가 아니라 실천의 문제다. 인간은 실천 과정에서 자기 사유의 진리성, 즉 자기 사유의 현실성과 힘, 그리고 자기 사유의 현세성을 증명해야만 한다."[56] "모든 사회생활은 본질적으로 실천적이다. 대체로 이론을 신비주의로 이끄는 신비로운 것들은 인간의 실천 과정에서, 그리고 그 실천을 이해하는 과정에서 합리적으로 해결된다."[57] "철학자들은 서로 다른 방식으로 세계를 해석했지만, 문제는 세계를 바꾸는 데 있다."[58] 마르크스는 『철학의 빈곤』에서도 다음과

---

53) 中共中央馬克思·恩格斯·列寧·斯大林著作編譯局 譯, 『馬克思恩格斯選集』1, 人民出版社, 1995: 8쪽.

54) 마르크스는 다음과 같이 말했다. "그 철학자들은 독일철학과 독일 현실의 문제, 그리고 그들이 행한 비판과 그들 자신이 처한 물질적 환경의 문제를 제기해야 한다고 생각하지 못했다."(中共中央馬克思·恩格斯·列寧·斯大林著作編譯局 譯, 『馬克思恩格斯選集』1, 人民出版社, 1995: 66쪽.)

55) 中共中央馬克思·恩格斯·列寧·斯大林著作編譯局 譯, 『馬克思恩格斯全集』42, 人民出版社, 1979: 127쪽.

56) 中共中央馬克思·恩格斯·列寧·斯大林著作編譯局 譯, 『馬克思恩格斯選集』1, 人民出版社, 1995: 55쪽.

57) 中共中央馬克思·恩格斯·列寧·斯大林著作編譯局 譯, 『馬克思恩格斯選集』1, 人民出版社, 1995: 56쪽.

같이 밝혔다. "경제적 범주는 생산이라는 사회적 관계의 이론화된 표현, 즉 그것의 추상화에 불과하다."[59] "사람들은 자신의 물질적 생산율에 따라 그에 상응하는 사회적 관계를 만들었는데, 그 사람들은 또한 자신의 사회적 관계에 따라 그에 상응하는 원리·관념·범주 등을 만들어냈다."[60] "그래서 그 관념이나 범주들도 그것을 나타내는 관계들과 마찬가지로 영원한 것이 아니다. 그것들은 역사적이고, 일시적인 산물이다."[61]

이로부터 마르크스는 다음과 같은 결론을 내린다. "각 원리는 그것이 출현한 세기世紀를 갖는다."[62] 나아가 마르크스는 1879년에서 1880년까지 작성한 『아돌프 바그너[Adolph Wagner, 1835-1917]의 '정치경제학 교과서'에 관한 평주』에서 다음과 같이 주장했다. "하지만 학구적인 교수가 보기에, 자연에 대한 인간의 관계는 실천적인 즉 활동에 기초한 관계가 아니라, 우선 이론적 관계다. …… 그렇지만 사람들은 기본적으로 '외부 사물에 대한 이론적 관계에 서 있'지 않다. 그들도 다른 동물들과 마찬가지로, 먹고 마시는 것과 같은 행위를 해야만 한다. 다시 말해서, 어떤 관계에 '서 있는' 것이 아니라 적극적으로 활동하면서 그 활동을 통해 일정 정도의 외부 사물을 얻음으로써 자신의 필요를 충족시킨다.(그래서 그들은 생산에서 시작한다.) 그 과정이 반복되면서 사물들은 '필요를 충족시키는'

---

58) 中共中央馬克思·恩格斯·列寧·斯大林著作編譯局 譯, 『馬克思恩格斯選集』1, 人民出版社, 1995: 57쪽.

59) 中共中央馬克思·恩格斯·列寧·斯大林著作編譯局 譯, 『馬克思恩格斯選集』1, 人民出版社, 1995: 141쪽.

60) 中共中央馬克思·恩格斯·列寧·斯大林著作編譯局 譯, 『馬克思恩格斯選集』1, 人民出版社, 1995: 142쪽.

61) 中共中央馬克思·恩格斯·列寧·斯大林著作編譯局 譯, 『馬克思恩格斯選集』1, 人民出版社, 1995: 142쪽.

62) 中共中央馬克思·恩格斯·列寧·斯大林著作編譯局 譯, 『馬克思恩格斯選集』1, 人民出版社, 1995: 146쪽.

속성으로서 사람들의 머릿속에 각인된다. 그로부터 인간과 짐승들도 그들의 필요를 충족시키는 외부 사물과 그 밖의 모든 외부 사물이 서로 구별된다는 것을 '이론적으로' 배우게 된다."[63] 위에서 제시한 사례들로부터 마르크스가 그의 철학을 만들어가는 과정에서 이론과 실천을 근본 문제로 주목했다는 점을 알 수 있다.

이론과 실천의 관계를 크게 중시했던 것은 비단 마르크스의 실천철학만이 아니다. 일반적으로 말해서, 어떤 현대적 실천철학이든 그 문제를 중시하지 않을 수 없었다. 여기서는 실용주의자인 듀이를 사례로, 마르크스주의 철학 이외에도 다른 현대적 실천철학에서 어떻게 이론과 실천의 관계를 다루었는지 살펴보고자 한다. 듀이의 "가장 영향력 있는 저서"[64]인 『확실성의 탐구』의 부제가 바로 '지식과 행위에 관한 연구'이다. 이로부터 이론과 실천의 관계가 실용주의에서 얼마나 큰 위치를 차지하는지 알 수 있다.

듀이는 다음과 같이 주장했다. "인간이 위험한 세상에 살고 있다면 안전을 도모할 수밖에 없다."[65] 인간이 안전을 도모하는 데는 다음과 같은 두 가지 경로가 있다. 하나는 인간의 주위에서 그의 운명을 결정하는 다양한 힘과 화해하거나, 그러한 운명에 순종하려는 시도도. "다른 하나의 경로는 수많은 기술을 발명해서 그것으로 자연의 힘을 이용하는 것이다."[66] 다시 말해서, "행동을 통해 세계를 바꾸는 방법이다."[67] 이렇게 이해하면,

---

63) 中共中央馬克思·恩格斯·列寧·斯大林著作編譯局 譯, 『馬克思恩格斯全集』19, 人民出版社, 1963: 405쪽.

64) Jurgen Habermas, 「論杜威的『確定性的尋求』」, John Dewey / 傅統先 譯, 『確定性的尋求』, 上海人民出版社, 2004: 1쪽을 보라.

65) John Dewey / 傅統先 譯, 『確定性的尋求』, 上海人民出版社, 2004: 1쪽. | John Dewey / 김준섭 역, 『확실성의 탐구』, 백록, 1992: 9쪽 참조.

66) John Dewey / 傅統先 譯, 『確定性的尋求』, 上海人民出版社, 2004: 1쪽. | John Dewey / 김준섭 역, 『확실성의 탐구』, 백록, 1992: 9쪽 참조.

이론은 실천과 완전히 분리된 것이 아니라, 실천의 한 부분이 된다. "그 이론에 입각해보면, 개념은 우리가 존재에 대해 행동을 취할 때 이성적으로 운용되는 도구다."[68] 그로부터 "이론적 확실성은 실제적 확실성과 하나가 되는데, 다시 말해서 도구 사용이 안전하면서도 그것을 믿을 수 있다는 조작의 신뢰성과 하나가 되었다."[69]

듀이는 이를 근거로 이론과 실천을 철저히 분리시킨 그리스 철학을 비판했다. "이성과 필연에 관한 지식은 아리스토텔레스가 숭배한 것이다. 그 지식은 스스로를 창조하고 운영하는 활동으로서, 궁극적이고, 자족적이며, 자기포용적인 형태로 여겨진다. 그것은 이상적이고 영원하며, 변화와 무관하기 때문에 사람들의 생활 세계와 무관할 뿐만 아니라 우리의 감각적 경험이나 실제적 경험의 세계와도 무관하다."[70] 그리고 "스스로의 전환이 가능한 이성의 자기 활동과 다르게, 실천적 움직임은 생겨나고 사라지는 경계에 속해 있기 때문에 '실재'보다 그 가치가 열등한 것이다."[71] 이처럼 실용주의는 철학적 혁명을 통해 주지주의主知主義적 오류를 제거하고, 이론과 실천의 분리 상황을 바꾸고자 했다.

마르크스 철학과 듀이 철학에 근본적인 차이가 존재한다는 점은 분명하지만, 전통적 이론철학이나 옛 형이상학에 대한 반역이라는 측면에서

---

67) John Dewey / 傅統先 譯,『確定性的尋求』, 上海人民出版社, 2004: 1쪽. | John Dewey / 김준섭 역,『확실성의 탐구』, 백록, 1992: 9쪽 참조.

68) John Dewey / 傅統先 譯,『確定性的尋求』, 上海人民出版社, 2004: 110쪽 주①. | John Dewey / 김준섭 역,『확실성의 탐구』, 백록, 1992: 106쪽 주2) 참조.

69) John Dewey / 傅統先 譯,『確定性的尋求』, 上海人民出版社, 2004: 127쪽. | John Dewey / 김준섭 역,『확실성의 탐구』, 백록, 1992: 122쪽 참조.

70) John Dewey / 傅統先 譯,『確定性的尋求』, 上海人民出版社, 2004: 15쪽. | John Dewey / 김준섭 역,『확실성의 탐구』, 백록, 1992: 21-22쪽 참조.

71) John Dewey / 傅統先 譯,『確定性的尋求』, 上海人民出版社, 2004: 17쪽. | John Dewey / 김준섭 역,『확실성의 탐구』, 백록, 1992: 23쪽 참조.

양자는 공통된다. 만약 선입견 없이 앞서 인용한 마르크스와 듀이의 관련 논의들을 비교한다면, 둘 사이에 존재하는 높은 수준의 일치성을 발견할 수 있다. 그 일치성은 첫째, 양자 모두 이론에 대한 실천의 우선성 또는 우월성을 강조했다. 하나는 "철학자들은 서로 다른 방식으로 세계를 해석했지만, 문제는 세계를 바꾸는 데 있다."[72]고 주장한 점, 다른 하나는 순수한 인식 활동을 통해서만 온전한 확실성을 찾을 수 있다는 전통철학을 비판하면서, '행동을 통해 세계를 바꾸는 방법'을 주장했다는 점이다. 두 철학자 모두 세계 변혁의 우월성과 근본성을 주장했는데, 그것이 바로 현대적 실천철학의 기본적 특징에 해당한다.

둘째, 그 일치성은 양자 모두 전통철학의 이론과 실천 관계를 거꾸로 뒤집었다는 점에서도 찾을 수 있다. 전통철학이 모든 실천 활동을 이론에 종속시켰고, 이론만이 진정한 실재 또는 진정한 확실성에 도달할 수 있다고 보았다면, 두 철학자는 거꾸로 이론을 실천 활동에 종속시키면서, 이론은 실천 활동의 일부분이자 실천을 위한 것에 불과하다고 주장했기 때문이다. 구체적으로 양자는 다음과 같은 일치성을 보인다. 하나는 "경제적 범주는 생산이라는 사회적 관계의 이론화된 표현, 즉 그것의 추상화에 불과하다."[73], 다른 하나는 "개념은 우리가 존재에 대해 행동을 취할 때 이성적으로 운용되는 도구"[74]라고 보았다. 이로부터 같은 현대적 실천철학으로서 양자의 공통점이 바로 이론철학 또는 형이상학의 극복에 있다는 것을 알 수 있다. 이론이 지닌 피안성彼岸性과 신성성神聖性을 없애고,

---

72) | 中共中央馬克思·恩格斯·列寧·斯大林著作編譯局 譯, 『馬克思恩格斯選集』1, 人民出版社, 1995: 57쪽.

73) | 中共中央馬克思·恩格斯·列寧·斯大林著作編譯局 譯, 『馬克思恩格斯選集』1, 人民出版社, 1995: 141쪽.

74) | John Dewey / 傅統先 譯, 『確定性的尋求』, 上海人民出版社, 2004: 110쪽 주①.
    | John Dewey / 김준섭 역, 『확실성의 탐구』, 백록, 1992: 106쪽 주2) 참조.

그것을 세속적 생활 실천으로 회귀시키는 것은 사실 마르크스 철학과 듀이 철학의 주장일 뿐만 아니라, 일반적으로 현대적 실천철학에서 다양한 방식으로 표현되고 있는 것이다.

3) 이론과 실천 관계의 복잡성

실천철학은 근본적인 차원에서 생활 실천에 토대를 두고, 이론과 실천의 관계를 매우 중시하며, 이론에 대한 실천의 결정적 역할을 강조한다. 하지만 이 문제는 양자의 우선순위를 간단하게 거꾸로 뒤집기만 하면, 자동적이고 합리적으로 해결될 수 있는 것이 아니다. 마르크스가 헤겔 철학을 극복했다는 것은 단순하게 그의 유심주의를 거꾸로 뒤집는 방식을 통해 문제를 해결한 것이 아니었다. 이처럼 이론철학에 대한 실천철학의 극복도 단순히 관계를 뒤바꾼다고 해결될 문제가 아니다.

실천의 우선순위가 확정되더라도, 거기에는 해결해야 할 매우 중요한 문제들이 그대로 남아 있다. 이론철학이 오랫동안 지배적 위치를 차지했던 상황에서, 마르크스는 현대적 실천철학의 개척자로서 이론에 대한 실천의 우선성을 강조하기는 했지만, 이론과 실천의 차이 문제를 충분히 다룬 것은 아니었다. 이후 실용주의가 그 차이성을 완전히 없애는 방식으로 문제를 해결했지만, 결과적으로 또 다른 이론적 어려움만을 초래했을 뿐이다. 여기서 주의해야 할 것은 전통적 교과서의 인식론에도 그와 같은 어려움이 담겨 있다는 점이다.

우선 듀이의 이론을 사례로, 실용주의 철학의 문제가 어디에 있는지 살펴보도록 하자. 듀이는 다음과 같이 말했다. "인지認知는 외부 방관자의 움직임이 아니라 자연과 사회라는 상황 내부에 참여한 구성원의 움직임이라고 한다면, 지식의 진정한 대상은 이끌린 행동에 의해 생겨난 결과인 것이다."75) 또한 "인간의 실제적 경험은 움직이거나 조작하고, 절단·구분

·분리·확대·겹침·접합이자, 집합과 혼합이며 축적과 분배이다. 전체적으로 그것은 사물의 선택과 조정을 통해 결과에 도달하기 위한 도구가 된다."[76] 이처럼 듀이가 자연과학적 활동을 실용주의가 추구해야 할 활동의 전형으로 이해했다는 점은 분명하다. 그것은 다음을 의미했는데, "조작의 측면에서 자연과학을 이해했다는 것은 처음부터 기술적으로 유용한 지식을 얻고자 했던 것이다. 기술적 성공으로부터 듀이는 과학을 가장 확실한 문제 해결의 행위 모델로 간주했다."[77]

그의 이론 전체를 지탱시켜주는 것은 바로 '유용성이 곧 진리'라는 실용주의적 관점이다. 제임스[William James, 1842-1910]가 제기했던 그 진리관은 이론철학이나 옛 형이상학을 극복하기는 했지만, 이론과 실천의 관계를 단순화 또는 저속화시키는 결과를 가져왔다. 그래서 듀이는 그와 같은 비판을 피하기 위해 제임스의 진리관을 수정했다. "사실 유용성이 진리라고 하는 것은 사상이나 학설에서 경험을 실행 가능한 것으로 바꾸는 데 기여하는 유용성이다. 도로의 쓰임새는 도적의 노략질이 어느 정도까지 편리한지를 가지고 측정하지 않는다. 그것의 쓰임새는 그것이 실제로 도로의 기능을 하고 있는지, 대중 운송과 교통의 편리함을 위해 효과적인 수단으로 기능하고 있는지에 달려 있다. 관념이나 가설의 유용성이 관념과 가설에 포함된 진리를 평가하는 잣대가 된다는 점도 마찬가지 이유다."[78]

하지만 그러한 수정에도 불구하고, 그리고 유용성의 주체를 개인에서

---

75) John Dewey / 傅統先 譯, 『確定性的尋求』, 上海人民出版社, 2004: 196-197쪽.
   | John Dewey / 김준섭 역, 『확실성의 탐구』, 백록, 1992: 188쪽 참조.
76) John Dewey / 傅統先 譯, 『確定性的尋求』, 上海人民出版社, 2004: 155쪽.
   | John Dewey / 김준섭 역, 『확실성의 탐구』, 백록, 1992: 149쪽 참조.
77) Jurgen Habermas,「論杜威的『確定性的尋求』」, John Dewey / 傅統先 譯, 『確定性的尋求』, 上海人民出版社, 2004: 6쪽.
78) John Dewey / 許崇清 譯, 『哲學的改造』, 商務印書館, 1958: 85쪽. | John Dewey / 이유선 옮김, 『철학의 재구성』, 아카넷, 2014: 187쪽 참조.

대중으로 바꿨음에도 불구하고, 듀이의 실용주의적 진리관에는 여전히 많은 문제가 남아 있다. 그 진리관에서는 이론과 실천이 높은 수준의 일치성을 보일 뿐만 아니라, 심지어 완전히 하나가 되었다고 말할 수 있을 정도다. "듀이가 이론과 실천의 수준 높은 통일을 주장한 것은 바람직한 것이지만, 그는 그것을 지나치게 강조하면서 모든 개념이나 이론적 의미가 행위와 실천에 의해서만 결정될 수 있다고 한 것은 문제가 심각하다."79) '문제가 심각하다'고 언급한 이상, 그것을 '바람직한 것'이라고 말하기는 어려울 듯하다. 그것의 문제점은 다음에 있다. 즉, "고도로 추상화된 이론의 유래나 성격은 실용주의에서 오랫동안 해결하지 못한 난제"80)였다는 점뿐만 아니라, 더 근본적으로는 이론과 실천이 높은 수준에서 일치하게 되면 실재하는 상대주의가 부정될 수밖에 없다는 점이다.81) 따라서 이론과 실천이 높은 수준에서 일치한다는 실용주의적 관점은 분명 심각한 문제를 안고 있다.

진리관의 측면에서 실용주의를 어려움에 빠뜨린 문제는 전통 교과서에서도 또 다른 방식으로 등장했다. 전통적인 교과서가 마르크스 철학을 실체성 철학으로 해석했다고 할지라도, 마르크스주의 철학의 개척자들이 이론과 실천의 관계를 매우 강조했기 때문에 훗날 교과서 체계에서는 이론과 실천의 문제를 인식론 부분에 남겨 놓았다. 또한 어느 정도에서는 이론에 대한 실천의 의미, 특히 실천이 인식의 진리성을 검증한다는 의미가 강조되었다. 그래서 진리관의 측면에서 보자면, 전통적 교과서는 어떤 의미에서 이론철학을 넘어섰을 뿐만 아니라 일정 정도 실용주의에 가까워졌던 것이다. 그리고 다른 측면에서 본다면, 전통적 교과서는 학문의

79) 陳亞軍, 『實用主義: 從皮爾士到普特南』, 湖南敎育出版社, 1999: 166쪽.
80) 陳亞軍, 『實用主義: 從皮爾士到普特南』, 湖南敎育出版社, 1999: 166쪽.
81) 陳亞軍, 『實用主義: 從皮爾士到普特南』, 湖南敎育出版社, 1999: 167쪽.

내외적 이유들로부터 실용주의 철학을 배제하는 태도를 일관되게 취했다.

그러한 근접성과 배제성은 매우 복잡한 관계를 형성했을 뿐만 아니라, 이론적으로도 대단히 예외적인 결과를 야기했다. 한편으로, 철학 교과서를 비롯한 많은 논저에서 실천이 진리를 검증하는 유일한 기준이라고 했는데, 그것은 실천만이 어떤 인식이나 이론의 진리성 여부를 판단하는 유일한 기준이라는 말이다. 즉, 그것 이외에 다른 것은 없다. 또한 다른 한편으로 교과서는 실용주의와 구별되기 위해, 진리성을 갖춘 인식은 곧 객관적 물질세계의 올바른 반영이라고 명확하게 인정했다. 원래 서구철학의 전통에서 이 두 측면은 서로 일치될 수 없는 것이었다. 전통적인 진리 부합론에서 생각과 그 대상이 부합하는지를 확정할 수 있는 수단이 없었기 때문에, 결국 실용주의적 진리인 유용성 이론이 나타났던 것이다. 그리고 실천이 진리를 검증하는 유일한 기준이라는 것도 인식이 대상에 부합하는지를 직접적으로 확정할 방법이 없다는 말에 다름 아니다. 다시 말해서, 실천적 검증의 도움을 받을 수밖에 없고, 실천 과정의 성공 여부가 곧 실천적 지도 이론의 진리성 여부를 판단할 수 있는 유일한 인식적 기준이 될 뿐이다.

그럼에도 불구하고 이처럼 통합 불가능한 두 진리 이론을 통합 관계로 만들었다. 그것은 실천 과정에서 성공한 이론만이 객관적 사물의 진리를 올바르게 반영했다는 공언이다. 그로부터 실천적 성공과 객관적 사물의 올바른 반영은 동일한 의미가 되었다. 그 말을 거꾸로 해도 마찬가지다. 그렇다면 실천적 성공은 실용주의의 그것보다 더 많은 하중을 받을 수밖에 없기 때문에 마르크스주의 철학에서는 실용주의에서의 그것보다 훨씬 강한, 그리고 더 높은 수준의 일치된 이론과 실천이 만들어졌다. 그런데 이론과 실천의 과도하게 일치된 이론은 실용주의와 마찬가지로, 이론적 측면에서 고도로 추상화된 이론의 유래나 성격을 합리적으로 설명할 수 없다는 어려움에 처하게 될 뿐만 아니라, 실천적 성공과 올바른 반영의 동일시라는 설명하기 어려운 문제도 요구받게 된다.

그밖에도 이론이 생활 실천에 끼친 영향을 보자면, 이론과 실천이 높은 수준에서 일치된 이론은 현실의 생활 과정에서 이론과 실천의 개별적 특성을 없애 양자를 뒤섞을 가능성도 있다. 하나는 이론을 실천에 직접 끌어들이는 방식이다. 추상적이고 일반적인 이론으로 특수하고 살아 있는 다양한 실천을 강제로 구조화한 것인데, 생활 과정에서는 자주 좋지 않거나 재앙적인 결과들로 나타났다. 다른 하나는 실천적 방식으로 이론적 활동을 처리하는 것이다. 실천 과정에서 요구되는 절충, 불분명, 모호 등을 그것들이 존재하면 안 되는 이론으로 가지고 들어가 이론의 확실성을 상실케 하는 것이다. 물론 포퍼, 벌린[Isaiah Berlin, 1909-1997]과 같은 학자들처럼, 현실 생활의 여러 재앙들을 어떤 이론으로 귀결시켜서는 안 된다.(단순화된 귀결은 연구자가 이론과 실천을 높은 수준에서 일치시켜야 한다는 수렁에 빠져 아직 스스로 헤어 나오지 못했다는 것의 또 다른 표현이다.) 이것은 실천 자체의 자발성을 지나치게 경시한 것이자 이론의 역할을 과대평가한 것이 된다. 그럼에도 불구하고 그러한 이론과 실천의 일체화는 언제나 현실 생활에서 이론적 활동이나 실천적 활동이 자신의 경계를 벗어나는 경향에 일정한 철학적 근거를 제공함으로써 그것을 합리화시켰다.

그로부터 다음과 같은 사실을 알 수 있다. 실천철학은 이론과 실천의 관계로부터 이론철학이나 옛 형이상학의 전통을 전복했으며, 실천을 우선 순서에 놓았다. 하지만 본의 아니게 이론철학으로부터 이론과 실천의 수준 높은 동일성이라는 이론적 유산을 계승할 수도 있는 가능성이 생겼다. 또한 이론에 기초한 이론철학의 동일성과 다르게, 실천철학은 실천에 기초한 동일성이지만, 동일하다고만 하면 어떤 의미에서는 양자의 관계가 사라진 것이기 때문에 현실 생활에 문제점이 나타날 수도 있다. 따라서 이론과 실천의 일치에 대한 철학적 근거를 검토하고, 나아가 그 이론과 실천의 관계를 더욱 합리적으로 이해해야 할 필요성이 있는 것이다.

4) 이론과 실천의 이질성

이론과 실천을 높은 수준에서 일치시킨다는 주장이 발생시킨 이론적이고 실천적인 문제를 아주 자연스럽게 해결하는 방안은 특정한 방법을 가지고 학문적 측면에서 양자를 분리시킨 다음, 그 경계를 확정하는 것이다. 중국 마르크스주의 철학계에서 그와 같은 경계 확정은 쉬창푸로부터 가장 먼저 시작되었다. 쉬창푸는 이론과 실천을 높은 수준에서 일치시킨다는 주장이 초래한 심각한 사회적 결과들을 목도하면서, 자신만의 독특한 방식으로 이론과 실천의 관계를 탐색했다.

그의 '근원적 문제'는 다음과 같다. "마르크스주의가 제시한 인생과 사회적 이상은 이론적으로 매우 완벽했기 때문에, 사람들에게 신뢰를 받았으며 사람들을 동경하게 만들었다. 그렇지만 중국적 실천을 포함한 사회주의 실천, 특히 이론적 원칙에 따라 엄격하게 진행되었던 첫 번째 시기의 실천은 순탄하지 못했고, 예상하지 못한 많은 문제들이 나타났다. 심지어 '대약진'과 '문화대혁명'과 같은 재앙까지 발생했다. 그 둘 사이에는 왜 그렇게 큰 차이가 있던 것일까?"[82] "이 문제를 확대시키면 보편적인 철학의 기본 문제가 된다. 즉, 이상적 인생과 이상적 사회의 이론적 설계, 그리고 이상적 인생을 추구하고 이상적 사회를 건설한다는 실천적 조작은 도대체 어떤 관계를 맺고 있는가?"[83] 그리고 "파생적 문제와 근원적 문제는 앞서 언급한 기본 문제와 학문상 내적으로 연결되어 있다. 그것을 풀어 쓰면 다음과 같다. 즉, 인간의 생동적이고 복잡한 실천은 어떤 단일한 이론으로 환원될 수 있는가? 그것은 어떤 단일한 이론으로부터 시작되어야 하는가?"[84]

---

82) 徐長福, 「重新理解理論與實踐的關係」, 『教學與研究』2005年第5期: 30쪽.
83) 徐長福, 「重新理解理論與實踐的關係」, 『教學與研究』2005年第5期: 31쪽.
84) 徐長福, 「重新理解理論與實踐的關係」, 『教學與研究』2005年第5期: 31쪽.

그는 여기서 '이론적 사유와 공정工程적 사유, 그 사유방식이 드러내는 경계의 벗어남과 경계의 확정'이라는 이론을 제기했다. 여기서 '공정적 사유'는 보다 넓은 의미에서 "실천적 사유 또는 실천적 지혜"[85]와 동등한 가치를 갖는다. 그는 다음과 같이 말했다. "이론적 사유는 내부적으로 비非가치적이면서 논리화된 사유방식이고, 공정적 사유는 가치화된 비논리적 사유방식이다. 이론적 사유의 가치와 기능은 속성들 간의 필연적 관계를 유형적으로 드러내는 데 있다. 반면, 공정적 사유의 가치와 기능은 각기 다른 연관 시스템에 위치한 속성들을 하나의 공정 전체로 결합시키는 데 있다. 전자는 구속력을 갖춘 객관적 이치를 찾고자 하고, 후자는 조작 가능한 주관적 설계를 모색한다. 전자는 후자에 종속되고, 후자는 공정의 실행인 실천에 종속된다."[86]

　　또한 이론적 사유와 공정적 사유의 차이는 '실체'와 '허체虛體'의 구분에서도 나타난다. 실체는 "실제로 존재하는 개체"[87]를 가리키는데, "그것은 여러 속성들을 지니고 있지만 하나의 단위다."[88] 반면, 허체는 "속성들의 필연적 연관으로부터 구성된 논리적 체계다."[89] 실체와 허체는 '체'이기 때문에 모두 환원 불가능하다. 따라서 이론적 사유가 자신의 영역을 벗어나 "이론적 사유로 공정을 설계했다"[90]면, "공정의 설계에 결점이 많

---

85) 徐長福, 「重新理解理論與實踐的關係」, 『教學與研究』2005年第5期: 33쪽.
86) 徐長福, 『理論思維與工程思維: 兩種思維方式的僭越與劃界』, 上海人民出版社, 2002: 95쪽.
87) 徐長福, 『理論思維與工程思維: 兩種思維方式的僭越與劃界』, 上海人民出版社, 2002: 57쪽.
88) 徐長福, 『理論思維與工程思維: 兩種思維方式的僭越與劃界』, 上海人民出版社, 2002: 57쪽.
89) 徐長福, 『理論思維與工程思維: 兩種思維方式的僭越與劃界』, 上海人民出版社, 2002: 57쪽.
90) 徐長福, 「重新理解理論與實踐的關係」, 『教學與研究』2005年第5期: 31쪽.

아져 실행되지 못한다."[91] 반면, 공정적 사유가 자신의 영역을 벗어나 "단순히 공정 의도의 합리성을 논증하기 위해"[92] 이론적 연구라는 것을 한다면, 그것의 신뢰도는 떨어질 수밖에 없다.

마지막으로 "근본적인 결론은 다음과 같다. 즉, 이론적 사유와 공정적 사유는 반드시 양자의 경계를 확정해야만 한다. 이론적 사유는 그것으로 객관적 법칙을 인식하는 것이고, 공정적 사유는 그것으로 인간의 생활을 기획하는 것이다."[93] 또한 "이론이라면 '명확하게 설명되'어야 하고, 논리적이어야 하며, 공공 영역에서 검증되어야 하고, 어디에 갖다 놓아도 정확해야 하며, '동일성을 위해 다른 것들과 섞이지 않'아야 한다. 그리고 실천이라면 '주도면밀한 생각'이 필요하고, 고지식한 태도는 안 된다. 다시 말해서, 한 학파의 주장만 취하고 다른 주장들을 배제해서는 안 된다. 드러난 모든 요소를 종합적으로 고려해야 하고, 사물 자체의 집적된 최적화를 위해 각 학파의 장점을 두루 받아들여야 하며, '어울리면서도 하나로 동화되지 않'아야 한다. 실천적 방식으로 이론을 연구해서도, 이론적 방식으로 실천을 연구해서도 안 되며, 분업을 통해 서로 보완해야 한다."[94]

저자는 쉬창푸의 작업이 이론과 실천의 관계를 연구하는 데 의심할 바 없이, 매우 중요한 의미를 지녔다고 본다. 그의 작업은 활동 방식의 측면에서 이론적 활동과 실천적 활동의 이질성을 효과적으로 논증했다. 또한 오랫동안 한데 뒤섞여 분리되기 어려웠던 이론과 실천을 구분함으로써, 그동안 주목하지 않던 문제를 다시금 철학 연구자들 앞에 펼쳐 놓았다. 그의 작업은 앞서 언급한 이론과 실천이 높은 수준에서 일치된다는 주장으로부터 발생된 수많은 이론과 실천의 문제들을 해소했다는 점에서 중

---

91) 徐長福, 「重新理解理論與實踐的關係」, 『教學與研究』2005年第5期: 31쪽.
92) 徐長福, 「重新理解理論與實踐的關係」, 『教學與研究』2005年第5期: 31쪽.
93) 徐長福, 「重新理解理論與實踐的關係」, 『教學與研究』2005年第5期: 31-32쪽.
94) 徐長福, 「重新理解理論與實踐的關係」, 『教學與研究』2005年第5期: 34쪽.

요한 의미를 지닌다. 왜냐하면 이론과 실천이 서로 일치하지 않는 이상, '고도로 추상화된 이론의 유래와 성격'을 설명해야 하는 문제에서 벗어날 수 있기 때문이다. 그로 인해 상대주의로 경도되는 이론적 어려움 역시 피할 수 있게 되었다. 더욱 중요한 것은 이론과 실천의 일치성 또는 그 경계에서 벗어남의 이론적 근거가 상실되었다 점, 그리고 더 이상 그것이 합리성을 갖추지 못하도록 만들었다는 점에 있다. 그밖에도 이론과 실천의 근본적 이질성을 논증함으로써 실제적인 양자 관계의 확장된 연구를 위해 폭넓은 공간을 제공했다.

앞서도 지적했듯이, 하나의 이론에 이미 이론과 실천의 일치나 통합이 가정되어 있다면, 거기서 양자의 관계를 논할 필요는 없다. 이미 일치되었거나 통합된 것이라면, 관계의 문제는 존재하지 않거나 적어도 그렇게 복잡한 관계로 존재하지 않기 때문이다. 단지 상이한 사물들 사이에서만 복잡한 관계를 논할 수 있다. 사실, 이론과 실천의 관계는 대단히 복잡하지만, 예전의 이론적 가정에서는 그것이 배제되어 있었다. 심지어 실천철학적 입장에서, 다시 말해서 현실적 존재를 현실 생활로 이해한다면, 이론과 실천의 관계가 실제로 철학의 기본 문제를 구성한다고 할 수 있다. 한편, 사유와 존재의 관계는 이론과 실천의 관계를 추상적으로 표현한 것에 불과하다.

5) 이론과 실천 관계에 대한 재검토

저자는 앞서 언급한 쉬창푸의 이론적 작업을 높이 평가함에도 불구하고, 서로 환원이 불가능한 '실체'와 '허체'를 근거로 이론과 실천의 분리와 그 관계 문제를 제기했다는 점에서 그것은 이론적으로 상응하는 대가를 치를 수밖에 없다고 본다. 그 대가는 바로 '허체'와 '실체'라는 이원화에 기초해, 인간의 기본적 활동 방식인 이론과 실천을 이원화한 것이다. 그것은 또한 '일원'적 실천철학을 유지할 수 없다는 의미가 된다. 물론 어떤 이론이든 포기해야만 하는 것이 있을 수밖에 없는데, 즉 모든 것에는 상응하는 대가가 요구된다.

하지만 실천철학 역시 이론이고, 이론이라면 마땅히 철저함을 추구해야 하기 때문에, 그 관계 문제를 또 다른 측면에서 다시금 검토해볼 필요가 있다. 당연하겠지만, 그러한 검토는 기존의 이론적 성과를 전제로 한 상태에서만 진행될 수 있다. 그 전제의 내용은 바로 이론과 실천의 이질성을 인정한다는 것이다. 그것이 이루고자 하는 목적은 이질성이라는 성과를 전제로, 이론과 실천의 동일성을 찾을 수 있는가이다. 만약 찾을 수 있다면, '일원'적 실천철학을 유지하면서도 이론과 실천의 관계에 대한 합리적인 설명이 가능해지기 때문이다.

여기서는 우선 '허체'와 '실체'가 서로 환원될 수 없다는 이원론적 구획을 살펴봐야만 한다. 그 구획은 다음과 같은 이론적 근거를 갖는다. '허체'는 보편적인 것이고, '실체'는 개별적인 것이다. 그리고 "이론은 단지 보편적인 것만을 파악할 수 있을 뿐이며, 실천은 개별적으로 작동한다."[95] '허체'는 보편적인 것이고, '실체'는 개별적인 것이라는 언급은 잠시 논의로 하자. 또한 '이론은 단지 보편적인 것만을 파악할 수 있을 뿐'이라는 언급도 원칙적으로는 찬성할 수 있지만, '실천은 개별적으로 작동한다.'는 것은 따져볼 필요가 있다. 물론, 드러남이라는 측면에서 실천의 대상은 분명 개별적인 것이다.

하지만 문제는 실천 주체나 실천 방식에서 그 대상들이 여전히 개별적인 것인가 하는 점이다. 또는 반대의 질문도 가능하다. 다시 말해서, 실천 과정에서 각각의 사물들을 개별적으로 대할 수 있는가? 각각의 사물들을

---

95) 徐長福, 「關於實踐問題的兩個第11條 − 『形而上學』卷3第11條和『關於費爾巴哈的提綱』第11條鉤沈」, 『中山大學學報(社會科學版)』2004年第6期: 160쪽.

개별적으로 대한다는 것은 분명 심미적 차원의 이상理想에 불과하다. 설령 심미적 활동이라고 하더라도, 각각의 사물들을 개별적으로 대하는 것은 쉽지 않다. 그저 최선을 대해 그것을 추구할 뿐이다. 개별 사물을 개별적으로 대할 수 없다면, 실천 과정에서 사물을 어떻게 대하는가? 이론적 활동과 마찬가지로 사물을 보편적으로 대하고 있다는 것인가?

분명히 아니다. 여기서 이론의 보편적인 방식과 완전히 개별적인 방식 사이에 존재하는 어떤 방식으로 상상해볼 수 있다. 그 방식을 '유한한 개별' 또는 '유사 개별'이라고 부른다. 그것을 '유한' 또는 '유사'로 부르는 이유는 어떤 의미에서 그것이 유형화된 방식이기 때문이다. 다시 말해서, 대상을 크고 작은 다양한 부류로 나누고, 사물의 부류에 따라 실천한다는 것이다. 만약 그 부류에 근거하지 않고 각각의 사물들을 개별적으로 대해야만 한다면, 그로부터 처리해야 할 정보의 양이 얼마나 많아질지, 그리고 인간의 두뇌가 그것을 얼마나 감당할 수 있을지 상상하는 것은 어렵지 않다. 극단적으로 말해서, 각각의 사물들을 개별적으로 대한다는 것은 인간의 능력이 아니라 신과 같은 능력이 있어야만 가능한 것이다.

생각해 보자. 개별 사물에 따라 유일무이한 활동 방안을 마련한다는 것이 가능할 수 있겠는가? 그렇기 때문에 실천 과정에서 사물의 존재나 드러남이 개별적이라고 하더라도, 그것을 실천하고 대하는 방식은 유형적 또는 '유사 개별적'일 수밖에 없다. 이론적 사유와 근본적으로 구분되는 '공정적 사유'도 사실 순수한 개별이 아닌 유형화된 것이다. 특히, 산업화 이후의 각종 '표준화'는 모든 공정의 설계나 실현에 요구되는 하나의 뚜렷한 상징으로, 다양하게 통용되는 계량적 표준, 부품, 기술의 조작적 규범 등 일련의 유형화된 행동 기준이 존재한다.

실천철학의 개척자인 아리스토텔레스도 그 문제를 깊이 있게 따져보았다는 점에 주목해야 한다. 아리스토텔레스에게 실천을 지도하는 실천적 지혜는 개별 사물에 관한 것이지만, 그렇다고 해서 그것이 실천적 지혜는 절대적으로 개별적이고, 절대적으로 개별 사물에 관한 것이기 때문에 어떤 보편성을 갖지 않는다는 의미가 아니다. 그는 실천 과정에서 개별 상황에 관한 지식이 일반적 원리의 지식보다 중요하다고 강조하면서, 현명함 또는 실천적 지혜는 구체적 상황에 관련된 것이고, 그 구체적인 것들은 지각[感覺]되는 것이지 과학적 대상이 아니라고 보았다. 하지만 "그것은 구체적인 감각感覺을 가리키는 것이 아니라, 우리가 앞에 있는 하나의 도형을 삼각형이라고 판단할 때의 그런 지각[感覺]인 것이다."[96] 그 지각[感覺]은 '직관', '수학적 직관', '공통 감각'으로도 번역된다. 그 지각은 대상에 대한 직접적인 감각의 전체 또는 대상의 속성에 대한 감각이지, 시각이나 청각과 같은 개별적 감각이 아니다. 따라서 공통 감각도 공통적 감각에 대한 의식이 된다. 그러한 의식은 사물을 파악하는 과정에서 쉼 없이 변화하는 것이 아니라 멈추는 지점을 갖는다.[97]

이와 같은 진술은 다음을 의미한다. 즉, 실천적 지혜의 사물 파악은 이론적 지혜와 같은 절대적 보편성을 지니지 않지만, 절대적 개별성으로 귀결되지도 않는다. 대신, 그것에는 상대적이거나 제한된 보편성이 갖춰

---

96) Aristoteles / 廖申白 譯注, 『尼各馬可倫理學』, 商務印書館, 2003: 179쪽. | 천병희는 이 부분에서 '감각'을 모두 '지각'으로 번역하고 있다. "여기서 지각이란 개별적인 감각 고유의 대상들에 관련된 지각이 아니라, 그것으로 우리 앞에 있는 특수한 도형은 삼각형이라는 것을 아는 그런 종류의 지각이다." Aristoteles / 천병희 옮김, 『니코마코스 윤리학』, 숲, 2018: 232쪽. 하지만 전재원은 아리스토텔레스의 'aisthēsis'(아이스테시스)에는 'sensation'(감각)과 'perception'(지각)의 의미가 모두 들어 있다고 설명한다. 다시 말해서, '아이스테시스'는 감각 대상이 단순히 수동적으로 받아들여지는 '감각'과 감각 대상에 대한 능동적 판단·평가인 '지각'이 함께 하나의 과정을 이룬다. 전재원, 「아리스토텔레스의 감각 개념」, 『철학연구』108, 2008: 210쪽 참조. 여기서는 전재원의 번역을 따른다. 참고로, 저자인 왕난스는 앞서 사용하던 Aristoteles / 苗力田 譯, 『尼各馬科倫理學』, 中國社會科學出版社, 1990과 다른 판본의 번역서를 검토하고 있다.

97) Aristoteles / 廖申白 譯注, 『尼各馬可倫理學』, 商務印書館, 2003: 179-180쪽 주5.

져 있다. 다시 말해서, 실천적 지혜가 파악하는 대상은 하나의 유형이거나, 사물의 공통된 것들의 '틀'이라고 할 수 있다. 그것은 아리스토텔레스의 매우 중요한 통찰인데, 실천의 실제를 이해하는 데 대단히 중요한 의미를 갖는다.

그것은 보다 심층적 차원의 문제로 확장된다. 실천 과정에서, 더 정확히 말하면, 실천에 대한 의식이나 실천적 지혜에서 세계는 어떤 모습의 세계일까? 개별적 사물들로 이루어진 세계인가, 아니면 유형화된 '유사 개별'적 사물들로 이루어진 세계인가? 바꿔 말해서, 실천적 세계는 사물의 자체가 스스로를 드러낸 세계인가, 아니면 인간이 어떤 방식에 따라 만든 세계인가? 만약 인간이 개별 사물을 개별적으로 대하지 못하고, 유형화된 방식이나 '유사 개별적인' 방식으로만 개별 사물을 대할 수밖에 없다면, 그 실천적 세계는 단지 인간의 실천이 만든 세계에 불과하다. 또한 그것은 어느 정도 유형화된 세계이자 '유사 개별'적 사물로 구성된 세계일 수밖에 없다.

그러한 '유사 개별'적 사물들은 개별 사물을 완전히 넘어서는 일정 정도의 '보편성'을 지녔다고 해서, 그것이 이론적 대상과 같은 절대적 보편성은 아니다. 그 이유는 단지 '유사 개별'적 사물들의 보편성 정도가 비교적 낮다는 데 있지 않다. 근본적으로 말해서, '유사 개별'적 사물이 '유사 개별'적 사물일 수 있는 이유는 그것이 일반적 의미의 개별 사물과 마찬가지로 이론적 사유에 의해 단일한 보편적 규정으로 추상화되지 않은, 어떤 원시적 전체성이라는 것을 지녔기 때문이다. 물론 이론적 활동으로부터, 특히 과학이 고도로 발전된 현대 사회라는 측면에서 본다면, '유사 개별'적 사물은 여러 보편적 규정들이 비논리적으로 결합되어 있거나 한데 모여 이루어진 것[98]이라도 할 수 있다.

---

98) 徐長福, 『理論思維與工程思維: 兩種思維方式的僭越與劃界』, 上海人民出版社, 2002: 50쪽을 참조하라.

이로부터 하나의 결론을 이끌어낼 수 있다. 이론적 사유는 실천적 지혜나 실천적 의식이 추상화된 것이며, 그 추상화가 가능한 이유도 실천 자체의 발전으로부터 설명된다. 그것은 바로 도구가 발전하면서 인간 사유의 추상성이 발전했으며, 발전된 도구일수록 단일성이라는 추상성을 갖는다는 점 때문이다. 비고츠키[Lev Semenovich Vygotsky, 1896-1934]가 언급했던 것처럼, 도구가 곧 추상인 것이다. 발전된 도구에 갖춰진 목적 또는 기능의 단일성은 실천적 의식을 단일한 시각으로 구성함으로써 이론적 사유의 추상적 단일성도 형성된다. 물론 여기서 언급된 발전된 도구의 기능은 사용자의 목적에서의 단일한 의미일 뿐이다. 반면, 도구 자체가 지닌 기능은 단일한 의미만을 띠지 않는데, 객관적으로 그것이 지닌 어떤 기능들은 사용자의 목적과 전혀 다를 수도 있기 때문이다.

그럼에도 불구하고 사용자의 의식에서 도구가 어떤 목적적 단일성을 갖추고만 있다면, 인간의 의식에서 그것은 추상적 효과나 추상적인 능력을 만들어낼 수 있다. 그로부터 이론적 활동은 실천적 활동을 벗어나게 되고, 실천 활동과는 확연히 구분된 독자적 활동 영역을 형성한다. 이론적 활동의 독자성은 이론 활동에 어울리는 이론적 언어, 그리고 실천적 활동에 어울리는 일상적 언어로 분화되고 구분된다는 측면에서 가장 현저하게 드러난다. "이론적 언어는 일의一義적이고, 일상적 언어는 다의적이다. 이론적 언어는 보편적이고, 일상적 언어는 상황적이다. 일상생활에서 하나의 사물은 일반적으로 다양한 성능이나 용도를 지녔지만, 일단 이론의 영역에 들어가면 단일성을 띠게 된다. 이론의 출발점은 정의를 내리는 것이다. 다시 말해서, 이론적 언어를 일상적 언어로부터 이탈시켜 그것에 단일한 의미를 부여하는 것이다."[99] 한편, 그러한 단일한 의미성은 "어떤 특정 시각으로부터 하나의 구체적 사물을 투시한 것이자 그러한 '관점'의

---

99) 王南湜, 『社會哲學: 現代實踐哲學視野中的社會生活』, 雲南人民出版社, 2001: 86쪽.

산물이다. 다시 말해서, 이론적 활동은 단일한 관점이자 일관된 입장일 수밖에 없다. 그와 다르게, 일상적 언어는 관점이 다양하고 일관된 입장을 취하지 않는다."[100]

그밖에도 표준화된 이론이 이상적인 단일 시각이나 절대적인 비非개별성을 취할 수밖에 없다면, 그것과 다르게 영역별·시대별 실천의 비개별화 수준은 각기 다르게 나타난다. 물질적 생산 영역은 아주 강한 목적성과 끊임없이 발전하는 도구 시스템을 갖추고 있기 때문에 비개별화의 수준이 상대적으로 높다. 윤리적 소통의 영역은 공리功利적 목적이 상대적으로 약하기 때문에 비개별화의 수준 또한 상대적으로 낮다. 그리고 심미적 생활 영역은 공리성이 매우 약하거나 심지어 공리적이라고 할 수 없는 정도이기 때문에, 가장 낮은 수준의 비개별화이거나 사물 자체의 존재에 직접 다가가는, 즉 '사물로 사물을 관찰한다'는 심미적 경지일 것이다.

한편, 시대별로도 도구 시스템과 사회조직의 발전 정도가 다르기 때문에 실천의 비개별화 수준은 큰 차이가 난다. 세계적으로 현대화 과정에서, 물질적 생산 영역은 거의 완벽한 표준화 상태에 이르렀을 뿐만 아니라 현대적인 사회조직의 발전도 인간관계를 완벽히 공리적인 관계로 변모시켰다. 그리고 심미적 생활도 이미 대중문화에 포획되어 유행가처럼 천편일률적인 것으로 바뀌었다. 물론 그러한 실천 과정에서 비개별성의 수준이 높아지거나, 또는 하버마스가 제기했던 체계가 생활세계를 식민화하는 과정에서 나타난 이론의 역침투와 '환원'이라는 역할은 기능은 그 '공로'가 결코 적지 않다고 할 수 있다.

이제 이론과 실천의 관계를 새롭게 설명할 수 있게 되었다. 우선 이론과 실천은 모두 인간이 세계와 교류하는 활동 방식으로, 일정 정도에서는

---

100) 王南湜, 『社會哲學: 現代實踐哲學視野中的社會生活』, 雲南人民出版社, 2001: 87쪽.

'추상적'이지만 완전히 개별적인 것이 아니다. 그러한 의미에서 양자는 동일한 '근원'을 갖는다. 근원이 동일하다는 점에서, 이론은 실천에서 통일되어 있다는 마르크스의 입장을 고수할 수 있게 되었다. 또한 양자의 근원이 동일하다는 점에서, 그리고 이론적 사유의 추상적 보편성이 실천적 의식이나 실천적 지혜의 '유사 개별'로부터 추상화된 것이라는 점에서, 이론은 실천에 적용 가능해졌다. 다시 말해서, 이론은 실천적 지혜와 함께 결합체를 구성해야만 이해될 수 있는 것이다.

하지만 다른 한편에서 양자의 비개별화 수준은 근본적으로 구분된다. 이론은 절대적이고 단일한 시각의 투시라고 할 수 있기 때문에, 그것은 절대적인 비개별화이자 이상적인 보편성이 된다. 반면, 실천은 단일하지 않은 시각, 또는 모호한 시각일 수밖에 없다. 그로부터 마르크스와 듀이 등의 실용주의는 엄격하게 구분된다. 이처럼 이론과 실천의 엄격한 구분이 가능해졌을 뿐만 아니라, 이론이 실천이라는 한 측면에 고정되면서 일원적인 실천철학적 입장을 견지할 수 있게 되었다.

4 마르크스주의 철학은 과연 어떤 의미의 실천철학인가?

실천철학은 현재 중국 마르크스주의 철학계에서 여전히 논의 주제로 주목받고 있으며, 많은 학자들이 마르크스 철학을 실천철학으로 이해하고 있다. 하지만 그것이 실천철학적 함의에 대한 동일한 이해를 가지고 어떤 공통적 인식으로부터 실천철학, 특히 마르크스 실천철학을 다룬다는 의미는 아니다. 그와 다르게, 사실 토론자들이 실천철학적 함의를 동일하게 이해하는 경우는 매우 드물고, 보통 실천철학이라는 용어를 각기 다른 의미에서 사용한다. 심화된 토론을 위해 그와 같은 상황이 도움이 되지 않는다는 점은 분명해 보인다. 따라서 상이한 실천철학적 함의들을 살펴보고, 그것을 바탕으로 마르크스 철학이 어떤 의미의 실천철학인지를 밝힐 필요가 있다.

저자는 실천철학이라는 용어가 최소한 3가지의 상이한 의미로 사용되고 있다고 본다. 첫째, 실천을 연구 대상으로 하는 실천철학이다. 둘째, 실천철학을 제1철학으로 간주하는 실천철학인데, 인간의 실천 활동은 제1활동 또는 가장 기본적인 활동 방식으로 이해된다. 셋째, 사유 패러다임이라는 가장 기본적인 실천철학이다. 다음에서는 그러한 3가지 측면에서 마르크스 실천철학의 정확한 함의를 분석하고, 나아가 그러한 마르크스 철학에 대한 이해가 현재 중국철학의 발전에 어떤 의의가 있는지를 밝히고자 한다.

1) 실천을 연구 대상으로 하는 실천철학

실천이 연구 대상인 실천철학은 가장 초기의 실천철학적 함의에 해당한다. 실천철학에 대한 토론은 일반적으로 그러한 의미에서 이루어졌다. 실천철학이 연구 대상에 초점을 맞추었다는 의미에서 그 함의뿐만 아니라 마르크스 철학이 실천철학인가라는 점도 매우 확실해 보인다. 하지만 실천 개념은 오랜 기간의 변화를 거쳤기 때문에, 그것이 가리키는 바도 명확히 확정된 것은 아니다. 따라서 실천철학적 함의 또한 명확하게 확정된 것이라고 할 수 없다.

실천을 연구 대상으로 한다는 의미의 실천철학은 아리스토텔레스가 인간의 활동 영역을 구분한 데서 유래한다. 아리스토텔레스 철학에서 인간의 활동은 이론, 실천, 제작이라는 3가지 기본 방식으로 구분된다. 이론의 대상은 "필연으로부터 조건 없이 존재하는 것"[101], 즉 "영원한 것"[102]이

---

101) Aristoteles / 苗力田 譯, 『尼各馬科倫理學』, 中國社會科學出版社, 1990: 117쪽.

다. 그리고 "제작과 실천이라는 두 가지는 가변적 사물을 그 대상으로 한다."[103] 아리스토텔레스는 여기서 그 대상이 영원하고 필연적인 것인가, 아니면 가변적인 사물인가라는 점에서 제작과 실천을 이론 활동과 엄격하게 구별했다. 다시 말해서, 이론을 하나의 부류로, 제작과 실천을 또 다른 부류로 분류한 것이다.

그런데 그는 별도로 가변적 사물을 대상으로 하는 실천과 제작을 다시금 구분해야 할 필요성을 강조했다. 그것은 실천이 스스로 목적을 구성하는 활동인 반면, 제작의 목적은 그러한 활동의 외부에 있기 때문이다. 또한 목적이 활동 자체에 내재해 있다는 점에서 이론은 그 스스로가 이론의 목적이 되기 때문에, 그러한 의미에서 이론과 실천은 한 부류의 활동이지만 제작은 별개의 활동이 된다. 이론이 포함된 실천은 목적을 자체적으로 지니고 있기 때문에 자유로운 활동이지만, 제작은 그 목적이 활동의 외부에 존재하기 때문에 자유로운 활동이 아니다. 이처럼 목적을 스스로 갖추었는가, 다시 말해서 자유로운 활동인가가 제작이 실천 또는 이론과 근본적으로 구분되는 기준이 된다. 그 구분 기준이 훗날 실천 개념을 둘러싼 논쟁의 단초를 제공했다.

여기서는 아리스토텔레스가 자유로운 활동이 아니라고 한 제작에 관한, 상이한 이해들이 가장 중요하다. 아리스토텔레스에게 제작은 인간의 생존에 필요한 활동이지만, 그것은 자유로운 활동이 아니라 어쩔 수 없이 해야만 하는 활동이었다. 제작이라는 활동은 노예가 담당하거나, 또는 가능하다면 스스로 작동하는 도구가 담당함으로써 아테네 시민들의 자유로

| Aristoteles / 천병희 옮김, 『니코마코스 윤리학』, 숲, 2018: 220쪽 참조.

102) Aristoteles / 苗力田 譯, 『尼各馬科倫理學』, 中國社會科學出版社, 1990: 117쪽.
| Aristoteles / 천병희 옮김, 『니코마코스 윤리학』, 숲, 2018: 220쪽 참조.

103) Aristoteles / 苗力田 譯, 『尼各馬科倫理學』, 中國社會科學出版社, 1990: 118쪽.
| Aristoteles / 천병희 옮김, 『니코마코스 윤리학』, 숲, 2018: 222쪽 참조.

운 활동을 보장해야 한다. 하지만 제작, 즉 생산 노동에 대한 부정적 견해
는 많은 논자들이 지적했던 것처럼, 그리스 사회의 생산 활동을 대체로
노예가 담당했다는 사실과 밀접히 관련된다.[104]

그런데 기독교가 출현하면서 생산에 대한 관점이 변화되었다. 기독교
는 생산적 노동에 대한 그리스 사람들의 경멸적 태도를 바꿔 놓았다. 수도
원에서는 모두 육체노동을 해야 하기 때문에 "노예식 노동과 자유롭고
한가함이라는 이전의 고전적 대립은 더 이상 존재할 수 없었다."[105] 이것
은 근대에 들어 노동의 창조적 의미를 더욱 숭상할 수 있는 기반이 되었
다. 마르크스에 앞서 영국 철학자와 경제학자들은 노동을 부의 유일한
원천으로 간주했으며, 헤겔도 생산적 노동의 적극적 의미를 매우 중시했
다. 헤겔은 도구를 이용한 생산적 활동을 "이성의 꾀"[106]라고 불렀으며,

---

104) 아렌트는 그것을 일방적인 견해라고 평가했지만, 그의 분업론도 그리 크게 다른 것
    같지는 않다. Hannah Arendt / 竺乾威 譯, 『人的條件』, 上海人民出版社, 1999: 81쪽
    을 참조하라. | Hannah Arendt / 이진우 옮김, 『인간의 조건』, 한길사, 2019: 171쪽 참조.
105) Christopher Dawson / 長川某 譯, 『宗敎與西方文化的興起』, 四川人民出版社,
    1989: 45쪽.
106) Georg Wilhelm Friedrich Hegel / 賀麟 譯, 『小邏輯』, 商務印書館, 1980: 394쪽. |
    "노동은 노동하는 자(인간)가 일정한 의도와 목적으로 재료를 그 목적에 맞게 가공
    해내는 과정을 함축한다. 여기서 의도와 목적은 노동하는 인간의 머리(이성) 속에
    있고, 재료는 자연 속에 있으며, 재료를 의도와 목적에 따라 노동하여 만들어내는
    기능은 손(육체)에 있다. 머리는 의도를 가지고 기획하고 설계하지만 육체노동은
    하지 않으며, 손은 머리의 의도와 기획 설계에 따라 노동하지만 스스로 생각하지는
    않는다. 결국 노동 과정에서 엄밀한 분업이 이루어져 이성은 인간과 자연(재료) 사이
    에 노동을 도구로 삽입함으로써 스스로는 아무 것도 하지 않으면서 자신의 목적을
    실현한다. 이것이 이성의 교활한 지혜이다. 인간의 머리(이성)는 노동을 간편하고
    힘들지 않게 하기 위해, 즉 육체노동에서 인간의 손(육체)을 해방시키기 위해 손
    대신 또 다른 도구(기계 손)를 고안하고 생산하여 노동에 투입한다. 이렇게 노동이
    기계화되고 기계화가 진화되면 될수록 손은 노동의 고통에서 해방되지만, 손 자신의
    존재 이유로부터 죽음을 맞이하고 이로부터 인간(머리와 손)은 노동 자체로부터도
    소외된다." 윤병태, 「헤겔의 '이성의 꾀(狡智)' 개념에 대한 새로운 해석」, 『헤겔연

『정신현상학』의 주인과 노예의 변증법 부분에서 노동의 의미를 긍정했다는 점은 널리 알려진 사실이다.[107]

그와 같은 관념을 기초로, 마르크스는 『1844년 경제학 철학 수고』에서 한 걸음 더 나아갔다. 바로 생산적 노동을 "자유로운 의식적 활동"[108]으로, 노동 대상을 "인간의 유(類)적 생활의 대상화"[109]로 간주한 것이다. 이러한 전제로부터, 인간은 노동을 통해 "그가 만든 세계에서 자신을 직접 대면할"[110] 뿐만 아니라 "세계 역사라는 것은 인간의 노동을 거쳐 인간이 탄생되는 과정에 지나지 않는다."[111]는 그의 주장도 쉽게 이해될 수 있다. 생산적 노동이 '자유로운 의식적 활동'이라면, 그것을 실천의 기본 내용으로 한 것은 논리적으로 타당하기 때문이다.

이처럼 아리스토텔레스로부터 마르크스에 이르기까지, 실천의 개념적 함의는 많은 변화를 거쳤다. 첫째, 실천의 개념적 함의는 윤리적 소통 활동으로부터 생산적 활동이나 제작으로까지 확장되었다. 마르크스에게 생산적 노동이나 제작은 더 이상 실천을 벗어난 무엇으로 배척되지 않았기 때문에 가장 중요한 인간의 활동, 그리고 실천의 기본 내용이 되었다. 그로부터 윤리적인 의사소통은 생산적 노동 방식에 의해 결정되는 사회 형식이 되었다. 둘째, 아리스토텔레스가 처음부터 자유로운 활동이 아니라

구』29호, 2011: 72-73쪽.

107) Georg Wilhelm Friedrich Hegel / 賀麟·王玖興 譯, 『精神現象學』上, 商務印書館, 1979: 122-132쪽을 참조하라.

108) | 中共中央馬克思·恩格斯·列寧·斯大林著作編譯局 譯, 『馬克思恩格斯全集』42, 人民出版社, 1979: 96쪽.

109) | 中共中央馬克思·恩格斯·列寧·斯大林著作編譯局 譯, 『馬克思恩格斯全集』42, 人民出版社, 1979: 97쪽.

110) | 中共中央馬克思·恩格斯·列寧·斯大林著作編譯局 譯, 『馬克思恩格斯全集』42, 人民出版社, 1979: 97쪽.

111) | 中共中央馬克思·恩格斯·列寧·斯大林著作編譯局 譯, 『馬克思恩格斯全集』42, 人民出版社, 1979: 131쪽.

고 했던 제작이나 생산적 활동이 중세와 근대를 거쳐 마르크스에 이르러, 본질적으로 자유로운 활동이 되었다는 점이 더 중요하다. 따라서 실천에 대한 연구가 곧 실천철학으로 규정된다면, 그것의 함의에도 근본적인 변화는 불가피해진다.

이와 같은 실천 개념의 변화는 오랫동안 마르크스 철학에서 하나의 논의 영역으로 주제화되지 못했다. 하지만 전통적 의미의 아리스토텔레스 실천철학을 부흥시키고자 했던 현대적 흐름에서는 그 변화된 개념을 문제시했다. 적지 않은 사람들이 그것을 공리주의적인 기술적 활동으로 이해해 마르크스의 실천 개념을 비판했다. 그 가운데 마르크스 노동 개념에 대한 아렌트와 하버마스의 비판이 가장 대표적이다. 아렌트는 아리스토텔레스의 3가지 인간 활동을 다시금 노동·작업·행위라는 3가지 형태로 구분했다. 아렌트는 마르크스를 "가장 위대한 현대적 노동이론가"[112]로 칭하면서, 마르크스가 로크[John Locke, 1632-1704]의 관점을 이어 받았다고 평가했다. 즉, "사회적으로 가장 저속할 뿐만 아니라 사람들에게 무시되던 노동을 한 순간에 가장 존경할 만한 위치를 끌어올렸"[113]으며, 그로 인해 "노동은 가장 높은 자리에 오를 수 있었다."[114]

또한 마르크스의 노동을 "생리학적 측면"[115]에 국한시켜, 그것을 "인간과 자연의 신진대사"[116]로 정의했다. 아렌트는 나아가 아리스토텔레스의

---

112) Hannah Arendt / 竺乾威 譯, 『人的條件』, 上海人民出版社, 1999: 87쪽. | Hannah Arendt / 이진우 옮김, 『인간의 조건』, 한길사, 2019: 181쪽 참조.

113) Hannah Arendt / 竺乾威 譯, 『人的條件』, 上海人民出版社, 1999: 93쪽. | Hannah Arendt / 이진우 옮김, 『인간의 조건』, 한길사, 2019: 190쪽 참조.

114) Hannah Arendt / 竺乾威 譯, 『人的條件』, 上海人民出版社, 1999: 93쪽. | Hannah Arendt / 이진우 옮김, 『인간의 조건』, 한길사, 2019: 190쪽 참조.

115) Hannah Arendt / 竺乾威 譯, 『人的條件』, 上海人民出版社, 1999: 91쪽. | Hannah Arendt / 이진우 옮김, 『인간의 조건』, 한길사, 2019: 187쪽 참조.

116) Hannah Arendt / 竺乾威 譯, 『人的條件』, 上海人民出版社, 1999: 91쪽. | Hannah

입장에서 다음과 같은 주장을 펼쳤다. "노동 자체는 생명 과정과 생계유지를 제외하고 어떤 것에도 관심을 갖지 않는다."[117] "노동이 즐거운 일이거나 인생의 기쁜 일이 될 수 있는 이유는 사람들이 스스로 독특한 방식을 통해 살아 있음을 느끼는 커다란 행복감에 있다. 그것은 모든 생물이 마찬가지다."[118] "노동 대중의 사회는 인간들 가운데 속세를 벗어난 해괴한 사람들에 의해 구성된다. 그들이 다른 사람들에 의해 폭력적인 혹사로 고된 일을 해야 하는 가정 노예이든, 하고 싶은 대로 자신의 일을 하는 자유로운 사람이든 간에."[119] 이처럼 생산적 노동이 인간의 3가지 활동 가운데 저급한 위치를 차지했다는 점에서, 마르크스가 그것을 가장 높은 존재 형식으로 끌어올렸다는 것은 파격이 아닐 수 없다.

한편, 마르크스의 생산적 노동 개념에 대한 하버마스의 비판은 익히 알려진 사실이다. 그는 "생산 패러다임"[120]을 "활력을 잃은"[121], "낡은"[122]

Arendt / 이진우 옮김, 『인간의 조건』, 한길사, 2019: 187쪽 참조. 마르크스는 『자본론』과 『1844년 경제학 철학 수고』에서 '신진대사'라는 표현을 사용하고 있다. 中共中央馬克思·恩格斯·列寧·斯大林著作編譯局 譯, 『馬克思恩格斯全集』26(1), 人民出版社, 2016: 434쪽. ; 中共中央馬克思·恩格斯·列寧·斯大林著作編譯局 譯, 『馬克思恩格斯全集』42, 人民出版社, 1979: 60쪽을 참조하라. 참고로, 『1844년 경제학 철학 수고』에서 언급된 '신진대사'는 마르크스 본인의 직접적 언급이 아니라 뷔레(Antoine-Eugène Buret, 1810 / 1811?-1842)의 발언을 마르크스가 인용한 것이다. 한편, 포스터(John Bellamy Foster)는 『마르크스의 생태학』에서 리비히(Justus von Liebig, 1803-1873)가 마르크스에 앞서 '신진대사'라는 표현을 사용했다고 설명한다. 徐水華·陳璇, 「論馬克思的'新陳代謝'理論及其當代啓示」, 『延邊大學學報(社會科學版)』2013年第5期: 72-73쪽.

117) | Hannah Arendt / 竺乾威 譯, 『人的條件』, 上海人民出版社, 1999: 103쪽. | Hannah Arendt / 이진우 옮김, 『인간의 조건』, 한길사, 2019: 209쪽 참조.

118) Hannah Arendt / 竺乾威 譯, 『人的條件』, 上海人民出版社, 1999: 95쪽. | Hannah Arendt / 이진우 옮김, 『인간의 조건』, 한길사, 2019: 196쪽 참조.

119) | Hannah Arendt / 竺乾威 譯, 『人的條件』, 上海人民出版社, 1999: 103쪽. | Hannah Arendt / 이진우 옮김, 『인간의 조건』, 한길사, 2019: 209쪽 참조.

120) Jurgen Habermas / 曹衛東 等譯, 『現代性的哲學話語』, 譯林出版社, 2004: 87쪽.

것으로 보았다. 그것은 "생산 패러다임이 드러낸 교환 양식은, 그것을 대체했던 체계-환경 양식과 마찬가지로 규범적 함의가 결여되었"[123])기 때문이다. 그래서 하버마스 자신은 "생산 활동에서 의사소통 행위로의 패러다임 전환"[124])에 전력을 기울였던 것이다.

아렌트나 하버마스 등의 마르크스 실천철학 비판에 대해 여기서 답하지 않겠다. 여기서 그 내용들을 언급한 이유는 그들의 주장을 반박하려는 것도 아니며, 물론 인정해야 한다는 것은 더더욱 아니다. 그것은 지금까지도 여전히 상이한 실천 개념에 기초한, 매우 다른 실천철학적 이해가 존재한다는 사실을 보여주려 한 것이다. 그렇다면 실천 개념과 실천철학 개념을 둘러싼 그 이견들을 어떻게 처리해야 할까? 저자의 생각은 이렇다. 아리스토텔레스의 시대로부터 각기 다른 실천적 활동 개념들을 기본적 실천방식이라는 개념으로 통합할 수 있는 능력이 부재했다. 또한 어떤 실천적 활동 방식이 더 우수한가라는 문제 또한 시대정신의 추구 방향에 의해 제약되곤 했다. 그렇다면, 실천 개념이나 실천철학의 각기 다른 함의들을 한데 뒤섞는 것도 안 되며, 하나의 종합적인 실천 개념을 만들기 위해 상이한 실천 개념들을 통합하는 것도 안 된다. 대신, 실천 개념의 다원적 함의를 인정하면서 실천철학의 다원성도 인정하는 방식이 가능할 수 있다. 이를 위해서는 먼저 상이한 실천 개념의 패러다임을 구분하고, 서로 다른 실천철학적 패러다임을 구분해야 한다. 물론 어떤 패러다임이 우수한 패러다임인가에 대해서는 논쟁의 여지가 있다. 하지만 그와 같은 구분이 있어야만 상이한 패러다임 가운데 어떤 패러다임이 우수한가의 문제도 유의미하게 논의될 수 있다.

---

121) Jurgen Habermas / 曹衛東 等譯, 『現代性的哲學話語』, 譯林出版社, 2004: 87쪽.
122) Jurgen Habermas / 曹衛東 等譯, 『現代性的哲學話語』, 譯林出版社, 2004: 87쪽.
123) Jurgen Habermas / 曹衛東 等譯, 『現代性的哲學話語』, 譯林出版社, 2004: 94쪽.
124) Jurgen Habermas / 曹衛東 等譯, 『現代性的哲學話語』, 譯林出版社, 2004: 87쪽.

철학사를 살펴보면, 실천 개념의 이해에는 대체로 3가지 기본 유형이 있다. 당연하겠지만 우선 아리스토텔레스의 윤리-행위라는 이해 유형이 있다. 이것에 대해서는 이해의 차이가 크지 않다. 또한 마르크스의 실천 개념은 분명 또 다른 이해의 규범적 유형을 구성한다. 하지만 그 규범적 유형을 어떻게 이해할 것인가에 대해서는 논란이 있다. 앞서 언급했듯이, 마르크스를 공리주의적 실천관으로 귀결시키거나 아렌트처럼 마르크스의 생산적 노동 개념을 매우 좁은 의미에서 해석한다. 그렇지만 저자도 지적했듯이, 그와 같은 설명은 마르크스의 사상에 부합하지 않는다.[125]

저자는 하버마스가 마르크스의 실천 개념을 상당히 적절하게 평가했다고 본다. 하버마스가 마르크스의 "실천철학적 입장에서 현대성 원칙을 구성한 것은 자아의식이 아니라 노동"[126]이라고 한 점, 그리고 "청년 마르크스는 노동을 예술가의 창조적 생산에 비유했다."[127]는 것을 바탕으로 노동을 '심미적 생산'의 실천 개념으로 명명한 점이 그것이다. 물론 하버마스가 그 패러다임을 비판했을지라도 말이다.[128] 그것을 '예술-생산의 패러다임'이라고 할 수 있다. 근대 이후, 로크와 애덤 스미스로부터 공리주의와 실용주의에 이르기까지, 생산적 노동에 대한 이해는 분명 아리스토텔레스의 제작이나 생산 개념의 패러다임을 잇고 있다. 그것을 기술-공리주의적 이해로 부를 수 있다. 다시 말해서, 실천 개념에는 윤리-행위의 패러다임, 예술-생산의 패러다임, 기술-공리주의적 패러다임이라는 3가지 패러다임이 있다. 따라서 그에 상응하는 3가지의 실천철학적 패러다임이 존재하게 된다.

125) 王南湜, 「實踐·藝術與自由」, 『哲學動態』2003年第6期: 4-6쪽을 참조하라.
126) Jurgen Habermas / 曹衛東 等譯, 『現代性的哲學話語』, 譯林出版社, 2004: 73쪽.
127) Jurgen Habermas / 曹衛東 等譯, 『現代性的哲學話語』, 譯林出版社, 2004: 73쪽.
128) Jurgen Habermas / 曹衛東 等譯, 『現代性的哲學話語』, 譯林出版社, 2004: 73-74쪽을 참조하라.

2) 제1철학으로서의 실천철학

실천철학적 전통이 아리스토텔레스로 거슬러 올라간다고 할지라도, 서구 철학의 전통에서 인간의 실천 활동을 제1활동 또는 가장 기본적 활동 방식으로 간주하는, 즉 제1철학이라는 의미를 지닌 실천철학은 현대적 산물에 불과하다. 왜냐하면 고대나 근대 철학에서는 그러한 시각이 존재하지 않았기 때문이다. 아리스토텔레스의 인간 활동의 3가지 방식으로부터 실천과 제작이 인간 활동의 구성 요소로 인정되었지만, 그렇다고 실천과 제작이 가장 높은 위치를 차지한 것은 아니었다. 다시 말해서, 이론의 대상은 "필연으로부터 조건 없이 존재하는 것"[129], 즉 "영원한 것"[130]으로, 그리고 제작과 실천은 단지 "가변적 사물을 그 대상으로 한다"[131]는 규정으로부터 그 위계 관계를 알 수 있다.

그리스인들에게 '필연으로부터 조건 없이 존재하는 것'과 '영원한 것'은 의심할 바 없이 신성한 것이며, 가변적인 사물은 저급한 것일 수밖에 없다. 인간의 이론 활동은 신성에 가장 가까운 활동이지만 실천과 함께, 특히 제작은 뒤떨어진 활동이다. 그것을 지식의 측면에서 표현하자면, 가장 확실한 이론적 지식만이 최고의 지식이며, 실천이나 제작 지식은 그것과 비교도 안 될 정도로 부족한 지식이다. 그러한 의미에서 실천철학은 제1철학이 될 수 없는데, 제1철학은 가장 수준 높은 이론, 즉 존재가 곧 존재임을 연구하는 이론이기 때문이다. 제1철학은 훗날 형이상학으로 불렸는데, 그것이 바로 저자가 정의했던 이론철학이다.[132]

---

129) Aristoteles / 苗力田 譯, 『尼各馬科倫理學』, 中國社會科學出版社, 1990: 117쪽. | Aristoteles / 천병희 옮김, 『니코마코스 윤리학』, 숲, 2018: 220쪽 참조.
130) Aristoteles / 苗力田 譯, 『尼各馬科倫理學』, 中國社會科學出版社, 1990: 117쪽. | Aristoteles / 천병희 옮김, 『니코마코스 윤리학』, 숲, 2018: 220쪽 참조.
131) Aristoteles / 苗力田 譯, 『尼各馬科倫理學』, 中國社會科學出版社, 1990: 118쪽. | Aristoteles / 천병희 옮김, 『니코마코스 윤리학』, 숲, 2018: 222쪽 참조.

그와 같은 형이상학 또는 이론철학적 근거가 서구의 고대와 근대를 관통해 19세기 헤겔 철학에서 정점을 찍은 후, 그것은 심각한 도전을 받기 시작했다. 이론철학과 실천철학이 철학적으로 가능한 두 가지 근거라면, 형이상학이나 이론철학적 근거에 대한 도전은 실천철학으로부터 시작될 수밖에 없다. 니량캉이 지적한 것이 바로 그 부분이다. "사실상 헤겔 이후의 현대철학은 어떤 의미에서 전체적으로 실천철학이다. 또한 그런 의미에서 반反형이상학적이다."133) 다시 말해서, 헤겔 이후 서구철학은 근본적 차원의 전환을 맞이했는데, "그 전환의 원천을 거슬러 올라가면 마르크스와 관련되지 않은 것이 없다. 그래서 마르크스를 서구 현대 실천철학의 창시자라고도 할 수 있다."134)

이로부터 반형이상학적 실천철학은 상당히 광범위한 영역을 포함한다. 하버마스의 언급처럼, 실천철학은 "그람시와 루카치의 서구 마르크스주의적 관점(예를 들어, 비판이론과 부다페스트 학파, 사르트르 · 메를로 퐁티[Maurice Merleau Ponty, 1908-1961] · 카스토리아디스[Cornelius Castoriadis, 1922-1997] 등의 존재론, 엔조 파치[Enzo Paci, 1911-1976]와 유고슬라비아 실

132) 저자는 실천철학과 이론철학을 비교하면서, 개략적으로 그 둘을 다음과 같이 정의했다. "철학적 근거로서 이론적 사유는 생활적 실천의 구성 부분이며, 그와 같은 이론적 사유는 기본적으로 생활을 벗어날 수 없고, 생활의 외부에서 자신의 기반을 가질 수 없다고 주장한다면, 그래서 이론적 이성이 실천적 이성에 종속된다고 주장한다면, 그것이 바로 실천철학의 근거가 된다. 반면, 철학적 근거로서 이론적 이성은 생활을 벗어날 수 있으며, 생활 밖에서 자신의 아르키메데스 점을 찾을 수 있다고 주장한다면, 그래서 이론적 이성이 실천적 이성보다 우위에 있다고 주장한다면, 그것이 바로 이론철학의 근거가 된다."(王南湜, 「新時期中國馬克思主義哲學發展理路之檢視」, 『天津社會科學』2000年第6期: 7쪽.)

133) 倪梁康, 「本期視點: 歐陸哲學的總體思考: 海德格爾思想比較研究」, 『求是學刊』2005年第6期: 27쪽. | 참고로, 저자는 원문에서 이 글을 「歐陸哲學的總體思考: 海德格爾思想比較研究 · 主持人話語」이라는 제목으로 소개하고 있다.

134) 王南湜, 「馬克思哲學當代性的三重意蘊」, 『中國社會科學』2001年第5期: 30쪽을 참조하라.

천학파의 현상학)으로 거슬러 올라갈 수 있을 뿐만 아니라, 급진적 민주주의를 주장하는 미국의 실용주의(미드[George Herbert Mead, 1863-1931]와 듀이)와 분석철학(테일러[Charles Margrave Taylor])도 포함한다."[135]

번스타인[Richard J. Bernstein]의 견해에 따르면, 그 영역에는 키르케고르[Soren Aabye Kierkegaard, 1813-1855]와 같은 철학자의 사상까지도 포함된다. 그 이유는 다음에 있다. "키르케고르의 기본 목표는 새로운 철학적 관점을 발전시키는 것이 아니었다. ······ 키르케고르는 마르크스와 마찬가지로 매우 상이한 방식으로 철학을 '극복'하고자 했다. 철학자들이 세계를 해석하기만 했을 뿐이라는 마르크스의 견해에 키르케고르도 동의했겠지만, 그는 거기에 다음을 덧붙였을 것이다. 즉, 유일무이한 개체들이라는 점에서 본다면 스스로를 바꾸는 것이 핵심이다."[136]

이처럼 실천이 1차적 활동으로, 그리고 실천철학이 제1철학으로 폭넓게 간주된다는 측면에서, 실천철학은 분명 현대철학의 주된 흐름이다. 그와 같은 실천철학은 형이상학적 이론철학과 대립될 뿐만 아니라 아리스토텔레스의 실천철학과도 크게 구분된다. 아리스토텔레스가 인간의 활동과 인간의 지식을 분류했던 것에 의하면, 실천철학은 그의 철학 체계에서 단지 하나의 구성 요소일 뿐이다. 또한 그 실천철학은 가장 중요한 부분도 아니고, 제1철학이라는 가장 높은 위치에 이르지도 못했다. 반면, 현대적 실천철학에서는 실천을 넓은 의미에서 1차적 활동으로 보았기 때문에, 실천철학이 근본적인 위치 또는 제1철학의 위치를 차지하게 되었다.

물론 여기서 언급하는 두 번째 의미의 현대적 실천철학과 앞서 언급된 첫 번째 의미의 아리스토텔레스 실천철학은 모두 실천을 철학적 연구 대

---

135) Jurgen Habermas / 曹衛東 等譯, 『現代性的哲學話語』, 譯林出版社, 2004: 72쪽 주②.

136) Richard J. Bernstein, Praxis and action: contemporary philosophies of human activity, Philadelphia: University of Pennsylvania Press, 1971, p. 123.

상으로 이해했다는 측면에서 공통점을 갖는다. 다시 말해서, 양자는 실천이 연구 대상이라는 측면에서 이론철학과 구분된다. 한편, 양자의 차이점은 다음에 있다. 첫 번째 의미의 실천철학에서 연구 대상이 되는 실천활동은 단지 인간 활동의 한 부분이며, 상대적으로 가장 높은 수준의 것도 아니다. 하지만 두 번째 의미의 실천철학에서 연구 대상인 실천 활동은 이론적 활동이 실천적 활동에서 파생된 형태라는 측면에서 철학적 연구대상의 전부가 된다. 따라서 첫 번째 의미의 실천철학은 철학 전체를 구성하는 하나의 부분일 뿐, 가장 중요한 부분에 해당하지도 않는다. 반면, 두번째 의미의 실천철학은 철학 전체를, 적어도 전체 철학의 기초가 제1철학을 구성한다. 따라서 연구 영역의 측면에서 두 번째 의미의 실천철학이첫 번째 실천철학의 확장으로만 보일지라도, 실제로 부분에서 전체로의이와 같은 확장은 결국 철학적 형태의 근본적 전환을 야기했을 뿐만 아니라 철학의 혁명적 변화를 가져왔다.

광범위한 현대적 실천철학의 영역에서 각각의 실천철학들은 이처럼 매우 뚜렷한 차이들을 드러낸다. 그렇다면 마르크스 실천철학의 월등함은어디에서 찾을 수 있을까? 여기서 앞서 다루었던 실천철학적 패러다임으로 다시 돌아가야 한다. 마르크스 실천 개념의 기본 특징이 예술을 자유로운 활동의 전형으로 이해했다는 점에 있다면, 그것은 근본적으로 예술-생산의 패러다임이다. 따라서 마르크스의 실천철학도 예술-생산이라는 형태의 실천철학적 패러다임이 된다. 생산적 노동을 인간의 가장 기본적활동으로 이해한다는 관점에서, 그리고 제1철학이 실천철학이라는 측면에서, 마르크스 실천철학은 여타의 실천철학들과 구분된다.

3) 마르크스주의 실천철학의 월등함

연구 대상이 실천이라는 의미에서, 그리고 실천철학이 제1철학이라는 의미에서, 실천철학과 이론철학을 그리고 상이한 의미의 실천철학들을 구분하면서 철학사를 살펴보면, 실천철학에 존재하는 근본적 차이 가운데 아직 밝히지 않은 지점들을 발견할 수 있다. 예를 들어, 모든 실천철학이 실천을 연구 대상으로 한다고 하더라도, 아리스토텔레스의 실천철학과 칸트의 실천철학에는 근본적인 차이가 존재한다. 그리고 실천철학을 제1철학으로 간주한다는 의미에서도 아직 밝혀내지 못한 중요한 차이들이 있다. 또한 마르크스 실천철학의 전통 안에서도 더 명확하게 구분해야 할 핵심적 차이들이 존재한다. 이와 같이 여전히 설명되지 못한 차이들은 실천철학의 진정한 함의를 더욱 심층적 차원에서 이해해야 한다는 점을 일깨운다. 그 심층적 차원이 바로 가장 일반적인 철학적 방법론이나 철학적 사유 패러다임인 것이다.

가장 일반적인 철학적 사유 패러다임의 의미에서 실천철학이 직면한 문제는 이론과 실천의 관계라는 실천철학의 근본 문제다. 그런데 여기서 해결해야 할 것은 존재론적 차원의 실천 활동이 인간의 1차적 활동으로 간주될 수 있는가의 문제가 아니다. 오히려 그것은 방법론적 차원에서 이론적 활동의 한계를 인정할 수 있는가의 문제다. 바꿔 말하면, 실천 활동을 인간의 1차적 활동으로 인정한 전제에서, 실천을 완전히 다른 방식들로 연구할 수 있다. 그 가운데 이론 자체의 한계에 대한 인정이 하나의 방식이 된다. 여기에는 연구자 자신의 이론적 한계도 포함된다. 그것은 이론적 활동이 인간의 생활적 실천을 이론적 대상으로 삼아, 즉 그것을 이론화시켜 이론 세계에서 생활 세계를 온전히 만들어낼 수 있다고 보지 않는다. 따라서 이론적 활동은 생활적 실천을 구성하는 하나의 부분이나 요소일 뿐이다. 다른 하나는 이론적 활동에 대한 실천적 활동의 우선성, 그리고 실천적 활동의 1차적 지위를 인정하면서도, 방법론적으로 이론이 실천적 활동과 생활세계를 온전히 파악할 수 있으며, 이론적 차원에서 실천적 활동이나 생활세계를 만들어낼 수 있다고 보는 방식이다.

첫 번째 방식에서는 그것의 방법론과 존재론이 서로 일치한다. 즉, 존재론적 측면이든 방법론적 측면이든 간에 실천 활동의 1차성과 무한성, 그리고 이론의 2차성과 유한성을 인정한다. 하지만 두 번째 방식에서는 방법론과 존재론이 일치하지 않는다. 존재론적으로 실천 활동의 1차성이 인정된다고 할지라도, 그와 다르게 방법론적 측면에서는 명시적이거나 암묵적으로 실천에 대한 이론의 독자성이 인정되며, 이론은 실천 활동의 외부에서 자신의 아르키메데스 점을 근거로 완벽하게 이론적인 실천 활동을 만들어낼 수 있다. 또는 적어도 그 방식에는 암묵적으로 연구자 자신의 이론적 무제약성 또는 실천에 대한 이론의 독자성이 가정되어 있다고 할 수 있다. 그렇지만 실천에 대한 이론의 독자성은 방법론적으로 이미 실천철학을 벗어난 것이며, 그것은 사실상 이론철학적 방법을 가지고 실천철학을 연구하는 것이다.

진리의 길과 의견의 길을 구분한 파르메니데스로부터 제논과 소크라테스의 초보적인 변증법 논의를 거쳐 플라톤의 변증법에 이르기까지, 서구철학사의 흐름은 생활세계를 폄하하면서 그로부터 벗어나고자 했으며, 실천이나 경험과 무관한 사변적 방법으로부터 진리를 파악하고자 했다. 그 흐름은 2,000여 년의 서구철학에서 대단히 강한 전통을 형성했는데, 그것과 상반된 실천철학조차 이론철학의 영향을 벗어날 수 없었을 뿐만 아니라 철학 연구도 자신도 모르는 사이에 그것의 지배 아래 놓여 있었다. 이론철학이나 형이상학의 방법을 사변적 방법으로 부른다면, 그 방법에 기초한 실천철학 연구는 사변적 실천철학이라고 부를 수 있다. 그와 다르게, 방법론적으로 이론의 한계를 강조하거나, 이론이 현실적 생활세계의 부분이라는 실천철학 연구는 현실적 실천철학으로 부를 수 있을 것이다.

사변적 실천철학과 현실적 실천철학의 구분으로부터 다양한 실천철학들의 근본적 차이를 보다 분명하게 파악할 수 있다. 예를 들어, 아리스토텔레스와 칸트의 실천철학에는 다음과 같은 차이가 있다. 아리스토텔레스가 실천철학 연구에서 사용한 방법은 이론철학이 제1철학인 데서 사용된 방법과 완전히 다르다. 다시 말해서, 아리스토텔레스가 실천을 파악하기 위해 사용한 실천적 지혜는 철학적 지혜나 이론적 지혜와 크게 구분된다. 즉, 이론적 지혜의 대상은 영원불변한 것이기 때문에 평범하지 않은 신성한 지식이지만, 실천적 지혜의 대상은 가변적인 것이기 때문에 어떤 사람이나 사람들 자신에 관한 지식일 뿐이다.

또한 실천적 지혜는 보편과 관련될 뿐만 아니라 특수한 것도 인식할 수 있기 때문에 실천은 언제나 특수한 상황과 관련된다. "현명함은 보편자에 대한 지식만이 아니라 개개의 사물도 완전히 파악해야 한다. 현명함이 행위를 포함한다는 것은 개개의 사물에 대한 행위가 있어야만 그것이 가능하기 때문이다."[137] 실천적 지혜는 특수한 사물에 관한 것이기 때문에, 경험은 실천적 지혜에서 매우 중요하다. 아리스토텔레스는 예를 들어 설명했는데, 젊은이들은 기하학과 수학에 통달해 그 방면에서 지혜로운 자가 될 수 있지만, 실천적 지혜를 갖춘 자는 될 수 없다. 실천적 지혜가 특수한 사물에 관한 것이기 때문이다. 그것은 경험을 거쳐야만 능숙해질 수 있는 것으로, 젊은이들에게 부족한 것이 바로 경험이다.[138] 하지만 근대 철학에서 아리스토텔레스의 실천 개념은 점점 희미해져갔다. 근대 철학에서 실천 활동의 지식은 독자적인 지위를 차지하지 못했는데, 그것은 이론에 의해 만들어진 것이라고 할 수 있다.

칸트의 실천철학은 사실 인간의 구체적 활동과 관련이 없다. 경험적인 것들은 모두 이론이나 필연의 영역으로 분류되었기 때문에, 그의 실천철학은 정언 명령이라는 법칙 전반과 관련될 뿐이다. 따라서 아리스토텔레

---

137) Aristoteles / 苗力田 譯, 『尼各馬科倫理學』, 中國社會科學出版社, 1990: 123쪽. | Aristoteles / 천병희 옮김, 『니코마코스 윤리학』, 숲, 2018: 229쪽 참조.
138) Aristoteles / 苗力田 譯, 『尼各馬科倫理學』, 中國社會科學出版社, 1990: 124쪽을 참조하라. | Aristoteles / 천병희 옮김, 『니코마코스 윤리학』, 숲, 2018: 231쪽 참조.

스의 실천철학이 현실적 실천철학이라면, 칸트의 실천철학은 사변적 실천철학이라는 것을 알 수 있다. 아리스토텔레스의 실천철학과 근대적 실천철학의 방법론적 대립은 실천적 추론의 삼단논법에서 가장 뚜렷하게 나타난다. 아리스토텔레스에게 실천적 삼단논법은 "보편적 윤리라는 전제로부터 시작되어 행동에 이르러 멈춘다는 실천이성에 관한 추론"[139]으로, "거기서는 행동 자체가 결론으로 간주된다."[140] 그것은 바로 "현대적 사유와 대립한다. 아리스토텔레스에게 결론은 무엇을 하라는 명령이 아니라 행동 자체로 강조된다. 그는 명령을 받은 사람이 그 명령을 행하지 않았다면 그것은 실천적 이성이 아니라고 주장한다."[141]

마르크스주의의 실천철학 전통에서도, 실제로 사변적 실천철학과 현실적 실천철학의 상이한 지향이 존재한다. 예를 들어, 루카치와 사르트르의 철학은 모두 추상성을 반대하면서 구체성과 총체성 추구를 출발점으로 삼았지만, 궁극적으로 예외 없이 구체적 실천이 아닌 추상적 이론으로 나아갔다. 그 원인은 루카치와 사르트르가 의식했든 의식하지 않았든 간에 이론의 전능함, 그리고 자신들의 이론이 온전히 현실적 실천 전반을 파악할 수 있다고 가정한 데 있다. 다시 말해서, 현실적 실천 전반에 대한 이론적 구성이 그들의 이론적 목표가 되었다. 두 사람의 이론이 다양한 어려움에 봉착해 무너진 것도 스스로 의식하지는 못했지만, 방법론적으로 전통적인 사변 철학의 영향을 받을 수밖에 없었기 때문에, 결국 사변적 실천철학의 길로 내몰렸던 것이다.

그들과 비교될 수 있는 사례가 이탈리아 공산당의 지도자, 서구 마르크스주의 철학자인 그람시다. 기본적으로 이론가인 루카치나 사르트르와 다

139) Nicholas Bunnin / 余紀元 編著, 『西方哲學英漢對照辭典』, 人民出版社, 2001: 786쪽.
140) Nicholas Bunnin / 余紀元 編著, 『西方哲學英漢對照辭典』, 人民出版社, 2001: 786쪽.
141) Nicholas Bunnin / 余紀元 編著, 『西方哲學英漢對照辭典』, 人民出版社, 2001: 786쪽.

르게, 그람시는 정치적 리더로서 이론이 초래하는 결과, 그리고 이론을 정치적 실천 과정에 어떻게 관철시켜야 하는지 등을 고려해야만 했다. 나아가 실천을 중시하고 사변을 경시하는 이탈리아의 문화적 전통이 더해지면서, 그의 실천철학은 나름의 고유한 색채를 갖게 되었다. 문화적 헤게모니와 유기적 지식인이라는 그의 구상은 모두 그가 처했던 이탈리아의 정치적 실천과 무관치 않다.

그런데 현실적 실천철학은 이론과 실천에 대한 상이한 태도로부터 다시금 구분된다. 방법론적으로 이론의 한계를 인정한다는 전제에서, 이론 활동 자체는 두 가지 입장으로 나뉜다. 하나는 이론의 독자성을 절대적으로 부정하면서, 이론을 실천적 도구에 종속시키는 것이다. 다른 하나는 이론의 절대적 독자성을 부정한다는 전제를 갖지만, 이론의 상대적 독자성은 인정하는 것이다. 어떤 철학이 이론의 상대적 독자성을 절대적으로 부정한다면, 이론은 도구적 기능만을 지닐 뿐만 아니라 그 이론의 올바름을 판단하는 기준도 실천 활동이나 실천 과정에서의 유용성에서만 찾을 수 있다. 왜냐하면 이론 활동 자체에는 어떤 판단 기준도 존재하지 않기 때문이다. 그러한 실천철학을 실용주의 또는 공리주의적 실천철학이라고 부른다.

하지만 실천철학에서 이론의 상대적 독자성을 인정한다면, 그 실천철학은 일반적으로 실천에 종속된 이론으로 인정되기 때문에 상대적 독자성은 인간의 실천 전반에 관한 독자성이 아니라, 단지 구체적인 시공간에서 진행되는 개별적 실천 활동의 독자성이 된다. 그러한 상대적 독자성은 이론적 사유를 가능케 하는 논리 법칙이 인간의 실천 전반에서 비롯되었다는 점에 근거한다. 따라서 그 총체적 실천은 구체적인 시공간에서 진행되는 개별적 실천 활동을 넘어선다. 이처럼 실천철학이 이론의 상대적 독자성을 인정한다는 것은 사변적 실천철학이 이론적 이성을 절대적으로 긍정하는 것과는 다르게, 이론적 이성의 상대적 독자성 또는 유한한 존재를 인정하는 것이 된다. 그래서 그것을 제한된 합리성의 실천철학으로

부를 수 있다. 이상으로 사변적 실천철학, 실용주의 또는 공리주의적 실천철학, 제한된 합리성의 실천철학을 살펴보았다.

　실용주의 또는 공리주의적 실천철학은 당연히 실용주의적 철학이 대표적이다. 실용주의적 입장에서 이론은 실천과 완전히 분리된 것이 아니라 실천의 한 부분이다. 듀이는 다음과 같이 말했다. "그 이론에 입각해보면, 개념은 우리가 존재에 대해 행동을 취할 때 이성적으로 운용되는 도구다."142) 그로부터 "이론적 확실성은 실제적 확실성과 하나가 되는데, 다시 말해서 도구 사용이 안전하면서도 그것을 믿을 수 있다는 조작의 신뢰성과 하나가 되었다."143) 듀이는 이를 근거로 이론과 실천을 철저히 분리시킨 그리스 철학을 비판했다. "이성과 필연에 관한 지식은 아리스토텔레스가 숭배한 것이다. 그 지식은 스스로를 창조하고 운영하는 활동으로서, 궁극적이고, 자족적이며, 자기포용적인 형태로 여겨진다. 그것은 이상적이고 영원하며, 변화와 무관하기 때문에 사람들의 생활 세계와 무관할 뿐만 아니라 우리의 감각적 경험이나 실제적 경험의 세계와도 무관하다."144) 그리고 "스스로의 전환이 가능한 이성의 자기 활동과 다르게, 실천적 움직임은 생겨나고 사라지는 경계에 속해 있기 때문에 '실재'보다 그 가치가 열등한 것이다."145) 이처럼 실용주의는 철학적 혁명을 통해 주지주의적 오류를 제거하고, 이론과 실천의 분리 상황을 바꾸고자 했다.

　제한된 합리성의 실천철학은 분명 마르크스 철학을 그 전형으로 한다.

---

142) John Dewey / 傅統先 譯, 『確定性的尋求』, 上海人民出版社, 2004: 110쪽 주①.
　　| John Dewey / 김준섭 역, 『확실성의 탐구』, 백록, 1992: 106쪽 주2) 참조.
143) John Dewey / 傅統先 譯, 『確定性的尋求』, 上海人民出版社, 2004: 127쪽.
　　| John Dewey / 김준섭 역, 『확실성의 탐구』, 백록, 1992: 122쪽 참조.
144) John Dewey / 傅統先 譯, 『確定性的尋求』, 上海人民出版社, 2004: 15쪽.
　　| John Dewey / 김준섭 역, 『확실성의 탐구』, 백록, 1992: 21-22쪽 참조.
145) John Dewey / 傅統先 譯, 『確定性的尋求』, 上海人民出版社, 2004: 17쪽.
　　| John Dewey / 김준섭 역, 『확실성의 탐구』, 백록, 1992: 23쪽 참조.

그것은 앞서 지적했듯이, 마르크스가 철학 활동을 시작하면서부터 무엇보다 이론의 절대적 독자성을 인정하는 형이상학이나 이론철학을 반대했기 때문이다. 마르크스가 여러 곳에서 반복적으로 진술한 표현을 통해 명확하게 알 수 있었던 것은, 그의 철학이 이론을 실천에 종속시킨 현실적 실천철학이지, 사변적 실천철학이 아니라는 점이다. 또한 마르크스 철학은 실용주의적 실천철학과도 근본적으로 구분되는 실천철학이다. 그와 같은 구분은 이론의 상대적 독자성을 부정한 실용주의와 다르게, 마르크스가 이론적 활동의 상대적 독자성을 상당 정도 긍정했다는 점에 근거한다.

그러한 긍정은 이론이 구체적이고 개별적인 실천 활동을 넘어섰다는 것에 대한 인정이기도 하다. 마르크스 철학의 초월성은 이론적 사유와, 외부의 물질세계와 직접 관련된 도구적 생산 활동이 맺는 연관성에 기초한다. 마르크스 철학이 도구적 생산 노동을 인간의 첫 번째 역사 활동으로 보았다는 점은 널리 알려져 있는데, 도구적 노동에 기초해야만 이론적 활동이 발전할 수 있기 때문이다. 그 이유는 다음에 있다. "효과적이고 목적을 이룰 수 있는 도구나 도구 체계는 하나의 의미에서 특정한 목적을 지향하는 도구, 또는 일의적 도구를 가리킨다. 여기서 일의성은 활동의 확실성, 즉 수단으로부터 목적의 확실성을 끌어낸다는 의미다."[146] 또한 도구적 활동은 그 도구적 규정성에 의해 결정되는 동시대 집단의 공통성과 세대 간의 계승성 때문에, 그러한 기본적 실천 활동은 그 당시의 개별적 실천 활동을 뛰어넘는 인간의 총체적 실천이라는 특징을 갖게 되었다.

따라서 도구는 목적과 수단을 단일한 의미로 연결시키는 객관적 확실성을 갖는다. 그리고 도구는 그 당시의 특수한 사용을 넘어서는 보편성을 동시에 지녔기 때문에, 그것에는 인간 활동의 가장 심층적이고 안정적인

---

146) 王南湜, 『社會哲學-現代實踐哲學視野中的社會生活』, 雲南人民出版社, 2001: 82쪽.

보편적 요소가 갖춰져 있다. "이론 활동은 도구적 기술 활동의 상징적 표현으로 간주되는데, 물질적 도구가 언어적 기호로 대체됨으로써 이루어진 것이다."[147] 그것은 이론적 활동이 여타의 인간 활동과 다르게, 도구적 생산 활동에 고유한 객관적 확실성과 보편성을 부여했기 때문이다. 객관적 확실성과 보편성이라는 이론적 활동의 특징은 근대 과학의 인과 개념에서 가장 뚜렷하게 보이는데, 그것은 버트가 지적했던 것이기도 하다. 즉, 근대의 기계론적 인과 관념이 고대 목적론의 그것과 구분되는 근본 지점은 "설명을 필요로 하는 하나의 사건이 비교적 간단한(그리고 종종 앞서 존재하는) 부속품으로 분석된다는 점이다. 또한 원인을 수단으로 해서 결과를 예측하거나 통제한다."[148]

여기서 '원인을 수단으로 해서 결과를 예측하거나 통제한다'는 것은 분명 도구적 노동 방식이 관념으로 자연스럽게 확장된 일종의 '관념 속 구조물'이라는 점이다. 도구적 노동에 포함된, 수단화된 원인에 의해 결과가 통제되는 특유의 인과관계를 기초로 해서 과학적 이론세계의 인과관계가 만들어졌다. "인간의 활동으로부터 인과 관념의 기초가 마련되었는데, 그것은 곧 하나의 운동이 다른 운동의 원인이 된다는 관념이다."[149] 인과 관념에 기초한 이론적 활동이 구체적인 개별적 실천 활동을 넘어섰다는 것은 명확하다.

위의 설명으로부터 마르크스 철학과 듀이 등의 실용주의적 철학은 구분된다. 이론적 활동의 상대적 독자성이 인정되는지가 마르크스 철학과

147) 王南湜, 『社會哲學-現代實踐哲學視野中的社會生活』, 雲南人民出版社, 2001: 84쪽.
148) Edwin Arthur Burtt / 徐向東 譯, 『近代物理科學的形而上學基礎』, 北京大學出版社, 2003: 265쪽.
149) 中共中央馬克思·恩格斯·列寧·斯大林著作編譯局 譯, 『馬克思恩格斯全集』 20, 人民出版社, 1971: 573쪽. | Friedrich Engels / 中共中央馬克思·恩格斯·列寧·斯大林著作編譯局 譯, 『自然辯證法』, 人民出版社, 1971: 208쪽.

실용주의 철학의 기본적 차이를 구성한다. 그 차이를 무시하게 되면 두 철학은 구분되지 않는다. 실제로 이전의 이론학계에서는 실용주의를 비판하는 데 심혈을 기울였지만 이론적으로는 실용주의와 그 경계를 명확하게 드러내지 못했다. 만약 이론의 상대적 독자성에 대한 인정 여부로부터 양자의 근본 차이를 따지지 않는다면, 실천이 진리를 검증하는 유일한 기준과 실용주의가 주장하는 진리 유용성은 구분될 수 없다.

이처럼 실천을 연구대상으로 하는가, 실천을 인간의 1차적 활동으로 보는가, 그리고 사유방식이라는 3가지 측면에서 실천철학적 개념을 분석하게 되면, 다음과 같은 결론에 도달한다. 첫째, 오늘날 실천에서 인정해야만 하는 전제는, 그람시가 마르크스 철학의 대명사로 알려진 것처럼 마르크스주의만이 실천철학이 아니라는 점이다. 현대철학의 주요 흐름인 실천철학은 광범위한 영역에 걸쳐 있는데, 거의 모든 반反 형이상학적, 그리고 현실 생활로 돌아가자는 주장의 철학적 유파들이 여기에 포함된다. 따라서 동일한 명칭을 사용하는 실천철학이라도 각기 다른 철학적 목적을 지니고 있기 때문에 그 폭넓은 개념을 구별하고 분석할 필요가 있다. 특히, 마르크스 철학이 어떤 의미의 실천철학인가를 구분해내야 한다. 그렇지 않고 모호하게 실천철학 전체를 논한다면, 마르크스 철학과 다른 현대적 철학 사상들이 동일한 것으로 다뤄지게 된다.

모두가 같은 현대적 실천철학이라면, 거기에는 상반된 이론철학이나 형이상학과는 다른 공통적 기초가 있게 마련이다. 따라서 마르크스와 하이데거와 같은 현대 실천철학자들에게서 공통점을 찾는 일은 매우 쉬운 일이다. 하지만 이론적 공통점을 전제로 하면서도 양자의 근본적 차이, 특히 마르크스 실천철학과 여타 실천철학들의 근본적 차이를 밝히는 일이 더 중요하다고 할 수 있다. 실천철학으로 이론학계의 논의가 전환된 초기, 이론철학이나 형이상학과 대립한다는 측면에서 여러 실천철학들을 포괄적인 존재로 간주했기 때문에 그것들의 차이를 살펴볼 겨를이 없었고, 또한 실천철학에 관한 각각의 설명들로부터 실천철학의 본질이 이해될 수 있다고 합리화했다. 그렇다면 실천철학이 사상적으로 대세인 지금, 다양한 실천철학들의 차이는 이제 분석되어야 한다. 만약 그렇게 하지 않는다면 그것은 그저 실천적으로 전환되었다는 언급만을 반복할 뿐, 그 전환을 심화시켜 제대로 된 실천철학을 도모하기는 어려울 것이다.

둘째, 앞서 언급한 구분은 다음의 결론으로 이어진다. 즉, 마르크스 실천철학이 여타의 실천철학들과 구분되는 근본 지점은 마르크스에게 물질적 생산 노동이 가장 기본적인 실천 활동이라는 것이다. 또한 그 실천 개념의 기본 특징은 예술을 자유로운 활동의 전형으로 간주한다는 데 있기 때문에 그것은 기본적으로 예술-생산 패러다임이지, 기술-공리주의적 패러다임이 아니다. 따라서 마르크스의 실천철학도 예술-생산이라는 형태의 실천철학적 패러다임일 수밖에 없다. 그 패러다임이 여타의 패러다임과 근본적으로 다르다는 것은 분명하다. 물론 그와 같은 실천 개념도 단일한 투시라는 시각으로 간주되기 때문에, 여타의 실천 개념들과 마찬가지로 자체적으로 부족한 부분이 포함될 수밖에 없다는 점은 부정할 수 없다. 예를 들어, 하버마스와 같은 이들이 비판했던 것처럼, 마르크스는 인간의 의사소통 관계를 노동으로 분류하지 않았다. 다시 말해서, 마르크스가 생산적 노동을 실천의 규범적 유형으로 간주한 이상, 노동이 아닌 의사소통의 활동 또는 아렌트가 언급했던 행위에 그 기본적 지위를 확실히 부여할 수 없었다.

하지만 그것은 마르크스가 사람들의 정치 활동을 중시하지 않았다는 것이 아니다. 단지 그의 이론적 기초에서는 의사소통 행위에 기본적 지위를 부여할 수 없다는 뜻이다. 그럼에도 불구하고 우선 어떠한 이론이든 그것이 단일한 시점에 기초한 투시라면, 어떠한 형태로든 그것에 허점이 없을 수 없다는 점을 지적해야 한다. 전능한 이론은 단지 신에게서만 찾을 수 있기 때문이다. 따라서 이론에 허점이 존재한다는 것을 비난할 필요는 없다. 물론 그것이 모든 이론적 시각에 동등한 가치가 갖춰져 있으며, 모두 동일한 이론적·실천적 가치를 지녔기 때문에 그 우열을 가릴 수 없다는 것을 가리키지 않는다. 오히려 이론적 시각의 가치 우열을 논할 때, 이론적 시각이 어떤 측면에서든 완벽할 수 없다는 점에 잊지 말라는 것이다.

그러한 전제로부터 본다면, 마르크스의 실천철학적 시각에도 부족한 부분이 존재하지만 눈에 띄게 두드러진 부분 역시 발견된다. 즉, 생산적 노동은 일반적으로 인간 사회를 형성하는 데 기초적 역할을 담당했을 뿐만 아니라 현대 사회에서도 기본적으로 혁명적 역할을 담당했다는 점이 충분히 드러났다. 또한 도구적 생산 노동이 인간 생활에서 우선적 지위를 차지한다는 것으로부터, 형이상학적 이론중심주의에 대한 반대, 즉 이론의 무한성에 대한 부정뿐만 아니라 실용주의적 측면에서 이론과 실천의 완벽한 일치에 대한 반대, 즉 이론적 활동의 상대적 독자성에 대한 인정을 끌어낸 것이다. 그것은 더욱 확장된 의미로 나타난다. 즉, 인간 사회는 일반적으로 생산적 노동에 기초를 두고 있는데, 한 사회의 대다수 또는 절대적 다수가 직간접적으로 생산적 노동에 참여해야만 사회가 존재할 수 있다. 그렇다면 생산적 노동의 해방은 불가피하게 모든 사회적 이상 가운데 가장 높은 수준의 기준이 될 수밖에 없다. 따라서 그러한 사회적 이상의 기준에서 현실을 비판한다는 것은 필연적으로 다른 어떤 시각들의 비판보다도 훨씬 더 심오한 의미를 갖는다. 대체 불가능한 마르크스의 탁월한 의미는 바로 여기에 있다.

또한 그것은 도구적 생산 노동의 우월한 지위로부터 이론의 절대적 독자성에 대한 부정, 그리고 그것의 상대적 독자성에 대한 긍정을 통해 형이상학과 실용주의로 경도되지 않도록 도와준다. 뿐만 아니라 이론과 실천의 길항을 유지시켜 양자의 상호 영향을 통해 맹목적인 이론적 독단이나 실천적 맹목에 빠지지 않게 도와준다. 두말할 나위 없이, 마르크스 실천철학의 부족한 부분은 이론적 시각의 보완이 필요하다. 그렇다고 해서 그와 같은 보완이 마르크스의 이론적 근간과 무관한 다양한 시각들을 덧붙임으로써 이론적 다원성이 야기되고, 이론의 단일한 시각이라는 본질적 특징이 훼손된 절충주의, 즉 이론적 잡종이 되어서는 안 된다. 대신, 마르크스의 기본 이론에 근거한 입장, 다시 말해서 그 이론의 시각적 단일함을 유지한다는 전제로부터 이론적 시각의 폭을 확장시켜, 그것에 더 많은 포용성을 부여할 수 있을 뿐이다.

제 7 장

중국화된 마르크스주의 철학의 미래 전망

앞서 중국화된 마르크스주의 철학의 역사와 현실을 고찰했다. 여기서는 중국화된 마르크스주의 철학의 미래에 대한 발전 가능성을 조망하고자 한다. 실천철학적 입장에서 탐구하려는 그 가능성은 물론 추상적 가능성이 아니라 현실적 가능성이다. 현실적 가능성이라는 것에서 언급된 가능성은 중국 사회의 현실 생활과 밀접하게 연관된 것이라고 할 수 있다. 중국적 현실 생활의 가능성은 다음과 같다. 첫째, 중국화된 마르크스주의 철학의 발전적 미래를 위한 목적이 무엇인지, 중화민족의 역사적 발전이 철학에 어떠한 과제를 부여했는지, 중국 마르크스주의 철학은 어떠한 역사적 임무를 담당해야 하는지, 또한 그러한 역사적 임무를 완성하는 것과 마르크스주의 철학의 중국화는 어떤 내재적 연관성을 지니는지와 관련된다. 둘째, 그러한 역사적 임무의 실현 가능한 경로는 무엇인지, 어떠한 근본적 과제들을 완성해야만 하는지이다. 셋째, 그와 같이 막중한 역사적 과제에 대해 어떠한 마음가짐으로 철학적 창조를 해야 하는가이다.

1 현대적 중국 마르크스주의 철학의 역사적 임무

중국 사람들이 살아가고 있는 현 시대는 거대한 변화가 진행 중에 있다. 그 변화는 중화민족의 역사뿐만 아니라 인류의 역사에서도 전례가 없었던 것이다. 그러한 유례없는 역사적 격변은 위대한 시대에 걸맞은 시대정신의 표현으로서, 새로운 중국철학의 창조를 요구했다. 철학을 창조하는 작업은 근대 이후 정신적으로 표류하던 중국 사람들에게 민족정신의 터전을 다시금 만들어주는 것이기도 하다.

1) 시대정신의 소환

중국의 철학 연구자들은 매우 겸손해서 그런지 지금까지 스스로를 '철학자'라고 부르지 않았을 뿐만 아니라 함부로 그 호칭을 다른 사람에게도 사용하지 않았다. 그것은 여타 학문 분야의 학자들이 보통 스스로나 서로에게 '경제학자', '역사학자', '수학자', '물리학자'와 같이 부르는 것에 비하면 분명히 다른 것이다. 그 이유를 살펴보면, 그 학문 분야의 연구자들이 오랫동안 자신의 창조적 능력을 상실했다는 점과 관련이 있는 듯하다. 그렇지만 우리가 살아가고 있는 이 시대는 거대한 변화 과정에 놓여 있으며, 그 변화는 중화민족의 역사뿐만 아니라 인류의 역사에도 전례가 없었던 것이다. 따라서 그 변화가 가져올 중대한 결과는 다음에 있을 것이다. 중국의 철학 연구자들은 창조자라는 지위로 그 신분이 격상될 수밖에 없다. 즉, 그들은 창조적 정신의 무장을 통해 단순한 철학 종사자에서 한 명의 철학자로 거듭날 것이다. 왜냐하면 그들이 바로 이 위대한 시대에 걸맞은 중국철학을 창조해나갈 것이기 때문이다.

그렇다면 이 시대에 걸맞은 중국철학이라는 것은 무엇인가? 간단히 말해서, 그 철학은 중화민족의 현재와 미래를 관통하는 정신적 핵심이라고 할 수 있다. 철학이 시대정신의 핵심이라는 것은 이전에도 항상 하던 말이었지만, 그것을 말할 때마다 마르크스가 '철학' 앞에 '어떤 진정한'이라는 수식어를 덧붙였던 의도가 잊혀졌다. 이 시대에 걸맞은 철학이 되기 위해서는 이 시대 중화민족의 정신이 담긴 진정한 철학을 파악해야만 하는 것이지, 아무 철학이나 다루는 것이 아니다. 또한 한 시대의 철학은 저절로 시대정신의 핵심이 되는 것이 아니기 때문에, 그것이 시대정신의 핵심을 포함한 진정한 철학이 되려면 반드시 철학자들의 창조적인 노력이 뒤따라야만 한다.

철학을 창조해야 할 필요성은 중화민족이 근본적으로 새로운 시대에 맞춰 건전한 발전을 이뤄야 한다는 요구 때문이다. 중화민족은 한 세기 이상 엄청난 고난을 겪었고, 여러 세대에 걸쳐 피눈물을 흘리며 싸웠다. 그리고 마침내 새로운 세기에 들어 세계의 동쪽에서 우뚝 섰을 뿐만 아니라 민족 부흥이라는 빛나는 미래를 드러냈다. 중화민족이 아시아의 거인으로서 세계무대에서 점점 더 중요한 역할을 담당하려면, 가장 기초적인 정신 관념이 있어야 그것을 유지하고 이끌어 나갈 수 있다. 그 기초적 정신 관념이 바로 철학이다. 정신 관념의 유지와 이끌어나감이 없다면, 전체적으로 한 사람의 행위도 합리적일 수 없다. 따라서 그것은 비이성적이 되거나 혼란에 빠지게 된다. 마찬가지로, 한 민족에게 적절한 정신 관념의 유지와 이끌어나감이 없다면, 그 행위 또한 전체적으로 합리적이기 어려울 것이다. 특히, 그 민족이 발전이나 성장의 시기에 있다면 행위의 합리성은 더욱더 중요해진다. 근대 역사에서 적지 않은 민족들이 발전의 기로에서 잘못된 정신 관념에 이끌려 비이성적인 광기에 빠져들었으며, 자신과 타인에게 거대한 재앙을 안겨주었다. 따라서 시대정신의 표현인 철학은 마땅히 민족정신의 건전한 발전에 합당한 공헌을 해야만 한다.

2) 민족정신을 위한 터전의 재구성

하지만 모든 철학이 민족의 행위를 유지하고 이끌어나가는 역할을 하는 것은 아니다. 그러한 역할을 담당할 수 있는 철학은 민족의 역사적 생명과 밀접히 연관된 것이기 때문에 그것은 민족정신의 문화적 전통과도 관련된다. 따라서 현대 중국철학의 창조는 근거도 없이 억지로 만드는 것이 아니라, 전통적인 정신 관념을 재창조하거나 재구성하는 방식이 된다. 생명력을 갖추고, 민족의 행위를 유지하고 이끌어나갈 수 있는 철학은 민족의 정신적 터전을 형성한다. 이와 다르게, 민족의 역사적 생명에서 벗어난 철학은 사람들에게 고향에 돌아온 것 같은 친근함을 줄 수 없기 때문에 정신적 터전이 될 수 없다. 다른 문화적 전통들에 비해 중국문화와, 현 세계에서 지배적 위치를 차지하고 있는 서구문화는 외적으로 드러난 문화적 성과뿐만 아니라 내적인 사유방식에서도 매우 현저한 차이를 보인다. 차이점은 중외中外 비교문화 연구자, 특히 비교철학 연구자들에 의해 이미 깊이 있게 연구된 바 있다. 그런데 그 차이는 필연적으로 중화민족이 공감하는 정신적 터전과 다른 민족들이 공감하는 정신적 터전 간에 큰 차이를 발생시켰다. 다른 비서구권의 민족들은 지배적 위치에 있는 서구문화에 더 많이 공감하는 것 같지만, 중화민족은 그 문화적 독특함으로 인해 서구의 사유방식에 근본적으로 공감하기 어렵다. 그래서 현대 중국철학자들이 창조하려는 철학이 성공하려면 민족의 문화적 생명력을 성공적으로 연장시켜 전통적 정신 관념에 새로운 생명력을 불어넣을 수 있느냐에 달려있다.

그런 점에서 중국 마르크스주의 철학의 발전 추세나 방향은 '친근한 정신적 터전의 재구성'이라는 한 마디 말로 귀결된다. 여기서 핵심어는 '친근함'이다. 즉, 우리가 만들어야 할 것은 우리에게 가족과 같은 자연스러운 감정을 줄 뿐만 아니라 우리가 기꺼이 거기서 편안하게 머무를 수 있는 정신적인 터전이라는 의미이지, 순수이성으로부터 도출되거나 우리의 직접적인 경험 외부에 있는 것이 아니다.

철학적 전통마다 그 내부에는 진정한 정신이 갖춰져 있는데, 그것을 드러내는 것은 철학자 개인의 주관적 관심이 아니라 한 민족의 이상적인 생활, 즉 현실과 이상의 모순에 대처하는 한 민족의 모든 지혜이다. 인류가 여타의 존재자들과 다른 지점은 인간의 생활이 언어와 의식이 형성한 이상적 차원, 그리고 그 이상적 차원이 야기한 현실과 이상의 길항 관계에 놓여 있다는 것이다. 따라서 철학적 지혜는 궁극적으로 그러한 길항을 어떤 방식으로든 해소하는 것을 가리킨다. 자연 환경과 역사적 경험의 차이로부터, 그리고 인간의 창조적 능력에 한계가 없다는 점으로부터 각

민족들은 제각기 길항의 해결 방식을 찾았다. 특히, 야스퍼스[Karl Jaspers, 1883-1969]의 '축의 시대'에서 만들어진 한 민족의 길항 해결 방식, 즉 지혜라는 방식은 독특한 지배적 위치를 차지하고 있다. 그것은 각 민족의 위대한 지혜나 진정한 철학적 정신이 시대적 변화로부터 그 표현 형태가 바뀔지라도, 내적인 본질은 오랜 기간 동안 보존된다는 점을 알려준다.

상이한 민족의 철학에는 각기 다른 진정한 정신이 갖춰져 있으며, 특히 세계사적 의의를 지닌 민족의 철학에는 더욱 독특한 의미의 진정한 정신이 담겨 있다. 이처럼 내면의 진정한 정신은 수천여 년 동안 그 민족과 함께 하면서 생활적으로 하나가 되거나 뗄 수 없는 한 부분이 되었기 때문에, 그 민족에게 그것은 자연스럽고 친근한 정신적 터전이 된다. 따라서 그들은 그 정신적 터전에 머물러야만 생활의 의미를 느낄 수 있고, 편안히 살면서 즐겁게 일할 수 있으며, 고향을 등지고 떠나 정신적으로 방황했던 감정에서 벗어날 수 있게 된다. 한 민족과 고유한 정신적 터전의 불가분성은 어떤 철학이든 그 민족의 철학적 전통에 깃든 진정한 정신을 내적으로 포함하거나 그것을 표현해야만 유용한 철학이 될 수도, 철학의 역할을 제대로 발휘할 수도 있다는 점을 보여준다. 다시 말해서, 진정한 철학은 실질적으로 사람들의 정신적 터전을 채워주는 실천적 가능성의 이론이어야지, 순수이성과 같은 것이 되어서는 안 된다. 실천이 불가능한 철학이론은 유용성이 없는 것이다. 새로운 세기의 철학적 목표는 실천 가능한 이론을 발전시켜 사람들에게 친근한 정신적 터전을 다시금 세워줄 수 있어야 한다.

그렇다면 중국 사람들에게 친근한 정신적 터전은 어떤 것인가? 일반적으로 중국철학, 인도철학, 그리고 서구철학이 각각 상이한 철학적 유형을 대변한다고 알려져 있다. 당연하겠지만, 그것에 담겨 있는 것 또한 매우 상이한 3가지의 철학적 정신이다. 중국철학의 진정한 정신은 세속적인 지혜, 즉 생활세계에서 이상과 현실의 모순을 조화시킨 지혜로 귀결된다.

그것이 이상과 현실을 이원화시킨 서구적 전통의 해결 지향과 크게 다르다는 점은 분명해 보인다. 많은 학자들이 지적했던 것처럼, 중국철학의 내면적 정신은 원시 유가와 원시 도가의 학설에서 가장 뚜렷하게 나타나며, 정도의 차이는 있지만 후대에서 그것이 왜곡된 것이다. 원시 유가와 원시 도가라는 철학에 담긴 사유방식은 일부 연구자들이 제기한 것처럼, 즉 마르크스, 듀이, 하이데거와 같은 이들의 철학에서 드러난 실천철학적 사유 패러다임과 유사하다.

  그렇지만 강력한 서구문화를 조우한 근대 이후, 중국철학은 줄곧 수동적인 상태에 놓여 있었다. 그러한 수동성은 직접적으로 전통철학을 포함한 전통문화 전반을 폐기해야 한다는 문화적 급진주의자들의 요구로 표출되었을 뿐만 아니라, 전통문화를 현대적으로 해석하는 과정에서 더욱 노골적으로 표현되었다. 서구의 담론적 권위가 강하게 지배하고 있는 상황에서 의식적으로든 무의식적으로든 중국의 전통철학을 서구철학이라는 해석틀 안에 집어넣었다. 전통문화를 극진히 숭배한 문화적 보수주의자들조차도 그와 같은 사유방식을 뛰어넘지 못했는데, 심지어 다른 이들보다 더 심하게 중국철학을 서구화시켰다. 즉, 외부 비판만으로는 사상적 본질을 바꿀 수 없으며, 실체성 철학이나 주체성 철학의 사유 패러다임에 의존해 내부에서 현대적으로 해석해야만 한다는 것이 가장 치명적인 결과를 가져왔다. 그러한 해석 때문에 전통철학의 진정한 정신은 근본적으로 한층 더 왜곡되었다.

  철학은 편안하고 안정된 삶이라는 인간의 근본을 탐구한다. 하지만 모든 철학이 누구에게나 편안하고 안정된 삶이라는 근본을 제공하는 것은 아니다. 어떤 사람들에게는 정신적 터전이라는 특별한 요구도 있다. 고향에 온 듯한 친근함을 결여한 '터전'은 사람들의 마음속에 오랫동안 남아 있을 수 없다. 생존을 위해, 그리고 '지구에서 살 권리'를 박탈당하지 않기 위해, 중국 사람들은 조금의 주저함 없이 대대손손 살아오던 '터전'을 버리고, 새로운 '터전'을 받아들이고자 했다. 하지만 순전히 공리적인 목적으로 세웠던 '터전'은 편안히 살아가기에 적당한 곳이 아니었고, 그들은 여전히 정신적으로 표류하거나 방황하고 있었다. 그렇기 때문에 정신적 터전을 새롭게 세울 수밖에 없었다. 친근함을 느끼는 새로운 '정신적 터전'을 세우기 위해서는 중국철학의 진정한 정신으로 돌아갈 수밖에 없으며, 진정한 정신으로 돌아가기 위해서는 반드시 실천철학적 사유 패러다임으로 회귀해야만 한다.

그런데 실천철학적 사유 패러다임으로 돌아가 중국 사람들에게 친근한 정신적 터전을 재구성한다는 것은 주관적 차원의 요구일 뿐만 아니라 객관적으로도 가능한 것이다. 그 가능성은 실천철학적 사유 패러다임으로의 회귀, 즉 인간의 실천방식에 의해 결정된 사유 패러다임의 전환이 요구하는 것이다. 만약 우리가 사유 활동을 추상화하지 않고, 인간 생활의 한 측면에서 그것을 본다면, 사람들의 사유방식과 실천방식은 내적으로 일치되어 있거나 동일한 구조일 수밖에 없다는 점을 증명할 수 있다. 일정한 사유방식은 일정한 실천방식에 대응하거나, 그것과 어울릴 수밖에 없기 때문이다. 그 반대의 경우도 마찬가지다. 앞서 언급한 것처럼 예로부터 지금까지 서구철학이 겪어온, 즉 고대의 실체성 철학과 근대의 주체성 철학으로부터 현대적 실천철학에 이르는 변화 과정은 바로 사유방식과 실천방식의 정합 관계에 의해 결정되었다. 고대 철학이 실체성 철학인 이유는 그 철학이 고대의 실천방식이나, 또는 사물에 대한 함做事과 인간에 대한 함做人이라는 방식과 서로 어울렸기 때문이다. 그리고 근대 철학이 주체성 철학인 이유도 그 철학이 근대 이후의 실천방식에 적합했기 때문이다.

상공업 경제에 기초한 근대적 실천방식은 인류의 생존 여건을 전체적으로 향상시켰지만 일련의 심각한 문제들을 초래했다. 계몽이 제시했던 화려한 약속도 실현되지 않았고, 주체성의 고양도 결국 주체의 소외로 귀결되었다. 그것이 근대적 실천방식의 폐해를 극복할 수 있는 새로운 실천적 방식의 모색을 강제했고, 그러한 실천 방식을 찾는 과정에서 다양한 현대철학이 생겨난 것이다. 각종 현대철학 학파들의 주장이 서로 다를지라도, 근대적 주체성 철학의 사유 패러다임으로부터 야기된 폐단을 극복하려고 했다는 점에서는 정확히 일치한다. 그와 같은 일치는 각각의 현대철학 학파가 상이한 방식으로 주체와 객체를 나누는 사유방식을 극복했으며, 인간의 생활 자체로 회귀했다는 것을 보여준다. 그 회귀는 어떤 의미에서 인류 문명 초기의 원시적인 실천철학적 사유 패러다임으로 돌아간 것이라고 할 수 있다. 그러한 실천철학적 사유 패러다임을 가장 먼저 명확하게 제기한 현대철학자는 의심할 여지없이 마르크스였다.

현대적 중국 마르크스주의 철학을 되돌아보면, 서구철학이 수천 년에 걸쳐 이룬 이론적 공간을 그것은 몇 십 년 만에 압축적으로 겪었다는 점을 알 수 있다. 그 변화를 제약하거나 이끌었던 것이 바로 실천적 방식의 변화, 즉 몇 십 년 만에 급격하게 변화된 실천 방식이었다. 현대적 중국 마르크스주의 철학이 실천철학으로 되돌아간다는 것은 중국 사람들에게 친근한 정신적 터전을 재구성해 주어야 한다는 주관적 측면의 필요성뿐만 아니라, 그것이 객관적으로도 가능하며 심지어 불가피하다는 것을 알려준다.

그런데 실천철학적 사유 패러다임으로 돌아가는 것은 단순히 옛 것을 복원하는 것이 아니라, 새로운 역사적 조건에서의 재창조이자 근본으로 돌아가 새로움을 개척하는 것이다. 현재 중국철학의 존재 양태로부터 근본으로 돌아가 새로움을 개척한다는 말은 대체로 전통적인 중국철학이 근본으로 돌아가 새로움을 개척하는 것, 그리고 마르크스주의 철학이 근본으로 돌아가 새로움을 개척하는 것과도 연관된다. 앞서 논의했던 것처럼, 전통적 중국철학과 마르크스주의 철학의 본래적 형태는 실천철학적 패러다임에 속했지만, 훗날 모두 실체성 철학 또는 주체성 철학의 패러다임으로 바뀌면서 그 진정한 정신이 왜곡되었다. 그렇기 때문에 근본으로 돌아가 새로움을 개척한다는 것은 우선 후세 사람들이 그 진정한 정신에 덧붙인 것들을 제거해 그 본래 모습을 되찾은 다음, 현재 중국 사람들이 직면한 정신생활의 문제들을 창조적으로 해결해야 한다. 또한 그 문제들을 해결하는 과정에서 새롭고 친근한 정신적 터전을 만들거나 재구성해야 한다. 근본으로 돌아가 새로움을 개척하는 과정에서, 두 철학은 사유 패러다임의 본래적 유사성으로부터 진정한 융합을 이룰 수 있다. 다시 말해서, 중국철학의 진정한 정신을 마르크스주의 철학 내부로부터 융합시켜 깊이 있는 중국화를 이루거나, 다른 한편으로 전통적 중국철학을 확실히 현대화시키는 것이다. 또한 그것이 철학을 진정한 시대정신으로 만드는 핵심이다.

3) 시대정신의 승화

마르크스의 "진정한 철학은 모두 자기 시대의 정신적 핵심이다."[1]와 헤겔의 "그 시대가 사상 안에서 파악된 것이 철학이다."[2]라는 명제는 널리 알려진 명언들이다. 그러나 만약 진정한 앎을 지행합일로 이해한다면, 잘 알고 있는 것은 진정한 앎이 아니다[3]라는 헤겔의 명언이 여기에 대응

---

1) 어떤 이는 이 명제에 헤겔주의의 의혹이 있다고 해서 그 정당성을 의심하지만, 설령 그렇다고 하더라도 저자는 그 명제와 헤겔의 유사 명제 모두 진정한 철학적 본질을 드러내고 있으며, 철학에 숭고한 사명을 부여하고 있기 때문에 중성中性적인 의미에서 그것의 합리적 사용이 가능하다고 본다. | 中共中央馬克思·恩格斯·列寧·斯大林著作編譯局 譯, 『馬克思恩格斯全集』1, 人民出版社, 1956: 121쪽.

2) | Georg Wilhelm Friedrich Hegel / 範揚·張企泰 譯, 「序言」, 『法哲學原理』, 商務印書館, 1961: 12쪽.

3) | Georg Wilhelm Friedrich Hegel / 賀麟·王玖興 譯, 『精神現象學』上, 商務印書館, 1979: 20쪽.

된다. 그것은 철학자가 자신의 사상을 시대정신의 핵심으로 만들고 싶어 하지 않는다는 말이 아니라, 철학자들이 새로움을 추구하면서 새로운 시대적 흐름에 급급해 진정한 시대정신을 제대로 파악하지 못할 수도 있다는 말이다. 현재도 중국 철학계에서는 경쟁적으로 새로움을 창조하고자 하지만, 결과적으로 창조적 능력만 쇠퇴되었을 뿐이다.

현재 학계에서 논쟁적인 주제나 유행하는 신조어, 예를 들어 현대성 비판, 포스트모더니즘과 같은 것들을 보면, 이론적 혁신을 어떻게들 생각하는지 알 수 있다. 더욱 기이했던 것은 일부 연구자들이 오래된 역사의 유학까지도 포스트모던과 하나로 묶어 해괴망측한 새 옷을 입혔다는 점이다. 저자는 여기서 그와 같은 최신 사조를 연구하지 말라거나, 그것에서 참조점이나 특히, 새로운 관념들을 받아들이지 말라고 하는 것이 아니다. 다시 말해서, '가져온 것' 자체를 새롭게 창조된 것으로 간주해서는 안 되며, 더욱이 외부에서 새로운 사조라고 이름 붙였다고 해서 만족한다거나 겉모습만을 계속해서 바꾸는 것에 대해 만족해서는 안 된다는 점을 지적하고 싶다.

현대 중국철학에서 지금 중국의 시대정신이 무엇인지 논하는 것은 오묘하고 고차원적인 문제가 아니라, 사실 지극히 평범한 문제일 뿐이다. 그것은 아편전쟁 이후 중화민족에게 가장 절실하고 강렬한 염원이었던 중화민족의 부흥과 사회생활의 현대화라는 문제였다. 이처럼 평범했기 때문에 기본적인 문제였고, 또한 기본적인 것이었기 때문에 상층에서 부유하는 것들에 의해 가려져 도외시되었다. 따라서 진정한 철학적 혁신은 그 근본으로 돌아가는 것이고, 시대정신을 제대로 파악해야만 그것이 철학적 이론으로 승화될 수 있는 것이다. 현대적 중국 마르크스주의 철학에서 민족의 부흥과 사회적 현대화는 마르크스주의의 중국화에 있기 때문에, 그 근본이라는 것은 그와 같은 과정을 성찰하고 승화시키는 데서 한층 구체화된다.

현재 중국 사회의 발전 상황에서 중국의 사회주의 사업은 이미 전 세계가 주목할 정도로 뛰어난 성과를 낳았으며, 중국적 경로와 중국적 모델은 폭넓은 공감을 얻고 있다. 그것은 중국적 경로가 중국의 현대화를 성공시킨 길이라는 점뿐만 아니라 그것에 더욱 심원한 세계사적 의의가 갖춰져 있다는 점을 알려준다. 즉, 중국의 발전 경로와 성과는 중국 이론계에 3가지의 중대한 과제를 제기했다. 첫째, 중국적 경로는 서구 현대화이론의 기존 해석틀을 극복함으로써 그것을 곤란하게 만들었으며, 또한 기존의 역사적 유물주의 해석 체계에 도전했다. 따라서 그것은 중국의 경험에 의거한, 마르크스주의의 발전과 새로운 이론적 틀의 창조를 요구했다.

　둘째, 대외적으로 중국적 경로의 거대한 성공은 중화민족에게 완전히 새로운 역사적 시기를 맞이하게 했을 뿐만 아니라 국제 사회에서도 중화민족의 경제적·정치적 비중은 더 커졌다. 하지만 정신문화의 영역은 아직 그에 걸맞은 위치에 오르지 못했다고 할 수 있다. 이를 계기로 경제적·정치적 위상에 걸맞은 정신문화적 성과의 창출, 그리고 중화민족의 문화적 지위와 소프트파워의 향상이 요구되었다. 셋째, 내부적으로는 중국 사회가 새로운 역사적 시대로 급속히 접어들었는데, 그것은 다음을 의미했다. 즉, 새로운 시대정신으로 건전한 민족의 발전을 유지하고 이끌어야지, 독일이나 일본처럼 잘못된 관념으로부터 세계와 자신들에게 일으켰던 심각한 위기를 다시 밟아서는 안 된다는 점이다.

　위의 3가지 과제는 분리된 것이 아니라 상호보완적인 관계를 이룬다. 중국의 경험을 충분히 설명할 수 있는 정신 관념에 기초해야만 건전한 민족의 발전을 유지하고 이끌어나갈 수 있기 때문이다. 또한 중국의 경험과 중화민족의 건전한 발전을 이끄는 정신 관념을 설명할 수 있어야만 세계의 공감을 얻을 수 있을 것이다. 그러한 정신 관념은 분명 개개의 정신문화 영역과 관련된 복합적인 시스템이겠지만, 그 핵심은 필연적으로 철학적 차원의 관념에 놓여 있다.

저자는 시대정신의 승화를 이루고, 그로부터 중국철학의 정신적 재구성이라는 목표를 달성하려면, 내적 연관성을 갖춘 다음의 3가지 문제에 대한 심화된 연구가 필요하다고 본다. 첫 번째는 중국적 경로와 중국적 모델에 대한 성찰이고, 두 번째는 중국의 경험에 의거해 마르크스주의 철학의 이론을 재해석하는 것이며, 세 번째는 마르크스주의 철학의 중국화를 다시금 이해하는 것이다. 그러나 현재의 상황을 고려할 때, 이 3가지 연구에는 많은 한계들이 존재한다.

우선, 중국적 경로와 중국적 모델에 관한 연구다. 중국과 해외 학계에서 중국적 경로, 중국적 모델, 또는 중국의 경험에 대한 논의와 연구는 20세기 말에서 21세기 초에 시작되었다. 2004년 라모[Joshua Cooper Ramo]의 『베이징 컨센서스』가 출간되면서 본격화했는데, 그 흐름은 2008년부터 시작된 세계적인 금융위기로 인해 절정에 다다랐다. 1980년대 전반적인 사회 발전의 방식이라는 의미에서 중국적 경로와 중국적 모델을 다룬 경우는 드물었다. 1990년대에 이르러서야 중국적 경로와 중국적 모델 등의 개념들이 상당히 많이 등장했지만, 대부분 해상 운송, 금융, 의료, 보험 등 개별 분야에서만 다뤄졌을 뿐이다. 전반적인 사회 발전의 방식이라는 의미에서 중국적 경로와 중국적 모델이 논의되기 시작한 것은 20세기 말에서 21세기 초가 되면서다. 처음에는 기본적으로 경제학, 정치학, 사회학 등 사회과학적 차원에서 그 논의가 이루어졌는데, 철학적 차원의 논의는 몇 년이 지난 후에야 진행되었다. 그렇지만 여전히 철학계의 관심을 끌만한 문제는 만들어지지 않았고, 관련된 문헌 역시 그 양이 매우 적었다.

당시 철학적 차원에서 주로 다뤄졌던 문제들은 다음과 같다. 마르크스주의에서 사회발전 경로의 보편성과 특수성 관계를 다룬 이론 또는 아시아 사회 이론을 활용한 중국적 경로의 이해, 중국적 평화주의의 발전이 미래의 세계 발전에 끼치는 기여, 그리고 중국적 경로와 중국의 경험에 포함된 인본적 사유·기능적 사유나 실용적 사유·중도中道적 사유·조화로운 사유와 같은 방법론적 문제들이 있다. 그 논의들은 분명 철학적 차원에서 중국적 경로를 성찰하는 데 새로운 길을 개척했다는 의미를 갖지만, 여러 이유 때문에 여전히 깊이가 부족하고 전면적이고 체계적으로 파악할 수 있는 수준에 도달하지는 못했다. 또한 중대한 문제들, 예를 들어 중국의 경험에서 공평과 정의의 문제, 중국적 경로와 중국의 시민사회·공공영역·공공정신의 문제, 그리고 중국 마르크스주의 정치철학의 건립에서 중국적 경로가 지닌 의의 등의 문제들은 다루지 못했거나 다루었어도 그 수준이 깊지 않았다.

다음으로, 마르크스주의 철학 이론에 관한 재해석이다. 마르크스주의 철학에 대한 중국 학계의 재해석은 개혁개방 이후부터 시작되었다. 진리의 기준 문제, 인도주의의 문제, 실천적 유물주의의 문제 등을 둘러싼 여러 차례의 대규모 토론을 통해 적지 않은 학자들이 전통적 마르크스주의 철학의 해석 체계를 바꾸고자 했다. 처음에는 대다수가 이론상의 혼란을 바로잡고자 하는 필요에서 시작했지만, 점차 새로운 해석 체계나 해석의 원칙이 등장했다. 그 새로운 해석의 주된 이론적 경향은 마르크스주의 철학의 실천적 원칙이나 주체성의 원칙이 강조되었기 때문에, 일반적으로 주체성 철학으로의 추세나 전환이라고 불린다. 그와 같은 이론적 경향은 분명 실천적으로 개혁개방과 사회주의적 시장경제의 발전에 부합한 것이었다.

1990년대 중반부터 중국 학계에서는 주체성의 철학적 경향에 대한 반성이 시작되었고, 나아가 새로운 해석상의 원칙이 제시되었다. 그 원칙은 실천철학, 탈주체성 철학, 실존주의, 탈형이상학 등으로 표현되며, 주체성 원칙에 대한 극복이 강조되었기 때문에 일반적으로 실천철학이나 탈주체성 철학으로의 경향 또는 전환이라고 불린다. 두 차례의 이론적 전환은 중국 마르크스주의 철학의 해석 체계가 발전하는 데 매우 중요한 역할을 담당했다. 하지만 두 차례의 이론적 전환에도 두 가지의 심각한 문제점이 존재한다. 하나는 두 차례의 전환이 이론의 내용적 측면에서 중국의 사회적 실천에 부응했다고 하더라도, 이론의 형식적 측면에서는 다른 철학들을 가져와 마르크스 철학을 재해석했을 뿐, 중국철학자가 수행한 마르크스주의 철학의 내재적 이론화 과정은 거치지 못했다. 다른 하나는 두 차례의 전환과 중국적 경로 또는 중국의 경험이 등장하는 시기와 차이를 보이기 때문에 중국의 경험을 이론화한 내용이 거기에 포함되지 못했다.

마지막으로, 마르크스주의의 중국화를 다시금 이해한 것이다. 마르크스주의의 중국화에 대해, 처음에는 대다수의 사람들이 마르크스주의의 보편적 원리와 중국의 실제 상황을 결합시켜 이해했다. 당시에 직면했던 문제들을 고려해본다면, 그러한 규정적 이해가 합리적이었다는 점은 분명해 보인다. 하지만 마르크스주의 철학의 중국화라는 문제는 그 자체로도 대단히 복잡하기 때문에 거기에만 머무를 수 없다. 중국과 서구는 외적인 문화적 성과뿐만 아니라 내적인 사유방식에서도 아주 현저한 차이를 보이며, 그러한 사유방식상의 중대한 차이는 마르크스주의 철학의 중국화라는 중요한 문화적 사건에도 투영된다. 그렇기 때문에 그 문제를 깊이 있게 이해하려면 사유방식의 차이라는 문제제기가 필요하다. 다시 말해서, 중국과 서구의 사유방식 차이가 마르크스주의의 중국화 과정에 어떠한 영향을 주었는지, 특히 마르크스주의 중국화의 전형인 마오쩌둥 철학이 형성되는 과정에서 중국의 전통적 사유방식이 담당한 역할을 살펴봐야 한다.

중국과 서구의 사유방식 차이로부터 엄밀하게 살펴보지 않는다면, 마르크스주의 철학의 중국화를 깊이 있게 이해하는 데도 어려움이 따른다. 관련 연구들을 살펴보면, 마르크스주의 중국화는 중국과 서구의 문화적 또는 철학적 차이라는 측면에서 많이 다루어졌다. 하지만 그 연구들은 대부분 마오쩌둥과 같은 이들의 철학 사상이 중국 전통철학의 어떤 내용을 계승했고 또 받아들였는지에만 국한되었거나, 모호한 의미에서 중국의 철학적 전통만을 다루었을 뿐 사유방식의 차이로 나아가지 못했다. 그밖에도 일부 학자들이 마르크스주의 철학의 중국화에 대한 중국적 사유방식의 의의를 언급했지만, 표현된 사유방식 개념은 비교적 폭넓은 의미에서 사용된 것들이 많다. 예를 들어, 중국 사람들의 사유방식을 다음과 같은 특징으로 개괄했는데, '천인합일天人合一의 사유방식', '치사실용致思實用', '체용합일體用合一', '궁행실천躬行實踐', '내성외왕內聖外王', '철학과 중대한 현실 문제의 결합 또는 철학과 윤리나 인생문제의 결합', '실학정신', '현실과 실천에 발 딛고 서서 현실의 모순 운동을 발견하고 이해함으로써 인간의 자각적 능동성에 의한 모순의 전환을 강조한다.' 등이다.

분명한 것은 그와 같이 폭넓게 이해된 '사유방식'은 중국의 전통철학과 서구철학을 구별해내기에 충분하지 않았다는 점이다. 최근 일부 학자들은 마르크스주의 철학의 중국화 문제를 연구하면서 중국과 서구의 사유방식 차이에 주목했다. 그를 통해 마르크스주의 철학의 수용 과정에서 나타난 전통적 사유방식의 지대한 영향을 강조함으로써 그 문제에 대한 연구를 대폭 확대시켰다. 그럼에도 불구하고 아직까지 그에 관한 연구 상황은 충분한 편이 아니어서 중국과 서구의 사유방식 차이, 그리고 마오쩌둥과 같은 이의 철학과 마르크스주의 개척자들의 철학이 맺는 관계 등을 더욱 확장시킬 필요가 있다. 그밖에도 마르크스주의 개척자들이 규정한 이론과 실천의 관계로부터 중국화된 마르크스주의 철학의 내재적 필연성을 이해하는 것도 심화된 논의가 요구된다.

전체적으로 저자는 다음과 같이 진단한다. 즉, 중국적 경로와 중국의 경험에 대한 체계적 성찰을 바탕으로 마르크스주의 철학 이론과 중국화된 마르크스주의 철학의 재해석을 통해, 중국 마르크스주의 철학의 현대적 형태를 마련해야 한다는 대단히 중요한 종합적 이론 과제가 여전히 미완의 상태로 남아 있다는 점이다. 그렇다면 어떻게 그와 같은 연구를 진행해야 할까? 저자는 그 연구가 성공하려면 반드시 기존의 추상적인 연구 방식이 바뀌어야 한다고 생각한다. 여기서 추상적인 연구 방식은 주로 현실적 실천에서 벗어난, 세계를 해석만 하는 이론철학적 사유방식을 가리킨다.

이론철학의 사유방식이 표현된 것 중에 하나가 순수한 철학적 사변으로, 그것은 다른 경험적 연구 성과들을 무시한다. 그와 같은 전제에서 마르크스주의 철학은 단지 세계를 해석하기만 하는 옛 형이상학이나 이론철학으로 이해될 뿐이다. 따라서 그것은 세계의 변혁을 지향하는 마르크스주의 철학의 실천철학적 성격과 분명히 부합되지 않는다. 마르크스가 지적했던 것처럼, 실천철학에서 이론이나 사유의 진리성은 "인간이 실천 과정에서 자기 사유의 진리성, 즉 자기 사유의 현실성과 힘, 그리고 자기 사유의 현세성을 증명해야만 한다."[4]는 것으로 이해된다. 그것은 실천철학에 추상적 진리가 존재할 수 없고, 어떤 진리든 실천을 벗어나 있지 않기 때문에 현실적이고 구체적이라는 사실을 알려준다.

그러한 이유 때문에 마르크스주의 개척자들은 평생토록 끊임없이 자신의 이론을 창조할 수 있었고, 지속적으로 자신의 연구를 철학에서 정치경제학, 역사학, 사회주의 이론 등의 영역으로 확장시킬 수 있었으며, 그로부터 이론을 더욱 현실화·구체화시켜 그것에 '현세성'을 부여할 수 있었다. 마르크스가 어느 단계에서 유물사관을 창안했고, 또 어느 단계에서 그것을 정치경제학과 사회주의 연구에 적용했다는 주장은 분명 지나치게 단순화시킨 이해에 불과하다. 따라서 실천철학적 시각에서 마르크스주의의 중국화는 기존의 보편적 원리가 단순하게 개별적으로 적용되는 것이 아니라 그 자체로 이론을 더욱 구체화·현실화·현세화하는 것이다. 다시 말해서, 그것은 이론의 발전과 혁신이다.

---

4) 中共中央馬克思·恩格斯·列寧·斯大林著作編譯局 譯, 『馬克思恩格斯選集』1, 人民出版社, 1995: 55쪽.

마르크스주의 이론의 핵심 개념인 공산주의 사회를 예로 들어보자면, 공산주의 사회는 마르크스주의가 발전하면서 여러 차례의 현실화와 구체화 과정을 거쳤는데, 그 과정을 통해 개념의 내용뿐만 아니라 마르크스주의 이론의 내용도 바뀌었다. 공산주의 사회라는 개념은 초기에 옛 사회를 부정한다는 측면에서 하나의 막연한 전체로 이해되었다. 『1844년 경제학 철학 수고』에서 공산주의 사회는 소외된 노동의 지양을 의미했고, 『도이치 이데올로기』에서 공산주의는 단지 분업과 사유제의 소멸로 이해되었다. 하지만 마르크스는 오랜 정치경제학 연구 성과와 파리코뮌의 혁명 경험을 총괄한 『고타 강령 비판』에서 공산주의 사회의 2단계설을 제시했다. 즉, 공산주의는 더 이상 하나의 막연한 전체로서 이해되는 것이 아니라, 낮은 단계와 높은 단계로 나뉠 뿐만 아니라 두 단계에는 완전히 상이한 사회적 원칙이 적용된다. 낮은 단계에서 노동에 따른 분배라는 "평등한 권리는 원칙적으로 여전히 부르주아들의 권리"5)이며, 높은 단계의 수요에 따른 분배는 "부르주아들의 권리라는 협소한 시야를 완벽하게 벗어난 것"6)이 된다.

그 이후, 사회주의가 한 나라에서 우선적으로 승리할 수 있다는 레닌의 이론과 농촌으로 도시를 포위해 혁명적 승리를 쟁취한다는 마오쩌둥 이론은 공산주의 사회라는 관념과 마르크스주의 이론의 내용을 크게 바꾸어 놓았다. 그렇지만 명확하게 공산주의 사회의 관념을 가장 크게 변화시킨 것은 중국의 실제 상황으로부터 제기된 덩샤오핑의 사회주의 초급初級 단계 이론이다. "사회주의 자체가 공산주의의 초급단계인데, 우리 중국은 그 사회주의에서도 초급단계에 있다."7) 이 이론은 100여 년 동안의 탐색

---

5) | 中共中央馬克思 · 恩格斯 · 列寧 · 斯大林著作編譯局 譯, 『馬克思恩格斯選集』3, 人民出版社, 1995: 304쪽.

6) | 中共中央馬克思 · 恩格斯 · 列寧 · 斯大林著作編譯局 譯, 『馬克思恩格斯選集』3, 人民出版社, 1995: 306쪽.

끝에 공산주의를 더욱 현실적으로 규정했으며, 더욱 풍부한 내용을 담고 있다. 오늘날 중국적 경로와 중국적 모델을 깊이 있게 이해하려면, 당시에 마르크스가 했던 것처럼 관련 사회과학들과 생산적인 대화를 진행해야만 한다. 그러한 실증적 연구를 분석·종합·개괄·향상시켜야만 중국적 경로에 관한 철학적 관념 전반을 마련할 수 있다.

2 중국철학과 서구철학의 대화, 그리고 중국화된 마르크스주의 철학의 발전

민족의 역사적 생명력과 밀접히 관련되었다는 것이 곧 외부의 모든 것을 배제했다는 것을 의미하지 않는다. 사실, 100년이 넘는 동안 중화민족의 생활세계는 경천동지할 변화를 겪었으며, 서구의 정신 관념도 대량으로 중국문화에 유입되었다. 그러한 현대적 생활이 반영된 관념과 민족의 전통적 정신 관념의 격렬한 갈등과 충돌을 19세기 중반 이후 중국의 사상·문화·역사에 관한 주요 내용을 구성한다. 작금의 사상문화계에서 진행되는 자유주의, 보수주의, 신좌파와 같은 학파들의 논쟁은 여전히 그러한 갈등과 충돌의 연속선상에 위치한 것이라고 할 수 있다. 따라서 창조성을 갖춘 새로운 철학은 갈등과 충돌을 해소해야만 하는데, 왜냐하면 그 충돌을 그대로 방치해서는 안 되기 때문이다. 그리고 그 해결은 도토리 키재기 식의 배합이 아니라 민족의 전통적 정신 관념을 바탕으로 외부 관념을 흡수하는 것이다. 즉, 외부 관념을 자기 내부로 끌어들여 민족정신의 전통을 구성하는 유기적 내용물로 바꿔야 한다. 이를 위해서는 중국철학과 서구철학의 적극적인 대화가 필요하며, 그 대화로부터 철학적 창조가 가능해진다.

---

7) 中共中央文獻編輯委員會 編, 『鄧小平文選』3, 人民出版社, 1993: 252쪽.

1) 중국철학과 서구철학에서 가능한 대화 패러다임

19세기 중반, 문호가 개방되고 서구문화가 중국으로 밀려들어왔을 때부터, 중국철학과 서구철학의 대화는 이미 시작되었다. 따라서 대화의 시대라고 부르는 현 시대에, 그와 같은 중국철학과 서구철학의 대화를 더 이상 회피할 수는 없다. 하지만 모든 대화에는 전제가 있기 마련이고, 그 전제들에 의해 제약될 수밖에 없기 때문에 어떤 특정한 방식이나 패러다임을 갖추게 된다. 대화 패러다임들을 살펴보게 되면, 의심의 여지없이 대화에 개입된 관념의 제약을 느낄 수 있다. 따라서 어느 정도에서는 기존의 제약을 뛰어넘을 수 있을 뿐만 아니라, 확장된 대화 영역을 통해 더욱 효과적인 진행이 가능해진다. 그렇지만 대화 패러다임은 매우 모호한 개념으로, 중국문화와 서구문화의 이질성 때문에 그것은 상이한 문화적 영역에서 서로 다른 의미를 갖게 된다. 따라서 여기서는 중국문화의 영역에 국한해 중국철학과 서구철학의 대화 패러다임을 살펴보고자 한다.

우선 대화 패러다임의 구분 근거를 확정할 필요가 있다. 대화 패러다임은 대화자들이 처한 상황, 즉 조건의 산물로 이해될 수 있는데, 조건은 '이론적 조건'과 '실천적 조건'이라는 두 가지 차원으로 나뉜다. 이론적 조건이라는 것은 대화자가 대화에 참여한 두 가지 철학의 기본적 특징을 이론적으로 이해한 정도를 가리킨다. 그리고 실천적 조건은 대화자가 대화에 참여한 두 가지 철학의 실천적 의미를 이해한 것이다. 두 문화가 조우한 상황에서 기존의 자기 철학에 대한 자기만족적 이해 정도에 따라, 상대 철학에 대한 태도가 결정되기 때문에 실천적 조건도 기존 철학에 대한 자기만족적 이해로부터 규정된다.

만약 중국과 서구의 두 가지 철학적 특징을 명확하게 이해했는가 그렇지 못한가라는 인식 상태로부터 이론적 조건이 나뉘고, 단순하게 기존의 자기 철학에 대한 자기만족을 기준으로 긍정적 또는 부정적 이해의 상태로 실천적 조건이 나뉜다면, 각각의 두 가지 상태로부터 4가지 조합이 가능해진다. 명확하게 이해하지는 못했지만 스스로 만족하는, 명확하게 이해하지도 못했고 스스로도 만족하지 못하는, 명확하게 이해했으며 스스로도 만족하는, 명확하게 이해했지만 스스로 만족하지 못하는 상태가 그것이다. 이 4가지 조합이 중국철학과 서구철학의 대화 패러다임으로 간주된다. 다음에서는 4가지 패러다임을 하나씩 살펴보고, 그것을 바탕으로 중국철학과 서구철학 대화 패러다임의 변화를 전망해 보도록 한다.

2) 중국철학과 서구철학의 초기 대화 패러다임

중국철학과 서구철학의 첫 번째 대화 패러다임은 이론적으로 각각의 철학적 특징을 명확하게 이해하지 못했으면서도 실천적으로는 기존의 자기 철학에 자기만족적이거나 대체로 자기만족적인 태도를 취했던 조건의 대화 패러다임이다. 그와 같은 대화 조건은 중국과 서구의 두 문화가 조우했던 초기에 존재했다. 두 문화가 처음 만났을 때, 서구문화와 그 철학에 대한 기본적 이해가 부족했고, 또한 제대로 된 비교가 불가능한 상황에서 기존의 자기 철학이 지닌 특징도 명확하게 인식할 수 없었다. 다른 한편으로는 서구철학이 아직 실천적으로 중국철학에 충격을 주지 않았기 때문에 대화에 참여한 중국 사람들은 기존의 자기 철학에 대해 여전히 자기만족적이거나 자신 있는 태도를 취할 수 있었다.

그러한 대화 패러다임의 사례로는 장지동[張之洞, 1837-1909]의 '중체서용中體西用' 학설과 담사동[譚嗣同, 1865-1898]의 '인학仁學' 이론을 들 수 있다. '중국 학문이 근본이고, 서구 학문은 말단'이라는 장지동의 학설은 중국철학과 서구철학의 대화에 가장 먼저 참여한 중국 사람들에게 전통적인 중국문화와 중국철학에 어느 정도의 자신감이 있었다는 점을 보여준다. 또한 담사동의 '인학' 이론은 당시 서구철학에 대한 중국철학자들의 인식이 부족했다는 것을 드러낸다. 의심의 여지없이, 그러한 조건에서 철학적 대화는 매우 미숙했으며, 다른 문화와 처음 조우했을 때 나타나는 일종의 본능적 반응이라고 할 수 있다. 따라서 어떤 중요한 사상적 성과가 있었다고 할 수는 없지만, 그것은 분명 중국철학과 서구철학이 대화를 시작했던 출발점이라는 의미에서 역사적으로 인정할만한 가치가 있으며, 오늘날의 입장에서 그것을 경시해서는 안 된다.

경제·정치·문화 등의 영역에서 서구의 영향력이 더욱 확대됨에 따라 중국의 전통철학에 대한 자기만족과 자부심은 더 이상 유지되지 못한 채, 급격하게 전통철학을 불신하게 되었다. 그로부터 중국철학과 서구철학의 두 번째 대화 패러다임이 나타났다. 이론적으로 두 철학의 특징을 명확하게 인식하지는 못했지만, 실천적으로는 전통철학에 대한 자신감을 상실해 스스로 만족하지 못하는 심리 상태가 조성된 것이다. 다시 말해서, 이론적으로 명확한 인식이 없었기 때문에 일반적으로 그 대화 패러다임에서는 상이한 여러 방식들에 의해 중국철학과 서구철학의 근본적 차이가 간과되었다. 또한 전통철학에 대한 자신을 잃어버렸기 때문에 대화자들은 명시적으로든 암묵적으로든 서구철학을 더욱 우월한 철학적 형태로 간주했다.

그 대화 패러다임에는 우선적으로 전면적 서화파全般西化派의 철학 관념이 포함된다. 그 학파의 대표적 인물이 후스[胡適, 1891-1962]이다. 후스에게 문화라는 것은 민족이 살아가는 방식이며, 각 민족이 살아가는 방식은 사실 별 차이가 없는 것이다. 따라서 중서 논쟁中西之爭이라는 것도 고금古今의 논쟁이며, 또한 선진적인 것과 낙후한 것의 논쟁일 뿐이다. 그렇기 때문에 스스로 "모든 면에서 남보다 못하다"[8]는 것을 인정하고, 나아가 "체념하고 일말의 동요 없이 남을 배워"[9]야 한다. 서구문화로 전

---

8) 胡適, 『胡適論學近著』1, 商務印書館, 1937: 640쪽.

통적 중국문화를 대체한다는 것은 바로 선진문화를 가지고 낙후된 문화를 대신한다는 것이다.[10)

천두슈도 대체로 초기에는 비슷한 생각을 가졌다. 그에게 중국의 전통 문화는 완전히 낙후된 문화였기 때문에, 현대화된 중국을 건설하기 위해서는 서구로부터 새로운 문화와 새로운 도덕을 도입해야만 했다.[11) 전체적으로 현대와 전통, 중국과 서구의 복잡한 관계에 상대할 때, 서화파의 기본 방향은 중국과 서구의 논쟁을 고금의 논쟁으로 귀결시켰다. 다시 말해서, 중국적인 것을 전통적인 것으로, 다시 전통적인 것을 낙후된 것으로 귀결시켰고, 다른 한편으로는 서구의 것을 현대적인 것으로, 그리고 현대적인 것을 중국의 목표로 귀결시켰다. 그래서 복잡한 문제들은 결과적으로 단순화되었다.

여기서 현대 신유학이라는 매우 중요한 중국의 현대철학 유파를 살펴볼 필요가 있다. 현대 신유학이라는 개념의 불확실성과 거기에 포함된 다양한 철학적 경향 때문에 그것을 간단히 어떤 대화 패러다임에 귀속시키기는 어렵다. 하지만 몇몇 대표적 인물의 일부 철학적 작업들을 그 대화 패러다임에 포함시키는 것에는 마땅한 이유가 있다. 여기서는 주로 펑여우란[馮友蘭, 1895-1990]의 철학 활동과 머우쭝싼의 철학 관념들을 살펴보고자 한다. 펑여우란과 같은 이는 분명 중국의 전통문화와 전통철학을 대단히 숭상했으며, 그 철학 작업의 목표도 새로운 시대적 조건으로부터 유가의 사상 체계를 재구성하는 데 있었다.

그렇지만 중국 전통철학의 정신이 제대로 재구성되었는지는 사상가의 주관적 목적에 달려있지 않다. 철학적 체계에서 결정적 역할을 담당하는

 9) 胡適, 『胡適論學近著』1, 商務印書館, 1937: 640쪽.
10) 胡適, 『胡適論學近著』1, 商務印書館, 1937: 640쪽을 참조하라.
11) 陳獨秀, 『陳獨秀著作選』1, 上海人民出版社, 1984: 179쪽을 참조하라.

것은 그것의 구체적 결론이 아니라 방법으로부터 드러나는 철학적 사유 방식이다. 그것은 마치 노래에서 가사보다 선율이 그 곡의 정취를 더욱 잘 드러내는 것과 같다. 헤겔의 "방법은 외적 형식이 아니라 내용의 정신이자 개념이다."[12]라는 말이 정확한 것이다. 그러한 점에서 "서구철학으로 유가의 리학理學을 드러낸다"[13]는, 즉 신실재론적 방법으로부터 만들어낸 펑여우란의 '신리학新理學'의 체계에 중국 전통철학의 정신이 담겨 있는가는 충분히 논란의 여지가 있다.[14]

반면, 현대 신유학의 대표적 인물로 영향력 매우 큰 머우쫑싼의 경우에는 상황이 좀 더 복잡해 보인다. "머우쫑싼의 작업은 펑여우란과 어느 정도의 유사성을 갖는데(그가 격렬하게 펑여우란의 철학을 비판했을지라도 말이다.), 그들은 서구철학의 분석적 방법을 적극 받아들여 그것으로 중국철학을 재구성했다."[15] 양자의 차이는 펑여우란이 신실재론 철학을 빌려 썼다면, "머우쫑싼은 주로 칸트의 오성적 분석 방법과 칸트 도덕철학의 일부 내용을 받아들였다."[16] 따라서 머우쫑싼이 펑여우란보다 중국 전통철학을 계승하고 확대시키려는 더 강한 바람을 가졌을지라도, 그가 재구성한 '신심학新心學' 체계에서 정신적 본질로서 그 사유방식은 여전히 칸트식의 철학 체계가 대부분을 차지했다고 할 수 있다. 그 중 가장 두드러진 것은 머우쫑싼의 '덕성주체'와 '지성주체'가 칸트의 물자체와 현상이라는 구분 방식과 비슷하다는 점이다. 그는 칸트식으로 양자를 구분

---

12) Georg Wilhelm Friedrich Hegel / 賀麟 譯, 『小邏輯』, 商務印書館, 1980: 427쪽.

13) ㅣ賀麟, 「儒家思想的新開展」, 『文化與人生』, 上海人民出版社, 2011: 15쪽.

14) 정자둥은 다음과 같이 밝혔다. "정신적 본질의 측면에서 허린은 펑여우란 철학이 …… 중국철학의 전통과 크게 동떨어졌다고 여긴 듯하다. 그와 같은 비판은 홍콩과 대만의 신유가인 머우쫑싼에 의해 체계적으로 논의된 바 있다."(鄭家棟, 『現代新儒學概論』, 廣西人民出版社, 1990: 229쪽.)

15) 鄭家棟, 『現代新儒學概論』, 廣西人民出版社, 1990: 305쪽.

16) 鄭家棟, 『現代新儒學概論』, 廣西人民出版社, 1990: 325쪽.

한 다음, 헤겔의 이성 소외론과 유사한 '양지감함良知坎陷'설로 그것을 봉합했는데, 그와 같은 시도에서 서구철학의 정신이 더욱 분명히 나타난다.[17]

여기서의 문제점은 다음에 있다. 그들은 의식적 측면에서 중국철학이 경계적으로 서구철학보다 우위에 있다고 주장하면서 중국 전통철학의 확고한 수호자를 자처했고, 그 학술적 지향도 중국 전통철학을 더욱 확장시키는 데 놓았다. 그런데 설령 그랬을지라도 잠재의식의 측면에서는 자신도 모르게 서구의 평가 규범에 제약되어 있었을 뿐만 아니라, 그들도 모르는 사이에 서구의 기준을 가지고 중국의 것들을 평가하고 있었다. 다시 말해서, 그것들을 서로 비교할 때조차, 그들도 모르게 서구적 기준을 적용했다. 예를 들어, 다음과 같은 질문이 가능해진다. 중국철학을 서구철학의 '외재적 초월'보다 우월한 '내재적 초월'이라고 말할 때, 거기에는 문화를 '초월성'이라는 서구의 기준으로 평가하려는 잠재의식이 담겨 있는 것은 아닌가?

하지만 초월성을 갖춘 것이 더 우월하고, 초월성을 결여한 것은 부차적이라는 관념이 인정된다면, 문제는 아무리 '내재적 초월'이 '외재적 초월'보다 우월하다고 강조하더라도 실제로는 그 우월함이 무의미하다는 것을 스스로 인정한 셈이 된다. 물론, 굴욕을 겪은 민족이 우세한 문화 앞에서 그 열등감을 떨쳐내기 어려웠을 것이다. 여기서 선현들을 책망할 의도는

---

17) | 덕성주체와 지성주체, 그리고 양지감함론의 관계를 황갑연은 다음과 같이 설명한다. "학통은 전통적인 덕성중심의 학문에 서양의 지성중심의 학문을 수용하여, 한편으로는 덕성주체의 자율적 요구에 의하여 지식을 성취하고, 다른 한편으로는 지성주체의 독립적 활동을 보장하여 지식의 독립성을 확보하는 것이다. 이 중 민주정치의 수용과 지식학문의 새로운 개출은 유가의 외왕정신으로서 유가철학 현대화의 핵심 요소이다. 양지감함론은 바로 유학 현대화의 두 방향인 민주와 지식학문의 새로운 개출을 위한 방법론에 관한 이론이다." 황갑연, 「牟宗三의 良知坎陷論 연구 - 道德과 知識의 融合에 관한 이론」, 『中國學報』52, 2005: 489쪽.

조금도 없다. 다만 사상사에 존재했던 그와 같은 사실들을 지적함으로써 성찰하고자 한다. 이를 통해 중국철학과 서구철학이 지닌 각 특징들을 충분히 인식해 중국철학의 정신을 더욱 효과적으로 확장시키려 한다. 또한 보편적인 문화적 자신감을 세우는 일은 대체로 사상가 개인의 주관적인 소망에 의한 것이 아니라 더 근본적으로는 현실 생활에서 민족이 스스로 설 수 있는 능력을 갖추었는가에 달려 있기 때문이다.

중국철학과 서구철학의 두 번째 대화 패러다임을 살펴보면서, 서화파와 현대 신유학을 대표한 인물의 철학을 거론했다. 그 3가지 사례에서 서화파는 가장 명백하게 중국문화와 서구문화의 차이를 무시했을 뿐만 아니라 전통문화에 대한 자부심과 자기만족감을 결여했다고 할 수 있다. 반면, 현대 신유학의 대표적 인물들은 중국문화와 서구문화의 차이를 비교적 명확하게 인식했지만 문화적 자신감이라는 측면에서는 그렇지 못했다. 다시 말해서, 무의식적으로는 자신감을 결여했지만, 의식적 측면에서는 선명한 문화적 자부심을 갖추었다.

3) 중국철학과 서구철학의 차이를 인정한 대화 패러다임

새로운 철학적 대화 패러다임은 중국철학과 서구철학의 각 특징에 대한 심화된 인식에 근거한다. 그러한 인식의 발전 과정에는 중국 사람들 자신의 기여도 있었지만 서구 학자들의 공로도 담겨 있다. 그 부분은 1장에서 어느 정도 상세히 살펴보았다. 그 결론은 중국철학과 서구철학의 각 특징들이 철학적 사유방식의 차이에서 비롯되었다는 점이다.

중국과 서구의 철학적 사유방식에 대한 근본적 차이를 인식하고, 그것을 무시할 수 없는 전제로 인정하는 것은 그 문제를 검토하는 데 커다란 영향을 끼칠 수밖에 없다. 그렇지만 그와 같은 전제에서 중국철학과 서구철학의 특징들, 특히 중국 전통철학의 사유방식이 서구의 그것과 크게 다르다는 점을 어느 정도 명확하게 인식하더라도, 여전히 전통적 중국철학에 대해 두 가지 태도를 취할 수 있다. 하나는 현대 생활의 측면에서 재구성된 전통적 중국철학은 자기만족성을 갖추었다고 보는 것이다. 다른 하나는 그것이 자기만족성을 갖추지 못했기 때문에 반드시 서구로부터 현대철학이나 주체성의 철학을 끌어들여 중국의 전통철학에서 결여된 주체성 문제를 보완해야 한다고 보는 것이다. 물론, 여기서 언급된 자기만족적인 태도와 그렇지 못한 태도는 중국철학과 서구철학의 각 특징을 비교적 명확하게 인식한 것으로, 앞의 두 패러다임에서 드러난 태도와 비교해 보면 훨씬 더 완화된 것이라고 할 수 있다. 이처럼 어느 정도 완화된 자기만족과 불만족으로부터 각각 세 번째 대화 패러다임과 네 번째 대화 패러다임이 구성된다.

세 번째 대화 패러다임에서는 앞서 언급한 량수밍과 허린 등 이전 학자들의 작업이 자연스레 하나의 사례로 간주된다. 최근에 진행된 생산적 논의로는 장샹롱의 작업이 있다. 그는 다음과 같이 생각했다. "서구의 전통철학이라는 개념으로는 어떻게 해도 노자와 장자, 공자와 맹자를 읽었을 때의 풍부한 감정을 표현할 수가 없다. 또한 그 개념들이 얼마나 급진적이고 변화된 형식을 취했든지 간에 '도저히 맞지 않'아서, 여운이 길고 변화에 민감한 중국 고대의 사상 세계로 나아갈 수 없었다."[18] 그래서 장샹롱은『하이데거 사상과 중국의 천도 - 궁극적 시야의 열림과 융합』등 일련의 저서에서 하이데거 철학 사상을 독특하게 설명함으로써, 중국 전통철학을 매우 독창적으로 해석했다. 그 해석에 따르면, 기대할 만한 것은 "아직도 주변에 머물러 있지만 거대한 잠재력을 지닌 사상적 가능성으로 다가오고 있다."[19] 그밖에도 일부 마르크스주의 철학 연구자들은 중

---

18) 張祥龍,『海德格爾思想與中國天道 — 終極視域的開啓與交融』, 三聯書店, 1996: 455쪽.

국 전통철학을 고대의 실천철학으로 이해하거나 마르크스 철학을 현대적 실천철학으로 이해함으로써 마르크스주의 철학과 중국 전통철학의 관계를 다시 고찰했다. 그들은 그로부터 수준 높은 중국적 마르크스주의 철학을 정립하고자 했다. 네 번째 대화 패러다임에서는 중국철학이 그 내적인 결함으로 인해 현대 생활에서 자기만족성을 갖추지 못했기 때문에 서구로부터 현대철학이나 주체성의 철학을 끌어들여 중국 전통철학에 결여된 주체성 문제를 보완해야 된다고 주장했다. 그 관점은 학계에서 상당히 많은 이들의 지지를 받고 있을 뿐만 아니라 이제는 거의 '상식'이 되었기 때문에, 여기서는 다루지 않는다.

4) 중국철학과 서구철학에서 가능한 미래의 대화 방식

앞서 살펴본 4가지 대화 패러다임을 간단하게 평가해보면 다음과 같다. 첫 번째 대화 패러다임은 우월한 외래문화에 대해 본능에 가까운 반응을 보였고, 그로 인해 어쩔 수 없이 미숙한 상태에 가까웠다. 이 대화 패러다임은 역사적으로 가치가 있기는 하지만 그 미숙함 때문에 학술사적으로는 그다지 큰 의미를 갖지 못한다. 그래서 여기서는 깊이 있게 다루지 않겠다.

정작 중국철학의 발전에 큰 영향을 끼쳤으며, 앞으로도 큰 영향을 끼칠 것으로 보이는 것은 두 번째 대화 패러다임이다. 그 대화 패러다임의 잘잘못을 간단하게 표현하는 것은 매우 어려운 일이다. 긍정적인 면에서 보면, 첫째, 그것은 완전히 새로운 사유방식을 오래된 중국문화로 끌어들여 중국 사람들에게 일정 정도 심층적 측면에서 서구문화와 서구철학에 접근

---

19) 張祥龍, 『海德格爾思想與中國天道 — 終極視域的開啓與交融』, 三聯書店, 1996: 437쪽.

할 수 있도록 도와주었다. 또한 중국문화와 중국철학에 이질적인 요소를 포함시켜 문화 발전에 유리한 내적 길항을 마련해 주었다. 둘째, 새로운 철학적 사유방식과 중국 사람들이 근대 이후 서구로부터 받아들인 현실적 생활 방식이 서로 일치했고, 그로부터 새로운 철학적 사유방식은 실생활에 맞는 문화를 만들 수 있었다는 점이 더 중요하다. 그것은 정상적인 사회생활을 이루는 데 매우 중요한 것이었다.

부정적인 면에서 보자면, 그 대화 패러다임에서는 전통적 중국철학을 강제적인 방식으로 서구철학 체계에 포함시켜 해석함으로써, 중국철학과 서구철학을 동질적인 것으로 또는 중국철학을 저급한 단계의 표본과도 같은 것으로 만들어버렸다. 그로 인해 중국철학은 왜곡되었고, 중국철학의 옛 모습은 찾아볼 수 없게 되었다. 뿐만 아니라 중국 사람들에게서 역사적으로 유구하고 친근했던 정신적 터전을 빼앗아버렸다. 마찬가지로, 서구철학도 이질적인 대화 상대방을 빼앗겼기 때문에, 이질적인 것과 대화함으로써 자신을 발전시킬 수 있는 가능성이 상실되었다.

이처럼 첫 번째 대화 패러다임과 두 번째 대화 패러다임은 모두 중국문화와 서구문화의 관계를 단순화시켜 이해한 극단적 입장이다. 따라서 단순화된 이해를 극복하기 위해서는 시간이 필요했다. 일찍이 20세기 초에도 중국과 서구의 문화나 철학이 근본적으로 다르다고 인식한 학자들이 있었지만, 그러한 인식은 이후 상당히 오랫동안 절대 다수의 공감을 얻지 못했다. 대략 50년 정도의 시간이 지난 이후에야 그 인식은 많은 중국 사람들과 외국 사람들의 공감을 얻게 되었을 뿐만 아니라 초기의 표면적인 인식에서 더욱 심화된 인식으로 나아갈 수 있었다. 그와 같은 상황이 있었기에 세 번째 대화 패러다임과 네 번째 대화 패러다임이 발전할 수 있었고, 점점 더 많은 공감을 얻을 수 있었다.

두 가지 대화 패러다임 가운데 세 번째 대화 패러다임의 발전 또한 대단히 중요한 의미를 지닌다. 그 대화 패러다임이 서구철학에 의존했을지라도, 그것이 의존한 서구철학은 주체성의 형이상학이라는 서구철학의 주류가 아니었다. 일반적으로 그와 같은 주류에 반발했던 철학적 유파, 예를 들어 량수밍이 주목한 베르그손의 생명철학과 장샹룽이 기댄 하이데거의 존재현상학으로서 모두 주체성 철학의 반대자들이었다. 이처럼 실질적으로 서구의 철학적 정신과 구분된 중국철학을 재구성함으로써, 오랫동안 지배적 위치를 차지한 두 번째 대화 패러다임으로부터 중국의 철학적 정신을 발전시킬 수 있는 공간이 마련되었다. 오랫동안 방황했던 중국 사람들의 마음을 안정시킬 수 있는 친근한 정신적 터전이 발전되었다는 점에서 보면, 그 공간의 의미는 아무리 높게 평가해도 지나치지 않다.

물론, 이것은 문제의 한 측면일 뿐이다. 문제의 또 다른 측면은 100여 년 동안의 사회적 변혁을 거치면서 중국 사회의 경제·정치·문화생활에 근본적인 변화가 나타났을 뿐만 아니라 현대 자연과학을 받아들이면서 서구 사람들의 사유방식도 중국 사람들의 머릿속에 어느 정도는 유입되었다는 점이다. 그것은 중국 사람들의 정신생활과 사유방식에 이미 일정 정도 변화가 일어났고, 그것은 더 이상 전통의 단순한 연속이 아니었다. 따라서 전통철학의 단순한 재구성만으로는 사회생활의 변화를 맞출 수 없었기 때문에, 현실적 사회생활과 중국 사람들의 사유방식 변화에 맞춘 중국철학의 재구성이 필요했다. 하지만 그 재구성은 상이한 철학적 요소를 외적으로 한데 섞는 방식으로 이루어질 수 없으며, 오직 하나의 철학적 사유방식이 다른 사유방식을 내적으로 흡수하는 방법을 통해서만 실현될 수 있다.

그러므로 여기서 중요한 것은 철학 내적으로 이질적인 사유방식과 길항 관계를 유지하고, 양자의 내재적인 대화를 통해 이질적인 사유방식을 흡수해야 한다는 점이다. 그것은 또한 네 번째 대화 패러다임의 중요한 의미 가운데 하나다. 그리고 하나의 철학적 사유방식이 이질적 사유방식을 수용하는 과정상의 어려움도 충분한 고려해야만 한다. 불교철학의 일부 요소들이 중국철학의 사유방식으로 들어오는 데 걸렸던 시간을 본다면, 새로운 사유방식의 융합에 걸리는 시간을 어렵지 않게 짐작해볼 수 있다. 따라서 중국과 서구의 철학 체계들을 성급하게 융합시키기 보다는 세 번째 대화 패러다임과 네 번째 대화 패러다임에서 요구되는 길항을 유지함으로써 오랫동안 양자의 대화가 가능하도록 만드는 것이 중요하다.

5) 중국철학과 서구철학의 대화, 그리고 중국화된 마르크스 철학의 심화

의심할 바 없이, 새로운 세기를 맞아 중국철학의 학술적 근본 과제 또는 임무는 새로운 시대적 조건에 맞게 중국철학의 정신을 재구성하는 것이다. 그 임무는 중국 사회의 자체적 변화로부터 결정될 뿐만 아니라, 중국이 세계와 맺는 관계로부터 결정된다. 즉, 현재 중국은 새로운 역사적 시기에 접어들었으며, 중국의 사회주의적 시장경제 수립은 사회생활 전반에 근본적인 변화를 가져왔다. 따라서 철학은 시대정신의 핵심으로서, 현 시대의 정신생활을 반영해야 할 뿐만 아니라 그것에 참여해 만들어 나가야 하는 것이다. 또한 경제적 세계화에 따라 급격하게 늘어난 세계 문화 간의 교류와 충돌은, 세계화 시대의 강력한 문화적 충격으로부터 민족문화를 어떻게 유지하고 발전시킬 것인가라는 문제를 매우 절박하게 만들었다. 이로부터 철학은 정신문화의 핵심 부분으로서 더욱 막중한 책무를 담당하게 되었다.

이처럼 두 가지 차원의 문제는 근본적 차원에서 철학의 변화와 발전을 요구한다. 하지만 학술의 특징이 축적된 성과에 있다는 점을 고려한다면, 그와 같은 시대적 과제는 이제 막 시작된 상태에 불과하기 때문에 철학계의 상황은 전체적으로 시대적 요구에 부응하지 못하고 있다. 따라서 모든 철학적 분야의 근본 과제는 이러한 시대적 배경으로부터 전통철학을 창조적으로 재구성함으로써, 중국 사람들에게 '고향에 돌아온 듯한' 친근함을 줄 수 있는 새로운 정신적 터전을 만드는 데 있다.

그렇다면 어떻게 그것을 재구성할 것인가? 아주 간단한 두 가지의 이론적 방법이 있다. 하나는 전통적 중국철학을 단순 복원하는 것이고, 다른 하나는 근대 이후의 서구철학을 가지고 직접 해결하는 것이다. 그러나 100여 년 동안의 사상사적 경험은 그러한 단순한 방법을 통해서는 해결될 수 없다는 점을 알려준다. 전자의 방법은 너무 간단하다. 즉, 사회적 생활 방식의 급격한 변화로 인해 기존의 '터전'이 더 이상 새로운 시대의 정신적 근거지로 적합하지 않기 때문에 시대에 호응하는 새로운 정신적 터전을 세울 필요가 있다. 반면, 후자의 방법이 적절하지 않은 이유는 그렇게 단순하지도 않고, 자주 간과되었던 것이다. 그것은 중국과 서구의 철학적 차이를 시대적 차이로 단순화시켰다. 즉, 중국 전통철학은 전통적 사회생활에만 어울리기 때문에 그것을 현대적 사회생활에 걸맞은 근대 서구철학으로 대체해야지만 중국의 사회생활이 전환될 수 있다고 보았다. 그러나 20세기 초반부터 사상계가 겪었던 일련의 실패들, 그리고 그것에 기초한 사상적 경험은 그 방법이 실행되기 어렵다는 점을 보여준다.

최근 들어, 역사적 경험의 교훈으로부터 적지 않은 학자들이 중국철학과 서구철학 사유 패러다임의 차이점과 공통점을 인지하게 되었다. 철학적 차원의 사유방식은 한 민족의 독특한 생명 형태를 가장 본질적으로 규정한다. 따라서 철학이 민족의 독특한 생명 형태와 어울리지 못한다면 생명력을 갖출 수 없다. 그러한 견해에서 보면, 중국철학의 재구성은 전통을 그대로 복원하거나 서구를 똑같이 답습하는 형태가 아니라, 전통적 철학 정신을 창조적으로 전환시켜야만 하는 것이다. 다시 말해서, 그러한 창조적 전환의 목표는 현대 생활에 대한 부응과 전통적 사유 패러다임에 대한 부흥의 지향에 있다.

서구를 그대로 답습하지 않는다는 것이, 서구를 내버려 두거나 서구철학이 몇 백 년 동안 이룬 거대한 진전을 고려하지 않으면서 독자적인 재구성을 모색한다는 의미는 아니다. 서구철학과 유의미한 대화를 통해 중국 전통철학의 창조적 잠재력을 어떻게 활성화시킬 것인지, 그리고 현대적 조건에서 그것이 스스로를 생성하고 크게 발전할 수 있는지를 고려한다는 것이다. 그 목표에 도달하려면 중국 전통철학이 서구철학과 얼마나 유의미한 대화를 나눌 수 있는지를 검토하지 않을 수 없다. 일반적으로 대화가 유의미하게 이루어지기 위해서는 대화 당사자 간에 일정 정도의 동일성이나 친화성이 존재해야만 한다. 그런데 서로 비슷한 사유 패러다임들에서만 그와 같은 친화성이 존재하기 때문에 중국 전통철학의 대화 대상은 마땅히 그 사유 패러다임과 유사한 것이어야 했다.

저자는 장샹룽 등의 의견에 동의한다. 현상학, 특히 해석학적 현상학의 사유방식은 중국 전통사상의 그것과 친화성이 매우 높다고 본다. 또한 그것과 관련된 사유방식의 차이나 대립은 이론철학과 실천철학의 대립으로 폭넓게 이해될 수 있다. 따라서 마르크스와 하버마스 등의 철학을 그 사유방식에 포함시켜야만 그것들이 현대적 실천철학의 사유 패러다임으로, 그리고 그것과 유사한 중국의 전통적 사유방식이 고대 실천철학의 사유 패러다임으로 불릴 수 있다. 그러한 맥락에서 고대에서 근대에 이르는 서구의 주류 철학은 모두 이론철학이다. 즉, 고대에서는 실체성 철학의 사유 패러다임, 근대에서는 주체성 철학의 사유 패러다임이다.[20] 중국철학과 서구철학의 이전 대화가 중국철학의 재구성에서 낮은 기여도를 보였던 이유는 바로 대화에 참여한 중국철학이 기본적으로 모두 이론철학, 특히 주체성의 철학적 패러다임에 속했기 때문이다.

이론적 패러다임의 근본적 차이로부터 양자의 대화에서는 자연스럽게 우월한 서구철학이 기준이 되었다. 그로부터 중국 전통철학은 서구철학에

---

20) 사유 패러다임의 분류와 정의는 王南湜, 「新時期中國馬克思主義哲學發展理路之 檢視」, 『天津社會科學』2000年第6期: 4-10·47쪽을 참조하라.

의해 개선이 필요한, 즉 저급한 수준의 대상으로 전락했다. 이처럼 이론철학을 대화 상대방으로 삼게 되면, 중국 전통철학은 그 대화 과정에서 원래 자신이 지니고 있던 생명력을 펼칠 수 없으며, 대화의 결과도 불가피하게 중국 사람들의 생명 형태와 어울릴 수 없다. 또한 중국의 철학은 중국 사람들이 친근감을 느낄 수 있는 정신적 터전이 되지도 못한다. 따라서 중국철학을 효과적으로 재구성한다는 측면에서 이 문제를 논한다면, 대화 상대방은 마땅히 실천철학이라는 유형의 철학이어야 한다.

실천철학은 단일한 철학적 유파가 아니더라도 모두 실천철학적 근거를 갖추고 있기 때문에, 각각의 철학적 학파들에게는 생활적 실천의 우선성이 강조된다. 그렇지만 생활적 실천의 비非단일성으로 인해, 그와 같은 강조는 매우 상이하거나 때론 대립적인 경향을 띠기도 한다. 따라서 대화 자체도 다양성을 띨 수밖에 없고, 대화에 의해 재구성된 중국철학의 형태 또한 다양성이라는 특징을 드러낼 수밖에 없다. 그런데 여기서 다양성은 여러 대화들과 그 대화의 결과들이 서로 비슷비슷하다는 뜻이 아니다. 오히려 그것은 여러 서구철학들과 중국의 전통적 주류 철학이 맺는 친화성 정도, 그리고 현재 중국 사회의 특정한 상황에 기초해 있다는 점에서 상이한 의미를 갖는다.

여기에서 저자가 별도로 강조하고 싶은 것은 중국 전통철학과 마르크스 철학의 대화가 지닌 특수한 의미다. 그 대화가 특히 중요한 이유는 중국 사회생활에서 50년 이상 주류 이데올로기로서 큰 역할을 담당했던 마르크스주의 철학이 현대 중국의 사상문화사를 구성하는 데 매우 중요한 요소가 되었다는 점 때문이다. 또한 본래적 마르크스주의 철학과 중국 전통철학의 주류인 유가철학은 다른 철학들에 비해 상대적으로 큰 친화성이 존재한다. 현대적 실천철학의 패러다임에서 생활적 실천이나 직접적인 생활세계의 중요성을 강조하기는 했지만, 물질적 생산의 실천에 대한 마르크스의 관심은 남달랐다. 그것이 마르크스 철학과 전통적 유가철학에 어떤 친화성을 부여했다. 유가철학의 근본 특징은 일상적 생활 실천을 중시하고, 지知와 행行의 관계에서 행行을 기본적으로 강조했다는 데 있다. 시대적인 차이, 특히 철학이 근거하고 있는 생활 방식의 큰 차이로부터 유가철학이 일상적 인륜人倫의 실천이라는 행을 중시했다면, 마르크스 철학은 물질적 생산의 실천을 중시했다는 점에서 양자는 구분된다. 반면, 양자는 서로 통하는 지점이 있는데, 그것은 양자의 기본적인 생활 실천이 현실적 생활 영역에 놓여 있다는 점이다. 즉, 초월적·현학적·비현실적 생활 영역이 아니다. 양자의 대화는 그와 같은 소통 지점에서 가장 극대화된 가능성을 마련한다.

생산적 대화를 위한 기본 전제는 마르크스 철학이 여타의 철학적 유형이 아니라 반드시 현대적 실천철학이어야 한다는 점이다. 그럼에도 불구하고 지금까지 마르크스 철학에 대한 지배적 해석은 기본적으로 실체성의 철학이나 주체성의 철학적 패러다임이었지, 현대적 실천철학의 패러다임은 아니었다. 실체성 철학의 전형적인 사례로는 스탈린이 「변증적 유물주의와 역사적 유물주의」에서 제기한 일련의 해석들, 그리고 주체성 철학을 대표하는 것은 루카치가 『역사와 계급의식』에서 보여준 총체성 이론이 있다. 중국 학계에서는 몇 십 년 동안 그 두 가지 해석이 순서대로 지배적인 지위를 차지했다. 즉, 1950년대부터 1970년대 말까지는 실체성의 해석 일변도였지만, 1980년대 초부터 주체성의 해석이 등장하면서 두 가지 해석은 오랜 기간 격렬한 논쟁을 벌였다.

의심할 바 없이, 주체성의 해석이 실체성의 해석보다 훨씬 더 우수하며, 또한 그것은 중국의 사회적 발전과 변화에 적절하게 대응한 측면도 많았다. 그럼에도 불구하고 그 사유 패러다임 역시 근대 철학의 범주에 놓여 있었기 때문에 현대 실천철학적 패러다임인 마르크스 철학의 본질을 효과적으로 드러내지는 못했다. 이처럼 이론철학적 근거에 해당하는 해석을 가지고 실천철학적 근거를 지닌 중국 전통철학과 대화하게 되면, 뚜렷한

성과를 거두기 힘들다. 근대 주체성의 철학을 넘어, 나아가 이론철학적 근거를 넘어선 일반화된 원칙에서 그 문제를 상대해야만 마르크스 철학이 현대 실천철학의 전형으로 여겨지는 측면을 이해할 수 있고, 또한 그것과 전통적 중국철학의 생산적인 대화를 기대할 수 있다.

더 나아가 마르크스 철학을 현대 실천철학으로 해석해 그것과 전통적 중국철학의 대화를 깊이 있게 그리고 생산적으로 만드는 것은, 중국 전통철학의 정신을 재구성하는 것일 뿐만 아니라 마르크스 철학의 중국화를 심화시키는 것이다. 물론 중국화라는 문제는 오늘날 제기된 것이 아니며, 마르크스주의 철학이 중국에 들어왔을 때부터 시작되었던 것이다. 그와 같은 중국화가 마오쩌둥의 철학 사상의 선명한 특징들을 구성했다. 그렇지만 마르크스주의 철학이 지배적 위치의 이데올로기가 되었을 때, 대표적 해석 체계인 교과서는 계획경제라는 사회적 실천방식에 의해 제약되어 마르크스 철학을 실체성의 철학으로 이해했다. 그 해석은 실천철학적 패러다임과 무관했기 때문에 마르크스주의 철학의 본래 정신과도 무관했으며, 또한 이론철학적 근거에 속했기 때문에 중국철학의 정신과도 무관했다는 점은 분명해 보인다. 따라서 그것으로는 진정한 중국화가 불가능했다. 시장경제의 등장과 더불어 마르크스 철학이 주체성의 철학으로 이해되었을 때, 그것은 이전의 해석에 비해 큰 진전이었고 마르크스의 철학적 정신에도 매우 가까워졌다. 하지만 주체성 철학이 지닌, 실천철학과 대립된 이론철학적 본질로 인해 그 해석은 마르크스 철학의 본래적 정신에 대한 합당한 이해도 아니었고, 중국철학의 정신과도 거리가 있었다. 따라서 논리적으로도 심화된 중국화는 불가능했다.

반면, 시장경제의 심화가 각종 폐단을 가져오고, 그로부터 사회의 건전한 발전을 지속시키기 위한 각 영역의 개혁 요구가 분출했을 때, 마르크스 철학의 탈주체성이라는 철학적 특징, 즉 현대 실천철학적 특징이 점차 사람들과 학계에 부각되었다. 마르크스 철학을 현대적 실천철학의 패러다임으로 설명하는 흐름도 이때 나타난 것이다. 이와 같은 해석이야말로 마르크스 철학의 본래 정신을 정확히 파악한 것일 뿐만 아니라, 더욱 중요한 것은 그것이 중국 전통철학의 정신에 정확히 접근했다는 점이다. 여기서 중국화된 마르크스주의 철학의 심화라는 경로가 마련된다.

앞서의 논의로부터 마르크스주의 철학에 대한 현대 실천철학적 해석의 중요성이 드러난다. 바로 그와 같은 해석이 마르크스 철학의 본래 정신으로의 회귀뿐만 아니라, 중국 전통철학 정신으로의 접근을 제공했다는 점이다. 나아가 그와 같은 회귀와 접근으로부터 마르크스주의 철학과 전통적 중국철학의 유의미한 대화가 가능해졌고, 그를 통해 중국철학의 정신을 재구성하는 데 매우 중요한 하나의 구성 요소가 마련되었다는 점이 더 중요하다. 어떤 의미에서 보면, 현대 실천철학적 해석에 기초한 중국화된 마르크스주의 철학의 심화와 중국철학 정신의 재구성은 분명 내적 연관성을 띤 동일한 문제라고까지 할 수 있다.

③ 중국화된 마르크스주의 철학의 심화: 현실에서 이상까지

여기서는 철학의 일반적 기능과 실생활의 관련성으로부터 중국화된 마르크스주의 철학의 역사적 흐름을 좀 더 다뤄보고자 한다. 그것은 그 흐름을 객관적으로 묘사하려는 것과 함께 그 흐름에서 의식적으로 추진해야 할 방향을 찾으려 하기 때문이다. 이를 위해 먼저 철학의 기능을 간단히 규정한 다음, 철학 기능의 중점이 역사적 상황에 따라 달라졌다는 점으로부터 중국화된 마르크스주의 철학의 중점이 변화하는 과정을 살펴보고자 한다.

1) 철학적 기능의 두 측면: 방법론과 인생관

일반적인 철학 교과서에서는 철학을 이론화되고 체계화된 세계관으로 규정한다. 여기서 세계관이라는 것은 세계에 대한 총체적 관념을 가리킨다. 그런데 세계라는 개념은 두 가지의 상이한 의미로 사용되고 있다. 즉, '세계'는 모든 것을 포괄하는 존재로 이해되는데, 당연히 인간 자신도 그와 같이 이해된 '세계'에 포함된다. 반면, 이와 다르게 '세계'는 인간이나 주체의 외부 존재로 이해되기도 하는데, 그러한 '세계'에서는 인간 자신을 포함하지 않는다. 따라서 전자의 의미에서 '세계관'은 인간 자신이 포함된 세계의 총체적 관념이 된다. 그리고 후자의 의미에서 '세계관'은 세계의 외부에 서서 '세계를 바라보는' 것이다. 인간 자신에 관한 총체적 관념은 그것에 대응하는 '인생관'이 된다. 그러한 의미에서 철학은 세계관과 인생관의 통일로 언급된다. 그런데 이 용법은 쉽게 개념상의 혼란을 야기하기 때문에, 여기서는 전자의 의미에서 사용된 '세계'와 '세계관' 개념을 채택한다.

후자의 용법에는 하나의 중요한 관념이 담겨 있는데, 그것은 인간 자신이 세계 만물 가운데 하나의 단순한 사물이 아니라 외부 세계를 상대하는 주체적 존재라는 점이다. 인간 자신의 총체적 관념인 인생관은 여타의 사물 존재에 대한 관념과 다르며, 외부 세계 전체를 상대하는 주체성의 의미를 지니고 있다. 그러한 의미에서 세계는 인간이나 주체의 세계, 그리고 그에 대응하는 외부 세계 또는 객관적 세계로 나눌 수 있다. 그에 따라 인간의 생활적 실천은 우리와 외부 세계의 관계를 다루는 생활적 실천, 그리고 우리 자신의 관계를 다루는 생활적 실천으로 구분된다. 전자의 실천은 일반적으로 '사물에 대한 함', 후자의 실천은 그에 대응한 '인간에 대한 함'으로 불린다. 물론 그 두 유형의 생활적 실천은 사실 하나로 엮여 있는 것으로 별개의 것이 아니다. 하지만 관념적 측면에서 그것을 구분해볼 수 있다.

철학적 기능에서 보면, 세계관인 철학은 사람들의 생활적 실천을 이끌어간다는 데 그 의의가 있다. 다시 말해서, 그것은 가장 일반적인 지도 원칙으로서 사람들의 '사물에 대한 함'과 '인간에 대한 함'을 이끈다. 이처럼 사람들의 생활적 실천을 이끄는 세계관을 따로 떼어 놓으면, '인간에 대한 함'과 '사물에 대한 함'이라는 일반적 지도 원칙으로 나뉜다. '인간에 대한 함'의 일반적인 지도 원칙은 당연히 인생관이 된다. 그리고 '사물에 대한 함'의 일반적인 지도 원칙은 앞서 언급했던 세계관의 두 번째 의미인 바로 그 세계관이 되는데, 여기서는 개념의 혼란을 피하기 위해 그것을 방법론, 즉 '사물에 대한 함'이라는 일반적 방법으로 부르도록 한다. 이렇듯 철학적 기능에서 보면, 인생관과 방법론의 통일이 총체적인 세계관을 구성한다.

'인간에 대한 함'과 '사물에 대한 함'의 지향은 각기 다르다. '사물에 대한 함'은 성과를 중시하기 때문에 공리功利적인 결과를 추구하지만, '인간에 대한 함'은 그 주체가 개체이든 집단이든 간에 가치와 이상의 실현을 중시하기 때문에 인생의 경계境界를 추구한다. '사물에 대한 함'의 목표가 외부 세계에서 성공을 이루는 데 있다면, 그 성공 여부는 외부 세계의 법칙에 제약될 수밖에 없다. 따라서 '사물에 대한 함'의 철학적 방법론도 성과 지향이라는 현실성을 원칙으로 삼게 된다. 반면, '인간에 대한 함'의 목표가 인간 주체의 경계 추구에 있다면, 그것의 성공 여부는 외부 세계에 제약될 뿐만 아니라 대체로 인간의 내부 세계 또는 경계의 깊이에 의해서도 제약된다. 경계는 비현실적인 이상이기 때문에 '인간에 대한 함'의 철학적 인생관은 당연히 비현실적 경계를 지향하는 이상성을 원칙으로 삼는다.

'인간에 대한 함'과 '사물에 대한 함'의 지향이 서로 다를지라도, 생활 실천의 과정에서는 떼려야 뗄 수 없는 관계로 얽혀있다. 인간은 자연계의 생물로서 타인과 협력하지 않거나 자연계의 물질적 전환을 거치지 않으면 생존을 유지하고 발전을 도모할 수 없기 때문에 성과를 필요로 하는 현실 생활을 위해 노력하지 않을 수 없다. 다시 말해서, '사물에 대한 함'이 없을 수 없다. 하지만 인간은 의식(언어를 통한)을 지닌 존재로서 이상적인 생활을 만들 수 있는 능력을 자신의 사상 안에 갖추고 있기 때문에, 이상적 생활은 스스로 추구해야 할 목표가 된다. 즉, 어떤 방식으로든 '인간에 대한 함'이 없을 수 없다. 또한 '사물에 대한 함'이 있다면 사람은 충분히 생존할 수 있고, 그것을 기초로 '인간에 대한 함'이 있게 된다. 따라서 '인간에 대한 함'은 '사물에 대한 함'을 전제로 삼는다. 그것이 역사적 유물주의의 기본 관점이다.

그런데 인간은 현실 생활에 근거하면서도 이상을 추구하기 때문에 이상은 현실 생활과 관련되어 있으며, 현실 생활에 어떤 의미를 부여한다. 그로부터 인간의 생활은 일반 생물계를 넘어 인간이라는 규정성을 갖추게 된다. 그러한 의미에서 인간에게는 '인간에 대한 함' 또한 인간의 방식으로 '사물에 대한 함'이라는 전제를 구성한다. '인간에 대한 함'이 불가능한 사람이라면 인간의 방식으로 '사물에 대한 함' 또한 불가능하기 때문이다. 이처럼 인간의 생활에는 현실과 이상이라는 두 가지 측면이 존재한다. 그래서 세계관인 철학에도 방법론과 인생관 두 측면이 서로 다른 지향점을 지니고 있으면서도 서로를 전제로 하고 있는 것이다.

당연하겠지만, 현실과 이상이라는 두 측면을 어떻게 다룰 것인가는 인간 생활의 근본 문제다. 또한 그것은 철학의 근본 문제이기도 하다. 철학이 현실과 이상이라는 문제를 다룰 때, 추상적 형식에서는 양자의 관계를 어떻게 설명할 것인가가 요구되지만, 구체적이고 실제적인 방식에서의 양자 관계는 어느 한 측면에 치우친 형태로 나타나게 된다. 그런데 어느 한 측면에 치우친 현상은 철학자 개인의 생활적인 성향에 달려 있을 수도 있지만, 한 시대의 사회적인 생활 문제들에 의해 결정되는 경우가 더 많다. 정상적인 상황에서는 보통 현실과 이상의 두 가지 생활 원칙이 일반적인 상대적 균형을 이루지만, 정상적이지 않은 상황에서는 어느 하나의 생활 원칙이 크게 부각된다. 일반적으로 현실의 생존이 위태로워지면 자연스럽게 현실적인 생활 원칙이 부각되는데, 그것은 철학적으로 방법론적 문제가 매우 중요해졌다는 점을 알려준다.

반면, 현실적 문제는 기본적으로 해결되었지만 생활세계의 변화로 인해 사람들의 신념이 위태로워지면 이상적인 생활 원칙이 강조된다. 그것은 철학적으로 인생관의 문제가 하나의 주제로 크게 강조된다는 점을 보여준다. 물론, 그것은 특수한 시기에 사람들이 한 측면에 관심을 갖는다는 것이지, 다른 측면을 완전히 포기한다는 말이 아니다. 다시 말해서, 한 측면만을 특히 주목한다는 것이다. 사실 이상과 현실이라는 두 측면은 서로가 서로를 전제하기 때문에 한 측면에 대한 관심은 필연적으로 다른 측면의 문제와 관련된다. 따라서 부각된다고 하는 것은 관심을 많이 기울인다는 말이지, 다른 한 측면을 완전히 포기하고 살피지 않는다는 말이 아니다. 앞서 밝힌 것처럼, 철학적 기능의 두 측면에서 그 중점이 사회생활의 변화에 따라 바뀐다는 주장이 성립될 수 있다면, 그것을 참조틀로 해서 50년 이상 진행된 마르크스주의 철학의 중국화 과정을 투시할 수 있다. 또한 그로부터 유의미한 결론을 끌어낼 수 있을 것이다.

2) 혁명전쟁의 시기에 부각된 방법론적 문제

중국 사람들이 마르크스주의 철학을 받아들였던 바로 그 시기에, 중국 사람들의 현실 생활에 중대한 위기가 발생했는데 그것은 민족의 존망이 걸린 절박한 문제였다. 그 당시의 현실 생활이 철학 이론에 요구했던 것은 다름이 아니라 단지 현실적 위기를 어떻게 타개할 것인가라는 방법상의 문제였다. 따라서 인생의 경계와 같은 주제는 매우 사치스러운 것으로 보였다. 이처럼 중국화된 마르크스주의 철학의 첫 번째 단계는 대체로 성과 중심의 방법론적 중국화로 표현된다.

마르크스주의 철학이 중국에 처음 전해졌을 때만 해도, 당시의 지식계는 그것을 서구에서 유래된 이론 정도로만 보고 소개하는 데 머물렀다. 하지만 중국의 선진적 이들이 정당을 결성해 자발적으로 마르크스주의를 자신의 지도 사상으로 삼으면서부터 상황은 완전히 달라졌다. 정당의 지도 사상이 된다는 것은 지식계의 연구나 선전의 대상이 된다는 것과도 다르며, 또한 지식인들의 개인적 신념이 되었다는 것과도 다르다. 개인적 신념이 된다거나 연구와 선전의 대상이 된다는 것은 성과의 문제와 관련이 없지만, 정당의 지도 사상이 된다는 것은 그 성과가 무엇인지를 묻지 않을 수 없다. 왜냐하면 정당의 주요 기능은 '사물에 대한 함'에 있는 것이지 이론적 정립에 있지 않기 때문이다. 정당은 이론을 필요로 한다. 하지만 정작 필요한 것은 정당이 '사물에 대한 함'을 성공적으로 전개할 수 있는 이론이지, 공리공담의 이론이 아니다. 공리공담만 하는 이론은 그것이 아무리 완벽할지라도, 정당의 성과와는 무관할 뿐만 아니라 도리어 해가 된다.

그렇지만 이론이 '사물에 대한 함'을 성공적으로 이끌 수만 있다면, 그것은 보편적인 이론이 아니라 실천가들이 처한 상황에 맞춰진, 구체적인 국면에 적절히 반응할 수 있는 실천적 지혜가 된다. 그래서 중국 공산당의 출범은 마르크스주의 중국화의 필요성을 상징한다. 그런데도 사람들은 중국 공산당이 출범한 초기에 그것을 알지 못했고, 당의 지도자들은 이론적인 태도로 마르크스주의 이론을 상대했다. 심지어 코민테른에서는 중국의 당 활동을 원격으로 조종하기까지 했다. 그로부터 불가피하게 일련의 실패들이 초래될 수밖에 없었고, 그 문제들은 마오쩌둥이 중국 공산당의 지도자가 되면서 전반적으로 해결되었다. 따라서 중국 혁명을 성공적으로 이끈 마오쩌둥의 철학 사상을 중국화된 마르크스주의의 실천적 지혜라고 할 수 있을 것이다.

중국 혁명이라는 실천을 성공적으로 이끌 수 있는 이론을 만들려면, 우선적으로 이론철학적 태도에서 실천철학적 태도로 전환해야만 한다. 이 론철학이 추구하는 것은 보편적으로 적용되는 이론적 지혜이지만, 실천철학이 추구하는 것은 구체적인 실천적 지혜이기 때문이다. 이에 관해서는 아리스토텔레스가 가장 먼저 그 두 철학의 차이를 체계적으로 설명한 바 있다. 아리스토텔레스 철학에서 인간의 활동은 이론, 실천, 제작이라는 세 가지의 기본 방식으로 구분된다. 이론적 대상은 "필연으로부터 조건 없이 존재하는 것"[21], 즉 "영원한 것"[22]이다. 그리고 "제작과 실천이라는 두 가지는 가변적 사물을 그 대상으로 한다."[23] 또한 각각의 인간 활동에는 그에 어울리는 품성과 행위의 능력이 들어 있다. 이론이나 사변思辨적 측면에서 그러한 품성이 바로 이론적 지혜 또는 철학적 지혜인 것이고, 제작의 측면에서는 기교이며, 실천의 측면에서는 실천적 지혜나 현명함인 것이다.

아리스토텔레스에게 그것은 이론적 지혜와 다르게 변치 않는 것들을 고려하지 않았는데, 왜냐하면 사람들은 변치 않는 것을 인식할 수 있는 있어도 그것으로 할 수 있는 것이 없기 때문이다. 그래서 실천적 지혜나 현명함이라는 것은 "바로 자신에 대한 선함과 유익함을 충분히 고려하는 것이다. 그것은 부분적인 이로움, 예를 들어 건강이나 건장함과 같은 이로움이 아니라 생활 전체에 대한 이로움인 것이다."[24] 이렇듯 실천적 지혜

---

21) | Aristoteles / 苗力田 譯, 『尼各馬科倫理學』, 中國社會科學出版社, 1990: 117쪽. ; Aristoteles / 천병희 옮김, 『니코마코스 윤리학』, 숲, 2018: 220쪽 참조.
22) | Aristoteles / 苗力田 譯, 『尼各馬科倫理學』, 中國社會科學出版社, 1990: 117쪽. ; Aristoteles / 천병희 옮김, 『니코마코스 윤리학』, 숲, 2018: 220쪽 참조.
23) | Aristoteles / 苗力田 譯, 『尼各馬科倫理學』, 中國社會科學出版社, 1990: 118쪽. ; Aristoteles / 천병희 옮김, 『니코마코스 윤리학』, 숲, 2018: 222쪽 참조.

는 철학적 지혜나 이론적 지혜와 구분된다. 이론적 지혜의 대상은 영원불변한 것이기 때문에 평범하지 않은 신성한 지식이지만, 실천적 지혜의 대상은 가변적인 것이기 때문에 어떤 사람이나 사람들 자신에 관한 지식일 뿐이다. 또한 실천적 지혜는 보편과 관련될 뿐만 아니라 특수한 것도 인식할 수 있기 때문에 실천은 언제나 특수한 상황과 관련된다.

이와 같이 아리스토텔레스가 실천철학의 효시를 이루었음에도 불구하고, 2,000여 년의 서구철학은 전체적으로 이성주의적 전통의 이론철학이었다. 마르크스 철학이 등장한 이후에야 그러한 이론철학적 전통을 전면적으로 비판할 수 있었던 것이다. 한편, 중국 고대철학은 일찍이 선진先秦시대에 명가名家의 순수 사변적 경향과 같은 이성주의적 흐름을 보였지만, 여러 가지 이유로 인해 결국 발전하지 못했다. 따라서 중국 고대철학은 서구와 상반되게 전체적으로 실천철학적 전통이었다고 할 수 있다. 마르크스의 철학은 서구의 이론철학적 전통에 대한 반역으로서 당연히 현대적 실천철학이지만, 후세 사람들은 여러 가지 이유에서 그 진의를 파악하지 못했다. 오히려 그것을 하나의 이론철학, 즉 구체적 상황을 벗어난 보편적이고 추상적인 진리라고 이해했다.

그렇기 때문에 마르크스주의 철학이 중국 혁명 과정에서 혁명적 행동을 이끌어내는 성공적인 이론으로 자리 잡으려면, 반드시 마르크스의 철학을 진정한 실천철학적 정신으로부터 파악해야 할 뿐만 아니라 이론철학으로 바뀌었던 그 이론을 다시금 실천철학으로 전환시켜야만 했다. 또한 중국 전통철학이 실천철학인 이상, 같은 실천철학인 마르크스 실천철학과 사유방식의 측면에서 친화성을 보인다. 따라서 마르크스의 철학의 진정한 정신을 회복하는 과정은 중국 전통철학의 입장에서 마르크스 철

---

24) | Aristoteles / 苗力田 譯, 『尼各馬科倫理學』, 中國社會科學出版社, 1990: 120쪽. ;
　　Aristoteles / 천병희 옮김, 『니코마코스 윤리학』, 숲, 2018: 223쪽 참조.

학을 이해하는 과정과 서로 맞물려 있게 된다. 다시 말해서, 중국 전통철학의 사유방식은 어떤 의미에서 마르크스 철학의 진정한 정신을 파악하는 데 도움이 된다고 할 수 있다. 중국 전통철학에 기초한 사유방식으로 마르크스 철학의 진정한 정신을 파악한다는 것은 중국화된 마르크스주의 철학의 가장 심층적 측면을 구성한다.

그런데 실천철학이 이론에 요구하는 것은 구체적인 상황에 관한 실천적 지혜이다. 즉, 아리스토텔레스가 말했던 "현명함은 보편자에 대한 지식만이 아니라 개개의 사물도 완전히 파악해야 한다. 현명함이 행위를 포함한다는 것은 개개의 사물에 대한 행위가 있어야만 그것이 가능하기 때문이다."25) 실천적 지혜는 특수한 사물에 관한 것이기 때문에 실천적 지혜를 위해서는 경험이 매우 중요하다. 따라서 마르크스주의 중국화의 구체적 형태는 반드시 보편적 이론과 중국의 현실 상황이 결합된 것이어야 한다. 마오쩌둥이 지적한대로, "마르크스주의적 철학에서는 객관 세계의 법칙을 이해해 세계를 해석하는 것이 아니라 객관적 법칙이라는 인식을 가지고 능동적으로 세계를 바꾸는 것을 매우 중시한다."26) 그리고 "정확한 이론이 있어도 그것을 단지 헛소리로 한바탕 늘어놓거나 그대로 방치해 둔다면, 즉 그것을 실행하지 않는다면 그 이론은 아무리 좋은 것이라도 의미가 없는 것이다."27) 이처럼 인식의 목적은 구체적으로 실천에 적용할 수 있는 실천적 지혜를 얻는 것이다.

훗날 마오쩌둥은 「우리의 학습을 개조하자」에서 '실사구시'라는 옛말을 설명하면서 더욱 분명하게 그 점을 밝혔는데, 그는 다음과 같이 말했다. "'실사實事'는 객관적으로 존재하는 모든 사물을 가리킨다. '시是'는

25) Aristoteles / 苗力田 譯, 『尼各馬科倫理學』, 中國社會科學出版社, 1990: 123쪽.
   | Aristoteles / 천병희 옮김, 『니코마코스 윤리학』, 숲, 2018: 229쪽 참조.
26) 毛澤東, 『毛澤東選集』1, 人民出版社, 1991: 292쪽.
27) 毛澤東, 『毛澤東選集』1, 人民出版社, 1991: 292쪽.

객관 사물의 내적 연관인 법칙성, '구求'는 우리가 연구하는 것들을 말한다. 우리는 중국의 내외, 성省 내외, 현縣 내외, 구區 내외의 실제 상황에서 주관적 억측이 아니라 그것의 고유한 법칙을 끌어내야 한다. 다시 말해서, 주위의 사물 변화에 대한 내적 연관성을 찾아내 우리 행위의 길잡이로 삼아야 한다."[28) 따라서 마오쩌둥 철학은 다음과 같은 사실을 알려준다. 즉, '실사구시'라는 것은 추상적 '사물'이 아니라 우리 주변의 사물로부터 시작된다는 점, 그리고 그것이 추구하는 '올바름'은 우리와 무관한 '참됨'이 아니라 '주위 사물의 내적 연관성'이라는 점이다. 한마디로 말해서, 그것은 '우리 행위의 길잡이'라는 '실천적 지혜'이다.

그와 같은 실천적 지혜는 마오쩌둥의 「중국 혁명전쟁의 전략적 문제」나 「지구전을 논함」과 같은 저술에서 가장 집중적으로 드러나 있는데, 그 이론의 핵심은 『실천론』과 『모순론』에 담겨 있다. 『실천론』은 실천철학의 일반 원칙에 관한 설명이며, 『모순론』은 실천적 지혜의 일반적 원칙을 어떻게 달성할 것인지, 즉 보편 원리와 실제 상황을 어떻게 결합시킬 것인지의 그 분석 방법을 집중적으로 다루고 있다. 그것은 사물의 특수성이나 개별성 측면에 대한 각별한 배려를 요구한다. 실천철학은 보편과 특수라는 대립적 측면에 대해 이론철학과 근본적으로 다른 태도를 보인다. 보편성은 분명 이론에서 더욱 중요한 위치를 차지하고 있다. 그 이유는 이론의 직접적 목적이 세계를 해석하는 데 있고, 세계를 해석한다는 것은 세계의 여러 사물들을 어떤 보편적 원리로 귀결시킨다는 것이며, 이론의 궁극적 이상도 하나의 이론 체계로 모든 것을 해석하는 데 있기 때문이다.

그러나 실천은 이와 다르다. 실천의 목적은 세계를 바꾸는 것, 즉 새로운 사물들을 창조하는 것이다. 사물은 항상 개별적인 형태로 존재하는데,

---

28) 毛澤東, 『毛澤東選集』3, 人民出版社, 1991: 801쪽.

세계에는 개개의 사람만이 존재할 뿐, 일반적인 사람이나 인간 그 자체는 존재하지 않는다. 따라서 실천은 우선적으로 개별적 사물에 관심을 두지 않을 수 없다. 일반적 원리의 경우에는 그것이 실천 과정에 적용될 수 있는 구체화된 상황에서만 중시된다. 이로부터 이론에서는 보편적인 것이 기초를 이루면서 출발점이 되기 때문에, 개별 사물은 보편적 원리를 확증할 수 있는 상황에서만 중시된다고 할 수 있다. 반면, 실천에서는 이와 반대로 개별적인 것이 기초를 이루면서 출발점이 되기 때문에, 보편적인 것은 개별적인 것에 포함되며 세계를 바꾸는 데 필수적인 부분이 되었을 때만 중시된다.

『모순론』에서 마오쩌둥은 모순의 특수성을 강조함으로써 개별 사물의 구체성을 어떻게 파악할 것인가에 대해 간단명료하고 파악하기 쉬운 방법론적 체계를 제시했다.[29] 그는 거기서 모순의 보편성을 간략하게 다룬 다음, 모순의 특수성을 분석하는 데 매우 많은 분량을 할애했다. 즉, 물질적 운동의 다양한 형식에서 나타나는 모순의 특수성, 사물의 상이한 발전 과정에서 나타나는 모순의 특수성, 각 과정의 상이한 단계에서 나타나는 모순의 특수성, 그리고 상이한 과정과 단계의 모순이 드러내는 각기 다른 측면의 특수성 등 여러 측면들을 매우 세밀하게 논의했다.[30] 이와 같은 분석을 이어 마오쩌둥은 모순의 특수성 가운데 주요 모순과 주요 모순적 측면을 별도로 다룬다.[31] 그는 그 분석들을 통해 개별 사물의 구체성을 어떻게 파악할 것인가라는 체계적 방법을 알려준다. 그 방법이 기존의 것이라고 해서 그대로 따를 필요는 없겠지만, 그래도 여전히 상당한 활용성을 지니고 있을 뿐만 아니라 실천적 방법론의 절차로까지 간주될 수

---

29) | 毛澤東, 『毛澤東選集』1, 人民出版社, 1991: 304쪽을 참조하라.
30) 毛澤東, 『毛澤東選集』1, 人民出版社, 1991: 308-320쪽을 참조하라.
31) 毛澤東, 『毛澤東選集』1, 人民出版社, 1991: 320-327쪽.

있는 것이다. 만약 실천 과정에서 앞서 언급했던 사물의 여러 측면들이 지닌 모순의 특수성에 주목할 수 있다면 사물의 상당 부분을 구체적으로 파악할 수 있으며, 그것을 바탕으로 새로운 사물에 대한 구체적인 상상도 가능해질 것이다.

『실천론』과『모순론』등으로 대표되는 마오쩌둥의 철학 사상은 중국 전통의 실천철학적 정신을 수준 높게 융합함으로써, 중국 혁명이라는 실천을 이끌어가는 과정에서 탁월한 업적을 이루었다. 그로부터 그것이 '사물에 대한 함'을 성공적으로 이끌 수 있는 철학적 방법론이라는 점을 보여주었다. 물론, 현대 과학이론과 실천적 경험을 어떤 방식으로 통합해, 유용한 실천적 지혜로 만들 것인가는 마오쩌둥도 깊게 다루지 않았다. 그 방법론은 주로 혁명전쟁 시기에 형성된 것으로, 우선적으로 해결해야 할 실질적 문제는 당연히 어떻게 하면 혁명전쟁에서 승리할 것인가였다. 따라서 그것에는 어떤 한계가 있을 수밖에 없기 때문에, 그 부분은 별도의 노력이 요구되었다. 그럼에도 불구하고 그 일련의 저술들은 방법론적 측면에서 마르크스주의 철학의 중국화가 상당한 수준에 이르렀다는 점을 분명하게 보여준다. 그 이후 덩샤오핑을 포함한 여러 세대의 노력을 거쳐 그 부분에 대한 놀라운 진척이 이루어졌다고 할 수 있다.

3) 중국화된 인생관의 필요성

하지만 방법론이 철학의 전부는 아니기 때문에, 온전한 마르크스주의 철학의 중국화에는 인생관이라는 측면이 포함될 수밖에 없다. 일반적으로 현실 생존에 위기가 닥쳤을 때 현실적인 생활 원칙이 상대적으로 부각되고, 철학적으로는 방법론적 문제가 특히 중시된다. 하지만 그것은 그 상황에서 인생관의 문제를 전혀 고려하지 않고, 방법론적 문제에만 주목한다는 말이 아니다. 그것은 그렇게 단순한 문제가 아니다. 방법론과 인생관은 서로를 전제하기 때문에 방법론에 대한 관심은 인생관의 문제와 관련될 수밖에 없다. 반대의 경우도 그러하다. 그럼에도 불구하고 상이한 역사적 배경에서라도 중점은 존재한다. 현실 생존이 위태로워지면 당연히 '사물에 대한 함'을 어떻게 성공적으로 이룰 것인가라는 방법론이 우선 주목을 받을 수밖에 없다. 현실의 생존 문제가 기본적으로 해결되었지만, 생활세계의 변화로부터 사람들의 신념이 위태로워지면 이상적인 생활 원칙이 부각되고, 철학적으로는 인생관의 문제가 관심의 대상이 된다.

중국 사람들의 현실적 생존 위기는 50년 이상의 힘겨운 싸움을 거쳤으며, 오늘에 이르러서야 대부분 해결되었다고 할 수 있다. 마오쩌둥이 1949년에 선언한 "중국의 인민들은 모든 압제를 뚫고 이제 떨쳐 일어났다."[32]라는 표현이 하나의 상징이며, 개혁개방 이후 중국의 국력이 크게 강화되었다는 점 또한 하나의 상징이 된다. 전자는 중화민족의 정치적 독립을 보여주었고, 후자는 민족의 경제적 능력과 인민들의 실생활 문제가 거의 해결되었다는 것을 드러낸다. 그것은 이제 삶이라는 인생관의 문제가 무엇 때문에 중국 사람들을 괴롭히는 심각한 문제가 되었는지, 그리고 철학이 그것에 관심을 기울이지 않으면 안 되는 중요한 이론적 문제로 등장했는지를 알려준다. 따라서 마르크스주의 철학의 중국화에는 마땅히 인생관이라는 측면이 포함되어야만 한다.

인생관의 중국화가 방법론의 중국화보다 더 많이 요청된다. 방법론은 '사물에 대한 함'의 지도 원칙으로서 성공적인 '사물에 대한 함'을 위해 외부 세계의 법칙을 따른다는 전제가 있기 때문에 어느 정도의 강제성을 지닌다. 행위 주체가 공적인 성과를 내려면 성공에 이를 수 있는 방법론적 원칙을 주관적으로 인정하지 않으면 안 된다. 그러나 인생관은 이와 다르다. 그것은 이상적 목표이자 경계로서, 어느 정도까지는 외부 세계의 제약

---

32) | 中央文獻出版社 編譯, 『建國以來毛澤東文稿』1, 中央文獻出版社, 1987: 6쪽.

을 전혀 받지 않고 주관성이 강하기 때문에 민족적 계승이라는 성격 또한 강하게 나타난다. 그것은 모든 사람들의 이상세계가 온전히 자기 자신에게서 형성되는 것이 아니라, 그것의 문화적 전통으로부터 만들어질 수밖에 없기 때문에 계승의 성격을 띠게 된다는 말이다. 또한 추구해야 할 목표로서 이상세계는 생활 전반에 어떤 의미를 부여하면서 편안하고 안정된 삶이 근본인 정신적인 터전을 만든다. 그것이 정신적인 터전이고 사람들이 꿈에서 그리던 낙원이기 때문에 친근함을 줄 수 있다. 그리고 그것은 자기 민족의 문화적 전통에서 비롯된 이상세계여야만 친근함을 느끼게 할 수 있다. 일반적으로 다른 민족문화의 전통에서 비롯된 이상세계는 그와 같은 친근함을 줄 수 없기 때문이다. 사람들에게 친근함을 주지 못하는 인생의 이상은 사람들의 마음을 감동시키는 힘이 결여되어 있다. 따라서 철학적 인생관이 힘을 가지려면, 그것은 반드시 민족화가 되어야 한다. 중국에 한정시켜 말하자면, 마르크스주의 철학은 인생관의 측면에서 반드시 중국화가 이루어져야만 하고, 그것이 방법론적 측면의 중국화보다 더 중요한 의미를 갖는다.

인생관의 측면에서 중국화 되어야 한다는 요구는 중국철학이 서구철학에 비해 매우 뚜렷한 독특성을 지닌다는 점에서 제기되었는데, 그 독특성이 중국문화의 전통적 이상세계와 서구문화의 전통적 이상세계를 구분했다. 그러한 차이로부터, 서구의 철학적 전통에서 비롯된 인생관과 중국의 전통적 인생관이 결합된 이상세계를 중국 사람들이 친근하게 느끼는 정신적 터전으로 만들어야 한다.

중국철학과 서구철학의 차이점에 대해서는 많은 중국과 해외 연구자들이 이미 심도 있게 논의한 바 있다. 철학의 본질적 차이는 일반적으로 사유방식의 차이에 근거한다. 따라서 중국철학과 서구철학의 각 특징들도 철학적 사유방식의 차이에 근거하고 있다. 중국과 서구의 일부 학자들은 일찍부터 그것을 알고 있었다. 주객 분립의 이론철학적 사유방식에 걸맞게, 서구문화의 전통적 이상세계는 일반적으로 초월적 존재, 즉 현실 생활 세계의 외부에 있는 존재였다. 그것은 또한 현대 신유가가 제기한 '외재적 초월'이기도 하다.

하지만 주체와 객체가 분리되지 않은 중국 전통의 실천철학적 사유방식은 중국 사람들의 이상세계를 초월적이지 않고 현세적인, 그리고 내세적이지 않은 것으로 만들었다. 현대 신유가는 '내재적 초월'이라는 개념으로 서구의 그것과 구별시켰다. 그 개념에 타당하지 않은 지점들도 있기는 하지만 대체적으로 이상에 대한 중국문화와 서구문화의 근본적 차이를 보여주고 있다. 오히려 기독교의 천국이라는 이상과 중국 유가의 대동大同세계라는 이상이 이상세계에 대한 두 문화의 차이를 가장 잘 표현했다고 할 수 있을 것이다. '천국'은 내세적인 것이고, '대동'은 현세적이다. 중국 도가에 신선이라는 이상이 있기는 하지만 그것도 현세에서 오래 사는 것, 다시 말해서 현세의 연장에 불과한 것이지 초월적이고 영원한 세계의 존재가 아니다. 현세와 전혀 다른 영원한 천국이라는 이상은 중국 사람들의 전통적인 이상세계와 어울리지 않기 때문에 일반적인 중국 사람들에게 친근한 정신적 터전이라는 느낌을 주지 못한다.[33] 그러한 사유방식의 확연한 대립은 그 사유방식 위에 세워진 중국 전통철학이 서구에서 지배적 철학 전통인 이론철학과 다른 실천철학이라는 점을 알려준다.

마르크스 철학은 앞서 밝힌 것처럼 서구 이론철학에 대한 반역이며, 따라서 그것은 현대적 실천철학이 된다. 실천철학은 오랜 기간 지배적 위치에 있던 이론철학을 뛰어넘어 전통적 이론철학의 사유방식을 부정했다. 하지만 그 부정은 단지 지양이라는 변증적 부정이지, 절대적인 부정이

---

33) 여기서 언급한 '일반적인 중국 사람들'에는 기독교를 믿는 중국 사람들은 포함되지 않는다. 중국의 문화적 전통에서 성장했음에도 기독교를 믿는 중국 사람이라면, 어쩌면 그들 마음속의 천국이라는 이상도 중국화된 것일 수도 있다.

아니다. 따라서 마르크스 실천철학에는 변증적으로 극복된 이론철학적 요소가 포함되어 있다. 이와 다르게, 중국의 철학적 전통에서는 이론철학적 전통이 확고하게 정립된 적이 없다. 오직 실천철학만이 홀로 존재했기 때문에 그 실천철학은 이론철학을 극복한 경험이 없는 본래적 실천철학, 다시 말해 고대 실천철학 본래의 유형인 것이다.

이렇듯 사유방식의 측면에서, 마르크스주의 철학과 중국 전통철학은 일정 정도의 친화성을 보이지만, 둘 사이에는 중요한 차이점도 존재한다. 그와 같은 차이가 마르크스주의의 공산주의 이상과 중국 전통의 대동이라는 이상 사이의 중요한 차이를 규정지었다. 마르크스 철학은 서구의 문화적 전통에서 비롯된 것으로, 마르크스주의의 공산주의적 이상도 서구의 문화적 전통과 떼어 놓을 수 없다. 마르크스는 『1844년 경제학 철학 수고』에서 처음으로 공산주의 이상을 체계적으로 다루었는데, 거기서 중국의 전통적 이상세계와 다른 중요한 차이를 알 수 있다.

마르크스는 다음과 같이 말했다. "공산주의는 사유재산, 즉 인간의 자기소외를 적극적으로 지양한 것이며, 나아가 인간에 의한 그리고 인간을 위한 인간적 본질의 진정한 획득이다. 따라서 그것은 인간이 자신으로 그리고 사회(즉 인간)로 되돌아가는 것이다. 그러한 회귀는 완전하고 자발적이며, 예전의 모든 부를 보존하는 것이기도 하다. 그 공산주의는 완성된 자연주의로서 인간주의와 같으며, 완성된 인간주의로서 자연주의와 동일하다. 그것은 인간과 자연, 인간과 인간 사이에 존재하는 모순의 진정한 해결이다. 그리고 존재와 본질, 대상화와 자기 확증, 자유와 필연, 개체와 유類 사이에서 벌어지는 투쟁의 진정한 해결이다."34) 개념적으로 다음과 같은 사실은 분명해 보인다. 즉, 중국 전통철학에서는 서구철학과 마찬가

---

34) 中共中央馬克思·恩格斯·列寧·斯大林著作編譯局 譯, 『馬克思恩格斯全集』42, 人民出版社, 1979: 120쪽.

지로 주객 분립의 사유방식, 예를 들어 '존재와 본질', '대상화와 자기 확증', '자유와 필연' 등의 대립과 모순으로 현실적 존재를 파악하지 않았다는 점이다. 따라서 이상세계에서도 그러한 모순과 대립을 극복할 필요가 없었다.

더욱 중요한 것은 대립과 모순의 극복이 현실 생활의 절대적 초월을 의미했지만, 그와 같은 절대적 초월의 경계는 중국의 문화적 전통에서 존재하지 않았다는 점이다. 마르크스는 『자본론』의 마지막 원고에서 생산적 노동의 영역에서 이상세계를 실현할 수 있다는 주장을 더 이상 하지 않았는데, 대신 다음과 같이 주장했다. 물질적 생산 영역은 "언제나 필연의 왕국"35)이고, "인간 능력의 발전이 목적 그 자체로 간주되는 진정한 자유의 왕국"36)은 "필수적이고 외적인 목적이 규정하는 의무노동이 종결되는 지점에서 비로소 시작된다. 따라서 사물의 본성에서 보자면, 그것은 물질적 생산 영역의 진정한 피안에 존재한다."37)

예전의 사변적 논증과 다르게, 그 논증은 분명 현실에 기초해 있지만, 이상세계 자체에 대한 규정에서는 명확한 서구문화의 특징을 드러낸다. '인간 능력의 발전이 목적 그 자체로 간주'되는 '진정한 자유의 왕국'으로서 이상세계를 이해한다는 것은 분명 중국의 전통문화에 존재하지 않는다. 그러한 차이가 존재한다는 것은 그 차이를 해소해야 할 이론적 과제 역시 존재한다는 것을 의미한다. 그것이 바로 인생관으로서의 중국화된 마르크스주의 철학이다. 차이의 해소는 반드시 공산주의 이상을

---

35) 中共中央馬克思·恩格斯·列寧·斯大林著作編譯局 譯, 『馬克思恩格斯全集』25, 人民出版社, 1974: 927쪽.

36) 中共中央馬克思·恩格斯·列寧·斯大林著作編譯局 譯, 『馬克思恩格斯全集』25, 人民出版社, 1974: 927쪽.

37) 中共中央馬克思·恩格斯·列寧·斯大林著作編譯局 譯, 『馬克思恩格斯全集』25, 人民出版社, 1974: 926쪽.

완전히 중국적으로 이해해야만 한다는 것이 아니라, 양자가 서로 적응해가는 방식일 수도 있다. 그렇지만 그것은 여전히 해소해야 하는 과제로 남아 있다.

사실 공산주의 이상에 대한 중국적 이해는 일찍부터 존재해왔다. 마르크스에게 공산주의의 논거는 사회적 근본 모순이 운동한 결과로부터 나왔으며, 그 가운데 생산력의 발전이 결정적인 의미를 갖는다고 알려져 있다. 오직 생산력이 고도로 발전했을 때만이 사회적 분업을 없앨 수 있고, 나아가 사유제를 소멸시킬 수 있으며, 인간의 자유로운 발전을 방해하는 모든 것들을 소멸시킬 수 있기 때문이다. 그런데 흥미로운 점은 다음에 있다. 중국에서 출판된 마르크스주의 철학 교과서를 보면, 공산주의 사회는 생산력이 고도로 발전된, 또는 물질적인 부가 끊임없이 넘쳐나는 것으로 묘사되었다는 점과 함께, 여러 곳에서 크게 향상된 인민의 도덕적 품성이나 정신적 경계를 의도적으로 덧붙이고 있다는 점이다. 추가된 내용을 곰곰이 음미해보면, 공산주의의 의미를 중국의 전통적 대동 이상으로부터 이해하고 있다는 점을 알 수 있다. 다시 말해서, 어떤 의미에서 공산주의가 풍부한 물질적 부를 갖춘 '군자의 나라'로 이해된 것이다. 그러한 중국화 관념이 대부분 사람들의 잠재의식 속에 여전히 남아 있기 때문에, 지금 필요한 것은 체계적인 논증과 그를 통한 체계의 정립이다. 따라서 그와 같은 인생관을 체계적으로 만들어가는 것은 중국화된 마르크스주의 철학을 더욱 발전시키기 위한 기본 과제가 된다.

4 현대적 중국 마르크스주의 철학의 혁신은 어떻게 가능한가?

철학사에서 중요 이론을 창조한 철학들은 예외 없이 다음과 같은 특징을 띠고 있다. 첫째, 그 철학이 처했던 시대가 사회·문화적 측면에서 객관적으로 중대한 전환을 맞이했다는 점이다. 둘째, 주관적으로 그 시대의 철학자가 창조한 철학에서 시대 문화의 실제 상황을 충분하게 드러냈다. 객관적인 측면에서 현대 중국이 겪은 거대한 사회·문화적 변화는 수천 년 동안 없었던 것으로, 그것은 분명 철학에 창조적 시간을 제공했다. 하지만 주관적 측면에서 철학자들은 여전히 시대 문화의 상황을 파악하지 못했던 것 같다. 이처럼 문화적 상황이 제때 파악되지 못하면 철학을 위한 창조적 시간은 지체되거나 그 시간을 놓칠 수도 있다. 따라서 현대 중국철학이 이론적 혁신을 이루고자 한다면, 무엇보다 중국문화의 상황을 직시하면서도 그 상황을 자신의 이론적 혁신 과정에서 표현해야만 한다.

1) 철학적 혁신을 위한 역사적 기회

중국과 서구의 철학사를 대체적으로 훑어보면, 매 시대마다 눈부신 철학적 창조가 이루어진 것이 아니다. 오히려 수천 년 동안 영향을 끼친 사상적 창조는 몇몇 일부 시기에만 일어났다는 사실을 알 수 있다. 그 이유는 아마도 다음에 있을 것이다. 즉, 철학은 한가한 시간에나 찾는 소일거리가 아니라, 인간의 생활 과정에서 중요하고도 근본적인 문제를 성찰하는 것이자 생활상의 문제를 상징적으로 표현하거나 해결하는 것이다. 따라서 철학이 아무리 세속을 초월한 듯하고 심오한 추상처럼 보일지라도 그것은 인간의 실생활에 깊이 뿌리내린 것이라고 할 수 있다. 그런데 현실 생활에서의 철학적 창조는 항상적으로 요구되는 것이 아니라 특정한 시기에만 요청된다.

인간의 생활은 크게 두 가지로 나뉘는데, 하나는 생활 방식이 기본적으로 안정화된 일상적 시기이고, 다른 하나는 기본적인 생활 방식이 단절되거나 급속하게 바뀌는 거대한 변화의 시기다. 전자의 경우에는 기본적인 생활 방식이 대체로 안정적이기 때문에 생활상의 문제들에 대한 해결도 생활에서 검증된 기존의 성공 모델을 그대로 적용할 수 있다. 기껏해야 약간의 수정만이 요구될 뿐, 그 효과를 알지 못하는 새로운 방식을 만들 필요는 없다. 그 경우, 인간 생활의 중요하고 근본적인 문제를 성찰하는 철학은 보통 일상적 상태에 놓여 있다. 다시 말해서, 기존의 패러다임으로부터 문제가 세분화되거나 지엽적인 차원에서 기존 패러다임을 보완하는 형태를 취한다.

반면, 후자의 경우에는 기본적인 생활 방식에 근본적 변화가 발생했기 때문에, 그 상황에서는 이전 생활에서 유용했던 문제해결 모델은 더 이상 유효하지 않게 된다. 또한 그것에 대한 지엽적인 보완도 아무런 도움이 되지 못한다. 따라서 변화된 생활 방식에 적용 가능한 새로운 문제해결 모델이 절실하게 요청된다. 그 경우, 인간 생활의 중요하고 근본적인 문제를 성찰하는 철학은 그와 같은 거대한 변화를 상대하면서 변화를 표현하고 새로운 상징적 문제해결 방식을 창조해 내야만 한다. 바로 그때가 철학적 혁명이 도래한 시기다.

일반적으로 현대 이전의 서구 역사와 철학사에서 정점 또는 절정이라고 할 수 있는 두 차례의 혁명적인 철학적 창조가 있었다고 알려져 있다. 하나는 고대 그리스 철학, 특히 플라톤 철학과 아리스토텔레스 철학이다. 다른 하나는 근대 철학, 특히 칸트 철학을 위시한 독일 고전철학이다. 두 차례의 철학적 창조가 정점에 달한 때는 모두 인간 생활에 거대한 변화가 발생한 시기였다.

고대 그리스 철학의 시대는 서구 문명이 뿌리를 내린 이른바 '축의 시대'였다. 그 역사적 시기의 그리스인들, 특히 아테네 사람들은 생활상의 거대한 변화가 겪었는데, 즉 그 생활 방식이 농업경제의 부락 공동체에서 상공업 위주의 도시국가로 바뀌었다. 생활 방식의 변화는 필연적으로 철학적 창조를 요구했는데, 그를 통해 변화에 적응하고 새로운 생활 방식과 사유방식을 확립하고자 했다. 자연철학자들로부터 소크라테스, 플라톤,

아리스토텔레스 등에 이르기까지 그리스 철학의 발전은 그러한 변화에 적응하면서 이루어진 사상적 혁신의 과정이었다. 또한 근대에 등장한 자본주의적 생산방식도 철학에 유사한 요구를 하게 되면서, 철학적 혁신 운동이 몇 백 년 동안 지속되었다. 데카르트와 로크로부터 칸트와 헤겔에 이르기까지의 철학적 진전은 그와 같은 생활 방식의 거대한 변화에 적응하면서 이루어진 철학적 변혁이었다.

그것과 비슷하게, 20세기 이전의 중국철학에도 두 차례의 창조적 정점을 거쳤는데, 하나는 선진의 제자백가, 특히 유가와 도가의 철학적 창조이다. 다른 하나는 송명 신유학의 이론적 혁신이다. 전자는 춘추전국 시대에 나타난 중국 사회생활의 거대한 변화에 적응한 것이었고, 후자는 송대에 이르러 발생한 중국 사회생활의 변화에 적응한 것이었다. 물론 송대의 사회생활의 변화는 그 강도나 성격의 측면에서 춘추전국 시대의 그것에 비할 정도가 아니었기 때문에 그 시기의 혁신은 상대적으로 뒤처졌다고 할 수 있다. 그럼에도 불구하고 다른 시기와 비교해보면, 송명 신유학도 하나의 정점으로 불릴 만하다.

앞서 언급한 바와 같이 철학적으로 중요한 혁신은 모두 그것이 처했던 시대와 조응했다. 또는 중대한 사회생활의 변화가 중요한 철학적 변화의 가능성을 예고했고, 다른 한편으로는 그 필요성을 제기했다고 할 수 있다. 그렇다면, 아편전쟁 이후 중국 사회생활에서의 중대한 변화가 철학적 변화의 가능성과 함께 그 필요성을 요구했다는 것은 의심의 여지가 없어 보인다. 송대에 나타난 변화와 다르게, 아편전쟁으로부터 시작된 변화는 "2,000년 동안 겪어보지 못했던 변고"[38]였고, 그 역사적 변화는 지금까지도 계속되고 있다. 물론 변화의 초기만 하더라도 그것은 중국이 스스로

---

38) | 이 표현은 원래 李鴻章이 「籌議海防折」에서 언급한 "數千年來未有之變局"에서 유래된 것이다.

원한 것이 아니라, 세계열강에 의해 현대화라는 과정으로 끌려들어간 것이었다. 하지만 시간이 지나갈수록 그 현대화 과정은 나날이 중화민족의 자발적인 선택이 되었을 뿐만 아니라 그 과정에서 점점 더 아름다운 전망들이 제시되었다. 따라서 그 거대한 변화가 가져온 철학적 변화의 가능성과 필요성은 분명 송명 신유학이 이룬 변혁보다 훨씬 더 큰 것이라고 할 수 있다.

2) 철학적 혁신을 위한 일반적 방법

사회생활의 중대한 변화가 철학적 변화에 가능성을 제공하고, 그것을 요구한다고 해서 혁신의 가능성과 필요성이 곧 현실성이 되는 것은 아니다. 사실 인류 역사에서 많은 나라와 민족들이 모두 사회생활의 거대한 변화를 겪었지만, 모두 그에 걸맞은 철학을 창조했던 것은 아니다. 그러한 가능성을 현실성으로 바꾸려면, 거대한 철학적 혁신 과정에서 또 다른 조건들이 요구된다는 점은 분명하다.

또 다른 조건에는 어떤 것들이 있을까? 인간의 성공적인 창조적 조건을 따져보면, 일반적으로 주관과 객관이라는 측면만이 존재한다. 객관적 조건이 갖춰지면 주관적 측면의 조건이 결정적 의미를 지니게 된다. 철학적 창조라는 측면에서도 사회생활의 큰 변화가 객관적 조건에 해당한다. 중국의 사회생활의 거대한 변화가 아편전쟁으로부터 시작되었다는 점은 의심의 여지가 없기 때문에 결정적 의미를 지닌 또 다른 조건들은 바로 주관적 측면이 된다. 주관적 조건이라는 것은 기본적으로 철학자들의 창조적 능력과 창조적 활동을 가리킨다. 하지만 그러한 설명은 지나치게 모호하기 때문에 얼마간의 가치 있는 정보도 제시하지 못한다. 실제로, 아편전쟁 이후 능력 있는 많은 학자들이 사상적 창조 과정에 뛰어들었고 일련의 철학적 성과도 일궜지만, 그 창조적 성과들은 사회생활에서 야기된 거대한 변화에 조응하기에는 많이 부족했다. 따라서 어떤 주관적 요소들이 중국철학자들의 성공적 창조를 가로막았는지에 대해서는 구체적으로 따져볼 필요가 있다.

그 문제를 좀 더 확실히 하기 위해서는 근대 서구를 사례로, 철학자들이 어떻게 실생활에 어울리는 철학적 창조를 이루어냈는지 살펴봐야 한다. 주지하다시피, 서구의 사회생활은 근대에 들어서면서 근본적인 변화가 발생했다. 사회생활의 변화는 무엇보다 경제적 생활 방식의 변화로 나타났는데, 다시 말해서 자연경제에서 시장경제로, 직접적인 제품생산에서 상품생산으로 바뀌었다. 그러한 변화로부터 사회적 정치생활에도 근본적인 변화가 발생했다. 신분제에 기초한 봉건적 또는 전제적 제도에서 민주정치로 전환된 것이다. 마찬가지로 정신문화에서도 근본적인 변화가 생겼는데, 철학적 측면에서 데카르트 이후 근대 철학이 이룬 혁명적 전환이 그것이다. 루카치는『역사와 계급의식』에서 상품생산과 근대 철학의 내적 연관성을 대단히 창조적으로 설명했다. 그에게 "근대 비판철학은 사물화된 의식 구조에서 만들어진 것이다."[39] 근대 부르주아 사회의 상품생산은 고대와 다른 사물화 현상을 보이는데, 그 사물화 현상은 사람들의 의식 가운데 사물화된 의식으로 표현되었다. 근대 철학, 특히 독일 고전철학은 그 사물화된 의식이 집중적으로 드러난 것에 다름 아니다.

그런데 철학은 현실 생활을 직접적으로 표현하지 않는다. 진정한 철학이라면 반드시 어떤 방식으로든 실생활을 표현해야 하지만, 그 표현은 일반적으로 여러 중간적인 매개들을 거쳐야 하기 때문이다. 서구에서는 이성주의적 전통으로 인해, 이성이 집중적으로 구현된 과학이 그 매개

39) Georg Lukacs / 杜章智·任立·燕宏遠 譯,『歷史與階級意識-關於馬克思主義辨證法的研究』, 商務印書館, 1992 / 1996: 177쪽. | Georg Lukacs / 박정호·조만영 옮김,『역사와 계급의식-맑스주의 변증법 연구』, 거름, 1993: 186쪽 참조.

역할을 담당했다. 상품생산의 사물화 현상이 만들어낸 사물화된 의식은 분명 모든 의식 영역에 넓게 퍼져 있으며, 과학 영역에서 더욱 뚜렷하게 드러났다. 그것이 바로 근대 철학의 발전을 주조하는 데 가장 직접적인 역할을 담당했다.

근대의 과학 의식에서 나타난 근본 변화는 무엇보다도 세계를 기계론적 필연성으로 파악하는 의식이었다. 다시 말해서, 기계론적 인과 관념이 목적론적 인과 관념을 대체했던 것이다. 아리스토텔레스와 중세의 목적론과는 확연히 다르게, "데카르트에게 물질세계의 모든 것은 그 주변이 충격을 전달하는 미립자에 의해 둘러싸여 있기 때문에 모든 것은 기계론적 인과성에 종속된다."[40] 또한 "데카르트는 아리스토텔레스의 목적인目的因을 거부하면서 결과적으로 인과관계를 일반화시켰다."[41]

목적인을 거부하고 기계론적 인과관계를 일반화한 결과, 세계에 대한 모든 해석은 수학화가 가능한 기계론적 결정론의 원리를 통해서만 이루어질 수 있게 되었다. 그러한 인과 관념의 전환은 그 의미가 결코 작지 않은데, 그것은 고대와 확연히 구분된 세계 관념의 형성을 뜻하기 때문이다. 그로부터 전형적인 이성 형식인 수학이 처리하는 사물은 진실하고 객관적인 1차적 성질을 갖지만, 그렇지 않은 것은 주관적이고 진실성이 결여된 2차적 성질의 영역으로 내몰리게 된다. 따라서 그 새로운 세계 관념은 궁극적으로 다음에 도달했다. 즉, "데카르트의 그 유명한 이원론, 한편으로는 공간을 차지하는 거대한 기계로 구성된 세계, 그리고 다른 한편으로는 연장성이 없는 사상과 영혼으로 구성된 세계인 것이다."[42]

그러나 근대의 과학 의식은 커다란 모순을 초래했는데, 하나는 연장성

---

40) Brendan Wilson / 翁紹軍 譯, 『簡說哲學』, 上海人民出版社, 2005: 44쪽.

41) Brendan Wilson / 翁紹軍 譯, 『簡說哲學』, 上海人民出版社, 2005: 44쪽.

42) Edwin Arthur Burtt / 徐向東 譯, 『近代物理科學的形而上學基礎』, 北京大學出版社, 2003: 95쪽.

을 지닌 객관적 물질세계가 수학적 기계와 마찬가지로 기계론적 인과관계의 지배에 종속된다는 것이고, 다른 하나는 연장성이 없는 주관적 정신세계가 의식, 목적, 감정 등을 포괄한다는 것이다. 이처럼 고대와 중세에서 모호하게 남아 있던 인간의 능동적 작용과 인간을 초월한 힘의 작용이라는 긴장 관계가 아주 뚜렷하게 나타나기 시작했다. 지금 만약 물질과 정신이라는 "두 가지 실체 가운데 어느 하나가 다른 하나와 절대적으로 무관하게 존재할 수 있다면, 연장성을 지닌 사물의 운동이 어떻게 연장성이 없는 감각을 만들어 낼 수 있는가? 연장성이 없는 정신의 사상이나 범주가 어떻게 사물의 실체에 대해 유효성을 지니는가? 연장성을 지니지 않은 것이 어떻게 연장성을 지닌 우주를 알 수 있고, 어떻게 우주 안에서 그 목적을 이룰 수 있는가?"[43]

‘1차적 성질’과 ‘2차적 성질’의 확연한 구분은 객관세계와 주관세계의 명확한 구분과 대립을 야기했으며, 인간과 자연의 연속성을 철저히 단절시켰다. 또한 현대적 의식과 전통적 의식의 균열을 가져왔는데, 그것은 특히 근대 과학의 사상과 전통적 기독교 사상의 대립으로 나타났다. 근대 과학 의식의 충격으로부터 전통적 의식의 변화가 불가피했지만, 그 변화의 가능성에는 한계가 존재했다. 즉, 인간은 역사적 존재이기 때문에 역사와 완전히 단절된, 새로운 기반 위에서 살아갈 수 없으며 정신문화의 영역은 더더욱 그러하다. 또한 인간은 통일적 존재로서 의식이 크게 분열된 상태에서 살아갈 수 없다. 인간이 정상적으로 생존하기 위해서는 대립을 어느 정도 극복하고 새로운 통일로 나아가야만 한다. 근대 철학의 과제는 기본적으로 그러한 대립을 파악하고 그것을 극복하거나 조화시키는, 적어도 약화시키는 방법을 모색하는 것이다.

---

43) Edwin Arthur Burtt / 徐向東 譯, 『近代物理科學的形而上學基礎』, 北京大學出版社, 2003: 96쪽.

데카르트 이후의 근대 철학자들은 그 대립을 의식했고, 어떤 방식으로든 자신의 철학에서 그것을 표현하고 해결하고자 했다. 그렇지만 철학자들은 초기에 그 대립을 충분히 표현하지도 않았고 어떤 방식을 사용했든 그 대립이 모호했기 때문에, 그 문제가 해결되었다고 할 수는 없다. 근대 철학자들 가운데 칸트가 처음으로 근대과학이 가져온 대립을 가장 명확하게 인식했던 핵심 인물이다. 현상과 물자체, 자연과 자유, 이론적 이성과 실천적 이성이라는 칸트의 구분은 근대 과학이 야기한 대립을 파악하고, 어떤 방식으로든 그것을 이론적으로 해결하고자 했다. 분명한 것은 통일성의 재구성이 무엇보다 근대정신이라는 커다란 대립을 파악해야만 가능했다는 점이다. 그것이 바로 근대 서구 정신문화의 실제였다. 따라서 칸트만이 근대 정신문화의 실제를 가장 깊이 있게 파악했다고 할 수 있다.

칸트 철학이 드러낸 근대정신의 심오한 대립에 입각해야만 그 대립은 어떤 형태로든 극복될 수 있었다. 칸트 이후의 피히테, 실러[Friedrich Schiller, 1759-1805], 셸링, 그리고 헤겔은 모두 칸트가 다져 놓은 기초로부터 자기만의 해결 방안을 만들었다. 헤겔이 칸트를 어떻게 비판했든지 간에, 그는 기초를 닦아 놓은 칸트의 기여를 일관되게 인정했다. 칸트의 기초 작업이 없었더라면, 피히테로부터 헤겔로 이어지는 작업도 가능하지 않았기 때문이다.

근대 서구사회의 생활과 철학에서 비롯된 변화들을 살펴보면, 아편전쟁 이후 중국 사람들이 마주한 문제와 근대 서구사회가 조우한 문제가 크게 다르지 않다는 점을 알 수 있다. 유일한 차이는 거대한 사회생활의 변화가 서구에서는 내적으로 형성되었지만 중국에서는 외부로부터 촉발되었다는 점이다. 그것이 서구에서는 고금의 논쟁을 불러일으켰지만 중국에서는 고금뿐만 아니라 중국과 서구의 관계까지 뒤얽힌 논쟁으로 변모되었다. 그럼에도 불구하고 중국의 사상이 마주하면서 해결해 나가야 할 문제는 그 대립을 파악하고 드러내야 할 뿐만 아니라 새로운 통일성을 만들어가는 것과 비슷하다고 할 수 있다. 철학은 현실 생활에서 중차대한 문제를 상징적으로 해결하는 것이다. 그러한 상징적 해결이 효과적일지, 그리고 성과가 있을지를 결정하는 주요 핵심은 바로 현실 생활의 문제를 파악하는 데 있다. 만약 철학 사상이 언제나 현실 문제를 파악할 수 있다면, 문제 해결을 위한 하나의 전제가 마련된다. 하지만 철학적 사유가 문제의 실제를 파악하지 못한다면, 그것은 기본적으로 실제적인 문제해결이라고 할 수 없을 것이다. 만약 어떤 원인 때문에 그 대립을 파악하지 못했다면, 결과적으로 창조적인 문제 해결의 기회를 잃어버리게 될 것이고, 나아가 중국철학을 부흥시킬 기회 또한 잃게 될 것이다.

그렇다면 현실의 문제를 파악한다는 것은 무엇인가? 아편전쟁 시기의 사람들은 이미 '2,000년 동안 겪어보지 못했던 변고'라는 것을 의식하고 있었던 것은 아닐까? 중국의 철학자들은 100여 년 동안의 거대한 사회생활 변화로부터 야기된 문제점들을 고민했던 것은 아닐까? 모두 맞다. 그것은 사실이었다. 하지만 문제는 거대한 사회생활의 변화를 고민했는가 그렇지 않은가에 있지 않다. 그것은 그 거대한 변화의 근본적 함의를 제대로 깨닫고, 그것을 철학 사상으로 표현했는가에 있었다.

'2,000년 동안 겪어보지 못했던 변고'를 마주한 사람들은 외부에서 내부로, 얕은 데서 깊은 곳에 이르는 인식 과정을 거칠 수밖에 없다. 서구에 대한 인식은 기물器物 문명을 뜻하는 '선박의 견고함과 대포의 맹렬함'에서 정치 문명으로, 그리고 다시 정신문명에 이르는 과정으로 개괄된 바 있다. 그렇지만 그와 같은 인식이 현실 문제를 실제적으로 파악한 것인지에 대해서는 좀 더 생각해볼 필요가 있다. 그 사상적 개괄을 자세히 반추해보면, 거기에 함축된 하나의 전제는 서구와 같은 현대화된 국가와 사회를 어떻게 건설할 것인가이다. 또한 거기에 함축된 사고 맥락은 그것이 정치문명이든 정신문명이든 간에, 모두 현대화에 종속된다는 점이다.

이처럼 현대화는 의심할 바 없이 매우 중요한 사안이다. 어떤 학자는 세계에서 한 나라가 현대화를 이루어낸다면 다른 나라도 선택의 여지없이 스스로를 보호하기 위해 현대화를 추진할 수밖에 없다고 말한다. 하지만 문제는 현대화가 인간 생활의 전부가 아니라는 점이다. 인간의 생활은 하나의 전체로서 여러 측면들을 담고 있는데, 그것에는 경제적인 것이나 정치적인 것 외에도 정신문화적 생활이 포함된다. 정신문화는 경제생활과 정치생활의 부수적 현상 또는 그 수단으로 여겨지곤 했다. 그러한 이해에도 나름의 근거가 있기는 하지만 다른 측면에서 보면, 사람이 사람일 수 있고 사람이 동물과 구별될 수 있는 지점은 생활상의 의미를 근본에 두고, 그 의미의 존재 여부로 모든 생활을 판단한다는 것에 있다. 그 생활상의 의미가 바로 정신문화에 의해 유지된다. 따라서 정신문화 차원의 비非수단적 의미를 간과한다면, 현실 문제를 제대로 파악할 수 없게 된다.

여기서 관건은 경제적·정치적 변화와 함께 정신문화에 어떤 변화들이 나타날 수 있는지, 어떤 변화들이 이미 나타났는지, 그리고 그 변화들이 어떤 의미와 수준에서 필연적이고 불가피한 것인지를 파악하는 데 있다. 바꿔 말하면, 사회생활의 변화에 적응하는 데 정신문화의 변화가 어느 정도까지 필요한 것인지 그리고 그 한계는 어디까지인지, 즉 전통문화가 어느 수준에서 어떤 방식으로 남겨질 수 있는가이다. 하지만 그 문제는 자주 단순화되었는데, 거대한 변화를 단순한 단절 정도로 간주했던 것이다. 그로부터 다음의 결과가 나타났다. 즉, 서구의 현대와 전통을 단순하게 대치對置시키면서, 마찬가지로 현대화된 서구와 전통적인 중국을 단순하게 대치시켜 버렸다. 그것은 중국의 문제를 단순화했을 뿐만 아니라 서구의 문제도 단순화시켰고, 나아가 중국과 서구의 관계도 단순화시켰다. 현대화된 서구와 전통적인 서구의 복잡한 관계를 고려하지 않았기 때문에 현대화된 중국과 전통적인 중국, 그리고 그것이 서구와 맺는 복잡한 관계를 파악할 수 없었다.

의심할 바 없이, 그러한 복잡한 관계들을 감안하지 않고서 현실 문제를 제대로 파악했다고 할 수는 없다. 여기서의 관건은 분명 정신문화에 대한 정확한 인식, 즉 정신문화에서 발생한 실제적인 변화 상황을 직시하는 것이다. 따라서 문화적 실제 상황을 직시하면서 우선적으로 고금과 중외 中外의 충돌이나 대립 관계를 드러내고, 그것을 철학 사상으로 표현해야 한다. 그 대립들을 파악했다는 전제에서만 효과적인 해결 방식을 도출해 낼 수 있기 때문이다. 만약 여전히 그 대립들을 파악하지 못했음에도 해결 가능하다고 큰소리만 친다면, 결과적으로 아무런 효력도 없는 허구만 낳을 뿐이다.

분명한 사실은 아편전쟁 이후 식견을 갖춘 많은 학자들이 앞서 언급한 대립을 정확하게 이해하고 있었으며, 일련의 해결 방안들을 제시했다. 그렇지만 근대 서구철학과 비교해보면, 그 논의들에 결함들이 존재했다. 그 가운데 가장 근본적인 결함은 그러한 대립을 느끼기만 하고 피상적으로 말하는 데 그쳤을 뿐, 칸트와 같이 그것을 개념화하거나 이론적으로 파악하지 못했다는 점이다. 대립에 대한 묘사가 그처럼 공허하다면, 도출해낸 해결 방식도 공허한 공식公式일 수밖에 없다. 예를 들어, '중체서용中體西用', '중국문화본위中國文化本位', '서체중용西體中用', '중서상호체용中西互爲體用', '창조적 전환創造性轉化', '종합적 혁신綜合創新' 등 다양한 형태들이 있었다.

칸트 철학과 비교해보면, 다음과 같은 점이 드러난다. 즉, 그 공식들의 근본 문제는 모두 피상적인 언급에만 머물러 있었을 뿐, 무엇보다 근본적 차원에서 중국문화가 겪은 곤경을 개념화하지 못했다는 점이다. 문제조차 파악하지 못했는데, 어찌 문제 해결을 논할 수 있겠는가? 여기서 이처럼 문제를 신랄하게 제기하는 이유는 선현들을 비난하기 위한 것이 아니라, 스스로를 격려하기 위한 것이다. 물론 이전 사람들이 그러한 방안들을 내놓는 것은 쉽지 않은 일이었다. 하지만 50여 년 동안 여전히 그 공식들의 무늬만 바꾸는 데 머물러 있거나, 옛 사람들이 헌신했던 지점에서 제자리걸음만 할 수는 없다. 그것을 바탕으로 옛 사람들의 시야를 뛰어넘어야 하고, 중국의 변화된 실생활에 걸맞은 철학적 이론을 창조하기 위해 우리 세대만의 독창적인 기여를 해야만 한다.

3) 철학적 혁신을 위한 필연적 경로: 중국문화의 실제 상황에 대한 직시

만약 문제의 해결 과정에서 드러난 현대 중국철학의 기본 정신을 좀 더 구체적으로 살펴볼 수 있다면, 실제적인 문화 상황의 직시라는 의미를 더욱 명확히 밝힐 수 있을 것이다. 현대 중국철학에서 극단적인 문화보수주의와 전반서화파를 제외하면, 대부분의 철학적 유파들은 의도적이던 의도적이지 않던 고금과 중서의 대립을 전제로 삼았고, 명시적이든 그렇지 않든 간에 자신의 해결 방안을 내놓았다. 해결이라는 것은 어떤 방식을 가지고 그러한 대립을 파악하고 표현한다는 전제로부터 그 대립을 없애거나 약화시킨다는 뜻이다. 수많은 해결 방안 가운데 가장 중요할 뿐만 아니라 영향력을 갖춘 두 가지가 바로 마르크스주의와 현대 신유학이다.

중국 마르크스주의 철학은 서구에서 전해진 보편 이론이라는 점을 스스로 명확히 인정하면서도 스스로의 중국화를 강조한다. 마르크스주의 또는 마르크스주의 철학의 중국화는 일반적으로 두 가지 측면에서 이해된다. 하나는 마르크스주의의 보편적 원리와 중국의 실제를 결합시킨 것이고, 다른 하나는 그러한 결합으로부터 형성된 사상이 민족화된, 따라서 일반적인 중국 사람들이 좋아하는 언어로 표현된 것이다. 물론 중국화된 마르크스주의 철학에 대한 그와 같은 일반적 이해가 잘못되었다고 할 수는 없다. 하지만 고금과 중서라는 대립적 측면에서 그 이해가 충분치 않다는 점 역시 알 수 있다. 그것은 대부분 중국적 마르크스주의가 고금과 중서의 충돌이나 대립이라는 전제로부터 발전되었다는 역사적 사실을 간과하고 있다. 다시 말해서, 중국적 마르크스주의는 중국화된 것, 그것도 심층적인 중국화가 이루어진 것이다. 그와 같은 심층적 중국화에는 고금과 중서의 충돌 또는 대립을 이해했다거나 해결한 내용들이 포함될 수밖에 없다.

심층적인 중국화는 마오쩌둥의 철학, 특히 그의 대표적 철학 저서인 『실천론』과 『모순론』에서 가장 두드러지게 나타난다. 인식 활동이 실천 활동에 종속되어 있다는 강조, 그리고 모순의 특수성에 관한 중시, 특히 주요 모순과 부차적 모순, 그리고 주요 모순적 측면과 부차적 모순의 측면이 드러내는 위상 전환에 관한 논의들은 대부분 중국 전통철학의 사유방식으로부터 마르크스주의 철학을 해석하고 표현한 것이라고 할 수 있다. 모순에 관한 마오쩌둥의 학설과 마르크스 『자본론』의 변증법을 비교해본다면, 양자의 차이가 분명하게 드러난다. 그렇지만 그것은 중국에서 영향력이 가장 컸던 마르크스주의 철학 교과서나 많은 연구자들의 논의에서 제대로 표현되지 못했다. 일반적으로 마오쩌둥의 철학 사상은 마르크스주의 철학의 실제적인 중국적 운용에 불과한 것으로 간주되었다. 다시 말해서, 설령 그것에 어느 정도의 혁신적 내용이 있었을지라도, 그것은 운용 과정에서 생긴 혁신이거나 민족의 언어로 표현되는 과정에서 생긴 혁신에 불과했다.

그 차이를 무시했던 것은 어쩌면 어떤 학술적 계승 관계상의 정통성 보호를 위해서 그랬을지도 모른다. 그와 같은 방법은 확실히 실제 투쟁 과정에서 매우 중요한 의미를 드러냈다. 예를 들어, 산골짜기에서는 마르크스주의가 만들어질 수 없다는 왕밍의 비난44), 그리고 소련 사람들의 의심이나 경시 등을 반박할 수 있었기 때문이다. 물론 중국의 마르크스주

---

44) | 이 표현은 왕밍이 마오쩌둥의 '농촌으로 도시를 포위하는' 전략을 비판하는 과정에서 제기되었다. 그는 마오쩌둥의 전략이 도시 프롤레타리아를 혁명 주체로 삼지 않았다고 비판했다.

의 철학교과서가 소련 철학교과서의 복사본이라는 점을 감안한다면, 실제로 그 부분에서 어떤 성과를 만들어낸다는 것은 쉽지 않았다. 따라서 그것을 과도하게 비난해서도 안 된다. 여기서 이 문제를 지적한 것은 마찬가지로 옛 사람들을 비난하려는 것이 아니라, 다음과 같은 사실을 환기시키기 위해서다. 그것은 사람들이 실제로 고금과 중서의 충돌이나 대립을 느꼈으며, 또 실제로 그것을 어느 정도 파악하고 밝혔다고 할지라도, 더 많은 사람들은 어떤 이론적 통일성을 얻고자 그것을 무시하는 경향이 있어 왔다는 점이다. 그렇게 단순한 통일성의 추구에 값비싼 대가가 따른다는 점 또한 분명해 보인다. 그 대가는 고금과 중서의 충돌이나 대립을 무시한 채로 그것을 드러낸, 다시 말해서 개념화의 기회를 잃었기 때문에 이론적으로도 그와 같은 충돌과 대립을 제대로 해결할 수 있는 기회를 놓쳐 버렸다.

반면, 현대 신유학은 전통문화의 수호자를 자처하며 전혀 다른 이론적 태도를 취했다. 중국 마르크스주의 철학이 서구에서 비롯된, 보편적 의미를 지닌 이론이라고 명확하게 스스로를 인정했다면, 현대 신유학은 민족문화의 전통을 분명한 형태로 부흥시키고자 했다. 그럼에도 불구하고 현대 신유학 대가들의 사상을 자세히 살펴보면 다음의 사실을 알 수 있다. 즉, 량수밍, 슝스리[熊十力, 1885-1968], 마이푸[馬一浮, 1883-1967]와 같은 1세대의 대표 인물들이 불교 이론을 가지고 전통철학을 되살리려 했다는 점을 논외로 한다면, 펑여우란, 머우쭝싼, 탕쥔이[唐君毅, 1909-1978]와 같은 2세대 신유가로부터 청중잉[成中英]과 같은 3세대 신유가에 이르기까지, 모두 서구철학의 이론을 가지고 중국 전통철학을 재해석했다는 점이다. 그 해석들은 표면적으로 중국 전통철학을 서구철학보다 더 우월한 이론적 체계로 간주한다. 예를 들어, 중국 전통철학의 '내재적 초월'이라는 학설과 서구의 '외재적 초월'이라는 것을 비교해보면, '내재적 초월'이 단연 '외재적 초월'보다 우수하다.

그러나 이 해석 모델은 심층적 측면에서 완전히 상반된 함의를 드러내는데, 의도치 않게 중국적 전통철학을 서구철학이라는 틀에 끼워 넣어 자신도 모르는 사이에 그것을 근본에서부터 서구화시켰다. 그 결과, 표면적으로는 중국 전통철학을 고취시키는 것 같지만 실제로는 서구의 것들을 말하고 있을 뿐이다. 이처럼 전통문화의 수호를 자처한 현대 신유학의 학설일지라도, 그들은 서구철학적 개념들에 의해 재가공된 것을 가지고 중국 전통철학을 대체했다. 이처럼 중국문화와 서구문화의 충돌을 가장 잘 드러낸 것 같은 학설에서조차, 그 충돌은 특별한 방식을 통해 모호해졌다. 이미 모호해진 충돌이라면 그것은 개념화될 수도 없고, 그 충돌을 제대로 극복했다거나 완화시켰다고 말할 수도 없을 것이다.

근대 이후, 문화의 형성 과정에서 의도적이던 의도적이지 않던 중국과 서구의 충돌 또는 대립을 모호하게 대하는 태도가 빈번하게 나타났는데, 그것은 근본적으로 문화적 자신감을 결여했기 때문이다. 따라서 그러한 자신감의 결여는 표층적인 것이 아니라 심층적인 것이다. 서화파의 문화적 자신감 결여는 심층과 표층에서 일치했지만, 문화적 보수주의의 그것은 심층적이었다. 그러한 심층적 결여를 보여주는 것이 바로 명시적으로든 암묵적으로든 모든 측면에서 서구를 참조해 중국과 서구의 문화를 비교했다는 점이다. 앞서 언급한 '내재적 초월'이 '외재적 초월'을 능가한다는 것 따위가 이에 해당한다. 표면적으로는 그 비교가 중국 전통문화를 끌어올린 듯하지만, 비교 자체가 서구에서 들어온 '초월' 개념이라는 점에 문제가 있다. 그와 같은 비교는 처음부터 허구적인 것이었다.

중국 역사에서 나라가 강성했던 시대에 그와 같은 비교가 전혀 없었다는 점을 반추해본다면, 그것이 왜 문제인지를 쉽게 이해할 수 있다. 진정 자신 있는 사람은 다른 사람과 우열을 따질 필요가 조금도 없기 때문이다. 한당漢唐 시대의 사상가들이 언제 그와 같은 비교를 했던가? 깊이 각인된 문화적 자신감은 그들에게 어떤 외래문화라도 평온한 상태로 대하게 만들었고, 원하는 대로 가져다 사용하게 했다. 자신감을 잃은 사람만이 비교를 통해 심리적인 균형을 찾을 뿐이다. 말할 필요도 없이, 문화적 자신감의 결여는 현실 생활과 밀접하게 연관되어 있기 때문에 그러한 태도도 이해가 안 되는 것은 아니다. 중화민족은 현실 생활에서 그에 상응하는 지위를 얻지 못하면서, 그 문화적 자신감은 자신을 속이고 남을 속이는 형태로 표출되었다. 그렇지만 중화민족이 다시금 현실에 우뚝 서고 그에 걸맞은 민족문화의 재구성이 절실히 요구되는 시점에서도, 지식인들이 여전히 스스로 만들어낸 자신감 결여의 상태에 머물러 있다면 그것은 더 이상 용납되기 어려운 일이다.

물론 여기서 말하는 문화적 자신감은 걸핏하면 "'아니다'라고 말할 수 있는"45) 또는 "언짢다"46)라는 식의 경솔하고 충동적인 마음가짐이 아니라 하나의 시대적 사명감이다. 그 자신감은 과거를 향해 있으면서 조상의 문화적 자산을 뽐내는 것이 아니라 현실에 발을 딛고 미래를 향하면서 중화민족의 미래 현실에 어울리는 새로운 민족문화를 창조하는 힘이다. 근대 서구철학을 보면, 몇 백 년 동안의 발전을 거쳐 그 전환이 완성되었다는 것을 알 수 있다. 그렇듯 문화적 창조는 결코 쉬운 일이 아니다. 격정적인 외침만으로 성공할 수 있는 것이 아니라, 몇 세대에 걸친 지속적인 노력이 뒤따라야 한다. 따라서 여기에 필요한 것은 문화적 충돌이라는 현 상황을 직시하는 진솔한 마음가짐, 거만하지도 비굴하지도 않게 외래 문화를 대하는 건전한 마음가짐, 그리고 강인하고 지속적인 굳센 마음가짐이다. 한 마디로, 문화적 자신감은 역사에 대한 자신감이 아니라, 스스로의 노고를 통해 어려움들을 극복하고 중화민족의 미래 문화를 창조할

---

45) | 宋强·張臧臧·喬邊, 『中國可以說不－冷戰後時代的政治與情感抉擇』, 中國工商聯合出版社, 1996을 참조하라.

46) | 宋曉軍·王小東·黃紀蘇·宋强·劉仰, 『中國不高興-大時代·大目標及我們的內憂外患』, 江蘇人民出版社, 2009를 참조하라.

수 있다는 자신감이다.

따라서 중국의 철학자들은 반드시 문화적 충돌이라는 현실을 직시하는 것으로부터, 중국과 서구의 문화적 교착 상태를 다시금 살펴봐야 한다. 특히, 선현들의 철학적 텍스트를 분석해 그 가운데 중국과 서구의 문화적 충돌이 반영된 내용들을 찾아야만 한다. 그를 통해 충돌 상황을 객관적으로 파악하고, 억지로 어설픈 양자의 통일을 구하기보다는 차라리 그 분리된 상태를 솔직하게 인정하는 편이 더 나을 것이다. 그런 점에서 오늘날 중국에서 가장 절실하게 필요한 것은 정신문화의 심오한 대립을 직시하고, 파악하며, 밝혔던 칸트 정신의 그 추종자들이지, 걸핏하면 체계만을 만들려고 한 헤겔의 얄팍한 모방자들이 아니다.

그런 의미에서 20여 년 전, "칸트가 필요할지언정, 헤겔은 필요하지 않다."[47]는 리쩌허우의 구호는, 비록 그 말 자체가 지나치게 편파적일 뿐만 아니라 변화된 세계의 학술적 분위기를 틈타 그를 비난하거나 비웃은 사람들도 여럿 있었지만, 그 의미는 지금까지도 퇴색되지 않았다고 생각한다. 따라서 저자는 여기서 그것을 그대로 모방했다는 혐의를 피하지 않고, 그의 구호를 고쳐 새롭게 제기하고자 한다. '우선 칸트가 필요하며, 또한 헤겔도 필요하다!'

---

47) | 李澤厚, 「康德哲學與建立主體性論綱」, 中國社會科學院哲學研究所 編, 『論康德黑格爾: 紀念文集』, 上海人民出版社, 1981: 8-9쪽을 참조하라.

『馬克思恩格斯全集』第1・2・3・19・23・25・29・32・39・42・45・46卷, 人民出版
    社, 1956-1980.

『馬克思恩格斯選集』第1-4卷, 人民出版社, 1995.

『列寧全集』第30・55卷, 人民出版社, 1990.

『列寧選集』第2・4卷, 人民出版社, 1972.

『斯大林選集』下卷, 人民出版社, 1979.

『毛澤東選集』第1-4卷, 人民出版社, 1991.

『毛澤東文集』第1-8卷, 人民出版社, 1993-1999.

『毛澤東早期文稿』, 湖南出版社, 1990.

『毛澤東書信選集』, 人民出版社, 1983.

『毛澤東哲學批註集』, 中央文獻出版社, 1988.

『毛澤東自傳』, 靑島出版社, 2003.

『毛澤東年譜』(上・中・下), 中央文獻出版社, 1993.

『劉少奇選集』上卷, 人民出版社, 1981.

『鄧小平文選』第1-3卷, 人民出版社, 1989-1994.

『江澤民文選』第1・2・3卷, 人民出版社, 2006.

『科學發展觀重要論述摘編』, 中央文獻出版社, 2009.

『孫中山全集』第1・2卷, 中華書局, 1981.

『李大釗全集』第1-5卷, 人民出版社, 2006.

『陳獨秀文章選編』(上・中・下), 三聯書店, 1984.

『瞿秋白文集』(政治理論編) 第1・2・3・6・7・8卷, 人民出版社, 1987-1998.

『瞿秋白選集』, 人民出版社, 1985.

『李達文集』第1-4卷, 人民出版社, 1980-1988.

『艾思奇文集』第1・2卷, 人民出版社, 1981-1983.

『艾思奇全書』第1-8卷, 人民出版社, 2006.

『胡繩全集』第2・4卷, 人民出版社, 1998.

西洛可夫・愛森堡：『辯證法唯物論敎程』, 筆耕堂書店, 1937.

『古希臘羅馬哲學』, 三聯書店, 1957.

『普列漢諾夫哲學著作選集』第1卷, 三聯書店, 1959.

『聯共(布) 黨史簡明教程』, 人民出版社, 1975.

亞裏士多德:『形而上學』, 商務印書館, 1959.

黑格爾:『小邏輯』, 商務印書館, 1982.

黑格爾:『精神現象學』, 商務印書館, 1983.

黑格爾:『法哲學原理』, 商務印書館, 1961.

納爾斯基等:『十九世紀的馬克思主義哲學』, 中國社會科學出版社, 1984.

哈貝馬斯:『後形而上學思想』, 譯林出版社, 2001.

葛蘭西:『實踐哲學』, 重慶出版社, 1990.

葛蘭西:『獄中劄記』, 人民出版社, 1983.

葛蘭西:『獄中劄記』, 中國社會科學出版社, 2000.

安德森:『西方馬克思主義探討』, 人民出版社, 1981.

莫裏斯·邁斯納:『毛澤東與馬克思主義·烏托邦主義』, 中央文獻出版社, 1991.

莫裏斯·邁斯納:『李大釗與中國馬克思主義的起源』, 中共黨史資料出版社,
        1989.

弗朗西斯·蘇:『毛澤東的辯證法理論』, 中共中央黨校科研辦公室, 1985.

萊文:『辯證法內部的對話』, 雲南人民出版社, 1997.

施拉姆:『毛澤東的思想』, 中國人民大學出版社, 2005.

施拉姆:『毛澤東』, 紅旗出版社, 1987.

韋克曼:『毛澤東思想的哲學透視——歷史與意志』, 中央文獻出版社, 1992.

斯塔爾:『毛澤東的政治哲學』, 中央文獻出版社, 1992.

史華慈:『中國的共產主義與毛澤東的崛起』, 中國人民大學出版社, 2006.

沃馬克:『毛澤東政治思想的基礎』, 中國人民大學出版社, 2006.

石約翰:『中國革命的歷史透視』, 東方出版中心, 1998.

尼克·賴特:『李達與中國馬克思主義哲學』(英文版), Westview出版社, 1996.

尼克·賴特:『中國的馬克思主義哲學：從瞿秋白到毛澤東』(英文版),
        Springer出版社, 2005.

特裏爾:『毛澤東傳』, 中國人民大學出版社, 2006.

科普寧：『馬克思主義認識論導論』，求實出版社，1982.

安樂哲：『和而不同：比較哲學與中西會通』，北京大學出版社，2002.

葛瑞漢：『論道者』，中國社會科學出版社，2003.

李約瑟：『中華科學文明史』第1卷，上海人民出版社，2001.

郝大維·安樂哲：『期望中國：對中西文化的哲學思考』，學林出版社，2005.

成中英：『合內外之道——儒家哲學論』，中國社會科學出版社，2001.

埃德加·斯諾：『西行漫記』，三聯書店，1979.

田辰山：『中國辯證法：從〈易經〉到馬克思主義』，中國人民大學出版社，2008.

中央文獻研究室科研部圖書館編：『毛澤東著作是怎樣編輯出版的』， 中國
　　　青年出版社，2003.

中央文獻研究室編：『國外毛澤東思想的四次大論戰』，中央文獻出版社，1993.

陳誌讓：『毛澤東與中國革命』，中央文獻出版社，1993.

楊炳章：『從革命到政治：長征與毛澤東的崛起』，中國人民大學出版社，2006.

李博：『漢語中的馬克思主義術語的起源與作用』，中國社會科學出版社，2003.

洪漢鼎：『理解的真理』，山東人民出版社，2001.

高清海：『高清海哲學文存』第1·4卷，吉林人民出版社，1997.

中共中央黨史研究室：『中國共產黨歷史』第1卷上冊，中共黨史出版社，2002.

黃楠森等：『馬克思主義哲學史』第4·5·6卷，北京出版社，1989.

李澤厚：『中國思想史論』上·中·下卷，安徽文藝出版社，1999.

李澤厚：『馬克思主義在中國』，三聯書店，1988.

李曙新：『中國共產黨哲學思想史』，中共黨史出版社，2003.

胡華：『中共黨史人物傳』第11卷，陝西人民出版社，1983.

林代昭等：『馬克思主義在中國——從影響的傳入到傳播』(上·下冊)， 清華
　　　大學出版社，1983.

胡喬木：『胡喬木回憶毛澤東』，人民出版社，1994.

龔育之等：『毛澤東的讀書生活』，三聯書店，1986.

石仲泉：『毛澤東研究述評』，中央文獻出版社，1992.

陳晉主編：『毛澤東讀書筆記解析』，廣東人民出版社，1996.

陳晉：『讀毛澤東劄記』，三聯書店，2009.

李銳：『毛澤東的早年與晚年』，貴州人民出版社, 1992.

李鵬程：『毛澤東與中國文化』，人民出版社, 1993.

楊超等：『毛澤東思想史』第1 — 4卷, 四川人民出版社, 2001.

汪澍白：『毛澤東早期哲學思想探源』，中國社會科學出版社·湖南人民社, 1983.

黎永泰：『中西文化與毛澤東早期思想』，四川大學出版社, 1989.

雍濤：『毛澤東哲學思想與馬克思主義哲學中國化』，人民出版社, 2003.

薛廣洲：『毛澤東與中西哲學融合』，人民出版社, 2004.

人民出版社編輯：『論毛澤東哲學思想』，人民出版社, 1983.

彭大成：『湖湘文化與毛澤東』，湖南出版社, 1991.

許全興等：『中國現代哲學史』，北京大學出版社, 1992.

許全興：『為毛澤東辯護』，當代中國出版社, 1996.

許全興：『毛澤東與孔夫子』，人民出版社, 2003.

許全興：『毛澤東晚年的社會主義探索與試驗』，雲南人民出版社, 2004.

楊鳳城主編：『毛澤東思想研究述評』，中國人民大學出版社, 2002.

唐春元：『毛澤東與李達』，中央文獻出版社, 2003.

歐陽英：『重讀毛澤東』，人民出版社, 2006.

張素華等編：『說不盡的毛澤東』，遼寧人民出版社, 1995.

張廣信等：『國外毛澤東思想研究評析』，山西教育出版社, 1993.

張樹德：『國外毛澤東軍事思想研究』，軍事科學出版社, 1998.

尚慶飛：『國外毛澤東學研究』，鳳凰出版傳媒集團, 2008.

成龍：『海外馬克思主義中國化研究』，廣東出版集團, 2009.

蕭延中等：『國外學者評毛澤東』第1·2·3·4卷, 中國工人出版社 1997.

中國李大釗研究會編：『李大釗研究論文集』，人民出版社, 1999.

晉榮東：『李大釗哲學研究』，華東師範大學出版社, 2000.

李大釗傳編寫組：『李大釗傳』，人民出版社, 1979.

丁守和：『瞿秋白思想研究』，四川人民出版社, 1985.

鄧中好：『瞿秋白哲學研究』，中國文史出版社, 1992.

季甄馥：『瞿秋白哲學思想評析』，華東師範大學出版社, 1998.

余玉花：『瞿秋白學術思想評傳』，北京圖書館出版社, 2000.

陳鐵健：『瞿秋白傳』，上海人民出版社，1986.

王鐵仙：『瞿秋白論稿』，華東師範大學出版社，1984.

丁曉強等：『李達學術思想評傳』，北京圖書館出版社，1999.

羅海瀅：『李達唯物史觀思想研究』，暨南大學出版社，2008.

蘇誌宏：『李達思想研究』，西南交通大學出版社，2004.

黎澍：『馬克思主義與中國革命』，人民出版社，1963.

楊奎松：『馬克思主義中國化的歷史進程』，河南人民出版社 1994.

鐘家棟等：『馬克思主義在中國』，上海人民出版社，1998.

何萍等：『馬克思主義中國化探論』，人民出版社，2002.

徐素華：『馬克思主義哲學在中國』，北京出版社，2002.

徐素華：『論中國化形態馬克思主義哲學』，北京文化出版社，2006.

李德學等：『不滅的天火——馬克思主義哲學在中國』，黑龍江人民出版社，2002.

馮友蘭：『中國哲學簡史』，北京大學出版社，1985.

馮友蘭：『中國哲學小史』，中國人民大學出版社，2005.

林語堂：『吾國吾民』，陝西師範大學出版社，2002.

郭湛波：『近五十年中國思想史』，山東人民出版社，2002.

彭明等：『近代中國的思想歷程』，中國人民大學出版社，1999.

田文軍等：『中國辯證法史』，河南人民出版社，2005.

王守常：『20世紀的中國：學術與社會(哲學卷)』，山東人民出版社，2001.

王守常等：『馬克思主義哲學在中國』，首都師範大學出版社，2002.

辜鴻銘：『中國人的精神』，廣西師範大學出版社，2001.

馬中：『中國哲人的大思路』，山西人民出版社，1993.

方克立：『中西會通與中國哲學的近現代轉換』，商務印書館，2003.

馮友蘭：『中國哲學簡史』，北京大學出版社，1985.

賀麟：『哲學與哲學史論文集』，商務印書館，1990.

於連：『(經由中國) 從外部反思歐洲——遠西對話』，大象出版社，2005.

竇宗儀：『儒學與馬克思主義』，蘭州大學出版社，1993.

陳漢生：『中國古代的語言和邏輯』，社會科學文獻出版社，1998.

梁漱溟：『東西方文化及其哲學』，商務印書館，1987.

張東蓀:『知識與文化』, 商務印書館, 1946.

賀麟:『哲學與哲學史論文集』, 商務印書館, 1990.

牟宗三:『中國哲學的特質』, 上海世紀出版集團, 2008.

王樹人:『回歸原創之思——"象思維"視野下的中國智慧』, 江蘇人民出版社, 2005.

劉長林:『中國象科學觀』, 社會科學文獻出版社, 2008.

張祥龍:『從現象學到孔夫子』, 商務印書館, 2001.

牟博編:『留美哲學博士文選』(基礎理論卷), 商務印書館, 2002.

艾蘭:『水之道與德之端』, 上海人民出版社, 2002.

袁貴仁:『當代中國的唯物辯證法:鄧小平著作中的哲學思想』, 北京師範大學出版社, 2008.

任俊明等主編:『新中國馬克思主義哲學50年』, 人民出版社, 2006.

楊河等:『馬克思主義哲學的傳入研究』, 福建人民出版社, 2006.

劉林元等總主編:『中國馬克思主義哲學史』上·下卷, 鳳凰出版傳媒集團, 2007.

安啟念:『馬克思主義哲學中國化研究』, 中國人民大學出版社, 2006.

李維武:『二十世紀中國哲學本體論問題』, 湖南教育出版社, 1998.

李維武:『中國哲學的現代轉型』, 中華書局, 2008.

『中國特色社會主義研究文選』, 中央編譯出版社, 2008.

邱守娟:『毛澤東的思想歷程』, 人民出版社, 2003.

鄭德榮主編:『毛澤東思想論綱』, 甘肅人民出版社, 1993.

何顯明:『超越與回歸－毛澤東的心路歷程』, 學林出版社, 2002.

謝龍:『建國初期唯物史觀的論辯』, 百花洲文藝出版社, 2006.

郭建寧:『20世紀中國馬克思主義哲學』, 北京大學出版社, 2005.

楊繼繩:『鄧小平時代』, 中央編譯出版社, 1998.

胡為雄:『毛澤東思想研究史略』, 中央文獻出版社, 2004.

莫誌斌:『青年毛澤東思想研究』, 湖南師範大學出版社, 2003.

찾아보기

ㄱ

가다머 106, 510
가라타니 고진 39, 377, 378
가오스치 274
가오칭하이 125, 471, 472
가오페이러 125, 127
가와카미 하지메 200, 205, 226, 253
갈릴레이 384
개념적 사유 28, 82, 91, 96, 101, 115, 356, 361, 367
겅밍여우 124
고레브 232, 233
고염무 293
고토쿠 슈스이 191
골드망 503
공산주의 사회의 높은 단계 404, 411
공산주의의 낮은 단계 411
공자 88, 111, 183, 197, 589
관련성의 사유 28
괴델 318
구자오슝 200
궈다리 211
궈잔 126
그라네 28, 87
그람시 25, 38, 142, 146, 154, 170, 221, 272, 370, 375, 406, 502, 510, 547, 553
그레이엄 28, 87
기조 200

ㄴ

녜룽전 192, 195
노자 84, 92, 112, 113, 184, 589
노중련 291, 292
눈앞에 있는 상태 321, 326
뉴턴 62
니덤 28, 87
니량캉 33
니콜스키 194

ㄷ

다윈 148, 156, 180, 182, 198
다이지타오 220
다카바타케 모토유키 206, 207, 246
담사동 583
대화 패러다임 129, 582, 588, 593
더우쭝이 81
덩샤오핑 192, 416, 422, 459, 580, 610
덩옌다 246
데카르트 101, 282, 470, 514, 619, 621
돤치루이 245
두 번째 문제틀 28, 29, 88, 89, 96, 115
듀이 34, 483, 519, 524, 537, 548, 555, 557, 569
딜타이 164

ㄹ

라마르크 180, 198
라모 575

라이프니츠 110
라플라스 281
란궁우 185
량수밍 83, 589, 592, 630
량치차오 176, 185, 190
런비스 195
레닌 25, 38, 146, 150, 153, 167, 193, 209,
　　257, 269, 272, 296, 348, 349, 353, 372,
　　396, 406, 420, 439, 501, 580
레빈 348, 349
레이중젠 253
로크 542, 545, 619
루반 282
루카치 38, 40, 142, 146, 155, 172, 219,
　　221, 227, 375, 483, 502, 510, 547, 553,
　　597, 621
루폴 253
뤼이농 195
류보젠 195
류빙린 200
류화이위 125
르와 296
리궁푸 274, 277
리다 30, 40, 42, 86, 120, 176, 206, 207,
　　224, 244, 250, 258, 265, 266, 285, 466
리다자오 30, 40, 42, 120, 176, 187, 193,
　　196, 212, 219, 262, 285, 294, 466
리리싼 192
리바인 296
리비히 543
리수화 91
리스쩡 191
리웨이한 192
리지전 206
리진시 293
리쩌허우 28, 90, 181, 182, 371, 374, 633
리처드 189
리청왕 126
리카도 402
리페이뗸 205
리푸춘 192, 195
리한쥔 205, 206, 208, 212
린뱌오 440
린보취 195
링솽 200
링신 128

□

마궈한 291
마르크스 21, 31, 46, 53, 60, 71, 80, 103,
　　129, 135, 146, 155, 163, 176, 189, 205,
　　215, 233, 259, 262, 268, 282, 298, 332,
　　340, 437, 482, 497, 510, 537, 561, 590,
　　606, 629
마링 193
마비 276
마시 206
마오쩌둥 25, 36, 81, 120, 176, 226, 246,
　　254, 286, 302, 330, 341, 391, 407, 439,
　　440, 466, 577, 580, 598, 604, 629
마이푸 630
마쥔우 176
마틴 제이 502
마흐 106

맥스웰 281
맥클릴런 149, 296
맹자 184, 589
머우쭝싼 28, 86, 585, 586, 630
메를로 퐁티 547
메링 232
모순론 287, 296, 314, 317, 330, 352, 361,
 370, 608, 629
모원화 275
모치즈키 세이지 47, 75
무라이 토모요시 190
미네 200
미드 548
미틴 289
미하일롭스키 23, 78

ㅂ

방관자 39, 379, 380, 387, 391, 392, 522
버클리 106
버트 385, 557
번스타인 548
벌린 526
베른슈타인 150, 151, 152
베버 163
베벨 194, 268
보그스 166
부샹지 131
부하린 194
뷔레 543
뷔히너 157
브로델 421, 423, 424, 425, 426, 428
블로흐 502

비고츠키 535
비코 59, 60
비트겐슈타인 384, 483, 485, 510

ㅅ

사르트르 508, 547, 553
사전 39, 377, 386, 457
사회주의 초급단계 42, 416, 428, 458
사회주의적 시장경제 396, 419, 423, 442,
 444, 450, 461, 463, 576, 593
사후 39, 264, 377, 380, 386, 457
상적 사유 29, 91, 92, 93, 94, 96, 97, 98,
 100, 101, 102, 103, 115, 116, 312, 356,
 358, 361, 367
생시몽 200, 219
생활세계 34, 322, 324, 369, 383, 477,
 500, 536, 550, 568, 581, 596, 603, 611
샤몐쥔 206
샤오싼 195
샤오진광 195
샤오첸 276
샹징위 192
선이해 287, 364, 430
선즈위안 274
셸링 124, 624
소렐 166
손 안에 있는 상태 321, 326, 500
송자오런 185
쉬창푸 125, 128, 366, 527, 529, 530
쉬터리 195
슈람 288, 343
슝더산 208
슝스리 630

스노우 288

스량차이 274

스미스 507

스중취안 348

스탈린 38, 133, 153, 168, 172, 296, 347,
353, 410, 461, 468, 512, 597

스피노자 242, 487

시로코프 253, 258, 289, 344

신기질 226

실러 624

실용이성 28, 182, 210, 312, 462

실천론 128, 133, 135, 287, 289, 296, 297,
298, 302, 311, 370, 608, 610, 629

실천철학적 근거 32, 313, 317, 596

실천철학적 패러다임 31, 34, 35, 136,
477, 482, 485, 488, 489, 490, 497, 544,
549, 559, 571, 597, 598

실체성 철학의 패러다임 31, 137, 138

쑨리톈 126

쑨예팡 195

쑨원 184, 185

쑨정위 126, 128

쑹핑 275

ㅇ

아도라츠키 231

아돌프 바그너 518

아렌트 39, 540, 542, 544, 545, 559

아르키메데스 32, 298, 475, 547, 551

아리가 나가오 190

아리스토텔레스 32, 49, 90, 104, 135,
143, 264, 298, 301, 311, 325, 507, 510,
511, 520, 532, 538, 541, 550, 551, 552,

553, 555, 605, 618

아이쓰치 42, 176, 224, 270, 352, 466

아이젠버그 289, 344

아인슈타인 281

알튀세르 38, 142

앙리 베르그손 198

애덤 스미스 378, 545

야스퍼스 568

양경 259

양상쿤 195

양하이펑 125

에드윈 셀리그먼 206

에우제니오 리그나노 215, 218, 219

에임즈 28, 29, 87, 88, 96, 115

엔조 파치 547

엥겔스 47, 54, 62, 140, 148, 155, 189,
205, 210, 216, 235, 259, 353, 398, 401,
407, 411, 436, 441, 469, 501

예칭 196

예팅 195

옌푸 180, 181

왕뤄수이 296

왕뤄페이 192, 195

왕부지 293

왕선산 291

왕수런 28

왕수밍 124

왕수바이 348, 356

왕수인 86

왕신옌 126, 128, 246

왕쑤잉 129

왕쓰화 211

왕야난 211

왕자샹 195
왕징웨이 191
왕롄청 100
우닝 130
우반농 211
우샤오밍 47
우위안량 129
우위장 195
우즈후이 191
원지쩌 275
위쑹화 230
위안구이런 259
위안링신 129
위안스카이 178
위원쥔 124
위잉스 136, 180
원다이잉 206
윌슨 296
육구연 86
의상적 사유 93, 94, 96, 97, 116, 367
이동하는 시야 39, 377
이론철학적 근거 33, 35, 547, 597, 598
이시카와 요시히로 193, 196, 204
이쥔칭 125, 128
이쿠타 조코 207
인간의 전반적 발전 42, 401, 402, 429,
  433, 434, 436, 437, 442, 456, 461
인콴 232
인학 583

ㅈ
자오스옌 192, 195

장광츠 195
장둥쑨 28, 29, 84, 96, 117, 185, 225, 359
장딩신 130
장바이리 185
장상런 471
장샹룽 90, 107
장선푸 192
장쉰 178
장원톈 195
장원이 81
장이빙 47, 156
장자 111, 589
장제스 276
장지둥 583
장징궈 276
장짜이린 126
장청칭 124
장캉후 185
장화 129
저우언라이 192
저우포하이 207
전면적 서화파 584
전파 291
정신적 터전 566, 591, 592, 596, 612
정이 86
정이리 274
정차오린 231, 232
정츠촨 208
정호 86
제논 109, 318, 319, 359, 551
제임스 523
주광첸 470

주더성 471
주즈신 176
주체성 철학의 패러다임 31, 461, 572
주희 86
중서 논쟁 584
중체서용 583, 627
증국번 293
지평의 융합 20, 327, 328, 330, 500
직각법 86, 95, 312
진민칭 129
짐멜 164
쩌우스펑 125
쩌우타오펀 276
쮜취안 195

ㅊ
차오징화 195
차이얼캉 189
차이위안페이 183, 184, 191
차이창 192, 195
차이허썬 176, 192
천두슈 176, 193, 585
천사오위(왕밍) 195
천스푸 206
천왕타오 205
천웨이스 274
천이 192
천자치 104
천창하오 195
천치슈 200, 211
천캉 105
천푸셴 196, 206

첫 번째 문제틀 28, 88, 96, 115
청중잉 630
첸자쥐 211
추상적 사유 28, 56, 93, 116, 360
취추바이 30, 40, 120, 176, 186, 194,
   224, 254, 261, 466
친방셴(보구) 196

ㅋ
카르투노바 194
카스토리아디스 547
카우츠키 146, 156, 157, 206, 246
카푸토 109
칸트 39, 69, 70, 100, 152, 264, 283, 318,
   325, 369, 377, 390, 437, 493, 507, 511,
   514, 550, 586, 618, 624, 633
캉유웨이 189
커바이녠 208
코르쉬 502, 510
코와코프스키 146, 152
코페르니쿠스 282
콘포스 296
콩도르세 200, 219
콰인 338, 383
쾅모한 208
쿤 123, 127, 131, 132, 502
크로체 165, 167, 168, 172
키르케고르 548

ㅌ
타오더린 247, 255
타오즈강 124

탈하이머 253
탕쥔이 630
테일러 548
톈천산 27, 82, 103, 343, 360
티에리 200

ㅍ

파르메니데스 104, 105, 359, 551
판둥저우 211
펑수즈 195
펑여우란 87, 585, 586, 630
펑핑 128
페르디난트 243
포겔 277
포스터 543
포이어바흐 22, 54, 67, 140, 157, 257,
  263, 299, 304, 470, 486, 497, 517
포퍼 40, 282, 502, 526
프랭클린 250
프루동 200
플라톤 32, 90, 104, 283, 298, 320, 339,
  475, 476, 507, 551, 618
플레하노프 156, 209, 231, 313
피아제 501
피히테 124, 487, 624

ㅎ

하버마스 483, 485, 510, 515, 536, 542,
  543, 559, 595
하이데거 33, 74, 101, 137, 321, 341,
  384, 482, 502, 510, 558, 569, 589, 592
한칭샹 129

행위자 39, 284, 332, 379, 380, 392
허린 28, 86, 586, 589
허산칸 130
허수헝 195
허우와이루 211
허중화 126, 128
허커취안 195
허행 184
헤겔 32, 53, 62, 103, 148, 155, 209, 219,
  257, 320, 341, 348, 352, 368, 375, 383,
  449, 487, 504, 522, 540, 547, 572, 586,
  619, 633
헤르만 호르터 206, 246
현상 구제하기 105, 106
호르크하이머 502
혼마 히사오 207
홀 28, 29, 87, 88, 96, 115
홀바하 55
홉스 37, 143
황난썬 276, 357
황뤄펑 273
황싱 184
황종희 293
후메이예 126
후설 298, 384
후성 274
후스 584
후위즈 276
후쿠이 준조 190
후한민 184, 217, 218, 219, 220
흄 157

| 지은이 소개 |

왕난스王南湜는 1976년 화난華南이공대학교 화공기계과를 졸업했다. 일정 기간 기술 분야에 복무한 이후 철학으로 전공을 바꾸었다. 1986년 중앙당교 이론부에서 석사학위를 취득하고, 1989년 난카이南開대학교 철학과에서 철학박사 학위를 취득했다. 현재 난카이대학교 철학과 교수이자 박사지도교수이다. 전국 고등교육기관 철학지도 위원회 위원, 중국 변증유물주의 연구회 상무이사 등을 역임했다. 주요 연구 분야는 현대 마르크스주의 철학과 사회정치 철학이다. 주요 저서로는『人類活動論導引』(1993),『現代唯物主義導引』(1996),『從領域合一到領域分離』(1998),『社會哲學』(2001),『複調文化時代的來臨』(2002),『後主體性哲學的視域』(2004),『追尋哲學的精神: 走向實踐哲學之路』(2006),『辯證法: 從理論邏輯到實踐智慧』(2011),『馬克思的實踐唯物主義』(터키판, 2011) 등이 있다.

| 옮긴이 소개 |

안인환安仁煥, AHN INHWAN은 서울 마포 한강변에서 태어났다. 성균관대학교에서 한국철학과 중국철학을 공부했으며, 성균관대와 중국 칭화대학에서 박사학위를 받았다. 현재 중국 허베이河北대학교 한국어학과 부교수로 있다. 지은 책으로는『중국 대중문화, 그 부침의 역사』가 있고, 논문으로는「유가 사상의 신체관身體觀과 개인의 위상」,「韓國進步政黨運動的分裂・統一過程及其原因分析」,「中國學界關於朝鮮義勇軍的研究述評」등이 있다.

제효봉齊曉峰, QI XIAOFENG은 서울대학교 국어교육과에서 박사학위를 받았으며, 현재 중국 베이징외국어대학교 한국어학과 부교수로 재직 중이다. 저서로는『중국어권 학습자를 위한 한국어 쓰기 교육 내용 연구』등이 있다. 논문으로는「한국어 쓰기 평가에서 채점자의 언어적 배경에 따른 영향 연구」,「중국인 한국어 학습자의 텍스트 생성과정 고찰」,「중국인 학습자의 한국어 재귀표현 사용 양상 연구」,「中國韓國語敎育現況, 問題與發展構想」등이 있다.

가맹맹賈萌萌, JIA MENGMENG은 베이징어언대학교 한국어학과를 졸업하고, 서울 대학교 국어교육과에서 석사학위를 받았다. 서울대학교 국어교육과 박사과정을 수료했다. 논문으로는「중국인 학습자를 위한 운율적 요소 교육」,「고변이 음성훈련과 저 변이 음성훈련이 중국인 초급 학습자의 억양 지각에 미치는 영향」,「중국인 학습자의 한국어 말토막 억양에 대한 지각 및 산출 연구」,「중국인 학습자의 한국어 억양 발달 과정에서 나타난 언어 보편성과 모국어 전이」가 있다.

중국철학의 근본적 재구성을 위한 여정
중국화된 마르크스주의 철학의 모색

초판 인쇄   2020년 12월 10일
초판 발행   2020년 12월 30일

지 은 이 | 왕난스(王南湜)
옮 긴 이 | 안인환(安仁煥) · 제효봉(齊曉峰) · 가맹맹(賈萌萌)
펴 낸 이 | 하운근
펴 낸 곳 | 學古房

주   소 | 경기도 고양시 덕양구 통일로 140 삼송테크노밸리 A동 B224
전   화 | (02)353-9908 편집부(02)356-9903
팩   스 | (02)6959-8234
홈페이지 | www.hakgobang.co.kr
전자우편 | hakgobang@naver.com, hakgobang@chol.com
등록번호 | 제311-1994-000001호

ISBN 979-11-6586-119-3 93100

값: 39,000원